옛날로 새날을 여는

초등수학 교육과정사

옛날로 새날을 여는

초등수학 교육과정사

조영미 지음

KM 경문사

일러두기

1. 이 책은 개화기부터 시작해 2022 개정 교육과정까지의 사료(史料)를 모아 편집·구성했습니다.
2. 원문을 『초등수학 교육과정사』의 구성에 맞게 다듬었으며, 출처는 각 장의 말미에 밝혔습니다.
3. 본문에서 인용한 글에 대한 출처를 밝히고 동의를 구하였으나, 일부 저작자와 연락이 되지 않은 글은 추후 확인하는 대로 동의를 구하도록 하겠습니다. (경문사 편집부 kyungmoon@kyungmoon.com)

이 책은 우리나라 초등수학 교육과정의 변천을 담고 있다. 흔히 수학 교육과정의 변천을 다룰 때 1945년 해방 후 교수요목기나 1954년인 제1차 교육과정부터 시작한다. 그에 반해 이 책은 개화기에서 시작해, 일제강점기 수학 교육과정으로 볼 수 있는 법령을 다루고, 해방 후 교수요목기의 초등수학교육도 비교적 상세하게 담았다. 다시 말해, 1870년대 개화기부터 시작하고 있어, 2023년 기준으로 약 150년의 역사를 포괄하고 있다.

일터인 공주교육대학교에서 '초등수학교육사' 강좌를 맡은 인연으로 우리나라 초등수학 교육과정사에 관심을 두게 되었다. 마땅한 교재가 없어 학기마다 좌충우돌의 새로운 시도를 하다시피 수업하면서 틈틈이 수학 교육사 논문을 쓰곤 했다. 그렇게 쌓인 수학 교육사 관련 논문들을 엮고 거기에 기존의 교육과정 자료를 더하면서 이 책을 썼다. 집필하면서 필자에게는 다음과 같은 의도가 자연스럽게 생겨났다.

첫째, 누군가가 우리나라 초등수학 교육과정 자료를 찾을 때 원하는 자료를 발견할 수 있도록 이 책에서 가능하면 다양하고 많은 자료를 담아내고자 하였다. 마음 한편에 '총망라 초등수학 교육과정사를 쓸 수 있다면 좋겠다'라는 바람을 가지곤 했다. 하지만 '총망라'라는 단어를 쓰기에는 아직 많이 미흡하다. 기회가 되면 앞으로 더 보강할 것이다.

둘째, 초등수학 교육과정이, 그것이 속해 있는 판과 어떻게 연결되어 있는지 드러내 보고 싶었다. 수학 교육과정 개정 동력이 무엇인지를 추적하면 정치, 사회, 기술, 교육 전반의 변화 등 다양한 '외부 요인'이 상당한 부분을 차지한다. 다양한 외부 요인이 작동하는 판을 고려해서 수학 교육과정을 이해할 필요가 있다. 그래야 수학교육에 관련된 일을 한다는 것이 어떤 성격의 것인지가 보다 분명해지고 그로부터 수학교육이 오늘날, 그리고 미래에 해야 할 일이 무엇인지에 대해 더 유의미한 아이디어가 나올 수 있을 것이다. 다양한 외부 요인으로 이루어진 판과 수학 교육과정의 관계나 역동성을 드러내고 분석, 해석하는 연구들이 쌓인다면 수학교육계가 조금 더 풍성해질 것이다. 앞으로 이런 분야의 연구가 새롭게 펼쳐지길 바란다.

셋째, 수학 교육과정에 그치지 않고, 시기별 교과용 도서(교과서, 지도서, 익힘책 등) 내용도 담고자 노력하였다. 수학 교육과정 문서에는 글자만 등장하는데 초등학교 수학 교과용 도서에는 다양한 삽화가 형형색색으로 등장해서 보는 재미가 있다. 특히 해방 후 교수요목기, 제1차, 제2차 교과서 등을 보면 당시 생활상을 배경으로 밝고 맑은 아이들이 등장해 책장을 넘기다 보면 절로 미소를 짓게 된다. 글자로만 이루어지기 쉬운 수학 교육과정 변천사 책에 교과용 도서 원문을 결합하여 재미와 의미를 더하고자 하였다. 사실 특정 시기의 수학 교육과정과 수학 교과용 도서는 한 묶음으로 보는 게 적절함에도 둘을 한꺼번에 다룬 책을 보기 어려운 것이 현주소이다.

지난 수학 교과용 도서 원문을 찾는 데 크게 도움이 되었던 곳으로 두 군데를 꼽을 수 있다. 먼저 한국교육개발원에서 2005년경 개통했던 '사이버교과서박물관'이다. 당시 사이버교과서박물관 구축 사업은, 한국교육개발원이 보유하고 있는 우리나라 교과서를 DB화해 역사자료로서의 활용성을 높이고 디지털화를 통해 연구자 및 일반 국민의 자료검색 소요시간 및 비용을 줄여주기 위해 추진되었다. 이 사이트를 통해 해방 후 교과서, 교사용 지도서, 익힘책 등의 원문을 많이 확보할 수 있었다. 현재는 이 사이트가 운영되지 않고 있어 내심 아쉽다. 두 번째는 '국립중앙도서관'이다. 여기에서는 개화기 이후 저서 원문을 직접 찾아볼 수 있다. 협약도서관 시스템이 구축되어 있어 비교적 원문에 손쉽게 접근할 수 있다. 이밖에도 일제강점기에 나온 교육 법령 문서의 경우, 법제처의 '국가법령정보센터'를 유용하게 활용했다. 이 센터에서는 근대 일본어 법령을 한글로 번역해서 올려놓아 연구자의 자료 접근성을 높였다. 또 수학사나 교육사 분야에서 여러 연구자의 노력으로 좋은 연구 자료들이 많이 축적되어 있다. 요컨대, 그동안 놀랍게 성장한 정보 기술의 발달과 여러 기관과 연구자의 데이터 구축 덕분에 한결 손쉽게, 개화기부터 시작하는 이 책을 쓸 수 있었다.

교육과정사 정리는 무미건조하고 따분한 작업이었다. 그럴 때마다 '이 책이 누구에게 어떤 의미가 있을까?'라는 질문을 스스로 던져보곤 했다. 우선 필자부터, 서양식 수학교육의 불모지였던 이 나라에서 초등수학 교육이 어떻게 변화해왔으며 그 안에서 어떤 발전이 있었는지를 알 수 있었다. 수학교육의 저변이 점점 확대하는 과정에서, 우리나라에서 수학 교육으로 박사학위를 받을 수 있었던 필자 역시 그러한 변화의 수혜자임을 실감했다. 공주교대 수업에서 종강 무렵 한 학생이 "초등수학 교육과정사 변화 발전이 우리나라 발전과도 맞물려 있는 것 같아요."라고 소감을 전한 적이 있다. 교육은 국가 수준에서 미래를 대비하는 것이며, 교육과정은 미래를 대비한 청사진이다. 우리나라 발전에 수학 교육과정이 발맞춰 왔음도 알 수 있었다. 이렇듯 집필 과정에서 필자에게 다가왔던 주요한 포인트들을 정리할 필요를 느낀다. 앞으로 더 진행해야 할 작업이다.

집필은 인간의 영역이고 편집은 신의 영역이라는 말을 들은 적이 있다. 졸고가 편집인의 손에 들어가 활자화되고 나니, 뭔가가 새로 태어난 듯한 느낌이다. 책 쓰는 재미를 알려준 경문사 선생님들에게 감사 인사를 드린다. 특히 출판의 길을 안내해준 민경태 선생님과 편집에 애써 준 임용섭 선생님에게 진심으로 고맙다는 말씀을 드리고 싶다.

자료 정리가 충분히 되지 않아 출처를 명확히 밝히지 못한 인용들이 있을 것이다. 오랫동안 이렇게 저렇게 모아온 자료라, 지금에 와서 출처를 되짚어내기 어려운 경우가 적지 있다. 혹시라도 출처가 적시되지 않아 독자나 원작자에게 불편한 점이 있다면 알려주기를 부탁드린다. 더불어 책 내용의 오류나 실수는 전적으로 집필자의 불찰과 책임임도 밝혀둔다.

끝으로, 곁에서 지켜보면서 격려해준 남편 정연준 박사와 딸, 아들에게 고마운 마음을 전한다.

2023. 12.

공주 봉황동에서

I. 개화기 초등수학교육

1876	1894	1895	1905	1906	1910
강화도조약 체결	갑오개혁	소학교령 공포	을사늑약	보통학교령 공포	한일병합

을씨년스럽다~~~의 어원이 된 을사늑약

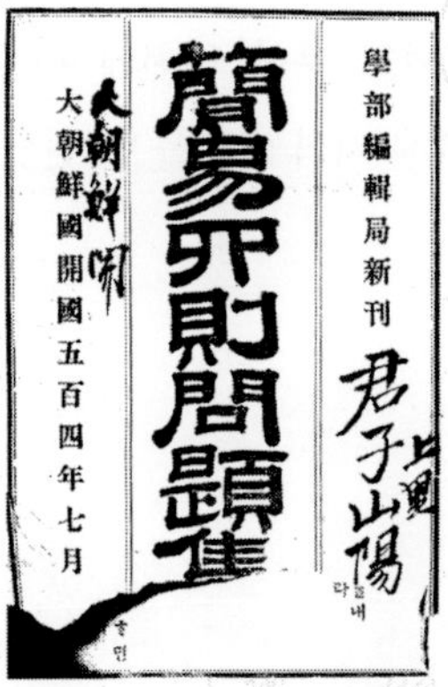

『간이사칙문제집』(1895)

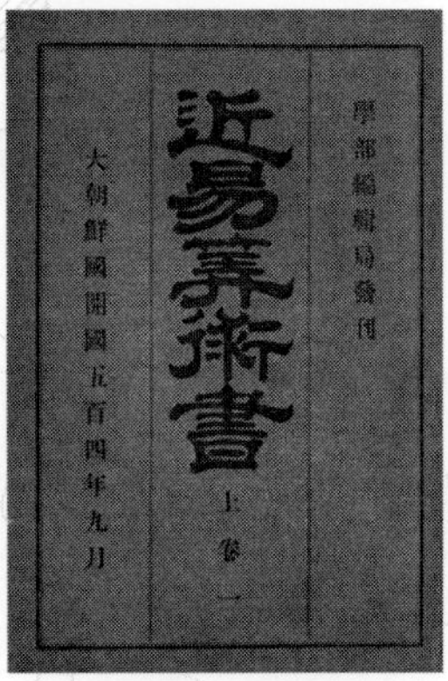

『근이산술서』(1895)

세로쓰기에 세로셈이 섞여 있는 모습

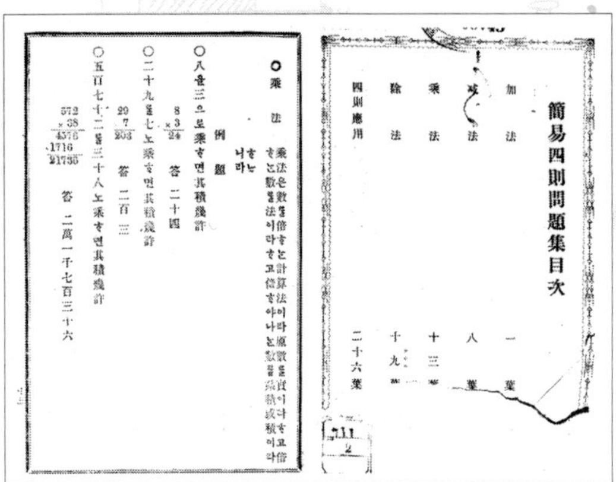

『간이사칙문제집』(1895)의 목차와 본문

1 1876년 개항부터 1894년 갑오개혁 이전까지

숫자 1, 2, 3, …, 9, 0을 인도-아라비아 숫자라고 한다. 오늘날 수학교육은 이 숫자에 기반해 이루어지고 있다. 이를 '서양 산술'이라고 하는데 서양 산술이 국내에 들어온 것은 언제쯤일까?

1876년 일본과의 불평등 조약인 강화도조약을 시작으로 조선은 문호를 개방하였다. 이즈음 국내에 근대 교육기관이 등장하였는데, 이 교육기관에서 '산술' 내용을 가르친 흔적을 볼 수 있다. 대표적인 근대 교육기관으로 원산학사, 동문학, 육영공원을 들 수 있다.

> **개화기**
> 1876년 개항 무렵부터 일본에 병합되는 1910년에 이르는 30여 년간을 가리킨다. 우리나라가 종래의 봉건적인 사회 질서를 타파하고 서양 문물의 영향을 받아 근대적 사회로 개혁되어가던 시기이다.

가. 원산학사(1883)

1876년 일본에 의해 강화도조약이 강제로 체결되고, 부산, 인천에 이어 원산은 외국의 선박이 출입할 수 있는 개항지(開港地)가 되었다. 원산 지역 이름을 딴 원산학사는 1883년에 세워졌다.

개항지에 거주하는 일본인이 늘어나면서 위기 의식 아래 우리나라 사람들은 신문물 중심의 인재육성에 더욱 관심을 갖게 되었다.

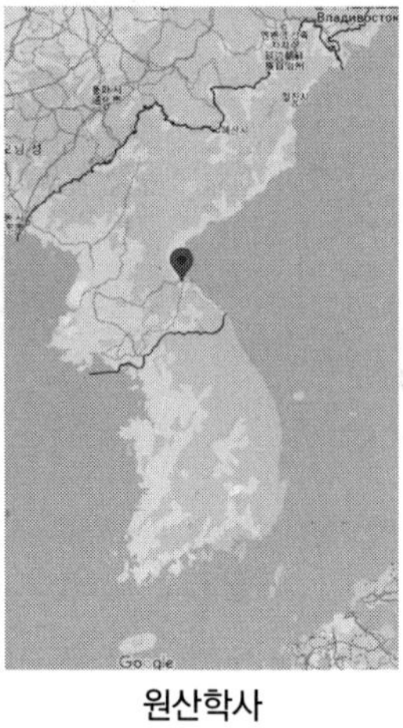

원산학사

원산학사는 관료와 읍민이 함께 세운 학교로 관과 민의 합작품이라는 의의를 갖는다.

원산은 당시 함경남도 덕원부에 속했다. 덕원부사 정현석 등 개화파 관료들과 덕원부 읍민들이 자금을 모아 신지식을 가르칠 교육기관으로 원산학사를 세웠다. 우리나라 최초의 근대 교육기관인 원산학사[1]에는 '향중(鄕中)의 어리고 준수한 자제들'이 다녔다.

정현석 덕원부사는 1883년 8월 28일 조정에 원산학사 인가를 신청하였다. 『덕원부계

1) 원산학사는 이후 근대화를 거치면서 다음과 같이 변천하였다.
* 원산학사의 변천 : 원산학사 ⇒ 원산**소학교** ⇒ 원산**보통학교** ⇒ 원산제일**국민학교**

록(덕원부편)』 제1책에 그 기록이 남아있다. 원산학사는 문예반 50명과 무예반 200명으로 편성되었고, 문예반은 경서를, 무예반은 병서를 배웠다. 한편 문무 공통과목이 있었는데, 격치, 농업, 양잠, 채광과 함께 산수 과목이 그에 해당한다. 여기서 등장하는 산수(筭數)가 서양 산술인지 여부는 아직 확인되지 않은 것으로 보인다. 다만 원산학사가 신지식을 가르치기 위해 개항지에 세워진 학교라는 점, 무역 등 외국과의 교역을 위한 사무에 대처하기 위해 학교를 설립했다는 취지 등을 고려해 볼 때 원산학사의 산수는 서양 산술이었을 가능성이 높다고 추정된다.

| [표 I-1] 원산학사의 교육내용 |

반	교육내용	교육내용(공통과목)
문예반	경의	**산수(算數)**, 격치(물리), 농업, 양잠, 채광. 외국어, 법률, 지리, 만국공법
무예반	병서	

나. 동문학(1883~1886)

1883년 8월경 조선 정부는 해외 교섭이나 해관[2]의 사무 처리를 위해 최초의 관립영어학교인 동문학(同文學)을 설립하였다. 조선의 외교와 세관 업무를 맡았던 독일인 외교 고문 묄렌도르프가 영국인 Thomas Edward Hallifax(1842~1908)를 동문학의 영어 교사로 추천했다. 1883년 Hallifax는 동문학의 교사로 정식 채용되었다. 동문학에서는 '연소하고 총명한 자' 40명을 뽑아 영어를 중심으로 교육했으며, 일어와 서양의 **필산**도 교육하였다. 여기서 '서양의 필산'이 서양 산술에 해당한다(오채환 외, 2010). 다음 기사는 한성순보에 실린 당시 동문학의 교육 모습이다.

Thomas Edward Hallifax(1842~1908)

필산(筆算)

숫자를 써서 계산하는 것을 가리킨다. 초등학교에서 종이 위에 연필로 다양한 셈을 하는데 이는 모두 필산이다. 한편 주판으로 하는 셈이 '주산'이다.

		4	8
	×	3	6
	2	8	8
1	4	4	
1	7	2	8

외국과의 무역 등 교역 업무를 담당하려면 영어 실력과 함께 계산 능력도 필요하였다.

2) 海關. 개항과 더불어 외국과의 근대적 무역 관계가 형성되자 부산·인천·원산 등 세 개항장에 설치한 것으로, 외국인을 고용해 수출입 화물에 대한 관세행정 사무를 위임하였다. 개항 초기에 창설된 근대적 행정시설의 하나이며, 근대문물의 수입창구로서 그 기능과 역할이 중요하였다. (한국민족문화대백과, 한국학중앙연구원)

통상아문에서 동문학이라는 영어 학숙을 개설하고 생도를 모집했다. 작년 7월에 영국인 해래백사(奚來百士, Hallifax)를 초빙하여 교사로 삼았는데, 일어까지 능통한 데다 학술도 있어서 교수 방법이 좋았으므로 생도들이 점점 발전 일로에 있다. …… 교학 규례는 생도를 절반으로 나누어서 절반은 오전에, 절반은 오후에 수업하게 하고, 하루는 장어, 단어, 문장을 해독·변통하는 법을 가르치며, 하루는 장어는 빼고 다만 단어와 **서양 필산(筆算)**을 가르치는데, 날로 장진하고 있으므로 앞으로 각 곳에 파견하여 견문을 넓힐 예정이다(유정화, 2011).

다. 육영공원(1886~1894)

조선 정부에서는 미국에서 돌아온 외교사절단 **보빙사**(1883) 일행의 요청으로 서양의 제도와 문화를 받아들이기 위해서 학교를 설치하였다. 1884년부터 계획을 세워 1886년에 육영공원을 세웠고 좌원과 우원으로 구분하여 학생을 선발하였다. 좌원은 현직관리였으며, 우원은 15세에서 20세에 이르는 유생이었다. 육영공원 운영에 관한 규칙을 수록한 「육영공원절목(育英公院設學節目)」은 오늘날의 교육과정 문서에 견줄 수 있으며 신식학교 학칙으로 알려진 배재학당규칙보다 4년 앞서 있다. 이 절목에 나오는 교과목은 다음과 같다(유정화, 2011).

> **보빙사**
>
> 보빙사(報聘使)는 1883년 조선에서 최초로 미국 등 서방 세계에 파견된 외교 사절단이다.

| 「육영공원절목」의 일부 내용 |

13. 매일 학습하는 차례는
    첫째는 책읽기,
    둘째는 습자,
    셋째는 글자 쓰는 법 배우기,
    넷째는 셈 배우기,
    다섯째는 셈법을 익힌 것을 연습하기,
    여섯째는 지리,
    일곱째는 문법 배우기이다. 처음 배우기를 졸업한 학도는 다음과 같은 과목을 공부한다.
    첫째는 **대산법**(大算法),
    둘째는 각국의 언어,
    셋째, 여러 가지 배운 법을 빨리 쉽게 깨닫는 것,
    넷째는 만물의 이치를 연구하여 정확히 이해하는 것(의학, 농리, 지리, 천문, 기기),
    다섯째는 각국 역사,
    여섯째는 정치(각국 조약법과 나라를 부강하게 하고 군사를 쓰는 전술), 금수와 초목으로 한다.

여기서 '셈 배우기', '셈법을 익힌 것을 연습하기', '대산법' 등은 산술에 해당하는 교과목으로 보인다. 육영공원에서 초빙한 H. B. Hulbert(1863~1949)는 육영공원의 학제를 서구식으로 짜고, 영어, 역사, 과학, 지리 등을 1891년까지 가르쳤는데 과목에 수학도 포함시켰다고 한다. 육영공원은 1894년 영어학교로 개편되었다.

Homer Bezaleel Hulbert

서울 2호선 합정역 양화진외국인선교사묘원에 안장되었다.

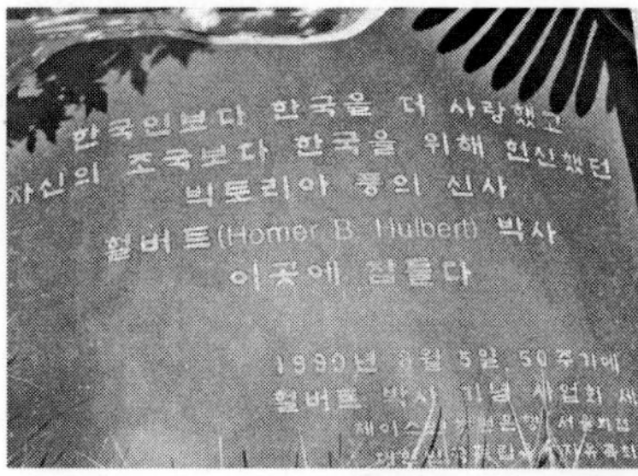

Hulbert 소개

H. B. Hulbert

1863년 미국 버몬트주 뉴 헤이븐에서 태어났다. 1886년 조선에 입국해 최초의 근대식 교육기관인 육영공원에서 영어를 가르쳤다. 수업을 위해 개인교사를 고용해 한글을 배우면서 3년 만에 상당한 한글 실력을 갖추었고, 1889년 한글로 쓰여진 최초의 지리 교과서 『사민필지』를 저술해 교재로 사용하였다.

한글의 우수성과 과학성에 매료돼 미국 언론과 영문 잡지에 기고를 통해 홍보했으며, 『사민필지』 서문에는 당시 지배층이 한글 대신 어려운 한자 사용을 고수하는 관행을 지적하였다. 또한, 구전으로 내려오던 「아리랑」을 서양식 음계로 처음 채보해 알렸다. 1896년 서재필, 주시경 등과 함께 우리나라 최초의 민간 신문인 「독립신문」을 발간하였고, 당시 주시경과 함께 국문연구소를 설립하고 한글을 연구하며 띄어쓰기를 도입하였다.

조선 말기 국권회복운동과 일제강점기 한국의 독립운동에 기여하였다. 1905년 을사늑약이 체결되자, 고종의 특사로서 대한제국의 자주독립을 주장하는 밀서를 미국의 대통령 및 국무장관에 전달하고자 했으나 성사되지는 못했다. 1906년 다시 입국해 영문 월간 잡지 「한국평론 The Korea Review」을 창간하고 일본의 조선 침략에 대해 폭로하였다. 고종에게 네덜란드 헤이그에서 열리는 제2차 만국평화회의에 밀사를 파견하도록 건의하였다. 헐버트는 한국 대표단보다 먼저 헤이그에 도착해 『회의시보』에 우리 대표단의 호소문을 싣게 하는 등 한국의 국권회복운동을 적극적으로 지원하였다.

1908년 미국에 정착한 후에도 한국에 관한 여러 편의 글을 발표하였고, 1919년 서재필이 주관하는 잡지에 3·1운동을 지지하는 글을 발표하기도 했다. 대한민국 정부 수립 후 1949년 국빈으로 초대받아 한국을 방문했으나 일주일 후 병사하였다. 고국보다 한국에 묻히기 원했던 그의 유언에 따라 양화진외국인선교사묘원에 안장되었다. 1950년 대한민국 정부에서 외국인 최초로 건국공로훈장 태극장을 추서하였고, 2014년에는 한글학자이자 역사연구가로서 금관문화훈장을 추서하였다.

2 갑오개혁시기(1894~1905), '서양산술' 교육 본격 시작

갑오개혁은 전통과 단절하고 근대문물과 제도를 받아들이는 커다란 변혁이었다. 대표적인 개혁으로, 고려 광종부터 936년간 이어진 과거제의 폐지를 들 수 있다. 인재등용문인 과거제를 폐지하고 새로운 선거조례(選擧條例)와 전고국조례(銓考局條例)에 입각해 관리를 등용하였다. 이때 전고국에서 보는 보통시험의 과목에는 국문·한문·사자(寫字)·산술·내국정(內國政)·외국사(外國事)가 포함되었다. 여기서 보듯이, 근대적인 지식체계를 관료의 조건으로 제시한 새로운 관리 등용에 '산술'이 시험과목으로 포함되었다(송호근, 2013).

고종(1852~1919)

갑오개혁으로 과거제가 폐지되었고 새로 들어선 관리 등용 시험에 산술 과목이 포함되기 시작하였다.

갑오개혁의 하나였던 교육개혁을 위해 고종은 1895년 교육입국조서를 반포하였다. 정부의 관심은 크게 두 가지로, 첫째, 부국강병을 목표로 국민 대중에 대한 초등교육을 광범위하게 실시하는 것, 둘째, 근대적 개혁에 필요한 인적 자원을 하루빨리 육성하는 것이었다(김경미, 2000).

갑오개혁 시기는 국가에서 근대 학교를 공식화한 시기로, 학교 체제, 교육과정, 교과서 등이 처음 만들어졌다. 이러한 개혁 흐름 아래 초등수학교육도 그 틀이 마련되어, 소학교 수학과의 교육목적, 교육내용, 교육방법 등이 제시되었으며 초등용 수학교과서도 발간되었다. 갑오개혁 시기를 우리나라 초등 수학교육의 본격적인 시작으로 볼 수 있을 것이다.

쉼터 교육입국조서[3)]

짐(朕)이 생각해 보면 우리 조종(祖宗)이 나라를 세우고 정통(正統)을 물려준 것이 이제 504년이 지났으니, 실로 우리 선왕들의 교화와 은덕이 사람들 마음속에 깊이 스며들고 또 우리 신하와 백성들이 충성과 사랑을 능히 다했기 때문이다. 그래서 짐은 한없는 큰 대운(大運)를 물려받고 밤낮으로 공경하고 두려워하면서 오직 조종의 가르침을 이어 나갈 뿐이다. 너희들 신하와 백성은 짐의 마음을 깨달아라. 오직 너희들 신하와 백성의 선조는 우리 조종이 돌보고 키워 준 어진 신하와 백성이었으니, 너희들 신하와 백성들도 너희 선조의 충성과 사랑을 능히 이어서 짐의 돌봄과 키움을 받는 어진 신하와 백성들이다. 짐은 너희들 신하와 백성들과 함께 조종의 큰 기반을 지켜 억만 년의 아름다운 운수를 이어 나갈 것이다.

백성을 가르치지 않으면 나라를 굳건히 하기가 매우 어렵다. 세상 형편을 돌아보면 부유하고 강성하여 독립하여 웅시(雄視)하는 여러 나라는 모두 그 나라 백성의 지식이 개명(開明)했다. 지식이 개명함은 교육이 잘됨으로써 말미암은 것이니, 교육은 실로 나라를 보존하는 근본이다. 그러므로 짐이 임금과 스승의 자리에 있으면서 교육하는 책임을 스스로 떠맡고 있다. 교육에는 또한 그 방도가 있으니, 허명(虛名)과 실용(實用)의 분별을 먼저 세워야 할 것이다. 책을 읽고 글자를 익히어 고인(古人)의 찌꺼기만 주워 모으고 시대의 큰 형국에 어두운 자는 문장이 고금보다 뛰어나더라도 쓸모가 전혀 없는 서생(書生)이다.

이제 짐은 교육하는 강령을 제시하여 허명을 제거하고 실용을 높인다. 덕양(德養)은 오륜(五倫)의 행실을 닦아 풍속의 기강을 문란하게 하지 말며, 풍속과 교화를 세워 인간 세상의 질서를 유지하고 사회의 행복을 증진시킬 것이다. 체양(體養)은 동작에는 일정함이 있어서 부지런함을 위주로 하고 안일을 탐내지 말며 고난을 피하지 말아 너의 근육을 튼튼히 하며 너의 뼈를 건장하게 하여 병이 없이 건장한 기쁨을 누릴 것이다. 지양(智養)은 사물의 이치를 연구하는 데서 지식을 지극히 하고 도리를 궁리하는 데서 본성을 다하여 좋아하고 싫어하며 옳고 그르며 길고 짧은 데 대하여 나와 너의 구별을 두지 말고 상세히 연구하고 널리 통달하여 한 개인의 사욕을 꾀하지 말며 대중의 이익을 도모하라. 이 세 가지가 교육하는 강령이다.

짐이 정부(政府)에 명하여 학교를 널리 세우고 인재를 양성하는 것은 너희들 신하와 백성의 학식으로 나라를 중흥(中興)시키는 큰 공로를 이룩하기 위해서이다. 너희들 신하와 백성은 임금에게 충성하고 나라를 사랑하는 심정으로 너의 덕성, 너의 체력, 너의 지혜를 기르라. 왕실의 안전도 너희들 신하와 백성의 교육에 달려 있고 나라의 부강도 너희들 신하와 백성의 교육에 달려 있다. 너희들 신하와 백성에 대한 교육이 훌륭한 경지에 이르지 못하면 짐이 어찌 나의 정사가 성공했다고 하며 짐의 한국 정부가 어찌 감히 그 책임을 다하였다고 말할 수 있겠는가? 너희들 신하와 백성들도 교육하는 방도에 마음을 다하고 힘을 협조하여 아버지는 이것으로 그 아들을 이끌어 주고, 형은 이것으로 그 동생을 권하며, 벗은 이것으로 도와주는 도리를 실행하여 그치지 않고 분발해야 할 것이다. 나라의 한에 대적할 사람은 오직 너희들 신하와 백성이요, 나라의 모욕을 막을 사람도 너희들 신하와 백성이며, 나라의 정치 제도를 닦아 나갈 사람도 너희들 신하와 백성이다. 이것은 다 너희들 신하와 백성의 당연한 직분이지만 학식의 등급에 따라 그 효과의 크기가 결정된다. 이러한 일을 하는 데서 조그마한 결함이라도 있으면 너희들 신하와 백성도 오직 우리의 교육이 명확하지 않기 때문이라고 말하면서 상하가 마음 합치기에 힘쓰라. 너희들 신하와 백성의 마음은 또한 짐의 마음인 만큼 힘써야 할 것이다. 이러해야 짐은 조종의 덕을 드러내어 천하에 빛내고 너희들 신하와 백성도 너희 조상의 효성스러운 자손이 될 것이니, 힘써야 할 것이다. 너희들 신하와 백성이여, 짐의 이 말대로 하라.

「관보」, 1895년 2월 2일

3) 우리역사넷 http://contents.history.go.kr/front

가.『소학교령』의 산술

고종은 **1895년 7월 소학교령**(小學校令)을 제정하였다. 비로소 초등교육이 시작되었다. 조선 시대 내내 초등 시기 아이들은 서당을 다녔는데 이 서당은 관학이 아니었다. 소학교령으로 인해 초등 아이들은 국가가 운영하는 '관학'을 다니게 되었다. 소학교는 한성과 지방 곳곳에 설치되었다.

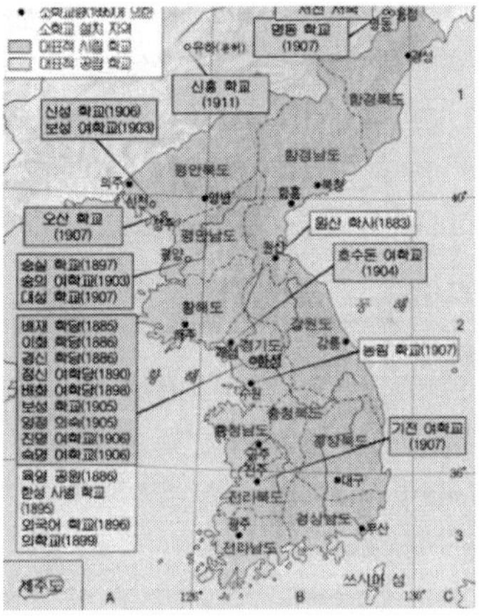

소학교 분포표

오늘날 교육과정의 총론에 해당하는 소학교령에서 소학교의 목적, 종류, 편제와 수업 연한, 교과용 도서, 취학 연령 등에 관한 내용만 뽑아보면 다음과 같다.

| 소학교령의 일부 내용 |

- 소학교의 목적(제1조) : 소학교는 아동 신체의 발달에 임(鑑)하여 국민교육의 기초와 그 생활상에 필요한 보통지식 및 기능을 줌을 본지로 한다.
- 소학교의 종류(제2조와 제3조) : 소학교는 관립, 공립, 사립의 3종으로 하고, 관립은 國庫, 공립은 府 혹은 郡, 私立은 私人의 부담으로 한다.
- 편제와 수업 연한(제6조와 제7조) : 소학교를 나누어 **심상(尋常)과**와·고등과 2과로 하고, 수업 연한은 심상과는 3개년, 고등과는 2년 또는 3년으로 한다.
- **소학교의 심상과 교과목(제8조) : 수신, 독서, 작문, 습자, 산술, 체조로 한다. 시의에 의하여 체조를 제하며 또 본국지리, 본국역사, 도서, 외국어 1과 혹은 여러 과를 더하고 여아를 위하여 재봉을 더한다.**
- **소학교 고등과의 교과목(제8조) : 수신, 독서, 작문, 습자, 산술, 본국지리, 본국역사, 외국지리, 외국역사, 이과, 도서, 체조로 하고 여아를 위하여 재봉을 더한다. 시의에 의하여 외국어 1과를 더하며 또 외국지리, 외국역사, 도서 1과 혹은 여러 과를 제한다.**

> '심상'이 뭘까?
> **심상하다**(尋常--)는 형용사로 대수롭지 않고 예사롭다는 뜻을 지니고 있다. 흔히 '심상치 않다'는 말로 더 자주 사용한다.

- 소학교의 교과용(도)서(제15조) : 학부의 편집한 외에도 (혹은) 학부대신의 검정을 받은 것을 사용한다.
- 학령과 취학(제16조와 제17조) : 만 8세로부터 만 15세까지의 8개년을 학령으로 하고, 각 부·군은 그 관내의 학령 아동을 취학시킬 공립 소학교를 세우지 않으면 안 된다.

소학교는 만 8세에서 만 15세까지의 8개년을 학령으로 하였다. 소학교는 3개년의 **심상과**와 2~3개년의 **고등과**로 나뉜다. 이때 심상과와 **고등과** 모두에 '산술'이 교과목으로 들어있다. **소학교령을 통해 산술이 공교육의 교과목이 되었다.**

나. 『소학교교칙대강』의 산술

1895년 8월 15일 학부령 제3호로 '소학교교칙대강'이 공포되었다. 이 규정은 각 과목에 대한 여러 내용을 담고 있으며, 오늘날 **각론에 대응하는 것으로 볼 수 있다.** 산술 내용만 정리하면 다음과 같다.

| 소학교교칙대강 중에서 '산술' 관련 내용 |

①[4] **산술**은 일용계산에 숙달하게 하고 또 동시에 사상을 정밀하게 하여 생업 상의 유익한 지식을 주는 것을 요지로 한다.

> **도량형 度量衡**
> 길이, 부피, 무게 따위의 단위를 재는 법

② **심상과**에서는 처음에는 두 자리 이하의 자연수의 범위에서 계산법과 가감승제를 지도하고, 점차 수의 범위를 확대하여 만 이하의 수의 범위 내에서 가감승제와 소수의 계산법을 가르친다. 첫 학년부터 점차로 도량형(度量衡), 화폐와 시각의 제도를 가르치고, 이것을 일용 사물에 응용하여 그 계산에 숙달하게 한다. 심상과에서는 **필산**과 **주산**을 사용하고 또 필산, 주산을 함께 사용하는 것은 지방의 사정에 따르는 것이 좋다.

③ **고등과**에서는 필산, 주산을 함께 사용하되 주산은 가감승제를 연습하고, 필산은 처음에는 도량형, 화폐와 시각의 계산을 연습하게 하고, 차츰 쉬운 비례 문제와 일반적인 분수와 소수를 함께 지도하고, 학교의 수업현황에 따라서 다시 복잡한 비례 문제 등을 지도한다.

④ 산술을 지도하는 것이 이해력을 정밀하게 하고, 운산에 숙달하여 응용을 자유롭게 하고, 또 항상 정확한 언어를 사용하여 운산의 방법과 이유를 설명하고, 암산에 숙달하게 할 필요가 있다. 산술의 문제는 다른 교과목에서 지도한 사항을 적용하고, 또 지상의 사정을 참작하게 하여 일상적으로 적절한 것을 택하는 것이 좋다.

---

4) ①과 같은 번호는 필자가 임의로 붙인 것이다.

이는 '산술'의 지도 목적(①), 지도 내용(②, ③), 지도방법(④)의 세 구조로 볼 수 있다.

먼저, 산술을 지도하는 목적은 일용계산 숙달, 사상(思想) 정밀, 생업에 유익한 지식 제공으로 요약된다.

두 번째, 심상과와 고등과에 따라 지도내용을 구분해 보면, 심상과에만 한정된 내용은 자연수의 가감승제이다. 반대로 고등과에만 한정된 내용은 분수와 비례문제(간단, 복잡)인데 이를 심화 내용으로 보았다.

마지막으로, 심상과와 고등과에 공통된 지도 내용은 소수, 도량형, 화폐, 시각, 필산, 주산이다. 이 내용의 공통점은 일상에서 흔히 사용된다는 점이다. 실용성에 비중을 두고 산술 내용을 구성한 것으로 보인다.

| [표 I-2] 소학교의 심상과와 고등과 '산술'의 교육 내용 |

	자연수	분수	소수	도량형	화폐	시각	비례문제	필산	주산
심상과	○		○	○	○	○		○	○
고등과		○	○	○	○	○	○	○	○

심상과와 고등과 각각에서 전체적으로 다루는 내용은 제시되어 있지만 심상과 3개년, 고등과 2~3개년에서 **각 학년별로 어떤 내용을 가르칠지에 대한 언급은 없다**. 오늘날은 수학과교육과정이 학년별로 제시되어 있는데 그런 형식은 아니었다. 나중에 살펴보겠지만, **학년별로 교육내용을 제시하는 것은 1905년 이후 통감부 시기에 등장**하였다.

다. 산술 교과서의 출현

1) 학부 편찬 산술 교과서

갑오개혁 시기에 학부(學部)[5]에서 '교과용(도)서'를 발행하였다. 학부는 학교 설립을 주도하면서 가르칠 과목도 사서삼경에서 서구식 교과목으로 바꾸었다. 학부는 편집국을 두고 있어 교과용(도)서의 번역, 편찬, 검정을 맡았다(정재걸, 1994).

학부에서는 교과서를 한문이 아닌 국한문혼용으로 편찬하였다. 갑오개혁 시기 교육 개혁의 중심인물이었던 월남 이상재는 서구지식을 국문으로 학교에 도입해야 우리나라가 발전할 수 있다고 보았다(박승배, 2013). 갑오

월남 이상재(1850 ~ 1927)

조선 말기와 일제 강점기에 활동한 민족 운동가이다. 서재필과 함께 독립협회를 조직해 만민공동회를 열었으며, 평생 민중 계몽과 교육 운동에 힘을 쏟았다.

5) 오늘날의 교육부에 해당한다. 1894년에 예조의 소관 업무를 학무아문이 이어받고 이어 1895년에 학무아문이 학부로 바뀌었다.

개혁 이전부터 정부와 개화사상가들은 부국강병을 위한 교육수단으로 국문 또는 국한문혼용을 강조하였다. 갑오개혁 이후에는 개화사상가뿐만 아니라 유교를 기반으로 하는 신지식인들 역시 실용의 입장에서 국문 또는 국한문혼용을 강조하였다(전민호, 2012).

학부에서 편찬한 교과서 목록은 다음과 같다. 아래 표의 저서는 1895에서 1905년 사이에 편찬된 것인데 특히 1895년과 1896년에 집중되었다(손봄이, 2011).

| [표 I-3] 학부 편찬 교과서 목록 |

교과목	교과서
수신	숙혜기략(1895), 소학독본(1895)
독서, 습자, 작문	국민소학독본(1895), 신정심상소학(1896), 초등소학독본(한문, 1905)
한문	첩몽휘편(1895)
산술	간이사칙문제집(1895), 근이산술서(1895)
지리	조선지지(1895), 만국지지(1896), 여재촬요(1895), 지구략론(1896), 동여지도(1896), 대한지지(1899)
역사	조선역대사략(한문, 1895), 조선역사 3책(1896), 조선략사(1896) 만국략사상하(1896), 보통교과동국역사(1899), 중일략사(1899)
기타	사민필지(한문 1896), 서례순지(사회, 1896), 공법회통 3책(법률, 1896)

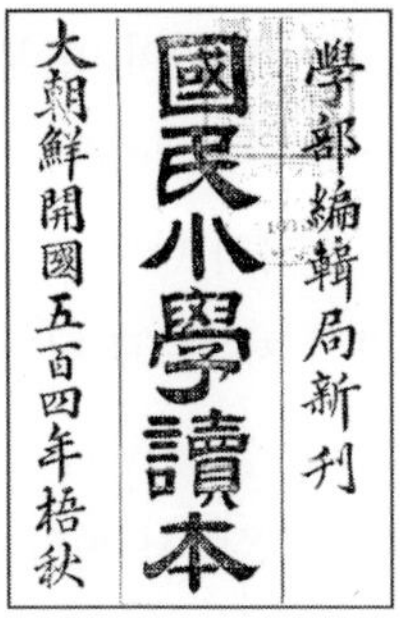

『국민소학독본』(1895)

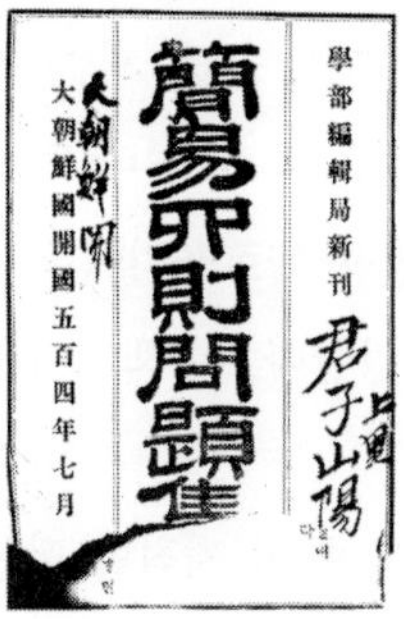

『간이사칙문제집』(1895)

『근이산술서』(1895)

학부에서 편찬한 산술 교과서로는 『간이사칙문제집』(1895)와 『근이산술서』(1895)를 들 수 있다. 다른 학부 편찬 교과서와 마찬가지로 이 책에도 저자가 적혀 있지 않다. 다만 한국학문헌연구소에서 발간한 『한국개화기교과서총서』의 서문을 보면, '개화사상가'가 학부 교과서를 집필하였다고 적고 있는데, 이로부터 앞서 언급한 두 권의 학부 편찬 산술 교과서도 개화사상가가 집필한 것으로 짐작된다.

(1)『간이사칙문제집』

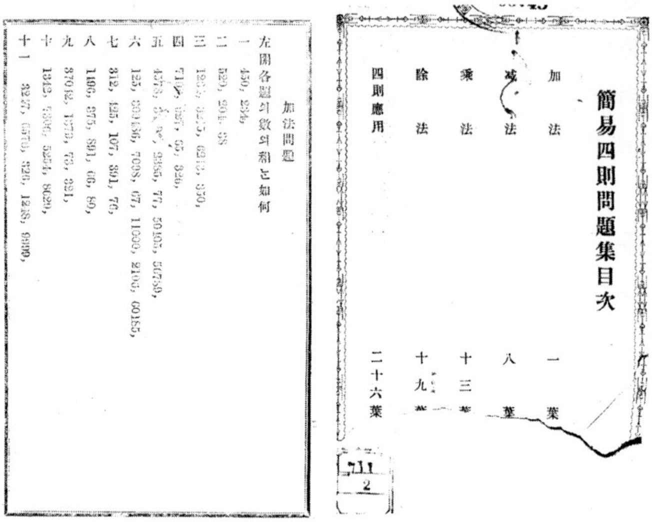

『간이사칙문제집』(1895)의 목차와 본문

『간이사칙문제집』[6]은 1895년에 발간되었다. 목차를 포함하여 모두 78쪽으로 이루어져 있다. 목차에는 '가법, 감법, 승법, 제법, 사칙응용'이라고 적혀 있어 이 책이 자연수의 가감승제를 다룬다는 것을 알 수 있다(오채환 외, 2010).

책은 전체적으로 국한문혼용 세로쓰기이다. 인도-아라비아 숫자와 한자 숫자가 같이 등장한다. 세로셈 필산도 등장한다. 이 책에서 '사칙'이라는 말이 처음으로 나타난 것으로 보인다.

오자, 탈자가 많은 편이다. 특히 지적할 것은 제법(除法)의 첫 쪽에서 몫인 상(商)을 모두 고(高)자로 쓰고 있다(오채환 외, 2010).

책의 구조를 보면, 사칙계산의 각각을 정의하고 예제를 세 개 들어 놓고 이어 문제를 제시했다. 가법, 제법은 30문항, 감법, 승법은 31문항을 들었다. 예제와 답은 모두 한자를 사용한 숫자로 주어지고 풀이는 아라비아 숫자를 사용한 필산으로 나타냈는데 숫자를 위에서 아래로 차례로 늘어놓았다. 응용문제로는 다음과 같은 내용이 실렸다(오채환 외, 2010).

- 1872년 영국의 수납세에 관한 문제로 수출입세, 국산세, 인지세, 地稅, 家屋稅, 소득세, 電信세, 田畓세, 雜種세 등의 합을 구하는 문제

6) 간이사칙문제집은 10여 년 뒤에 (初等敎科) 簡易四則으로 이름을 바꾸어 재간된다. 한영균이 실사할 수 있었던 것은 1909년 경성 현공렴가에서 간행한 재판본으로, 경상북도 교육연구원 교육자료관(유물번호 5-1-21) 및 한국학 중앙연구원 도서관(청구기호 374.5441 간64)에 소장되어 있다(한영균, 2016).

• 358마리 말, 290마리 양, 2315마리 돼지, 168마리 소의 합을 구하는 문제
• 돈의 단위는 모두 元(원)으로 통일
• 재산 분배, 은행 문제 등 경제에 관한 문제들
• 지리 문제, 풍속과 음속 문제, 화씨를 사용한 온도계 문제
• 지구와 달, 지구와 태양 사이의 거리에 관한 문제
• 지구의 둘레에 관한 문제
• 철도 주식에 관한 문제
• 인천, 금산, 원산 세 항의 해관세가 모두 253737원일 때 평균을 구하는 문제

(2) 『근이산술서』

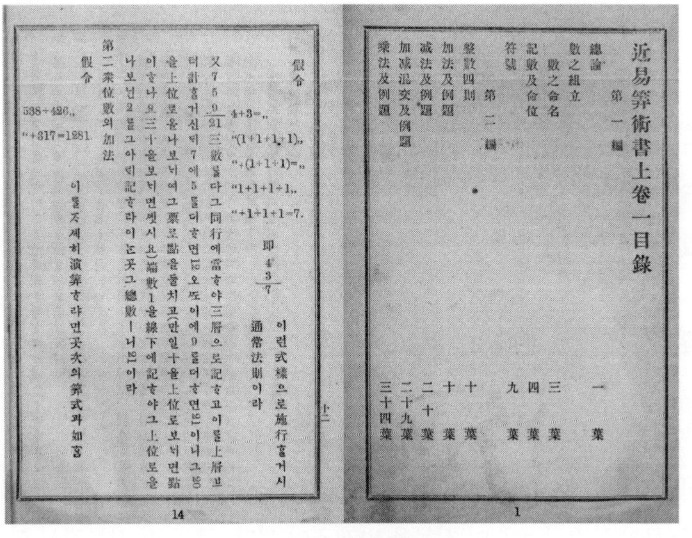
近易筭術書上卷一目錄

第一編

總論 一葉
數之組立
數之命名 三葉
記數及命位 四葉
符號 九葉

第二編

整數四則 十葉
加法及例題 十葉
減法及例題 二十葉
加減混交及例題 二十九葉
乘法及例題 三十四葉

1

『근이산술서』(1895) 목록과 본문

1895년에 편찬된 『근이산술서』는 상권 1과 상권 2로 이루어져 있다. 상권 1은 9월에, 상권 2는 11월에 발간되었다. 학부에서 정한 소학교나 한성사범학교의 교과과정을 따른 것은 아니지만 신교육을 위한 교과서로 볼 수 있다. 신메이 시구치(新名重內)의 『명치산술』(明治算術, 1892) 상권을 기본으로 하고, 사쿠마 후미타로(佐久間文太郎)의 『근세산술』(近世算術, 1889)과 우에노 키요시(上野清)의 『근세산술』(近世算術, 1888)에서 일부를 인용하여 저술한 책으로 알려져 있다(이상구 외, 2017).

근이산술서에 담긴 내용을 살펴보면, 상권 1에는 총론과 자연수의 사칙이, 상권 2에는 자연수의 성질, 분수, 소수와 순환소수가 담겼다. 책의 구조는 미국의 산술 교과서의 구조를 옮긴 일본 교과서의 형태를 그대로 사용하였다. 모든 정의, 정리, 참조 등에 일

련번호를 매겨서 나타내고, 각 절에서 본문에 해당하는 것을 기술하고 이어서 예제를 첨가하고, 한 편이 끝나면 이를 종합하는 문제들을 모아 잡제(雜題)로 정리하였다. 전체적으로 국한혼용문의 세로쓰기이다(이상구 외 2017).

2) 소학교 심상과용 『신정산술』

1901년에 발간된 『신정산술』은 세 권으로 이루어져 있다. 『신정산술』 제1권은 심상 1학년용, 제2권은 심상 2학년용, 제3권은 심상 3학년용으로 사용되었다. 『신정산술』은 소학교 심상과 3개년을 위한 교재였다(정일문, 1995 ; 원유만, 1996 ; 최경용, 1999). 하지만 이 책은 당시 소학교의 교재로만 사용된 것이 아니라 민족 자각 운동을 위한 지방 학교와 야학 등의 교재로 사용되었다(정일문, 1995).

『신정산술』은 서기 1900년대 초 한양의 개화의 물결이 전국 방방곡곡에 밀어닥칠 무렵, 변방 경남 남해에 신문학학교가 개설되고 한양 천리 길을 오신 '개화 없이는 설 자리는 없다'는 일념에 불타는 젊은 선비 선생님들이 개화의 선물로 손수 들고 오신 책으로 본인의 선친께서 상투를 깎고 배우신 신학문 공부 책입니다(정일문, 1995).

『신정산술』(1901) 표지

『신정산술』에는 판권지가 없어 저자, 발행자 등을 알 수 없다. 한편 세 권 중에서 제1권에만 서문이 등장하는데 이 서문을 양재권이 썼다. 그는 이 서문에서 이 책을 이교승이 지었다고 기술하였다.

"이교승 군은 하늘 백성 중 선각자다. 오랫동안 어려운 공부를 하였으나 그 책들이 쓸모없어진 것을 알고 이 전문서를 찬하였다(한영균, 2016)."

『신정산술』 제1권은 덧셈과 뺄셈, 제2권은 덧셈, 뺄셈, 곱셈, 제3권은 나눗셈을 중점적으로 다루면서 최종적으로 사칙계산을 모두 다룬다. 자연수와 사칙계산 중심의 교재였음을 알 수 있다.

| [표 I-4] 『신정산술』 각 권 내용 |

학년	1권 심상1학년용	2권 심상2학년용	3권 심상3학년용
내용	제 1편 총론, 기수법과 예제 제 2편 가법과 예제, 가법 문제 제 3편 감법과 예제, 감법 문제 답	제 4편 가감 혼법과 예제, 가감 난제 제 5편 승법과 예제, 승법 문제 제 6편 가감승혼법과 예제, 가감승 난제 답	제 7편 제법과 예제, 제법문제 제 8편 승제 혼법과 예제, 승제 난제 제 9편 가감승제 혼법과 예제, 가감승제 난제 답

대표로 1권의 체계를 살펴보면, 제1항 산술의 정의에서 시작하여 제24항 검산법으로 되어 있다. 또 편마다 '예제'와 '문제'가 수록되어 있다. '문제'는 주로 문장제로 되어 있으며 '예제'와는 달리 단위를 붙인 문제의 계산이었다. 세로쓰기와 가로쓰기를 혼용하고 있으며, 초보적인 사칙계산을 포함하여 요즘 초등학교 수준의 수학을 다루었다.

외국 교과서를 본뜬 편집이긴 하지만 한국의 현실에 적응시키려는 의도가 역력히 드러나 보인다. 이 책 내용의 대부분을 차지한 잡제(難題)는 한국의 실정에 맞는 소재로 꾸몄다. 이러한 예제는 당시의 사회 사정을 알려주는 자료로도 쓰일 수 있을 정도이다(박한식, 1991).

위 책의 내용과 '소학교교칙대강'의 교육내용을 비교해 보면 일치하지 않는 부분이 있다. 예컨대 소학교칙대강에서는 '소수, 도량형, 화폐, 시각, 필산, 주산'을 심상과에서 다루는 것으로 되어 있지만 위 책에는 그런 내용이 없다.

쉼터 보재(溥齋) 이상설과 『산술신서』(1900)

이준, 이상설, 이위종

진천의 이상설 생가

충북 진천군 진천읍 산척리에 있는 조선시대의 주택. 충청북도 기념물 제77호

이상설의 주요 약력

- 1870 : 충북 진천 출생
- 1877 : 서울 이용우 선생의 양자로 입양됨
- 1886, 1887 : 『수리(數理)』라는 책을 쓴 것으로 알려짐
- 1894 : 갑오문과에 급제
- 1896 : 성균관교수 겸 관장, 한성사범학교교관 등 역임
- 1900 : 중등교과서 『산술신서』 상권 1, 2 편역
- 1905 : 을사늑약 강제 체결
- 1906 : 4월 일본의 조선통감부 설치 ➡ 북간도 용정 망명
- 1907 : 이준, 이위종과 헤이그에 고종의 특사로 파견 ➡ 일제의 사형 선고
- 1908 : 미국에서 열린 애국동지대표자회의에 이승만과 참가
- 1909 : 연해주로 망명, 독립운동기지인 한흥동 건설
- 1910 : 블라디보스토크에서 성명회 조직
- 1911 : 권업회 조직
- 1913 : 나자구에 사관학교 설립
- 1914 : 중국, 러시아에서 대학광복군정부 설립, 상해 영조계에서 산한혁명단 조직
- 1917 : 러시아 니콜리스크에서 사망

이상설 유허비(러시아 연해주)

이상설의 『산술신서』

이상설은 1907년 네덜란드 헤이그에서 을사조약의 부당함을 외쳤던 '헤이그 밀사' 사건의 주인공이다. 그는 10대 시절부터 신학문을 독학했으며, 수학, 물리, 화학, 경제학, 국제법 등을 공부했고 영어, 프랑스어, 러시아어를 익혔다. 신학문을 열심히 배우면서도, 우리나라 마지막 과거시험이었던 1894년 갑오문과에 급제하였다. 관직에 들어서면서 성균관 교수 겸 관장, 한성사범학교교관 등을 역임한 그는 1900년에 『산술신서』를 편찬하였다. 이 책의 내용은 초등수학 내용을 포함한 중등수학교재로 볼 수 있다.

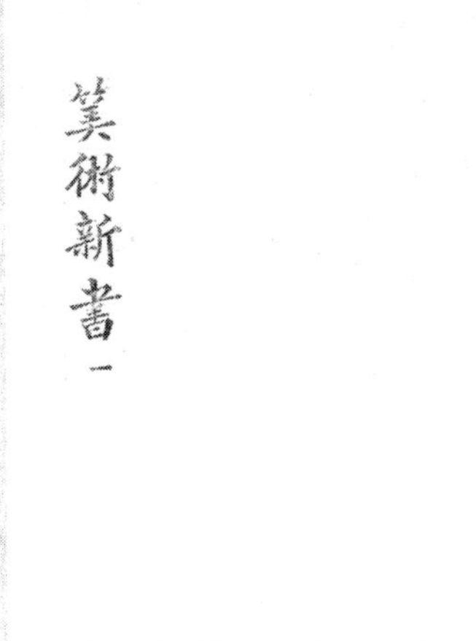

筭術新書 一

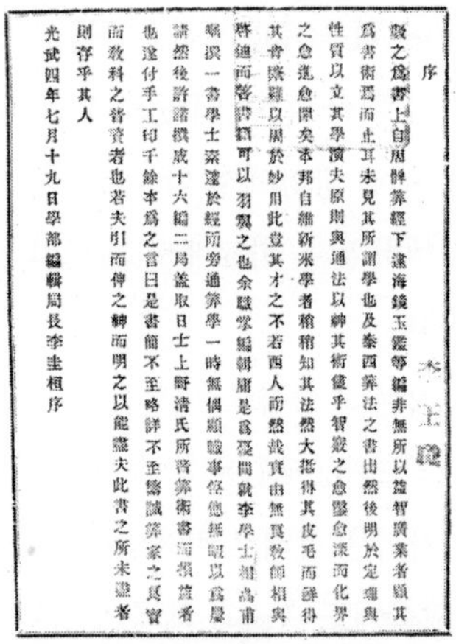

序

數之爲書上自周髀筭經下逮海鏡玉鑑等編非無所以益智廣業者顧其爲書術焉而止耳未見其所謂學也及泰西筭法之書出然後明於定理與性質以立其學演夫原則與通法以神其術健乎智數之愈變愈深而化界之愈進愈開矣本邦自維新來學者稍稍知其法然大抵得其皮毛而鮮得其骨髓以周於妙用此豈其才之不若西人而然哉實由無其敎師相與發建而啓牖可以羽翼之也余職掌編輯庸是爲憂聞就李學士相卨甫囑撰一書學士素達於經而旁通筭學一時無偶顧職事倥偬振辭以爲學請然後許諸撰成十六編二局蓋取日士上野清氏所著筭術書而損益者也遂付手工印千餘本爲之言曰是書簡不至略詳不至繁誠筭家之眞寶而敎科之豈資者也若夫引而伸之神而明之以能盡夫此書之所未盡者則存乎其人

光武四年七月十九日學部編輯局長李圭桓序

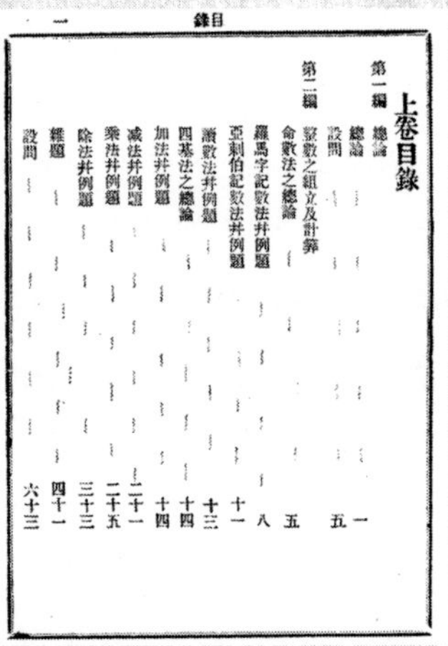

目錄 一

上卷目錄

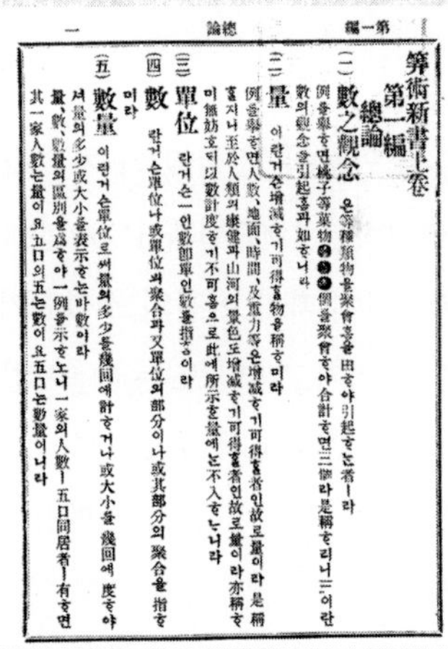

第一編 總論 一

筭術新書上卷

第一編 總論

(一) 數之觀念 은等種類物을聚會홈을由ᄒᆞ야引起ᄒᆞᄂᆞᆫ者ㅣ라

例를擧ᄒᆞ면桃子等菓物●●●個를聚會ᄒᆞ야合計ᄒᆞ면三個라是稱ᄒᆞ리니三이란數의觀念을引起홈과如ᄒᆞ니라

(二) 量 이란거슨增減ᄒᆞ기可得ᄒᆞᆫ物을稱ᄒᆞ미라

例를擧ᄒᆞ면人數、地面、時間、及重力等은增減ᄒᆞ기可得ᄒᆞᆫ者인故로量이라是稱ᄒᆞᆫ지나至於人類의康健과山河의景色도增減ᄒᆞ기可得ᄒᆞᆫ者인故로量이라亦稱ᄒᆞ미無妨ᄒᆞ되以數計度ᄒᆞ기不可홈으로此에所示ᄒᆞᆫ量에ᄂᆞᆫ不入ᄒᆞᄂᆞ니라

(三) 單位 란거슨一인數卽單인數를指ᄒᆞ이라

(四) 數 란거슨單位나或單位의聚合과又單位의部分이나或其部分의聚合을指ᄒᆞ미라

(五) 數量 이란거슨單位로써量의多少를幾回에計ᄒᆞ거나或大小를幾回에度ᄒᆞ야셔量의多少或大小를表示ᄒᆞᄂᆞᆫ바數이라

量、數、數量의區別을爲ᄒᆞ야一例를示ᄒᆞ노니一家의人數ㅣ五口同居者ㅣ有ᄒᆞ면其一家人數ᄂᆞᆫ量이오五口의五ᄂᆞᆫ數이오五口ᄂᆞᆫ數量이니라

이 책의 서문에는 오늘날 교육부에 해당하는 학부의 편집국장 이규환의 머리말이 있다. 이규환은 이 수학책이 일본 학자 이노우에 기요시(上野淸, 1854~1924)의 수학책을 이상설이 편찬한 것으로 밝히고 있다. 덧붙여 유교경전에도 조예가 깊고 또 산학을 이해하고 있는 이상설에게 상야청의 수학책을 번역해 줄 것을 이규환이 부탁하였다고 적고 있다. 이 『산술신서』는 1,000부 인쇄되었다고 한다.

3 통감부 시기(1905~1910)

1905년 11월 우리나라와 일본 사이에는 을사늑약이 강제로 체결되었다. 1906년 2월부터 일본은 통감부를 두어 내정을 간섭하였다. 통감부의 교육정책의 방침은 조선의 학제를 '**비근**(卑近)'하게 만들고 일본의 문명을 수입, 배양하기 위한 '간이(簡易)와 이용(利用)'의 목적에서 식민교육을 실시하고자 하였다(이계형, 2008). 이런 방향에서 학교제도를 개편하고 교육과정과 교과서에 대한 통제를 강화하는 정책을 실행하였다. 학교제도 개편의 골자는 '실용 교육'이라는 명목 아래 교육 연한을 단축하는 것이었다.

> **비근**
> 한자로는 '卑近'. 흔히 주위에서 보고 들을 수 있을 만큼 알기 쉽고 실생활에 가깝다라는 뜻이다.

통감부 시기는 외형적으로는 갑오개혁 시기와 비슷한 구조로 초등수학의 교육과정, 교과서 등이 제시되면서, 교원용 산술서 발간이나 매주교수시간표 제시 등과 같이 그 체계가 좀 더 오늘날에 가까운 형태로 바뀌었다. 하지만 더 깊이 들여다보면, 일제의 식민교육정책에 따라 초등수학교육에도 축소와 왜곡이 일어났음을 확인할 수 있다.

가. 보통학교령

통감부는 일본의 '소학교'와 차별화하기 위해 1906년 8월에 '보통학교령'을 공포하였다. 보통학교령은 1907년과 1909년에 각각 두 차례 대폭 개정되었다.

보통학교령에 따라 이전의 소학교가 보통학교로 바뀌었다. 이때 기존의 심상과와 고등과 구분이 없어지고 5년 또는 6년이었던 수업 연한이 4년으로 단축되었다. 또 기존의 중학교를 고등학교로 고쳐 수업 연한을 3년 또는 4년으로 하였다. 이는 전체적으로 7년 또는 8년 안에 초등부터 고등학교 과정까지 마치고 실업에 종사할 수 있도록 한 것이다(함종규, 2003).

보통학교의 교육목적은 학생의 신체발달에 유의하고 도덕교육과 국민교육을 실시하여 일상생활에 필요한 보통지식과 기예를 습득하게 하는 것이었다. 입학 연령은 8세부터 12세의 남녀로 하였다.

보통학교의 교과목으로 수신, 국어, 일어, 한문, 산술, 역사, 지리, 이과, 도화, 체조, 수예 등이 있었고, 선택과목으로는 창가, 수공, 상업이 있었다. 여기서 주지할 점은 국어, 산술과 동일한 시간을 일어 과목에 배당한 것이다. 식민지인으로 필요한 지식을 좀 더 가르치기 위해 일어교육에 중점을 두었다(함종규, 2003). 1909년 개정된 보통학교령에서는 국어와 한문이 하나로 묶여 '국어와 한문'으로 바뀌었다.

나. 보통학교령시행규칙

보통학교령시행규칙에는 각 교과목의 교수요지가 적혀 있다. 그중에서 산술에 관한 교수요지를, 앞선 갑오개혁 시기에 발표된 '소학교교칙대강'과 비교하면 다음과 같다.

| [표 I-5] 소학교교칙대강과 보통학교령시행규칙의 산술 요지 대비 |

소학교교칙대강(1895)	보통학교시행규칙	
	1906	1909
第五條 算術은 日用計算에 習熟ᄒᆞ게 ᄒᆞ고 兼ᄒᆞ야 思想을 精密케 ᄒᆞ고 ᄯᅩᄒᆞᆫ 生業上에 有益ᄒᆞᆫ 智識을 與ᄒᆞᆷ을 要旨로 ᄒᆞᆷ	五 算術 日常計算에 習熟케 ᄒᆞ야 生活上 必要ᄒᆞᆫ 知識을 與ᄒᆞ며 兼ᄒᆞ야 ①思量을 精確케 ᄒᆞᆷ으로 要旨ᄅᆞᆯ ᄒᆞᆷ이라	四 算術은 日常計算에 熟習케 ᄒᆞ며 生活上 必要ᄒᆞᆫ 知識을 與ᄒᆞ고 兼ᄒᆞ야 ①思考ᄅᆞᆯ 精密케 ᄒᆞᆷ으로ᄡᅥ 要旨로 ᄒᆞᆷ
尋常科에ᄂᆞᆫ 最初에ᄂᆞᆫ 十位以下數의 範圍內에 置ᄒᆞᄂᆞᆫ 計算法과 加減乘除ᄅᆞᆯ 授ᄒᆞ고 漸次로 數의 範圍ᄅᆞᆯ 擴ᄒᆞ야 萬以下數의 範圍內에 置ᄒᆞᄂᆞᆫ 加減乘除와 通常小數의 計算法을 授ᄒᆞᆷ이 可ᄒᆞᆷ 初年으로부터 漸次로 度量衡 貨幣와 時刻의 制ᄅᆞᆯ 授ᄒᆞ고 是ᄅᆞᆯ 日用事物에 應用ᄒᆞ야 其計算에 習熟케 ᄒᆞᆷ이 可ᄒᆞᆷ 尋常科에ᄂᆞᆫ 筆算과 珠算을 用ᄒᆞ고 ᄯᅩ 筆算 珠算을 倂用ᄒᆞᆷ은 土地의 情況에 依ᄒᆞᆷ이 可ᄒᆞᆷ 高等科에ᄂᆞᆫ 筆算 珠算을 倂用호ᄃᆡ 珠算은 加減乘除ᄅᆞᆯ 練習ᄒᆞ고 筆算은 初에ᄂᆞᆫ 度量衡 貨幣와時刻의 計算을 練習ᄒᆞ게 ᄒᆞ고 漸進ᄒᆞᄂᆞᆫᄃᆡ로 簡易ᄒᆞᆫ 比例問題와 通常 分數 小數ᄅᆞᆯ 倂ᄒᆞ야 授ᄒᆞ며 ᄯᅩ 學校의 修業年限에 應ᄒᆞ고 다시 複雜ᄒᆞᆫ 比例問題等을 授ᄒᆞᆷ이 可ᄒᆞᆷ	初에ᄂᆞᆫ 簡易ᄒᆞᆫ 數의 計法과 書法 及 加減乘除ᄅᆞᆯ 敎授ᄒᆞ고 漸進ᄒᆞ야 通常의 加減乘除 幷 ②小數 及 分數의 呼法과 書法 及 加減乘除ᄅᆞᆯ 敎授ᄒᆞ고 漸次 度量衡 貨幣의 時制大要ᄅᆞᆯ 敎授ᄒᆞᆷ이라 筆算을 爲主ᄒᆞ야 用ᄒᆞᆷ이 可ᄒᆞ나 或 土地情況에 依ᄒᆞ야 珠算을 倂用ᄒᆞᆷ도 得ᄒᆞᆷ이라	算術은 初次ᄂᆞᆫ 簡單ᄒᆞᆫ 數의 計數法·書法 及 加減乘除ᄅᆞᆯ 敎授ᄒᆞ고 ②進ᄒᆞ야ᄂᆞᆫ 通常의 加減乘除와 竝히 小數·諸等數 及 簡易ᄒᆞᆫ 分數·步合算을 敎授ᄒᆞᆷ이 可ᄒᆞᆷ 算術은 筆算을 用ᄒᆞᆷ이 可ᄒᆞᆷ 土地狀況에 依ᄒᆞ야 珠算을 倂用ᄒᆞᆷ을 得ᄒᆞᆷ
算術ᄅᆞᆯ 授ᄒᆞᆷ이 理會力을 精密케 ᄒᆞ고 運算에 習熟ᄒᆞ야 應用에 自在ᄒᆞ기ᄅᆞᆯ 務ᄒᆞ고 ᄯᅩ 항샹 正確ᄒᆞᆫ 言語ᄅᆞᆯ 用ᄒᆞ야 運算의 方法과 理由ᄅᆞᆯ 說明케 ᄒᆞ고 ᄯᅩ 暗算에 熟達케 ᄒᆞᆷ을 要ᄒᆞᆷ	理會ᄅᆞᆯ 精確히 ᄒᆞ고 運算에 習熟ᄒᆞ야 應用自在케 ᄒᆞᆷ을 務ᄒᆞ고 ᄯᅩ 運算의 方法 及 理由ᄅᆞᆯ 正確히 說明케 ᄒᆞ고 ③且 心算 及 速算에 習熟케 ᄒᆞᆷ을 要ᄒᆞᆷ이라	算術을 敎授ᄒᆞᆷ에ᄂᆞᆫ 理會ᄅᆞᆯ 正確히 ᄒᆞ며 運算에 熟習ᄒᆞ야 應用自在케 ᄒᆞᆷ을 務ᄒᆞ고 又 運算의 方法 及 理由ᄅᆞᆯ 正確히 說明케 ᄒᆞ며 ③且 暗算 及 速算에 熟習케 ᄒᆞᆷ을 要ᄒᆞᆷ
算術의 問題ᄂᆞᆫ 他의 敎科目에셔 授ᄒᆞᆫ 事項을 適用ᄒᆞ고 ᄯᅩᄂᆞᆫ 土地의 情況을 斟酌ᄒᆞ야 日常 適切ᄒᆞᆫ 者ᄅᆞᆯ 擇ᄒᆞᆷ이 可ᄒᆞᆷ	問題ᄂᆞᆫ 他敎科目에셔 敎授ᄒᆞᆫ 事項 及土地의 情況을 斟酌ᄒᆞ야 日常適合ᄒᆞᆫ 것을 選ᄒᆞᆷ이라	算術의 問題ᄂᆞᆫ 他敎科目에셔 敎授ᄒᆞᆫ 事項 及土地狀況을 斟酌ᄒᆞ야 日常適切ᄒᆞᆫ 것을 選ᄒᆞᆷ이 可ᄒᆞᆷ

갑오개혁 시기의 소학교에서 심상과와 고등과로 구분하여 제시된 교육내용이 보통학교에서는 하나로 합쳐지면서 결과적으로 가르치고자 한 내용에서 차이가 나타났다. 이 차이를 좀 더 세밀하게 살펴보자.

| [표 I-6] 소학교와 보통학교의 산술 내용 요소별 비교 |

시기	과정	자연수	분수	소수	도량형	화폐	시각	비례문제	필산	주산
소학교 (갑오개혁시기)	심상과	○		○	○	○	○		○	○
	고등과		○	○	○	○	○	○	○	○
보통학교 (통감부시기)	1906	○	○	○	○	○	○		○	○
	1909	○	○	○			○ (제등수)	○ (보합산)	○	○

첫째, 소학교에서보다 보통학교에서 가르치는 내용 요소의 수가 줄었음을 알 수 있다. 1906년 보통학교에서는 '비례문제'가 없고, 1909년 보통학교에서는 '도량형'과 '화폐'가 없다.

둘째, 소학교에서는 심상과와 고등과로 구분되어 5년에 걸쳐 특정 내용을 반복, 심화해 지도하는 것이 가능한 구조였다. 예를 들어, 소수, 도량형, 화폐 등은 심상과와 고등과에서 모두 다루었다. 그에 반해 교육연한이 4년인 보통학교에서는 각 내용이 일회적으로 언급되어 반복, 심화가 어려운 구조가 되었다.

셋째, 보통학교시행규칙에서는 '간이한 수의 계법'이라든지, '간단한 수의 계산법' 등과 같이 '간이' 또는 '간단'이라는 말이 여러 차례 등장한다. 이 표현으로부터 지도 내용의 깊이를 얕게 하고자 한 의도를 읽을 수 있다. 통감부의 교육정책은 기본적으로 '간이'와 '이용'이었는데, 그런 의도가 산술 교수요지에서도 드러난다.

1) 매주 교수시수표

보통학교령시행규칙에는 '매주 교수시수표'가 제시되었다. 갑오개혁의 소학교령이나 소학교규칙대강에는 '교수시수표'를 별도로 정하지 않았고 '학무대신'이 교수시수표를 정하는 것으로 되어 있었다. 보통학교령시행규칙의 '매주 교수시수표'를 보면, 국어, 일어, 산술이 동일한 시수로 되어 있다. 보통학교령에서 강조된 것은 사실 '일어'였다. 국어와 같은 시수를 일어에 배정하였다. 한편 산술이 국어, 일어와 동등한 시수를 점한 것은 실용 교육으로서의 산술의 필요성을 높이 산 것으로 보인다.

| [표 I-7] 보통학교 각 학년 교과목 및 매주 교수시수표(1906) |

학년	수신	국어	한문	일어	산술	지리역사	이과	도화	체조	수예	창가	수공	농업	상업	계
1	1	6	4	6	6			2	3						28
2	1	6	4	6	6			2	3						28
3	1	6	4	6	6		2	2	3						30
4	1	6	4	6	6		2	2	3						30

| [표 I-8] 보통학교 각 학년 교과목 및 매주 교수시수표(1909) |

학년	수신	국어와 한문	일어	산술	지리 역사	이과	도화	체조	수예	창가	수공	농업	상업
1	1	남10 여9	6	6			2	3					
2	1	남10 여9	6	6			2	3					
3	1	남10 여9	6	6		2	남2 여1	3					
4	1	남10 여9	6	6		2	남2 여1	3					

2) 산술의 학년별 교육내용

보통학교령시행규칙에는 산술의 학년별 교육내용도 함께 제시되었다. 이는 갑오개혁의 소학교나 소학교규칙대강에 없던 내용이다. 보통학교 각 학년 교육과정에 따르면 산술의 학년별 내용은 [표 I-9]와 같다. 1906년과 1909년 수업시수표에서 1학년과 2학년의 내용은 거의 변동이 없다. 그에 대해 3학년과 4학년의 내용은 다소 변화가 있었던 것으로 보인다. 1906년에서는 '분수, 도량형, 화폐, 시간' 등을 3학년에게 가르치고 이를 4학년에서 다시 반복 학습하였다. 그런데 1909년에는 4학년에서 그 내용을 다룬 것으로 보인다. 당시 기준으로 볼 때, 어려운 내용으로 볼 수 있는 '분수, 도량형, 화폐, 시간' 등이 3, 4학년 과정에서 4학년 과정으로 옮겨진 것으로 해석할 수 있다.

| [표 I-9] 보통학교 각 학년 교과과정 및 매주 수업시수표 |

연도	1학년(6시수)	2학년(6시수)	3학년도(6시수)	4학년(6시수)
1906	계법 서법 통상가감승제	통상가감승제	통상가감승제 소수의 독법 서법 가감승제 분수 도량형 화폐와 시간의 계산	좌동
1909	간단한 수의 계수법, 서법 가감승제	통상가감승제	좌동과 소수	제등수[7] 분수, 보합산[8]

다. 산술 교과서

1) 통감부의 교과서 통제

교과서 편찬을 책임지던 학부는 일본 통감부의 간섭으로 본국서의 편찬에 매우 미온적인 태도를 취하였다. 특히 통감부는 사립학교령 제6조와 학부령 제16호로 **교과용 도서 검정 규정을 공포**함으로써 배일(排日) 내용의 교과서를 모두 없애고 어용 교과서를 사용하도록 하였다. 보통학교령 제6조에 의하면 보통학교의 교과목을 수신, 국어, 일어, 산술, 지

7) 여러 가지 단위의 명칭으로 표시되는 명수(1시간 30분 15초 따위). 복명수(複名數).

8) 어떤 수의 다른 수에 대한 비율의 값(소수·분수·퍼센트, 할·푼·리 따위로 나타냄).

리, 역사, 이과, 도화, 체조로 하고 있음에도 불구하고, 학부는 교과서 편찬에 지리와 역사 과목을 고의로 누락시켰다. 이 두 과목이 민족의식과 독립 의식을 고취시킬 가능성이 큰 것으로 보고 의도적으로 누락시킨 것이다(김봉희, 1999).

2) 학부 편찬 『보통학교교원용 산술서』

이 시기의 초등학교용 산술 교과서로 '학부 편찬 『보통학교교원용 산술서』(4권)'를 들 수 있다. 이 책은 1908년 학부 편찬으로 간행된 후 1909년에 재간(再刊)되었다. 모두 4책으로 간행된 것으로 보이는데 1908년 초간본 중에서 현재 전하는 것은 제4권뿐이다. 1909년 재간본은 제1권에서 제4권까지 모두 남아 있다. 한편 일제 강점기에 들어서서 편찬 주체가 조선총독부로 바뀌어 동일한 내용을 실은 교재가 1911년, 1913년 반복해서 간행된 것을 확인할 수 있다(한영균, 2016).

이 산술서의 내용은 학년별로 교육내용을 제시하고 있는데, 그 내용이 앞서 언급한 [표 I-9]와 일치하는 면이 있다.

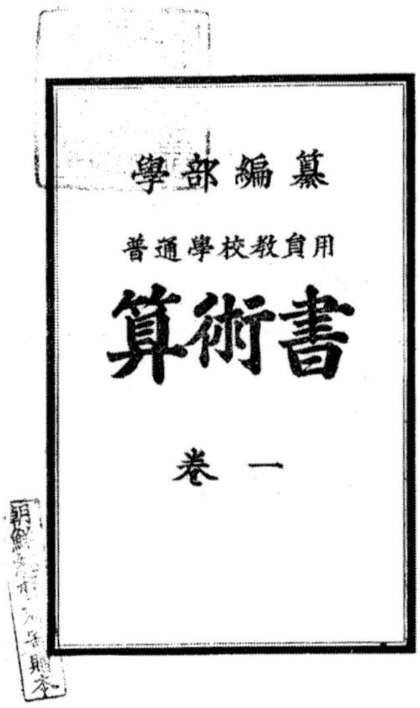

『보통학교교원용 산술서』(1908) 표지

이 책의 특징은 첫째, 가로쓰기로 쓰였다는 점을 들 수 있다. 국가에서 발간한 초등학교 교과서 중에서 **가로쓰기를 적극 도입한 교과서**로는 초기에 해당할 것으로 보인다.

둘째, 이 '산술서'를 갑오개혁시기에 심상과용으로 집필된 신정산술과 비교해 볼 때, 그 내용이 많이 쉬워졌다는 것을 알 수 있다.

셋째, '교원용' 교재를 표방한 책이다. 책의 구성은 '요항(要項)', '교재(教材)', '주의(注意)'로 되어 있다.

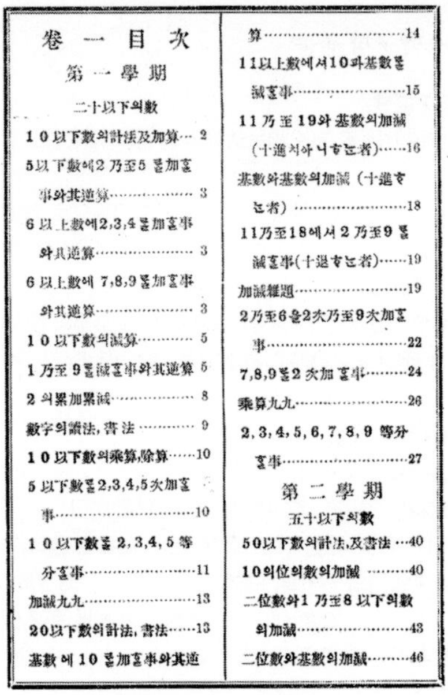

卷一目次

第一學期

二十以下의數

第二學期

五十以下의數

『보통학교교원용 산술서』 목차

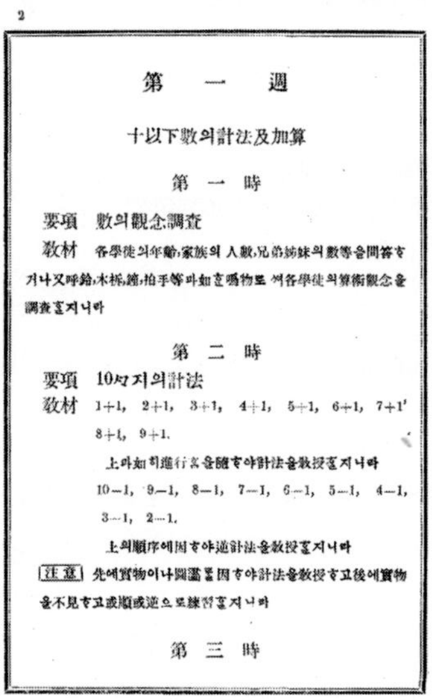

2

第一週

十以下數의計法及加算

第一時

要項　數의觀念調査

教材　各學徒의年齡,家族의人數,兄弟姉妹의數等을問答ᄒ거나又呼鈴,木柝,鐘,拍手等과如흔鳴物로써各學徒의算術觀念을調査흘지니라

第二時

要項　10ᄭ지의計法

教材　1+1,　2+1,　3+1,　4+1,　5+1,　6+1,　7+1,
8+1,　9+1.

上과如히進行흠을隨ᄒ야計法을敎授흘지니라

10−1,　9−1,　8−1,　7−1,　6−1,　5−1,　4−1,
3−1,　2−1.

上의順序에因ᄒ야逆計法을敎授흘지니라

[注意] 先에實物이나圖畵를因ᄒ야計法을敎授ᄒ고後에實物을不見ᄒ고或順或逆으로練習흘지니라

第三時

『보통학교교원용 산술서』 내 학생용 부분

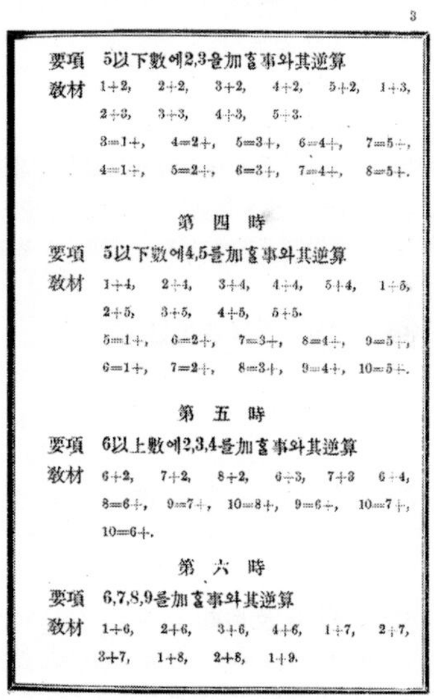

3

要項　5以下數에2,3을加흔事와其逆算

教材　1+2,　2+2,　3+2,　4+2,　5+2,　1+3,
2+3,　3+3,　4+3,　5+3.
3=1+,　4=2+,　5=3+,　6=4+,　7=5+,
4=1+,　5=2+,　6=3+,　7=4+,　8=5+.

第四時

要項　5以下數에4,5를加흔事와其逆算

教材　1+4,　2+4,　3+4,　4+4,　5+4,　1+5,
2+5,　3+5,　4+5,　5+5.
5=1+,　6=2+,　7=3+,　8=4+,　9=5+,
6=1+,　7=2+,　8=3+,　9=4+,　10=5+.

第五時

要項　6以上數에2,3,4를加흔事와其逆算

教材　6+2,　7+2,　8+2,　6+3,　7+3　6+4,
8=6+,　9=7+,　10=8+,　9=6+,　10=7+,
10=6+.

第六時

要項　6,7,8,9를加흔事와其逆算

教材　1+6,　2+6,　3+6,　4+6,　1+7,　2+7,
3+7,　1+8,　2+8,　1+9.

『보통학교교원용 산술서』 내 교사용 '주의' 사항

쉼터 칙령 제145호 소학교령 원문

1章 小學校의 本旨와 種類 及 經費.

1. 小學校는 兒童身體의 發達함에 鑑하여 國民敎育의 基礎와 其生活上 必要한 普通知識과 技能을 敎授함을 本旨로 한다.
2. 小學校를 나누어 官立小學校·公立小學校·私立小學校의 3種으로 한다. 官立小學校는 政府의 設立, 公立小學校는 府 혹은 郡의 設立, 私立小學校는 私人이 設立한 것을 말한다.
3. 官立小學校에 所要되는 經費는 國庫에서 支辦하고 公立小學校의 要하는 經費는 府 혹은 郡에서 負擔한다.
4. 私立小學校는 各該 觀察使의 認可를 經하여 設置한다. 私立小學校 認可에 關한 規定은 學部大臣이 定한다.
5. 私立小學校 經費는 地方 理財 혹은 國庫에서 幾許를 補助받는다.

2章 小學校의 編制 及 男女兒童의 就學

6. 小學校를 나누어 尋常·高等2科로 한다.
7. 小學校修業年 限은 尋常科는 3個年 , 高等科는 2個年 으로 한다.
8. 小學校의 尋常科 敎科目은 修身·讀書·作文·習字·算術·體操로 한다. 時宜에 依하여 體操를 除하며 또 本國地理·本國歷史·圖書·外國語의 1科 혹은 數科를 加하고 女兒를 위하여 裁縫을 加한다.
9. 小學校 高等科의 敎科目은 修身·讀書·作文·習字·算術·本國地理·本國歷史·外國地理·外國歷史·理科·圖書·體操로 하고 女兒를 위하여 裁縫을 加한다. 時宜에 依하여 外國語 1科를 加하며 또 外國地理·外國歷史·圖書1科 혹은 數科를 除한다.
10. 第8條·第9條에 依하여 小學校에 敎科目을 加除하려면 其 監督者가 學部大臣의 許可를 받아야 한다.
11. 各府 觀察使는 小學校敎則大綱에 依하여 其管內 小學校敎則을 定하되 學部大臣의 許可를 받아야 한다. 小學校敎則大綱은 學部大臣이 定한다.
12. 小學校單級多級의 制와 男女를 區別하거나 或은 混淆하며 敎授할 境遇와 一敎官의 敎授할 兒童數爻에 關한 것은 學部大臣이 定한다.
13. 小學校의 休業은 日曜日 外에 冬期 夏期를 幷하여 每年 90日을 넘지 못한다. 時宜에 依하여 學部大臣의 許可를 받고 前項의 期限을 넘을 수 있다.
14. 小學校의 每週 敎授時限과 慶節日 儀式 等에 關한 것은 學部大臣이 定한다.
15. 小學校의 敎科用書는 學部의 編輯한 外에도 或은 學部大臣의 檢定을 받은 것을 使用한다.
16. 兒童의 滿 7才에서 滿 15才까지 8個年 으로 學齡을 定한다.

3章 小學校의 設置 及 監督

17. 各府郡에는 其 管內에 學齡兒童의 就學할 公立小學校를 設置한다.
18. 各府 觀察使는 其 管內에 公立小學校를 設置하기 前에는 私立小學校으로 代用한다.
19. 各府郡에 設置할 公立小學校의 校數 及 位置는 學部大臣이 定한다.
20. 官立小學校는 學部의 直轄, 公立小學校는 各該 府의 管轄에 屬하며 私立小學校는 各該 觀察使의 監督을 받는다.

4章 小學校長 及 敎員

21. 小學校員은 小學校敎員의 許狀이 있는 者로써 施行한다.
22. 小學校敎員의 許狀을 給與할 時에는 檢定에 合格함을 必要로 한다.
23. 官立小學校敎員은 學部大臣, 公立小學校敎員은 各該 觀察使가 任用한다.
24. 官立小學校敎員은 判任으로 하고 그 官等 俸給은 따로 定한다.
25. 官立小學校校長은 學部大臣, 公立小學校校長은 各該 觀察使가 其 學校의 敎員 中으로 兼任케 하되 但 觀察使는 學部大臣의 認可를 받은 후에 行한다. 時宜에 依하여 學部主事 혹은 地方廳主事로써 兼任케 한다.
26. 小學校敎員이 不正한 所爲가 있어 其 職을 失할 때에는 許狀을 還收한다.附 則
27. 本令은 開國 504年 8月 1日부터 各 地方의 狀況에 依하여 漸次로 施行한다.
28. 公立小學校 經費는 現今間 國庫에서 支辦한다.
29. 現今間은 官立小學校 及 公立小學校의 經費豫算 內에서 外國敎師를 傭入할 수 있다.

참고문헌

김경미(2000). 갑오개혁기 초등교육개혁의 전개 과정과 그 성격. 한국교육사학, 22(1), 23-43.

김봉희(1999). 한국개화기서적문화연구한국 개화기 서적 문화 연구. 이화여자대학교 출판부.

김영우(1984), 한말의 사립학교에 관한 연구. 교육연구, 1, 5-65.

박교식(2014). 우리나라와 일본의 초등학교 수학과 교육과정 체제 비교 : 요소, 영역, 목표, 시수 를 중심으로. 한국학교수학회논문집, 17(1), 123-137.

박교식(2014). 우리나라와 일본의 초등학교 1학년 수학 교과서 비교 연구 : 영역 을 중심으로. 한국학교수학회논문집, 17(2), 235-249.

박승배(2013). 갑오개혁기 교과서는 누가 집필 했을까? :갑오개혁기 학부 교과서 편찬 책임자 추정 연구. 초등교육연구, 24(1), 217-233.

박한식(1971). 개화기의 수학교육연구. 수학교육, 9(2), 47-54.

박한식(1991). 한국수학교육사. 대한교과서주식회사.

손봄이(2011). 대한제국기 공립소학교 연구 : 경기지역 공립소학교를 중심으로. 석사학위논문, 한국교원대학교, 청주.

송호근(2013). 시민의 탄생. 서울: 민음사.

안상원(1983). 우리나라 近代學校의 胎動에 관한 一考. 教育論叢, 3, 7-23.

오채환, 이상구, 홍성사, 홍영희(2010). 19세기(世紀) 조선(朝鮮)의 수학(數學) 교과서(教科書). 한 국수학사학회지, 21(3), 1-24.

원유만(1996). 新訂算術(제3권)의 내용에 관한 研究. 석사학위 논문, 울산대학교, 울산,

유정화(2011). 19세기 한중일 근대 통번역 교육제도 비교 연구. 박사학위 논문. 한국외국어대학교, 서울.

이계형(2008). 대한제국기 통감부의 식민교육정책 연구. 박사학위 논문. 국민대학교, 서울. 이광린(1963). 育英公院의 設置와 그 變遷에 對하여. 동방학지, 6. 101-129. [Provider:earticle] Download by IP 112.145.102.60 at Tuesday, October 31, 2023 11:57 PMwww.earticle.net

이교승(1901). 신정산술. 광문사.

이상구, 이재화, 김영구, 이강섭,함윤미(2017). 한국근·현대수학교재연구. 수학교육논문집,31(1). 149-177.

이상국(1988). 개화기의 서구식 수학 교육의 일별. 한국수학사학회, 5(1). 전민호(2012). 개화기 학교교육개혁에 관한 연구. 박사학위 논문, 고려대학교, 서울.

전민호(2017). 개화기 서당교육의 전개. 한국교육학연구, 23(3). 35-59.

정일문(1995). 신정산술의 분석에 관한 연구. 석사학위 논문, 부산대학교, 부산.

정재걸(1990). 韓國 近代教育의 起點에 관한 研究. 교육사학연구, 2·3, 103-120.

정재걸(1994). 한국 근대 학교교육 100년사 연구(I) : 개화기의 학교교육. 한국교육개발원. 연 구보고 RR94-07.

정지호, 심희보(1987). 개화기의 한국수학교육. 한국수학사학회, 4(1), 9-23.

조영미(2018). 개화기 초등수학교육 재음미. 한국학교수학회. 21권 2호. 161-181

차주연(2006). 개화기를 중심으로 살펴본 학교수학과 수학교육. 수학교육논문집, 20(2), 207-214.

최경용(1999). 新訂算術(제2권)의 내용에 관한 研究. 석사학위 논문, 울산대학교, 울산.

학부(1895). 간이사칙문제집. 학부(1895). 근이산술서. 학부(1908). 보통학교교원용 산술서.

한영균(2016). 대한제국기의 산학(수학) 교재류에 대한 기초적 연구. 한국문화, 73, 207-233.

함종규(2003). 한국교육과정변천사연구. 교육과학사.

허경(1995). 개화기 초등학교 설립현황 및 교육실태 분석. 석사학위 논문, 이화여자대학교, 서울.

Ⅱ. 일제강점기 초등수학교육

	11년	16년	5년	2년	
1910	1911	1922	1938	1943	1945
한일합방	1차 조선교육령	2차 조선교육령	3차 조선교육령	4차 조선교육령	광복
	보통학교 산술	보통학교 산술	소학교 산술	국민학교 산수	

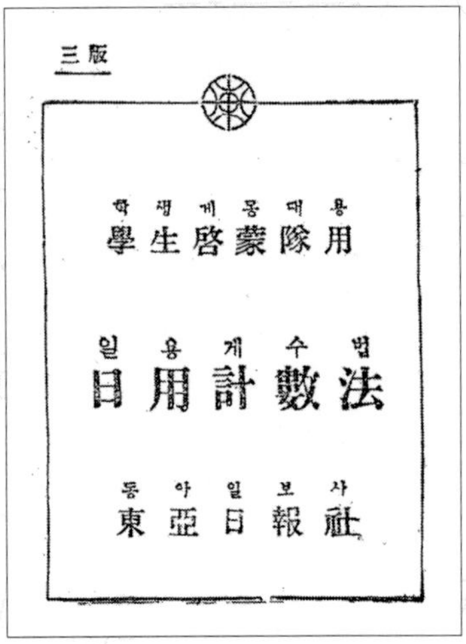

三版

학 생 계 몽 대 용
學生啓蒙隊用

일 용 계 수 법
日用計數法

동 아 일 보 사
東亞日報社

일제강점기에 동아일보와 조선일보가 문맹 퇴치 운동을 벌였다. 『문자 보급 운동 교재』는 학생들과 함께 벌였던 전국 규모의 문맹 퇴치 운동의 실상을 보여주는 귀중한 자료이다. 문자 보급 운동은 일제 시대 언론이 전개한 여러 사업 가운데에서도 가장 뜻깊은 사업이었다. 위 사진의 「일용계수법」은 『문자보급운동 교재』 중 하나였다.

일본 제국은 식민지 교육정책에 따른 '조선교육령'을 공포해 우리나라의 교육과정을 바꾸었다. 일제강점기 동안 '조선교육령'은 크게 4차에 걸쳐 제정되었으며 학교명도 그에 따라 바뀌어 보통학교, 소학교, 국민학교로 바뀌었다. 이 장에서는 주로 각 '조선교육령'에 제시된 산술 교육 내용을 정리하였다.

1 제1차 조선교육령 시행기의 초등수학교육

가. 주요 법령

1) 제1차 조선교육령 (1911. 8. ~ 1922. 2.)

> **1911년 8월 23일 칙령 제229호 조선교육령 공포**

1910년 8월 29일 우리나라를 강제 병합한 일제는 대한제국을 조선으로 칭하고 조선총독부 중심 식민지체제를 구축하였다. 조선총독부는 군사, 행정, 입법, 사법 등에서 강력한 권한을 가지고 무단통치를 했다. 이 맥락에서 일제는 1911년 8월 23일 칙령 제229호 조선교육령을 공포하였다.

제1차 조선교육령의 제1장 제1조는 "조선에서 조선인의 교육은 본령에 따른다"이다. 이는 한국인에게만 조선교육령을 적용하고 조선에 있는 일본인은 별도의 법을 따름을 선포한 것으로 한국인과 일본인 교육에 차이를 둔 것이다. 실제로 조선에 있는 일본인은 「조선공립소학교규칙」을 따랐다.

> **칙령(勅令, royal order)**
>
> 황제가 직접 내리는 구두(口頭) 명령(命令)이다. 국가원수인 황제의 명령은 하나만으로도 법적인 효력이 발생한다. 칙령은 모여서 하나의 법전을 만드는 재료가 된다.

한국인은 '보통학교'를 다녔고, 이 학교는 입학 연령이 8세 이상인 4년제였으며 "토지의 정황에 따라 일 년을 단축할 수 있다(제9조)"고 정하였다. 일제강점기 이전인 통감부 시기에 이미 소학교를 보통학교로 바꾼 바 있다. 이때의 보통학교도 4년제였으며 이 보통학교의 4년제가 일제강점기에 그대로 이어졌다.

2) 「보통학교규칙」(1911.10.20.~1922.2.15)

1911년 10월 20일 조선총독부령 제110호 「보통학교규칙」이 공포되었다. 보통학교 교과목(6조)은 기본적으로 [표 II-1]과 같다. 이 중에서 '이과, 창가, 체조, 도화, 수공, 재봉 및 수예, 농업초보, 상업초보는 토지의 상황에 따라서 당분간 이를 결할 수 있다'고 정했는데 이 과목들은 필수과목이 아니라 상황에 따라 가르치지 않아도 되는 과목이었다. 과목을 필수 과목과 선택과목으로 구분하였으며, 수신, 국어(일본어), 조선어와 한문, 산술은 필수과목이었다. 이로부터 '보통학교는 읽기, 쓰기, 셈하기 중심'이었음을 알 수 있다.

「보통학교규칙」에 제시된 '교수상 주의사항(7조)'은 모든 교과목을 대상으로 한 것이므로 산술 과목에도 이 주의사항을 적용해 볼 수 있다. 주요 특징을 뽑아보면, 먼저 '국어(일본어)를 사용할 것, 생활에 필수적인 지식과 기능을 선택할 것, 반복 연습을 할 것, 아동의 심신 발육의 정도에 부합할 것, 적당한 교육을 실시할 것' 등이었다.

보통학교 : 조선인 아동 대상
소학교 : 일본인 아동 대상

| [표 II-1] 보통학교의 교과목 및 매주 교수시수(1911) |

<table>
<tr><th>학년</th><th>수신</th><th>국어</th><th>조선어와 한문</th><th>산술</th><th>이과</th><th>창가</th><th>체조</th><th>도화</th><th>수공</th><th>재봉과 수예</th><th>농업 초보</th><th>상업 초보</th><th>합계</th></tr>
<tr><td>1</td><td>1</td><td>10</td><td>6</td><td>6</td><td></td><td colspan="2">3</td><td></td><td></td><td></td><td></td><td></td><td>26</td></tr>
<tr><td>2</td><td>1</td><td>10</td><td>6</td><td>6</td><td></td><td colspan="2">3</td><td></td><td></td><td></td><td></td><td></td><td>26</td></tr>
<tr><td>3</td><td>1</td><td>10</td><td>5</td><td>6</td><td>2</td><td colspan="2">3</td><td></td><td></td><td></td><td></td><td></td><td>27</td></tr>
<tr><td>4</td><td>1</td><td>10</td><td>5</td><td>6</td><td>2</td><td colspan="2">3</td><td></td><td></td><td></td><td></td><td></td><td>27</td></tr>
</table>

1900년 관립한성중학교로 설립되어 1911년 경성고등보통학교로 교명이 변경되었다. 당시 고등보통학교는 1911년 8월 「조선교육령」에 의해 시행된 중등교육기관으로 수업연한은 4년이었다. 입학자격은 12세 이상의 남자이며 4년제 보통학교를 졸업하거나 이와 동등한 자격을 갖춘 자였다. 1921년 경성제일고등보통학교로 교명이 변경되었으며, 현재 학교 건물은 정독도서관으로 쓰이고 있다.

「보통학교규칙」 말미에는 '별표'로 '보통학교 교과과정 및 매주 교수시수표'가 제시되었다([표 II-1] 참조). 일제강점기 직전인 통감부 시기(1909)에 이미 일본은 우리나라의 교육을 통제하였다. 당시 우리말을 한문과 합쳐 '국어와 한문'이라는 한 과목으로 편성하였다. 우리나라를 강제병합한 뒤로는 일본어를 '국어' 과목으로 명명하고, '국어와 한문'은 '조선어와 한문'으로 바꿨다. 또한 매주 수업시수도 일본어는 10시수, 조선어와 한문은 6시수 또는 5시수로 정하였다(정재철, 1985).

한편 산술 교과목은 통감부 시기와 제1차 조선교육령 시기에 걸쳐 매 학년 6시수로 똑같다. 산술에 한정해 볼 때, 보통학교 3, 4학년에서는 '조선어와 한문'에 비해 '산술'의 시수가 1시수 더 많을 정도로 산술에 할당된 시수가 높았다.

「보통학교규칙」은 이후 7차례 개정되다가 1922년 폐지되었다. 7차례 개정 중 산술 과목에 큰 변화가 있던 개정은, 1920년 11월 12일 공포된 조선총독부법령 제181호이다. 원래 이 개정의 목적은 '일본역사'와 '지리'를 신설하여 산술 다음의 교과목으로 위치시키는 것이었다.[1)]

1) 이로부터 2년 뒤에 제2차 조선교육령이 제정되는데, 이때는 '일본역사'와 '지리'가 정식 교과목으로 시행되었다.

| [표 II-2] 보통학교의 교과목 및 매주 교수시수(1920) |

학년	수신	국어	조선어와 한문	산술	일본 역사	지리	이과	창가	체조	도화	수공	재봉과 수예	농업 초보	상업 초보	합계
1	1	10	6	6					3	3					27
2	1	10	6	6					3	1					27
3	1	10	5	6			2		3	1					28
4	1	10	5	6			2		3	1					28
5	1	10	4	5	2	2	2		3	1					29
6	1	10	4	5	2	2	2		3	1					29

3) 「조선공립소학교규칙」(1912.3.27.~1922.2.10.)

일본인을 대상으로 한 「조선공립소학교규칙」은 1912년 3월 27일에 공포되었다. 이 규칙의 제1조는 '소학교는 내지인(일본인)의 아동을 교육하는 곳'이라 명시했다. 「조선공립소학교규칙」은 재조선 일본인을 대상으로 한 법령이었다. 일제는 일본인에 한해 일본에서의 교육과 한반도 내에서의 교육에 차별을 두지 않는다는 방침을 가지고 있었다(조미은, 2010).

「조선공립소학교규칙」은 20개 조로 이루어졌다. 조선인을 대상으로 한 「보통학교규칙」이 30여 개조 이상이었던 것에 비해 적은 수이다. 조선공립소학교는 심상소학교와 고등소학교로 나뉘었으며(제2조), 심상소학교 입학연령은 6세 이상이었다. 「조선공립소학교규칙」은 6차례 개정되다가 1922년 폐지되었다.

나. 주요 법령에 나타난 초등수학교육

1911년 제정된 「보통학교규칙」은 이후 7차례 개정되었는데 산술 교과목에는 거의 변화가 없었다. 다만 1920년 11월 12일 개정 때 보통학교 4년제가 6년제로 바뀌면서 산술 과목에 약간의 변화가 있었다. 1911년과 1920년의 「보통학교규칙」을 중심으로 산술 교과목을 살펴보았다.

먼저 1911년 「보통학교규칙」 제2장 '교과목, 교칙 및 과정' 안에 제시된 '산술' 교과목 요지는 다음과 같다. ①은 산술 교육의 목적, ②와 ③은 산술 교과의 내용, ④와 ⑤는 산술 교수 방법으로 볼 수 있다. 이 내용은 1920년에도 동일하였다.

「보통학교규칙」 제11조

① 산술은 일상의 계산에 습숙하게 하고 생활상 필수적인 지식을 부여하며 아울러 사고를 정확하게 하게 하는 것을 요지로 한다.

② 산술은 수를 세는 법 및 쓰는 법·정수·소수·제등수·분수·비례·보합산 및 구적을 가르쳐야 한다.

③ 산술은 필산 및 암산을 부가하고 나아가서 주산을 병행하여 부과하며 그 운용에 습숙

하게 하여야 한다.

④ 산술을 가르치기 위하여 산법을 설명하고 운산을 습숙하여 정확·민활하게 하여야 하며, 숫자·운산 및 산식의 쓰는 법에 주의하여 확실하고 선명하게 하는데 힘써야 한다.

⑤ 산술의 문제는 다른 교과목에서 가르치는 사항과 상호 연락하여 보익하게 하고 토지의 상황·아동의 경우에 따라 실제로 적절한 것을 선택하여야 한다.

1911년과 1920년의 「보통학교규칙」의 별표에 제시된 산술의 교육 내용을 한데 모으면 [표 II-3]과 같다. 조선총독부는 1920년 10월에 조선교육령을 개정하여 보통학교의 수업연한을 6년으로 연장하였다. 6년제 보통학교를 위해 산술 교과의 내용에서도 학년별로 변화가 있었다. 1911년과 1920년의 내용 요소를 비교해 보면, '정수, 소수, 제등수, 분수, 비례, 보합산, 구적, 주산'은 동일하다. 4년제에서 6년제로 늘었다고 해서 내용이 추가되지는 않았다. 4학년에서 가르친 내용을 4·5학년으로 분산시키고, 6학년에서는 5학년 내용을 복습하는 방식임을 알 수 있다.

| [표 II-3] 보통학교 교과과정 및 매주 교수시수표 중 산술 내용(1911년과 1920년) |

「보통학교규칙」 (1911)	1학년 (6시수)	2학년 (6시수)	3학년 (6시수)	4학년 (6시수)		
	정수(整數)	좌동	좌동 소수(小數) 제등수(諸等數) 주산(珠算)	분수(分數) 비례(比例) 보합산(步合算) 구적(求積) 주산(珠算)		
「보통학교규칙」 (1920)	1학년 (6시수)	2학년 (6시수)	3학년 (6시수)	4학년 (6시수)	5학년 (6시수)	6학년 (6시수)
	정수(整數)	좌동	좌동 소수(小數) 제등수(諸等數) 주산(珠算)	분수(分數) 비례(比例) 주산(珠算)	좌동 보합산(步合算) 구적(求積)	좌동
	① 5년제 보통학교의 경우 제5학년에서 국어, 조선어와 한문, 산술의 매주 교수시수 중에서 2시간을 감하여 일본역사, 지리에 1시간씩 늘릴 수 있고 지리 과정에 외국지리의 대요를 더 가르칠 수 있음 ② 4년제 보통학교의 경우 제4학년의 산술 과정에 보합산과 구적을 더 가르칠 수 있음					

* 좌동: 왼쪽 항목과 내용 같음

쉼터

1930년대에 보통학교를 다녔던 정덕기 님이 독립기념관에 여러 자료를 기증하였고 아래 응용문제는 그중 일부 자료이다.

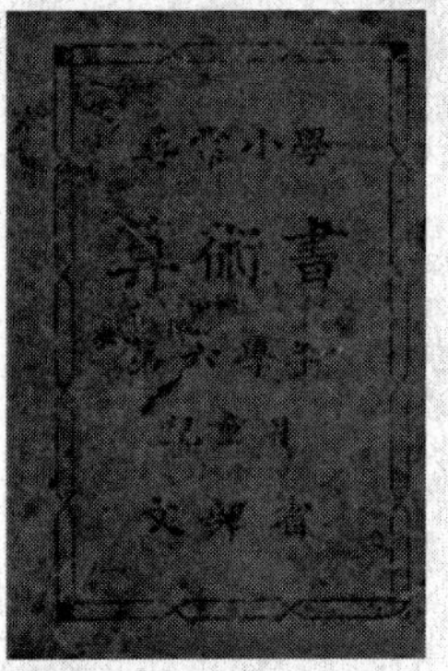

「심상소학 산술서 제6학년 아동용」 표지

「심상소학 산술서 제6학년 아동용」(1921) 중 응용문제 14번

(1) 대정11년은 신무천황 즉위 기원 2582년으로 서력 1922년이다. 대정20년은 서력 몇 년인가. 또 서력1년은 신무천황 즉위 기원 몇 년인가.
(2) 세계대전은 대정3년에 시작하여 동8년에 끝났다. 서력 몇 년부터 몇 년까지 계속되었는가.
(3) 명치45년 7월 30일 명치천황 붕어하여, 동일 금상천황 즉위하시어 대정으로 개원되었다. 혹·공채(公債)증서에 명치55년 6월 양도라고 쓰여있다. 이는 대정 몇 년에 해당하는가.
(4) 서력 연수가 4로 나누어지는 해는 윤년이다. 대정12년은 평년인가 윤년인가. 대정13년은 어떤가.
(5) 정7각형의 각의 합은 10직각이다. 하나의 각은 몇 도인가.

※ (5)의 일반적인 산술문제에 비해 (1)~(4)의 문제는 산술을 연습하면서 천황이 다스리는 일본 국민으로서의 시간관념을 익히도록 하는 문제이다.

1910년대 교원과 학생들의 모습
(시흥공립보통학교 제7회 졸업사진)

1919년 3월 25일자로 기입되어 있는 경기도 시흥공립보통학교 제7회 졸업기념 사진이다. 교사들이 제복을 입고 칼을 들고 있다. 보통학교는 1906년 「보통학교령」에 따라 설치된 초등교육기관이다. 국권을 상실한 뒤에 발표된 제1차 「조선교육령」(1911년), 제2차 「조선교육령」(1922년)에서도 보통학교라는 이름은 유지되었다. 보통학교는 1938년 제3차 「조선교육령」을 거치며 소학교로 변경되었다.

2 제2차 조선교육령 시행기의 초등수학교육

가. 주요 법령

> ▶ **국어(일본어) 상용자**
> 소학교, 중학교, 고등여학교
>
> ▶ **국어(일본어) 비사용자**
> 보통학교, 고등보통학교, 여자고등보통학교

1) 제2차 조선교육령(1922. 2.~1938. 3.)

1919년 일어난 삼일운동의 영향으로 일제는 무단통치를 '문화정치'로 전환하여 한국인에 대한 유화정책을 폈다. 1922년 2월 4일 칙령 제19호의 제2차 조선교육령이 제정되었다.

제2차 조선교육령의 제1조는 제1차 때와 마찬가지로 '조선에서 조선인의 교육은 본령에 따른다'이다. 그런데 제1차 조선교육령과 달라진 점은, '국어(일본어) 상용'을 기준으로 한국인과 일본인 교육에 차이를 두었다는 점이다. '국어를 상용하는 자는 소학교령, 중학교령 및 고등여학교령'(제2조)을 따르며, '국어를 상용하지 않는 자는 보통학교, 고등보통학교, 여자고등보통학교'(제3조)에서 보통교육을 받는 것이다.

1911년 「보통학교규칙」에서 보통학교는 4년제였고 입학연령이 8세 이상였다. 제2차 조선교육령에서는 수업연한을 6년으로 늘렸으며 입학연령은 6세 이상으로 낮췄다. 이를 더 들여다보면, 각 지방의 사정에 따라 5년 또는 4년으로 단축할 수 있도록 하였다. 한편 일본인을 대상으로 한 소학교의 수업연한은 6년으로 되어 있고 단축에 대한 규정이 없다. 이로부터 한국인을 대상으로 한 보통학교에만 6년제를 5, 4년제로 단축할 수 있다는 규정을 둔 것이다. 학제상으로나마 '6년제의 보통학교'를 만들어 차별에 대한 한국인의 불만을 막으려는 의도로 볼 수 있다(정재철, 1985). 실제로 지방에는 4년제의 보통학교가 일제 말기까지 상당수 유지되었다. 한편 수업연한 6년제 보통학교에는 수업연한 2년의 '고등과'를 설치할 수 있었다.

2) 「보통학교규정」(1922. 2. ~ 1938. 3.)

1922년 2월 15일 조선총독부령 제8호로 「보통학교규정」이 제정되었다. 보통학교 교과목(제7조)은 [표 II-4]에 나타나 있다. 모든 교과목에 적용된 교수상 주의사항(제2조 제1절 8조)을 열거하면, 먼저 국민으로서의 성격을 함양하고 국어(일본어)를 습득하게 하는 것, 둘째, 선량한 풍속을 존중하고 아동의 덕성을 함양하여 순량한 인격을 도야하고 사회에 봉사하는 생각을 깊이 하고 동포끼리 화합하는 미풍을 기르는 것, 셋째, 지식 기능은 생활에 필수적인 사항을 선택하여 교수하고 반복 연습하여 응용을 자유자재로 하게 하는 것, 넷째,

| [표 II-4] 「보통학교규정」(1922)의 교과목 및 매주교수시수표 |

교과목 \ 학년	6년제						5년제					4년제			
	1	2	3	4	5	6	1	2	3	4	5	1	2	3	4
수신	1	1	1	1	1	1	1	1	1	1	1	1	1	1	1
국어	10	12	12	12	9	9	10	12	12	12	9	12	12	12	12
조선어	4	4	3	3	3	3	4	4	3	3	3	4	4	3	3
산술	5	5	6	6	4	4	5	5	6	6	4	5	5	6	6
일본역사					2	2					5				
지리					2	2									
이과				2	2	2				2	2				3
도화			1	1	남2 여1	남2 여1			1	1	남2 여1			1	1
창가			1	1	1	1			1	1	1			1	1
체조	3	3	3	남3 여2	남3 여2	남3 여2	3	3	3	남3 여2	남3 여2	3	3	남3 여2	남3 여2
가사와 재봉				2	3	3				2	3			2	2
수공															
	23	25	27	남29 여30	남29 여30	남29 여30	2	2	3	남29 여30	남29 여31	23	25	남27 여28	남30 여31

| [표 II-5] 보통학교 고등과의 교과목 및 매주 교수시수(1922) |

학년	수신	국어	조선어	산술	일본 역사	지리	이과	창가	체조	재봉	계
1	1	8	3	4	2	2	2	1	3	4	남26 여30
2	1	8	3	4	2	2	2	1	3	4	남26 여30

아동의 신체를 건전하게 발달하게 하고 어떤 교과목도 아동의 심신발달에 부합되게 할 것, 다섯째, 남녀 구별하여 교육하고 개인의 특성 및 장래의 생활에 주의하여 교육할 것 등이다.

1922년 제정된 「보통학교규정」은 11차례 개정되었고 1923년, 1927년, 1929년 개정에는 산술 교과목과 관련된 개정 내용이 있다. 이 규정은 1938년에 폐지되었다.

「보통학교규정」의 '별표'에 제시된 각 학년의 교수 정도 및 매주 교수 시수는 [표 II-5]와[2] 같다. 4, 5, 6년제 모든 학교, 모든 학년에서 가르친 과목은 수신, 국어, 조선어, 산술이다. 그들을 중심으로 살펴보면, 첫째, 제1차 조선교육령의 '조선어와 한문'을 '조선어'와 '한문'으로 분리하고 한문은 선택과목으로 하였다. 둘째, 독립된 '조선어'는 학년에 따라 매주 3차시 또는 4차시로 지도되었다. 산술 교과목이 4차시부터 6차시까지 진행되었고 국어(일본어)는 9차시에서 12차시까지 진행된 것과 비교해보면, 조선어의 비중이 상당히 낮고 특히 산술 교과목보다도 낮았다. 셋째, 과목 제시 순서에서 산술이 수신, 국어, 조

2) 별표에는 각 학년별로 따로따로 제시되었다. 필자가 하나로 합친 것이다.

선어 다음으로 등장하여 나머지 타 교과에 비해 산술을 우선시했음을 알 수 있다.

보통학교 6년을 마친 자를 대상으로 한 2년제 '고등과'의 교과목은 [표 II-5]에 나타나 있다. 교수상 주의사항이나 교과목별 요지 및 정도 역시 앞서 언급한 내용에 준하면서 '이를 더욱 정밀하고 깊이 있게 하도록' 하였다(제26조).

3) 「소학교규정」

제1차 조선교육령 시기에 재조선일본인을 대상으로 했던 「조선공립소학교규칙」은 폐지되고 1922년 2월 10일에 「소학교규정」이 제정 공포되었다. 소학교는 '국어(일본어)를 상용하는 자'를 대상으로 한 보통교육기관이다. 소학교는 심상소학교(6년제)와 고등소학교(2년제 또는 3년제)로 구분되었다. 「소학교규정」의 '별표'에 제시된 각 학교별 교육과정 및 매주교수시수표는 [표 II-6]과 같다.

1922년 제정된 「소학교규정」은 이후 8차례 개정되었는데 이 중 산술 교과목과 관련된 것은 1927년 3월 31일 공포된 조선총독부령 제21호였다. 제3차 조선교육령이 공포된 1938년에는 '전부 개정'되었다.

| [표 II-6] 심상소학교와 고등소학교의 교과목 및 매주 교수시수(1922) |

학년 / 교과목	심상소학교						학년 / 교과목	2년제 고등소학교		3년제 고등소학교		
	1	2	3	4	5	6		1	2	1	2	3
수신	2	2	2	2	2	2	수신	2	2	2	2	2
국어	10	12	12	12	9	9	국어	8	8	8	8	8
산술	5	5	6	6	4	4	산술	4	4	4	4	4
일본역사					2	2	일본역사	2	2	2	2	2
지리					2	2	지리	2	2	2	2	2
이과				2	2	2	이과	2	2	2	2	2
도화			1	1	남2 여1	남2 여1						
창가	4	4	1	1	2	2	창가	1	1	1	1	1
체조			3	3	3	3	체조	3	3	3	3	3
재봉				2	3	3	재봉	4	4	4	4	4
수공												
계	21	23	25	남27 여29	남28 여30	남28 여30	계	남24 여28	남24 여28	남24 여28	남24 여28	남24 여28

나. 주요 법령에 나타난 초등수학교육

제2차 조선교육령 시기에는 '국어 상용'을 기준으로 학제가 달랐다. '국어 상용'에 속하지 않는 한국인은 보통학교를, '국어 상용'에 속하는 일본인은 소학교를 다녔다. 보통학교는 기본이 6년제였지만 토지의 정황에 따라 4년제 또는 5년제로 운영할 수 있다. 6년제 보통학교 이후에는 고등과 2년을 설치할 수 있다. 한편 소학교는 6년제 심상소학교와 2 또는 3년제의 고등소학교로 구성되었다. 6년제 보통학교는 6년제 심상소학교에 대응해 볼 수 있으며, 보통학교의 고등과 2년제는 고등소학교 2 또는 3년제와 연관시켜 볼 수 있을 것이다.

> ▶ 보통학교(6년제) + 고등과(2년제)
> ▶ 심상소학교(6년제) + 고등소학교(2, 3년제)

먼저 보통학교와 소학교의 산술 교과목 교수요지는 [표 II-7]과 같다. 음영이 없는 부분은 내용이 같은 경우이다. ①은 산술교육의 목적으로, 첫째, 일상의 계산에 숙달, 둘째, 생활에 필수적인 지식 획득, 셋째, 사고를 정확하게 하는 것이다. ③, ④, ⑤는 산술교육 방법으로, 첫째, 필산과 주산을 가르쳐야 하며, 둘째, 정확한 이해, 운산에 숙달하여 자유자재로 응용하기, 운산의 방법 및 이유를 정확히 설명하기, 암산에 숙달하기 등이다. 산술 문제는 타 교과와 지역의 상황을 감안하여 일상에 적절한 것을 사용한다.

> **운산(運算)**
> 연산에 해당함

음영 부분은 「보통학교규정」과 「소학교규정」에서 차이가 나는 부분이다. 두 학교의 학제에 차별을 두었기 때문에 산술교육에서도 차이가 나타난 것으로 보인다. 심상소학교는 6년제이고, 보통학교는 6년제 또는 4년제일 수 있다. 보통학교 6년제는 심상소학교 6년제와 교육내용이 동일하다. 보통학교를 4년제로 단축 운영할 경우에는 분수와 보합산을 제외한다. 한

| [표 II-7] 「보통학교규정」과 「소학교규정」에 제시된 산술 교과목의 교수요지 비교 |

「보통학교규정」(1922)	「소학교규정」(1922)
제12조 ① 산술은 일상의 계산에 숙달되게 하고 생활상 필수적인 지식을 쌓게 하며 더불어 사고를 정확하게 하는 것을 요지로 한다.	
② 산술은 처음에는 10 이하의 수의 범위 내에서의 세는 법·쓰는 법·가감승제를 가르치고 점차적으로 그 범위를 넓혀서 100 이하의 수에 이르게 하고, 더 나아가 통상의 가감승제와 소수·제등수 및 간이한 분수·보합산을 가르쳐야 한다. 다만, 수업연한을 4년으로 한 경우에는 분수 및 보합산을 제외한다.	②-1 심상소학교에서는 처음에는 10 이하의 수의 범위 안의 읽기·쓰기 및 가감승제를 가르치고 점차 그 범위를 확대하여 100 이하의 수에 이르게 하며 더욱 나아가서 통상의 가감승제와 소수·제등수 및 간이한 분수·보합산을 가르쳐야 한다. ②-2 고등소학교에서는 분수·보합산을 가르치고 비례에 이르러 학교의 수업연한에 응하고, 구적을 가르치거나 토지의 정황에 의하여 일용부기의 대요를 가르쳐야 한다.
③ 산술은 필산을 이용하여야 하고 토지의 정황에 따라서는 주산을 이용할 수 있다.	
④ 산술을 가르치기 위하여 이해를 정확히 하고 운산에 숙달되어 응용을 자유자재로 하게 하는 데 힘쓰며 운산의 방법 및 이유를 정확하게 설명하게 하고 암산에 숙달되게 하여야 한다.	
⑤ 산술의 문제는 다른 교과목에서 가르친 사항 및 토지의 정황을 참작하여 일상에서 적절한 것을 선택하여야 한다.	
제26조 ①고등과의 교수 상의 주의와 수신·국어·조선어·산술·일본역사·지리·이과·창가·체조·재봉·수공·농업·상업·한문·도화의 요지 및 정도는 제8조 내지 제23조의 규정에 준하고 더한층 이를 정심하게 하는 것 외에 제2항 내지 제9항의 사항을 추가하여야 한다.	

편 고등소학교에 대해서는 산술교육 내용이 명시적으로 제시되어 있다(②-2). 이에 반해 보통학교 고등과의 내용(제26조)을 보면, 내용이 구체적으로 명시되어 있지 않다.

보통학교와 소학교 각각 '별표'에 제시된 교수과정 및 매주교수시수에서 산술에 해당하는 것만 모으면 [표 II-8]과 같다. 먼저 6년제 보통학교와 6년제 심상소학교의 내용을 살펴보자. 1~3학년까지는 자연수에 관한 내용이 주를 이루었다. 4, 5학년에서는 소수, 6학년에서 분수를 다루었다. 모든 학년에 '가감승제'가 있다. 주산의 경우 4학년에서 '가감', 6학년에서 '가감승제'를 다루었다. 자연수, 소수, 분수의 가감승제를 제외한 나머지 내용으로는 5학년의 제등수, 6학년의 보합산을 들 수 있다.

5년제, 4년제 보통학교는 일본어를 상용하지 않는 자, 즉 한국인이 다니는 학교였다. 5년제에서는 6년제 6학년 내용을 5학년에서 다루는 것으로, 4년제에서는 6년제 5학년 내용을 4학년에서 다루는 방식으로 상위학년 내용을 아래로 내려 지도하는 방식으로 되어 있다.

| [표 II-8] 보통학교(6, 5, 4년제)와 심상소학교(6년제)의 산술 내용 비교(1922) |

학년	일본어 상용하지 않는 자			일본어 상용하는 자
	보통학교			심상소학교
	6년제	5년제	4년제	6년제
1	100 이하의 수의 읽기, 쓰기 20 이하의 수의 범위 내에서 가감승제	좌동	좌동	좌동
2	1000 이하의 읽기, 쓰기 100 이하의 수의 범위 내에서 가감승제	좌동	좌동	좌동
3	통상의 가감승제	좌동	좌동	좌동
4	통상의 가감승제 및 소수의 읽기, 쓰기 간이한 가감승제(주산가감)	좌동	좌동, 간이 한 제등수	통상의 가감승제와 소수의 읽기, 쓰기 간이한 가감승제(주산가감)
5	정수, 소수 제등수(주산가감)	정수, 소수, 제등수 분수, 보합산 (주산가감승제)		정수, 소수, 제등수(주산가감)
6	분수, 보합산 (주산가감승제)			좌동

[표 II-9]를 보면 보통학교 고등과와 고등소학교의 2년제는 산술 교육내용이 동일하였다. 이전 보통학교와 심상소학교의 5, 6학년에서 다룬 내용에다가 '비례', '일용부기' 등이 추가된 형태이다.

| [표 II-9] 보통학교 고등과(2년제)와 고등소학교(2, 3년제)의 산술 내용 비교(1922) |

학년	일본어 상용하지 않는 자	일본어 상용하는 자	
	보통학교 고등과(2년제)	고등소학교(2년제)	고등소학교(3년제)
1	분수, 보합산, 비례(주산가감승제)	좌동	좌동
2	비례 (일용부기) (주산가감승제)	좌동	좌동
3			전학년의 보습, 구적(일용부기) (주산가감승제)

「보통학교규정」과 「소학교규정」은 여러 차례 개정되었는데 그중에서 산술에 변화가 있는 개정은 세 차례였다. 첫째, 1923년 개정을 살펴보면, 조선총독부령 제100호 「보통학교

규정」 개정에서 '제3호표(필자: 4년제보통학교) 산술의 항 제4학년 란 중 '간이한 제등수' 다음에 '(주산가감)'을 추가한다'라고 하였다(〈표 8〉 참조). 「소학교규정」에서는 별다른 변화가 없었다. 둘째, 1927년 개정을 보면, 조선총독부령 제23호 「보통학교규정」의 내용에서는 산술 요지가 상당히 바뀌었다. 1922년과 1927년의 「보통학교규정」 중에서 주요 변화가 있는 부분만을 대비해보면 [표 II-10]과 같다.

| [표 II-10] 「보통학교규정」 1922와 1927의 산술 교수 요지 비교 |

1922 「보통학교규정」	1927 「보통학교규정」
② 산술은 처음에는 10 이하의 수의 범위 내에서의 세는 법·쓰는 법·가감승제를 가르치고 점차적으로 그 범위를 넓혀서 100 이하의 수에 이르게 하고, 더 나아가 통상의 가감승제와 소수·제등수 및 간이한 분수·보합산을 가르쳐야 한다. 다만, 수업연한을 4년으로 한 경우에는 분수 및 보합산을 제외한다.	② 산술은 처음에는 작은 정수의 범위 내에서 호칭법·쓰는 법 및 간이한 계산을 가르치고 점차적으로 그 범위를 확대하여 소수·분수에 이르며 다시 그 정도를 진행하여 간이한 비례·보합산을 가르쳐야 한다. 다만, 수업연한을 4년으로 한 경우에는 분수 및 보합산은 제외한다.
④ 산술을 가르치기 위해 이해를 정확히 하고 운산에 숙달되어 응용을 자유자재로 하게 하는 데 힘쓰거나 운산의 방법 및 이유를 정확하게 설명하게 하고 암산에 숙달되게 하여야 한다.	④ 산술을 가르치기 위해 실험·실측을 이용하고 운산의 방법 및 이유를 정확하게 설명하게 하여 이해를 정확하게 하고 운산에 숙달되어 응용을 자유자재로 하게 하는데 힘쓰며 도표·복리표 등의 취급에 적응하게 하고 암산에 숙달하게 하여야 한다.
제26조 ①고등과의 교수상의 주의와 수신·국어·조선어·산술·일본역사·지리·이과·창가·체조·재봉·수공·농업·상업·한문·도화의 요지 및 정도는 제8조 내지 제23조의 규정에 준하고 더 한층 이를 정심하게 하는 것 외에 제2항 내지 제9항의 사항을 추가하여야 한다.	제26조 ① 고등과의 교수 상의 주의와 수신·국어·조선어·산술·국사·지리·이과·창가·체조·재봉·수공·농업·상업·한문·도화의 요지 및 정도는 제8조 내지 제23조의 규정에 준하고 더 한층 이를 정심하게 하는 것 외에 제2항 내지 제10항의 사항을 추가하여야 한다. ③ 산술에서는 보통학교에서 가르치는 사항의 정도를 진행하여 수의 대수적 계산 및 기하도형에 관한 지식의 초보를 가르치고 토지의 정황에 따라서는 일용부기의 대요도 가르쳐야 한다. ④ 산술은 필산을 이용하고 주산을 병용하여 부과할 수 있다.

「소학교규정」에도 같은 부분에서 변화가 있었다. 1922년과 1927년의 「소학교규정」 중에서 주요 변화가 있는 부분만을 대비해보면 [표 II-11]과 같다.

| [표 II-11] 「소학교규정」 1922와 1927의 산술 교수 요지 비교 |

1922 「소학교규정」	1927 「소학교규정」
② 심상소학교에서는 처음에는 10 이하의 수의 범위 안의 읽기·쓰기 및 가감승제를 가르치고 점차 그 범위를 확대하여 100 이하의 수에 이르게 하며 더욱 나아가서 통상의 가감승제와 소수·제등수 및 간이한 분수·보합산을 가르쳐야 한다. ③ 고등소학교에서는 분수·보합산을 가르치고 비례에 이르러 학교의 수업연한에 응하고, 구적을 가르치거나 토지의 정황에 의하여 일용부기의 대요를 가르쳐야 한다.	② 심상소학교에서는 처음에는 작은 정수범위 안에서 읽기·쓰기 및 간이한 계산을 가르치고 차례로 그 범위를 넓혀 소수·분수에 이르게 하며 더욱 그 정도를 높이고 간이한 비례·보합산을 가르쳐야 한다. ③ 고등소학교에서는 심상소학교에서 가르친 사항의 정도를 높이고 수의 대수적 계산 및 기하도형에 관한 지식의 초보를 가르치며 토지의 정황에 의하여 일용부기의 대요를 과하여야 한다.
④ 산술은 필산을 이용하여야 하고 토지의 정황에 의하여는 주산을 함께 이용할 수 있다.	④ 산술은 필산을 이용하여야 하고, 심상소학교에서는 토지의 정황에 의하여 주산을 함께 사용할 수 있으며 고등소학교에서는 주산을 함께 과하여야 한다.
⑤ 산술을 가르치기 위하여 이해를 정확하게 하고 운산에 습숙하여 응용을 자유자재로 하게 하는 것에 힘쓰며 운산의 방법 및 이유를 정확하게 설명하게 하고 암산에 습숙하게 하여야 한다.	⑤ 산술을 가르치기 위하여 실험·실측을 이용하여 운산의 방법 및 이유를 정확히 설명하게 하여 이해를 정확하게 하고 운산에 습숙하여 응용을 자유자재로 하는 것에 힘쓰며 도표·복리표 등의 취급에 익숙하게 하고 암산에 숙달하게 하여야 한다.

보통학교 고등과 2년제와 고등소학교 2, 3년제에는 산술 교육 내용에 있어 적지 않은 변화가 있었다. 눈에 띄는 것은 1, 2학년 모두에 들어온 '수의 대수적 계산'과 '기하도형' 이다.

| [표 II-12] 보통학교 고등과와 고등소학교 1927년 개정의 주요 변화 |

1922년	일본어 상용하지 않는 자	일본어 상용하는 자	
	고등과(2년제)	고등소학교(2년제)	고등소학교(3년제)
1	분수, 보합산, 비례 (주산가감승제)	분수, 보합산, 비례 (주산가감승제)	분수, 보합산, 비례 (주산가감승제)
2	비례 (일용부기) (주산가감승제)	비례 (일용부기)(주산가감승제)	비례(주산가감승제)
3			전학년의 보습, 구적(일용 부기) (주산가감승제)
1927년	**일본어 상용하지 않는 자**	**일본어 상용하는 자**	
	고등과(2년제)	고등소학교(2년제)	고등소학교(3년제)
1	정수, 소수, 분수, 수의 대수적 계산, 기하도형, 주산	정수, 소수, 분수, 수의 대수적 계산, 기하도형, 주산	정수, 소수, 분수, 수의 대수적 계산, 기하도형, 주산
2	비례, 보합산, **수의 대수적 계산**, **기하도형**, 주산(일용 부기)	비례, 보합산, **수의 대수적 계산**, **기하도형**, 주산(일용 부기)	비례, 보합산, **수의 대수적 계산**, **기하도형**, 주산(일용 부기)
3			제1학년, 제2학년 과정의 보습 (일용부기)

셋째, 1929년 6월 20일에 개정 공포된 조선총독부령 제58호의 「보통학교규정」에서는 각 교과목의 교수요지에 관한 사항이 많이 개정되었다. 그중 산술과 관련해서는 "제12조 제5항 중 '일상에 적절한'을 '일상생활에 적절한'으로 한다"로 개정하였다. 이는 「소학교규정」도 마찬가지였다.

| [표 II-13] 「보통학교규정」과 「소학교규정」의 1929년 개정 중 산술 교과목 변화 내용 비교 |

1922 「보통학교규정」, 「소학교규정」	1929 「보통학교규정」, 「소학교규정」
⑤ 산술의 문제는 다른 교과목에서 가르치는 사항 및 토지의 정황을 참작하여 일상에서 적절한 것을 선택하여야 한다.	⑤ … 일상생활에 적절한 것을 선택하여야 한다.

쉼터

사진은 1927년 6월에서 1930년 9월까지 3년 이상 자기 키보다 큰 지게를 짊어지고 학교 뒷산 비탈면 깎기 작업 중인 학동들의 모습을 담고 있다. 노역에 시달린 까까머리 학동들의 고단한 어깨가 식민교육의 본질을 잘 말해준다.

https://www.joongang.co.kr/article/3546897
지게 짊어진 초등학생들 식민지 '근대교육'의 허상
중앙일보 / 2009.03.27 00:52

3 제3차 조선교육령 시행기의 초등수학교육

가. 주요 법령

1) 제3차 조선교육령(1938. 3. ~ 1943. 4.)

1937년 7월 중국침략을 도발했던 일제는 태평양전쟁(1941.12~1945. 8)을 일으켰다. 일제는 한국을 대륙침략의 병참기지로 삼고 전시체제를 한국에 구축했다. 이어 한국의 물자와 사람을 전쟁에 동원했으며 동화정책으로 한국 민족 말살 정책인 '황국신민화' 정책을 내세웠다(정재철, 1985). 일제는 종래의 일본인 교육과 한국인 교육 사이에 놓여 있던 차별대우를 철폐하고 보통교육의 보급을 강화해 의무교육에까지 갈 것을 약속하였다.[3] 제2차 조선교육령이 한국인과 일본인의 차별을 전제로 제정되었다면, 제3차 조선교육령은 '한국인도 일본인도 모두 황국신민으로 교육하는, 그리고 황국신민다운 교육을 하는 것'을 목적으로 하였다. 일제가 1938년 4월부터 시행된 제3차 조선교육령에서 차별대우 철폐를 내세우기는 했지만 실질적으로는 일본제국주의의 전시체제에 부응하기 위한 것이었다.

제3차 조선교육령은 이전에 비해 매우 간단해졌다. 제1조는 "조선에 있어서 교육은 본령에 따른다"로, 제1차, 2차 조선교육령에서 "조선에서 조선인의 교육은 본 령에 따른다"라고 한 것에서 달라졌다. 제3차 조선교육령은 재조선일본인, 한국인에게 동일하게 적용되어, 보통교육은 소학교령, 중학교령, 고등여학교령을 따르는 것으로 바뀌었다(제2조). 한국인도 일본인과 마찬가지로 '소학교'를 다니게 되었다.

▶ 한국인, 일본인 모두 소학교, 중학교, 고등여학교로!

2) 「소학교규정」(1938. 3. ~ 1941. 3)

1938년 3월 15일 조선총독부령 제24호로 「소학교규정」이 공포되었다. 「소학교규정」은 제2차 조선교육령 시기의 일본인을 대상으로 한 「소학교규정」과 구조 면에서 매우 유사하다. 제2차 조선교육령 시기 중 마지막으로 개정된 조선총독부법령 제127호의 「소학교규정」(1937. 8. 23)과 제3차 조선교육령의 「소학교규정」을 비교해 보면, 이전 소학교와 마찬가지로 제3차 조선교육령 시기에도 심상소학교와 고등소학교로 구성되었다. 그런데

3) 여기에는 전략적이고 실리적인 이유가 있었다. 첫째, 한국 청년을 일본인과 같은 군인으로 전장에 나가게 하면서 교육적으로 차별 대우를 하는 것은 명분이 서지 않는 일이이다. 차별대우를 철폐하지 않은 채 병역의 의무만을 부과한다면 한국인의 감정이 더욱 악화될 것이다. 둘째, 일제는 보통교육의 보급을 약속하였는데 이는 약간의 교육을 받은 노무자(勞務者)는 무식한 자보다 효율적이기 때문이다. 병사(兵士)도 상관의 명령을 이해하고 이를 정확히 준수할 수 있을 정도의 초보적인 교육이 필요했던 것이다. 이런 이유에서 한국 청소년에게 보통교육을 실시하는 것은 분명히 일본의 전쟁 노력에 유리하였던 것이다(정재철, 1985).

전시체제기 일제의 대동아전쟁을 정당화하는 수업을 하는 모습
전시체제기 일제가 일명 '대동아전쟁'의 정당성을 수업하는 당시 경남 창원 성호국민학교 교실의 모습이다. 1938년 5월 일제가 대만·일본·조선 등에서 국가총동원법을 시행하며 전시체제기로 들어갔다. 국가총동원법은 1937년 중일전쟁에 따라 인적·물적 자원을 전쟁에 총동원하기 위해 제정·공포한 전시통제책이다. 이에 발맞춰 [조선교육령]도 개정되었다. '황국신민화'를 보다 철저하게 추진하기 위해 1938년 제3차 [조선교육령]이 공포되었고, '황국의 도에 따른 국민 연성(鍊成)'을 목표로 1943년 제4차 [조선교육령]이 공포되었다. 이로써 학생들을 군사적 수단으로 이용하였다.[김호진]

6년제였던 심상소학교의 경우 이 시기에는 4년제가 가능하도록 했다. 이 4년제 심상소학교는 한국인을 염두에 둔 것이다. 고등소학교는 2년제와 3년제였다.

제3차 조선교육령의 「소학교규정」에는 일본제국주의의 황국신민화교육의 의도가 곳곳에 드러나 있다. [표 II-14]의 오른쪽에 밑줄 친 구절이 그러한 특징을 보여주는 대목이다. 특히 이 시기에는 우리말을 필수과목이 아닌 '수의과목'[4]으로 만들었다. 또한 일본어교육에 철저를 기하도록 했으며, 교수용어로 일본어만 사용하도록 했다.

「소학교규정」의 별표에 제시된 교과목 및 매주교수시수표를 정리하면 [표 II-15], [표 II-16]과 같다.

4) 선택하여 학습하거나 시험을 치를 수 있는 학과목이나 교과목.

| [표 II-14] 「소학교규정」(1938)의 주요 변화 : 황국신민화 |

[제2차 조선교육령] 1937년 「소학교규정」	[제3차 조선교육령] 1938년 「소학교규정」
제1조 소학교는 아동신체의 발달에 유의하여 도덕교육 및 국민교육의 기초와 그 생활에 필수의 보통 지식기능을 가르치는 것을 본지로 한다.	제1조 소학교는 아동신체의 건전한 발달에 유의하여 국민도덕을 함양하고 국민생활에 필수적인 보통의 지식을 습득하게 하여 충량한 **황국신민**을 육성하는 것에 힘써야 하는 것으로 한다.
제11조 ① 심상소학교의 수업연한은 6년으로 한다. ② 고등소학교의 수업연한은 2년으로 한다. 다만, 연장하여 3년으로 할 수 있다.	제12조 ① 심상소학교의 수업연한은 6년으로 한다. 다만, 당분간 토지의 정황에 의하여 4년으로 할 수 있다. ② 고등소학교의 수업연한은 2년으로 한다. 다만, 연장하여 3년으로 할 수 있다.
제15조 소학교에서는 교수상 특히 다음 각호의 사항에 주의하여야 한다. 1. 국민교육에 관련된 사항은 어떠한 교과목에서도 항상 깊이 유의하여야 한다. 2. 아동의 덕성을 함양하여 순량한 인격의 도치를 꾀하고 공민다운 자질을 얻게 하며, 나아가서는 사회에 봉사하는 것을 염두에 깊이 두고 동포집목의 미풍을 배양하는 것을 기하는 것은 어떠한 교과목에서도 항상 깊이 유의하여야 한다.	제16조 소학교에서는 항상 다음 각호의 사항에 유의하여 아동을 교양하여야 한다. 1. 교육에 관한 칙어의 취지에 의하여 국민도덕의 함양에 힘쓰고 **국체의 본의를 명징**하여 아동에게 **황국신민**이라는 자각을 진기하며 황운부익의 도에 철저히 나아갈 수 있도록 힘써야 한다. 2. 아동의 덕성을 함양하여 순량한 인격의 도치를 꾀하여 건전한 황국신민의 자질을 얻게 하고 나아가 국가사회에 봉사하는 생각을 깊이 하며 내선일체, 동포집목의 미풍을 기르는 것에 힘써야 한다. 7. 국어를 습득하게 하여 그 사용을 정확하게 하고 응용을 자재로 하게 하여 국어교육에 철저를 기하여 황국신민의 성격을 함양하는 것에 힘써야 한다. 8. 교수용어는 국어를 사용하여야 한다.

| [표 II-15] 소학교(1938)의 교과목 및 매주교수시수표 |

학년 / 교과목	6년제						4년제			
	1	2	3	4	5	6	1	2	3	4
수신	2	2	2	2	2	2	2	2	2	2
국어	12	12	12	12	9	9	12	12	12	12
조선어*	4	3	3	2	2	2	3	3	3	3
산술	5	5	6	6	4	4	5	6	6	5
국사					2	2				2
지리					2	2				
이과				2	2	2				3
직업				남2 여1	남3 여1	남3 여1			남3 여1	남3 여1
도화			1	1	남2 여1	남2 여1		1	1	1
수공	1	1	1	1	1	1	1	1	1	1
창가	4	4	1	1	2	2	3	3	1	1
체조			3	3	남3 여2	남3 여2			남3 여2	남3 여2
가사와 재봉				3	4	4			3	3
계	26	27	29	남32 여34	남34 여34	남34 여34	26	28	32	34

*** 조선어는 수의과목으로 됨**

| [표 II-16] 고등소학교 2년제 교과목 및 교수시수 (1938년) |

	학년	수신	국어	산술	국사	지리	이과	직업	도화	수공	창가	체조	가사	재봉	계
2년제	1	2	6	4	2	2	2	남6 여2	1	1	1	남3 여2	2	4	남32 여33
	2	2	6	4	2	2	2	남6 여2	1	1	1	남3 여2	2	4	남32 여33
3년제	1	2	6	4	2	2	2	남6 여2	1	1	1	남3 여2	2	4	남32 여33
	2	2	6	4	2	2	2	남6 여2	1	1	1	남3 여2	2	4	남32 여33
	3	2	6	4	2	2	2	남6 여2	1	1	1	남3 여2	2	4	남32 여33

나. 주요 법령에 제시된 초등수학교육

1938년 3월 15일 조선총독부령 제24호로 「소학교규정」이 마련되었다. 「소학교규정」의 제3장 교과 및 편제에서 제1절이 수업연한, 교과목 및 교칙에 관한 것이다. 여기에 포함된 제16조는 모든 교과목에 적용된 교수학습상의 유의점이었다. 교과와 직접적으로 연관 있는 내용만 추려보면, 지식기능은 항상 생활에 필수적인 사항을 선택하고 산업에 관한 사항에 대하여는 특히 유의하여 가르치고 반복 연습하여 응용을 자유자재로 하는 것에 힘쓸 것, 아동의 신체를 건전하게 발달하게 하는 것을 기하여 어떠한 교과목에서도 그 교수는 아동의 심신발달의 정도에 부합하게 하는 것에 힘쓸 것, 각 교과목의 교수는 그 목적 및 방법에 잘못이 없이 상호 연락하여 보익하는 것에 힘쓸 것 등이다.

「소학교규정」 제19조에서는 수신, 국어(일본어)에 이어 산술에 관한 내용이 제시되었다. 이를 제2차 조선교육령 시기의 산술요지와 비교해 보면 적지 않은 부분이 일치한다([표 II-7] 참조).

제3차 조선교육령 「소학교규정」(1938)

제19조

① 산술은 일상의 계산에 습숙하게 하고 생활상 필수적인 지식을 부여하며 더불어 사고를 정확하게 하는 것을 요지로 한다.

② 심상소학교에서는 처음에는 작은 정수의 범위 안에서 읽기·쓰기 및 간이한 계산을 가르치고 점차 그 범위를 넓혀 소수·분수에 이르고 다시 그 정도를 높여서 간이한 비례·보합산을 가르쳐야 한다.

③ **고등소학교에서는 심상소학교에서 가르친 사항의 정도를 높여서 수의 대수적 계산 및 기하도형에 관한 지식의 초보를 가르치고,** 토지의 정황에 의하여는 일상부기의 대요를 과하여야 한다.

④ 계산은 암산·필산·주산을 이용하여야 한다.

⑤ 산술을 가르치기 위하여는 실험·실측을 이용하여 계산의 방법 및 이유를 정확하게 설명하게 하고 이해를 정확하게 하여 계산에 습숙하며 응용을 자재로 하게 하는 것에 힘쓰고 도표·복리표 등의 취급에 익숙하게 하여야 한다.

⑥ 산술의 문제는 다른 교과목에서 가르친 사항 및 토지의 정황을 참작하여 일상생활에 적절한 것을 선택하여야 한다.

「소학교규정」의 별표에 제시된 산술 교과목의 학년별 내용과 교수시수는 다음과 같다.

| [표 II-17] 심상소학교와 고등소학교의 학년별 교육내용(1938) |

심상소학교			고등소학교		
학년	6년제	4년제	학년	2년제	3년제
1	100 이하의 수의 읽기, 쓰기 및 간이 계산 (5시수)	100 이하의 수의 읽기· 쓰기 및 간이 계산 (5시수)	1	정수, 소수, 분수, 수의 대수적 계산, 기하도형 (4시수)	정수, 소수, 분수, 수의 대수적 계산, 기하도형 (4시수)
2	1000 이하의 수의 읽기, 쓰기 및 간이 계산 (5시수)	1000 이하의 수의 읽기· 쓰기 및 간이 계산 (6시수)	2	비례, 보합산, 수의 대수적 계산, 기하도형(일용부기) (4시수)	비례, 보합산, 수의 대수적 계산, 기하도형 (4시수)
3	정수의 계산 (6시수)	정수의 계산 (6시수)	3		제1학년, 제2학년 과정의 보습 (일용부기) (4시수)
4	정수의 계산, 소수의 읽기, 쓰기 및 간이 계산 (6시수)	정수의 계산, 소수의 읽기, 쓰기 및 간이 계산 (5시수)			
5	정수의 계산, 소수의 계산, 분수의 계산 (4시수)				
6	비례, 보합산 (4시수)				

4 제4차 조선교육령 시행기의 초등수학교육

<제4차 조선교육령기의 국민학교>
1942년에 촬영한 거창읍 공립 국민학교 전경이다. 제4차 조선 교육령기에는 소학교를 국민학교로 개칭하고 수업 연한 6년의 초등과와 2년의 고등과를 두었다. 김태완(우리역사넷)

가. 주요 법령

1) 제4차 조선교육령(1943. 4. ~ 1945. 8.)

제2차 세계대전의 격전지였던 과달카날에서 일본군이 1943년 2월에 패하였다. 태평양전쟁에서 일본의 패색이 드러나기 시작했다. 일제는 한국인을 전면적으로 군사 목적에 동원했다. 교육도 군국주의 파시즘의 전체주의적 국가체제에 따라 완전히 군부의 통제하에 편성되어 교육이라기보다는 군사 능력의 배양이라는 방향으로 추진되었다. 이러한 전시하의 시대 상황에서 1943년 3월 27일에 제4차 조선교육령이 공포되었다(정재철, 1985)[5].

2) 「국민학교규정」(1941. 3. ~ 1945. 8.)

제1차부터 제3차 조선교육령에서는 조선교육령이 먼저 공포되고 그 후에 '규칙' 또는 '규정'이 공포되었다. 그런데 「국민학교 규정」이 1941년에 먼저 공포되고 2년 가까이 흐른 뒤인 1943년에 조선교육령이 공포되었다. 일반적으로 제4차 조선교육령을 1943년부터 시작하는 것으로 보면서도 그 기간 안에 1941년의 「국민학교규정」을 포함해 다룬다.

1938년은 조선에서 제3차 조선교육령이 시작된 해로 3월에 「소학교규정」이 전부 개

5) 학교교육은 크게 '학교의 연성(練成)교육체제화'와 '학도(學徒)동원체제화'의 방향을 취했다. 먼저 학교의 연성체제화는, 지원병제에서 징병제로 군사화가 진행되는 과정에서 학교는 군대의 하청기관이 되어 학생의 신체 향상과 수련 그리고 교련 등, 전체주의, 군사주의, 국가주의적인 교육이 강제되었다. 예컨대 국민학교 졸업자를 '연성(練成)'시키는 '청년훈련소'나 '청년특별연성소' 등을 설치하여 군사예비훈련을 실시하였다. 둘째, 학도동원체제화란 학도동원체제 정비에 관한 훈령에서 '근로 즉 교수 즉 훈련(勤勞即教授即訓練)'이라고 한 것과,「학도근로령」에서 "학도근로에 있어서는 근로, 즉 교육이 되도록 힘써야 한다"라고 한 것처럼 각급학교를 교육의 장으로부터 노동력의 편성과 공급의 장으로 전환시킨 것을 의미한다(국사편찬위원회).

정 공포되었다. 같은 해 7월 일본의 교육심의회 간사회의에서 '국민학교' 안(案)이 처음 등장하였다. 이 '국민학교' 안은 '현재의 심상소학교, 고등소학교를 가칭 국민학교와 국민실수학교(國民實殊學校=국민실업학교)로 개편한다'는 것이었다. 일본에서는 메이지유신(1868) 이후로 70여 년 동안 소학교령과 소학교령시행규칙이 실시되어 왔기 때문에 소학교체제에서 국민학교체제로의 변화는 큰 이슈였다. 이 안은 여러 단계의 논의를 거쳐 수정되었으며, 1940년 1월 일제 문부성은 '국민학교에 관한 요강'을 기본으로 모든 준비를 끝내고 1941년부터 국민학교제를 실시하는 것으로 확정했다(씨알교육연구회, 1995)[6].

일제는 1941년 2월 28일에 칙령 제148호로 「국민학교령」을, 3월 14일에는 문부성령 제4호로 「국민학교령시행규칙」을 공포하였다. 이는 각각 일본 내에서 기존에 적용하던 소학교령과 소학교령시행규칙을 개정한 것이다. 1941년 3월 31일에는 조선총독부령 제90호로 「국민학교규정」이 공포되었는데 이는 식민지 조선을 대상으로 한 것이었다. 이로써 1938년 개정 공포된 조선 내 「소학교규정」은 3년 만에 폐지되었다. 요컨대, 일본은 70여 년간 이어져 온 소학교를 국민학교로 바꾸고 황국민의 기초를 연성하고 황국의 도를 수련시키는 곳으로 국민학교를 새로이 만들었다. 이를 위한 것이 「국민학교령」과 「국민학교령시행규칙」인 것이다. 같은 해인 1941년 한반도에는 「국민학교규정」을 공포하였다.

국민학교제에서 교과와 관련된 주요한 변화는 '각 교과목의 분과주의를 배제하여 지식의 통합을 이루도록 구체적인 노력을 하는 것'이라는 취지였다. 소학교에서 십 수 개였던 교과를 국민과, 이수과, 체련과, 예능과, 직업과 등 5개 교과로 편성하였다. 한편 우리말인 '조선어' 과목은 교과목에서 완전히 배제되었다. 「국민학교규정」에 제시된 '별표'의 매주 교시수표는 [표 II-18]과 같다.

| [표 II-18] 「국민학교규정」(1941)의 '초등과' 매주교수시수표 [별표 1] |

초등과								고등과			
교과	과목/학년	1	2	3	4	5	6	교과	과목/학년	1	1
국민과	수신	11	12	2	2	2	2	국민과	수신	2	2
	국어			9	8	7	7		국어	5	5
	국사					2	2		국사	2	2
	지리				1	2	2		지리	2	2
이수과	산수	5	5	5	5	5	5	직업과	농업, 공업, 상업, 수산	5(남) 2(여)	5(남) 2(여)
	이과			1	2	2	2				

6) 구체적인 내용은 두 가지로 요약된다. 첫째, 소학교를 국민학교로 고친다. 국민학교의 수업 연한은 8년이며, 의무교육으로 한다. 국민학교 과정을 초등과와 고등과로 나누며 초등과는 6년, 고등과는 2년으로 한다. 둘째, 국민학교의 교육 목적은 황국민의 기초를 연성하는 것으로 한다. 국민학교 교육 전반에 걸쳐 황국의 도를 수련시키도록 한다(씨알교육연구회).

초등과							
체련과	무도					5	5
	체조	5	6	5	5		
	음악			2	2	2	2
예능과	습자			1	1	1	1
	도화	2	2	2	4(남) 2(여)	4(남) 2(여)	4(남) 2(여)
	공작						
	가사(여)				3	3	3
	재봉(여)						
직업과	농업, 공업, 상업, 수산				2(남) 1(여)	2(남) 1(여)	2(남) 1(여)
매주 수업 총시수		23	25	27	32	34	34

고등과			
이수과	산수	3	3
	이과	2	2
체련과	체조	6(남) 4(여)	6(남) 4(여)
	무도		
예능과	음악	1	1
	습자	1	1
	도화	2	2
	공작		
	가사(여)	5	5
	재봉(여)		
매주 수업 총시수		31	31
중과		2~4	2~4
매주 수업 총시수		33~35	33~35

쉼터 씨알교육연구회의 『일제 황민화교육과 국민학교』 (1995)

씨알교육연구회 1993년 4월 최초로 '국민학교 명칭 개정 국회청원 서명운동'을 전개하는 등의 활동을 통해 국민학교 명칭을 초등학교로 고치는 데 결정적 기여를 하였다. 이 연구회는 함석헌의 '씨알교육' 이념을 연구하고 있다. 함석헌(咸錫憲, 1901년 3월 13일~1989년 2월 4일)은 대한민국의 독립운동가, 종교인, 언론인, 출판인이며 기독교운동가, 시민사회운동가였다.

목차

그대 그런 사람을 가졌는가?

만리길 나서는 길
처자를 내맡기며
맘 놓고 갈만한 사람
그 사람을 그대는 가졌는가

온 세상 다 나를 버려
마음이 외로울 때에도
'저 맘이야'하고 믿어지는
그 사람을 그대는 가졌는가

탔던 배 꺼지는 시간
구명대 서로 사양하며
'너만은 제발 살아다오'할
그 사람을 그대는 가졌는가

불의의 사형장에서
'다 죽여도 너희 세상 빛을 위해
저만은 살려두거라' 일러줄
그 사람을 그대는 가졌는가

잊지 못할 이 세상을 놓고 떠나려 할 때
'저 하나 있으니'하며
빙긋이 웃고 눈을 감을
그 사람을 그대는 가졌는가

온 세상의 찬성보다도
'아니'하고 가만히 머리 흔들 그 한 얼굴 생각에
알뜰한 유혹을 물리치게 되는
그 사람을 그대는 가졌는가

나. 주요 법령에 나타난 초등수학교육

국민학교제에서 수학교육과 관련하여 가장 큰 변화는 먼저 산수를 포함하는 '이수과' 라는 교과가 만들어진 것이다. '국민학교'의 기본 목적이 황국의 길에 귀일시키는 것, 황국민의 육성에 이바지하도록 기존의 십 수 개의 교과를 묶어 5개 교과로 통합하는 것이었다. 구체적으로 말하면, 국민정신의 앙양은 국민과, 과학지능의 계발은 이수과, 신체의 향상은 체련과, 정조(情操)의 순화는 예능과, 직업의 숙달은 실업과였다(씨알교육연구회, 1995). 「국민학교규정」에서는 이수과의 취지를 다음과 같이 제시하였다.

> 이수과는 통상의 사물현상을 정확하게 고찰하고 처리하는 능력을 키우고 이를 생활상의 실천으로 이끌어서 합리, 창조의 정신을 함양하며 국운의 개발에 기여하는 소질을 배양하는 것을 요지로 한다. 과학의 진보가 국가의 흥융에 공헌하는 바를 이해시키도록 하며, 황국의 사명에 비추어 문화 창조의 임무를 자각할 수 있도록 힘써야 한다. 수리 및 자연의 이법을 자발적, 지속적으로 추구하는 태도를 길러야 한다. 분석적, 논리적으로 고찰하는 능력을 기르며, 전체적, 직관적으로 파악하는 태도를 중시해야 한다. 관찰, 실험을 중시하고, 실측, 조사, 작도, 공작 등의 작업에 따라 이해를 확실하게 하고 발견, 궁리의 태도를 기르는데 힘써야 한다. 과학의 진보가 국방에 미치는 바가 큰 이유를 알도록 해서 국방에 관한 상식을 길러야 한다.

둘째, '산술' 교과목이 '산수'로 바뀌었고 교수 요지도 대폭 달라졌다.

> 제9조
> ① 이수과 산수는 수·양·형에 관하여 국민생활에 수요한 보통의 지식기능을 습득하게 하고 수리적 처리에 습숙하게 하여 수리적 정신을 함양하는 것으로 한다.
> ② 초등과는 수·양·형에 관한 일상 보통의 지식 및 처리 방법을 가르쳐야 한다.
> ③ 고등과는 그 정도를 높여서 산업·경제·국방 등에 관한 수요한 수량적 사항은 특히 유의하여 가르쳐야 한다.
> ④ 계산은 암산·필산·주산을 이용하여야 한다.
> ⑤ 일상생활의 수량 상호의 관계를 분명하게 하여 수리적 고안의 정확을 기하여야 한다.
> ⑥ 기초적 지식기능의 반복연습을 중시하여 응용을 자재하게 하는 것에 힘써야 한다.
> ⑦ 지구적으로 사고하고 구명하는 태도를 길러야 한다.

국민학교규정의 별표로 제시된 내용 중에서 산수과의 학년별 교육내용은 [표 II-19]와 같다.

| [표 II-19] 국민학교규정(1941) 초등과와 고등과의 학년별 산수 교육 내용 |

<table>
<tr><th>초등과</th><th>과목</th><th colspan="2">1학년</th><th colspan="2">2학년</th><th colspan="2">3학년</th><th colspan="2">4학년</th><th colspan="2">5학년</th><th colspan="2">6학년</th></tr>
<tr><td rowspan="2">이수과</td><td>산수</td><td rowspan="2">5</td><td>산수 일반</td><td rowspan="2">5</td><td>동</td><td>5</td><td>동</td><td>5</td><td>동</td><td>5</td><td>동</td><td>5</td><td>동</td></tr>
<tr><td>이과</td><td>자연의 관찰</td><td>동</td><td>1</td><td>동</td><td>2</td><td>이과 일반</td><td>2</td><td>동</td><td>2</td><td>동</td></tr>
<tr><th>고등과</th><th>과목</th><th colspan="6">1학년</th><th colspan="6">2학년</th></tr>
<tr><td rowspan="2">이수과</td><td>산수</td><td colspan="3">3</td><td colspan="3">산수일반</td><td colspan="3">3</td><td colspan="3">동</td></tr>
<tr><td>이과</td><td colspan="3">2</td><td colspan="3">이과일반</td><td colspan="3">2</td><td colspan="3">동</td></tr>
</table>

5 일제 강점기 초등수학교육의 주요 특징

가. 주요 법령의 변화

먼저 일제강점기에 초등수학교육의 근간이 된 법령은 [표 II-20]과 같다. 한국인과 일본인에게 다른 법령을 적용하다가 제3차 조선교육령부터 동일한 법령이 적용되었다. 교과목명이 산술에서 산수로 바뀐 것은 1941년 제4차 조선교육령 시기이다.

| [표 II-20] 일제강점기 주요 법령의 변화 |

구분		한국인	재조선일본인	과목명
제1차 조선교육령 (1911)	법령	**보통학교규칙**	**조선공립소학교규칙**	산술
	학교명	4년제 보통학교	심상소학교, 고등소학교	
제2차 조선교육령 (1922)	법령	**보통학교규정**	**소학교규정**	
	학교명	6, 5, 4년제 보통학교 2년제 고등과	심상소학교, 고등소학교	
제3차 조선교육령 (1938)	법령	**소학교규정**		
	학교명	6년제, 4년제 심상소학교		
제4차 조선교육령 (1943)	법령	**국민학교규정**		산수
	학교명	국민학교(초등과, 고등과)		

교과목 편제에서 산술(산수)은 일제강점기 내내 필수과목에 속했다. 1차부터 3차 조선교육령 시행기에는 수신과 언어 과목 이후에 산술이 위치했다. 제4차 조선교육령에서는 '수신, 국어, 국사, 지리'를 포함한 '국민과' 다음에 위치한 '이수과' 내 '산수'로 자리매김했다. '산술(산수)'은 다른 교과목에 비해 상대적으로 그 이름이나 위상에서 큰 변동이 없었다. [표 II-21]과 [표 II-22]와 같이 산술(산수)이 '총시수'에서 차지하는 비중을 살펴보면, 보통학교 20% 안팎이며, 고등과 10% 안팎으로 나타났다. 이는 일본어 다음으로 높은 비중이다.

| [표 II-21] 조선교육령별 산술(산수) 교과목 수업 시수 (1) * '이과'와 합쳐서 5시수임 |

시기	1차	2차			3차		4차
	보통학교규칙 (1911)	보통학교규정 (1922)			소학교규정 (1938)		국민학교규정 (1941)
학제 / 학년	4년제	6년제	5년제	4년제	6년제 심상소학교	4년제 심상소학교	6년제
1	6	5	5	5	5	5	5*
2	6	5	5	5	5	6	5*
3	6	6	6	6	6	6	5
4	6	6	6	6	6	5	5
5		4	4		4		5
6		4			4		5
계	24(약24%)	30(약18%)	26(약19%)	22(약21%)	30(약16%)	22(약18%)	최대 30 (약17%)
총시수	106	남162 여165	남133 여136	남105 여107	남182 여184	120	175

| [표 II-22] 조선교육령별 산술(산수) 교과목 수업 시수(2) ; 고등과 중심 |

시기	1차	2차	3차		4차
	보통학교규칙 (1911)	보통학교규정 (1922)	소학교규정 (1938)		국민학교규정 (1941)
학제 / 학년	4년제 보통학교	보통학교 고등과 (2년제)	고등소학교 2년제	고등소학교 3년제	고등과
1		4	4	4	3
2		4	4	4	3
3				4	
계		8 (약13%)	8 (약12%)	8 (약8%)	6 (약9%)
총시수		남53 여60	남64 여66	남96 여99	66~70

나. 산술 또는 산수 교수요지의 변화

산술의 목적은 '일상적인 계산을 익히도록 해서 생활에 반드시 필요한 지식을 가르치며, 아울러서 사고를 정확히 할 수 있도록 하는 것을 요지로 한다.'이며, 이는 제3차 조선교육령까지 동일하였다. 즉, 산술교육의 주된 목적은 세 가지로, 일상적인 계산을 익히기, 생활에 필요한 지식 가르치기, 사고를 정확히 하기 등으로 요약된다. 제4차 조선교육령 시기에 산술이 산수로 바뀌면서 그 목적도 달라졌는데, '수, 양, 형에 관하여 국민생활에 수요(須要)한 보통의 지식, 기능을 얻도록 하며, 수리적 처리에 익숙할 수 있도록 가르쳐서 수리적 정신을 함양하는 것으로 한다.'라고 하였다. 이 목적에서는 계산을 넘어, 형을 다루고 있으며 '수리적 정신'을 강조하였다.

고등과 또는 고등소학교의 변화를 살펴보면, 제1차 조선교육령에서는 이 단계의 산술에 대한 언급이 없었다. 제2차 조선교육령에서는 보통학교 6년제의 내용에 준하여 가르치는 것을 기본으로 하다가 1927년 한 차례 개정되면서 '수의 대수적 계산 및 기하도형에 관한 지식의 초보'를 가르친다는 말이 새롭게 들어와 제3차 조선교육령까지 이어졌다. 이는 제4차 조선교육령에서 크게 수정되었는데 '고등과는 그 정도를 높여서 산업·경제·국방 등에 관한 수요한 수량적 사항은 특히 유의하여 가르쳐야 한다'와 같이 산업, 경제, 국방에 필요한 수학을 가르치도록 하였다.

기타 사항으로는, 첫째, 필산, 암산, 주산을 다루었다. 둘째, 제2차 조선교육령 시기인 1927년에 개정된 보통학교규정을 보면, '실험, 실측을 이용'하고 '도표, 복리표 등의 취급'을 처음으로 언급하였다. 이 내용은 제3차 조선교육령의 소학교규정에서도 그대로 적용되었다.

| [표 II-23] 조선교육령 시행기별 산술(산수)교육의 요지 : 보통학교(또는 심상소학교) |

구분	1차	2차		3차	4차
	보통학교규칙 (1911)	보통학교규정 (1922)	보통학교규정 (1927)	소학교규정 (1938)	국민학교규정 (1941)
목적	산술은 일상적인 계산을 익히도록 해서 생활에 반드시 필요한 지식을 가르치며, 아울러서 사고를 정확히 할 수 있도록 하는 것을 요지로 한다.	좌동	좌동	좌동	산수는 수, 양, 형에 관하여 국민생활에 수요(須要)한 보통의 지식, 기능을 얻도록 하며, 수리적 처리에 익숙할 수 있도록 가르쳐서 수리적 정신을 함양하는 것으로 한다.
내용	산술은 수의 세기, 수의 쓰기, 정수, 소수, 제등수, 분수, 비례, 보합산 및 연산 등을 가르쳐야 한다.	산술은 처음에는 10 이하의 수의 범위 내에서의 세는 법·쓰는 법·가감승제를 가르치고 점차 그 범위를 넓혀서 100 이하의 수까지 가르친다. 더 나아가 일상의 가감승제와 소수·제등수 및 간이한 분수·보합산을 가르쳐야 한다. 다만, 수업연한을 4년으로 한 경우에는 분수 및 보합산을 제외한다.	산술은 처음에는 작은 정수의 범위 내에서 호칭법·쓰는 법 및 간이한 계산을 가르치고 점차적으로 그 범위를 넓혀서 소수·분수에 이르며 더 나아가 간이한 비례·보합산을 가르쳐야 한다. 다만, 수업연한을 4년으로 한 경우에는 분수 및 보합산은 제외한다.	심상소학교에서는 처음에 작은 정수의 범위 안에서 세는 법, 쓰는 법 및 간단하고도 쉬운 계산을 가르치며, 점차 그 범위를 넓혀서 소수, 분수까지 가르치도록 한다. 더 나아가 수준을 높여서 간이한 비례, 보합산을 가르쳐야 한다.	초등과는 수, 양, 형에 관한 일상 보통의 지식 및 처리 방법을 가르쳐야 한다.
교수학습 상 유의점	산술은 필산 및 암산을 부가하고 나아가서는 주산을 병행하여 부과하며 그 운용에 습숙하게 하여야 한다.	산술은 필산을 이용하여야 하고 토지의 정황에 따라서는 주산을 병용할 수 있다.	좌동	계산은 암산, 필산, 주산을 사용할 수 있다.	좌동
	산술을 가르칠 때에는 계산법을 설명하고 계산 방식에 익숙하도록 가르쳐서 정확하고 민활하게 사용할 수 있도록 하며, 숫자·운산 및 산식의 쓰는 법에 주의하여 확실하고 선명하게 학습할 수 있어야 한다.	좌동	산술을 가르치기 위해 실험·실측을 이용하고 운산의 방법 및 이유를 정확하게 설명하게 하여 이해를 정확하게 하고 운산에 숙달되어 응용을 자유자재로 하게 하는 데 힘쓰며 도표·복리표 등의 취급에 적응하게 하고 암산에 숙달하게 하여야 한다.	산술을 가르칠 때는 실험실측을 활용하고 계산 방법 및 그 이유를 정확히 설명하여 이해를 정확히 하고 계산에 익숙하도록 해서 자유자재로 응용할 수 있도록 한다. 또한 도표, 복리표 등도 다룰 수 있도록 해야 한다.	일상생활에서 수량의 상호관계를 분명하게 알도록 하며, 수리적 고찰을 정확하게 하도록 해야 한다. 기초적 지식, 기능의 반복연습을 중시하며, 자유자재로 응용할 수 있도록 해야 한다. 지속적으로 사고를 구명하는 태도를 길러야 한다.
	산술의 문제는 다른 교과목에서 가르치는 사항과 상호 연계하여 보완하도록 하며 토지의 상황·아동의 경우에 따라 실제에 적절한 것을 선택하여야 한다.	좌동	좌동	산술 문제는 다른 교과목에서도 가르치는 사항 및 토지의 정황을 참작하여 일상생활에 적절한 것을 선택해야 한다.	

| [표 II-24] 조선교육령 시행기별 산술(산수)교육의 요지 : 고등과(또는 고등소학교) |

2차		3차	4차
보통학교규정 (1922)	보통학교규정 (1927)	소학교규정 (1938)	국민학교규정 (1941)
第26조 고등과의 교수 상의 주의와 수신·국어·조선어·산술·일본역사·지리·이과·창가·체조·재봉·수공·농업·상업·한문·도화의 요지 및 정도는 제8조 내지 제23조의 규정에 준하고 더한층 이를 정심하게 하는 것 외에 제2항 내지 제9항의 사항을 추가하여야 한다.	第26조 ① 고등과의 교수 상의 주의와 수신·국어·조선어·산술·국사·지리·이과·창가·체조·재봉·수공·농업·상업·한문·도화의 요지 및 정도는 제8조 내지 제23조의 규정에 준하고 더 한층 이를 정심하게 하는 것 외에 제2항 내지 제10항의 사항을 추가하여야 한다. ③ 산술에서는 보통학교에서 가르치는 사항의 정도를 진행하여 수의 대수적 계산 및 기하도형에 관한 지식의 초보를 가르치고 토지의 정황에 따라서는 일용부기의 대요도 가르쳐야 한다. ④ 산술은 필산을 이용하고 주산을 병용하여 부과할 수 있다.	第17조 ③ 고등소학교에서는 심상소학교에서 가르친 사항의 정도를 높여서 수의 대수적 계산 및 기하도형에 관한 지식의 초보를 가르치고, 토지의 정황에 의하여는 일상부기의 대요를 과하여야 한다.	고등과는 그 정도를 높여서 산업·경제·국방 등에 관한 수요한 수량적 사항은 특히 유의하여 가르쳐야 한다.

[표 II-23]과 [표 II-24]를 통해 산술교육의 내용 측면을 살펴보면, 보통학교(또는 소학교, 국민학교)의 경우 제3차 조선교육령기까지는 정수, 소수, 분수의 가감승제와 비례, 제등수, 보합산이 주 내용이었다. 제4차 조선교육령때는 '산수일반'[7]이라고만 적혀 있어 그 구체적인 내용을 알 수 없다.

고등과 또는 고등소학교의 산술 내용을 보면, 제2차 조선교육령의 1922년 개정까지는 분수, 보합산, 비례, 주산가감승제, 일용부기가 주된 내용이다. 그러다가 1927년 개정된 규정에서 새로운 내용으로 '수의 대수적 계산', '기하도형'이 추가되었다. 제4차 조선교육령에서는 '산업·경제·국방'에 필요한 수학을 요지에서 언급하였지만 정작 학년별 내용을 제시할 때에는 초등과 6년과 동일한 '산수일반'이라고만 제시하였다.

| [표 II-25] 조선교육령 시행기별 초등수학교육의 학년별 내용 (1) |

구분	1차	2차			3차		4차
	보통학교규칙 (1911)	보통학교규정 (1922)			소학교규정 (1938)		국민학교규정 (1941)
	4년제 보통학교	6년제 보통학교	5년제 보통학교	4년제 보통학교	6년제 심상소학교	4년제 심상소학교	6년제 국민학교
1	정수	100 이하의 수의 호칭법, 쓰는 법 및 간이계산	100 이하의 수의 호칭법, 쓰는 법 20 이하의 수의 범위 내 가감승제	100 이하의 수의 호칭법, 쓰는 법 및 간이계산	100 이하의 수의 읽기, 쓰기 및 간이 계산	100 이하의 수의 읽기·쓰기 및 간이 계산	산수 일반

7) '산수일반'에 대한 상세한 내용은 (國民學校理數科)算數敎育原論 좌백정견(東京 : 富山房, 1941)을 참조할 수 있다.

구분	1차	2차			3차		4차
	보통학교규칙 (1911)	보통학교규정 (1922)			소학교규정 (1938)		국민학교규정 (1941)
	4년제 보통학교	6년제 보통학교	5년제 보통학교	4년제 보통학교	6년제 심상소학교	4년제 심상소학교	6년제 국민학교
2	좌동	1천 이하의 수의 호칭법, 쓰는 법 및 간이계산	100 이하의 수의 호칭법, 쓰는 법 100 이하의 수의 범위 내 가감승제	1000 이하의 수의 호칭법, 쓰는 법 및 간이계산	1000 이하의 수의 읽기, 쓰기 및 간이계산	1000 이하의 수의 읽기, 쓰기 및 간이계산	좌동
3	좌동, 소수, 제등수, 주산	정수의 계산	통상의 가감승제	정수의 계산	정수의 계산	정수의 계산	좌동
4	분수 , 비례, 보합산, 구적, 주산	정수의 계산, 소수의 호칭법, 쓰는 법 및 간이계산	통상의 가감승제와 소수의 호칭법, 쓰는 법 및 간이한 가감승제 (주산가감)	정수의 계산 수의 호칭법, 쓰는 법 및 간이계산 (주산)	정수의 계산, 소수의 읽기, 쓰기 및 간이계산	정수의 계산· 소수의 읽기· 쓰기 및 간이계산	좌동
5		정수의 계산, 소수의 계산, 분수의 계산 (주산)	정수, 소수, 제등수, 분수, 보합산 (주산가감승제)		정수의 계산, 소수의 계산, 분수의 계산		좌동
6		비례, 비율산 (주산)			비례, 보합산		좌동

| [표 II-26] 조선교육령 시행기별 초등수학교육의 학년별 내용 (2) |

구분	2차		3차		4차
	보통학교규정 (1922)	보통학교규정 (1927)	소학교 규정(1938)		국민학교규정 (1941)
	보통학교 고등과(2년제)	보통학교 고등과(2년제)	고등소학교 2년제	고등소학교 3년제	국민학교 고등과
1	분수, 보합산, 비례 (주산가감승제)	정수, 소수, 분수, 수의 대수적 계산, 기하도형, 주산	정수, 소수, 분수, 수의 대수적 계산, 기하도형	정수, 소수, 분수, 수의 대수적 계산, 기하도형	산수일반
2	비례 (일용부기) (주산가감승제)	비례, 보합산, 수의 대수적 계산, 기하도형, 주산(일용 부기)	비례, 보합산, 수의 대수적 계산, 기하도형, 주산(일용 부기)	비례, 보합산, 수의 대수적 계산, 기하도형	동
3				제1학년, 제2학년 과정의 보습 (일용부기)	

쉼터 백농 최규동[1881(고종 18)~1950]

최규동은 개화기에 태어나 일제강점기를 거쳐 해방 후까지 활동했던 수학자로 역사의 굴곡과 함께 파란만장한 생을 살았다. 경상북도 성주 출신인 최규동은 어릴 적 사숙(私塾)에서 한학을 공부하였고 서울로 올라와 광신상업학교(廣信商業學校)를 거쳐 정리사(精理舍)의 수학연구과를 졸업하였다.
평양의 기명학교(箕明學校)·대성학교(大成學校) 등에서 수학교사로 재직하였다. 그 뒤 서울의 휘문의숙(徽文義塾)에 교사로 있다가 1918년 중동학교(中東學校)를 인수하여 교장에 취임하였다. 일제강점기 초반 학생들에게 민족정신과 구국애족정신을 고취하기 위하여 1주일에 50여 시간을 가르치는 등 정성을 기울였다.
한편 안타깝게도, 일제시대 기록물에서 조선 신궁(神宮: 神社)의 중일전쟁 기원제 발기인 및 임전보국단(臨戰報國團) 평의원을 지낸 것으로 기록되어 있으며, 1942년 6월 일제 관변지 『문교의 조선』에 「죽음으로써 군은(君恩: 일본 천황의 은혜)에 보답하다」라는 글이 게재되는 등 일제에 협력하기도 하였다.
광복과 더불어 같은 해 9월 한국교육위원회가 조직되었을 때 7명의 위원 중 한 사람으로 일반교육의 책임자가 되었다. 이어 교육심의회가 조직되었을 때 제3분과 위원회에서 교육행정분야를 담당하였으며, 1947년 조선전기공업중학교를 인수하여 중동중학교와 함께 교장직을 겸임하였다. 그 뒤 서울시교육회장·서울대학교 이사장·조선교육연합회 회장 등을 지냈으며, 1949년 제3대 서울대학교 총장이 되었다. 1950년 6·25전쟁 때 납북, 평양에서 작고하였다.

다음은 최규동의 수학과 관련한 일화를 소재로 한 이야기 중 일부이다.

＊ 에피소드 1 ＊

1900년이군요. 그때 괴나리봇짐 하나만 달랑 메고 고향을 떠나 서울로 가고 있었습니다. 서울로 가던 길에 수원에 잠시 들렀습니다. 거기에 화성학교라고 있었는데, 지나가다가 우연히 선생이 학생들을 가르치는 장면을 봤지요. 깜짝 놀랐죠. 선생이 칠판에다 분필로 1, 2, 3 등 서양 숫자를 쓰지 않았겠습니까. 그러고는 더하기에 빼기에 하더군요. 무척이나 신기해 보였습죠. 한참 보다 옳거니 했지 않았겠습니까? 야! 저게 조선의 셈보다 낫구나! 당장에 저 서양식 셈을 배워야겠구나. 그렇게 저는 신학문과 첫 대면을 했더랍니다.
그때 마침, 이름을 잊었지만, 우연히 일본에서 유학을 하고 온 친구를 만났습죠. 그 친구에게 서양식 수학을 배운 덕분에 서양 수학을 조금은 이해하게 되었구요. 그러고는 곧 광성실업학교 야학부에 입학을 했습니다. 그곳에서 일본어와 수학을 배웠지만, 일어는 포기하고 수학만 열심히 했답니다.
수학이 무척 재미있더군요. 야학부를 졸업하고는 유일선 씨가 경영하던 정리사에 들어가 3년 동안 공부를 했습니다. 그 학교는 정신과와 이과로 교과과목이 나눠져 있었습니다. 정신과에서는 심리, 윤리, 논리 등을 배웠고, 이과에서는 수학, 물리, 화학 등을 배웠죠. 여러 분야를 배웠지만 역시 수학이 최고였습니다. 그렇게 공부를 하다 보니 벌써 제가 학교를 경영하는 사람이 됐지요. 거기다 책도 쓰지 않았습니까. 참, 번역을 먼저 했군요. 찰스 스미스란 사람이 쓴 책인데, 영어를 몰라 일본판을 중역한 건대 『근세산술』(상, 하)이지요. 그 책을 번역하면서 또 많은 걸 배웠습니다. 결국, 아마 1914년이지요. 아예 제가 책을 써버렸죠. 그것도 수학책을. 1914년에 『인수분해법』을, 그리고 1919년에 『중등교육산술교과서』를 썼지요. 자랑 같지만 18,000부나 출판했습니다.(이승원, 2005)

＊ 에피소드 2 ＊

일제시대 때 이야기이다. 종로 종각 근처 길거리에서는 저녁때가 되면 항상 수학 수업이 시작된다. 한 수학 선생님이 나와서 칠판에 수식을 써 가면서 거리의 사람들에게 열심히 강의를 하고 있다. 종로 네거리를 오가던 많은 사람들이 무엇을 하는가 하고 기웃거리다가 자리를 잡고 앉는 사람도 생긴다. 오늘은 분수셈을 공부하는가 보다.

수학 선생님은 "콩 두 되 반과 좁쌀 한 되 반을 더하면 얼마입니까?" 하고 묻는다.

사람들은 금방 당연하다는 듯이 "세 되요." 하고 대답한다.

선생님의 제자들은 초롱초롱한 눈망울의 어린 소년, 떠꺼머리 총각, 곰방대를 문 할아버지, 행주치마를 두른 아주머니 등 다양하다. 선생님은 이제 콩과 좁쌀의 덧셈을 칠판에 써 가면서 설명한다. 선생님이 칠판에 판서하는 모습은 감탄할 만했다. 양손에 분필을 들고 칠판에 수식을 오른손으로 썼다 왼손으로 썼다 한다. 글씨가 오른손으로 쓰나 왼손으로 쓰나 한결같이 반듯하다.

'거리의 수학 선생님'이 바로 해방 후 서울대학교에 수학과를 창설하신 최규동 선생님이다. 최규동 선생님이 수학의 거두라 하여 붙여진 별명이 바로 최대수이다. 대수학의 대수를 따서 붙은 별칭이다.

최규동 선생님은 바로 민중 교육자라 하겠다. 그 당시에는 신식 교육이 보급되긴 했어도 여전히 읽지도 쓰지도 못할 뿐 아니라 셈도 못하는 사람들이 대부분이었다. 특히 수학은 특수한 교육을 받은 사람들에게만 보급이 되었다. 백성들은 여전히 수학에는 무관심했고 수학 교육을 받을 기회가 없었다.

그러나 최규동 선생님은 수학을 일반 백성들의 생활과 연관지어 설명하면 쉽게 다가갈 수 있다고 믿고 종로 네거리에서 이렇게 수학 수업을 하게 된 것이다. 종로 네거리를 오가던 사람들이 기웃거리다가 마침내 어떤 사람은 매일 그 시간에 맞춰 나오게 되고, 열심히 거리에서 수학 공부를 하게 되었다.

최규동 선생님은 경북 성주의 유교 집안에서 출생하여 한학을 공부했다. 그러다 개화기를 맞아 서울에 가서 근대학문으로 수학을 공부했다. 그때는 대부분 독학으로 공부했는데 선생님도 스무 살이 못 되어 수학 교사가 되었다. 일제 식민지 시대에 중동 고등 보통학교에서 수학을 가르쳤는데 인품도 훌륭해서 많은 제자들로부터 존경을 받았다고 한다.

일제로부터 해방되자 선생님은 서울대학교에 수학과를 창설하고 교수가 되었다. 해방 전까지만 해도 수학 전문과정은 연희전문학교의 수물과(1917년 설치)가 유일한 것이었다.(박성래, 2011)

참고문헌

강홍재(2008). 일본의 학습지도요령의 변천과 현황. 한국일본교육학연구, 12(2). pp.135-150.

박붕배(1987). 한국국어교육전사. 서울 : 대한교과서주식회사.

박성래(2011). 인물과학사. 책과 함께.

씨알교육연구회(1995). 일제황민화교육과 국민학교. 서울 : 한울.

오성철(2000). 식민지 초등교육의 형성. 교육과학사.

이상구 외(2009). 식민지 수학교육 정책과 19세기 말과 20세기 전반 한국수학 교육과정 연구. 23(4). 1093-1130. 수학교육논문집. 한국수학교육학회.

이상구 외(2017). 한국 근 · 현대수학 교재 연구. 수학교육논문집, 31(1). 149-177. 한국수학교육학회.

이승원(2005). 학교의 탄생. 휴머니스트.

이혜영(1997). 한국근대학교교육 100년사 연구(II) : 일제 강점기의 학교교육. 한국교육개발원. 연구보고 RR-97.

정재철(1985). 일제의 대한식민지교육정책사, 서울 : 일지사.

조미은(2010). 일제강점기 재조선 일본인 학교와 학교조합 연구. 성균관대학교 일반대학원. 박사학위논문.

조선총독부(1911). 조선총독부령 제110호 보통학교규칙.

조선총독부(1920). 조선총독부법률 제181호 보통학교규칙.

조선총독부(1912). 조선총독부령 제44호. 조선공립소학교규칙.

조선총독부(1922). 조선총독부령 제8호. 보통학교규정.

조선총독부(1923). 조선총독부령 제100호. 보통학교규정.

조선총독부(1927). 조선총독부령 제23호. 보통학교규정.

조선총독부(1929). 조선총독부령 제58호. 보통학교규정.

조선총독부(1922). 조선총독부령 제6호. 소학교규정

조선총독부(1927). 조선총독부령 제21호. 소학교규정.

조선총독부(1938). 조선총독부령 제24호. 소학교규정.

조선총독부(1941). 조선총독부령 제90호. 국민학교규정.

조영미(2019). 일제강점기 초등수학교육에 관한 연구. 대한수학교육학회. 수학교육학연구 Vol.29 NO.1. 45-69.

III. 교수요목기의 초등수학교육

1945.8.15	1947.1.10	1948.8.15	1949.12.31	1950.6.25	1954.4.20
광복	『각과교수요목집』 발행	대한민국정부 수립	교육법 제정	한국전쟁 발발	제1차 교육과정 공포

1947년 『셈본』 교과서 (표지)

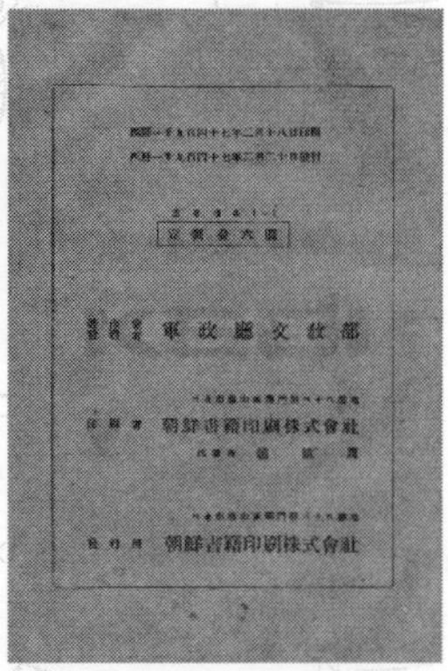
1947년 『셈본』 교과서 (마지막 쪽)

1947년 『셈본』 교과서 (뒷표지)

1 배경

가. 미군정과 교수요목집

1945년 8월 15일 우리나라는 일제 강점으로부터 해방을 맞았으나 그 기쁨도 잠시, 같은 해 9월부터 미군정이 시작되었다. 미군정청의 행정 기구 중 교육을 담당했던 학무국(學務局)은 1945년 9월 16일 조선교육위원회를 구성하였다.[1] 이 위원회는 자문기관이었지만 교육 이슈 전반에 대해 심의하고 결정하여 실질적인 힘을 가졌다. 홍익인간의 교육목적 설정, 6·3·3·4제의 학제 제정 등이 대표적이다.

일제의 패망 소식이 알려지자 사람들은 거리로 쏟아져 나왔다. 거리는 광복의 기쁨과 뜨거운 애국심 그리고 미래의 희망으로 가득 차 있었다.

미군정청 학무국은 1945년 11월 23일에 조선교육심의회[2]를 구성하였다. 모두 10개의 분과 위원회를 갖춘 심의회는 거국적인 교육 개혁 추진 기능을 수행했다. 이 심의회가 맡은 현안 중에는 교과서 검정, 출판·공급 등과 관련된 개혁이 포함되었다. 조선교육심의회의 활동이 끝나갈 무렵인 1946년 2월 21일 미군정청은 교수요목제정위원회를 조직하여 교수요목 및 교과의 지도 내용에 관한 검토를 시작하였다.

한편 미군정이 들어선 지 일 년 안에 학무국은 여섯 차례 개편이 될 정도로 변동이 심하였는데 최종적으로 1946년 3월 29일에 문교부로 이름이 바뀌면서 승격되었다. 미군정청 문교부는 1946년 9월 1일 국민학교와 중등학교의 교과편제 및 시간배당을 새롭게 마련하였다. 이어 1947년 1월 10일에 미군청정 문교부 명으로 『각과 교수요목집』을 발표하였다. 이 교수요목집에는 국어, 산수, 사회생활, 이과가 담겼다. 이제 본격적으로 우리나라 교육과정사의 교수요목기가 시작되었다.

---

1) 이 위원회는 1946년 5월에 폐지되었다.

2) 이 심의회는 1946년 3월 7일 회의 후 폐지되었다.

미군정이 들어서자 일장기가 내려가고 성조기가 올라가고 있다.

나. 대한민국 정부 수립, 한국전쟁 그리고 제1차 교육과정의 제정

3년의 미군정 시기가 끝나고 1948년 8월 15일 대한민국 정부가 수립되었다. 1949년 12월 31일에는 교육법이 제정되어, 교육의 이념, 목적, 교육기관의 종류와 계통, 각급학교의 교육목적, 교과용도서 등에 대한 주요 사항을 규정한 교육의 기본틀이 만들어졌다.

1950년 4월 29일 대통령령으로 '교과용도서 검인정 규정'과 '국정교과용도서 편찬 규정'을 공포하였다. 6월 2일에는 문교부령으로 '국정교과용도서 편찬심의회 규정'과 '교수요목제정심의회 규정'을 공포하였다. 이로써 교육법의 근본이념에 따라 교육과정 제정 작업에 착수하고 더불어 교과서를 편찬, 발행할 준비 단계에 들어가게 되었다.

그런데 1950년 6월 25일 한국전쟁이 일어났다. 1951년 6월, 전쟁이 커질 것을 우려한 소련이 유엔에서 휴전을 제의하면서 휴전협상에 들어가게 되었다. 1953년 7월 27일 휴전협정이 체결되었다.

전쟁 중이지만 교육과정 제정에 대한 논의를 이어가기 위해 정부와 문교부는 1951년 1월 3일 '교과과정연구위원회 규정'을 공포하였다. 전쟁으로 중단된 교육을 전시에 맞도록 전개하기 위하여 1951년 2월 26일 '전시하 교육특별조치요강'을 제정 발표하였고 이어 교사를 위한 '전시학습지도요령'도 발표하였다.

1950년 교수요목제정심의회, 1951년 교과과정연구위원회가 구성됨으로써 교육과정을 제정하기 위한 법적 조직은 이미 마련되었다. 1953년 3월 11일 부산에서 '제1차 교육과정제정합동위원회'를 시작으로 교수요목 및 교과서에 대해 다시 논의가 되었다. 여기서 정해진 교수요목에 따라 '교과과정연구위원회'에서는 교과서를 편찬하였다. 1년 여의 작업 끝에 1954년 4월 제1차 교육과정을 공포하게 되었다.

대한민국은 1949년에 교육법이 공포되고 곧이어 기존의 미군정기의 교수요목을 검토하여 새로운 교육과정을 마련할 계획이었다. 그러나 한국전쟁으로 이는 미루어졌고 실지로 제1차 교육과정이 마련된 것은 1954년 4월이었다. 이는 애초의 계획보다 4년 정도 미루어진 것으로 볼 수 있다.

2 『각과 교수요목집』의 체계

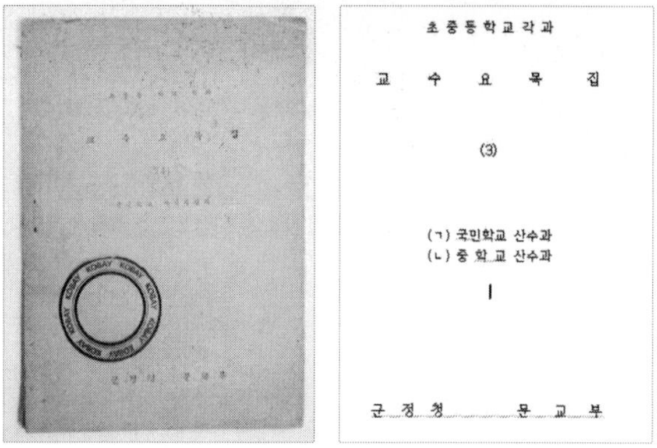

『각과 교수요목집』

『각과 교수요목집』은 (1) 국민학교 이과, 중학교 과학, (2) 국민학교 국어과, 중학교 국어과, 중학교 영어과, (3) 국민학교 산수과, 중학교 산수과, (4) 국민학교 사회생활과, 상업 중학 실업과로 구성되었다.

| [표 III-1] 『각과 교수요목집』의 구성 |

구분	(1)	(2)	(3)	(4)
교과	• 국민학교 이과 • 중학교 과학과	• 국민학교 국어과 • 중학교 국어과 • 중학교 영어과	• 국민학교 산수과 • 중학교 산수과	• 국민학교 사회생활과 • 상업 중학 실업과
	13쪽	6쪽	12쪽	50쪽

(1)부터 (4)까지 교과별 체제는 제각각이다. 국민학교에 해당하는 내용만 살펴보면 다음 표와 같은데, 이과나 산수에 비해 국어와 사회생활은 비교적 체계가 갖추어져 제시되었음을 알 수 있다.

| [표 III-2] 교과목별 구성 |

교과	이과	국어	산수	사회생활
체제	학년별 제재의 내용 시간, 월별 학습 시기를 간단히 제시	1. 교수요지 2. 교수방침 3. 교수사항 4. 교수의 주의 (각 학년 교수 시간 배당 표준)	학년별 제재의 내용, 시간을 간단히 제시	1. 교수요목 2. 교수방침 3. 교수요목의 운용법 4. 교수에 관한 주의 5. 교수사항 • 학년별 제목 • 단위(단원)명 • 세목(세부내용)
발행시기	제시되어 있지 않음	제시되어 있지 않음	1946년 11월 17일	제시되어 있지 않음

해방 후 미군정은 1945년 9월 17일 일반 명령 제4호를 내렸다. 이 명령에서는 9월 24일에 모든 공립초등학교가 개교할 것을 명하고 더불어 일본 교과서 사용을 금하였다. 다만

산수와 이과 교과목은 일본 교과서 사용을 허용하였다. 그런데 단서가 있었다. 일본 교과서를 사용하는 경우라도 교사에 국한할 것을 강조하였다(박한식, 1990). 당시 산수와 이과 과목은 일본 교과서 사용을 허용했다는 점을 감안할 때 이 교수요목은 일본의 것과 매우 유사할 것으로 짐작된다. 실제로 박한식은 '해방 전의 전시 체제인 일본의 교수요목을 모방'하였다고 설명하였다(박한식, 1990).

국어나 사회생활과 달리 산수과나 이과에는 일본 교과서 사용을 허용한 이유를 다음과 같이 추론해 볼 수 있다. 해방 후 민족의 말과 얼을 되살리는 일이 매우 절실한 상황에서 국어나 역사 등은 그 내용 자체가 매우 중요하다. 그에 대해 상대적으로 산수과나 이과는 민족의 얼과 관련이 적기 때문에 급한 대로 일본의 교수요목과 교과서 사용을 허용한 것으로 보여진다. 위의 교과별 체제를 보면, 이과나 산수과 체계에 '교수방침'이나 '교수사항' 등이 제시되지 않아 상대적으로 다른 과목에 비해 덜 체계가 잡혀 있었다. 이 역시, 당시 분위기에서는 국어나 사회생활과에 비해 이과나 산수과가 덜 긴급한 과목이었기 때문이었을 것으로 추정된다.

그렇다고 해도 수학교육이 일제강점기의 것을 답습해도 좋다는 것으로 인식된 것은 아니었다. 그 당시 편수국에서 '교과편찬의 현상'에 대해 보고한 기록이 있는데 수학과에 대해서는 다음과 같이 언급하였다(함종규, 2003).

> 수학과는 민족의 자주독립을 위하여 민족정신, 곧 자주적 태도, 강건한 성격, 실천적 성격, 명민한 이해를 수 교육에서 각 교재를 통하여 아동에게 고취하고, 과학적 정신함양과 사물현상의 수리적 처리에 의하여 과학의 수준을 향상시키며 과학기술의 근거를 깨달아 알아, 합리적 창조의 태도를 길러내며, 이미 이뤄 놓은 학문을 전제로 한 경지를 떠나 아동의 생활 실태에 적용하며, 왜습의 남긴 자취에서 완전히 벗어난… 교재 전체에 대하여, 신 고찰을 할 수 있으며 관계개념을 기를 수 있도록 편찬하는 것이 셈 교육의 근본목적인가 한다.

한편 교수요목집의 발행 시기에 대해 몇 가지 덧붙여 본다. [표 2]에서 보듯이 『각과 교수요목집』의 (3) 국민학교 산수과, 중학교 산수과에만 발행 시기가 제시되었다. 그 일자는 1946년 11월 17일이다. 김금자(2015)는 「교수요목시기 초등교육과정에 관한 연구」에서 『각과 교수요목집』 (1)~(4)까지의 발간 시기를 1947년 1월 10일로 적고 있다. 이혜영 외의 연구 「한국 근대학교교육 100년사 연구(III): 해방 이후의 학교교육」에서는 "1946년 9월에 발표된 초·중등학교 교수요목"이라고 적고 있다. 몇몇 연구들을 볼 때 교수요목집의 발행 시기가 1946년인지, 1947년인지 불명확한 측면이 있다. 다만 확실한 것은, 국민학교 산수과, 중학교 산수과 교수요목집에는 날짜가 "1946년 11월 17일"로 적시되어 있다는 점이다.

3 『각과 교수요목집: 국민학교 산수과』의 특징

가. 구성 전반

『각과 교수요목집: 국민학교 산수과』는 '국민학교 산수과 교수요목'이라는 제목 아래 다음과 같이 구성되었다. 먼저 학년별로 '제재의 내용'과 '시간'이 제시되었다. '제재의 내용'은 층위 구조를 갖추고 있다. 가장 상위의 항목에 대해서는 한자 숫자 '一, 二, 三 , …'가 제시되고, 그 다음 항목에 대해서는 '(1), (2), (3), …'이 제시되고, 최하위의 항목에 대해서는 자연수 '1, 2, 3, …'가 제시되어 있다. 편의상 一, 二, 三 등의 항목을 대교수요목, (1), (2), (3) 등의 항목을 중교수요목, 1, 2, 3 등의 항목을 소교수요목이라고 부르고자 한다. 어떤 중교수요목에는 1, 2, 3과 같은 소교수요목이 제시되지 않은 경우가 있다. 그런 경우에는 중교수요목이 곧 소교수요목인 것으로 간주하였다. '時間(시간)'은 대교수요목별로 제시되어 있다.

이 당시에는 '셈본'이라는 이름으로 교과서가 발간되었는데 이 교과서에 제시된 내용의 순서가 바로 이 교수요목의 순서를 따름을 확인할 수 있다. 교수요목의 순서는 교과서 내용의 제시 순서로 기능했던 것으로 보인다.

'교수요목'이라는 말은 일제 강점기에도 사용된 말로서 일제 강점기에 그 말의 쓰임을 살펴볼 수 있다. 『일제시대 교육과정 제시 체계와 초등 교육과정의 변천』에서 강명숙(2010)은 '일제시대 교육과정 관련 용어'를 다음과 같이 정리하였다.

> 교육과정을 일컫는 용어들은 다양하게 사용되었다. (중략) 이 중에서 특히 '교칙'이라는 용어가 오늘날 일반적인 의미의 교육과정에 해당한다. 또 학교급별 교과목별로 '교수요지'를 정하고 있는데 이는 교과의 목표와 성격을 다루고 있다. 교수요지에 따라 교과서를 편찬하도록 하지만, 교수요지는 무엇을 어떻게 가르칠 것인가에 대한 구체적인 방향이나 내용을 지도하기에는 미흡하였다. 교수요지의 이러한 특성 때문에 교과 수준에서 '교수요목'을 제정하거나 혹은 학교 수준에서 '교수세목'을 작성하도록 하였다. 교수요목은 교과별로 가르쳐야 할 교육내용을 선정하여 조직한 것으로, 구체적으로는 교육 재료의 편성과 배당을 항목별로 제시한 것이다. (중략) 교수요목을 제정하여 교과서 없이도 교과 지도가 가능하도록 하였다.

강명숙의 분석을 따르면, '교수요목'은 교과서가 없이도 교과 지도가 가능할 수 있도록 제정되었다고 적고 있다. 이는 교수요목의 순서가 곧 교과서의 순서 역할을 했다는 것을 말해준다. 이러한 일제 강점기의 흐름이 미군정기까지 유지된 것으로 보인다.

나. 학년별 대교수요목과 시수에 나타난 특징

一, 二, 三 등과 같은 대교수요목의 특징을 살펴보면, [표 3]에서 보듯이 학년별로 적게는 8개, 많게는 17개의 대교수요목이 있다. 1학년과 3학년이 8개로 가장 적고 4학년이 17개로 가장 많다.

학년별로 특징을 살펴보면 다음과 같다. 첫째, 1, 2학년의 대교수요목은 모두 수와 연산에 관한 내용이다. 둘째, 3학년도 '각의 개념'을 제외하면 수와 연산에 관한 내용이다. 셋째, 4학년과 5학년에서는 수와 연산 이외의 영역에 해당하는 내용들이 대교수요목으로 다양하게 제시되었다. 예를 들어, 시간과 시각, 도형, 직방체와 체적, 형과 면적, 입식, 대칭형과 중심 등이다. 넷째, 6학년에서는 수학 이외의 과학, 일상 내용과 통합한 제목들이 대교수요목으로 제시되었다. 예를 들어 힘과 운동, 여행, 지구, 역, 우편 등이며 그런 특징은 후반부에서 더욱 두드러진다.

| [표 III-3] 학년별 대교수요목과 시수 |

학년	대교수요목	시수
1	一. 20以下의 整數	28시
	二. 數의 增減	20시
	三. 數의 構成	16시
	四. 10까지의 數의 加減	16시
	五. 20까지의 數의 加減	16시
	六. 100까지의 數	16시
	七. 100까지의 數의 簡單한 加減	10시
	八. 二位數와 基數와의 加減 (합(和)이 100以下)	20시
2	一. 基數와 基數의 和가 11以上되는 加算	20시
	二. 11以上의 二位數에서 基數를 減하야 基數가 남는 減算	10시
	三. 二位數와 二位數의 加減(一)	16시
	四. 二位數와 二位數와의 加減(二)	12시
	五. 二位數와 基數와의 加減	3시
	六. 二位數와 二位數와의 加減(三)	14시
	七. 倍의 觀念	6시
	八. 乘算九九	42시
	九. 包 含 除	13시
	十. 1000까지의 數	11시
3	一. 等分除	20시
	二. 角의 觀念, 分數의 觀念	20시
	三. 除算	12시
	四. 二位數와 基數의 乘算及 그 逆의 除算	24시
	五. 二位數와 二位數의 加算及 그 逆의 減算	24시
	六. 加算 減産	37시
	七. 乘算, 除算	35시
	八. 큰 數	28시

학년	대교수요목	시수	학년	대교수요목	시수
4	一. 무게	3시	5	六. 整數(自然數)	10시
	二. 珠算(一)	13시		七. 珠算	20시
	三. 時間과 時刻	4시		八. 對稱形과 重心	24시
	四. 珠算(二)	8시		九. 小數	16시
	五. 小 數	9시		十. 分數	20시
	六. 圖形	10시		十一. 公式과 求積	( )시
	七. 加減算	13시		十二. 比重과 體積	10시
	八. 乘算	15시		十三. 總括的 復習	20시
	九. 除算	16시	6	一. 珠算	10시
	十. 面積과 分數	9시		二. 比例, 反比例	17시
	十一. 큰 數	6시		三. 立體圖形	13시
	十二. 加減算	22시		四. 測量, 測定	20시
	十三. 乘算	10시		五. 等式	8시
	十四. 除 算	79시		六. 簡便算, 概數와 概算	12시
	十五. 直方體와 體積	13시		七. 힘과 運動	40시
	十六. 形과 面積	( )시		八. 旅行	8시
	十七. 分數 小數	14시		九. 地球	12시
5	一. 큰 數	10시		十. 曆	8시
	二. 時計와 時間	13시		十一. 燃料, 電氣	16시
	三. 乘除算	10시		十二. 郵便	7시
	四. 立式	10시		十三. 方程式	20시
	五. 작은 數	10시		十四. 總括的 復習	8시

| [표 III-4] 6학년에서 타 교과목과 관련된 교수요목 |

七. 힘과 運動 (1) 힘의 圖時 (2) 힘의 合成, 分解 (3) 總括的 取扱 (4) 總括的 取扱 (5) 지렛대(挺子) (6) 滑車 (7) 輪軸 (8) 總括的 取扱 八. 旅行 (1) 旅行, 日程, 旅費, 計算 (2) 鐵道 · 運賃 計算 (3) 距離 (4) 航空機 九. 地球 (1) 地球와 回轉體 (2) 面積(表面積, 陸海面積) (3) 斷面(大圓, 小圓) (4) 表面上의 距離 (5) 經度, 緯度	十. 曆 (1) 時刻와 定하는 法 (2) 一年간의 四季의 변화 (3) 曆日, 曆年 (4) 月의 運行 十一. 燃料, 電氣 (1) 熱과 溫度와의 關係 (2) 熱量의 單位 (3) 燃料의 發熱量 (4) 練料費의 範圍 (5) 光源과 照明面의 程度와의 關係 (6) 電力, 燭光, 電氣料金 十二. 郵便

위 내용으로 볼 때, 전반적으로 저학년(1~3학년)은 수와 연산, 즉 산술을 중심으로, 중학년(4~5학년)에서는 산술 이외 다른 수학 내용 영역을 적극 도입하고, 마지막인 6학년에서는 수학을 다른 교과와 통합하는 방향으로 국민학교 산수과 교육내용을 제시한 것으로 보인다.

둘째, 학년별로 시수가 많은 내용을 살펴보았다. 1학년에서는 '20 이하의 정수'에 28시간을 배정하였다. 초등학교 1학년 아이들은 처음으로 인도-아라비아 숫자와 기수법을 배운다. 따라서 이 내용에 비중을 많이 둔 것으로 보인다. 2학년에서는 승산구구(곱셈구구)에 42시간이라는 압도적으로 많은 시간을 배정하였다. 3학년에서는 가산, 감산에 37시간, 승산, 제산에 35시간이 배정되었다. 자연수 사칙계산에 72시간이 배정된 셈이다. 4학년에서는 제산에 79시간이 배정되었다. 5학년에서는 주산과 분수 각각에 20시간이 배정되었다. 6학년에서는 힘과 운동에 40시간이 배정되었다. 이렇게 볼 때, 6학년을 제외한 1~5학년에서 시간 배정이 많은 내용을 보면 수와 연산, 특히 자연수의 가감승제였음을 알 수 있다. 교수요목집의 국민학교 산수과에서 자연수의 가감승제에 많은 비중을 두었다.

가=덧셈
감=뺄셈
승=곱셈
제=나눗셈

다. 계산연습

모든 학년에서 '계산연습'이라는 내용이 나온다. 이를 학년별로 좀 더 자세히 살펴보자. 1학년에서는 모두 8개의 대교수요목이 등장한다. 이 중에서 '五. 20까지의 수의 가감'에서 계산연습이 나오고, '八. 이위수와 기수와의 가감'에서 계산연습과 총괄적 연습이 나온다. 즉 8개의 대교수요목 중에서 2개에만 계산연습이 나온다.

2학년에서는 모두 10개의 대교수요목이 등장하고 3학년에서는 모두 8개의 대교수요목이 등장한다. 이 모든 곳에서 계산연습 또는 총괄적 연습이 나온다.

4학년에서는 모두 17개의 대교수요목이 등장한다. 이 중에서 계산연습 또는 총괄적 연습이 등장하지 않은 대교수요목만을 살펴보면, '五 . 소수', '六. 도형', '七. 가감산', '十五. 직방체와 체적', '十六. 형과 면적' 등 5개 대교수요목이다. 소수와 가감산은 예외적이긴 하지만, 도형, 직방체와 체적, 형과 면적 등은 수와 연산에 직접 관련이 없는 곳이라 계산연습 또는 총괄적 연습이 제시되지 않은 것으로 보인다. 결론적으로 17개 대교수요목 중에 12개에서 계산 연습이 등장하였다.

5학년에서는 모두 13개의 대교수요목이 등장한다. 이 중에서 계산연습이나 총괄적 연습이 없는 대교수요목은 '二. 시계와 시간', '九. 소수', '十二. 비중과 체적' 등 3개이다. 한편 '十一. 공식과 구적'에서는 '3. 구적 연습'이 나온다. 이는 넓이 구하는 연습을 한 것으로 보인다. 5학년의 마지막 대교수요목은 '총괄적 복습'이다.

6학년에서는 모두 14개의 대교수요목이 등장한다. 이 중에서 계산연습이나 총괄적 연습이 없는 대교수요목은 '三. 입체도형', '五. 등식', '七. 힘과 운동', '八. 여행', '九. 지구', '十. 역', '十一. 연료, 전기', '十二. 우편', '十三. 방정식'으로 모두 9개이다. 6학년에서는 계산연습이나 총괄적 연습이 적게 등장하였다. 이 학년에서 독특한 점은 '六. 간편산, 개수와 개산'에서 (4) 응용연습이라는 내용이 제시된 점이다. 6학년의 마지막 대교수요목은, 5학년과 마찬가지로, '총괄적 복습'이다.

전반적으로 볼 때, 수와 연산의 기초를 닦는 1학년에서는 계산연습이 강조되지 않았다. 계산 숙달보다 개념 이해의 기초에 더 비중을 둔 것으로 보인다. 2학년과 3학년에서는 모든 대교수요목에서 나올 만큼 계산연습을 강조하였다. 4학년과 5학년에서는 수와 연산 이외의 내용영역이 차지하는 비중이 커지면서 상대적으로 이전 학년보다 계산연습이 적어졌다. 6학년에서는 1학년만큼이나 계산연습이 강조되지 않았는데 이는 수학을 다른 교과와 활용한 다양한 내용이 다루어지면서 단순 계산연습의 비중이 작아진 것으로 볼 수 있다.

라. 수와 연산 내용 사례 분석

1) 내용영역별 분포

교수요목집을 보면, 대교수요목과 그 아래 단계인 중·소교수요목의 내용 영역이 일치하지 않았다. 예를 들어, 대교수요목이 수와 연산 내용으로 제시되어 있더라도 그 아래에 속한 중교수요목이나 소교수요목들이 모두 수와 연산 내용인 것은 아니다. 따라서 대교수요목만을 가지고 그 안에 속한 내용요소가 모두 동일한 내용영역에 속할 것이라고 단정할 수 없다. 어떤 내용영역의 요소들이 많은지를 알아보기 위해서는 대교수요목 아래의 중교수요목이나 소교수요목을 해체하고 재분류해야 한다([표 III-5] 참조).

이렇게 중·소교수요목 수준에서 해체하여 재분류해 본 결과는 다음과 같았다. 먼저 수와 연산에 해당하는 내용이 163개로 압도적으로 많았고 다음으로 측정 60개, 도형 39개, 통계 11개, 확률 2개, 규칙성 5개에 해당하였다. 이를 비율로 살펴보면, 수와 연산이 59%로 가장 높은 비중을 차지했으며, 다음으로 측정에 해당하는 내용이 21%로 도형보다 7% 높은 비중을 차지하였다.

| [표 III-5] 교수요목집 산수과 본문 사례 |

1. 一. 20以下의 整數	
(1) 10까지의 세기	
1. 하나, 둘, 셋…으로 세기	7. 數의 大小, 系列
2. <u>方向, 位置</u> ⬅ 도형	8. <u>空間觀念의 初步 (동그라미, 네모, 세모)</u> ⬅ 도형
3. 일, 이, 삼…으로 세기	9. 二, 四, 六, 八, 十의 系列
4. 名數(장, 자루, 권, 사람, 마리)	10. <u>圖表作成 初步</u> ⬅ 측정
5. 順序數	11. <u>統計 思想의 初步</u> ⬅ 확률과 통계
6. 數字쓰기	
(2) 20까지의 세기	
1. 數字의 읽기, 쓰기	3. <u>日常生活에의 時의 觀念</u> ⬅ 측정
2. <u>時計</u> ⬅ 측정	

| [표 III-6] 하위교수요목의 내용영역별 분류 |

영역	수와 연산(163)			측정	도형	통계	확률	기타
	자연수	분수	소수					
개수(280개)	145	9	9	60	39	11	2	5
100%		58%		21%	14%	4%	1%	2%

2) 수와 연산 영역 내용의 주요 특징

위의 [표 III-6]에서 보듯이 수와 연산의 비중이 58%로 가장 높다는 것을 알 수 있다. 그 중에서 다시 자연수가 차지하는 비중이 매우 높다. 자연수는 1학년부터 5학년까지 지속적으로 다루어졌다.

(1) 자연수와 사칙계산

자연수 개념을 1학년부터 5학년까지 제시하였다. 1학년은 백까지, 2학년은 천까지, 3학년은 만까지, 4학년은 십만까지, 5학년은 십만을 넘는 수였다. 수의 기수법과 명수법은 매 학년에서 지속적으로 다루어졌다. 이에 대해 1학년과 2학년에서는 수세기, 수의 분해와 구성, 순서수, 수의 대소, 뛰어 세기 등이 제시되었고 더불어 십진법의 주요 아이디어(10씩 모아세기, 십진법의 수의 구성)도 다루어졌다.

| [표 III-7] 자연수 개념의 지도 |

학년	수	
1학년	一. 20以下의 整數 (1) 10까지의 세기 1. 하나, 둘, 셋…으로 세기 2. 方向, 位置 3. 일, 이, 삼…으로 세기 4. 名數(장, 자루, 권, 사람, 마리) 5. 順序數 6. 數字쓰기 7. 數의 大小, 系列 9. 二, 四, 六, 八, 十의 系列 (2) 20까지의 세기 1. 數字의 읽기, 쓰기	三. 數의 構成 (1) 10까지의 構成 1. 6, ,7, 8, 10의 構成 2. 한 개의 數를 같은 두 개의 數로 分解 (2) 10을 넘는 數의 構成 10과 基數로 分解하는 것을 主로 함 (3) 20까지의 數字 六. 100까지의 數 (1) 세기, 읽기, 쓰기, 數系列 (2) 10씩 모아세기, 順, 逆으로 세기 (4) 金錢取扱의 初步 十進法의 數의 構成
2학년	十. 1000까지의 數 (1) 1000까지의 數의 記數法, 命數法 (2) 數의 構成의 觀念	
3학년	八. 큰 數 (1) 萬까지의 數의 命數法, 記數法	
4학년	十一. 큰 數 (1) 十萬까지의 數의 觀念, 命數法 基數法	
5학년	一. 큰 數 (1) 十萬을 넘는 數의 觀念, 記數法, 命數法	六. 整數(自然數) (1) 整數의 性質 1. 素數, 偶數, 奇數 2. 公倍數, 公約數

다음 표에서 보게 되겠지만, 소수나 분수에 비해, 자연수에서는 계열이 매우 세분화되어 있다. 덧셈과 뺄셈은 1학년부터 4학년까지 제시되었다. 자연수의 덧셈과 뺄셈은 (네 자릿수)±(네 자릿수)까지 다루어졌다. 덧셈에서는 받아올림, 뺄셈에서는 받아내림의 지도가 중요하다. 1학년에서는 받아올림이 없는 덧셈, 받아내림이 없는 뺄셈이 제시되었다. 2학년에서는 받아올림이 있는 덧셈, 받아내림이 있는 뺄셈이 제시되었다. 3학년과 4학년에서는 네 자릿수까지의 덧셈과 뺄셈을 다루었다.

| [표 6] 자연수의 덧셈과 뺄셈 |

학년	덧셈과 뺄셈		
1학년	二. 數의 增減 (1) 10까지의 增減 1. 增數, 減數가 4以下의 때 2. 增數, 減數가 5以下의 때 (2) 20까지의 增減 1. 10以下의 數 + 基數 = 20以下의 數 2. 20以下의 數 - 基數 = 10以下의 數 3. 基數 + 基數→20以下의 二位數 及 그 逆 四. 10까지의 數의 加減 (1) 加數, 減數가 4以下의 때 (2) 加數, 減數가 5以下의 때 (3) 十, 一의 記號 (4) 加減의 意味 把握		五. 20까지의 數의 加減 (1) 計算의 範圍 1. 10과 基數와의 加算 2. 11以上의 數와 基數와의 加算 3. 20以下의 數 - 10 = 基數 4. 20以下의 數 - 基數 = 10以上의 數 六. 100까지의 數 (5) 二數의 差를 求하는 것 七. 100까지의 數의 簡單한 加減 (1) 簡單한 計算 八. 二位數와 基數와의 加減 (합(和)이 100以下) (1) 計算의 範圍 1. 53+7 = 60 2. 41+7=48 3. 70-8=62 4. 38-3=35
2학년	一. 基數와 基數의 和가 11 以上 되는 加算 (1) 計算의 範圍 1. 被加數가 6 以上, 數가 5 以下 되는것. 2. 被加數가 6 以上, 加數가 6 以上 되는것. 3. 被加數가 6 以下, 加數가 6 以上 되는 것. 二. 11以上의 二位數에서 基數를 減하야 基數가 남는 減算 (1) 計算의 範圍 1. 減數가 5 以下 되는 것 2. 減數가 6, 7 되는 것 3. 減數가 8, 9 되는 것 三. 二位數와 二位數의 加減(一) (1) 計算의 範圍 32+20=52 43-20=23 20+32=52 (2) 累加		四. 二位數와 二位數와의 加減(二) (1) 計算의 範圍 43-23=20 23+34=57 48-42=6 57-34=23 五. 二位數와 基數와의 加減 (1) 計算의 範圍 47+8=55 8+47=55 55-8=47 六. 二位數와 二位數와의 加減(三) (1) 計算의 範圍 1. 57+33=90 57+43=100 2. 80-73=7 100-93=7 3. 90-33=57 100-43=57 4. 63-56=7 5. 27+35=62 6. 54-27=27
3학년	五. 二位數와 二位數의 加算及 그 逆의 減算 (1) 計算의 範圍 1. 二百까지의 數 2. 和가 百以上되는 것 3. 그 逆의 減算 4. 計算의 理法 六. 加算 減産 (1) 計算의 範圍 千까지의 數의 簡單한 加減	4학년	七. 加減算 (1) 加算 1. 二位數 + 二位數 2. 基數(二位數) + 三位數 3. 三位數 + 三位數 4. 四位數 + 四位數 (2) 減算 1. 二, 三位數 - 二位數 2. 三, 四位數 - 二, 三位數 3. 四位數 - 三, 四位數 十二. 加減算 (1) 筆算 指導 (2) 十萬까지의 數의 加減 二桁 一五桁의 數의 練習 加減

한편 교수요목집의 1학년과 2학년에서는 '계산의 범위'라고 하여 실제 수치들이 예로 제시되어 있다. 여기에 독특한 점이 있다. 더해서 '몇십'이 되는 사례들이 등장한다. 1학년의 '53+7=60', 2학년의 '57+33=90, 57+43=100'과 같은 경우이다. 몇십에서 얼마를 빼는 사례들도 등장한다. 1학년에서 '70-8=62, 80-73=7, 100-93=7'과 같은 경우이다. 뺄셈에서는 '43-23=20'과 같이 결과가 몇십이 되는 사례도 제시하였다. 몇십, 몇백과 같이 0이 들어가는 셈에 대해 특별한 고려를 한 것으로 보인다.

| [표 III-9] 자연수 개념의 지도 |

학년	내용
1학년	八. 二位數와 基數와의 加減 (합(和)이 100 以下) (1) 計算의 範圍 1. 53+7 = 60 2. 41+7=48 3. 70-8=62 4. 38-3=35
2학년	三. 二位數와 二位數의 加減(一) (1) 計算의 範圍 : 32+20=52 43-20=23 20+32=52 (2) 累加 四. 二位數와 二位數와의 加減(二) (1) 計算의 範圍 : 43-23=20 23+34=57 48-42=6 57-34=23 五. 二位數와 基數와의 加減 (1) 計算의 範圍 47+8=55 8+47=55 55-8=47 六. 二位數와 二位數와의 加減(三) (1) 計算의 範圍 1. 57+33=90 57+43=100 2. 80-73=7 100-93=7 3. 90-33=57 100-43=57 4. 63-56=7 5. 27+35=62 6. 54-27=27

자연수의 곱셈은 2학년부터 5학년까지 다루어졌다. 2학년에서 곱셈을 도입할 때 '배'의 개념을 강조했음을 알 수 있다. '도, 양의 배', '수의 배' 등이 다루어지고 나서 '동수누가'가 다루어진 것이다. 곱셈구구는 5의 단, 2의 단, 4의 단을 먼저 가르쳤다.

오늘날 자연수 곱셈 교육과정을 보면, $a \times b$에서 승수 b가 한 자릿수인 경우를 모두 다룬 후에 승수가 두 자릿수인 경우를 다룬다. 다시 말해, (두 자릿수)×(한 자릿수), (세 자릿수)×(한 자릿수)를 먼저 가르친 후 (두 자릿수)×(두 자릿수), (세 자릿수)×(두 자릿수)를 제시한다. 이에 대해 교수요목기에는 다른 순서를 따랐다. (두 자릿수)×(한 자릿수), (두 자릿수)×(두 자릿수), (세 자릿수)×(한 자릿수), (세 자릿수)×(두 자릿수)와 같은 방식이었다. 최종적으로 자연수의 곱셈은 (다섯 자릿수)×(세 자릿수)까지 다루었다.

| [표 III-10] 자연수의 곱셈과 나눗셈 |

학년	곱셈		곱셈
2 학 년	七. 倍의 觀念 (1) 度, 量의 倍의 觀念 (2) 數의 倍의 觀念 (3) 倍의 逆의 觀念 (5) 同數 累加 八. 乘算九九 (1)5의 段 (6)六의 段 (2)二의 段 (8)七의 段 (3)四의 段 (9)八의 段 (5)三의 段 (10)九의 段	4 학 년	八. 乘算 (1) 計算의 範圍 1. 二位數 ×基數(그 逆) 2. 二位數×二位數 3. 三位數×基數(그 逆) 4. 三位數×二位數(그 逆) 十三. 乘算 (1) 計算의 範圍 三,四位數×基數 二, 三位數×二位數
3 학 년	四. 二位數와 基數의 乘算及 그 逆의 除算 (1) 計算의 範圍 1. 二位×基數(積 百以下) 七. 乘算, 除算 (1) 計算의 範圍 千까지의 範圍의 極히 簡單한 乘, 除算	5 학 년	三. 乘除算 (1) 基數(二位數)×三位數 三位數×三位數 五位數×三位數 (2) 不十造, 除等數

자연수의 나눗셈은 2학년부터 5학년까지 다루어졌다. 2학년에서는 먼저 '포함제'가 등장한다. 등분제는 3학년에서 등장한다. 포함제와 등분제가 학년을 달리하여 등장하며 포함제가 먼저 나온다. 한편 3학년에서는 '포함제와 등분제의 총괄적 취급'이라고 하여 두 유형을 모두 다루었다. 자연수 나눗셈은 (네 자릿수)÷(두 자릿수)까지 다루었다.

| [표 III-11] 자연수의 나눗셈 |

학년	나눗셈		나눗셈
2 학 년	九. 包含除 (1)除算의 觀念 (2)乘算九九와의 關係 (3) 計算 理法	4 학 년	九. 除算 (1) 計算의 範圍 1. 二, 三位數÷基數 2. 二, 三位數÷畿+ 3. 二位數÷二位數(商 基數) 4. 三位數÷二位數(商 基十) 5. 三位數÷三位數(商 基數) 十四. 除 算 (1) 計算의 範圍 三, 四, 五位數÷基數 三, 四位數÷二位數 剩餘있는 除算 (2) 商의 觀念
3 학 년	一. 等分除 (1) 等分의 觀念 (2) 2, 3, 4, 5, 6 等分 (3) 7, 8, 9 等分 (4) 10等分及 商 三. 除算 (1) 包含除, 等分際의 總括的 取扱 七. 乘算, 除算 (1) 計算의 範圍 千까지의 範圍의 極히 簡單한 乘, 除算 四. 二位數와 基數의 乘算及 그 逆의 除算 (1) 計算의 範圍 2. 二位數÷基數(商 二位數)	5 학 년	三. 乘除算 (2) 不十造, 除等數

(2) 분수와 소수의 개념과 사칙계산

자연수의 개념과 사칙계산에 비해 분수와 소수의 관련 내용은 매우 빈약하게 제시되었다. 3학년에서 분수를 처음 도입해 분수의 기초 개념을 다룬다. 4학년 후반기에 분수의 필요성을 다시 다룬다. 이어 분수의 간단한 가감승제가 다루어지는데 특히 동분모 분수의 가감을 다룬다. 5학년에서는 분수의 곱셈과 나눗셈을 마무리된다.

소수는 4학년에서 처음 다루어진다. 분수와 소수의 관계가 다루어지고 소수의 간단한 가감승제를 다룬다. 분수와 마찬가지로 소수의 곱셈과 나눗셈은 5학년에서 마무리된다.

분수가 3학년, 소수가 4학년에서 처음 도입되긴 하지만 분수와 소수 사이의 관계는 4학년과 5학년에서 지속적으로 강조되었다.

국민학교 산수과 교수요목에 '분수'와 '소수'가 등장하긴 하지만 관련 내용의 체계화는 미흡했던 것으로 보인다. 전체적으로 볼 때 초등 아이들에게 더욱 강조해서 가르쳤던 내용은 '자연수의 개념과 그 사칙계산'이었다.

| [표 III-12] 분수와 소수의 지도 |

학년	내용	
3학년	二. 角의 觀念, 分數의 觀念 (2) 分數의 基礎 觀念	
4학년	五. 小 數 (1) 小數의 觀念 十七. 分數 小數 (1) 分數의 必要性 (2) 分數의 簡單한 加, 減, 乘, 除 同分母 分數의 加減, 分數×(÷) 整數 (3) 分數와 小數와의 關係 (4) 小數의 範圍 擴張(第二位까지) (5) 小數의 簡單한 加, 減, 乘, 除	
5학년	五. 작은 數 (1) 小數系列, 單位, 轉換 (2) 端數의 處理 1. 四捨五入 2. 小數 除算 3. 小數와 分數의 相互變換	九. 小數 (1) 小數의 乘, 除法 完成 (2) 倍數觀念의 擴充 十. 分數 (1) 分數 乘, 除法 完成 (2) 倍數觀念의 擴充

4 미국의 듀이와 생활 중심 교육

해방 후 미군정이 들어서면서 우리나라는 미국 교육의 영향을 받았다. 1946년부터 **듀이의 교육** 이론을 기초로 하는 교육방법에 대한 연구와 실천이 전국적으로 교육자들 사이에서 일어났다. 듀이의 교육사상이 퍼지면서 민주주의 교육의 기본 이념과 그 방법 원리에 대하여 연구하기 위한 '**새교육운동**'이 전개되었다. 지도 내용이나 방법에 있어 지식 편중의 교과 조직과 주입식 교수에서 벗어나, **생활 중심의 교과 조직과 계발(啓發)**[3]**식 학습 전개를 추진해야 한다**는 것이었다.

존 듀이(John Dewey)
1859.10.20.~1952.6.1

듀이의 교육사상은 1949년부터 100여 회 거듭 진행된 교육심의회에서 적극 다루어졌다. 특히 '교육 목적 수립'을 다루었던 분과위원회에서 많이 언급되었다. "교육의 제도, 시설, 교재와 방법은 항상 인격을 존중하고 개성을 중시하며 교육을 받는 자로 하여금 그 능력을 최대한 발휘할 수 있도록 하여야 한다"는 교육법 4조는 그 결과 중의 하나였다(오천석, 2014).

한국전쟁이라는 전시상황에서 피난 정부의 문교부는 중단된 교육을 전시에 맞도록 전개하기 위하여 **1951년 2월 26일 전시하 교육특별조치요항**을 제정 발표하였다. 교사를 위한 '전시하학습지도요항'에서 종래의 교과중심 교육에서 **생활 중심 교육으로 전환**하도록 조치를 취하였고 그 안에 다음 구절이 나온다.

"생활 중심의 교육이란 것은 이제 새삼스러운 것이 아닙니다. 우리가 해방 이후 부르짖어 오던 새 교육의 이념이 곧 생활 중심의 교육이었던 것입니다. 그러나 오늘날 우리나라의 교육이 얼마만큼 민주주의적으로 개선되었으며, 생활 중심의 방법으로 향상되었느냐 하는 데 대해

3) 슬기와 재능(才能)을 열어 깨우쳐 줌

서는 깊이 생각해 볼 필요가 있습니다. **교육이 없고, 교과서가 없고, 더구나 교사까지 부족한 것이 전시하의 우리 실정이지만**, 그렇다고 해서 아무런 의욕도 없이 구태의연한 기계적 암송 교육을 계속한다면 우리에게는 이 시련에서 벗어나서 빛나는 앞날을 맞이할 기회를 놓치는 결과가 될지도 모를 일입니다."

1951년 문교부는 문교부령으로 연구학교를 지정하였다. 많은 연구학교에서 다룬 주제는 생활 단원 학습과 듀이식 문제해결학습에 관한 것이었다. 한편 '중앙교원훈련소(Teacher Training Center)'는 1952년 11월 미국의 교육전문가 6명으로 이루어진 제1회 강습회를 열었다. 그들은 제1차 교육사절단으로 우리나라를 방문한 사람들이었다. 이 강습회에는 전국에서 180여 명의 중견 교사가 참가했다. 강습 내용은 주로 미국의 진보적 교수 방법이었다.[4]

4) 1945년 전쟁에 패한 일본은 미군의 총사령부 민간정보교육부의 지도 감독을 받았다. 1947년 5월 1일 문부성의 '학습지도요령 산수, 수학과 편(시안)'은 생활단원학습으로 이루어졌으며, 이에 따라 1951년 일본은 각급학교의 지도요령을 개정하였다. 이후로 생활단원학습에 관한 책자가 다수 출간되었다.

5 새교육운동과 생활단원

가. 교육과정개조운동

해방 후 우리나라 교육계는 새로운 교육을 모색하기 시작했으며 그러한 흐름의 하나로 새교육운동이 일어났다. 새교육운동은 크게 두 가지를 지향했는데, 아동을 존중하는 방식으로 교육한다는 **아동중심주의**와 아동의 생활로 구성하여 아동이 흥미를 갖도록 한다는 **생활중심주의**였다(강일국, 2002).

새교육운동의 주역이었던 현장의 교사와 교사 출신 관리들은 1946년부터 각종 강습회, 연구발표회, 연구회, 교육연구대회 등을 개최하였다. 이같이 새교육운동 초기에는 교실에서의 교수법과 새로운 교육방식에 관련된 것을 주로 논의하였다. 그러다가 1950년대에 와서 교육과정에 관한 논의로 집중되었으며 이는 **'교육과정개조운동'**으로 표출되었다. 교육과정개조운동의 주요 관심사는 '아동의 흥미와 활동 중심으로 수업을 운영하도록 교육과정을 어떻게 구성하는가'라는 질문으로 요약할 수 있다(강일국, 2002).

여러 교과의 내용을 통합하여 가르치는 부분, 즉 중핵에 해당하는 부분을 '코어' 혹은 '생활과정'이라고 불렀고, 기존 교과의 내용, 즉 교과 지식을 중심으로 가르치는 부분을 '계통과정'이라고 불렀다. 교육과정개조운동 지지자들은 아동의 흥미에 따라 교과의 구분 없이 통합적으로 가르치는 부분과 교과 구분에 따라 교과의 지식을 가르치는 부분 둘 다 교육과정에 있어야 한다고 주장하였다. 즉, 그들은 생활과정과 계통과정을 모두 포함하는 절충적인 교육과정을 내세웠다(이수남, 1960).

예를 들면 '생활과정'에 해당하는 시간에는 아동의 생활에 따라 다양한 학습을 할 수 있도록 가르치고 '계통과정'에서는 교과의 구분에 따라 교과의 지식을 학습할 수 있는 교육과정을 구상하였다. 교과 간의 구분이 존재하는 형태 안에서 아동의 생활과 흥미를 최대한 반영하는 방식으로 이루어졌다. 교과 간의 구분을 깨는 것은 사실상 어려웠고 교과의 내용 구성에서 아동의 생활과 지식을 연결하는 방식으로 새교육의 이념을 구현하려고 한 것이다. 대표적으로 당시 문교부의 편수관들은 교과 간의 구분을 유지하면서 교과 내용 안에서 생활과정과 계통과정을 연결하였다([표 III-13]). 이러한 생활과정과 계통과정을 모두 포함하는 절충적인 교육과정은 제1차 교육과정에까지 영향을 미쳤다(이수남, 1960).

| [표 III-13] 새교육운동에서 강조한 생활과정과 계통과정의 절충(이수남, 1960) |

		각		교		과			⬅ 생활과정
									⬅ 계통과정

나. 학교현장의 생활단원 학습

학교 현장에서 생활단원 학습을 두고 어떤 노력이 이루어졌는지 서울사대부속국민학교(이하 서울사대부국)을 사례로 살펴보자(강일국, 2002). 해방 후 연구학교로 운영된 서울사대부국에서는 새로운 교과운영을 위하여 1학년의 경우 생활단원을 만들고 이 단원에 따라 학습과제를 선정하여 수업을 운영하였다. 다음은 1948년에 제작된 '생활단원표'이다. 생활단원학습은 고학년보다는 1학년에서 적용되었다. 이를 종합교육이라고도 하는데 그 목적은 첫째, 미분화시기에 생활하고 있는 어린이들의 개성을 존중하는 방법으로 생활시키도록 할 것과 둘째, 생활교육에 입각하여 전인적인 체험을 통하여 학습하게 할 것, 셋째, 노작체험에 의한 자학자습의 학습을 하게 할 것 등이었다.

| [표 III-14] 서울사대부국 제1학년 매주매월별 생활단원표(1948년) |

월 \ 주	제1주	제2주	제3주	제4주
9	우리학교(입학식)	우리학교	우리학교	우리학교
10	우리집	우리집	운동회	전차
11	소풍(가을)	소풍	소풍(곡식)	소풍(김장)
12	겨울	겨울(눈)	방학(편지)	방학(크리스마스)
1	가정학습			

이렇게 나눈 단원은 주별로 실행되고 이를 각 교과와 연결하여 가르쳤다. 예를 들면 9월의 단원이 우리 학교라면 국어과에서는 우리 학교 이야기를 듣고, 말하고 우리 학교의 글자를 배우며, 사회과에서는 입학식, 교실 내의 명칭, 조회, 교내 실지 견학을 하게 된다. 이수과에서는 선생님의 수, 10개 이하의 기구를 세어보고 보건, 음악에서는 운동장의 기구, 노는 데 주의할 사항, 학교생활에 관한 노래를 배우며, 미술과에서는 학교 그리기를 한다. 이러한 교과 구분은 시간별로 나누어 가르치기보다는 교사의 진행에 따라 필요한 것을 가르친 것으로 보인다. [표 III-14]를 보면 '우리 학교'라는 단원을 전개할 때 주별로 어떻게 연결되어 있는지를 알 수 있다. 전체적으로 '우리 학교'라는 생활단원 밑에 모든 교과가 중심적으로 결합되어 있었고 지도요령에 있는 것과 같이 체험을 확충시키는 데 힘썼다.

1950년대 한국전쟁이 일어나고 교육과정개조운동이 활발해지면서 새로운 교육을 모색하게 되었다. 전쟁으로 인해 역설적이게도 기존 교육과정에 구애받지 않고 더 생활중심으로 교육 할 기회가 생겼다. 전쟁 중에는 교과서가 부족하였기 때문에 교과서 없이 수업하는 경우가 많았다. 자연히 아동의 생활을 중심으로 하는 일종의 단원 학습을 하게 되었다.

서울사대부국에서도 전체 교육과정을 생활과정으로 운영하는 것은 한국 실정에 적합하지 않다고 보았다. 따라서 교과 구분을 그대로 인정하고 절충적인 형태를 취하여 아동의 생활과 흥미에 따라 수업을 진행하는 '생활과정', 그리고 교과의 구분에 따라 가르치는 '계통과정', 마지막으로 수업 이외의 자치활동이나 특별활동을 통하여 학습하는 '일상과정' 등 세 가지로 나누었다. 생활과정에서는 사회생활에 필요한 문제를 해결하도록 하였고, 계통과정에서는 학문과 문화의 영역을 학습하도록 하였으며, 개인적이며 일상생활에서 일어나는 과제를 실천하는 일상과정이 있었다. 이외에 계통과정의 교과지식을 학습하는 데 필요한 기능적인 부분, 예컨대 구구단이나 계산법과 같은 부분을 따로 떼어서 '관련과정'이라고 불렀다.

이러한 과정을 이어주는 핵심적인 부분이 단원이었다. 단원을 통해 전 교육과정이 하나로 통합되었다. 서울사대부국에서는 네 가지 과정이 단원으로 서로 연결되도록 하였다. 이 단원의 구성은 크게 중심학습과 기초학습으로 나뉘었다. 중심학습에는 생활과정과 일상과정이 있고, 기초학습에는 계통과정과 관련과정이 있다.

| [표 III-15] 서울사대부속 국민학교 교육과정 구성(1954년) |

중심학습		기초학습	
생활과정 (사회과)	일상과정 (일상생활)	계통과정 (교과학습)	관련과정 (도구적 지식)

생활과정은 중핵교육과정의 중심적인 위치에 있으며 생활과정중심으로 운영하는 과목은 사회생활과와 자연과이다. 일상과정은 일상생활을 통한 인간교육으로서, 화단의 운영, 가축사육, 어린이 은행, 학습신문 발행 등이 포함된다. 기초학습의 계통과정은 일정한 논리를 밟아서 학습하는 과정이다. 계통과정은 생활과정과 관련과정에서 벗어난 각과의 필요불가결한 요소를 상세히 분석하여 단원화하도록 하고, 학년이 올라감에 따라 계통학습의 분량이 증가되도록 하였다. 관련과정은 생활과정의 흐름 속에 나오는 요소적이고 단편적인 교재를 반복 훈련시키는 것으로서 생활 단원에서 나오는 기능적 훈련, 예컨대 계산법, 도표 작성과 같은 것을 말한다. 이 과정은 중심학습의 직전이나 직후에 위치시켜, 중심학습의 전개 흐름이 끊기지 않도록 하였다.

다. 새교육운동의 의미

이러한 새교육운동에서 찾을 수 있는 의미로는 두 가지를 들 수 있다. 첫째, 생활단원이라고 하면 생활만을 강조하거나 다룬 것으로 생각되기 쉬운데 실상 당시 교육계는 생활과정과 계통과정을 합친 것으로 생활단원을 보았다는 점이다. 즉, 생활과 지식을 연결하는 방향으로 교육과정을 구성하고자 했다는 점이다. 보통 제1차 교육과정을 생활 문제에만 치중한 것으로 평가하는 경향이 있는데 실제로는 당시 교육계에서 생활 과정과 계통과정을 모두 고려해 교육과정을 만들려는 흐름이 있었다는 점이다.

둘째, 제1차 교육과정 제정 이전에 있었던 이같은 새교육운동의 흐름을 두고 볼 때, 교수요목기라고 부르는 시기에 대한 수학교육계의 평가를 다시 돌아볼 필요가 있다. 이 시기 산수 교육의 주된 특징으로는 흔히 다음과 같이 말한다.

> 교수요목 시대에는 교육과정을 연구할 시간적인 여유가 없었기 때문에 해방 전 산수과 수학 내용을 그대로 답습한 교수요목에 의한 산수교육이 이루어졌다. 그 뒤 6·25동란으로 전시하의 교육체제에 따르는 교육이 실시되다가 종전 후에 교육과정연구가 이루어졌기 때문에 혼란 속에서 이 시간을 보낸 것이 특징이었다(박성택, 1987).
>
> 교수요목기의 산수교육은 전시체제인 일본 교육과정을 모방한 성격을 지녔고 실용에 치중했으며 지도 내용이 어렵고 과다하다고 요약된다(교육부, 7차 교육과정 해설서).

관행처럼 이루어지고 있는 교수요목기에 대한 이러한 평가에는 당시 새교육운동을 통해 일선 교사나 교사 출신 관료들이 노력했던 점들이 전혀 담겨 있지 않다. 국가 수준의 교육과정 문서를 기준으로 할 때 교수요목기에 국가 수준의 성과는 이전과 별반 차이가 없어 보일지 모른다. 하지만 현장의 교사들과 교사 출신 관리들을 중심으로 이루어진 새교육운동에서는 아동중심주의와 생활중심주의를 지향하며 여러 노력이 있었고, 실제로 이 시기, 특히 1950년대 이후로 만들어진 교과서에는 새로운 교육을 일으키고자 한 노력의 산물이 라는 점을 기억해야 할 것이다.

현재 수학교육계에서는 제1차 산수과 교육과정만을 생활 중심 교육과정으로 분류한다. 국가 수준의 문서만으로 볼 때 이러한 경향성이 틀린 것은 아니다. 하지만 국가수준 교육과정이 만들어지기 이전인 교수요목기에 이미 현장을 중심으로 생활단원 학습 교과서가 만들어졌다는 점에 주목할 필요가 있다. 새교육운동의 주역이었던 현장 교사와 현장 교사 출신 관리들은 교수요목시기에 생활단원 학습에 대해 관심을 가지고 그것을 어떻게 현장에서 구현할 것인지를 고민하였던 것이다.

이렇게 볼 때, 생활단원 학습은 제1차 교육과정이 제정되기 이전부터 우리나라 교육에 직접적으로 영향을 미치고 있었다. 생활단원 학습이 제1차 교육과정의 주요 특징인 것은 엄연한 사실이지만, 교수요목기 역시 생활단원 학습과 밀접한 연관이 있었고 일선 현장에서 그것을 구현하기 위해 노력했다는 점은 새롭게 조명되어야 할 것이다.

6 초등 수학 교과서 『셈본』의 주요 특징

가. 초등학교 수학 교과서 이름 '셈본'

우리나라에 소학교가 세워진 것은 1894년 갑오개혁 이후이다. 1895년에 발표된 소학교령을 보면 교과목의 하나로 '산술'이 있다. 서양식 수학을 당시 '산술(算術)'로 이름 짓고 다루기 시작한 것이다. 이후 일제 강점기에도 산술이라는 교과명은 계속 사용되었다. 그러다가 일본제국은 1941년 전전(戰前) 비상 체제로 국민학교 교육을 이끌면서 산술을 산수(算數)로 바꾸었다. 1945년 해방을 맞이할 때 초등학교 수학 교과서의 이름은 산수로 대중화되어 있었다.

해방 후 미군정 아래에서 발간된 공업신문은 1946년 9월 24일자로 '셈본 교과서 인쇄가 완료되었다'는 기사를 실었다(한국사데이터베이스). 당시 미군정청 학무국에는, 오늘날 '우리말 지킴이'로 불리우는 최현배가 편수국장으로 있었다. 그는 조선어학회와 함께 교과서에서 일본어를 없애고 교과서명이나 각종 용어들을 한글로 바꾸는 일에 앞장섰다. 1948년 9월 21일 퇴임하기까지 만 3년 동안 그는 『한글 첫걸음』을 비롯한 각종 교과서를 50가지 이상 펴냈다. 일제 강점기 『산수』는 이 시기에 『셈본』이 되었다. 더불어 셈본 교과서에 등장하는 한자나 일본어 용어는 한글로 바뀌게 되었다(정재환, 2012).

시계

해가 돋아도
시계는 잠만 잔다

아홉에 하나 더해
열이 되고…

간밤 늦도록
셈본 공부 하더니

날이 새어도
시계는 곤해 잠이 깊었다

최계락 시인(1930~1970)

1948년 대한민국 정부 수립 후 교육 기구로 문교부가 들어섰다. 최현배는 1949년 한글학회 이사장, 조선교육심의회 교과서편찬분과위원회 위원장을 맡았으며, 1951년에는 다시 문교부 편수국장으로 임명되어 1955년까지 일했다(정재환, 2012). 그가 편수국장으로 일하는 동안 초등학교 수학 교과서는 내내 '셈본'이라는 이름으로 불렸다.

『셈본』은 해방 후부터 제1차 교육과정의 교과서가 나오기 전까지 사용된 초등학교 수학교과서의 이름이다. 제1차 교육과정 이전의 시기를 교수요목기라고 보아 『셈본』을 교수요목기의 초등 수학 교과서라고도 한다. 『셈본』은 1946년부터 1955년까지 발행되어 그 사용 기간이 9년에 이른다.

오늘날은 새로운 교육과정이 마련되고 이어서 교과서가 만들어지면 그 교육과정 동안에는 변동 없이 그 교과서가 사용된다. 이런 관행에 미루어 볼 때 교수요목기의 셈본 교과서는 특이한 점을 갖고 있다. 교과서 표지의 이름, 발행자, 인쇄소, 내용 기술 방식 등을 고려하여 교과서를 다섯 종류로까지 구분할 수 있다. 그런데 이 다섯 종류 중에서 앞 시기의 세 종류는 내용 면에서 같기 때문에 하나로 묶을 수 있다. 다음 시기의 두 종류는, 앞 시기의 세 종류와 크게 차이가 나면서, 둘 만의 공통점이 있기 때문에 하나로 묶을 수 있다. 이 기준으로 보면, 셈본 교과서는 다시 크게 두 가지로 분류될 수 있다. 후술할 '나.' 절에서 셈본 교과서를 시대적 상황, 교과서에 담긴 내용과 형식 등을 고려하여 전기 셈본 교과서와 후기 셈본 교과서로 구분하고 셈본 교과서가 어떻게 변화해 왔는지를 살펴보았다.

나. 셈본 교과서의 분류

1946년부터 1955년까지 발행된 셈본 교과서를 표지에 실린 이름, 발행자, 인쇄소, 발행 시기, 담긴 내용 등을 고려하여 [표 III-16]과 같이 분류할 수 있다.

| [표 III-16] 교수요목기에 발간된 셈본 교과서의 종류 |

구분		교과서명	집중 연도	발행자	발행처	주요 역사
전기	(가)	초등 셈본	1946, 1947	군정청 문교부	조선서적인쇄 주식회사	미군정 시기
	(나)	초등 셈본 (산수공부)	1948, 1949	문교부	조선서적인쇄 주식회사	대한민국 정부 수립
	(다)	초등 셈본	1949, 1950	문교부	조선서적인쇄 주식회사	교육법 제정
후기	(가)	셈본	1951, 1952	문교부	여러 인쇄소	한국전쟁 발발 이후
	(나)	셈본	1953, 1954, 1955	문교부	대한문교서적 주식회사	

1) 전기 셈본 교과서

전기 (가), (나), (다)는 교과서 본문에 담긴 내용이 거의 똑같다는 점에서 하나로 묶을 수 있다. 형식과 시대적 상황에서 갖는 차이점이 약간씩 있는데 이는 다음과 같다.

(가)는 미군정 시기에 만들어진 최초의 셈본 교과서이다. 교과서 표지에 '군정청 문교부'라고 적혀 있다. 『초등 셈본』이 1946년에 처음 발간되고, 앞서 언급한 대로 교수요목집이 1947년 1월에 나온 것을 고려하면, 이 셈본 교과서는 교수요목집 발표 이전에 이미 만들어진 것이다. 특이한 점은, 교수요목집에는 교과목이 '산수'로 되어 있지만 교과서이름으로는 일찌감치 '셈본'이 사용되었다.

당시 교과서를 기다리는 교사와 학생들의 형편을 두고, 편수국장인 최현배는 다음과 같이 말했다고 한다.

> "굶주린 이에게 진수성찬을 먹이겠다고 시간을 오래 끌 것이 아니라, 우선 보리밥에 열무김치라도 빨리 차려 주어야 한다."

교과서 편찬을 위해 각 학문 분야의 유능한 인물들이 모이기 시작하였다. 그리하여 1946년 초에 32명의 학자들이 모여 교과서 편찬 작업을 하였다(박한식, 1991).

(나) 『초등 셈본(산수 공부)』 교과서는 1948년 8월 15일 대한민국 정부가 세워진 후 발행된 것이다. 대한민국 정부는 교육 행정 조직으로 문교부를 두었다. 이 교과서 표지에는 '문교부'라고 적혀 있다. 내용은 (가)와 거의 동일하다.

(다) 『초등 셈본』 교과서는 (나)에 있던 (산수 공부)라는 제목이 없어진 것에만 차이가 나고 나머지는 (나)와 같다. 결국 (나)와 (다) 교과서는 내용면에서 (가)와 거의 일치한다. 교과서 표지 그림을 보아도 학년 구분 없이 모두 같았다.

(가) 『초등 셈본』
1946, 1947

(나) 『초등 셈본 (산수공부)』
1948, 1949

(다) 『초등 셈본』
1949, 1950

전기 셈본 교과서

요컨대, 미군정 시대 만들어진 전기 셈본 교과서 (가), (나), (다)는 표지 이름과 발행자에서 차이가 있지만 내용에서는 동일하다. 특히 표지 그림이 수학의 대표적인 교구인 자와 컴퍼스, 그리고 계산 도구인 주판을 담고 있는데 모든 학년에서 동일하다. 교과서 표지조차도 학년에 따라 다르게 만들어 볼 여유가 없었던 것으로 보인다.

쉼터 **셈본 교과서의 내용**

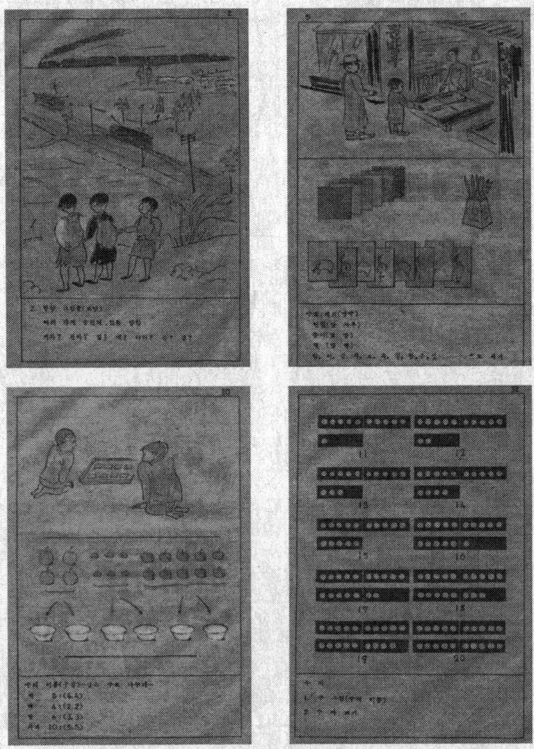

1947년에 발간된 셈본 교과서의 내용이다.
이 교과서는 현존하는 셈본 교과서 중에 가장 오래된 것으로 보인다.

2) 후기 셈본 교과서

1948년 8월 대한민국에 이승만 정부가 들어서고 교육법이 1949년 12월 31일 공포되었다. 이듬해인 1950년 문교부는 교육과정 개정과 교과서 편찬을 위한 여러 규정을 제정하였다. '교과용도서 검인정 규정', '국정교과용도서 편찬 규정', '국정교과용도서 편찬심의회 규정', '교수요목제정심의회 규정' 등이 대표적이다. 한국전쟁이 한창인 1951년에도 '교과과정연구위원회 규정'을 제정하였다(허강 외, 2000).

후기 (가) 셈본 교과서는 한국전쟁 기간에 만들어진 것이다. 발행자는 문교부로 이전과 같은데 인쇄는 일한도서, 동국문화사, 동양정판인쇄사, 민중서관, 삼영사, 합동도서 등 여러 인쇄소에서 발간되었다.

전기 셈본은 '조선서적인쇄주식회사'에서 발행하였다. 일제 강점기부터 있던 조선서적인쇄주식회사는 해방된 후 미군정이 접수하였다. 이 인쇄소는 화폐와 교과서를 전담 인쇄하게 되었다(대한매일신보, 1945). 그런데 한국전쟁이 발발하면서 크게 훼손되었다. 정부에서 북한군이 이 인쇄소를 접수할 수 있다는 염려로 인해 대파한 것이다(이종국, 2008). 그래서 한국전쟁 중에는 교과서를 전담하는 인쇄소가 없었다. 당시 부산 등지로 피난한 상태로 교과서를 인쇄하여 배포한 것으로 보이며 이때 여러 인쇄소가 관여한 것으로 보인다.

전기와 달리 이 시기는 표지의 그림이 교과서마다 모두 다르다. 산과 들을 배경으로 대화하는 모습, 저울이나 자로 측정하기, 굴렁쇠 굴리기 놀이 등이 실렸다. 해방 이후 새 교육 운동에서는 생활 단원 중심의 수학교육에 대한 연구가 활발하였다. 그러한 경향이 후기 (가) 셈본 교과서 표지에 담겨 있다.

후기 (나) 셈본 교과서는 한국전쟁에서 휴전 협정이 한창 이루어지거나 그 후에 만들어진 것이다. 1952년 3월 12일에 설립된 대한문교서적주식회사가 교과서 발간을 전담하였다. 이 시기 교과서 표지 그림은 후기 (가)와 유사하다.

후기 (가) 후기 (나)

1951, 1952 『셈본』 1953, 1954, 1955 『셈본』

후기 셈본 교과서

후기 (가)와 후기 (나)가 같은 소재를 담았는데, 후기 (나) 교과서는 더 다듬어지고 세련되어졌다. 후기 (나)에는 천연색 교과서도 등장하였다. 후기 (가)에 비해 전반적으로 더 다듬어졌음을 알 수 있다.

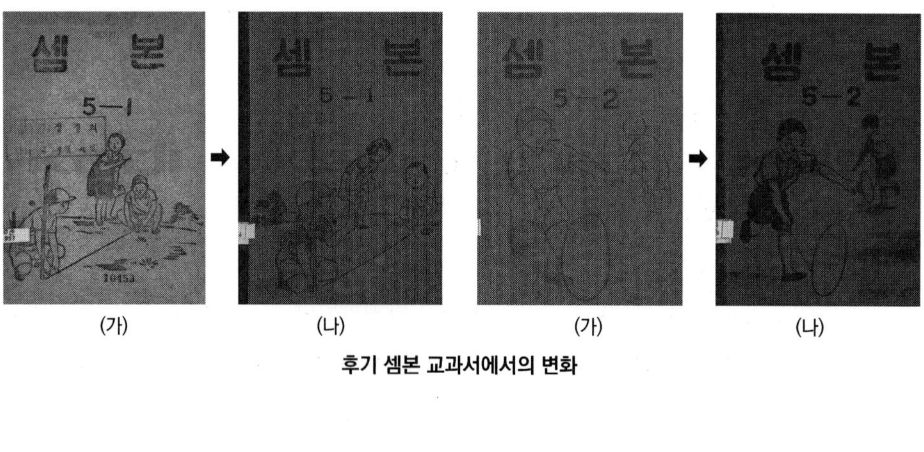

(가) (나) (가) (나)

후기 셈본 교과서에서의 변화

문교부를 비롯한 각계각층에서 교육과정 개정과 교과서 개선을 위한 노력을 기울였다. 비록 한국전쟁으로 교육과정 개정이 늦추어지게 되었지만, 학교 현장에서 당장 필요로 하는 교과서 개선 작업을 늦출 수는 없었을 것이다. 대한민국 정부 수립 후 만들어진 후기 셈본 교과서는 미군정기의 거친 셈본 교과서에서 벗어나고자 노력한 교육계의 결과물로 볼 수 있다.

다. 셈본 교과서의 변화 : 2학년을 사례로

2학년을 사례로 하여 셈본 교과서가 어떻게 변화했는지 알아보자. 분석 대상이 된 2학년 교과서는 다음과 같다.

| [표 III-17] 셈본 2학년 교과서의 종류 |

학기	내용	전기			후기	
		(가)	(나)	(다)	(가)	(나)
2학년 1학기	표지	초등 셈본 2-1 군정청문교부	초등 셈본(산수 공부) 2-1 문교부	초등 셈본 2-1 문교부	셈본 2-1	셈본 2-1
	쪽수	48	48	48	61	86
	인쇄자	조선서적인쇄 주식회사	조선서적인쇄 주식회사	조선서적인쇄 주식회사	○○○[5]	대한문교서적 주식회사
	발행일	1946. 12. 5	1948. 7. 25	1949. 6. 30	1952. 5. 25	1953. 3. 25
	발행자	군정청문교부	문교부	문교부	문교부	문교부
2학년 2학기	표지	초등 셈본 2-2 군정청문교부	초등 셈본(산수 공부) 2-2 문교부	초등 셈본 2-2 문교부	셈본 2-2	셈본 2-2
	쪽수	42	42	42	99	104
	인쇄자	조선서적인쇄 주식회사	조선서적인쇄 주식회사	조선서적인쇄 주식회사	민중서관	대한문교서적 주식회사
	발행일	1947. 5. 25	1948. 12. 15	1949. 11. 25	1952. 1. 25	1953. 8. 25
	발행자	군정청문교부	문교부	문교부	문교부	문교부

[표 III-17]을 보면 전기 교과서에 비해 후기의 교과서는 쪽수가 많이 늘었다. 2-1학기의 경우, 전기에서 48쪽이던 교과서의 쪽수가 후기에서 각각 61쪽, 86쪽으로 큰 폭으로 늘어났다. 2-2학기의 경우도 마찬가지이다. 이러한 양적 변화는 교과서의 내용 전개에서 큰 변화가 있었음을 알려주는 것이다. 다음으로 전기에서 후기로 교과서의 세부 내용이 어떻게 바뀌었는지 살펴보자.

5) 이 교과서의 원본이 많이 훼손되어 인쇄소의 이름을 정확히 알 수 없다.

1) '차례' 제시 여부

오늘날에는 교과서를 포함하여 책이라고 하면 '차례'를 넣는 것이 당연하다. 차례를 통해 내용과 흐름을 전체적으로 보여줄 수 있다. 전기 셈본 교과서에는 이 차례가 없다. 차례가 없기 때문에 독자들이 교과서의 내용이나 흐름을 미리 파악하기가 어렵다. 한편 1947년에 발간한 셈본해설서 『초등 셈본 指導解說書』(김철수)을 보면 앞부분에 차례가 제시되어 있다. 이 해설서를 참조하여 다음 [표 III-18]과 같이 차례를 제시해 볼 수 있다. 그럼에도 이 차례 역시, 오늘날 관점에서 부족한 점은, 제목 앞에 번호가 매겨져 있지 않다는 점이다.

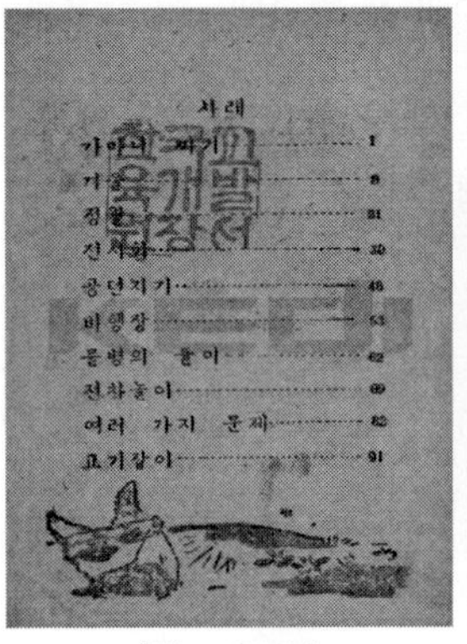

(가) : 1952년

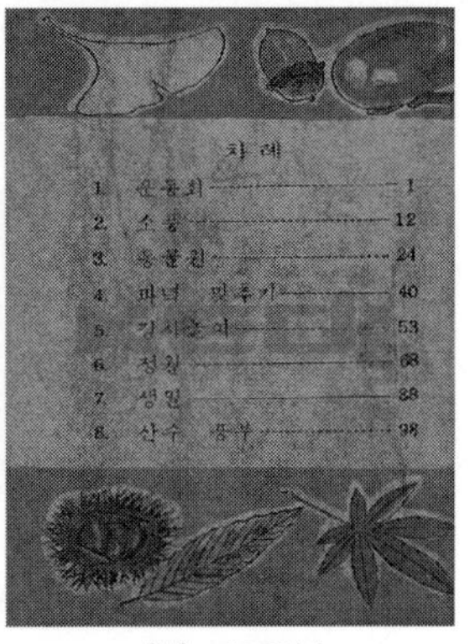

(나) : 1953년

후기 셈본 교과서 2-2학기에 제시된 '차례'

후기 (가) 셈본 교과서는 교과서 처음에 차례가 제시되어 있다. 그런데 차례에 번호가 매겨져 있지 않다. 이에 대해 후기 (나)의 셈본 교과서는 번호가 매겨진 차례를 제시하고 있다. 이런 것을 볼 때, 교과서에 차례를 만들고 번호를 매기는 제목을 적는 방식은 후기 (나) 교과서에서 시작되었음을 알 수 있다.

한편 앞의 [표 III-17]을 참조해 보면, 예컨대, 전기 셈본 2-1 교과서는 48쪽, 후기 셈본 교과서는 각각 61쪽, 86쪽이다. 차례의 주제명을 보면, 전기 셈본 2-1 교과서는 18개, 후기 셈본 교과서는 각각 7, 6개이다. 교과서 쪽수와 주제명의 비를 따져보면, 한 주제당 할당되어 있는 쪽수가 후기 (나) 교과서가 가장 많다. 이는 후기 셈본 교과서에서 단원별로 내용을 상세하게 다루고자 했음을 간접적으로 말해준다.

| [표 III-18] 셈본 교과서에 등장하는 '차례' |

학기	전기 셈본 (초등 셈본 지도해설서)	후기 셈본 (가)	후기 셈본 (나)
2 학년 1 학기	우리는 二학년생 / 하루의 생활 메뚜기 잡기 / 김장 뽑기 비행기 *셈 연습 *여러 가지 문제 한가위 /생일 /잠자리 잡기 국화꽃 /제기차기 *셈 연습 개천절 *여러 가지 문제 * 셈 연습 *여러 가지 문제 국기 / 재미있는 모양 대소제 / 볏단 날르기 *셈 연습 물통의 물 / 썰매 타기 성적 조사 * 셈 연습	우리들의 하루 우리 집 소풍 [연습] 한가위 개천절 우리 국군 [연습] 우리 반	1. 즐거운 2학년[연습] 2. 봄의 들 [연습] 3. 나의 일 [연습] 4. 냇가 [연습] 5. 여름 방학 [연습] 6. 편지놀이 [연습]
2 학년 2 학기	새학기 /걸음재기 *셈 연습 큰 수 *셈 연습 미터 /상자 접기 그림꼴의 넓이 /단추 九九 五의 단, 九九 二의 단 九九 四의 단 *셈 연습 매달의 날 수 *여러 가지 문제 九九 三의 단 九九 六의 단 *셈 연습 여러 가지 문제 九九 七의 단, 九九 八의 단 九九 九의 단 *셈 연습 동그라미의 수효 * 여러 가지 문제 *셈 연습 줄넘기 /고기 잡기 *셈 연습 *여러 가지 문제	가마니 짜기 겨울 정월 전시회 공던지기 비행장 물병의 들이 전차 놀이 여러 가지 문제 고기잡이	1. 운동회 [연습] 2. 소풍 [연습] 3. 동물원 [연습] 4. 과녁 맞추기 [연습] 5. 장사놀이 [연습] 6. 정월 [연습] 7. 생일 [연습] 8. 산수 공부

2) 본문에 등장하는 생활 소재

셈본 교과서에는 전반적으로 생활에 관련된 장면이나 용어들이 많이 등장한다. 특히 후기 셈본은 단원명에서 이를 직접 드러냈다. 생활 소재는 크게 집안일 돕기, 학교생활, 아이들의 자연 놀이로 구분해 볼 수 있다.

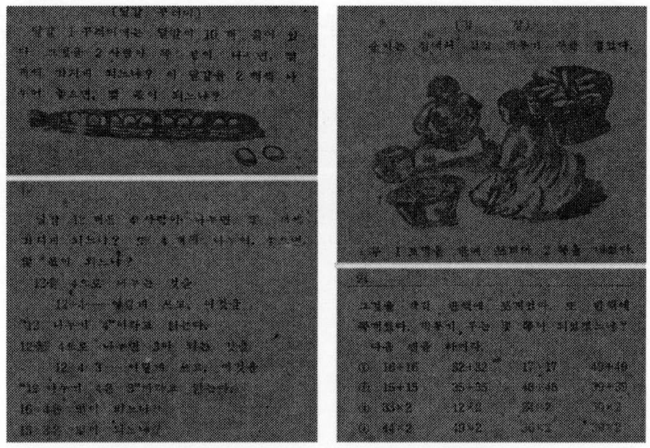

전기 셈본(1948년, 3-1학기 교과서)

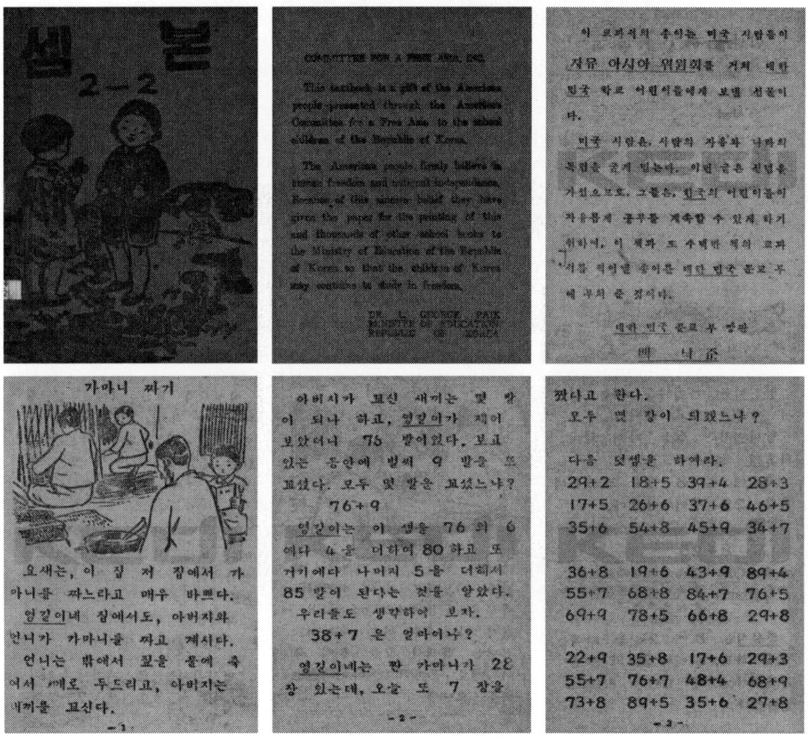

후기 셈본(1952년, 2-2학기 교과서)

셈본 교과서의 생활 장면

먼저 전기 셈본 교과서에는 생활과 생활 사이의 연결성이 잘 드러나지 않은 경우들이 대부분이다. 즉, 생활 A 다음에 생활 B가 나오는데 그 사이에 맥락이 자연스럽지 않은 것이다. 또한 내용 전개에 있어 기승전결 등이 없어, 독자가 내용이나 체계를 분명하게 파악하는 것이 번거롭고 힘든 편이다.

이에 대해 후기 (가)와 (나)는 단원에서 등장한 생활 장면들이 단원의 제목 아래 비교적 자연스럽게 연결되어 통일된 느낌을 준다. 실제로 1953년 『셈본 2-1』 교과서는 뒷부분에

'지도하시는 분에게'라는 제목의 글에 다음과 같은 내용이 분명하게 나와 있는데, 이로부터 생활 단원 학습을 지향했음을 알 수 있다.

> 학생들이 생활환경에서 즐겨 노는 생활을 하는 데에 필연적으로 생기고 부딪혀 오는 수량적인 사항을 수량의 면에서 판단하고 처리하여 가는 기초적인 것을 지도하여, 수량 생활을 더욱 더 잘하게 하는 것입니다. … 저학년 학생은 수 관념이 미분화 상태로서 생활을 하고 있으므로 학년의 발달 정도에 따라 추상적, 이론적인 사고(思考)를 피하고, 작업과 직관을 통하여 학습을 해야 합니다. 그리고 계산도 원리와 방법을 잘 이해하고 활용할 수 있도록 생활 사항에서 도입하여 지도하여야 합니다. 각 단원의 제시, 교재의 배열은 지도 단계에 맞추어서 계절에 따른 생활놀이를 들었으나, 학생들의 이해와 기능 정도를 고려하여 그들의 생활환경에 적절한 것을 취하여 풍부한 학습 내용으로 지도해야 합니다(문교부, 1953).

한편 후기 (가) 교과서는 한국전쟁 중에 만들어진 교과서로서 생활 장면으로 '군인 가족과 유가족에게 쌀 보내기', '부상 군인 댁 일 돕기', '제트기', '탱크' 등 전쟁에 관련된 내용이 생활 장면으로 다수 등장한다. 이에 대해 후기 (나) 교과서에서는 전쟁 관련 소재를 전혀 사용하고 있지 않아 이 시기 교과서 저자들이 전쟁이 가져온 시대적 아픔을 상기하게 하는 장면을 아이들에게 드러내지 않으려 했음을 짐작해 볼 수 있다.

| [표 III-19] 셈본 교과서에 등장하는 생활 소재 |

학기	전기 셈본	후기 셈본	
		(가)	(나)
2학년 1학기	학교 가는 길, 학교 시작 시각, 등교하는 시각, 메뚜기 잡기, 밭에서 무나 배추 뽑기, 날아가는 비행기, 개울에서 고기 잡기, 논에서 새 쫓기, 고추 따기, 한가위 밤 줍기, 반 동무들의 생일 조사, 잠자리 잡기, 국화꽃 세기, 제기차기, 개천철, 만세 부르기, 국기 그리기, 원족(소풍) 가는 길, 물 먹기, 타작, 달걀 꾸러미, 줄 뛰기, 돋지뽈(피구), 학교 청소하기, 볏단 나르기, 물통에 물 담기, 썰매타기	**우리들의 하루** 동무들과 아침 운동, 닭 돌보기, 등교하기, 학교 일과표, 학교 청소, 하루의 생활, 달걀 모이기, 김장밭에서 배추와 무 묶기, 이웃집 아이와 셈 공부하기 **소풍** 출발, **국군이 탄 추럭(트럭) 만남**, 언덕에서 놀기, 도토리 줍기, **병정놀이**, 버섯 따기, **날아가는 제트기, 군인 가족과 유가족에서 쌀 보내기**, 군인 유가족 음악회 **한가위** 추석 차례 지내러 큰 아버지댁 감, 친척들과 만남, 할아버지 산소에 감, 저녁에 달 구경, 달 모양 그리기 **개천절** 개천절 날 국기 달기, **대한민국 만세 부르기**, 태극기 그리기 **우리 국군** 군대 견학 가기, 나무 그늘 밑에서 **6·25사변 이야기 듣기, 탱크 수 구하기, 다른 분대장의 말씀, '국군 아저씨 만세 부르기'** **우리 반** 의좋게 공부하는 반 동무 축하해주기, 생일 달 조사표 만들기, 운동장 청소하기, **부상 군인 댁 일 돕기**, 볏단 나르기	1. 즐거운 2학년 학교에 감, 새 책과 공책, 새로 산 연필, 한 주일 할 일 적기, 1학년에게 학예회 보여 줌 2. 봄의 들 동무들과 들놀이, 꽃 꺾기, 5월 5일 어린이날, 생일 축하회, 동무들의 생일달 조사 3. 나의 일 저녁밥 먹고 아버지와 밭에 가서 모종 심기, 닭과 병아리 돌보기 4. 냇가 냇가에서 물고기 잡고 벌레 관찰하기, 물병에 물 담기, 냇가에서 바둑돌 줍기 5. 여름 방학 여름 방학 하루 시간표 만들기, 나팔꽃 수 헤아리기 6. 편지놀이 편지놀이 할 우체통, 엽서, 우표, 봉투, 편지종이, 돈 만들기, 실제로 편지놀이 하기

3) '연습' 단계의 제시

오늘날 수학 교과서는 크게 개념, 기능, 원리 등을 배우는 '본문' 단계와, 다음으로 그것을 숙달하거나 심화하는 '연습' 단계로 구성된다. 먼저 후기 (나) 셈본에는 매 단원 끝에 [연습]이 있다. 이에 대해 후기 (가) 셈본은 [연습]이 없는 곳이 많으며, [연습]이 나오는.곳도 규칙적이지 않다. 전기 셈본 교과서의 경우에는 가르치는 내용으로 '셈 연습, 여러 가지 문제' 등이 있긴 하지만, 교과서상에 '연습' 단계나 '셈 연습', '여러 가지 문제' 단계가 공식화되어 있지 않다. 본문에 셈 문제와 여러 가지 문제가 제시되어 있을 뿐이다. 이런 변화를 보았을 때, '본문'과 '연습'이라는 단계가 담긴 교과서 구성 체계는 후기 (가) 단계에서 등장하기 시작하여 (나) 셈본 교과서 때 정착된 것으로 보인다.

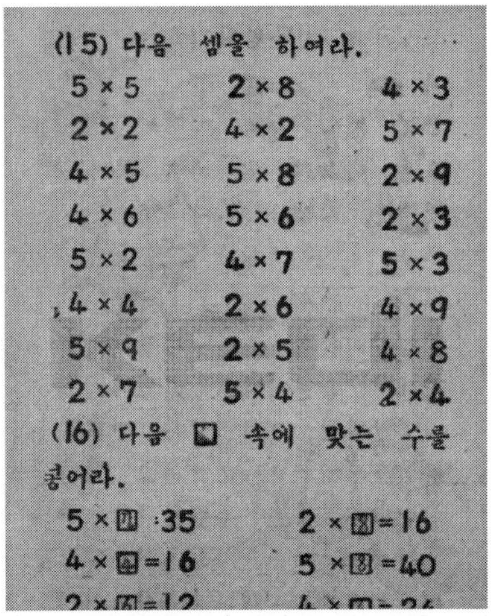

'九九 四의 단'과 '셈 연습' 지도 장면
(전기 셈본 2-2)

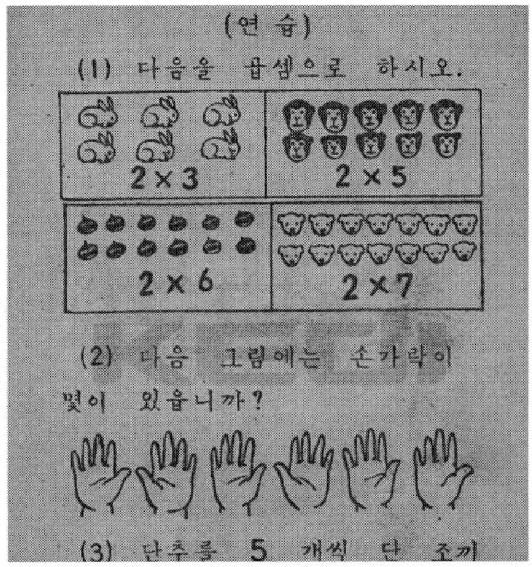

'연습'이 제시된 장면
(후기 셈본 2-1)

4) 수학 내용 지도의 변화 : 2-2학기 '곱셈 구구'를 사례로

산수과 교수요목집에 따르면, 2학년에서 승산구구(乘算九九), 즉 곱셈구구를 지도하며 하위 내용이 다음과 같이 제시되어 있다(군정청 문교부, 1947). 이 내용은 셈본 교과서 2-2학기에서 다루어졌는데 그 지도 방식이 어떻게 변화했는지 살펴보자.

(1) 五의 段	(4) 練習	(7) 練習	(10) 九의 段
(2) 二의 段	(5) 三의 段	(8) 七의 段	(11) 練習
(3) 四의 段	(6) 六의 段	(9) 八의 段	(12) 總括 練習

첫째, 서술된 문장을 보면, 문장을 마치는 단어에서 차이가 있다. 전기는 물론 후기 (가) 교과서까지도 "몇 개냐?", "몇 갑절이냐?", "전시회를 하였다.", "붙일 수 있다"와 같이 낮춤말을 썼다. 그런데 후기 (나) 교과서는 "일요일입니다", "구경을 갔습니다"와 같이 높임

말을 썼다. 이를 두고 볼 때, 초등학교 수학교과서에 높임말을 쓰는 관례는 1953년 교과서 이후로 만들어진 것으로 보인다. 이는 우리나라에서 아이들에 대한 사회적 인식이 바뀐 것을 간접적으로 드러낸 것이다. 일제 강점기에 어린이운동을 벌였던 방정환은 어린이에게 높임말을 써야 한다고 주장했다. 어린이는 미래의 희망이며 나라의 기둥이므로 정신이 바르게 자라도록 하고 부드럽게 대해 줄 것을 당부했다(안경식, 1994).

둘째, 개념이나 원리를 설명할 때 생활 소재의 쓰임에 차이가 있다. 전기 셈본 교과서에는 곱셈구구를 설명하는 장면에서 단추, 손, 강아지, 비행기, 유리, 운동장에 일렬로 선 학생들, 종이로 공 만들기, 야구선수 등이 등장한다. 이 소재들은 서로 연결되어 있는 것이 아니라, 각 구구단에서 필요로 하는 숫자, 이를테면 2단은 2, 3단은 3 등과 같은 숫자를 위해 보조적인 수단으로 등장한다.

이에 대해 후기 셈본은 단원에서 중심 생활 소재를 단원명으로 정하고 그 단원 안에서 등장하는 하위 소재들을 중심 생활 소재와 연결시켰다. 예를 들어, 후기 (가) '전시회' 단원의 이야기를 요약하면 다음과 같다.

> 개학을 하고 나서 겨울방학 동안에 집에서 만든 그림 등으로 전시회를 연다. 벽에다 그림을 붙이면서 5단이 설명된다. 영길이는 5단 구구를 카드에 써서 공부한다. 이를 본 다른 친구들도 이와 같은 카드를 만들어 공부하기로 한다. 숙이네 분단에서는 책상을 2개씩 맞대어서 일기장이며 학습장을 늘어놓을 자리를 만들기로 한다. 여기서 2단이 등장한다. 대식이네 분단에서는 책상을 4개씩 맞붙여 놓고, 공작으로 색종이 접은 것이나, 그 밖에 여러 가지 만든 것을 늘어놓을 자리를 만들기로 한다. 이 장면에 이어 4단이 나온다.

이는「전시회」단원의 처음부터 끝까지 이어지는 이야기이다. 당시 저자들이 생활 장면에서 수학을 지도하려는 의도를 구현하고자 애썼다는 것을 알 수 있다. 이는 전기 셈본과의 큰 차이점이다.

생활 소재를 다룬다는 면에서 후기 (나)는 후기 (가)와 유사하다. 그렇지만 전개된 이야기를 볼 때 후기 (나) 교과서가 좀 더 다듬어진 느낌이다. 예를 들어 '3. 동물원'에서 처음 곱셈구구에 관한 지도가 이루어지는데 그 과정에서 이야기의 전개는 대략 다음과 같다. 후기 (가) 교과서「전시회」에 비해 후기 (나) 교과서의「동물원」은 아이들이 좀 더 궁금해할 법한 소재를 다룬 것으로 보인다.

> 일요일에 철수는 아버지, 동무 3사람과 동물원 구경을 갔다. 동물의 표 값이 5원이다. 여러 명의 표 값을 계산하면서 이때 곱셈과 5단 구구로 이어진다. 동물원의 토끼장에 토끼

가 2마리씩 있다. 풀을 잘 먹는 토끼들의 수를 세었다. 이때 2단이 나온다. 잔디밭에서 점심을 먹는다. 아버지가 과자를 사다주셨는데 한 봉지에 과자가 4개씩 들어있다. 이제 4단이 지도된다. 아버지는 점심을 드시면서 과자를 세는 것도 구구를 쓰면 빨리 알 수가 있다고 말씀해주신다.

셋째, 원리를 설명하는 내용에서 차이가 있다. 전기 셈본은 각 내용에 대해 원리 등 상세한 설명이 거의 없다. 심지어 마지막 '차례로 九九로 불러보기'에 5단의 전체, 즉 5×1=5부터 5×9=45가 제시되어 있지 않다. 그래서 아래 내용을 전개하는 데 3쪽으로 충분했다.

- '갑절'이라는 말을 익힘.
- 손 모양 그림을 제시.
- 5의 6갑절 하는 것을 '5×6'이라고 쓰고 '5 곱하기 6'이라고 읽음
- 5×6이 30이 되는 것을 '5 곱하기 6은 30'이라고 읽음
- 5×7이 35가 되는 것을 식으로 써봄
- 5의 2갑절부터 9갑절까지 차례차례 셈하기
- 차례로 九九로 불러보기

이에 대해 후기 (가) 셈본은 동수누가로 곱셈 개념 도입, 갑절 용어 사용법, 곱셈 표현과 읽기, 구구를 외우고 있을 때 편리함, 구구라는 용어 도입, 5단 구구 전체 제시 등으로 그 용어나 원리에 대한 설명이 상당히 상세하고, 이 내용이 전개되는 데 5쪽이 할당되었다. 후기 (나) 교과서는 수학 내용 면에서는 후기 (가)와 매우 유사하다. 그럼에도 6쪽이 들었는데 이는 동물원 관련 삽화들이 여러 쪽에서 등장하고 또한 높임말을 써서 문장이 길어졌기 때문이다.

넷째, 교수요목집에 제시된 순서대로, 모든 셈본 교과서에서 5단 ⇒ 2단 ⇒ 4단 ⇒ 3단 ⇒ 6단 ⇒ 7단 ⇒ 8단 ⇒ 9단 순서로 지도하였다. 그런데 순서는 똑같지만 이전 단과 이후 단에 변화를 두는 방식에서 차이가 난다. 먼저 전기 셈본은 단마다 지도하는 방식이 동일하다. 예를 들어 7단을 보면 '그림을 보여주고 7의 3 갑절 계산하기, 7의 2 갑절부터 9 갑절까지 차례로 셈하기, 그것을 九九로 불러보기'라는 순서로 지도한다. 모든 단이 이 방식으로 똑같이 지도되었다.

이에 대해 후기 셈본에서 5단 ⇒ 2단 ⇒ 4단 ⇒ 3단 ⇒ 6단 ⇒ 7단 ⇒ 8단 ⇒ 9단 순서로 지도하는 것은 동일하지만, 각 단에서 지도하는 방식에 차이가 있다. 5단 ⇒ 2단 ⇒ 4단의 방식이 같고, 3단 ⇒ 6단이 같고, 7단 ⇒ 8단 ⇒ 9단이 같다. 단별 지도 방식에 차이를 둠으로써 지도의 변화를 꾀한 것이다.

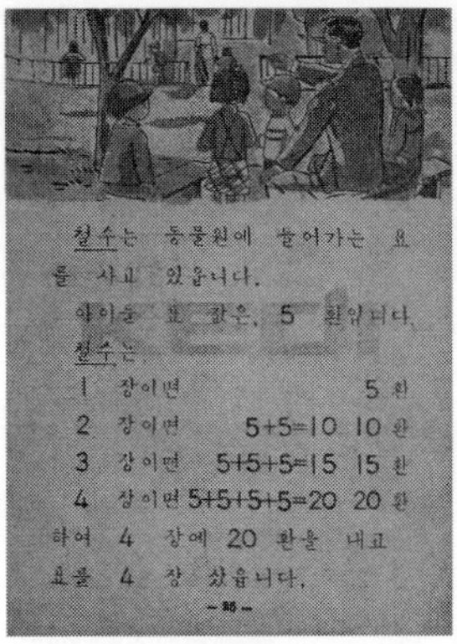

2단

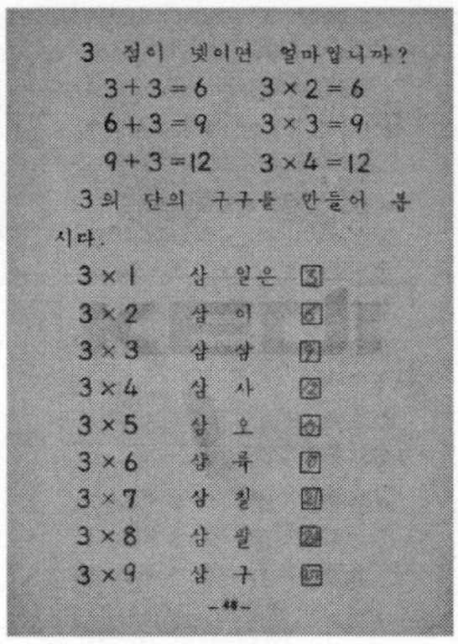

3단

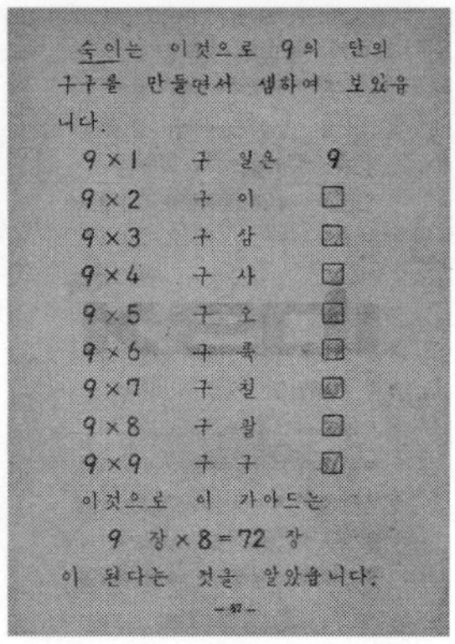

7단

후기 셈본 교과서의 곱셈 구구 지도

5) 한글 용어의 사용

[표 III-20]은 셈본 6-2학기 교과서의 맨 마지막 페이지에 등장하는 '술어 보기틀'이다. 한자를 한글로 표기한 것을 볼 수 있다. 오늘날 사용하는 곱셈, 나눗셈 등이 이 당시에 이미 사용되고 있음을 알 수 있다. 이러한 움직임은 당시 『우리말 도로 찾기 운동』과 연관 지을 수 있다.

| [표 III-20] 술어 보기틀 |

ㄱ	그림표(圖表, 그라프)	데시리터(dl)	밑넓이(底面積)
가로(橫)	근(斤)	도(度)	밑면(底面)
가로금(橫線)	금(선, 線)	되(升)	밑변(底邊)
가름대	기울기(경사度)	돈(?)	
각(角)	기호(記號)	돌대(回轉軸)	ㅂ
각도(角度)	??	둘레(周邊??)	반올림(四捨五入)
각도기(分度器)		들기(容積)	반지름(半徑)
각도재는틀	ㄴ	등분(等分)	방정식(方程式)
간(間)	나눗셈(제등, 나눔표)	등식(等式)	빼는수(減數)
간격(間隔	나눗셈(除算, 나누기)		뺄셈(빼기, 減算)
갑절(倍, 배)	나눗셈법(除法	ㄹ	뺄셈법(減法)
값(値)	나란히꼴(平行四邊形)	리(里)	뺄셈표(뺄표???, 減票)
같은비(正比)	나란히금(平行線)		버림(??)
같은비로나간다(正比例한다)	나머지(餘, 우수리)	ㅁ	변(邊)
같음표(等號)	나비(幅)	마력(馬力)	부채꼴(??)
걸음짐작(步測)	날금(**)	마름모(菱形)	부채꼴그림표(활???형크라프)
고른수(平均, 平均數)	날도(**)	마일(??)	부피(體積)
고른햇날(평균태양일)	넓이(面積)	막대그림표(棒크라프)	부호(符號)
꼭지각(頂角)	년(해, 年)	맞줄임(約分)	분(分)
꼭지점(頂點)	놋뜨	말(斗)	분속(分速)
곧은금(직선, 直線)	높이(高)	맞모금(對角線)	분모(分母)
곱(倍, 積)	눈(目, 목*)	맞선꼴(對稱形)	분수(分數)
곱셈(곱하기, 乘算)	눈대중(눈짐작, 目測)	맞선대(對稱軸)	분자(分子)
곱셈법(乘法)	늘인그림(廓大圖)	맞선점(對稱點)	붓셈(筆算)
곱셈표(乘算표, 곱표)	늘인비(擴大比)	모기둥(角柱)	비(比)
곱수(배수, 倍數)		모눈종이(方眼紙)	비랄???
곱(積)	ㄷ	모뿔(角錐)	빗면(斜面)
공배수(公倍數)	단(段, 단보)	모서리(?)	빗변(斜邊)
공식(公式)	닮은꼴(相似形)	몫(商)	
공약수(公約數)	닮은비(相似比)	무게(??)	ㅅ
관(關)	더하는수(加數)	무게중심(重心)	산수(算數)
굽은금(곡선, 曲線)	덧셈(더하기, 加算)	물매	삼각형(三角形)
그람(g)	덧셈법(加法)	미만(未滿) 미터(m)	섬(石)
그림꼴(도형, 圖形)	덧셈표(加標)	밀리미터(mm)	세로(縱)

세로금(縱線)
세모본(三角定規)
세제곱(三乘)
세제곱미터(㎥, 입방미터)
센티미터(cm)
셈(계산)
셈법(算法)
셈음표(括弧)
소수(小數)
소수점(小數點)
속셈(暗算)
수판(算盤)
수판셈(珠算)
시(時)
시간(時間)
시각(時刻)
식(式)
실지재기(實測)
실험(實驗)
대(軸, 심대, 중쇠)

ㅇ
아랫변(下低)
아래알
안각(內角)
안쪽(內側)
알(a, 珠)
양(量)
어미금(母線)
어림셈(概算)
어림수(概數)
역비(反比)
역비로나간다(反比例한다)
연비(連比)
영(零)
옆면(側面)
옆모서리(측???)
올림(切上)
윗변(上邊)
웃알
원(圓)
원기둥(圓周)
원뿔(圓錐)
원주율(圓周率, 파이 π)
월(月, 달)
일(日, 날)
입률(??)

ㅈ
자(尺)
자리(位, ??)
자리점(定位點)
자연수(整數)
짝수(偶數)
짝진각(對應角)
짝진변(對應邊)
제곱미터(㎡, 평방미터)
점(點)
정(정??)
정륙각형(正六角形)
정륙면체(立方體)
정사각형(正方形)
정삼각형(正三角形)
제곱(自乘)
줄인그림(縮圖)
줄인비(縮小率)
줄인자(縮尺)
중심(中心)
지구본(地球儀)
지레(挺子)
지렛대(挺子棒, 挺子)
지름(直徑)
지점(支點)
직각(直角)
직각삼각형(直角三角形)
직륙면체(直方體)
직사각형(短形)

ㅊ
차(差)
초(秒)
최대공약수(最大公約數)
최소공배수(最小公倍數)
추(錐)
추선(錘線)
측량(測量)
치(??)

ㅋ
콤파스
크기(大)
킬로그람(kg)
킬로리터(kl)
킬로미터(km)

ㅌ
톤(t)
통계(統計)

ㅍ
편한셈(簡單算)
펼친그림(展開圖)
평(坪)
평면(平面)
평면도(平面圖)
푸는법(解法)
푼수(百分率퍼어센트)

ㅎ
하나치(單位)
해리(海里)
합(合, 和)
헥토리터(hl)
헥토알(ha)
홀수(奇數)
홉(合)

※ 원본교과서에 글자를 제대로 읽을 수가 없는 경우는 ?표로 표시하였다.
※ 이 보기들은 교사의 참고로 넣은 것이므로 漢字는 제한 없이 맞대어 놓았음

쉼터 '한글이 목숨' 한글학자 외솔 최현배(1894. 10. 19 ~ 1970. 3. 23.)

한글이 역사의 무대에 등장한 것은 15세기 세종의 훈민정음 창제에서 비롯되었고 한글을 국문으로 선포한 것은 고종이었지만, 일제강점기 한글은 말살의 위기에까지 몰렸다. 그런 한글이 고난과 역경을 딛고 국문의 위상을 회복하고 한글을 중심으로 하는 언어생활의 토대를 구축한 것은 1945년 8월 15일 해방 이후였으며 그 중심에 최현배가 있다.

최현배는 일제강점기 『우리말본』, 『한글갈』, 『조선민족 갱생의 도』 등을 저술한 국어학자이자 국어운동가이다. 1894년(고종 31)에 태어나 1970년에 사망했다. 일본에 유학하여 교육학을 전공했다. 1937년 주시경 이래의 한글 문법연구를 계승·발전시켜 집대성한 『우리말본』을 펴냈고, 1941년에는 한글 연구의 이론과 역사를 집대성한 『한글갈』을 펴냈다. 한글전용과 풀어쓰기 이론을 발표했고 국어정화를 주장하면서 일본어 찌꺼기를 몰아내는 우리말도로찾기운동도 전개했다. 그의 학문과 유지는 한글학회를 중심으로 한 학자들에 의해 지금도 계승되고 있다.[6)]

6) 한국민족문화대백과사전(encykorea.ac.kr)에서 발췌

참고문헌

강완 (2000). 수학 교과서에 나타난 계산 지도 방법의 변화 : 두 자릿수의 덧셈과 뺄셈. 한국초등수학교육학회지, 4, 21-37.

김상근 (2008). 초등학교 수학 교과서에 나타난 곱셈 지도 방법에 대한 분석 : 곱셈 기초부터 곱셈구구 지도까지. 서울교육대학교 석사학위논문.

김성준 외 (2014). 초등수학교육론. 동명사.

김철수 (1947). 초등셈본지도해설서. 금룡도서문구.

김향자 (2000). 한국 초등 수학교육의 변천과 전망. 부산교육대학교 석사학위논문.

남승인 외 (2003). 초등교사 교육을 위한 수학 교과교육 프로그램 개발. 교육인적자원부. 교사교육프로그램개발과제 2003-9-3.

박한식 (1991). 한국수학교육사. 대한교과서주식회사. 송영순 (1999). 초등학교 수학과 교육과정 변천에 관한 연구. 경기대학교 교육대학원 석사학위논문. 송정환 (2001). 초등학교 수학 교과서에 나타난 수직과 평행 지도 방법에 대한 분석. 서울 교육대학교 석사학위논문.

안경식 (1994). 소파 방정환의 아동교육 운동과 사상. 학지사.

이대현 (2010). 초등학교 수학 교과서에 나타난 분수의 곱셈과 나눗셈 지도 방법에 대한 분석. 서울교육대학교 석사학위논문.

오천석(2014). 한국신교육사. 교육과학사.

이종국 (2008) 한국의 교과서 변천사. 대한교과서주식회사.

임지애 (2003). 초등학교 수학교과서에 나타난 통계그래프 지도 방법에 대한 분석. 서울교육대학교 석사학위논문.

정재환 (2012). 해방 후 조선어학회·한글학회 활동 연구(1945~1957년). 성균관대학교 대학원박사학위논문.

조영미 (2012). 제1차 생활 단원 중심 초등학교 수학교과서 재조명 연구 : 1학년 교과서를 중심으로. 한국초등수학교육학회지, 16(1) 167-183.

최지영 (2002). 초등학교 수학 교과서에 나타난 약수와 배수 지도방법에 대한 분석. 서울교육대학교 석사학위논문.

허강 외 (2000). 한국 편수사 연구(Ⅰ). 한국교과서연구재단. 연구보고서 2000-4.

http://db.history.go.kr/ 국사편찬위원회 한국사데이터베이스

| [표 III-21] 셈본 교과서의 종류 |

이름	발행자	인쇄	연도	소장처
(초등)셈본 1-1	군정청문교부	조선서적인쇄	1947	한국교육개발원
(초등)셈본 1-2	군정청문교부	조선서적인쇄	1947	국립중앙도서관
(초등)셈본 2-1	군정청문교부	조선서적인쇄	1946	국립중앙도서관
(초등)셈본 2-2	군정청문교부	조선서적인쇄	1947	국립중앙도서관
(초등)셈본 3-1	군정청문교부	조선서적인쇄	1946	국립중앙도서관
(초등)셈본 3-2	군정청문교부	조선서적인쇄	1947	국립중앙도서관
(초등)셈본 4-2	군정청문교부	조선서적인쇄	1947	한국교육개발원
(초등)셈본 5-2	군정청문교부	조선서적인쇄	1947	국립중앙도서관
(초등)셈본 6-1	군정청문교부	조선서적인쇄	1946	국립중앙도서관
(초등)셈본 6-2	군정청문교부	조선서적인쇄	1947	한국교육개발원
(초등)셈본: 산수공부.1-2	문교부	조선서적인쇄	1949	국립중앙도서관
(초등)셈본: 산수공부.2-1	문교부	조선서적인쇄	1948	국립중앙도서관
(초등)셈본: 산수공부.2-2	문교부	조선서적인쇄	1948	국립중앙도서관
(초등)셈본: 산수공부.3-2	문교부	조선서적인쇄	1948	국립중앙도서관

이름	발행자	인쇄	연도	소장처
(초등)셈본: 산수공부.4-1	문교부	조선서적인쇄	1947	한국교육개발원
(초등)셈본: 산수공부.4-1	문교부	조선서적인쇄	1948	국립중앙도서관
(초등)셈본: 산수공부.4-2	문교부	조선서적인쇄	1949	국립중앙도서관
(초등)셈본: 산수공부.5-1	문교부	조선서적인쇄	1948	국립중앙도서관
(초등)셈본: 산수공부.5-2	문교부	조선서적인쇄	1949	국립중앙도서관
(초등)셈본: 산수공부.6-1	문교부	조선서적인쇄	1948	국립중앙도서관
(초등)셈본.1-2	문교부	조선서적인쇄	1949	국립중앙도서관
(초등)셈본.2-1	문교부	조선서적인쇄	1949	국립중앙도서관
(초등)셈본.2-2	문교부	조선서적인쇄	1949	국립중앙도서관
(초등)셈본.3-1	문교부	조선서적인쇄	1949	국립중앙도서관
(초등)셈본.4-2	문교부	조선서적인쇄	1950	한국교육개발원
(초등)셈본.5-1	문교부	조선서적인쇄	1949	국립중앙도서관
(초등)셈본.5-2	문교부	조선서적인쇄	1950	국립중앙도서관
(초등)셈본.6-1	문교부	조선서적인쇄	1949	국립중앙도서관
(초등)셈본.6-2	문교부	조선서적인쇄	1949	국립중앙도서관
셈본1-1	문교부	동양정판인쇄사	1952	한국교육개발원
셈본1-2	문교부	자유인쇄공사	1952	국립중앙도서관
셈본2-2	문교부	민중서관	1952	한국교육개발원
셈본3-1	문교부	삼영사	1952	한국교육개발원
셈본4-1	문교부	일한도서	1951	한국교육개발원
셈본5-1	문교부	동국문화사	1951	한국교육개발원
셈본5-2	문교부	합동도서	1952	한국교육개발원
셈본6-1	문교부	동국문화사	1951	한국교육개발원
셈본6-2	문교부	합동도서	1952	한국교육개발원
셈본1-1	문교부	대한문교서적	1953	한국교육개발원
셈본2-1	문교부	대한문교서적	1953	한국교육개발원
셈본2-2	문교부	대한문교서적	1953	한국교육개발원
셈본3-1	문교부	대한문교서적	1954	한국교육개발원
셈본3-2	문교부	대한문교서적	1952	한국교육개발원
셈본3-2	문교부	대한문교서적	1954	한국교육개발원
셈본4-1	문교부	대한문교서적	1953	한국교육개발원
셈본4-2	문교부	대한문교서적	1952	한국교육개발원
셈본4-2	문교부	대한문교서적	1953	한국교육개발원
셈본4-2	문교부	대한문교서적	1955	한국교육개발원
셈본5-1	문교부	대한문교서적	1953	국립중앙도서관
셈본5-1	문교부	대한문교서적	1954	한국교육개발원
셈본5-2	문교부	대한문교서적	1953	한국교육개발원
셈본5-2	문교부	대한문교서적	1955	한국교육개발원
셈본6-1	문교부	대한문교서적	1953	국립중앙도서관
셈본6-1	문교부	대한문교서적	1954	한국교육개발원
셈본6-2	문교부	대한문교서적	1953	한국교육개발원

Ⅳ. 제1차 교육과정의 초등수학교육

1948.	1949.	1950.	1953	1954.4.20	1955.8.1	1963.2.4
				제1차 교육과정 제정		
대한민국 정부 수립	교육법 제정	6·25 전쟁	휴전협정	초중고사범학교 교육과정 시간 배당 기준	국민학교 교과 과정	제2차 교육과정 개정

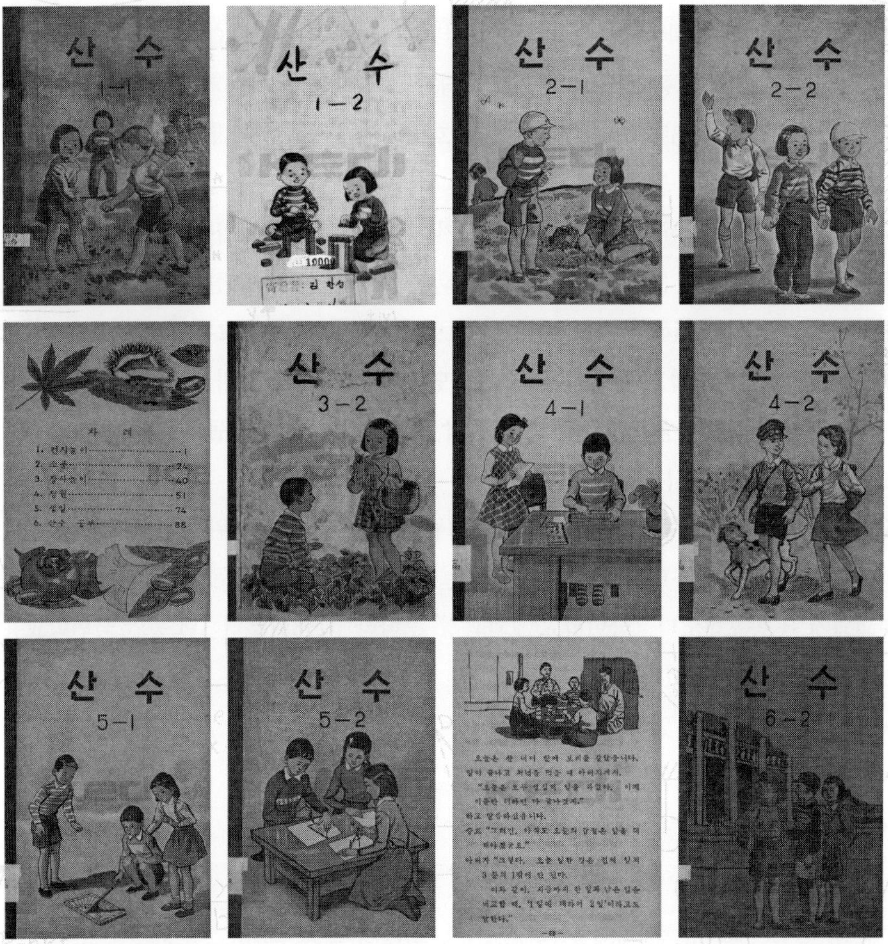

1 배경

1948년 8월 15일 **대한민국 정부**가 수립되고, 정부는 이듬해 마지막 날인 1949년 12월 31일 **교육법**을 제정하였다. 헌법과 교육법[1]이 마련됨에 따라 교육의 기본 방침이 마련되었고 이에 교육과정 제정에 들어갔다. 그런데 1950년 6월 25일 한국전쟁이 일어나 교육과정 제정은 뒤로 미뤄졌다.

요약	
1948. 정부 수립	
1949. 교육법 제정	
1950. 한국전쟁 발발	
1951. **전시하 교육 특별조치요강 발표/** 전시학습지도요항 제작 배포	
1952. 교육법시행령 제정/교육과정전체위원회 구성	
⬇	
1954. **초중고사범학교 교육과정 시간 배당 기준 제정**	**제1차 교육과정**
1955. **국민학교 교과 과정 공포**	**제1차 교육과정**
1955.~58. 교과용 도서 편찬	

문교부는 한국전쟁 중인 1951년 2월 16일에 **〈전시하 교육 특별조치요강〉**을 발표하였다. 국민학교의 교과목을 국어, 사회, 이과, 산수, 보건, 음악, 미술, 가사로 하고, 이과는 4학년 이상의 학생에게 부과하고, 가사는 5, 6학년에서 부과하였다. 한편 교사들에게 **전시학습지도요항**을 배포하였으며 그 안에 '종래의 교과서 중심 교육에서 생활중심교육으로 이행한다'는 지침이 들어 있었다.

문교부는 1952년 4월 23일에 대통령령 제633호로 **교육법시행령**을 제정 공포하였다. 교육법이 1949년 제정되고 1년 반 정도의 시간이 흐른 뒤였다. 정부가 부산으로 피난해 있던 1952년에 문교부는 다시 교육과정 제정을 계속 추진하기 위해 **교육과정전체위원회**를 구성했다.

이 위원회는 2년 여 동안 29차례 열렸다. 위원회는 미군정의 교육과정을 검토해 새로운 교육과정의 기본 원칙을 마련하였다. 최종적으로 **1954년 4월 20일 문교부령 제35호 '국민학교·중학교·고등학교·사범학교 교육과정 시간 배당 기준'**이 제정되었다. **이로써 국민학교의 교과목이 국어, 산수, 사회생활, 자연, 보건, 음악, 미술, 실과, 특별활동으로 최초 확정되어 비로소 제1차 교육과정이 시작되었다.**

문교부는 각 **교과위원회**를 구성하였다. 교과위원회는 교육과정전체위원회가 세운 기본 원칙에 따라 각과 교육과정을 마련하였다. 문교부는 **1955년 8월 1일에** 문교부령 제44호 **'국민학교 교과과정'**을 공포하였다. '국민학교 교과과정'을 따라 1955년부터 3년 동안 국민학교용 국정교과서가 신규 편찬되었다.

- 1955년도 : 산수 1, 2, 3학년
- 1956년도 : 산수 4, 5, 6학년
- 1958년도 : 교사용지도서 산수

1) 교육법 제155조에는 '대학, 사범대학, 각종 학교를 제외한 각 학교의 학과, 교과는 문교부령으로 정한다'로 되어 있다.

2 국민학교·중학교·고등학교·사범학교 교육과정 시간 배당 기준

제1차 교육과정의 시작은 1954년 4월 20일 문교부령 제35호로 「국민학교·중학교·고등학교·사범학교 교육과정 시간 배당 기준」이다. 제1차 교육과정은 해방 이후 우리나라가 만든 첫 교육과정이라는 점, 일정 수준의 문서로서의 체계를 갖추었다는 점에서 그 의의가 크다.

국민학교의 교과목을 국어, 산수, 사회생활, 자연, 보건, 음악, 미술, 실과, 특별활동으로 확정한 최초의 문서

「국민학교·중학교·고등학교·사범학교 교육과정 시간 배당 기준」은 모두 9쪽으로 매우 간단하게 되어 있으며, 크게 총칙, 국민학교/중학교/고등학교/사범학교의 시간배당기준표와 기타 사항으로 이루어졌다. 그중 6쪽은 학교급별 시간배당기준표를 담고 있다. 표를 제외하고 글줄로 된 내용을 살펴보면, 표지 제외하고 모두 2쪽 분량으로 매우 짧다.

산수 교과목에 한정하여 보면, 1, 2학년에서 산수 시간 배당률이 10~15%로 낮았다가 학년이 올라가면서 점차 높아짐을 알 수 있다. 다른 교과목과 시간 배당률을 비교해 볼 때, 산수는 국어에 비해서 낮았다. 한편 사회생활이 제1차 교육과정에서 강조되면서 산수와 비등한 시간 배당률을 가졌다.

시간 배당률을 보면
국어 > 사회생활 ≥ 산수

| [표 IV-1] 「국민학교·중학교·고등학교·사범학교 교육과정 시간 배당 기준」 중 일부 |

文 敎 部 令　第35號
檀紀四二八七年四月二十日制定

國民學校·中學校·高等學校·師範學校
敎育課程時間配當基準令

第一章 總 則

第一條 本令은 國民學校, 中學校, 高等學校 및 師範學校(以下 各 學校라 한다)의 敎育課程時間配當基準을 定함을 目的으로 한다.

第二條 本令에서 敎育課程이라 함은 各學校의 敎科目 및 其他敎育活動의 編制를 말한다.

第三條 本令에서 各學校의 總授業時間數와 各敎科目 및 其他敎育活動에 對한 時間數配當을 함에 있어서는 年을 單位로 하고 每週 平均授業時間量을 參考로 表示한다.

第四條 各學校長은 本令에 規定된 時間配當基準에 依하여 各學校의 實情에 符合하는 年間計劃, 學期計劃, 季節計劃, 週間計劃 및 日課表를 作成하여야 한다.

第五條 二部授業 또는 事情으로 因하여 本令에 規定된 授業時間數를 確保하기 어려운 境遇에는 公私立의 國民學校, 中學校와 高等學校에 있어서는 特別市敎育委員會 敎育監 또는 道知事의 認可를, 師範學校와 其他國立學校에 있어서는 文敎部長官의 認可를 받아 그 時間數를 減少할 수 있다. 但, 本令에 規定된 最低 總授業時間數의 三分의 二를 低下할 수 없다.

第六條 本令에서 特別活動이라 함은 教育目的 및 教育目標를 達成하기 爲하여 必要한 教科以外의 其他教育活動을 말한다.

特別活動은 다음 各号의 一에 該當하는 것이어야 한다.

一, 集會其他民主的 組織下에 運營되는 學生活動에 關한 것.

二, 學生의 個人能力에 依한 個別成長에 關한 것.

三, 職業準備 및 利用厚生에 關한 것.

四, 學生의 趣味에 關한 것.

第二章 國民學校

第七條 國民學校 教育課程時間配當基準은 別表(-)에 依한다.

第八條 國民學校 教育課程時間配當에 있어서는 各教科 및 特別活動의 一年間 總授業時間數에 對한 百分率을 學年別로 表示하고 每週 平均授業時間量을 分으로 하여 參考로 表示한다.

第九條 國民學校의 授業時間은 四十分을 單位로 한다. 但, 學校長은 一授業時間을 二個以上으로 나누거나 또는 二個以上의 授業時間을 合칠 수 있다.

第十條 道義教育은 全教科 및 其他教育活動全般에 互하여 行하되 各學年 總授業時間數의 範圍內에서 年三十五時間以上을 이에 充當하여야 한다.

第十一條 國民學校에 準하는 特殊學教에 對하여는 前四條를 準用한다.

別表(一)

國民學校教育課程時間配當基準表

學年 時間數 教科	1	2	3	4	5	6
國 語	25~30% (240分~290分)	25~30% (250分~300分)	27~20% (290分~220分)	20~23% (220分~260分)	20~18% (240分~220分)	20~18% (250分~220分)
算 數	10~15 (100~140)	10~15 (100~150)	12~15 (130~160)	15~10 (170~110)	15~10 (180~120)	15~10 (190~120)
社會生活	10~15 (100~140)	10~15 (100~150)	15~12 (160~130)	15~12 (170~130)	15~12 (180~140)	15~12 (190~150)
自 然	10~8 (100~80)	10~8 (100~80)	10~15 (110~160)	13~10 (140~110)	10~15 (120~180)	10~15 (120~190)
保 健	18~12 (170~120)	15~12 (150~120)	15~10 (160~110)	10~12 (110~130)	10~12 (120~140)	10~12 (120~150)
音 樂	12~10 (120~100)	15~10 (150~100)	8~10 (190~110)	8~5 (90~60)	8~5 (100~60)	8~5 (100~60)
美 術	10~8 (100~80)	10~8 (100~80)	8~10 (90~110)	7~10 (80~110)	10~8 (120~100)	10~8 (120~100)
實 科				7~10 (80~110)	7~10 (80~110)	7~10 (90~130)
特別活動	5~2 (50~20)	5~2 (50~20)	5~8 (50~80)	5~8 (60~100)	5~10 (60~120)	5~10 (60~120)
計	100% (960分)	100% (1,000分)	100% (1,080分)	100% (1,120分)	100% (1,200分)	100% (1,240分)
一年間總 授業時間數	840時間 (24)	875時間 (25)	945時間 (27)	980時間 (28)	1,050時間 (30)	1,085時間 (31)

備考 1. 百分率은 各教科 및 特別活動의 一年間 授業時間數에 對한 學年別 時間配當量을 表示함.
2. 括弧內의 數學는 每週平均授業 時間量을 表示함.

3 「국민학교 교과과정」

표지 모습

앞선 교육과정 문서 '국민학교·중학교·고등학교·사범학교 교육과정 시간 배당 기준'은 국한문 혼용인 것에 반해 이 문서는 국문으로 되어 있다.

문교부령 제44호인 「국민학교 교과과정」은 오늘날의 각론에 해당한다. 이 책자의 맨 처음에 '머리말'이 등장하며 그 안에서 다룬 것은 '본 과정이 나오기까지', '본 과정의 기본 태도', '본 과정의 운영상의 주의' 등이며 그 내용은 아래와 같다.

문교부령 제44호 단기 4288년 8월 1일 공포 **「국민학교 교과과정」**

머 리 말

一. 본 과정이 나오기까지

8·15 해방 이후, 오늘날에 이르기까지 우리가 가졌던 교육 과정은 군정 당시에 제정된 것이었다. 우리나라의 헌법 및 교육법의 제정으로 교육의 기본 방침이 확립되자, 문교부는 교육 과정의 개정에 착수하였던 것이다. 그러나 뜻하지 않은 6·25 사변을 겪게 되어 그 계획은 일단 좌절되었다.

정부가 부산에 옮겨져 있던 4285년, 문교부는 다시 교육 과정의 개정을 계속하기로 하여, 우선 교육계 및 기타 각계의 권위자를 망라한 **교육 과정 전체 위원회**를 구성하였다. 이 위원회는 전후 29회의 토의를 거쳐 구 교육 과정의 면밀한 검토 및 신교육 과정의 기본 원칙의 수립을 기함으로써 각급학교 교육 과정 시간 배당 기준을 작성하여, 마침내 이를 4287년 4월 20일 문교부령 제 35호로 공포하였다.

문교부는 교육 과정의 개정에 다시 박차를 가하여 각 교과 위원회를 구성하였고, 그로 하여금 교육 과정 전체 위원회가 세운 기본 원칙에 따라 각과 과정에 착수하도록 하였던 것이다. 해를 거듭하면서 **각과 위원회**는 진지한 연구와 토의를 거듭한 결과 성안을 얻게 되어, 마침내 전체 위원회의 심의를 거침에 이르러 다음과 같은 각과 과정을 작성하게 된 것이다.

二. 본 과정의 기본 태도

본 각과 과정은 다음과 같은 원칙에 의하여 작성하였다.

(1) 사회를 개선하고 향상시키는 계획안이어야 한다. 우리나라의 현실 생활을 개선 향상시킬 수 있는 포부와 이념을 포함시키도록 하였다.

(2) 육성하여야 할 인간의 구체적 자태를 밝히고 그 구현 방법을 표시하여야 한다. 우리나라 교육의 목적을 구체적으로 분석하고 그를 구현할 방도로서의 계획안이 되도록 하였다.

(3) 학생의 인격 발전의 과정과 그 중요한 특징을 고려하여야 한다. **교육 과정 내용을 학생의 심신 발달 과정과 생활 이상에 맞도록 배열하였다.**

(4) **내용은 적절 필수의 최소량**이어야 한다. 교육 과정의 내용은, 극히 적절 필요한 것에 그쳐, 그 수와 양을 최소한도로 제한하여야 한다. 따라서 **엄선된 최소량**의 것으로 하여 학습과 부담을 경감하며, 그 중복, 혼란, 과중을 막도록 하였다.

(5) 교육 과정은 유기적 통일체로서 각 내용은 서로 기능적이어야 한다. **구 교육은 단편적 지식인을 만드는 결과를 초래했다.** 여기에서는 **전일적이고 종합적인 내용으로서 아동의 각 방면의 욕구를 고루 충당하며, 그 개성을 최고도로 발전시킬 수 있는 것이 되도록** 하였다.

(6) 교육 과정의 내용은 **시대와 지역의 요구에 적응**하여야 한다. 이 교육 과정은 우리나라의 특수성에 비추어 특히 요청되는 **반공 교육, 도의 교육, 실업 교육 등이 강조**되어 있으며, 각 **지역의 특색을 살리도록 유의**하였다.

(7) 교육 과정은 융통성이 있고, 신축자재, 탄력성이 있어야 한다. 본 교육 과정은 부령으로서 시행되는 것이지만, 그 내용은 풍부한 재료 단원을 포함할 수 있도록 하였다.

三. 본 과정 운용상의 주의

본 과정은 각 학교의 교육 계획과 교과 경영의 기준을 보여 준 것이다. 그러므로 모든 교육의 계획과 경영은 본 과정의 취지에 따라 이를 구현하도록 지역 사회(地域社會)의 특수성과 학생의 실정에 알맞는 독자적인 연구와 창의(創意)를 가하여야 한다.

이에 따라 편찬될 교과용 도서는 본 과정의 지도 목표와 내용을 구현함에 힘쓸 것이며, 본 과정의 세밀한 검토 아래, 지도 범위와 정도를 조절(調節)하여야 할 것이다. 따라서 교과서의 활용은 본 과정의 취지를 벗어나서 다루어질 수 없으며, 모든 학습 자료도 본 과정의 취지 아래 이용되어야 한다.

본 과정은 교사의 실제 지도와 학습 평가에 이용되어야 한다. 모든 학습 지도 계획뿐만 아니라 실제 지도와 학습 평가의 보편적 기준으로 삼을 것이며 교사는 각자의 체험에 의하여 본 과정 개선에 참여하도록 힘쓸 것이다.

4 제1차 교육과정: '교과 중심'이면서 '생활 중심'

제1차 교육과정은 교육과정 개념상 교과 교육과정, 또는 교과 중심 교육과정이라 부른다. 이는 '교육과정 시간 배당 기준령' 제2조에서 '본 령에서 교육과정이라 함은 각 학교의 교과목 및 기타 활동의 편제를 말한다'라고 한 규정과 문교부령 제44, 45, 46, 47조로 공포된 교육과정의 명칭 자체도 교육과정이라는 용어 대신에 '교과 과정'이라는 용어를 사용한 점을 보아서도 교과 중심 교육과정이었음을 알 수 있다.

이 시대의 교육과정이 지적인 체계가 중심이 되기는 하였지만 학생들의 경험과 생활을 존중하는 생활 중심 교육과정의 개념이 투입되어 있었다. 이는 미국의 진보주의 교육의 영향을 받은 결과이며 이러한 성격은 이 교과 과정에 따라 개편된 다음과 같은 교과서의 내용에서 뚜렷이 나타났다.

- 계통적 학습을 중심으로 하던 종래의 교과 학습의 배열을 버리고, 생활 중심의 단원 학습으로 배열한 점
- 종래의 소단원제를 지양하고 대단원제로 시정하여 학습의 생활화와 학습의 효과를 가져오게 한 점
- 종래의 지식과 암기를 강요하는 주입식 방향을 피하고 학생의 생활과 경험을 토대로 하여 이해와 기능 및 태도를 기르는 방향으로의 전환에 힘쓴 점
- 아동의 흥미 중심의 작업 단원을 되도록 많이 설정하고, 작업을 통하여 능동적으로 자기의 생활 경험을 심화, 확충하는 방향으로 개선한 점

이와 같은 내용으로부터 교육과정 자체는 '교과 중심'이었으나. 교육과정을 기준으로 편찬하는 교과서는 '생활 중심'을 지향하고 있었음을 알 수 있다.

| [표 IV-2] 제1차교육과정의 초등학교 교육과정 시간배당기준(1954.4.20) |

	1	2	3	4	5	6
국어	25~30%분 (240~290분)	25~30%분 (250~300분)	27~20%분 (290~220분)	20~23%분 (220~260분)	20~28%분 (240~220분)	20~18%분 (250~220분)
산수	10~15 (100~140)	10~15 (100~150)	12~15 (130~160)	15~10 (170~110)	15~10 (180~120)	15~10 (190~150)
사회생활	10~15 (100~140)	10~15 (100~150)	15~12 (160~130)	15~12 (170~130)	15~12 (180~140)	15~12 (190~150)
자연	10~8 (100~80)	10~8 (100~80)	10~15 (110~160)	13~10 (140~110)	10~15 (120~180)	10~15 (120~150)
보건	18~12 (170~120)	15~12 (150~120)	15~10 (160~110)	10~12 (110~130)	10~12 (120~140)	10~12 (120~150)
음악	12~10 (120~100)	15~10 (150~100)	8~15 (190~110)	8~5 (90~60)	8~5 (100~60)	8~5 (100~60)
미술	10~8 (100~80)	10~8 (100~80)	8~10 (90~110)	7~10 (80~110)	10~8 (120~100)	10~8 (120~100)
실과				7~10 (80~110)	7~10 (80~110)	7~10 (90~130)
특별활동	5~2 (50~20)	5~2 (50~20)	5~8 (50~80)	5~8 (60~100)	5~10 (60~120)	5~10 (60~120)
계	100% (960분)	100% (1,000분)	100% (1,080분)	100% (1,120분)	100% (1,200분)	100% (1,240분)
일 년간 총 수업 시간수	840시간 (24)	875시간 (25)	945시간 (27)	980시간 (28)	1,050시간 (30)	1,085시간 (31)

5 산수과 교육과정 문서의 특징

가. '산수과'의 구성

제1차 국민학교 교육과정의 '산수과'는 다음과 같이 구성되었다. 교수요목기에 사용된 교수요목집과 비교해 보면, 목표와 지도 내용이 제시되는 등 교육과정 문서의 일반적인 체제를 갖추었다.

一. 국민학교 산수과의 목표
二. 국민학교 산수과의 지도 내용
1. 각 학년의 지도 목표
2. 각 학년의 지도 내용

1) 산수과의 목표

제1차 교육과정은 미국의 듀이 교육의 영향을 받아 생활 중심 교육을 표방하였다. '국민학교 산수과의 목표'에서 '생활', '일상생활', '사회생활'이라는 용어가 자주 등장하는 것을 볼 수 있는데 산수과 교육과정에서 생활 중심 교육을 어떻게 반영하였는지 알 수 있다.

一. 국민학교 산수과의 목표

산수과는 **일상생활**에 있어서 수량적(數量的)인 관계와 형(形)에 대하여 고찰하고 이해하고 처리하는 능력과 태도를 기르는 데 있다. 즉 학생들의 **일상생활**이나 사회 현상 중에서 **생활**에 필요한 수량적인 내용을 이해하고 또 활용할 수 있도록 풍부한 경험을 통하여 고찰하고, 처리를 시킴으로써 **생활**에 일어나는 문제를 필요에 따라 자유로이 잘 해결 짓는 능력을 기르며, 수량적인 처리를 통하여 언제나 생활을 더욱 더 낫게 하도록 하는 태도를 기름으로써 유능한 사회의 일원이 되도록 성장 발달시키는 데 있다.

이 목표를 구체적으로 들면 대체로 다음과 같다.

(1) **일상생활**을 수량 관계에서 보아 조리 있게 생각하고 파악하며, 이것을 해결 짓는 능력과 태도를 기른다.
(2) 산수가 수량 관계를 정확하게 능률적으로 고찰 처리하는 데 유용하다는 것을 깨닫고, 이것을 활용 신장시켜, **생활** 향상에 살려 가는 능력과 태도를 기른다.
(3) **일반 사회 생활**에서 필요한 자료를 모으고 이에 대한 지식을 넓히며, 이것을 이용하는 능력이나 태도를 기른다.
(4) 넓은 범위의 **사회 생활**에 있어서, 산수가 얼마나 도움을 주는가를 알고, 수량 관계를 활용해 가는 태도와 능력을 기른다.

(이하 생략)

2) 제1차 산수과 교육과정의 학년별 내용 영역 구분

1~2학년	(一) 수, (二) 계산, (三) 분수, (四) 측정, (五) 표와 그림표, (六) 문제해결과 실무, (七) 형과 도형
3~6학년	(一) 수, (二) 계산, (三) 분수, (四) **소수**, (五) 측정, (六) 표와 그림표, (七) 문제해결과 실무, (八) 형과 도형

3~6학년에 '소수' 영역이 제시된 것을 제외하면, 1~6학년까지 내용 영역은 동일하다. 한편 '(一) 수'는, 실제로는, 0과 자연수를 가리킨다. (三) 분수, (四) 소수도 '수'라는 점을 감안하면, (一)수, (三) 분수, (四) 소수로 분류한 것은 적절치 않다고도 볼 수 있다. '수' 안에 자연수, 분수, 소수를 포함하는 것이 위계적으로 타당하다. 그런 면에서 1차 교육과정의 내용 영역 분류는 체계성이 떨어진다고 평가할 수 있다.

3) 국민학교 산수과의 지도 내용

제1차 산수과 교육과정에는 '교수학습상의 유의점'이나 '지도 시 유의점'에 해당하는 목차가 별도로 없다. 하지만 그에 해당하는 내용은 있으며, '산수과 지도 내용'의 앞부분에 들어가 있다. 주요 포인트만 뽑아보면, ① 아동의 발달 정도를 고려하기, ② 구체적인 것에서 추상적인 것으로, 단순한 것에서 복잡한 것으로 가기, ③ 교육과정 문서에 제시된 내용은 지도 내용의 요소에 해당하며 수업에서 융합적이고 통일성 있게 재조직하기 등이다.

> **二. 국민학교 산수과의 지도내용**
>
> 산수과의 일반 목표를 달성하기 위하여 아동의 발달 정도를 고려하여서 각 학년의 지도목표를 세우고, 이것에 따라 조직적이고 체계가 선 지도 내용을 배당하여서 지도의 효과를 올릴 수 있도록 계획하였다.
>
> 이 모든 내용은 아동에게 성장과 발전에 관계된 실제적이고 의의가 있는 많은 경험을 통하여 학습하도록 하여야 한다. 이것은 되도록 학생들의 자주적인 활동에 의해서 진행되어 가며, 흥미를 가지고 자발적으로 노력하며 해결 지워 가는 태도를 길러야 할 것이다. 그러므로 여기의 내용도 생활에 필요한 수학 면의 이해, 지식, 능력, 태도, 습관 등을 발전시키는 데 필요한 최소한도의 것으로 생각한다.
>
> 지도에 있어서는 구체적(具的)인 것에서 추상적(抽象的)인 것으로, 단순(單純)한 것에서 복잡(複雜)한 것으로 가는 원리(原理)에 의해서 하며, 대상(對象) 단원은 지도 환경에 따라 다르겠다는 것을 고려하여, 지도 내용의 요소(要素)만을 제시하기로 하였다. 따라서 이 재료를 계획적으로 융합적이고 통일성 있게 재조직하고 계획을 세워서 산수과 목표 및 각 학년목표 달성에 효과적으로 학습이 진행되기를 기대하고 있다.

6 산수 교과서의 주요 특징

1955년에는 국민학교 1, 2, 3학년 전·후기용 교과서가, 1956년에는 국민학교 4, 5, 6학년 전·후기용 교과서가 발행되었다. 교수요목기에 교과서명이었던 '셈본' 대신에 제1차 교육과정 때에는 다시 '산수'로 바뀌었다. 참고로 산수는 일제강점기 말에 등장한 이름이다.

일제강점기 말 산수 표지

제1차 산수 교육의 목표는 일상생활이나 사회생활에서 필요로 하는 실용수학 또는 생활수학을 익혀서 건전한 사회생활을 영위하는 것이다. 교과서도 소비, 저축, 주거, 여행 등과 같이 일상생활의 영역으로써 구분하고, 이러한 생활의 영역 중에서 필요로 하는 이익, 각종 요금, 물가 등에 직접 이용되는 수학의 지식이나 법칙을 가르쳤다. 이러한 생활 중심의 교육과정 개념은 산수 교과서의 '생활단원'이라는 명칭에 잘 드러나 있다.

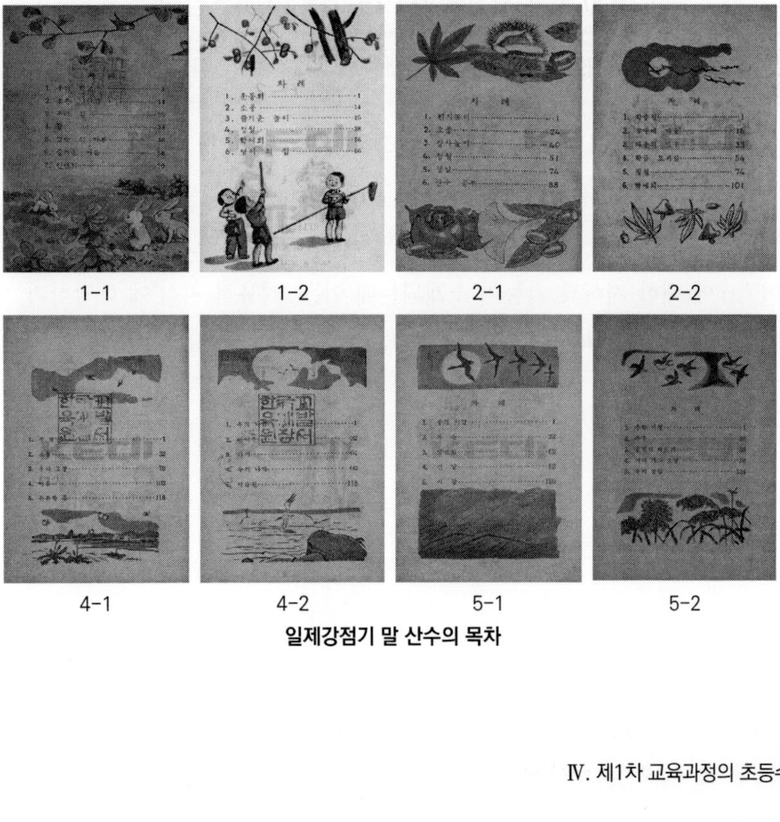

1-1 1-2 2-1 2-2

4-1 4-2 5-1 5-2

일제강점기 말 산수의 목차

| [표 IV-3] 1차 수학 교과서 단원명 |

차수 \ 교과서		교과서 학년					
		1학년	2학년	3학년	4학년	5학년	6학년
1차	1 학기	1. 우리학교 2. 좋은 어린이 3. 우리 집 4. 들 5. 철수의 하루 6. 즐거운 여름 7. 전람회	1. 새학년 2. 즐거운 놀이 3. 어린이 은행 4. 나의 일 5. 여름 6. 여름방학 7. 공놀이	1. 새학년 2. 동물원 3. 과녁맞추기 4. 장사놀이 5. 여름 6. 우리 학교	1. 새학년 2. 소풍 3. 우리 고장 4. 여름 5. 튼튼한 몸	1. 우리 학급 2. 판매부 3. 하지 4. 우리 나라 5. 학습원	1. 새학년 2. 우리 학교 3. 채소밭 4. 우리의 몸 5. 우리고장의 지도
	2 학기	1. 운동회 2. 소풍 3. 즐거운 놀이 4. 정월 5. 학예회 6. 영이의 집	1. 편지놀이 2. 소풍 3. 장사놀이 4. 정월 5. 생일 6. 산수공부	1. 학습원 2. 창수네마을 3. 마을의 인구 4. 학급도서실 5. 정월 6. 학예회	1. 어린이회 2. 학습원 3. 상점 4. 정월 5. 심부름	1. 공작시간 2. 가을 3. 발표회 4. 섣달 5. 시장	1. 수학여행 2. 추수 3. 물건의 빠르기 4. 여러 가지 모양 5. 우리살림

가. 생활단원의 전개에 나타난 구조와 특징

1) 생활단원의 전개 구조

제1차 교육과정기의 생활단원 학습을 언급할 때 흔히 '생활 문제해결'에 중심을 두었다고 한다. 그 의도가 교과서에서 어떤 식으로 전개되었는지 살펴보자. 제1차 산수 교과서를 보면 매 단원은 스토리 및 서사를 포함하고 있고 또한 그 안에서 모종의 구조를 찾아볼 수 있다. 강일국(2002)은 이를 '(아이들의) 활동 ➡ 문제 사태 ➡ (해결) ➡ 계통적 지식 ➡ 기능 훈련'으로 압축하였다.

| [표 IV-4] 제1차 교과서에 나타난 단원 전개의 구조(강일국, 2002) |

'(아이들의) 활동 ➡ 문제 사태 ➡ (해결) ➡ 계통적 지식 ➡ 기능 훈련'

이 도식을 2학년 1학기 7. 공놀이에 적용해 보면 다음과 같다. 아이들이 공놀이 '활동'을 하고 있다. 누가 더 멀리 던졌는지를 잘 알 수 없다는 '문제 사태'에 직면했다. 이때 선생님이 등장하여 1m 자를 소개해 주시면서 설명을 해줌으로써 문제 사태가 '해결'된다. 이어 'm'에 대한 지식과 기능이 소개되는데 이는 '계통적 지식'에 해당하며, 이후 내용에 '기능 훈련'이 이어진다.

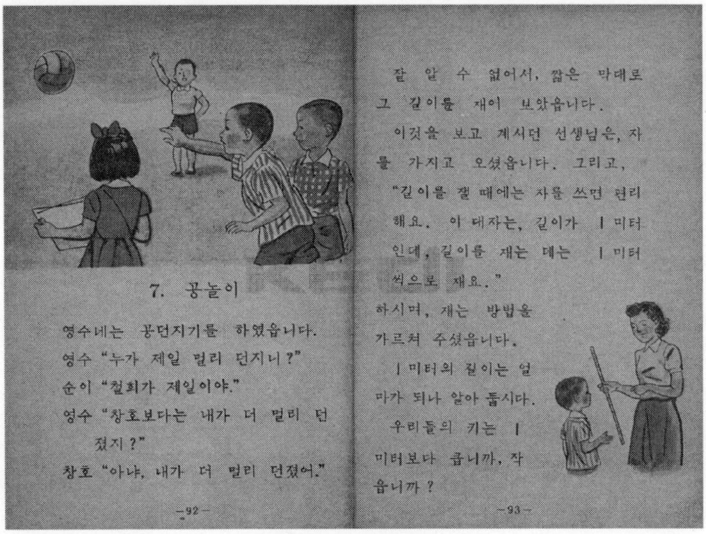

7. 공놀이

영수네는 공던지기를 하였읍니다.
영수 "누가 제일 멀리 던지니?"
순이 "철희가 제일이야."
영수 "창호보다는 내가 더 멀리 던졌지?"
창호 "아냐, 내가 더 멀리 던졌어."

—92—

잘 알 수 없어서, 짧은 막대로 그 길이를 재어 보았읍니다.

이것을 보고 계시던 선생님은, 자를 가지고 오셨읍니다. 그리고,

"길이를 잴 때에는 자를 쓰면 편리해요. 이 대자는, 길이가 1미터인데, 길이를 재는 데는 1미터씩으로 재요."

하시며, 재는 방법을 가르쳐 주셨읍니다.

1미터의 길이는 얼마가 되나 알아 봅시다.

우리들의 키는 1미터보다 큽니까, 작읍니까?

—93—

2-1학기 7. 공놀이

2) 생활단원에 등장하는 아이들의 활동

생활단원의 출발점이라고 볼 수 있는 '아이들의 활동'을 2학년 교과서에서 모아 보면 [표 IV-5]와 같다. '새학년', '소풍'과 같이 학교 일정이나 행사, '여름', '여름방학', '정월'과 같이 계절이나 시간, '즐거운 놀이', '놀이'. '편지놀이', '장사 놀이'와 같이 아이들의 놀이를 소재로 했다.

| [표 IV-5] 2학년 단원별 '아이들의 활동' |

2학년 1학기	2학년 2학기
1. 새 학년 • 학교 가는 길 • 교실 안에서 자리 배치, 칠판의 위치 • 학급 여학생/남학생 수, 전체 학생 수 • 책과 학습장 권 수 세기 • 연필 한 다스와 개수 세기 • 달력 만들기 • 일주일에 할 일 적어두기 • 학예회의 발표 순서	1. 편지놀이 • 우체국에 대해 배우고 편지놀이 • 우체국 놀이 준비(엽서, 우표, 우체통, 돈 만들기) • 엽서 만들기 • 우표 만들기 • 돈 만들기 • 우체통 만들기 • 상자 만들기
2. 즐거운 놀이 • 골목에서 아이들끼리 놀기 • 들에서 동생과 꽃 꺾어 나누기 • 카드 놀이 • 달력 만들기 • 생일 축하회 • 생일 조사하여 그래프로 나타내기	2. 소풍 • 가을 소풍 가기 위한 준비 • 큰 다리의 길이 재기 / 나무 둘레 재기 • 도토리와 밤 줍기 • 단풍잎 모으기 • 그림 그리기
3. 어린이 은행 • 종이로 돈을 만들어 은행 놀이하기 • 은행에 저금하는 놀이	3. 장사 놀이 • 시장 구경을 한 뒤에 장사 놀이하기 • 과일 가게 차려 과일 사고팔기 • 학용품점에서 물건 사고팔기

4. 나의 일 • 앞밭에서 모종 가꾸기 • 닭장에서 달걀 꺼내기 • 카아드 만들어 놀기	4. 정월 • 달력 관찰, 1년 동안 있었던 일 생각하기 • 새해 달력 만들기 • 윷놀이 말판 만들기 • 윷놀이에 어머니가 떡과 과일 주심 • 카아드 만들기
5. 여름 • 냇가로 가서 물고기 잡기 • 앞뜰 꽃밭의 나팔꽃 세기 • 밭에서 토마토 따기 • 카아드 놀이하기	5. 생일 • 생일 축하하기 • 생일날 조사해서 표로 만들기 • 생일 축하회 하기
6. 여름방학 • 달력 만들기	6. 산수 공부
7. 공놀이 • 공 더 멀리 던지기 • 공 차 내기 놀이하기	

3) 생활단원에서 문제해결 장면 : '의논'

아이들의 활동에서 문제 사태가 이야기 상황으로 등장하는데 이를 '의논'을 통해 해결하는 장면을 교과서의 여러 곳에서 볼 수 있다. 예를 들어 다음은 2학년 2학기 2. 소풍 단원으로, '아이들의 활동'에서 소풍을 가는데 어떤 준비를 해야 하는가라는 '문제 사태'에 직면했고 이를 해결하기 위해 '소풍을 갈 곳, 가서 할 일 등을 의논'한다.

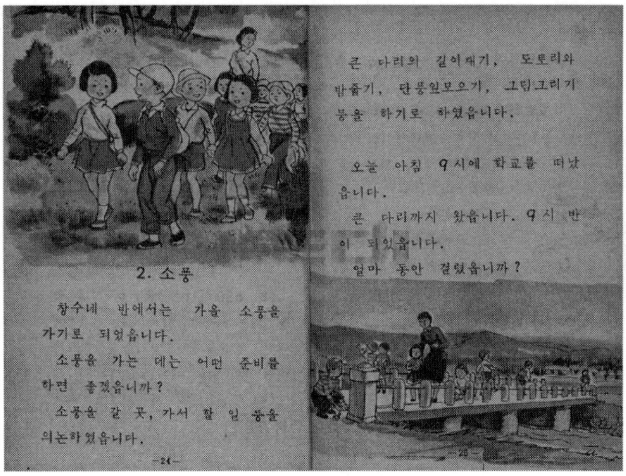

2. 소풍
창수네 반에서는 가을 소풍을
가기로 되었습니다.
소풍을 가는 데는 어떤 준비를
하면 좋겠습니까?
소풍을 갈 곳, 가서 할 일 등을
의논하였습니다.

큰 다리의 길이재기,
도토리와 밤줍기,
단풍잎모으기,
그림 그리기 등을 하기로 하였습니다.
오늘 아침 9시에 학교를 떠났습니다.
큰 다리까지 왔습니다. 9시 반
이 되었습니다.
얼마 동안 걸렸습니까?

문제 사태를 해결하기 위해 의논이 들어간 장면

이런 식으로 '의논'이 문제 사태의 해결 방식으로 등장하는 교과서 부분을 찾아보면 다음과 같다.

- 5월의 달력을 만듭시다. 이달에는 무슨 날이 있습니까? 5월 5일은 어린이날이라고 해서, 우리들이 더 훌륭한 어린이가 되도록 축하하는 날입니다. 무슨 일을 할까 **의논**을 합시다.
- 서로 **의논**을 하여서 다음과 같은 것을 준비하기로 하였습니다.
- 철수네 반에서는 시장 구경을 하고 난 다음에, 장사 놀이를 하기로 하였습니다. 처음

에 각 분단에서 무슨 가게를 차릴까 **의논**을 하였습니다. 철수네 분단에서는 과일 가게를 차리기로 하였습니다.

나. 계통적 지식과 기능 훈련의 강조

생활단원 학습을 전개하는 데 있어 주요 특징으로 '계통적 지식'과 '기능 훈련'이 단원마다 등장한다는 점을 꼽을 수 있다. 실제로 교과서를 보면 단원 초입과 중간에 생활 장면이 나오고 그 장면에서 주요한 개념과 기능을 이어 다루고 있으며 그에 대한 연습 내용도 들어 있다. 흔히 생활단원 학습에 대해 계통적 지식과 기능 훈련을 소홀히 하거나 다루지 않은 것으로 생각하는 경향이 있는데 이에 대해서는 재고가 필요해 보인다.

생활단원의 배경이 되는 새교육운동에 참여했던 사람들은 아동 중심주의, 생활 중심주의를 내세우고 그것을 교육과정에 어떻게 구현할 것인가를 고려하면서도 다른 한편으로는 교과마다 주요하게 여기는 계통적 지식과 기능 훈련 또한 어떻게 반영할 것인지를 염두에 두었다. 다시 말해 생활 과정과 계통 과정을 절충하는 방식을 택했던 것이다. 제1차 교과서가 생활단원 학습을 표방하면서 그 안에서 계통적 지식과 기능 훈련과 같은 수학적 지식의 체계와 연습을 고려했다는 점을 감안해야 할 것이다.

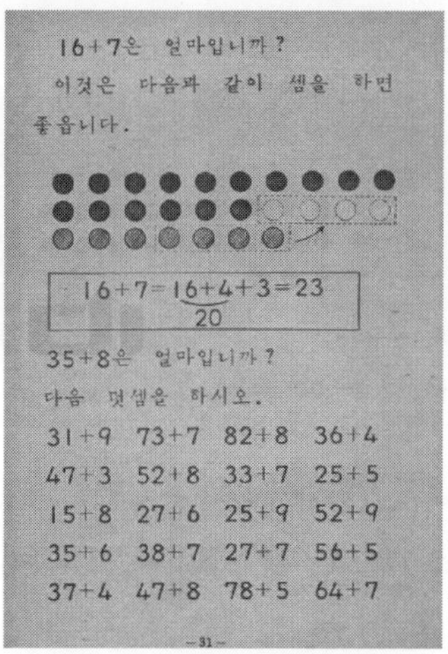

16+7은 얼마입니까?

이것은 다음과 같이 셈을 하면 좋읍니다.

16+7=16+4+3=23
(16+4 = 20)

35+8은 얼마입니까?

다음 덧셈을 하시오.

31+9	73+7	82+8	36+4
47+3	52+8	33+7	25+5
15+8	27+6	25+9	52+9
35+6	38+7	27+7	56+5
37+4	47+8	78+5	64+7

-31-

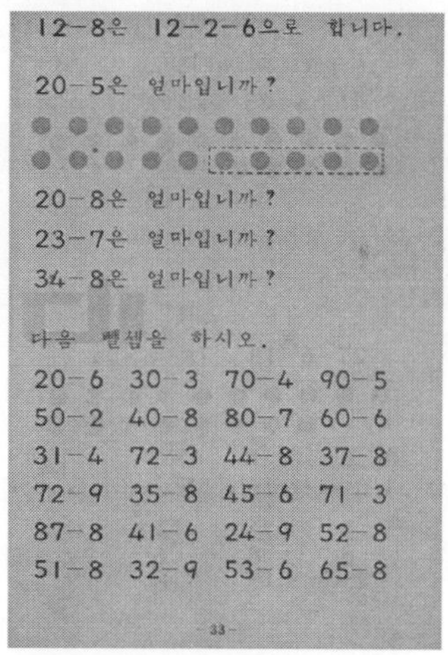

12-8은 12-2-6으로 합니다.

20-5은 얼마입니까?

20-8은 얼마입니까?

23-7은 얼마입니까?

34-8은 얼마입니까?

다음 뺄셈을 하시오.

20-6	30-3	70-4	90-5
50-2	40-8	80-7	60-6
31-4	72-3	44-8	37-8
72-9	35-8	45-6	71-3
87-8	41-6	24-9	52-8
51-8	32-9	53-6	65-8

-33-

2-2학기 '계통적 지식'과 '기능 훈련'으로 볼 수 있는 장면

다. 한 단원에서 생활을 중심으로 여러 내용 영역의 통합

제1차 교과서는 한 단원에 여러 내용 영역을 포함하였다. 이는 생활을 중심에 두고 그 생활과 관련되는 수학 내용을 한데 엮었기 때문에 나타난 교과서 구성으로 보인다. 예컨대 2학년 2학기 1. 편지놀이 단원에 담긴 이야기를 주요 장면 중심으로 모아보면 대략 다음과 같다.

우체국에 대한 공부를 하고 편지놀이를 하기로 함

서로 의논을 하여 엽서, 우표, 우체통, 돈을 만들고 우체국을 꾸미기로 함

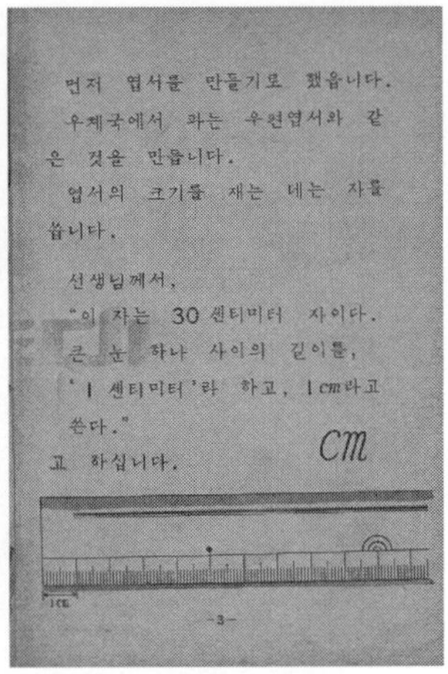

엽서를 만듦

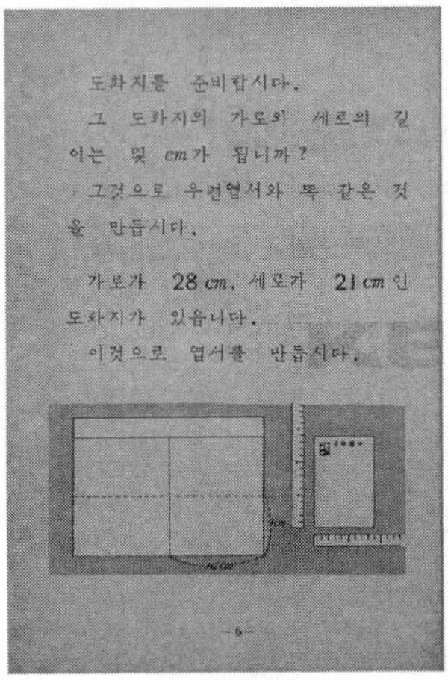

엽서를 만듦

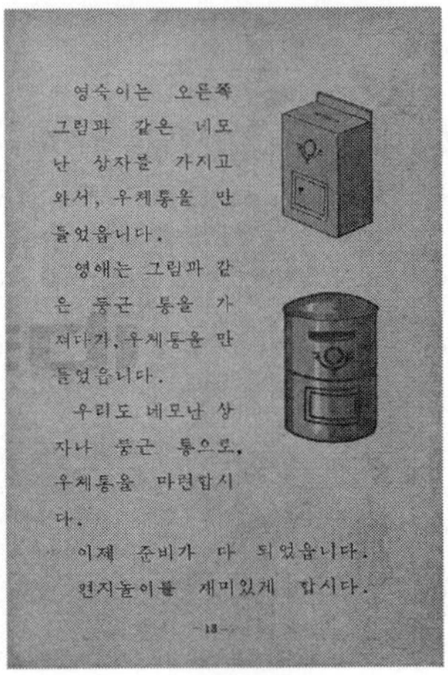

우체통을 만듦

만든 도구를 이용하여 편지놀이를 함

2학년 2학기 1단원 편지놀이의 주요 장면

이 단원의 흐름을 따라가다 보면 실제로 편지놀이를 할 수 있도록 준비물을 만드는 과정을 자세히 제시하고 있으며 그 과정에 쓰이는 수학적 내용은 [표 IV-6]과 다음 그림과 같다.

| [표 IV-6] 2학년 2학기 1. 편지놀이 단원에 등장한 내용 영역별 수학 학습 요소 |

내용 영역	나눗셈		쪽수
수	1000까지의 수 세기		10
	삼위 수(세 자릿수)까지로 자리잡기의 뜻 이해		7-9
계산	가법과 감법의 관계		20
측정	길이	자를 써서 길이를 재기, m, cm	3-6
	기타 평이한 금전 관계		16
형(形)과 도형	입체적(立的)인 모양을 알아보기		13, 17-20

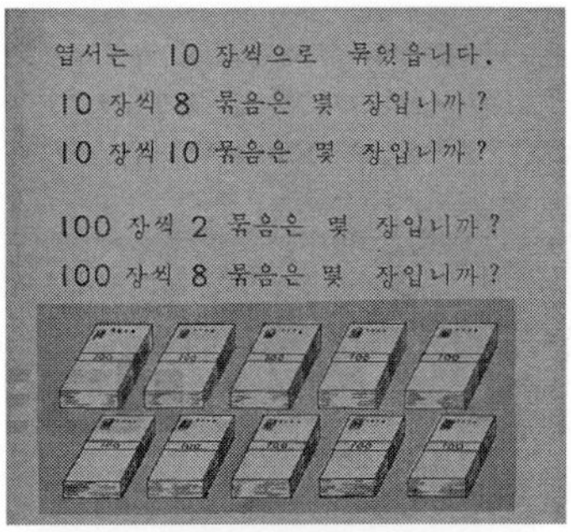

수 영역의 학습 요소

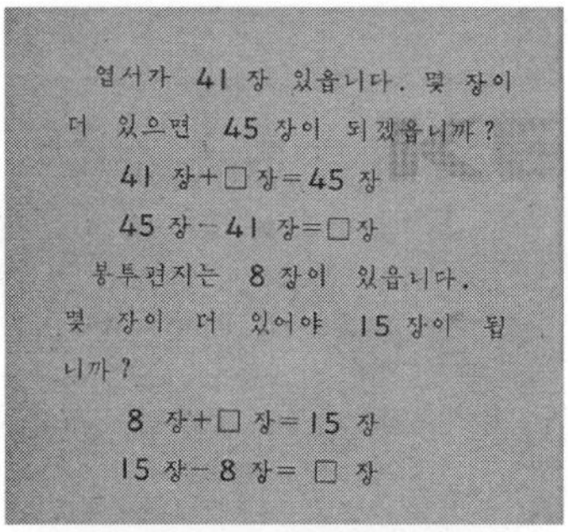

계산 영역의 학습 요소

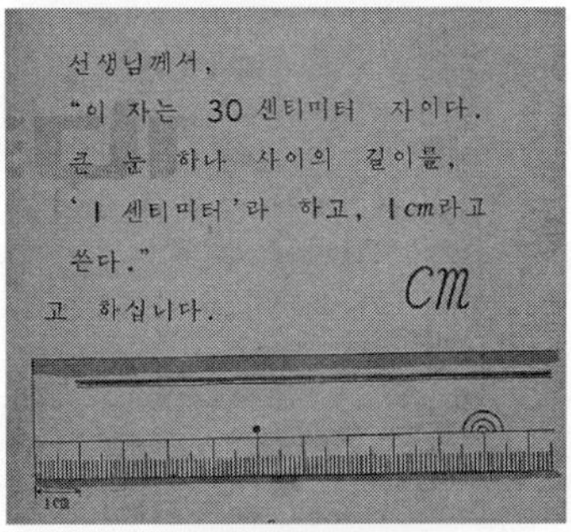

측정 영역의 학습 요소

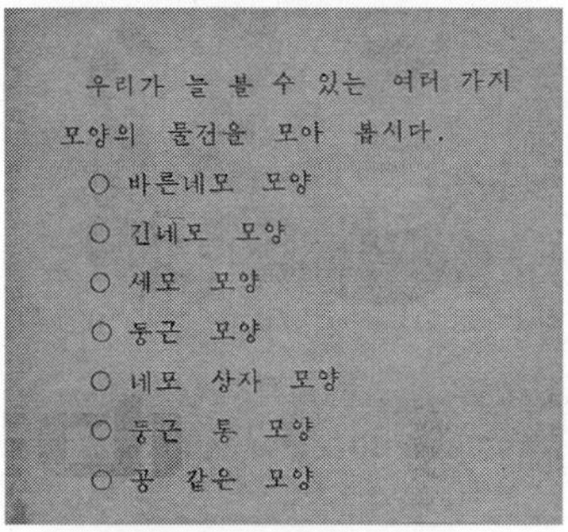

형과 도형 영역의 학습 요소

제1차 교과서 2-2학기 1. 편지놀이 단원에 제시된 학습 요소

제1차 교육과정의 2학년 1, 2학기 교과서에서, 이런 식으로 한 단원에 여러 내용 영역이 등장하는 단원의 수를 조사해 보았다. 그 결과로, 1학기 7개 단원 중에서 5개 단원, 2학기 6개 단원 중에서 5개 단원이 여러 내용 영역을 포함하였다. 한편 제2차 교육과정 이래로 오늘날까지, 한 단원 안에 여러 다른 내용 영역의 학습 요소를 배치하는 식의 교과서 구성을 찾아보기 어렵다. 수학 교과서에서는 수학 내용의 계통성을 중시하는 경향이 강하기 때문일 것이다. 이런 관점에서 볼 때 제1차 교육과정에서 한 단원 안에 여러 내용 영역이 등장하도록 구성한 것은 매우 독특하며 이는 생활단원의 큰 특징으로 볼 수 있다.

라. 아이들 생활 중심의 단원 열기 장면

제1차 교과서에는 단원 첫 페이지의 절반 이상을 차지하는 그림이 등장한다. 이 그림을 오늘날의 단원 도입 그림이라고 할 수 있을 것이다. 단원 도입 그림에 등장하는 공간적 배경으로는 학교 가는 길, 골목, 집 주변의 냇가, 집안, 마당, 학교, 학교에서 방문하는 곳 등으로 다양하게 이루어져 있다. 등장인물들을 보면 주로 아이들, 선생님 또는 부모이다. 단원 도입 그림은 그 당시 아이들을 둘러싸고 있는 생활 그 자체를 보여 주고 있다.

구혜정(2002)은 한국 초등 교과서의 표지화 연구로 제1차 교육과정기를 분석하였다. 해방 후 나온 교과서 표지에 그림이 등장하기 시작했고 1950년대 이후로는 소위 철수와 영이와 같이 표준적인 어린이가 등장한다. 그는 이러한 어린이를 묘사한 표지화의 이미지를 근로형, 탐구형, 답사형, 친교형으로 구분하였다.

친교형

친교형

탐구형

근로형

친교형

친교형

탐구형

답사형

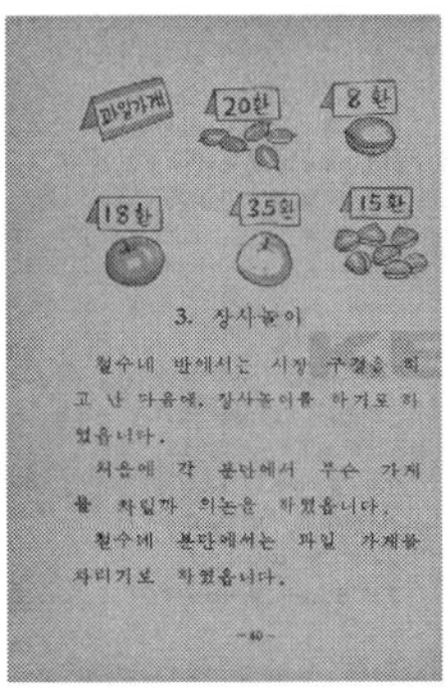
탐구형

친교형

친교형

탐구형

제1차 교육과정의 2학년 교과서에 등장한 단원 도입 그림

먼저 2학년 교과서에서는 친교형으로 분류될 수 있는 단원 도입 그림이 가장 많이 나타났다. 친교형은 학교, 마을, 가정에서 두루 잘 어울려 지내는 어린이의 이야기를 모습을 보여 주었다. 친구들과 어울리면서 참여하는 모습과 등교 모습을 통해 즐거운 아이들의 모습을 시종일관 보여 주었다.

이어 탐구형으로 분류될 수 있는 단원 도입 그림이 많이 제시되었다. 2학년에서는 '어린이 은행', '장사 놀이', '편지놀이', '산수공부' 등이 이에 해당한다고 볼 수 있다. 탐구형에서는 학교나 집과 관련된 어린이의 모습으로 실험과 기구를 이용한 공부를 통해 새로운 기술과 지식을 익히는 '연구자'로서의 어린이상을 보여 준다. 야외에서 줄자 등을 이용하여 측량하는 모습이 대표적이다. 집에서는 책상에 앉아 공부하는 모습을 주로 묘사하는데 삼각자나 컴퍼스 등의 재료를 이용하는 모습을 통해서 신문물과 신지식을 익히는 내용을 보여 준다. 이러한 그림은 신지식과 신문물을 익히도록 강조하는 학교 교육과정을 보여 주고 있으며 과학적 사고와 행동 양식을 갖춘 지성인으로 만드는 교육의 방향을 제시하는 것이기도 하다.

마지막으로 근로형의 어린이상은 집과 마을에 관련된 어린이의 모습으로 농사짓고 가축을 기르며 농작물을 가꾸는 전형적인 농촌의 가정과 마을을 묘사한다. 보편적인 가족 단위의 생활 형태가 농촌의 모습임을 나타내 주고 있다. 4-1학기 4단원「나의 일」에서 아이가 아버지와 같이 앞밭을 가꾸는 모습이 대표적이다. 일을 하는 아이가 밝은 표정으로 활짝 웃는 모습을 통해 근로를 즐겁게 나타내고, 이러한 그림을 통해서 어린이는 가정과 마을의 '일꾼'으로 필요한 존재임을 강조하고 있다.

제1차 교육과정기의 교과서 표지화는 당시의 어린이상을 보여 주며 어린이가 따라야 할 올바른 모습의 전형을 그리고 있다. 또 어린이가 속해 있는 가정, 고장, 사회, 학교에서 '어린이'의 위상과 중요성을 어린이 스스로가 느낄 수 있게 하는 근대적인 교육방법을 보여 주고 있다(구혜정, 2002).

생활단원 학습은 생활을 중심축에 두고 관련된 수학 내용을 엮어나간 것으로 볼 수 있다. 이때 생활 중에서 어떤 모습을 중심에 둘 것인지를 정해야 하는데 위의 단원 그림들을 보면 아이들에게 실제로 일어날 법한 생활을 선택했다는 것을 알 수 있다. 시종일관 밝은 아이들의 모습, 활동과 함께 화기애애하고 협력적이며 건전한 생활 장면이 교과서에 담겼다.

마. 아동 중심의 서사

제1차 교육과정의 산수 교과서는, 마치 국어 교과서처럼, 처음부터 이야기로 전개하는 서사 구조를 취하였다. 서사의 구성 요소로 가장 중요한 인물을 살펴보면 모두 어린이다([표 Ⅳ-7]). 2학년 1학기에는 영수가, 2학기에는 철수가 매 단원 공통으로 등장한다. 이들의 이야기를 들려주는 서술자는 학습을 전개하는 과정에서 '우리'라는 말을 사용함으로써 서사를 전개하는 서술자가 어린이일 가능성 및 어린이와 함께하는 존재자로서의 면모를 보여준다. 학습의 친화력을 형성하려는 의도가 엿보이는 서술 방식이다(한명숙, 조영미, 2020).

| [표 IV-7] 2학년 교과서의 단원별 등장인물 |

1학기	2학기
1. 영수, 동생들, 철이, 순이, 철희. 2. 영수, 정희, 동무들, 순이, 동생, 철희. 3. 영수, 순이, 철희, 순이, 언니, 창수 4. 영수 5. 영수, 순이. 영희, 6. 영수 7. 영수, 선생님, 순이, 철희	1. 철수네, 영희네, 창식이네, 영숙이, 철수네 2. 철수, 창수네, 선생님, 순이, 3. 철수네, 영숙, 대식이, 창수 4. 철수, 어머니 5. 철수네 반, 숙이 6. 철수네

아래 그림을 보면 교과서 곳곳에서 '우리'라는 말이 등장한다. 교과서를 읽는 아이들로 하여금 자신이 주인공이 되어 주체적으로 활동에 참여하게 하려는 의도를 갖고 있으며, 새교육운동에서 강조한 아동중심주의를 구현하려는 의도를 살린 것으로 볼 수 있을 것이다.

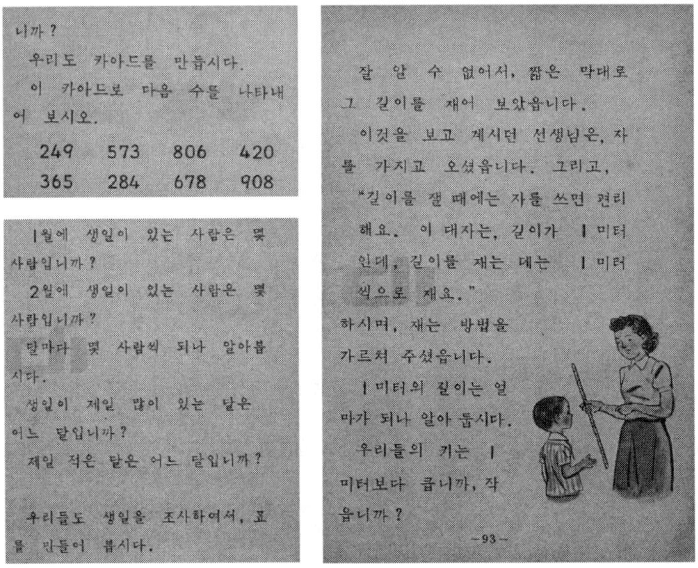

니까?
우리도 카아드를 만듭시다.
이 카아드로 다음 수를 나타내어 보시오.

249 573 806 420
365 284 678 908

1월에 생일이 있는 사람은 몇 사람입니까?
2월에 생일이 있는 사람은 몇 사람입니까?
달마다 몇 사람씩 되나 알아봅시다.
생일이 제일 많이 있는 달은 어느 달입니까?
제일 적은 달은 어느 달입니까?

우리들도 생일을 조사하여서, 표를 만들어 봅시다.

잘 알 수 없어서, 짧은 막대로 그 길이를 재어 보았읍니다.
이것을 보고 계시던 선생님은, 자를 가지고 오셨읍니다. 그리고,
"길이를 잴 때에는 자를 쓰면 편리해요. 이 대자는, 길이가 1미터인데, 길이를 재는 데는 1미터씩으로 재요."
하시며, 재는 방법을 가르쳐 주셨읍니다.
1미터의 길이는 얼마가 되나 알아 봅시다.
우리들의 키는 1미터보다 큽니까, 작읍니까?

-93-

'우리' 중심의 서사

쉼터 화가 김태형

1916년 개성에서 태어난 김태형 화백은 집안의 반대를 무릅쓰고 일본 도쿄 태평양미술학교에서 수학하고 1942년 조선미술전람회 21회에서 동양화 부문 입선을 하면서 화가로 입문했다. 1946년 문교부(현 교육부) 편수국 위촉화가로 교과서 삽화를 그리시기 시작했다. 정부 수립 직후 1948년 10월5일 문교부에서 펴낸 국민학교용 교과서 47종 가운데 1학년 1학기 국어 교과서 『바둑이와 철수』를 비롯해 1976년까지 꼬박 30년 동안 산수·자연·사회·도덕·바른생활·사회생활 등 전 학년, 전 과목에 걸쳐 그가 그림을 담당했다. 2006년 교육부는 10월 5일을 교과서의 날로 제정하면서 그에게 공로상을 주기도 했다.

"한국전쟁 때 부산으로 피난을 갔을 때도, 서울 수복 뒤 상경해서도 집 안방에 상을 펴놓고 철수와 영이를 그리시던 장면이 지금도 선연해요." 맏딸 김재숙(78)씨는 "위로 딸 여섯에 밑으로 아들 둘까지 한두 살 터울로 8남매를 키운 덕분에 살던 집이며 키우던 강아지 삐루(바둑이의 모델)까지 우리들 일상이 그대로 그림 속에 담겨 있다"며 감회에 젖기도 했다.

미술평론가 안소연씨는 작품 해설문에서 "김 화백은 능숙한 데생과 표현력으로 전통 회화와 드로잉을 기본으로 하되 예술과 대중매체의 교집합으로서 일러스트 정체성을 뚜렷이 했다"고 평가했다. 또한 일제강점기 교과서에서 '가갸거겨' 글자만 학습하던 방식에서 벗어나, 철수와 영이(영희)가 가슴에 손수건을 달고 입학하는 1학년부터 졸업 때까지 의젓한 모습으로 내내 등장하는 스토리텔링 방식이어서 해방 이후 반세기 한국인의 삶을 기록한 사료로서도 가치를 인정받고 있다.

김태형 화백은?

김태형 화백(1916~1993, 개성)은
대한민국정부 수립 후 1948년부터 1979년까지
30여 년 동안 국민학교 검정 교과서 편찬 위원으로
교과서의 삽화를 담당하신 분입니다.

교과서 '철수와 영이'의 삽화가, 김태형

아버지는 1916년 경기도 개성에서 태어나셨다. 아버지가 돌아가실 때의 기억이 또렷하다. 옆에 있던 어머니도 알지 못할 정도로 조용히 떠나셨다. 아버지는 세상을 떠날 때처럼 항상 조용하고 말씀이 적은 분이셨다.

아버지는 조선미술전람회에 출품한 작품이 당선된 것이 인연이 되어 1951년부터 교과서 삽화를 그리게 되었다. 6·25 전쟁이 일어난 뒤에도 초등학교 국정 교과서 팀이 있었다고 한다. 당시의 교과서 그림을 처음 그리게 된 이야기를 아버지에게 들었다. 교과서를 만드는 일에 참여한 분들이 많았다고 들었는데, 그중에 강소천, 최태호 선생 등이 생각난다. 이들이 모인 장소는 부산의 묘심사라는 절이었다. 전쟁 중이어서 마땅한 공간이 없어 여러 교육자들이 절에 모여 교과서를 만들기 시작했다고 한다. 교과서의 삽화가가 필요하여 조선미술전람회에 당선된 화가들의 그림을 살펴보며 당시의 초등학생 아이들에게 맞는 그림을 찾으려고 고심하다가 아버지를 선택했다고 한다. 그 뒤 아버지는 교과서 만드는 모임에 같이 참여하게 되었고, 1980년대 초까지 30여 년 동안 초등학교 교과서의 삽화를 그리셨다.

특별히 기억나는 장면이 있다. 일본의 민단에서 초등학교 교과서 삽화를 의뢰받고 아버지가 두세 달에 걸쳐 그림을 그리던 모습이 눈에 선하다. 몇 년에 한 번씩 교과서가 수정이 될 때면 대청마루에 상을 놓고 꼬박 앉아서 그림을 그리셨다.

1980년대 초 무렵 삽화를 그리다가 체력이 예전 같지 않다며 당시의 문교부(지금의 교육부)에서 그림 의뢰가 와도 거절하셨다. 그 이후 그림을 더 그리지 않았지만 아버지의 그림은 1990년 초까지 초등학교 교과서에서 볼 수 있었다.

우리 형제자매는 2남 6녀이다. 내 위로 누이가 여섯, 아래로 남동생이 있다. 어느 날엔가 강소천 선생이 집에 와서 아버지에게 자네가 어린이들을 아름답게 그리는 이유는 아마도 집에 예쁜 공주들이 많아서 그런 것 같다면서 웃던 모습도 생각난다. 1993년에 아버지가 돌아가시고 10여 년이 지난 뒤, 2004년 영월 책 박물관에서 열어 준 전시회 '철수와 영이—김태형 교과서 그림'은 잊지 못할 뜻깊은 기억이다. 2006년에는 교육부에서 10월 5일을 교과서의 날로 만들면서 제정한 공로상을 받았다. 오랜 시간 묵묵히 교과서 그림을 그려 온 아버지의 노고를 알고 기념해 주어 무척 영광스러운 순간이었다.

나 역시 어린 시절에 누이와 동생과 함께 아버지의 그림을 보면서 자랐다. 철수와 영이가 그려진 오래된 교과서를 볼 때면 조용히 그림만을 그리며 사셨던 아버지의 모습이 여전히 눈에 선하게 떠오른다.

김주영 (김태형 화가의 아들)

참고문헌

강일국(2002). 새교육운동: 1950년대 초등교육과정을 중심으로. 서울대학교 박사학위논문.

교육과정교과서연구회(1993). 한국교과교육과정의 변천. 교과서연구총서. 대한교과서주식회사.

교육과학기술부(2012). 수학교육선진화방안. 조간보도자료(1.11)

구혜정(2002). 한국 초등 교과서의 표지화 연구: 제1차 교육과정기(1955-1963)를 중심으로. 이화여자대학교 대학원 석사학위논문.

박경미 외(2015). 2015 개정 수학과 교육과정 시안 개발 연구Ⅱ. 연구보고서 BD15120005. 한국창의재단.

유니나(2013). 제1차 교육과정 산수과의 스토리텔링적 요소 고찰. 부산교육대학교 대학원 석사학위논문.

이수남(1960). 국민학교 학습 지도. 태백출판사.

최혜령(2021). 우리나라 초등학교 수학 교과서 변천에 관한 연구. 서울교육대학교 교육전문대학원 박사학위논문.

| 국립중앙도서관 및 한국교육개발원 검색 자료(24. 1. 6) |

1955	산수 1-2	문교부	1956	산수 3-2	문교부	1957	산수 6-1	문교부	1962	산수 4-1	문교부
	산수 1-2	문교부		산수 4-1	문교부	1958	산수 6-2	문교부		산수 5-1	문교부
	산수 2-2	문교부		산수 4-2	문교부	1959	산수 1-1	문교부	1963	산수 4-2	문교부
	산수 3-1	문교부		산수 5-1	문교부	1961	산수 2-1	문교부		산수 5-2	문교부
1956	산수 1-1	문교부		산수 5-2	문교부		산수 2-2	문교부			
	산수 2-1	문교부		산수 6-2	문교부		산수 3-2	문교부			

V. 제2차 교육과정의 초등수학교육

1960. 4.19	1960. 6.15	1961. 5.16	1961. 5.18	1963. 2.15	1963. 12.17 ~ 1972. 12.26	1972. 12.27	1973. 2.13
4.19혁명	제2공화국 출범	5.16 군사정변	제2공화국 마감	**제2차 교육 과정 공포**	제3공화국	유신헌법, 제4공화국	**제3차 교육 과정 공포**

1 배경

가. 문교부의 새롭고 다양한 시도

> 1963.2.15. 문교부령 제119호
> 국민학교 교육과정 고시

1954년에 제정된 제1차 교육과정은 우리나라 최초의 교육과정이라는 점에서 그 자체로 의의가 크다. 하지만 1차 교육과정 제정을 위한 절차를 밟는 중 1950년에 한국전쟁이 발발했기 때문에 문교부에서는 전쟁이 가져온 악조건과 싸우면서 첫 교육과정을 만들어야만 했다. 그렇게 만들어진 1954년과 1955년의 제1차 교육과정은 완성도가 낮은 상태로 공포·시행되었다. 그 결과로 제1차 교육과정은 체제나 내용 등 여러 가지 면에서 부족한 점이 적지 않았다.

1) 개정 이유와 절차

제1차 교육과정이 제정되고 나서 4년 정도 지난 1958년 11월경 문교부는 다음의 개정 이유를 들어 교과과정 개정을 준비하고 있음을 발표하였다. 개정 계획에 따르면, 1959년에 교과과정 검토와 준비를 거쳐 1960년 공포하는 일정이었다.

- 원자과학 발전에 따른 과학교육의 강화
- 국민의 기초학력의 저하 방지
- 실업교육에 있어 기술교육의 강화
- 도의(道義)교육의 강화

2) 우리나라 교육과정 기초 여론조사 최초 실시

문교부는 우리나라 교육과정 역사상 최초로 1958년과 1959년에 교육과정 개정을 위한 기초 여론조사를 하였다. 다음은 당시 여론조사 결과 중 일부이다.

| [표 V-1] 교육과정 개정의 필요 여부 |

학교별	회답 수	개정 찬성 비율
국민학교	1272	40.6%
중학교	1618	45.6%
고등학교	1260	50.2%

| [표 V-2] 개정해야 할 이유 |

학교급	회답수	개정의 이유				
		실정과 맞지 않음	기초학력 부족	구체적 목표 필요	시대에 뒤떨어짐	내용이 어려움
국민학교	1272	28.1%	25.8%	23.6%	11.0%	12.5%
중학교	1597	26.4%	24.9%	25.0%	13.4%	12.1%
고등학교	1112	28.5%	18.7%	22.8%	14.3%	15.7%

3) 해외 교육과정 자료 수집 및 분석

문교부는 교육과정 개정을 위한 참고 자료를 수집했다. '세계 자유 우방'의 교육과정과 교과서를 수집하고 서울 소재 각국 대사관, 공사관에 요청하기도 하고, 자료 수집을 위해 관계자를 유럽과 미국에 파견하기도 하였다. 또 유네스코 또는 선진국가에서 발간한 다음의 자료를 번역하여 관계자에게 배부하였다.

> 우방(友邦): 서로 우호적인 관계를 맺고 있는 나라를 가리키며, 당시 미국, 영국, 프랑스 등을 가리킨다고 볼 수 있다.

(1) 각국의 교육 과정
(2) 교육 과정 발전의 지도 원리
(3) 최근 유네스코의 교육 활동
(4) 교육 과정 연구와 연구 기관의 조직
(5) 각국 교육 과정의 절차와 과정
(6) 중등 학교 교육 과정
(7) 각국 초등 학교 교과별 시간 배당 기준
(중학교 교육과정 해설서(1963)).

> **말말말**
>
> '교육 과정이란 각급 학교의 교육 내용을 규정짓는 설계서로서 전문적인 것이기 때문에, 과거에는 별로 국민의 관심이나 위정자의 흥미를 끌지 못했으나, 최근의 정부 수뇌자들은 시정 연설에서까지 이를 반영하게 된 것은 경하할 만한 일이라'. (중학교 해설서, 1963)

이는 오늘날로 보면 교육과정 개정을 위한 기초연구로 볼 수 있다.

4) '교육과정심의회 규정' 제정

문교부는 1960년 12월 23일에 교육과정심의회 규정을 제정하여 심의회를 다음과 같이 구성하였다.[1]

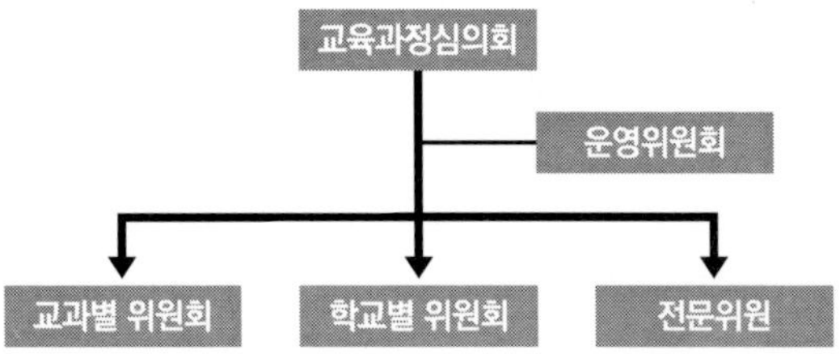

교육과정심의회의 조직도

> 1961년 교육과정심의회 구성
> - 운영위원회와 학교별위원회는 8회에 약 400명 참가
> - 교과별 위원회는 51회에 약 1020명 참가

1) '교육과정심의회 규정' 제1조에는 "문교부 장관의 자문에 응하여 … 교육과정의 제정에 관한 사항을 심의하며, 이에 관한 조사 연구를 하게 하기 위하여 문교부에 교육과정심의회를 둔다"고 규정하였다. 이 규정에 의하면 자문기구임이 명확하지만, 편수사 연구자료에 의할 때, 당시의 교육과정심의회 규정 제정은 교육과정 개정의 필요성에 입각해 1961년 시안 작성, 1962년 원안 작성 등을 담당하여 자문 기능뿐만 아니라 연구 개발의 기능도 수행하였다고 볼 수 있다.(박창언, 2007, 교육과정심의회의 법적 성격과 역할)

- 교과별 위원회 : 각 교과의 안을 검토
- 학교별 위원회 : 각 교과 안을 학교별 입장에서 검토하여 그 연관과 균형성을 조절
- 운영위원회 : 교과별과 학교별 위원회의 위에 처하여 각급 학교 안의 연관과 균형을 검토함과 동시에 교육과정의 기본적인 여러 문제를 해결하는 데 중추적인 역할 수행
- 전문위원 : 원안 작성

1961년 8월 이 규정에 의하여 각종 위원회 위원 약 380명이 임명되어 교육과정 개정 작업이 본격화되었다.

나. 미국의 교육 원조

1) 미국교육사절단 파견

한국전쟁 이후로 미국의 우리나라에 대한 교육 원조로는 먼저 **미국교육사절단** Unitarian Service Committee(U.S.C)을 꼽을 수 있다. 미국교육사절단은 1952년부터 1955년까지 3차에 걸쳐 우리나라에 파견되었다. 그중에서 **1954년 9월부터 1955년 6월까지 약 10개월 동안 진행된 3차 미국교육사절단 파견**이 교육과정과 관련이 깊다.

이 사절단은 파견 활동을 마치고 미국으로 돌아가면서 공동으로 "Curriculum Handbook for the schools of Korea"라는 보고서를 작성하였다. 여기에는 경험 중심 교육과정의 이론과 실제에 대한 해설과 함께, 크게 경험 중심 교육과정의 원리, 교육과정 구성 절차, 교과별 우리나라 교육과정의 개선 방향을 담았다. 1956년 중앙교육연구소에서 이 영문 보고서를 「교육과정 지침」(서명원, 1956)으로 번역하여 각급 학교에 보급하였다. 교육사절단은 우리나라 교육에 많은 영향을 주었으며, 특히 생활 중심 교육과정 운동을 적극 소개하였고 교사 양성 및 현직교육에도 적지 않은 영향을 끼쳤다(정영주, 1992).

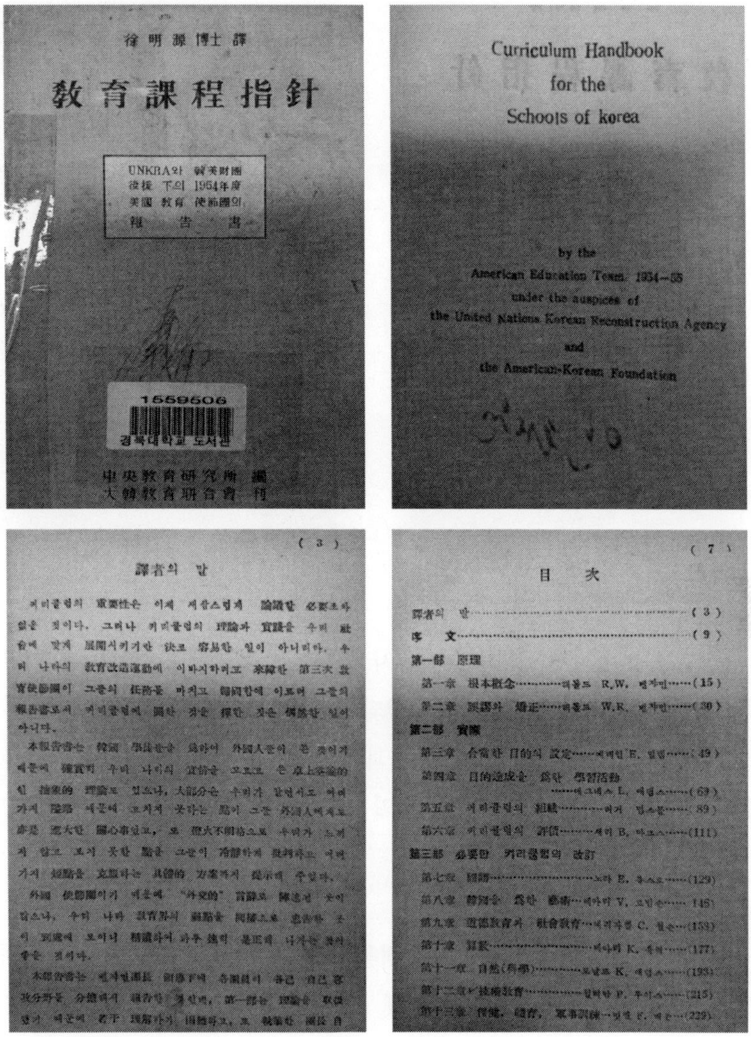

「교육과정 지침」

2) 피바디 프로젝트

미국 교육 원조의 두 번째 사례는 조지 피바디 교사 대학(George Peabody College for Teachers) 교수진 중심의 피바디 프로젝트이다. 이 프로젝트는 **1956년 8월부터 1962년 8월까지 총 6년간 진행**되었다. 이 기간에 피바디 교사 대학에서 총 39명이 한국으로 파견되었으며, 이를 **피바디사절단**이라고 한다. 이 사절단 중 3명이 1959년 문교부 편수국에 배치되어 교육과정 개발에 참여하였다. 사절단원은 민주주의 교육이념을 바탕으로 생활(경험) 중심의 교육과정으로 개편하는 데 영향을 주었으며, 교과서 편찬 시 변화된 교육과정이 반영될 수 있도록 담당자들과도 지속적으로 협의를 하였다(김지연, 2011).

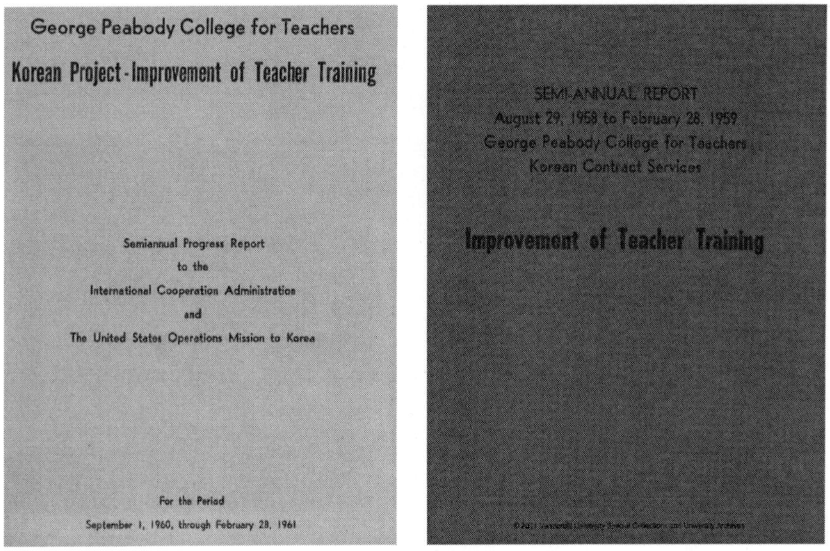
George Peabody College for Teachers

Korean Project-Improvement of Teacher Training

Semiannual Progress Report
to the
International Cooperation Administration
and
The United States Operations Mission to Korea

For the Period
September 1, 1960, through February 28, 1961

SEMI-ANNUAL REPORT
August 29, 1958 to February 28, 1959
George Peabody College for Teachers
Korean Contract Services

Improvement of Teacher Training

조지 피바디 교사대학에 작성한 보고서(활동기간 : 1960.9.1~1961.2.28)

1차 교육과정 제정은 1954년이고 2차 교육과정 개정은 1963년이다. 미국의 교육 원조인 미국교육사절단은 1955년까지 실행되었고, 피바디프로젝트는 1956년부터 1962년까지 진행되었다. 시기적으로 제2차 교육과정이 만들어지는 때와 겹친 미국의 교육 원조는 우리나라 제2차 교육과정 개정에 적지 않은 영향을 끼쳤음을 짐작할 수 있다.

다. '스푸트니크 쇼크' 사건의 영향

1954년 우리나라가 제1차 교육과정을 제정한 이후인 1957년에 세계적으로 유명한 **'스푸트니크 쇼크'** 사건이 일어났다. 옛 소련(소비에트연방)은 1957년 10월 4일 카자흐스탄의 한 사막에서 세계 최초로 인공위성 스푸트니크 1호를 발사하는 데 성공했다. 이전까지만 해도 과학기술 분야에서 소련을 압도한다고 믿었던 미국은 엄청난 충격을 받았는데 이를 스푸트니크 쇼크라 한다.[2] 미국은 자국의 과학기술이 소련에 뒤진 것에 위기감을 크게 가지게 되었고 이는 과학교육 개혁으로 이어졌다. 마찬

스푸트니크 쇼크를 기념한 우표

2) 미·소 냉전이 한창이던 당시 니키타 흐루쇼프 소련 공산당 서기장은 "수소폭탄을 실은 대륙간탄도미사일(ICBM)을 보유하고 있다"고 장담했다. 미국을 포함한 서방 국가들은 이를 '허풍'이라며 코웃음 쳤으나 스푸트니크 1호의 발사 성공으로 이 같은 위협은 현실이 됐다. 핵탄두를 장착한 미사일이 언제든지 미국 본토에 떨어질 수 있다는 공포가 미국 사회를 엄습했다.

가지 배경 아래 수학교육에도 커다란 변화가 일어났으며 이를 새수학운동이라고 한다. **새수학운동**은 미국에서 1950년대 후반부터 1970년대 후반까지 약 20여 년간 크게 유행하였다.

미국의 새수학운동은 우리나라의 1963년부터 시작된 제2차 교육과정보다는 1973년부터 시작된 제3차 교육과정에 더 직접적으로 영향을 미쳤다. 하지만 제2차 교육과정 개정 이전에 미국의 새수학운동이 일어나 세계 여러 나라에 큰 영향을 미치고 있는 상황이었다. 그러한 추세가 우리나라 수학계에도 알려졌고 세계적인 개혁 동향, 즉 미국의 새수학운동을 반영해야 한다는 분위기가 점점 형성되어 갔던 것으로 보인다. 실제로 제2차 교과서 표지나 내용에서 새수학운동을 반영하려는 움직임을 찾아볼 수 있다.

하단에 두 번째 그림으로 제시된 폐곡선과 곡선 내부의 점, 외부의 점은 새수학운동의 영향을 받은 내용으로 볼 수 있다.

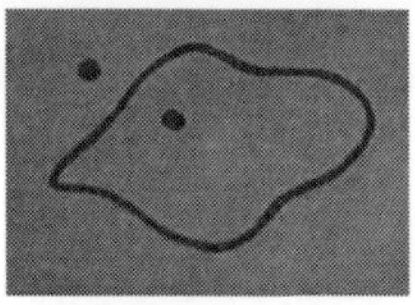

제2차 교과서 표지

라. 1963년 제2차 교육과정 공포

1960년 3.15 부정 선거를 계기로 4.19혁명이 일어났다. 1960년 7.29 총선을 통해 민주당의 장면 정부가 출범했다. 장면 총리는 '교육내용을 쇄신하여 교육과정을 개편하고 생활지도를 체계화해서 과학기술교육 및 직업교육을 개선할 것'을 천명하였다. 1958년부터 계획했던 교육과정 개정은 일단 뒤로 미뤄지고, '교육의 민주화'에 대한 새로운 담론이 교육과정에 대두되었다.

그 와중에 1961년 박정희 등의 군부 세력에 의해 5.16 군사정변이 일어났다. 혁명 과업과 인간개조라는 군사정부의 새로운 이념을 반영하고자 했으며 교육과정 개정은 다음의 과정을 거쳐 이루어졌다.

- 1961년 8월: 교육과정심의회 개시
- **1961년 10월~12월 : 교육과정령 시안 작성**

- **1962년 5월~7월 : 전국 초·중·고등학교 및 교육 기관(600개소)에 시안 발송 및 여론 청취**
- **1962년 9월 : 교과별 위원회를 중심으로 시안 재검토**
- 1962년 11월 : 원안 작업 완료
- **1963년 2월 15일 : 문교부령 제119호 교육과정령 개정 공포**
- 1964년 : 1, 2학년 실시
- 1965년 : 3, 4학년 실시
- 1966년 : 5, 6학년 실시

마. 1968년 국민교육헌장 제정과 1969년 교육과정 부분 개정

박정희 정권은 1968년 12월 5일 국민교육헌장을 제정 발표하였다, 이를 교육과정과 교과서에 반영하기 위해 1969년 9월에 '국민학교 교육과정'을 부분 개정하였다. 과학기술의 발달과 지식의 팽창에 적응하기 위하여 기본개념을 중심으로 한 창의성 개발 교육이 절실해졌고, 국민교육헌장 이념을 중심으로 한 교육내용의 개편이 필요해졌으며, 경제건설과 산업구조의 다원화에 적응하기 위하여 실업교육 개선이 긴급해졌다는 점이 교육과정 개정 배경으로 제시되었다. 문교부에서는 교육과정을 전면 개편하지 않고 긴급 보완 사항을 반영하여 1969년 9월 4일 문교부령 제251호로 각급 학교의 교육과정을 부분 개정하였다.

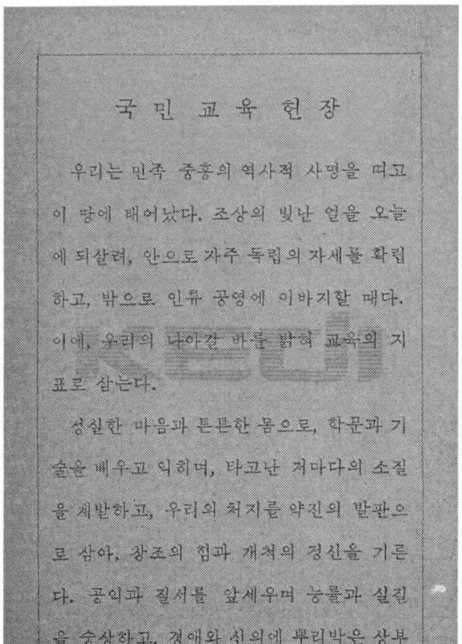

국 민 교 육 헌 장

우리는 민족 중흥의 역사적 사명을 띠고 이 땅에 태어났다. 조상의 빛난 얼을 오늘에 되살려, 안으로 자주 독립의 자세를 확립하고, 밖으로 인류 공영에 이바지할 때다. 이에, 우리의 나아갈 바를 밝혀 교육의 지표로 삼는다.

성실한 마음과 튼튼한 몸으로, 학문과 기술을 배우고 익히며, 타고난 저마다의 소질을 계발하고, 우리의 처지를 약진의 발판으로 삼아, 창조의 힘과 개척의 정신을 기른다. 공익과 질서를 앞세우며 능률과 실질을 숭상하고, 경애와 신의에 뿌리박은 상부

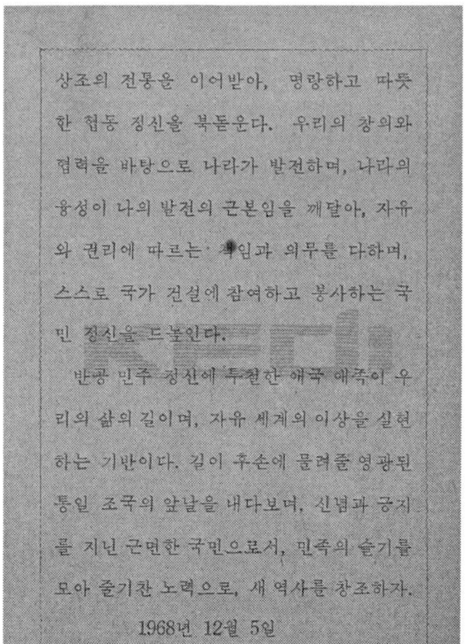

상조의 전통을 이어받아, 명랑하고 따뜻한 협동 정신을 북돋운다. 우리의 창의와 협력을 바탕으로 나라가 발전하며, 나라의 융성이 나의 발전의 근본임을 깨달아, 자유와 권리에 따르는 책임과 의무를 다하며, 스스로 국가 건설에 참여하고 봉사하는 국민 정신을 드높인다.

반공 민주 정신에 투철한 애국 애족이 우리의 삶의 길이며, 자유 세계의 이상을 실현하는 기반이다. 길이 후손에 물려줄 영광된 통일 조국의 앞날을 내다보며, 신념과 긍지를 지닌 근면한 국민으로서, 민족의 슬기를 모아 줄기찬 노력으로, 새 역사를 창조하자.

1968년 12월 5일

국민교육헌장

2 국민학교 교육과정 총론의 특징

가. 문서 제시 방식의 체계화

제1차 교육과정에서는 1954년에 '시간배당기준령'이, 1955년에 '교과과정'이 따로따로 발표되었다. 당시 총론에서 교육 목표도 제시되지 못했고, 교육법과의 관련성도 드러내지 못하는 등 체계적인 면에서 부족한 점이 많았다. 제2차 교육과정은 제1차 교육과정의 부족한 점을 보완하는 것에 우선순위를 두었다. 아래 그림에서 보듯이, 국민학교 교육과정 안에 총론과 각론을 모두 담았으며, 총론에는 교육과정 개정의 취지, 일반 목표, 개정의 요점, 국민학교 교육과정 등을 다루었고 각론에서는 교과별로 공통된 체계를 갖추었다.

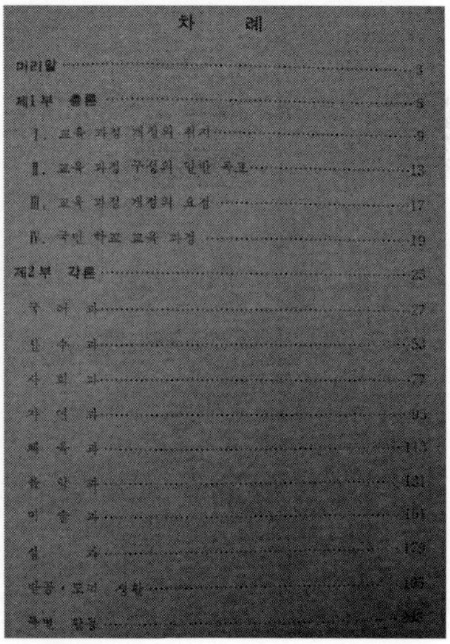

차 례

국민학교 교육 과정

나. 경험 또는 생활 중심 교육과정의 유지

제2차 교육과정은 경험 중심 또는 생활 중심 교육과정을 그대로 유지했다. 이는 미국 교육 원조와도 관련된다. 경험 중심 교육과정을 교육과정의 일반적인 지향점으로 설정하고 그에 따라 각 교과 교육과정의 각론을 구성하였다.

제1차 교육과정에서 등장했던 '사회생활의 개선'이나 '학생들의 개성 및 욕구의 충족' 등과 같은 표현은 제2차 교육과정에서 '경험'이라는 개념을 중심으로 정리되었다. 총론에 따르면, '교육과정은 곧 학생들이 학교의 지도하에 경험하는 모든 학습활동의 총화를 의미하는 것이다. 따라서 학생들의 경험 여하에 따라 그들이 어떤 인간으로 성장하게 되느냐가 결정되는 것이다'라고 하여 경험 중심 교육과정의 성격을 명확히 하였다.

다음 교육과정 문서를 보면 그러한 특징이 더 드러나는데 '3.'을 보면 생활 경험을 강조하고 있어, 제2차 교육과정은 제1차와 마찬가지로 생활 중심 교육과정을 표방했음을 알 수 있다.

교육 과정 개정의 요점

교육 과정 개정에 있어서는 특히 다음과 같은 점을 강조하여 이를 각급 학교에 반영시키도록 하였다.

1. **기초 학력의 충실을 기한다.** : 각 교과에 걸쳐 교육 과정의 내용은 필요 불가결한 최소한도의 요소를 엄선하여, 그 기초 학력을 충실히 하도록 한다. 한편, 모든 교과의 기초가 되는 국어, 산수(수학)의 시간을 확보하여 실력 배양에 힘쓰고 교과 운영의 원활을 기하도록 한다.
2. **교육 과정의 계열을 합리화하여 각 학교 사이에 일관성을 지니도록 한다.** : 각 교과를 통하여 학년 안에서의 횡적 연관을 취하고, 학년을 통한 종적 체계를 세워 동질적인 중복을 피하도록 한다. 한편 교과 내용의 난이도를 고려하여, 학년별 목표를 세우고, 각급 학교 사이의 지도 내용을 일관성 있게 선정하여 발전적 계통 학습이 가능하도록 한다.
3. **생활 경험을 중심으로 하는 교과 경영을 지향하여 관련성 있는 교과의 종합 지도를 강조한다.** : 국민학교 1, 2학년에서는 각 과의 관련성을 고려하여 종합 지도가 가능하도록 한다. 중학교의 사회과 및 과학과는 교과 안의 과목 구분을 철폐하여 종합 지도의 실효를 거두도록 한다.
4. **국민학교와 중학교의 교육 과정의 전체 구조를 교과 활동, 반공·도덕생활 및 특별활동으로 한다.** : 교육 과정의 전체 구조는 시대와 사회에 따라 일정하지 않으나, 우리나라 교육의 현실에 비추어 이러한 전체 구조를 가지게 하고, 학교 행사는 학교에서 마련하는 계획에 맡기도록 한다.

(중략)

9. **교육 과정 내용을 서술하는 형식을 통일한다.** : 각급 학교의 교육 과정의 교과별 내용을 목표, 학년 목표, 지도 내용, 지도상의 유의점으로 하고, 서술의 방법도 통일한다. 기초적인 국민 교육의 성격과 교육법에 명시된 초등 보통 교육의 목적을 달성하기 위한 국민학교의 전체 교육 계획은, 다음의 교육 과정 전체 구조에서 수립되고 지도되어야 한다.

제2차 교육과정의 편제와 시간 배당

가. 교육과정의 편제

국민학교의 교육 계획은 다음의 시간 배당 기준에 의하여 수립되고 지도한다.

(1) 이 기준표는 교과 활동, 반공·도덕 생활, 특별 활동의 지도를 위한 주당 시간량을 최소 시간과 최고 시간으로 나타낸 것이다.

(2) 학교 수업 일수는 연간 35주를 기준으로 하고, 1시간의 수업은 40분 단위로 하되, 1학년에 한하여는 34주로 한다.

(3) 각 학교에서는 기후, 계절, 아동의 발달 정도, 학습 경험, 내용의 성질 등을 감안하여, 각 학교의 실정에 맞도록 시간 단위를 조정할 수 있다.

(4) 2부제 이상의 수업을 실시하는 학교에 있어서는, 적어도 시간 배당 기준의 70%에 해당하는 시간 수를 이수하도록 해야 한다.

나. 시간 배당 기준

| [표 V-3] 교육과정 시간 배당 기준 |

구분 \ 학년		1학년	2학년	3학년	4학년	5학년	6학년
교과	국어	6-5.5	6-7	6-5	5-6	6-5.5	5-6
	산수	4-3	3-4	3.5-4.5	4.5-4	4-5	5-4
	사회	2-2.5	3-2	3-4	4-3	3-4	4-3
	자연	2-2.5	2-2.5	3.5-3	3-3.5	4-3	4-3
	음악	1.5-2	2-1.5	2-1.5	1.5-2	2-1.5	1.5-2
	체육	2.5-3	3-2.5	3-3.5	3.5-3	3-3.5	3.5-3
	미술	2-1.5	2-1.5	2-1.5	1.5-2	2.5-1.5	1.5-2.5
	실과				2-1.5	2.5-3	2.5-3.5
반공·도덕		1	1	1	1	1	1
계		21	22	24	26	28	28
특별 활동		5%~10%	5%~10%	5%~10%	5%~10%	5%~10%	5%~10%

(5) 반공·도덕 생활의 지도를 위한 배당 시간은 각 학교의 실정에 맞는 계획을 세워 실천지도에 충당한다.

(6) 각 학교에서는 본 시간 배당 기준에 의거하여 아동 및 향토 사회의 특수성에 적합한 시간 계획을 다음 사항에 유의하여 작성하여야 한다.

① 본 시간 배당 기준의 한도에서 학기간, 계절간, 월간, 일간, 시간 계획에 충분한 신축성을 고려할 것.

② 실제 지도에 있어서는 학습 경험의 계속성, 통합성, 계열성이 보장되도록 시간 계획을 수립할 것.

③ 주간 계획을 수립함에 있어서는 신체적, 지적, 정서적, 사회적인 모든 학습 경험이 전체적 조화를 유지하면서 균형 있게 발달하도록 할 것.

④ 일일 시간 계획은 교과 활동, 반공·도덕 생활, 특별 활동, 학교 행사 등에 걸친 다양한 학습 활동을 하도록 할 것.

쉼터 제2차 국민학교 교육과정 문서의 '머리말'

구 교육 과정의 편성은 1949년에 제정 공포된 교육법과 1950년에 개정된 교육법에 따라 새로 발족하게 된 6, 3, 3제의 신학제 실시에 수반되도록 마련된 "각급 학교 교육 과정 시간 배당 기준령"의 제정으로부터 시작되었다.
"교육 과정 시간 배당 기준령"은 6·25 전쟁으로 말미암아 정부가 임시로 부산으로 옮겨 간 1951년에 '교과 과정 연구 위원회'의 첫 회의를 열고 기준표를 작성할 것을 결의함으로써 그 심의에 착수하였다. 그 결과 이 기준령은 1954년 4월 20일에 문교부령 제 35호로 '국민학교, 중학교, 고등학교, 사범학교 교육과정 시간 배당 기준령'으로 공포를 보았고, 이에 의하여 각급 학교의 교과별 시간 배당과 교과 과정의 기본 원칙이 결정되었다.
그 후 정부가 서울로 환도한 1955년에 이르러, 당시의 '교과 과정 연구 위원회'와 '교수 요목 제정 심의회'의 합동 위원회는 이 기본 원칙에 따라 115명의 위원으로 26차의 본 회의와 10여 차의 소분과 위원회를 열어 교과 과정을 심의하였다. 그리하여, 1955년에 각급 학교 교과별 교과 과정이 제정되고, 이에 따른 새 교과서가 편찬되어 그 시행을 보았다.
이와 같이, 구 교육 과정은 6·25 전쟁과 휴전 성립 직후에 걸쳐 제정되었고, 그 후 상당한 시일도 경과되었다. 그동안 문화는 발달되고 국내의 정세는 급격히 변동되어 사회 생활의 양상은 크게 변하였으므로 구 교육 과정은 전면적으로 개정하여야 하게 되었다.
그뿐이 아니고 구 교육 과정은 제정 당시의 비정상적인 사회 상태와 여러 가지 애로나 제약으로 충분한 내용 설정을 하지 못하였고 자주적이고, 구체적인 한국 고유의 교육 목표도 설정하지 못하였다.
교육 과정은 운영에 있어서도 단편적인 지식 주입에 편중한 나머지 인격의 도야에 소홀하였고, 학습 활동도 표방하는 경험주의와는 멀리 실생활과의 유리가 심하여 교육 개혁을 요구하는 소리가 높았다.
이러한 실정에 비추어 문교부는 1958년부터 교육 과정 개정에 대한 기초 조사를 하며, 자료 수집에 힘써 오던 중, 5.16 군사 정변을 계기로 하여 종래의 교육을 평가하고, 새로운 교육 과정으로 전면적 개편을 보게 되어 1963년 2월 15일에 이를 공포하기에 이르렀다.

1963년 2월 28일

3 산수과 교육과정의 특징

제2차 교육과정이 공포되던 해인 1963년에 현대교육실천총서의 하나로 『수학교육』(박한식 외)이 발간되었다. 이 책의 서문에서 다음과 같은 구절을 볼 수 있다. 당시 수학교육연구자가 가졌던 우리나라 수학교육에 대한 문제 의식과 수학교육을 개선하려는 '총궐기'와 같은 열망을 느낄 수 있다.

> 수학교육이 하나의 과학으로서 독자적인 면목을 갖추려고 하고 있는 이 마당에서 우리나라 수학교육계를 돌이켜 볼 때, 그 빈약함을 탄하는 것은 오직 필자만의 심정은 아닐 것이다. 해방 후 17년간 처음에 1945년에 미군정하에서 수학교육을 작성했고, 다음에 1955년에 이를 개편하여 비로소 새로운 수학과 교육과정을 만들었다. 그리고 지금 또 새로 개정하기에 이르렀다. 그런데, 이들 수학교육에 관한 교육 과정을 개선 변경하는 데 있어서, 얼마만의 과학적인 조사 연구 결과에 의지했던가? 수학교육에 종사하는 사람이라면 한번 반성할 필요가 있다고 생각한다. 그저 막연히 이웃나라에서 이렇게 하니까 이렇게! 저렇게 하니까 저렇게! 하자고 한 것이 아닐지라도 어느 정도 우리나라 실정에 부합된 연구와 조사를 하고 또 그것이 반영된 것이어야만 하겠다. 여기에 있어서 우리나라 수학교육에 하나의 혁신이 이루어져야 하겠으며, 지금 후진적인 채 머뭇거리는 수학교육을 바로 잡기 위해서 일선에서 수학을 실지로 담당하고 있는 이들은 총궐기해야 하겠다. 이것이 바로 이 책자가 나오게 된 동기라고 하겠다.

가. 산수과 개정의 방향 : 생활 중심? 계통 중심?

총론에서는 다음과 같이 '교과 활동의 계획과 운영상의 유의점'을 제시하였다. ①을 보면 2차 교육과정 역시'생활 중심 교육과정'임을 알 수 있다.

이러한 총론의 개정 방향을 산수과에서 어떻게 반영하였는지 알아보자. 『국민학교 교육과정 해설』(1963)에 제시된 산수과 개정의 취지 중 '(1) 산수과 내용을 충실히 함'에 적

> 교과 활동의 계획과 운영상의 유의점은 다음과 같다.
>
> ① 학습 경험의 선택 및 조직은 아동의 심신 발달 과정의 특징과, 흥미와 관심 및 그들의 생활을 중심으로 선정한다.
>
> ② 1, 2학년의 학습 지도에 있어서는, 교과 간의 관련성을 고려하여 종합적 지도에 힘쓰고, 다른 학년에서도 교과 상호간의 관련에 유의하여 지도한다.
>
> ③ 교과 내용의 학습 지도를 통한 인간 교육이란 기본 태도로서, 지적 내용의 이해나 지적 능력의 훈련에만 치우치지 않도록 한다.

한 내용을 보면, '산수과의 계통성을 고려하여 생활 면을 약화하고 또 다른 교과와의 관련에 있어서는 산수적 목표를 강조하였다.'라고 적고 있다.

얼핏 생각하면, '생활면을 약화'한다는 말이 '학습 경험을 생활 중심으로 선정한다'고 한 총론과 어긋나 보인다. 그런데 그렇게 해석하기보다는, 1차 교육과정에서 과도하고 무리가 따랐던 생활면 강조를 일정 정도 약화시켰다는 의미로 보는 것이 적절해 보인다. 다시 말해, 제2차 산수과 교육과정의 전반적인 기조는, 생활 중심 교육과정은 여전히 기본으로 하되, '계통성을 살릴 수 있을 정도로' 생활면을 약화시킨다는 것으로 받아들여야 할 것이다.

『국민학교 교육과정 해설』에 제시된 산수과 개정의 취지

이번 교육과정의 주요 방향(자주성, 생산성, 유용성, 합리성, 지역성)을 강조하면서 최근의 과학적인 발달 및 사회적 변천을 고려하였다.

(1) 산수과 내용을 충실하게 함

산수과의 계통성을 고려하여 생활 면을 약화하고 또 다른 교과와의 관련에 있어서는 산수적 목표를 강조하였다. 예를 들어, 산수과의 입장에서 자연과의 내용을 학습할 때, 이전에는 다소 중복하여 지도하던 것을 앞으로는 산수에 관한 것만 취급하기로 하였다. 즉 온도계의 학습에 있어서 자연과에서와는 달리 온도의 차이만을 계산하는 내용이 중심이 된다. 이 외에도 사생과의 지도, 미술과의 안내도 등등이 이러하다. 또 하나는, 종래에는 소비 면에 입각한 학습 문제가 상당한 시간을 소모시켰으나, 이 과정에는 한국 사회의 요청에 따라 생산 면을 강조하는 학습으로 내용을 정비하였다.

(2) 학습 지도의 능률을 올리기 위하여 기초적인 개념, 원리에 치중하며 체계적이고 발전된 학습 전개를 꾀함

심신 발달과 수 계열을 충분히 고려하여 기초적인 지식, 기능, 개념, 원리 등의 이해를 보다 충실하게 하기 위하여, 시간 수를 대체로 증가시키는 동시에, 조직을 합리화하였다. 예를 들면 측정 등의 끝수 처리가 계산 영역과 깊게 관련하여, 각 학년에 알맞게 체계적으로 배열되었으며, 기초 과정의 충실을 기하기 위하여, 구체적인 사실 → 반구체적인 사실(또는 조작) → 추상과 같은 형태의 방법을 써서 지도하도록 하고 있다. 또 하나는, 계산의 이해를 돕기 위해 덧셈의 역연산으로 뺄셈을 이해하게 하는 병진법을 채택하고 있다. 그리고 학습 지도 면에서 발전된 학습 전개를 위해서는 새로운 교구를 이용하도록 하고 있다.

(3) 국민학교 교육을 완성 교육으로 하여 사회 생활에서 유효하게 사용하도록 기초적 지식, 기능의 숙달을 도모함

정수, 소수, 분수의 사칙을 국민학교에서 일단 완성하고, 양과 측정 및 도형에 대하여는 실측이나 구체적인 조작을 통한 학습을 강조하였다. 수량 관계에 대하여는 함수, 비와 비례 및 그래프에 관한 이해를 강조하였다. 그리고 측정의 지도는 복잡한 척관법 등을 지양하여 미터법으로 통일하였고, 계산의 활용을 돕기 위해서 곱셈구구의 2단, 4단, 5단은 제2학년에서 학습하게 되어 있다.

(4) 아동들의 창의적인 사고 기능을 발휘하여 자주성을 십분 발휘할 수 있게 함

어떤 일방적인 사고 방법에 그치지 않고, 가급적 아동들이 자주적으로 창의력을 발휘할 수 있게 하기 위하여 응용 능력을 충분히 기르게 하고 있다. 예를 들면, 논리적이고 계통성을 가지면서, 암산의 지도 방법을 두가법 등의 형식에 한하지 않고 편한셈이나 필산의 형태까지 포함하여 독자적인 사고 방법으로 이끌고 있다.

이와 관련해서 구광조의 다음 인용문도 참조해 볼 수 있다. 구광조는 앞서 언급한 바 있는 『수학교육』(박한식 외, 1963)에서 '제 2차 산수과 교육과정'을 다음과 같이 소개하였다.

과학기술의 발달에 따라 수체계를 근간으로 계통을 명백히 하였으며, 전반적으로 산수의 기초능력의 향상을 시도하였다. 또한 국민학교에서 산수의 완성을 기하기 위하여 자연수, 소수, 분수의 가감승제를 일단 완성하도록 하였으며, 직관을 통한 도형의 이해를 깊이 하였다. 따라서 ① 생활 중심에 치우쳤던 산수교육이 계통을 중시하도록 변모한 것이다. 또한 기초 능력의 향상을 기하기 위하여 시간배당기준에서도 산수과가 후대를 받게 되어 다행한 일이다. (중략) 국민학교에서는 목표를 정리하여 중점적으로 제시하였으며, 고학년의 과중한 내용을 중학년으로 안배하고 저학년의 내용을 확충하였다. 또한 내용면에 있어서 유아어의 사용기간을 최대한으로 단축하고, 각종 요금계산, 척관법, 야아드 파운드법, 도수분포표, 산수과의 관계가 희박한 경제 문제 등을 삭제 또는 경감하였으며, 분수의 사칙 완성을 위하여 저학년으로 확충하였다. 직관을 통한 도형 지도가 확충되고 주산 지도가 늦추어졌으며 경제면에서는 소비보다 생산면에 비중을 두도록 하였다. 1, 2학년에 기호의 사용과 승법 구구의 지도가 시기적으로 단축된 셈이다. (중략) 새로운 교육과정은 전교육과정과 비교해 볼 때 ② 생활 중심에 계통 중심을 가미하여 수학 본연의 체계를 중시하였으며, 기초학력의 향상을 충분히 고려한 점이 눈에 보인다. 그러나 날로 발전되어 가는 과학기술의 뒷받침이 될 수 있는 새로운 수학을 교육에 끌어들여 그 성과를 거둘 만한 것의 고려가 없이, 다만 재래의 대상의 테두리에서만 합리화하려 하였다. 즉, ③ 발전된 수학의 개념이나 원리를 과감하게 교육에 끌어들일 만한 연구와 용기가 없었다는 것이 유감이며, 앞으로 이런 면에 많은 연구가 되어 실제로 생명 있는 수학이 무엇이며, 어느 방향으로 나아가고 있는지를 알아서 이런 면에 유의했으면 한다.

흔히 제2차 산수과 교육과정의 특징으로 '계통 중심'을 언급하는데 위 인용문의 ①과 ②에 그 아이디어가 담겨 있다. 그런데 유의할 점은, 생활 중심을 포기하거나 버린 게 아니라 생활 중심을 유지하면서도 그에 지나치게 치우치지 않도록 계통 중심을 '가미'했다는 점이다. 오늘날 각종 수학교육 교재에 제시된 변천사를 보면, 제2차 교육과정은 '생활 중심'이 아니라 '계통 중심'이라는 식의 정리를 볼 수 있는데, 이는 본래 의도와 다른 해석으로 보인다. 구광조의 인용문이나 앞서 제2차 산수과 교육과정의 특징은, 제1차와 마찬가지로 생활 중심을 기본으로 하면서 계통성을 강화한 교육과정으로 정리되어야 할 것이다.

> **한 줄 요약**
>
> 제2차 교육과정은 생활 중심을 기본으로 하면서 수학적 계통성을 좀 더 적극적으로 살리고자 하였다.

> **쉼터 이재철(서울 한강초등학교)이 쓴 1963년 3월자 '새 산수과 교육과정에 관한 고찰'에 나오는 말**
>
> 본 과의 목표 면에서 우선 논리성을 주창하고 있다. 종전까지는 생활교육을 외쳤던 때의 것이어서 체계를 생활에 부합되게 하기에 애썼기 때문에 계통성을 잃은 점이 많았으나 금번에는 산수과 본래가 지니고 있는 논리성은 계통성 있고 단계적으로 이루어지고 있다. 어디까지나 계통성을 지니면서 심신의 발달정도를 고려한 점이 엿보인다. 심신의 발달 면을 고려한다고 해서 학습의 정도를 아주 낮추어 누구에게나 쉽게 체득하게만 하자는 것이 아니고 현 사회에서 요구하는 인간상과, 다음 20년 30년 후의 사회 변천을 고려하여 조직하는 데 이를 논리적으로 체계화하여 생활화하자는 점이 이번 과정의 주요 특성이 아닌가 한다.

나. 산수과 교육과정 내용의 주요 변화

1) 산수과 목표 제시

제1차 교육과정에서는 산수과 목표가 14개 항목으로 제시되었는데 이번에는 3개 항목으로 정리하였다. 목표를 정리해 상당히 압축적으로 제시했음을 알 수 있다.

> **제2차 교육과정 산수과 목표**
>
> 1. 일상생활의 구체적인 경험을 통하여 수량이나 도형에 관한 기초적인 개념, 원리, 법칙을 이해하여, 수리적인 사고 방법과 처리 기능을 얻도록 한다.
> 2. 수량이나 도형에 관한 기초적인 지식과 기능을 체계적으로 조직하고 적절히 활용하여, 생활에서 일어나는 모든 문제를 능률적으로 해결하도록 한다.
> 3. 수량이나 도형에 관한 생활상의 모든 문제를 올바르게 판단하고 과학적으로 처리하는 습관을 기른다.

목표 1에서 '일상생활의 구체적인 경험을 통하여'라는 말은 아동들의 경험에서 출발하여 체험하게 하자는 뜻이다. 이는 경험중심교육과정의 맥으로 볼 수 있다.

목표 2의 '수량이나 도형에 관한 기초적인 개념, 원리, 법칙을 이해'라는 말은 수량과 도형에 기초적인 개념, 원리 등이 있으며, 이를 학생들에게 이해시키는 것이 중요한 목표임을 말하는 것이다. 실제로 제1차 교육과정에서는 '원리의 이해'라는 부분이 강조되지 않았다. 한편 제3차 교육과정에서는 새수학운동과 학문중심교육과정의 영향으로 '원리에 대한 이해'가 강조되는 경향이 있었다. 이런 점에 비추어 볼 때, 제2차 교육과정도 암암리에 새수학운동을 고려했던 것으로 짐작된다.

목표 3은 목표 1과 2를 통하여 아동의 생활 태도를 **과학적인 생활 태도**로 육성하여 가는 것이 궁극의 목적임을 말하고 있다. 형식적인 계산능력만을 기를 것이 아니라, 자기 자신의 문제를 찾아내게 하며, 그것을 해결하는 능력을 기르고, **과학적인 생활 태도**를 형성함을 강조하고 있다.

2) 산수과 내용 제시

제2차 산수과 교육과정에서는 내용 영역을 수, 계산, 양과 측정, 도형, 수량 관계와 응용으로 구분하였다. 산수 지도 내용을 모든 학년에 걸쳐 동일한 구분으로 편성하였다. 제1차 교육과정에서는 '수' 영역의 구분이 위계를 갖추고 있지 못했으며, 심지어 학년에 따라 영역 구분이 달라지기까지 했다.

| [표 V-4] 제1차, 제2차 산수과 교육과정의 변화 |

제1차 산수과 교육과정		제2차 산수과 교육과정
• 1~2학년 (一) 수, (二) 계산, (三) 분수, (四) 측정, (五) 표와 그림표, (六) 문제해결과 실무, (七) 형과 도형 • 3~6학년 (一) 수, (二) 계산, (三) 분수, (四) 소수, (五) 측정, (六) 표와 그림표, (七) 문제해결과 실무, (八) 형과 도형	➡	• 1~6학년 수, 계산, 양과 측정, 도형, 수량 관계와 응용

3) 지도상의 유의점, 별도 제시

지도상의 유의점은 제2차 교육과정에서 새롭게 별도로 제시되었다. 제1차 교육과정에서는 '지도상의 유의점'이 별도로 제시되지 않고, 본문 안에 지도상의 유의점으로 볼 만한 내용들이 삽입되어 있었다. 제2차 교육과정에서는 '지도상의 유의점'을 산수과 교육과정 맨 뒷부분에 두었다. 그 내용을 보면, 순환식 학습을 강조하였으며, 타 교과와 관계, 학년, 영역 관계에 유의하도록 하였으며, 지역 사회의 발전이나 생산기술향상을 고려하도록 하였다.

지도상의 유의점

1. 각 학년의 지도 내용은 지도되어야 할 최저 기준을 제시한 것이니, 지도할 때에는 지역성, 현실성, 시대성을 충분히 고려하여 적절한 내용으로 재조직하여 지도한다.
2. 각 학년의 지도 내용은 형식 면에서 크게 5영역으로 나누고, 다시 각 영역을 몇 개의 항목으로 나누었으나, 실제 지도에 있어서는 제시된 내용의 중복을 피하고, 난이도와 전후 관계를 고려하여 계통적으로 재조직하여 지도한다.
3. 각 학년의 목표 면과 내용 면에서 학생들의 심신 발달을 고려하고 이를 단계적으로 문제를 해결하게 하기 위하여, 저학년에는 학생들의 주위와 생활, 경험을 학습 환경으로 끌어들여 친절하고 자연스러운 수 생활의 기초가 이루어지도록 하며, 중학년에서는 기습한 사항과 관련을 맺게 함과 동시에, 기초적인 개념과 원리를 밝히고 발전시켜 수학적으로 사고하고 처리하게 하며, 고학년에서는 지금까지 학습한 내용을 정리하여 실제 생활에 적절히 활용하게 한다.
4. 기초적인 이해는 실제 경험과 구체물 또는 반구체물을 활용하는 과정으로 얻어지도록 하며, 한 번 지도하고 그칠 것이 아니라 **순환적으로 적절히 반복하는 과정**을 통하여 학습 성과를 높힌다.
5. 각 학년의 내용은 전체 목표와 각 학년의 목표에 맞추어서 계시되어 있으나, 보다 풍부한 학습이 이루어지게 하기 위하여 **다른 교과서와도 관련하여 학습의 소재를 최대한 넓은 범위에서 얻는다.**
6. **지역 사회 발전과 생산 기술 향상에 이바지하는 인간**을 기르기 위한 지도를 한다.

4 산수 교과서의 주요 특징

가. '지도 일람표'에 나타난 특징

제2차 산수 교과서를 보면 맨 뒤쪽에 '지도 일람표'가 있는데 각 단원에 등장하는 영역별 학습 요소를 체계적으로 제시해 놓았다. 제1차 교육과정에서 부족하다고 지적되었던 계통성을 드러내기 위해 제2차 교육과정에서 이와 같은 장치를 둔 것으로 보인다.

2-1학기 일람표에서 학습 요소가 제시된 부분을 간단히 표현하면 다음과 같다. 단원별 특징을 살펴보면, 등장하는 내용 영역의 수가 1개인 것(3. 영희의 저금)도 있지만 대부분

| [표 V-5] 2-1 교과서 내 지도일람표 |

단원 \ 영역	수	계산	양과 측정	도형	수량 관계와 그 응용
1. 철수네 반	• 몇백의 수 100~900 • 자리잡기의 지도 • 101~200 읽기, 쓰기 • 201~500 세기, 쓰기	• 몇십 몇과 몇십의 덧셈 34+20=30+20+4=54 • 100+20+6	• 향해서 오른쪽, 왼쪽 • 오른쪽에서 • 한가운데		
2. 거리재기		• 몇십 몇- 몇십의 뺄셈 54-20=50-20+4=34 • 1자리의 수끼리의 덧셈 (1회 받아올림) 9+3=9+1+2=12 • 십 몇-1 자리의 수 (1회 받아내림) 12-5=10-5+2=7 12-5=12-2-3=7 • 덧셈, 뺄셈의 구구 숙달	• 1m 자로 거리와 길이재기 • 1m의 대강의 길이 • 긴 줄로 재기 • 가장 멀다의 지도		
3. 영희의 저금		• 2자리의 수끼리의 덧셈 (받아올림 없음) 43+12=43+10+2=55 • 덧셈의 교환법칙 • 2자리의 수끼리의 뺄셈 (받아내림 없음) 25-13=25-10-3=12 56-36=56-30-6=20			
4. 여러 가지 모양	• 분수의 관념 반·········$\frac{1}{2}$ 반의 반···$\frac{1}{4}$ $\frac{1}{3}$ { 갑절, 2배, 3배 }	• 몇십 몇+1자리의 수 (1회 받아올림) 46+7=46+4+3=53 • 몇십 몇-1자리의 수 (1회 받아내림) 53-7=53-3-4=46	• 1다스	• 주사위모양 • 겉면의 네모 모양의 가로 세로 비고 • 공 모양, 둥근 통 모양, 상자 모양 • 네모 모양, 세모 모양 • 동그라미 모양	
5. 삼십 센티미터 자			• 색종이의 길이재기 • 1센티미터 (1cm) • 1m=100cm • 10m의 크기		• 날수세기 • 일기쓰기 (수에 관련한) • 그래프 만들기 • 날씨 조사

2개 이상임을 알 수 있다. 오늘날은 아주 특별한 경우가 아니면 한 단원에서는 한 내용 영역의 내용만 다룬다.

한 단원에 여러 내용 영역을 다루는 제2차 교과서 스타일은 제1차 교과서에서도 볼 수 있었다. 제1차 교육과정은 생활단원으로, 생활을 중심으로 관련 있는 수학 내용을 엮는 방식이었다. 그러한 취지를 살려 한 단원에 여러 내용 영역이 등장하였다. 제2차 교육과정도 생활 중심 교육과정을 표방하였으며, 따라서 한 단원에 여러 영역을 제시하는 제1차 교과서의 방식이 상당히 지속된 것으로 보인다.

| [표 V-6] 2-1학기 단원별 등장하는 내용 영역 |

단원 \ 영역	수	계산	양과 측정	도형	수량 관계와 그 응용
1. 철수네 반	○	○	○		
2. 거리재기		○	○		
3. 영희의 저금		○			
4. 여러 가지 모양	○	○	○	○	
5. 삼십 센티미터 자			○		○

나. 수학 내용으로 계통성을 드러낸 차례

제1차 교과서에서는 '차례'에 생활 장면이 등장하였다. 이를테면, 학예회, 우리 학교, 운동회, 정월 등과 같았다. 그에 대해 제2차 교과서는 생활 장면을 소재로 한 단원명은 거의 사라졌고 수학 내용으로 채워졌다. 2-1학기의 '거리 재기'나 2-2학기의 '천까지 세기', '배와 곱셈', 5-1학기의 '소수의 곱셈과 나눗셈', 5-2학기의 '부피와 들이' 등을 들 수 있다. 제2차 교과서가 수학적 계통성을 갖추고자 했음을 차례에서 알 수 있다.

다음은 제2차 산수 교과서의 제목을 정리한 표이다. 이 중에서 수학 내용이 뚜렷하게 단원명으로 된 것만 따로 빨간색으로 분류해보면 그 비율이 전체 단원명 중에서 상당하다는 것을 알 수 있다.

한편 1학년에서 2학년까지는 생활 단원명이 남아 있고 3학년부터는 뚜렷하게 수학 내용으로 단원명을 만든 것을 알 수 있다([표 V-7]). 1, 2학년은 저학년으로 수학 학습 내용보다는 생활 속에서 수학을 배우는 것을 더 고려한 것으로 보인다.

| [표 V-7] 2차 수학 교과서 단원명 |

차수 \ 교과서		교과서 학년					
		1학년	2학년	3학년	4학년	5학년	6학년
2차	1학기	1. 사이좋게 2. 맞대보기 3. 차례맞추기 4. 수찾기 5. 표만들기 6. 담기와 쪼개기	1. 철수네 반 2. 거리재기 3. 영희의 저금 4. 여러 가지 모양 5. 삼십 센티미터 자	1. 곱셈구구(1) 2. 곱셈구구(2) 3. 큰수 4. 필산 5. 들이 6. 나눗셈	1. 큰 수 2. 곱셈(1) 3. 소수 4. 나눗셈 5. 그래프 6. 곱셈(2) 7. 각과 다각형	1. 식의 계산 2. 큰 수 3. 두 양의 비교 4. 소수의 곱셈과 나눗셈 5. 분수 6. 도형 7. 도형의 넓이	1. 분수의 곱셈과 나눗셈 2. 비, 할푼리, 퍼센트 3. 단위와 그래프 4. 입체도형 5. 계산법과 문제 풀이 6. 수판셈
	2학기	1. 모양 만들기 2. 열씩 묶기 3. 더하기 4. 남은 과일수 5. 나이 조사 6. 저금셈하기 7. 둘씩 세기	1. 천까지 세기 2. 시간 알아보기 3. 재어보기 4. 배와 곱셈 5. 곱셈구구 6. 시계와 달력	1. 곱셈 2. 무게 3. 점과 선 4. 거리재기 5. 표와 그래프 6. 분수	1. 나눗셈 2. 시간 3. 넓이 4. 여러 가지 모양 5. 분수 6. 식과 계산	1. 수판셈 2. 분수의 곱셈과 나눗셈 3. 재어보기 4. 분수의 덧셈과 뺄셈 5. 부피와 들이 6. 소수의 곱셈과 나눗셈 7. 표와 그래프	1. 저금과 세금계산 2. 대칭도형 3. 축도와 확대도 4. 지도 5. 정비례와 반비례

* □는 수학 내용 단원명임

다. 생활 장면에 수학 내용을 가미한 단원 도입 그림

단원 도입 그림에 대해 제1차 교과서와 제2차 교과서를 비교해 보자. 아래와 같이 제1차 교과서의 그림을 보면 텃밭에서 일하는 아버지와 아들, 냇가에서 물놀이를 하는 아이들 장면 등과 같이 수학 내용이 전혀 드러나 있지 않다. 이에 대해 제2차 교과서는 놀이나 일과 같이 생활 장면을 기본으로 하면서도 수학 내용, 이를테면, 자릿값을 지도하기 위한 종이 묶음, 여러 가지 입체도형, 자 등과 같이 지도 내용과 관련된 개념을 단원 그림에 삽입하였다. 제1차 교과서가 순수 생활 중심이라면, 제2차 교과서는 생활 배경에 수학 내용을 더한 개념으로 단원 도입 그림을 마련했음을 알 수 있다.

제1차 교육과정의 2학년 교과서에 등장한 단원 도입 그림

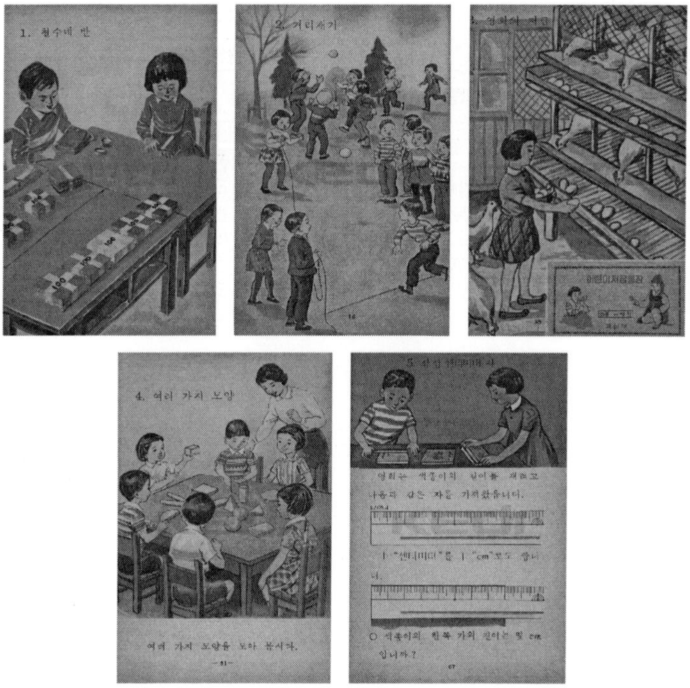

제2차 교육과정의 2학년 교과서에 등장한 단원 도입 그림

라. 수학교육 현대화 운동의 영향

1970년도 국정 교과용 도서 준거로 발행된『국민학교 학습 지도서』는 당시 문교부 편수관[3] 이었던 이정실(1970)이 감수와 편저를 하였다. 이 책의 4장에서 교과서의 편찬 방향을 찾아볼 수 있는데 그 내용에 '수학교육의 현대화 방향을 특별히 감안하고 있다'라고 적고 있다. 이로부터 교과서 집필 과정에서 수학교육 현대화 운동(새수학운동)의 흐름을 반영하고자 했음을

『국민학교 학습 지도서』에 나타난 교과서의 편찬 방향

1. 교육과정 정신과 교과의 목적을 효과적으로 달성하기 위한 기준적 학습 활동 및 내용의 제시

(1) 교육과정 개정 요점에 충실을 꾀한다.

(2) 본 교과 및 학년 목표 달성에 효과적인 지도를 꾀한다.

(3) 지도 체계에 대해서는 특히 기본적인 개념, 원리, 법칙의 올바른 지도를 위하여 각별한 고려가 되어야 한다.....그리고 수학 교육의 현대화 방향을 특별히 감안하고 있다.

3) 교육부에서 교과용 도서의 편수를 맡아보는 공무원을 가리킨다. 그렇다면 '편수'는 무엇일까? 국어사전의 뜻은 '책을 편집하고 수정함'으로 되어 있다. 요약하면, 편수관은 교육부에서 교과용 도서를 편집하고 수정하는 일을 맡아보는 공무원으로 이해될 수 있다. 교과서를 비롯해 교과용 도서 편찬을 전담한 편수관의 자긍심과 위세는 대단하였다.

2. 생활상의 구체적인 학습 과정을 통한 학습 효과의 기대
3. 학습 소재의 정선으로 효과적 지도를 기대하며 교재의 전개는 다양적인 지도가 될 수 있도록 함
4. 체계적 학습을 위하여 조직, 배열에 유의하고 통일성이 있으며, 타 교과와의 관련을 긴밀히 하고, 반복 수련의 기회를 적절히 제시
5. 흥미 있고 효율적인 학습을 위한 고려

알 수 있다.

실제 첫 사례로 2-2학기 3. 길이 재기 단원에 등장한 다음 장면을 보자.

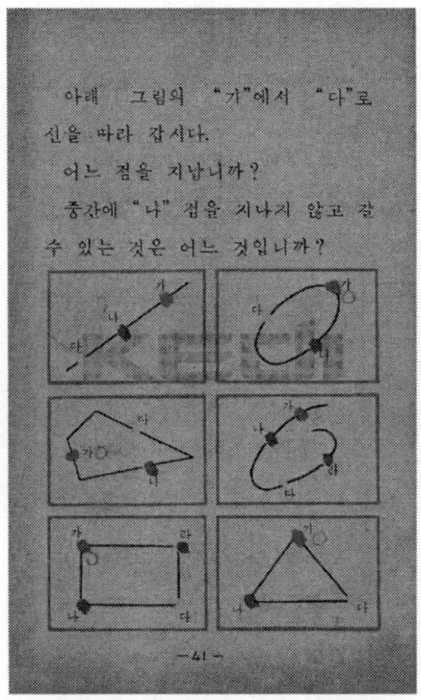

2-2학기 3. 길이 재기 단원 일부

| [표 V-8] 2학년 2학기 3. 길이 재기 단원 |

영역 / 단원	수	계산	양과 측정	도형	수량 관계와 그 응용
3. 길이 재기			• 액량 측정의 기초가 되는 경험 • 길이를 측정하는 능력을 신장시킴 (더된다, 못된다, …거의 얼마, 약 얼마)	• 폐곡선, 개곡선의 성질 • 사이성 • 바로 위에서, 또는 옆에서 본 모양 • 막대와 수수깡으로 모양 만들기 • 주사위 모양, 상자 모양의 꼭지점의 수, 모서리의 수와 모서리의 길이의 비교	• 비용을 생각하는 기초가 되는 일의 이해 • 내림하는 여러 양의 비교

도형 영역에서 '폐곡선, 개곡선의 성질', '사이성'에 대한 개념은 제1차 교육과정에는 없고, 제2차 교육과정에서 처음 등장하였다. 실제로 제3차 교육과정에서 '폐곡선, 개곡선' 등의 개념은 비중 있게 다루어졌다. 이는 수학교육 현대화 운동의 영향을 받은 것으로 볼 수 있다.

두 번째 사례로, 3-1학기 2. 곱셈구구(2)를 들 수 있다.

| [표 V-9] 3학년 1학기 2. 곱셈 구구(2) 단원 |

영역 / 단원	수	계산	양과 측정	도형	수량 관계와 그 응용
2. 곱셈 구구(2)		• 8의 단 구구 • 9의 단 구구 • 1의 단 구구 • 0의 단 구구 • 곱셈과 경우의 수 • 구구 범위 안에서의 인수 분해			• 곱셈을 통한 함수 지도 • 인수 분해와 방정식 • 수직선과 방정식

다음 교과서 내용은 '곱셈을 통한 함수 지도'에 해당하는 내용이다. 이 역시 수학교육 현대화 운동의 영향을 받은 내용이 분명하다.

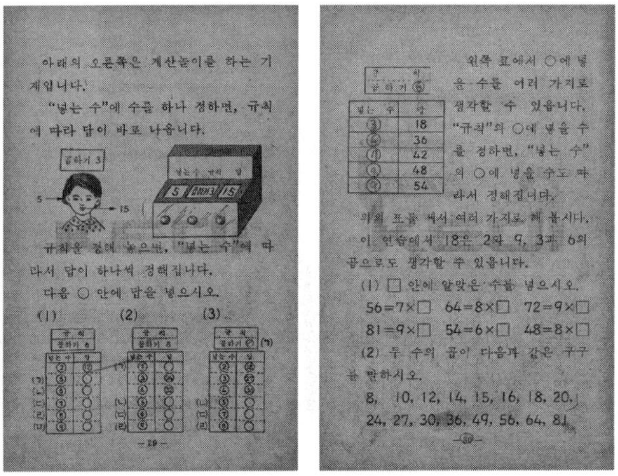
아래의 오른쪽은 계산놀이를 하는 기계입니다.

"넣는 수"에 수를 하나 정하면, 규칙에 따라 답이 바로 나옵니다.

규칙을 정해 놓으면, "넣는 수"에 따라서 답이 하나씩 정해집니다.

다음 ○ 안에 답을 넣으시오.

(1) (2) (3)

-29-

왼쪽 표에서 ○에 넣을 수를 여러 가지로 생각할 수 있습니다. "규칙"의 ○에 넣을 수를 정하면, "넣는 수"의 ○에 넣을 수도 따라서 정해집니다.

넣는 수	답
3	18
6	36
7	42
8	48
9	54

위와 표를 써서 여러 가지로 해 봅시다.

이 연습에서 18은 2와 9, 3과 6의 곱으로도 생각할 수 있습니다.

(1) □ 안에 알맞은 수를 넣으시오.

56=7×□ 64=8×□ 72=9×□

81=9×□ 54=6×□ 48=8×□

(2) 두 수의 곱이 다음과 같은 구구를 말하시오.

8, 10, 12, 14, 15, 16, 18, 20, 24, 27, 30, 36, 49, 56, 64, 81

-30-

3-1학기 곱셈 구구(2) '곱셈을 통한 함수 지도' 일부

| [참고 V-1] 제2차 교육과정에 따른 교재 계열표[4] |

	1학년	2학년
수	**1. 100까지의 수** • 10까지의 수 세기, 읽기, 쓰기 • 2씩, 5씩, 10씩 세기 • 개수, 순서의 비교 • 100까지의 수 세기, 읽기, 쓰기 **2. 분수의 기초** • 반, 반의 반 이해 및 그의 비교	**1.1000까지의 수** • 1000까지의 수 세기, 읽기, 쓰기 • 2씩, 5씩, 10씩, 100씩으로 세기 • 자리잡기의 뜻 **2. 분수** • 분수에 대한 이해 ($\frac{1}{2}$, $\frac{1}{3}$, $\frac{1}{4}$)
계산	**1. 정수의 덧셈, 뺄셈…암산으로 한다.** • 수의 합성, 분해 • 1자리의 수와 1자리의 수의 덧셈, 뺄셈(합은 10 이하) • 1자리의 수와 1자리의 수의 덧셈, 뺄셈(받아올림, 내림 없음) • 10, 20, … 등의 덧셈, 뺄셈 • 기호의 이해, 사용(+, −, =) • 검산 **2. 곱셈, 나눗셈** • 곱셈의 기초적 경험 • 나눗셈의 기초적 경험	**1. 정수의 덧셈, 뺄셈** • 1자리의 수와 2자리의 수의 덧셈 • 2자리의 수에서 1자리의 수 빼기(결과 1자리의 수) • 평이한 3자리의 수의 덧셈, 뺄셈(일의 자리 0, 받아올림, 내림 없음) • 덧셈, 뺄셈의 상호 관계 • 덧셈의 교환 법칙 • 검산 **2. 곱셈, 나눗셈** • 곱셈에 관한 이해 • 곱셈 구구 지도(2, 4, 5의 단) • 나눗셈에 관한 이해(곱셈과의 역 관계)
양과 측정	**1. 양의 비교** • 길이(크다, 작다, 높다, 낮다, 길다, 짧다, 깊다, 얕다, 가장 크다 등) • 넓이(넓다, 좁다, 가장 넓다 등) • 부피(두껍다, 얇다, 많다, 적다, 가장 두껍다 등) • 무게(무겁다, 가볍다) **2. 시각 읽기** • 몇 시, 몇 시 반 • 오늘, 내일, 어제, 밤, 낮 • 요일 (칠요) **4. 방향, 위치** • 4방위, 왼쪽, 오른쪽, 앞, 뒤, 위, 아래 **5. 빠르기의 기초 …빠르다, 느리다.** **6. 금전에 대한 사항**	**1. 길이** • 길이 보기, 재기(m, cm, 더된다, 못된다, 약 얼마) • 단위 관계 $1m$=100cm **2. 시각과 시간** • 시각(5분, 10분, …) • 오전, 오후 • 1일=24시간, 1주=7일 • 요일 • 1년=12달(큰달, 작은 달) **3. 방향, 위치 …향해서 왼쪽, 오른쪽**
도형	**1. 도형의 관찰** • 네모 모양 • 세모 모양 • 둥근 모양 • 상자 모양 • 위치나 크기에 관계 없이 직관과 조작을 통한 이해 • 구성(모서리, 면, 꼭지점) 및 그의 수효 등을 검토	**1. 가로, 세로의 지도** **2. 네모와 네모 상자 모양과의 관계 이해** • 바로 위, 옆에서 볼 때의 모양 **3. 둥근 모양과 공 모양과의 관계 이해**
수량 관계와 응용	**1. 문제의 해결** • 간단한 문장제로 수량 관계를 확실히 하고, 결과를 검토함 • 설화적인 구두 문장제 **2. 매매 활동 …우수리 받기, 주기** **3. 표와 그래프** • 그림으로 표시하기 • ○, ×로 표시하기 및 그의 비교 • 놀이, 조사 등의 결과를 표, 그림그래프(초보적인 것) 형식으로 표시 또는 정리	**1. 간단한 문장제의 해결** **2. 평이한 수량 관계의 해결 능력** **3. 간단한 사항의 조사, 정리, 표로 만들기** • 간단한 표, 그래프의 읽기

4) 이정실(1970). 국정 교과용 도서 준거 『국민학교 학습지도서』 산수 5. 교학도서주식회사

	3학년	4학년
수	**1. 10,000까지의 수** • 10,000까지의 수를 세고, 읽고, 쓰기 • 자리잡기의 원리 • 1배, 100배, $\frac{1}{10}$배 **2. 분수**… $\frac{2}{3}$, $\frac{3}{4}$, $\frac{2}{5}$ **3. 소수의 기초** • 소수, 소숫점(1자리까지) • 분수, 소수의 양의 뜻 • 소숫점의 사용 • 측정값의 표시(1자리)	**1. 10만까지의 수** • 10만까지의 수를 읽고, 쓰기 • 필요에 따라 어림수를 쓰기(올림, 내림, 반올림) • 십진법에 대한 이해 **2. 분수** • 분모, 분자, 단위 분수 • 분수의 크기 비교 • 분수와 정수, 소수와의 관계 **3. 소수** • 소수와 정수, 분수와의 관계 • 소수의 크기 비교
계산	**1. 정수의 덧셈, 뺄셈** • 필산법 • 3자리의 수끼리의 덧셈, 뺄셈(받아올림 2자리, 받아내림 1자리) • 덧셈, 뺄셈의 혼합 계산 • 검산 **2. 곱셈, 나눗셈** • 곱셈 구구(3, 6, 7, 8, 9단) • 2자리의 수까지의 곱셈 • (2자리의 수×1자리의 수) • 평이한 나눗셈 • (2자리의 수÷1자리의 수) • 곱셈과 나눗셈 관계 • 검산 **3. 분수와 소수** • 평이한 소수의 가감의 기초 • 분수의 가감의 기초	**1. 정수의 덧셈, 뺄셈** • 평이한 덧셈, 뺄셈의 숙달 • 4자리까지의 덧셈, 뺄셈 • 혼합 계산의 숙달 • 검산 **2. 정수의 곱셈, 나눗셈** • 곱셈의 뜻 이해 • 승수가 2자리, 3자리인 곱셈 • 나눗셈의 필산 • 제수가 2자리, 3자리인 수의 계산 • 곱셈, 나눗셈의 상호 관계 • 곱셈의 교환 법칙의 이해 • 평균의 이해 • 검산 **3. 분수의 계산 …동분모 분수의 가감산** **4. 소수의 계산** • 소수와 정수의 가감산 • 소수끼리의 가감산(소수 2자리) • 소수와 정수의 덧셈, 뺄셈 관계 (정수의 계산 방법과 같음)
양과 측정	**1. 길이** • 길이 재기(mm) • 목측, 보측 • 길이의 단위 관계 1km=1000m 1cm=10mm **2. 넓이와 부피** • 넓이와 부피에 관심을 가지고 넓이 측정의 기초 경험 **3. 무게** • 무게 달기(g, kg) 1kg=1000g **4. 들이** • 들이의 이해(dl, l) $1l$=10dl **5. 시각과 시간** • 시각읽기 (분, 몇 분 전, 후) 1시간=60분 **6. 각** • 각도의 비교 (직관) • 직각의 이해(직관) **7. 방향** **8. 방위**	**1. 길이** • 한 눈금 미만의 처리법 • 목측, 보측, 실측(끝수 처리는 평균의 반올림 값으로 함) • 목적에 따른 측정 단위 선택 **2. 넓이** • 삼각형, 사각형의 넓이(cm^2, m^2) • 단위 관계 $1m^2$=10000cm^2 • 목적에 따른 측정 단위 선택 **3. 무게, 들이** • 무게 달기 및 들이 측정 숙련 • 목적에 따른 측정 단위 선택 **4. 시간과 시각** • 시각과 읽기(초) • 간단한 시간의 덧셈, 뺄셈 • 시각, 시간의 구별 **5. 각** • 각도 재기(10도)

	3학년	4학년
도형	**1. 기본이 되는 도형…정사각형, 직사각형, 직각삼각형** **2. 높이의 이해** **3. 정사각형과 직사각형** • 정사각형은 직사각형의 일종임을 이해 • 대각선과 직각삼각형 **4. 정사각형, 직사각형과 직각삼각형과의 관계** • 각의 크기, 변의 길이, 네 변의 길이 **5. 원** • 중심, 지름과 반지름의 관계 **6. 직선, 직각** **7. 컴퍼스, 삼각자의 활용**	**1. 이등변삼각형, 정삼각형, 평행사변형, 사다리꼴, 마름모의 이해** • 변, 평행, 수직, 높이 **2. 평면 위에서의 평행, 수직 관계** **3. 정육면체, 직육면체의 모양, 전개도** **4. 안내도 읽기, 그리기** **5. 평이한 평면 도형의 사용**
수량 관계와 응용	**1. 평이한 수량 관계 해결** **2. 평이한 수량 관계를 식으로 표시** **3. 평이한 매매** **4. 표와 그래프** • 간단한 일의 조사 정리로 표 만들기 • 표제 붙이는 습관 • 막대그래프 그리기	**1. 사실 문제의 해결** **2. 등호와 식 관계** **3. 매매와 손익** **4. 표와 그래프** • 막대그래프, 꺾은선그래프의 그리기, 읽기 • 조사 정리하여 표, 그래프로 표시하기

	5학년	6학년
수	**1. 10만 이상의 수** • 10만 이상의 큰 수 세기, 읽기, 쓰기 • 3자리씩 끊어 읽고 쓰기 • 어림수의 뜻과 그의 쓰임(이상, 이하, 미만) **2. 분수** • 진분수, 가분수, 대분수 • 통분, 약분, 공배수, 공약수 • 분수와 비의 관계 • : 와 ÷의 관계 **3. 소수** • 소수, 정수 혼합한 십진법의 이해	**1. 큰 수의 활용** **2. 어림수의 활용**
계산	**1. 정수, 소수의 덧셈, 뺄셈** • 계산을 바르게 하기 • 끝자리에 0이 있는 수의 간편셈 • ( )의 사용 • 반올림법의 이해, 활용 • 검산하는 습관 **2. 정수, 소수의 곱셈, 나눗셈** • 정수, 소수 포함의 승제를 정확하고 빠르게 하기 • 나눗셈의 결과를 필요에 따라 분수로 나타내기 • 곱, 몫을 어림수로 알아보기 • 검산하는 습관 **3. 분수의 계산** • 분수끼리의 덧셈, 뺄셈 • 분수와 정수의 덧셈, 뺄셈 • 분수와 정수의 승, 제 • 이분모의 가, 감, 통분, 약분 • 정수, 분수, 소수의 관계 **4. 비…두 수의 양 비교 (:)** **5. 수판셈** • 수판 각 부분의 명칭 • 수 나타내기 • 자릿점 찾기와 가감 • 수판셈의 기초 숙련	**1. 정수, 소수의 사칙** • { }, [ ]의 사용 • 어림셈의 이해 • 검산하는 습관 • 사칙의 활용 **2. 분수의 계산** • 분수끼리의 곱셈, 나눗셈의 의의 • 분수의 곱셈, 나눗셈의 활용 **3. 비** • 비, 비의 값 • 백분율, 할, 푼의 이해와 활용 • 연비 **4. 수판셈…곱셈, 나눗셈**

<table>
<tr><th></th><th>5학년</th><th>6학년</th></tr>
<tr><td>양과 측정</td><td>1. 길이
• 보측, 목측의 활용
• 측정 단위의 선택 활용
• 측정값의 평균 이용
2. 넓이
• 평행사변형, 사다리꼴
• 단위(a, ha, km^2)
• 단위 관계
1km^2=10000a=100ha
1a=100m^2, 1ha=100a
• 평이한 측정 방법 이해
• 원의 넓이, 원둘레, 원주율 3.14
• 측정 단위 선택, 활용
3. 부피, 들이, 무게
• 정육면체, 직육면체의 부피
• 단위 관계
1l=1000cm^3
1m^3=1000000cm^2
• 물 1cm^3의 무게 =1g
• 측정 단위 선택, 활용
4. 시각과 시간
• 밤, 낮의 길이, 나이
• 기원, 평년, 윤년, 날짜
• 시간셈(곱셈, 나눗셈)
• 날 수 셈, 햇수 셈
5. 방향과 빠르기
• 각도재기(도)
• 빠르기(시속, 분속, 초속의 이해, 비례와 관계시킴)</td><td>1. 길이
• 미터법과 그 단위 관계
• 미터법의 활용
• 줄인그림 이용, 실지 길이 측정
2. 넓이
• 정다각형과 부정형의 넓이
• 간단한 입체도형의 겉넓이
• 줄인그림 이용으로 실지 넓이 계산
3. 부피, 들이, 무게
• 모기둥, 원기둥의 부피
• 단위 관계
1kl=1000l
1t=1000kg
4. 시각과 시간
• 윤년, 평년의 계산
• 시간 계산의 활용
5. 방향과 빠르기…노트</td></tr>
<tr><td>도형</td><td>1. 원주율의 이해
2. 원을 기본으로 한 정다각형 그리기
• 정사각형, 정육각형, 정팔각형
3. 입체도형의 전개도 그리기
• 원기둥, 모기둥</td><td>1. 기본적 도형의 활용
2. 닮은꼴과 닮은 관계
3. 줄인자와 줄인그림
• 줄인자, 줄인그림의 뜻
• 간단한 도형의 늘이기, 줄이기
4. 모기둥, 모뿔
• 모기둥의 간단한 성질 • 모뿔 모양의 이해
5. 원기둥, 원뿔
• 원기둥의 성질 • 원뿔 모양의 이해
6. 회전체
• 간단한 회전체 이해
• 간단한 성질(축에 수직인 평면으로 자른 면은 원, 축을 포함한 평면으로 자른 면은 본래의 도형)
7. 대칭 도형…대칭 도형의 기초</td></tr>
<tr><td>수량 관계와 응용</td><td>1. 사실 문제의 해결
2. 매매의 수지 관계와 기능
3. 표와 그래프
• 표의 이해와 그래프
• 꺾은선그래프의 선의 기울기에 따른 증감 관계
• 그래프 작성에 있어서 눈금 잡기
• 점그래프</td><td>1. 사실 문제의 해결
2. 단리법의 이해와 그 활용…저금 계산
3. 비율의 활용…세금 계산
• 비례, 반비례, 비례 관계 활용
4. 표와 그래프
• 정사각형그래프, 띠그래프, 원그래프 읽기, 그리기
• 그래프의 성질, 활용</td></tr>
</table>

| [참고 V-2] 교과서에 제시된 '지도일람표' 예시 |

[2-1 교과서]

단원＼영역	수	계산	양과 측정	도형	수량 관계와 그 응용
1. 철수네 반	• 몇백의 수 100~900 • 자리잡기의 지도 • 101~200 읽기, 쓰기 • 201~500 세기, 쓰기	• 몇십 몇과 몇십의 덧셈 34+20=30+20+4=54 • 100+20+6	• 향해서 오른쪽, 왼쪽 • 오른쪽에서 • 한가운데		
2. 거리 재기		• 몇십 몇- 몇십의 뺄셈 54-20= 50-20+4=34 • 1자리의 수끼리의 덧셈 (1회 받아올림) 9+3=9+1+2=12 • 십 몇-1 자리의 수 (1회 받아내림) 12-5=10-5+2=7 12-5=12-2-3=7 • 덧셈, 뺄셈의 구구 숙달	• 1m 자로 거리와 길이 재기 • 1m의 대강의 길이 • 긴 줄로 재기 • 가장 멀다의 지도		
3. 영희의 저금		• 2자리의 수끼리의 덧셈 (받아올림 없음) 43+12=43+10+2=55 • 덧셈의 교환법칙 • 2자리의 수끼리의 뺄셈 (받아내림 없음) 25-13=25-10-3=12 56-36=56-30-6=20			
4. 여러 가지 모양	• 분수의 관념 반………$\frac{1}{2}$ 반의 반…$\frac{1}{4}$ $\frac{1}{3}$ { 갑절, 2배, 3배 }	• 몇십 몇+1자리의 수 (1회 받아올림) 46+7=46+4+3=53 • 몇십 몇-1자리의 수 (1회 받아내림) 53-7=53-3-4=46	• 1다스	• 주사위 모양 • 겉면의 네모 모양의 가로 세로 비교 • 공 모양, 둥근 통 모양, 상자 모양 • 네모 모양, 세모 모양 • 동그라미 모양	
5. 삼십 센티 미터 자			• 색종이의 길이 재기 • 1센티미터(1cm) • 1m=100cm • 10m의 크기		• 날수 세기 • 일기 쓰기 (수에 관련한) • 그래프 만들기 • 날씨 조사

[2-2 교과서]

영역 단원	수	계산	양과 측정	도형	수량 관계와 그 응용
1. 천까지 세기	• 500~1000의 수 지도 • 자리잡기의 원리 • 수의 계열과 위치 • 수의 대소 순서의 비교	• 몇백±몇백=1000이내 • 500+200=700 • 700-100=600 • 평이한 3자리의 수의 덧셈, 뺄셈(받아올림, 받아내림 없음) • 576±3=579(573) • 250+20=270 • 340-20+320 • 240+230=470 • 240-230=10 • 230+53=283 (421+70=491) • 257+42=299 • 257-42=215			
2. 시간 알아 보기		• 2자리의 수끼리의 덧셈, 뺄셈(받아올림, 받아내림 각 1회) • 24+17=41 • 32-18=14	• 시각, 시간의 개념을 명백히 함 • 5분 단위의 시계 읽기의 이해 • 정오, 자정의 지도 • 1일간은 24시간 • 오전, 오후		
3. 재어 보기			• 액량 측정의 기초가 되는 경험 • 길이를 측정하는 능력을 신장시킴 (더된다, 못된다, …거의 얼마, 약 얼마)	• 폐곡선, 개곡선의 성질 • 사이성 • 바로 위에서, 또는 옆에서 본 모양 • 막대와 수수깡으로 모양 만들기 • 주사위 모양, 상자 모양의 꼭지점의 수, 모서리의 수와 모서리의 길이의 비교	• 비용을 생각하는 기초가 되는 일의 이해 • 내림하는 여러 양의 비교
4. 배와 곱셈		• 뛰어세기 • 곱셈의 기초(×) • 구의문에 의한 승법, 배의 개념의 지도 • 곱셈 2×3 {2 곱하기 3} • 누가와 곱셈의 관계 • 동등한 집합으로 분해하여 생각하기			• 구체물에서의 배의 개념을 양성 • 개수로서의 배 개념
5. 곱셈의 구구		• 2의 단 구구 • 4의 단 구구 • 5의 단 구구 • 구구의 적응과 문제해결			
6. 시계와 달력			• 5의 단 구구를 사용하여 시계의 5분 읽기를 쉽게 함 • 몇 시 몇 분의 읽기 훈련 • 어느 시각에서 어느 시각까지의 사이의 시간 알기 • 1주간은 7일간 • 1년은 12달 • 각 달의 날수 (큰 달, 작은 달) • 1년은 365 (366)		• 간단한 사실을 표나 그래프로 나타내기 • 동그라미를 사용한 그래프의 읽기, 그리기

참고문헌

김지연 (2012). 전후 미국의 한국 교육원조, 1956-1962 : 피바디프로젝트 사례 분석. 서울대 석사학위논문

문교부 (1963). 중학교 교육과정 해설서.

문교부 (1965). 산수 3-2. 국정교과서주식회사. 서울: 교학도서주식회사.

박한식 (1963). 수학교육. 현대교육총서출판사.

박한식 (1991). 한국수학교육사. 대한교과서주식회사.

서명원 (1956). 교육과정지침: UNKRA와 한미재단 후수(後授) 하의 1954년도 미국 교육 사절단의 보고서. 대한교육연합회.

이경실(1970). 국정교과용 도서 준거 『국민학교 학습지도서』 산수 5. 교학도서주식회사.

정영주 (1992). 한국 교육과정 형성기(1945-1962)의 교육과정 변화요인 분석. 이화여자대학교 박사학위논문.

최혜령(2021.) 우리나라 초등학교 수학 교과서 변천에 관한 연구. 서울교육대학교 교육전문대학원 박사학위논문.

허강 외 (2000). 한국 편수사 연구(Ⅰ). 한국교과서연구재단. 연구보고서 2000-4.

| 한국학술연구정보서비스 검색 자료 (2024.1.5.) |

〈교과서〉

연도	도서	저자	발행	연도	도서	저자	발행	연도	도서	저자	발행
1966	산수 1-1	문교부	국정교과서	1969	산수 4-1	문교부	국정교과서	1970	산수 4-1	문교부	국정교과서
1967	산수 3-1	문교부	국정교과서		산수 4-2	문교부	국정교과서		산수 4-2	문교부	국정교과서
	산수 6-1	문교부	국정교과서		산수 5-1	문교부	국정교과서		산수 5-1	문교부	국정교과서
1968	산수 2-1	문교부	국정교과서		산수 5-2	문교부	국정교과서		산수 5-2	문교부	국정교과서
	산수 2-1	문교부	국정교과서		산수 6-1	문교부	국정교과서		산수 6-1	문교부	국정교과서
	산수 4-1	문교부	국정교과서	1970	산수 1-1	문교부	국정교과서		산수 6-1	문교부	국정교과서
	산수 5-2	문교부	국정교과서		산수 1-2	문교부	국정교과서		산수 6-2	문교부	국정교과서
1969	산수 1-1	문교부	국정교과서		산수 2-1	문교부	국정교과서	1971	산수 6-2	문교부	국정교과서
	산수 1-2	문교부	국정교과서		산수 2-2	문교부	국정교과서	1972	산수 4-1	문교부	국정교과서
	산수 2-1	문교부	국정교과서		산수 3-1	문교부	국정교과서				
	산수 3-2	문교부	국정교과서		산수 3-2	문교부	국정교과서				

〈교사용지도서〉

연도	도서	저자	발행	연도	도서	저자	발행
1965	국민학교 학습지도 지침 산수. 3-1	문교부	교학사	1965	국민학교 학습지도 지침 산수. 4-1	문교부	교학사
	국민학교 학습지도 지침 산수. 3-2	문교부	교학도서		국민학교 학습지도 지침 산수. 4-2	문교부	교학도서

VI. 제3차 교육과정의 초등수학교육

1967	1968	1971	1973.2.13	1981.12.31
제6대 박정희대통령 정부	국민교육헌장 선포	제7대 박정희대통령 정부	제3차 교육과정 개정	제4차 교육과정 개정

제3차 교육과정에서는 교과서 뿐만 아니라 다양한 실험적인 교과용 도서가 만들어졌다.

1 배경

1973. 2. 14. 문교부령 제310호
국민학교 교육과정 공포

1968년 박정희 대통령 정부 당시 **국민교육헌장**이 선포되었다. 문교부는 국민교육헌장의 정신을 교육과정에 반영하기 위해 1969년 9월부터 교육과정 개정에 관한 기본 계획을 세웠다. 기존 교육과정에 대한 전문가 분석, 그리고 현장의 여론 조사를 토대로 1971년 1월 국민학교 교육과정 시안을 발표하였다. 이 교육과정은 2년 동안 **실험평가(교과서 현장 검증)** 기간을 가졌다. 이어 1973년 2월 14일 문교부령 제310호로 국민학교 교육과정이 공포되었다.

처음으로 교육과정 공포 전에 실험용 교과서를 적용

가. 교육과정 개정을 위한 사전 연구와 여론조사

1970년 4월에 대학의 교수, 문교부 편수관을 중심으로 「교육과정 및 교과서개편연구 조정위원회」를 구성하고 **사전 연구**를 실시하였다. **교육과정 및 교과서 분석**에서 다음 사항을 검토하였다.

1970 사전 연구 및 여론조사 실시
⬇
1971 개정 시안 발표
⬇
1971 개정 시안에 대한 공청회 실시
⬇
1971~1973 실험용 교과서로 현장 실험
⬇
1973 제3차 교육과정 공포
⬇
1973 교과서(1, 2, 3학년) 적용
⬇
1974 교과서(4, 5, 6학년) 적용

① 국민교육헌장에 입각한 교육과정과 교과서 분석
② 교과서 내용에 있어 선택, 배열의 적절성
③ 각 교과서에 담긴 어휘, 각종 용어, 술어를 가려내어 용어 사용의 타당성과 빈도 조사
④ 도표, 삽화, 그림 검토
⑤ 교과별 학력 평가 결과를 종합하여 지도용 편성에서 난이도 측정
⑥ 다른 나라 교육과정 자료(교육과정 정책, 교육과정 조직 등)

또 **여론조사**를 실시하였는데, 학교 교육연구기관, 교육행정기관, 전문기관 등 약 1200곳에 설문조사를 하였다.이 조사는 1970년 5월에 완료되었으며 설문내용은 주로 제2차 교육과정 운영에 대한 것이었다.

나. 1971년, 제3차 국민학교 개정 시안 발표

사전 연구에서 나온 자료를 기초로 하여 교육과정 개정 시안을 작성하기 시작한 것은 1970년 6월부터였다. 교과별 각론의 원안 심의가 1970년 10월 1일부터 10월 31일에 있

었으며, 집필위원의 각론 작성 역시 같은 해 10월 15일부터 11월 4일까지 있었다. 11월에는 각론에 대한 의견을 종합해서 시안의 원안을 심의했다. 국민학교 개정 **시안은 1971년 1월 28일에 발표**되었다.

다. 공청회와 실험학교

1971년 3월 9일에 국민학교 시안 공청회가 열렸다. 이어 우리나라 교육과정 개정상 처음으로 **실험용 교과서에 대한 현장 실험을 2년간** 실시하였다. 실험학교는 전국 30개 학교로 1년간 실험 평가를 거쳤다. **교육과정이 확정되기 이전에 교과서를 만들고 그 교과서를 실험학교에 적용해본 것은 처음이었다.**

라. 1973년, 제3차 국민학교 교육과정 공포

1973년 2월 14일 문교부령 제310호로 제3차 국민학교 교육과정이 공포되었다. 1973년도부터 1, 2, 3학년용 교과서를, 1974년도부터 4, 5, 6학년용 교과서를 적용하였다. 이후 문교부는 1979년 3월에 제3차 국민학교 교육과정 체제를 부분 개정하였다.

2 총론의 특징: 학문 중심 교육과정 강조

제3차 교육과정은 학문 중심 교육과정으로 압축된다. 학문 중심 교육과정 사조에 의하면, 교육과정은 '각 학문에 내재해 있는 지식 탐구과정의 조직'으로 정의된다(이홍우 외, 1979). 이러한 탐구과정을 강하게 옹호한 브루너(J. S. Bruner)에 의하면, 교육과정은 '각 교과의 전문가들이 교과가 나타내고 있는 지식의 본질을 가장 명백히 표현할 수 있도록 그 지식을 체계적으로 조직해 놓은 것'을 의미한다(이홍우 외, 1979). 학문중심 교육과정이 나타난 동기는 흔히 두 가지로 보는데, 먼저 스푸트니크 쇼크[1]에 의한 생활 중심 교육과정에 대한 반성이고, 둘째, 현대의 지식 및 정보의 폭발적인 팽창[2]에 따른 대안적 교육내용 선정이다.

제3차 교육과정에서 강조된 학문 중심 교육과정의 방향은, 교육과정의 기본 방침에서 밝힌 '지식·기술 교육의 쇄신'이라는 항목 속에 표현되어 있으며, 구체적인 내용은 다음과 같다(홍웅선, 1973).

① **기본능력의 배양**: 언어능력과 **수리적 능력은 학습과 사고의 기본**이 되는 것이므로, 이를 배양하는 데 중점을 두도록 한다.

② **기본개념의 파악**: 지식의 구조를 이루는 기본 개념과 그 관계를 이해하고 지적인 탐구방법을 익힐 수 있도록 지도 내용을 정선하여야 한다.

③ **판단력과 창의력의 함양**: 이미 이루어진 지식과 기술의 단순한 전달에 그치지 않고 계속해서 미지의 세계를 탐구하고 문제를 해결할 수 있게 하기 위하여 판단력과 창의력을 함양하도록 한다.

④ **산학협동 교육의 강화**: 이론과 실제와의 밀접한 관계를 이해하여 학교에서 배운 과학적 지식과 유용한 기술을 생산에 적용함으로써 국가 경제 발전에 이바지할 수 있도록 한다.

특히 두 번째 항목인 기본개념의 파악, 즉 지식의 구조를 이루는 기본개념과 그 관계를 이해하고 지적인 탐구방법을 익힐 수 있게 해야 한다는 것은 학문중심 교육과정의 내용 선정 원리를 그대로 반영한 것이다. 이러한 3차 교육과정의 기본방향에 따라 각 교과는 '지식 내용의 정선과 구조의 체계화'를 개편의 원리로 설정하였다.

1) 이는 V. 제2차 교육과정과 초등수학교육에서 설명하였다.

2) 이에 대해서는 뒤에 설명되어 있다.

제3차 교육과정의 편제와 시간 배당

가. 교육과정의 편제

(1) 교과 활동과 특별 활동으로 나누어 편성한다. 국민학교의 교과는 도덕, 국어, 사회, 산수, 자연, 체육, 음악, 미술, 실과의 9교과로 한다.

(2) 각 교과 및 특별 활동은 '교육과정 구성의 일반 목표'를 달성하기 위하여 가장 기초적이며 기본적인 학습 내용을 정선하여 학습 지도에 적합하도록 조직한다.

나. 시간 배당 기준

국민학교 교육과정의 시간 배당 기준은 다음과 같다.

| [표 VI-1] 제3차 교육과정의 시간 배당 |

구분 \ 학년		1학년	2학년	3학년	4학년	5학년	6학년
교과	도덕	70 (2)	70 (2)	70 (2)	70 (2)	70 (2)	70 (2)
	국어	210 (6)	210 (6)	210 (6)	210 (6)	210 (6)	210 (6)
	사회	210 (6)	210 (6)	105 (3)	105 (3)	140※(4)	140※(4)
	산수	140 (4)	140 (4)	140 (4)	140 (4)	175 (5)	175 (5)
	자연	70 (2)	70 (2)	105 (3)	140 (4)	140 (4)	140 (4)
	체육	70 (2)	105 (3)	105 (3)	105 (3)	105 (3)	105 (3)
	음악	70 (2)	70 (2)	70 (2)	70 (2)	70 (2)	70 (2)
	미술	70 (2)	70 (2)	70 (2)	70 (2)	70 (2)	70 (2)
	실과				70 (2)	70 (2)	105 (3)
계		770 (22)	805 (23)	875 (25)	980 (28)	1050 (30)	1085 (31)
특별 활동		35~ (1~)	35~ (1~)	52.5~ (1.5~)	52.5~ (1.5~)	52.5~ (1.5~)	52.5~ (1.5~)

※ 사회과 5, 6학년 시간 배당 140(4) 중, 70(2)시간은 해당 학년의 국사 부문에 배당한다.

(1) 이 기준표는 교과 활동과 특별 활동의 지도를 위한 연간 최소 시간량을 나타낸 것이다. ( ) 안은 35주일 경우의 주당 평균 시간량을 나타낸 것이다.

(2) 이 기준표에 표시된 특별 활동 시간은 학교 행사를 제외한 최소 시간량이다.

(3) 1시간의 교과 수업 시간은 40분 또는 45분으로 한다. 다만, 학교에서는 기후, 계절, 어린이의 발달 정도, 학습 내용의 성질 등을 고려하여 학교의 실정에 알맞도록 1시간의 교과 수업 시간을 조절할 수 있다.

(4) 각 학교에서는 이 시간 배당 기준에 의거하여 어린이 및 향토 사회의 특수성에 적합한 시간 계획을 다음 사항에 유의하여 수립하여야 한다.

㈎ 이 시간 배당 기준의 한도 내에서 연간, 학기 간, 계절 간, 주 및 일일 시간 계획을 수립한다.

㈏ 연각 계획 수립에 있어서는, 시간량은 기준표의 시간량과 각 교과 간의 시간량 비율에 부합되도록 한다.

㈐ 주간 계획의 수립에 있어서는 이 기준표의 주당 평균 시간량을 참작하여 일일별 교과의 배당이 균형을 이루도록 한다.

3 산수과 교육과정의 특징

가. 수학교육 현대화 운동

1) 수학교육 현대화 운동의 동기

1900년에서 1950년에 이르는 동안 수학자인 영국의 페리(Perry), 독일의 클라인(Klein), 미국의 무어(Moore) 등은 근대수학교육을 개혁하고자 하였다. 그들의 주장은 서로 다른 면도 있지만, 수학교육이 실생활과 연계되어야 한다는 주장에서는 큰 차이가 없었다. 이들의 주장은 미국의 교육학자 듀이의 사상과 병행되어 '생활 수학'이라는 이름 아래 수학의 생활화를 목표로 한 교육내용으로 집약되었다. 우리나라 제1차, 제2차 교육과정에서 강조된 생활 단원 중심 교육과정은 이러한 교육 흐름의 영향을 받은 것이다.

그런데 현대에 이르러 과학 기술이 급속도로 발전하고 있는 와중에, 1950년대에 구소련이 미국에 앞서 인공위성 발사에 성공하자 미국은 국방 과학 기술에서 소련에 뒤졌다며 심각한 위기의식을 갖게 되었다. 이에 미국은 수학교육, 과학교육 개혁에 박차를 가하였다. 당시 수학교육 개혁의 동기를 구체적으로 제시하면 다음과 같다.

① **과학기술의 고도의 발전**이다. 현대과학기술을 system engineering이라고 한다. 과학기술이 고도화되면 기본이 되는 것은 현대수학의 수학적 구조와 그 논리 체계이다. 수학의 응용은 수학의 전체적 구조를 응용하거나 또는 수학의 바탕을 이루고 있는 논리적 사고의 응용이라고 볼 수 있다.

② **'현대수학'의 고도 발전**이다. 독일의 수학자 힐버트가 1899년에 수학의 공리론적 전개 방법을 확립한 이후로 현대수학이 공리적으로 전개되었다. 현대수학은 20세기에 들어와 위력을 발휘하기 시작했고 발전 속도가 엄청 빠르다. 한편 현대수학과 같은 추상 수학은 그동안 실생활에 아무 쓸모가 없다는 평가를 받아왔다. 그런데 예를 들어 현대 물리학에 추상 수학이 적용되면서 추상성의 위력이 부각되기 시작하였다. 즉 현대 추상 수학의 응용성은 자연과학 분야에서 큰 역할을 하고 있으며 많은 학문 분야가 현대수학의 도움으로 더욱 진보할 수 있게 되었다.

[그림 1] RICOMAC 1621R(1973.08)
1976년까지 세계각지로 수출되며 우리나라 전자제품 수출에 공헌하였다.

③ **고성능 전자 계산기의 개발**에 있다. 전자 계산기는 복잡한 계산을 신속 정확하게 처리하고 막

대한 분량의 정보를 기억하였다가 순식간에 처리하여 결과를 내놓는다. 전자계산기의 출현으로 20세기 후반기는 지식 혁명의 시대로 돌입하였다. 과거에는 인간이 하던 일을 이제는 컴퓨터로 대체할 수 있게 되었으므로 앞으로 인간이 할 일은 컴퓨터가 할 수 없는 일, 곧 창작과 창조하는 독창적인 성격을 띤 것만이 남게 될 것이다.

④ **수리논리학의 발달**이다. 수리논리학은 수학의 기본 바탕인 동시에 인간의 사고 과정을 수식화한 것이라고 볼 수 있다. 인간에게 논리적 사고의 훈련이 날이 갈수록 요구되고 있으며 오로지 이는 수학교육만이 담당할 수 있다.

미국에서 본격화된 수학교육 현대화 운동은 프랑스, 영국 등 여러 선진국에 영향을 주었고 범세계적인 운동으로 확대되었다.

나. 우리나라에서 수학교육 현대화 운동의 도입과 전개

우리나라는 1950년대와 1960년대에 걸쳐 제2차 산수교육과정을 준비하고 공포하고 실행하였다. 그 시기에 몇몇 선진국에서는 수학교육 현대화 작업이 활발히 추진되고 있었다. 우리나라 제2차 교육과정에서 그러한 추세를 일부 반영하기는 했지만 미미한 수준에 그쳤다.

제2차 교육과정이 공포된 1963년 이후로 문교부는 과학기술의 진흥을 위하여 수학교육이 현대화되어야 한다고 보고, 교사 재교육 사업을 시행하도록 하였고 한편으로는 사범대학 또는 교육연구단체에 연구를 의뢰하였다.

1) 한국수학교육연구회 등의 활약

'한국수학교육연구회'에서는 수학교육 현대화 운동과 연관된 다음의 활동을 벌였다.[3]

- SMSG(School Mathematics Study Group)에 관한 세미나 개최
- UNICEF의 재정 원조로 SMSG의 중학교 실험용 교재 번역
- 연구대회 및 회지를 통해 수학교육 현대화를 위한 계몽 활동

이밖에 서울교육대학 및 서울사대부속국민학교에서도 산수교육현대화를 위한 연구를 진행했고 인천교육대학에서도 SMSG 국민학교 실험용 교재를 번역하였다. 일선 초등교사를 중심으로 한 '초등수학교육연구회'가 조직되기도 하였다.

---

3) 참고로, 한국수학교육연구회 창설에 김치영 교수가 주도적 역할을 했고 또한 회장직도 맡았다. 한국수학교육연구회에서는 『학교수학』을 창간했으며, 4권까지 발간되었다.

2) 문교부의 노력

문교부는 1969년에 교육과정 개편을 위한 기초 작업으로 제2차 산수 교육과정 및 산수 교과서를 분석하였고 분석 결과로 산수 교육과정의 전면적인 개편이 불가피하다는 결론을 내고 산수 교육과정을 개정하게 되었다.

3) 김치영 외 6인의 산수 교육과정 시안 연구

1970년에 연세대 이공대학 수학과에 재직 중이던 김치영과 6명의 연구자는 **「국민학교 산수교육의 현대화를 위한 교과과정 시안에 관한 연구」라는 논문**(김치영 외, 1970)을 발표하였다. 이 논문은 54쪽으로 이루어져 내용이 상당히 많으며, 논문 차례는 다음과 같다. 'I. B. 산수교육의 세계적 동향'에서 연구자들은 SMSG와 그 단체에서 발행한 소위 'SMSG 교과서'에 대해 상세히 소개하였다.

차례

Ⅰ. 총론
- A. 수학(산수)교육 현대화의 요인
- B. 산수교육의 세계적 동향

Ⅱ. 교과과정시안
- A. 교과과정작성의 기본방침
- B. 산수교육의 목표
- C. 교과과정시안
  1. 영역별 목표
  2. 산수교과과정 학년별 시안

Ⅲ. 결론

4) SMSG 교과서와 '산수의 수학화'

1950년경부터 미국 각지에서 대학을 중심으로 수학교육 현대화를 위한 연구단체가 속속 만들어졌다. 그들은 새로운 수학교육안을 발표하고 실천적 연구를 진행하였으며 SMSG도 그러한 연구단체 중에 하나였다.

SMSG는 수학교육 개혁을 목적으로 만들어진 미국의 전문가 조직으로, E. G. Begle이 책임자로 이 조직을 이끌었으며 미국 국립과학재단의 자금을 지원받았다. 1958년 스푸트니크 쇼크 이후 창설되었으며 초등 및 중등 교육을 위한 수학 교육과정을 만들고 교과서로 구현하는 임무를 맡아 1977년 종료될 때까지 이 작업을 수행했다. SMSG에서 만든 수학 교육과정과 교과서의 특징은 다음과 같다.

• 많은 개념을 새로 도입하여 이전에 산발적으로 다루어진 개념을 통합적으로 취급하였다.
• 표현을 정확하고 명확하게 하며 가능한 논리의 엄밀성을 강조하였다.
• 이전의 수학을 현대수학의 아이디어로 접근함과 동시에 전문가 영역인 현대수학에 접근하기 쉽도록 현대수학의 기초를 학교수학에 도입하였다.

한편 당시 SMSG 교과서가 제작된 순서를 살펴보면, 1959년에 제7학년 이상의 실험교과서를 출판하고, 이어 1961년에 국민학교 4~6학년, 1963년에 국민학교 3학년의 교과서를 출판하는 방식이었다. 이 순서를 확장하여 대학과 전문가 집단과 연결하여 전반적인 경향성을 살펴보면 다음과 같이 요약할 수 있다.

현대의 과학기술 → 현대수학 → 대학 → 고등학교 → 중학교 → 국민학교

SMSG의 수학교육 현대화의 추진 순서가 도식과 같이 '위에서 아래로' 행해졌는데 그 주된 이유는 현대화의 요인이 현대적 기술 또는 현대수학에 있기 때문이었다. 예컨대, 현대수학의 요구에 따라 대학수학이 정해지고, 같은 식으로 대학의 요구에 따라 고등학교의 수학이 정해지는 식이었다. 달성해야 할 목표가 상위 학교급에서 만들어지고 그에 따라 하위 학교급의 목표가 정해지는 방식이었다.

이로부터 SMSG가 국민학교의 산수교육의 성격을 어떻게 규정하였는지 알 수 있다. 즉 중학교 이상의 수학교육이 과학기술과 깊이 연관되어 현대수학에의 접근이라는 방향으로 전개되려면 당연히 국민학교 산수교육도 그의 준비로서의 성격을 지녀야 한다. 따라서 산수교육 현대화에 대한 이들의 주 목적은 '산수의 수학화'로 집약될 수 있다. 당시 국민학교용 실험교과서의 책명에서 Arithmetic 대신에 mathematics라는 말을 사용한 것도 이러한 맥락과 상통한 것으로 볼 수 있다.

다. 산수과 교육과정 주요 내용의 변화

1) 개정 방향

> **집합**이 교육내용으로 주요하게 대두되었다.

제3차 교육과정의 개정 방향은 다음과 같이 다섯 가지로 요약되었다.

① 교육과정 전반을 통하여 **집합** 개념을 그 방향으로 삼는다.
② 수학적 구조 구명에 중점을 둔다.
③ 논리의 엄밀성을 강조한다.
④ 학습 내용을 조기에 도입한다.
⑤ 발견적 학습 방법을 최대한으로 강조한다.

2) 산수과 교육 목표

제2차 교육과정에 대해 제3차 교육과정에서 달라진 점은 다음과 같다.

| [표 VI-2] 제2차와 제3차 교육과정의 산수과 교육 목표 변화 |

제2차	제3차
(1) **일상 생활의 구체적인 경험을 통하여** 수량이나 도형에 관한 기본적인 개념, 원리, 법칙을 이해하여 수리적인 사고 방식과 처리기능을 얻도록 한다. (2) 수량이나 도형에 관한 기초적인 지식과 기능을 체계적으로 조직하고, 적절히 활용해서 **일어나는 문제를 능률적으로 해결**하도록 한다. (3) 수량이나 도형에 관한 **생활상의 모든 문제를 올바르게 판단하고 과학적으로 처리**하는 습관을 기른다.	(1) **일상 생활의 여러 가지 사물의 현상**을 수리적으로 사고하는 경험을 통하여 수학의 기초적인 개념, 원리, 법칙을 이해시킨다. (2) 수리적인 사실에 관한 기초적인 원리, 법칙을 간결 명확하게 표현하고 활용함으로써, 논리적으로 사고하는 태도와 능력을 기른다. (3) 수리적인 사고를 필요로 하는 여러 가지 사실을 합리적으로 처리할 수 있는 기능을 기른다.

3) 내용 영역 구분의 변화

국민학교 산수과의 교육과정 내용 영역은 다음과 같이 달라졌다.

| [표 VI-3] 제2차와 제3차 교육과정의 산수과 내용 영역 변화 |

제2차	제3차
• 수 영역 • 계산 영역 • 양과 측정 영역 • 도형 영역 • 수량 관계와 응용 영역	• 수 영역 • 연산 영역 • 관계 영역 • 도형 영역 • 측도 영역

'수와 계산' 영역이 '수와 연산' 영역으로 바뀌었다. 수와 계산은 어떤 연산 규칙이 주어졌을 때, 그 규칙에 따라 실제로 셈을 하는 과정을 말하는 것이다. 이것은 어떤 규칙 밑에서 틀린 계산을 하지 않고 정답을 계산하는 방법과 그 기능에 중점을 둔 표현이라고 볼 수 있다. 이에 대해 수와 연산 영역은, 수의 계산 기능만 강조되는 것이 아니라, 연산 규칙 자체에 중점을 두고 있으며 나아가서는 그 연산이 어떤 뜻을 지니고 있는가, 또는 어떤 특징을 지닌 연산인가 그 기본 성질을 밝히는 데 중점을 두었다. 이는 달리 말하면 연산을 중심으로 대수적 구조(군론적 기본 성질, 환론적 기본 성질, 체론적 기본 성질)를 강조하려는 방향을 뚜렷이 하였다.

'수량 관계와 응용' 영역이 '관계' 영역으로 바뀌었고 이 관계 영역은 다시 관계와 통계의 측면으로 이루어졌다. 수량 관계를 '관계'로 고친 것은 관계 구조에 중점을 두자는 뜻이다. 수량 관계는 수와 양 사이의 함수 관계에만 제한을 받는 인상을 주며, 또한 사실상 거기서 다루어진 내용도 몹시 폭이 좁고, 여러 가지 관계 개념을 서로 독립된 것으로 취급함으로써 상호 관련성이 부족하였다. 그러나 제3차 교육과정에서의 관계 영역은 현대 수학의 가장 중추적 역할을 하는 관계 개념들을 보다 폭넓게 그 구조를 규명하는 동시에 집합 개념을 토대로 하여 통일된 방법으로 상호 관련에 중점을 두고 그 원리를 파악시키려는 뜻이 있었다.

제3차 교육과정의 관계 영역에서는 여러 종류의 관계 개념이 등장한다. 이를테면 대소 상등 관계, 순서 관계, 대응 관계, 특히 일대일대응 관계, 함수 관계 등 기본적인 관계 개념은 모두 나타났다.

도형 영역은 제2차 교육과정과 제3차 교육과정의 영역 표현으로는 같다. 그러나 제2차 교육과정과 제3차 교육과정의 도형 영역은 매우 큰 차이가 있다. 제3차 교육 과정은 수 영역에서 집합 개념을 바탕으로 하여 수 개념을 형성하였다. 마찬가지로 도형 영역에서는 도형을 점집합으로 보았다. 그러므로 도형은 도형과 그의 내부를 엄격히 구분하였다. 예를 들어, 점은 위치만 있고 폭이나 크기가 없는 것으로부터 정의하고, 직선은 점들의 모임으로 표현하기 때문에 길이만 있고 폭이 없는 것으로 정의한다.

측도 영역은 이전에 양과 측정 영역이었다. 측도라고 하는 것은 양을 수치화하는 데 있어서 수와 연산 개념을 그대로 적용시켜 보기 위한 것이다. 다시 말하면, 양의 표현으로는 색깔, 모양 등 여러 가지가 있지만 수학에서 취급하는 어떤 단위에 대한 수치화에 의한 표현과 그의 가법성을 강조하고자 한 것이다.

양을 측정하는 데에는 측정의 기준이 되는 자와 그 자를 사용해서 측정하는 방법이 있다. 현대 수학의 해석적 구조는 자와 측정 방법의 토대 위에서 이루어졌다. 현대 수학에서는 리만식 측도 이외에도 르벡 측도, 르벡-스틸레식 측도, 하오시 측도 등 다양하다. 국민학교 산수 교육에 있어서도 이와 같이 폭이 넓고 다양한 측정 방법이 있다는 것을 발견하고, 리만식 측정을 하더라도 그 측정 방식의 구조면을 강조함으로써 재래식 측정 방법에 제한하지 않기 위하여 측도라는 말을 사용하였다.

이 폭이 넓고 다양한 측정 방법이 있다는 것을 발견하고, 리만식 측정을 하더라도 그 측정 방식의 구조면을 강조함으로써 재래식 측정 방법에 제한하지 않기 위하여 측도라는 말을 사용한 것이다.

「국민학교 교육과정 해설서」에 제시된 '지도상의 유의점' 중에서 (1973. p.276)

- 수학적 용어나 기호는 가능한 어린이들에게 빨리 적용되는 것이 좋다. 따라서 교과서에서는 어린이의 심신 발달의 정도에 무리가 가지 않은 범위에서 조기 도입을 시도하였다.
- 전 과정을 통하여 집합 개념을 바탕으로 통합적으로 다루어져야 한다.
- 수의 영역에서는 저학년에서 집합의 개념을 바탕으로 하여 수의 개념을 형성하였고, 정수는 학년이 높아짐에 따라 차차 위치적 십진 기수법의 원리에 의하여 수 범위를 확장한다. 그리고 분수와 소수는 같은 유리수의 입장에서 지도되며 분수로부터 소수를 이끌어 나간다.
- 연산 영역은 과거 계산 위주의 학습을 지양하고 연산이 이루어지는 원리의 이해를 바탕으로 하여 연산에 대한 개념을 형성하고 이를 일반화시킬 수 있도록 한다. 그리고 연산이 이루어지는 원리를 활용하여 수집합의 대수적 구조를 규명하여 수 체계를 이해할 수 있게 한다.
- 관계 영역은 독립된 한 영역으로 다루어질 수 있는 것이 아니고 여러 영역과 밀접한 관계를 가지고 다루어져야 한다. 이 영역의 지도에서는 주로 대응 규칙을 함수적인 입장에서

관찰하고, 기초적인 함수 관계를 인식할 수 있도록 하였다. 그리고 상등 관계, 대소 관계, 이항 연산 관계 등의 내용을 구체적인 조작을 통하여 이해할 수 있게 해야 한다.

- 통계는 교육과정상에서 관계의 영역에 넣었으나 실제 독립적인 영역으로 간주될 수 있는 내용이다. 기술 통계의 입장에서 도수분포표를 활용하여 평균값을 구할 수 있게 하였는데 이때 구해진 평균값은 원래의 평균값과 어떤 차이가 있는가를 이해할 수 있게 해야 한다.
- 도형의 영역에서는 도형의 가장 기본적인 구성 요소를 점으로 보고 모든 도형은 점의 집합이란 관점에서 지도되어야 한다.
- 측도의 영역에서는 과거 양감이나 측정 기구의 활용 방법 등을 강조하였던 점을 지양하고 미터법을 중심으로 양을 측정하는 단위의 의미 및 그들 사이의 상호 관계를 이해할 수 있게 하여 측도의 개념을 형성시키는데 주안점을 두어야 한다. 그리고 근삿값과 참값의 관계에서 오차의 의미를 이해하게 하여 측정값의 실용성을 높이도록 하였다.

아래 표를 보면 초등학교 전과정을 통해서 지도해야 할 학습요소를 수학의 개념 구조에 따라 체계화시켜 제시하였음을 알 수 있다.

| [표 VI-4] 수학의 개념 구조 |

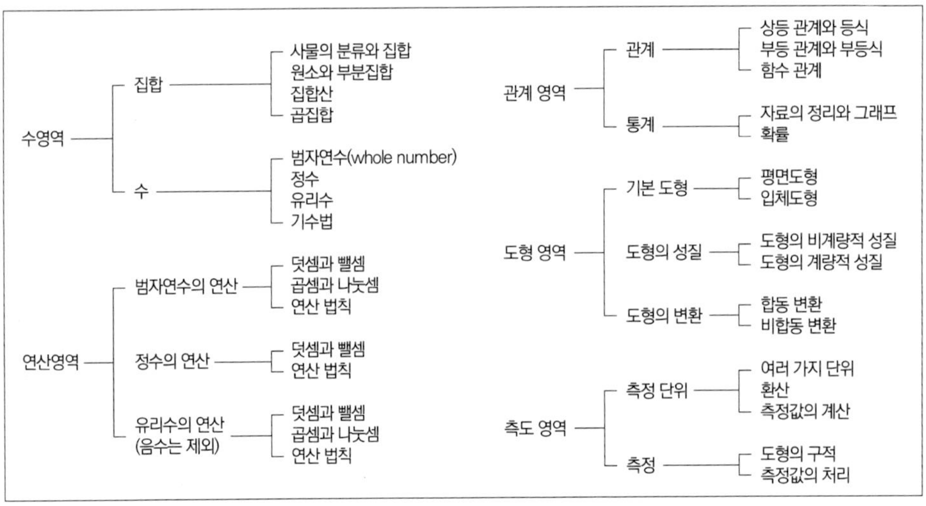

라. 제3차 교육과정이 어떻게 어려워졌을까?

'산수의 수학화'를 목표로 했던 제3차 교육과정에서는 내용 수준이 매우 어려워졌다. 1982년에 공포된 제4차 교육과정에서는 제3차 교육과정 내용 중에서 상당수를 삭제하거나 상향 이동시켰는데 이는 제3차 교육과정이 얼마나 어려웠는지를 단적으로 보여준다.

[표 VI-5]는 제3차 교육과정의 제1학년의 목표를 제2차와 비교해 본 것으로 이를 통해서도 어려워진 정도를 쉽게 추정해 볼 수 있다.

| [표 VI-5] 제2차와 제3차 교육과정의 학년별 목표 비교 |

<table>
<tr><th>제2차 교육과정의 학년별 목표</th><th>제3차 교육과정의 학년별 목표</th></tr>
<tr><td>1 학년

1. 일상 생활을 통하여 수가 양의 크기를 표시하는 데 유용하다는 것을 밝히며, 실제에 있어서 수를 쓰는 능력을 기르고, 원리에 관한 기초를 이해하도록 한다.
2. 구체적인 사실에 의하여 덧셈과 뺄셈으로 해결할 수 있는 기초 기능을 기른다.
3. 구체적인 경험을 통하여 양의 비교 관계와 측정의 기초를 기른다.
4. 직관과 조작을 통하여 물건의 모양과 도형에 관한 기초적인 개념을 기른다.
5. 조사한 것이나 놀이의 득점 등을 표나 그림표의 형식으로 정리하는 기초 능력을 기른다.
6. 단순한 사고력을 필요로 하는 수량 관계를 해결하고 처리하는 습관을 기른다.</td><td>1 학년

(가) 일상 생활의 구체적인 사물의 집합을 대상으로 하여 수를 알아보게 하고 자리잡기에 의하여 수를 표시할 수 있게 한다.
(나) 간단한 덧셈, 뺄셈과 등식, 부등식이 이루어지는 경우를 알아 덧셈, 뺄셈을 할 수 있게 하고, 등식과 부등식의 미지항을 알아보게 한다.
(다) 일대일 대응을 통하여 수에는 상등 관계, 대소 관계가 있음을 알아보게 한다.
(라) 직관과 조작을 통하여 기본 도형의 모양을 관찰하게 하여 합동 도형의 모양을 알아보게 한다.
(마) 구체적인 양의 비교를 통하여 단순한 측정의 경험을 가지게 하며, 시각을 알아보게 한다.</td></tr>
<tr><td>1 학년
1. 수
(1) 100까지의 수
① 10까지의 수를 세고 읽기
② 수를 차례로 세기
③ 2씩, 5씩, 10씩 묶어서 세기
④ 개수나 순서의 비교
⑤ 100까지의 수를 세고 읽고 쓰기
(2) 분수의 기초
① 반, 반의반
② 반, 반의반의 비교</td><td>1학년
1. 수
가. 낱낱의 사물을 묶는 조작을 통하여 집합을 알아보고, 크기가 같은 두 집합을 비교하기
(1) 집합의 원소를 알아보기
(2) 원소의 개수가 같은 두 집합을 일대일 대응에 의하여 비교하기
나. 집합에서 추상된 수와 숫자(수의 이름)를 알아보고, 0에서 99까지의 정수를 읽고 쓰기
(1) 집합의 크기(집합수)와 집합의 원소에 순서 붙이는 조작을 통한 수계열(순서수)에 관하여 수를 읽고 쓰기
(2) 십진기수법의 자리잡기와 자리값의 뜻을 알아보기
(3) 수계열에서 2씩, 5씩 띄어서 읽고 쓰기
(4) 0을 기점으로 하는 수직선상에서 차례로 세어보기</td></tr>
</table>

제3차 교육과정의 내용은 수학교육 현대화 운동 또는 새수학운동의 영향을 급격하게 수용하여 내용상 대폭적인 변화가 있었고, 이 내용을 보면 국민학교 수학이 얼마나 어려워졌는지 가늠할 수 있다(교육과정교과서연구회, 1993).

1) 수 영역에서의 변화

수 영역에 집합이라는 소영역이 만들어졌다. 1학년에서 집합과 원소 알아보기, 2학년에서 집합의 이름을 원소에 따라 알아보기, 3학년에서는 포함관계가 있는 두 집합 사이의 부분 집합을 알아보기를 다루었다. 그 내용에는 집합 기호 { }, 원소 기호 ∈, 부분집합의 기호 ⊂, ⊃를 사용하였다. 4학년에서는 집합과 집합 사이의 간단한 집합산을 하도록 해 연산 기호로서 ∩, ∪, ×를 사용하도록 하였다. 5학년에서는 전체 집합, 여집합, 공집합을 다루었다. 결국 집합에 관한 대폭적이고 과감한 삽입이 시도되었다.

또 5학년부터 음의 정수를 도입했으며 6학년에서는 음의 유리수까지 도입하여 그에 대한 간단한 덧셈, 뺄셈을 다루었다. 음수의 표현은 부호를 수의 왼쪽 위에 붙여 사용하는 것으로 제한하였으나 여전히 대폭적인 새 내용의 삽입이었다.

2) 연산 영역에서의 변화

곱셈구구를 2학년에서 완성하도록 하였다. 수집합에 대하여 연산에 대한 성질을 다루어 그에 대한 간단한 구조를 규명하도록 한 것이 특징이다. 사칙연산의 의미를 명확하게 주려고 노력했으며 방정식과 부등식의 취급도 체계화하였다. 1학년에서 부등호를 도입한 것도 획기적이었다. 4학년에서 문자 x를 사용하게 한 것을 비롯하여 5, 6학년에서는 x, y 등의 문자를 사용하도록 하였다. 5, 6학년에서는 일차방정식의 일반 해법까지 다루도록 강화하였다.

3) 관계 영역에서의 변화

이 영역에서는 함수와 통계가 중심 내용이었다. 수직선의 조기 도입과 대응 규칙으로서의 함수 관계에 대한 체계를 확립한 것이 특징이다. 6학년에서는 $y=\frac{a}{x}$, $y=ax+b$의 취급이 본격화되었다. 좌표평면에 대해서는 5학년에 도입된 음수와 더불어 대수적인 취급을 시도하였다.

통계에서는 6학년에 도수분포에 대한 내용이 삽입된 것이 특징이고, 여기서 대푯값으로서의 평균이 다루어졌다. 또한 5학년에서 경우의 수를 알아보기에 확률이 도입되고 6학년에서는 간단한 사건에 대한 확률이 다루어졌다.

4) 도형 영역에서의 변화

도형 영역에서는 도형을 점집합의 입장에서 전개하는 것이 특징이다. 닮은 도형의 관찰이 2학년부터 조기에 도입되어 있으며, 폐곡선의 관찰이 1학년에 도입되어 있으며, 3학년에서 영역과 경계가 취급되어, 평면도형을 일반적인 것에서 특수화하려는 시도를 하였다. 또 평면도형의 상호 관계를 집합의 포함 관계의 입장으로 관찰하도록 하고 있으며, 정의를 명확히 하려고 시도하였다. 4학년에서는 그림자, 안내도 등을 활용하여 간단한 평면도형의 위상적, 사영적 변환의 성질을 알아보도록 시도한 것은 새수학 도입의 결과이다.

5) 측도 영역에서의 변화

측도 영역에서는 계기의 사용과 계량에 대한 부분이 약화된 대신, 근삿값과 오차에 대한 영역이 신설 강화되었다. 5학년에서 참값과 근삿값을 관계지어 오차의 한계를 알아보도록 하였으며, 6학년에서는 상대오차를 활용하여 근삿값의 정밀한 정도를 알아보도록 하고 근삿값의 덧셈, 뺄셈을 취급하였다.

마. 수학교육 현대화 운동에 대한 비판

1970년대 중반기에 오면서 수학교육 현대화 운동에 대한 비판의 소리가 상당히 높아졌다. 지나치게 구조 중심적인 접근 방식, 기호의 조기 도입, 발견적 학습 방법을 뒷받침해 주지는 못하는 교과서의 구성, 교사의 교재에 대한 이해 부족, 원리 중심 지도에 따른 기초 계산 기능의 저하 현상, 개념 위주의 지도로 인한 실생활과 거리를 둔 집합 지도 등으로 수학교육현대화운동에 대한 비판의 소리가 드높아졌다. 예를 들어, 수에 대한 보다 좋은 이해를 시키고자 수단적인 목적으로 도입되었던 집합 개념이 지도 과정에서 집합 그 자체가 수업의 목적이 되고 말았다.

지도 및 운영상에서 수학교육을 현대화하려는 의욕 때문에 여러 가지 무리한 현상이 많이 일어났다. 지도 내용 요소의 양이 교육과정 배당 시간에 비해 너무나 많았기 때문에 아동들의 심리적 발달 단계에 비추어 난해한 점이 있다는 견해가 지배적이었다.

4 산수 교과서의 주요 특징

가. 교과서 편찬 과정

제3차 교육과정이 고시되면서 국민학교의 교과서도 새로 편찬했다. 문교부는 1971년부터 1973년까지 2년간 교육과정 시안의 실험 평가를 거쳐 1973년과 1974년에 국민학교의 저학년 교과서(1, 2, 3)와 고학년용 교과서(4, 5, 6)를 새로 편찬하였다. 1년간의 집필, 1년간의 현장 실험 및 수정 보완의 과정을 거쳐 현장교육에 적용하였다. **현장 실험을 교과서 편찬 과정의 일환으로 삼았다는 점**은 당시 획기적인 조치였다.

[표 VI-6]은 제3차 산수 교과서의 단원명을 모은 것이다. 이를 제2차 및 제4차 교과서와 비교해 보면 제3차 산수 교과서가 어떻게 얼마나 어려워졌는지를 가늠할 수 있다.

제2차 교과서에서는 1, 2학년의 경우 생활 단원명이 남아 있었다. 이에 대해 3차 교과서는 모든 학년이 수학 학습 내용을 제목으로 하고 있다. 한편 제4차 교과서와 비교해 보면, 2학년부터 6학년까지는 수학 학습 내용으로 되어 있지만, 최소한 1학년만은 생활 장면으로 되어 있는데, 이는 나중에 살펴보겠지만, 제4차 교육과정에서 1학년 수학은 '슬기로운 생활'에 포함시키면서 1학년 단원명이 생활 장면 중심으로 제시되었다.

| [표 VI-6] 3차 산수 교과서 단원명 |

교과서 / 차수		교과서 학년					
		1학년	2학년	3학년	4학년	5학년	6학년
3차	1학기	1. 수와 숫자 2. 덧셈 3. 뺄셈 4. 덧셈과 뺄셈 5. 여러 가지 모양	1. 두 자릿수의 덧셈과 뺄셈 2. 세 자리의 수 3. 세 자리의 수의 덧셈과 뺄셈 4. 집합과 분할 5. 곱셈의 기초	1. 네 자리의 수 2. 덧셈과 뺄셈 3. 점과 선 4. 곱셈 5. 길이와 시간 6. 나눗셈	1. 수 2. 덧셈과 뺄셈 3. 곱셈과 나눗셈 4. 도형 5. 분수 6. 소수	1. 약수와 배수 2. 분수와 소수의 덧셈과 뺄셈 3. 분수와 소수의 곱셈과 나눗셈 4. 좌표와 그래프 5. 도형의 합동과 대칭 6. 비와 비의 값	1. 거듭제곱과 지수 2. 기수법 3. 입체도형 4. 방정식 5. 식과 그래프 6. 닮은 도형
	2학기	1. 두 자리의 수 2. 덧셈과 뺄셈(1) 3. 덧셈과 뺄셈(2) 4. 도형 5. 묶어세기	1. 곱셈 구구 2. 곱셈과 나눗셈 3. 길이의 단위 4. 표와 그래프 5. 도형	1. 곱셈과 나눗셈 2. 집합 3. 다각형과 원 4. 들이와 무게 5. 표와 그래프 6. 분수와 소수	1. 집합 2. 덧셈과 뺄셈 3. 곱셈 4. 양과 측정 5. 표와 그래프 6. 곱집합과 좌표 7. 도형의 이동	1. 비율 2. 방정식 3. 평면도형과 그 넓이 4. 입체도형과 그 넓이 5. 측정값과 오차 6. 표와 그래프 7. 경우의 수와 확률 8. 정수 9. 수판과 수판셈	1. 수와 집합 2. 나머지가 같은 수의 집합 3. 분수와 소수의 계산 4. 확률과 통계 5. 도형의 넓이와 부피 6. 근삿값과 오차

제3차 교육과정의 산수과 교과서 편찬의 기본 방향은 다음과 같았다. 교육과정의 목표에서 강조하고 있는 바와 같이 수학의 기초적인 개념, 원리, 법칙을 이해하고 논리적인 사고를 하는 태도, 합리적으로 처리할 수 있는 기능을 기르는 것을 목표로 한 교과서 편찬 방침이었다.

- 학생들의 구체적인 조작 활동에 의하여 학습할 수 있도록 하였다.
- 교재 내용의 배열은 영역별에 따른 수학적인 계열을 존중하도록 하였다.
- 관찰, 조작, 사고 활동이 종합적으로 이루어져서 발견적인 학습이 이루어지도록 하였다.
- 교재를 교수 학습하는 동안 학생들에게 수학적 사고력이 길러지고 수학적 대상을 구조화할 수 있는 능력이 길러지도록 하였다.
- 이미 학습한 내용을 나선적으로 반복하여 재발견, 재창조가 가능하도록 하였다.
- 교재에 사용되는 용어나 문장은 유아어나 생활 용어가 아니고 수학적인 것을 조기에 사용하도록 하였다.
- 제한된 지면이나 수용 능력을 감안하여 교재가 구성하였다.

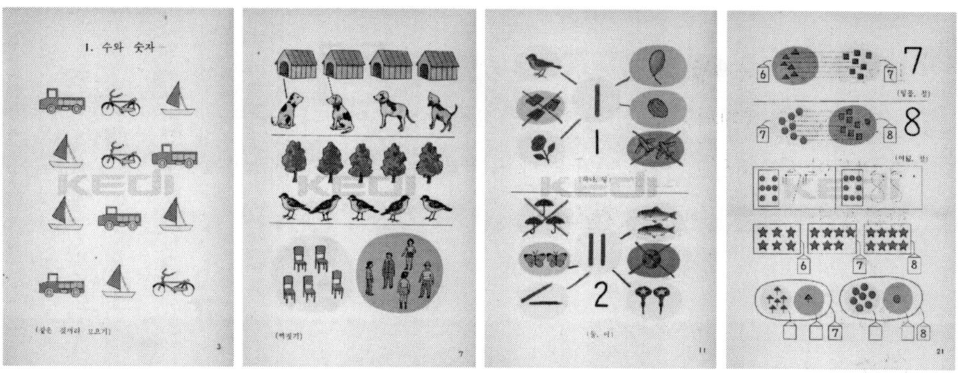

[제3차 교육과정의 산수교과서 1학년 1학기]

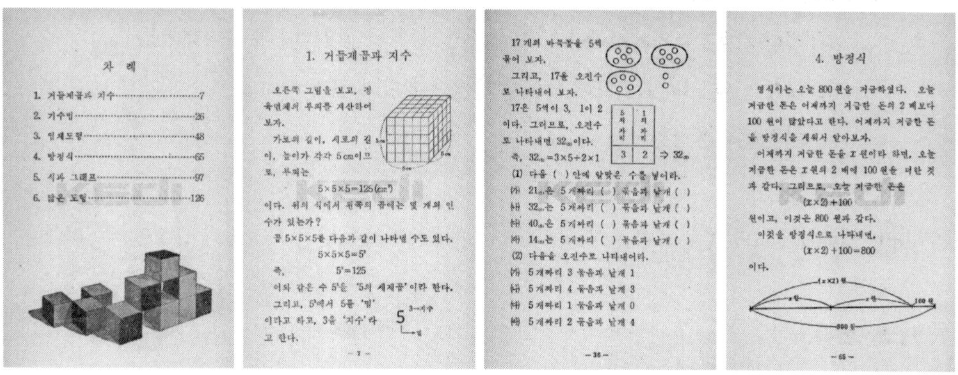

[제3차 교육과정의 산수교과서 6학년 1학기]

쉼터 '사각형의 포함관계'로 알아보는 1차, 2차, 3차 교육과정의 변화

'정사각형은 마름모인가요?'라는 문제를 종종 접할 수 있다. 이 문제는 '정사각형의 집합은 마름모 집합에 포함되나요?'라고 바꿀 수 있으며, 이는 '포함관계'를 묻는 문제이다. 이처럼 도형 영역에서는 사각형[4]의 포함관계, 삼각형[5]의 포함관계, 정육면체, 직육면체 사이의 포함관계 등을 다룬다.

초등학교의 도형 영역에서 포함관계가 본격적으로 주요한 수학교육 소재가 된 것은 1973년 공포된 3차 교육과정 때부터이다. 이후 지속해서 도형 사이의 포함관계가 주요 내용으로 다루어지다가 최근 들어 포함관계가 약화되었으며, 특히 사각형 사이의 포함관계는 다루지 않는 것으로 바뀌었다.

3차 교육과정에서 도형 사이의 포함관계가 새롭게 교육내용으로 들어온 이유는 무엇일까? 이는 집합과 관계가 깊다. 미국을 중심으로 한 수학교육 현대화 운동의 내용을 적극 수용한 우리나라 3차 교육과정에는 집합이 본격적으로 들어왔다. 집합에서 다루는 내용 중에 하나가 포함관계로, 이를테면 집합 A는 집합 B에 포함된다, 즉 A⊂B와 같은 것이다. 집합에서 포함관계가 주요 내용인 상황에서, 초등학교에서 포함관계를 지도할 수 있는 소재가 필요했다. 대표적인 소재는 수 영역에서 {자연수}⊂{정수}⊂{유리수}를 들 수 있다. 마찬가지로 도형 영역에서 포함관계를 지도할 수 있는 소재로는 사각형의 포함관계를 들 수 있다. 예를 들어 {정사각형}⊂{마름모}⊂{평행사변형}⊂{사다리꼴}과 같다. 또 다른 예로는 삼각형의 포함관계로 {정삼각형}⊂{이등변삼각형}을 들 수 있다. 이를 관련 문서를 보면서 직접 확인해보자.

1) 국가수준 교육과정 문서

3차 교육과정에서는 '집합'이 매우 중요하게 다루어졌다. 초등학교 저학년에서부터 집합 내용이 지도되었고, 다른 영역 역시 집합의 옷을 입었다. 집합의 중요한 내용 요소는 포함관계였다. 예를 들어, 제 3학년의 지도 내용을 보자.

〈제 3학년 〉

(1) 수

(가) 포함 관계가 있는 두 집합 사이에 부분 집합을 알아보기

① 집합 기호로서 { }의 사용과 집합 기호 속에 낱낱이 원소를 나타내기

② 집합의 원소가 그 집합에 속하는 관계와 집합과 집합 사이의 포함 관계를 나타내는 기호로서 ∈, ⊃, ⊂를 사용하기

도형 영역에서 이와 같은 포함 관계를 지도할 수 있는 소재가 바로 사각형의 상호 관계이다.

〈제 3학년 〉

(4) 도형

4) 사다리꼴, 평행사변형, 마름모, 직사각형, 정사각형

5) 이등변삼각형, 정삼각형

(가) 평면 도형의 기본 성질을 알아보기

⑤ 직사각형, 정사각형의 상호 관계 알아보기

〈제 4학년 〉

(4) 도형

(가) 평행, 수직 등에 착안하여 여러 가지 기본 도형의 상호 관계를 알아보기

③ 평행사변형, 사다리꼴, 마름모의 상호 관계 알아보기

당시 교육과정 문서에 제시된 '지도상의 유의점'에서는 다음과 같이 사각형의 상호 관계를 명백히 다룰 것을 강조하고 있다. 제3차 교육과정에서 사각형의 상호 관계가 교육 내용으로 자리잡았다.

(10) 도형의 영역을 지도함에 있어서는, 도형의 가장 기본적인 구성 요소를 점으로 보고, 도형에서의 용어나 상호 관계를 명백히 다루어야 한다.

2) 교육과정 해설서

제3차 교육과정에서 발간된 『국민학교 교육과정 해설서』를 보면, 제2차와 제3차 교육과정 사이에는 '매우 큰 차이'가 있다고 적고 있다.

| [표 VI-7] 제3차 교육과정과 교육과정 해설서차의 차이(3, 4학년) |

교육과정	교육과정 해설서
〈3학년 〉 (4) 도형 (가) 평면 도형의 기본 성질을 알아보기 ⑤ 직사각형, 정사각형의 상호 관계 알아보기	〈3학년〉 4. 도형 (1) 도형의 성질 …직사각형은 일반 사각형의 특수 직사각형임을 이해하고, 또한 정사각형은 직사각형의 특수한 조건임을 이해하게 된다. 따라서 일반 사각형의 집합과 직사각형의 집합, 정사각형의 집합의 구성 조건은 포함 관계가 이루어진다. 즉, {일반사각형}⊃{직사각형}⊃{정사각형} 이다.
〈4학년 〉 (4) 도형 (가) 평행, 수직 등에 착안하여 여러 가지 기본 도형의 상호 관계를 알아보기 ③ 평행사변형, 사다리꼴, 마름모의 상호 관계 알아보기	〈4학년〉 4. 도형 (1) 도형의 성질 사각형에 있어서는 평행사변형, 사다리꼴, 마름모를 정의하고 전 학년까지 정의된 일반사각형, 직사각형, 정사각형을 합쳐서 그들의 상호 관계를 집합의 포함 관계 등에서 비교하게 된다.

교육과정과 교육과정 해설서의 내용을 대비해 보면, 첫째, 사각형의 포함 관계와 집합의 아이디어를 분명하게 연결 짓고 있음을 알 수 있다. 둘째, 3학년에서는 직사각형, 정사각형을, 4학년에서 평행사변형, 사다리꼴, 마름모를 지도하는데, 4학년에서는 다시 직사

각형과 정사각형을 다루면서 전체적으로 사각형의 상호 관계를 지도하도록 하였다. 이전 교육과정까지는 이와 같이 4학년에서 다시 정사각형과 직사각형을 지도하지 않았다. 셋째, 상호 관계와 포함 관계라는 두 용어의 사용이다. 오늘날에 와서는 여러 연구에서 사각형의 상호 관계와 포함 관계를 혼용하여 사용하고 있는 것에 반해, 당시에는 "상호 관계를 집합의 포함 관계 등에서 비교하게 된다"고 하여 그 의미를 명확히 구분하였음을 알 수 있다.

3) 교과서와 교사용 지도서

문교부는 1973년 개정 교육과정을 공포하기에 앞서, 1971년 1월 31일에 국민학교 교육과정 개정 시안을 발표하였으며, 이후 '교육과정 실험학교에서의 실험'을 실시하였다. 전국의 교대와 사대의 부속 국민학교 14교, 일반 국민학교 16교를 선정하여 교육과정 시안에 따라 제작된 1, 2, 3학년의 실험용 교과서를 72학년도에, 4, 5, 6학년의 실험용 교과서를 73학년도에 적용하였다.

당시 실험학교 운영에 사용하였던 '실험용 국민학교 교사용 교과용 도서'(이하 실험용 교사용 도서)를 통해 사각형의 상호 관계가 처음에 어떤 아이디어로 들어오게 되었는지를 짐작해 볼 수 있다.

먼저, 3학년 2학기에서부터 본격적으로 상호 관계가 지도되었다. 당시 '2. 다각형과 원' 단원의 5-6차시 수업에서 다음과 같이 '직사각형과 정사각형'을 도입하였다. 제3차 교육과정에 제시된 직사각형과 정사각형의 정의를 제2차 교육과정과 대비해 보면 다음 표와 같다. 제2차 교육과정에서는 직사각형과 정사각형 사이의 포함관계가 드러나 있지 않다. 이에 대해 제3차 교육과정은 직사각형 안에 정사각형이 포함된다는 것을, 용어의 정의를 통해, 분명하게 드러내었다.

| [표 VI-8] 직사각형과 정사각형 정의의 차이 : 제2차 vs 제3차 |

용어	제2차 교육과정	제3차 교육과정
직사각형	사각형에서 4개의 꼭지각이 모두 직각이고 마주 보는 변의 길이가 서로 같은 모양	네 각이 모두 직각으로 된 사각형
정사각형	사각형에서 4개의 꼭지각이 모두 직각이고 변의 길이가 다 같은 것	네 변이 모두 합동인 직사각형

실험용 교사용 지도서의 본론에 제시된 주요 내용은 다음과 같다.

2 지도의 관점

사각형의 부분집합인 직사각형과 정사각형에 대한 이해를 깊게 하고, 정의를 바탕으로 해서 그들 사이의 관계를 이해할 수 있도록 한다.

3 지도의 전개

사각형 중에서 가장 특수한 사각형은 정사각형이다. 그리고 정사각형과 직사각형은 어린이들에게 매우 친근감을 주는 모양이다. 그러나 여기에서는 그들의 정의를 바르게 이해시켜 정의를 바탕으로 해서 도형을 변별할 수 있도록 해야 한다./ 직사각형은 네 각이 모두 합동인 사각형이다. 그런데 정사각형도 네 각이 모두 합동인 사각형임에는 틀림없으므로, 직사각형의 집합의 원소인 것이라는 점을 강조하여야 한다./ 직사각형의 집합의 원소는 모두 네 각이 합동인 사각형이다. 그러나 직사각형 중에서 변에 착안한다면 네 변이 모두 합동인 직사각형을 찾아볼 수 있다는 것을 이해시켜서, 이와 같은 특수한 직사각형의 집합에 정사각형이라는 이름을 붙인다는 것을 인식할 수 있도록 한다. / 따라서 직사각형과 정사각형 사이의 관계를 용이하게 파악할 수 있도록 다음과 같이 정사각형을 정의하는 것이 바람직하다. '직사각형' 중에서 네 변이 모두 합동인 직사각형을 정사각형이라 한다.

위의 내용에서 특기할 점은, 정의를 바탕으로 하여 직사각형과 정사각형의 관계를 이해하도록 한 점이다. 반 힐레(Van Hieles)의 기하학습수준 이론에 따르면, 세 번째 수준인 제2수준이 도형 사이의 관계를 파악하는 것으로, 이는 정의에 기반하여 이루어지는 것이다. 이 점에 비추어 볼 때, 위의 내용은 반 힐레의 세 번째 수준인 제2수준에 해당한다. 이전 교육과정까지는 사각형 간의 상호 관계를 어떤 식으로 알아보라는 점이 분명하지 않았던 것에 반해, 3차 교육과정에서는 '정의를 바탕으로 해서' 이해할 것을 적시하고 있다.

한편 위의 지도 내용이 초등학생들에게 어렵다는 것을 고려하여 '지도상의 유의점'에 다음과 같이 적고 있다.

지도상의 유의점

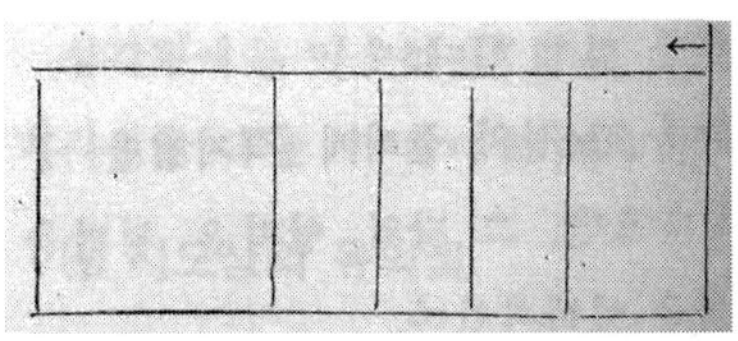

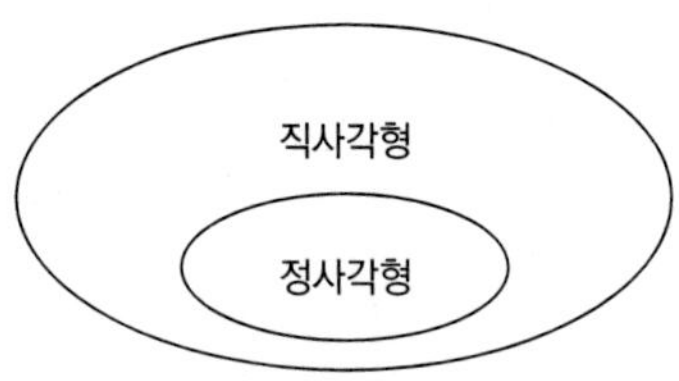

어린이들은 직사각형의 변이 모두 합동이 되는 순간에 직사각형은 아니고, 정사각형이라고 생각해 버리는 경우가 많다. /따라서 정사각형의 네 각도 모두 합동임에는 틀림없으므로 직사각형인 것이나, 그중에서도 네 변이 합동이므로 정사각형이라는 이름을 붙인 것이라는 것을 명확하게 이해할 수 있도록 하여야 한다. 직사각형의 변의 연속적인 변화를 통해서 그들 사이의 관계를 이해시키는 것도 효과적이다.

정사각형은 직사각형이 아니라고 생각해 버리는 경우가 많으므로, 정의에 바탕하여 명확하게 이해하도록 하며, 다른 한편으로 보조 그림을 사용하여, 직사각형의 변이 연속적으로 변하여 정사각형이 됨을 보여주는 것이다.

한편 4학년 1학기의 'Ⅳ. 도형'에서는 다음과 같은 내용을 찾아볼 수 있다.

1. 단원의 목표와 교재의 구성

1 단원의 목표

(7) 여러 가지 도형의 집합을 알아보고, 이들 사이의 포함 관계를 이해할 수 있게 한다.

2 교재의 구성

(8) 여러 가지 사각형의 집합을 만들고, 이들 집합 사이의 포함 관계를 이해할 수 있게 하였다.

2. 시간 배당

| [표 VI-9] 4-1학기 'IV. 도형'의 지도내용 |

차시	시간	지도내용	교과서	지도의 중점
8-10	3	여러 가지 사각형	100-106	여러 가지 사각형의 요소를 알고 또 그들 사이의 포함 관계를 이해할 수 있게 한다.

모두 7페이지에 걸쳐 사각형의 상호 관계가 다루어졌다. 제2차까지의 지도내용에 비해 대폭 늘어난 것이다. 교과서에 제시된 내용들에 대한 지도목표는 다음과 같다.

| [표 VI-10] 4-1학기 'IV. 도형'의 지도목표 |

교과서 페이지	지도서 페이지	지도목표
100	108	사각형을 그려 보고 여러 가지 사각형의 요소를 알아본다. 그리고 **직사각형과 정사각형의 관계**를 이해하게 한다.
101	109	마름모를 실제 조작을 통하여 알아보고, 그에 대한 여러 가지 요건을 이해한다. 그리고 **마름모의 집합과 정사각형의 집합 사이의 관계를 이해하여 그들의 포함 관계**를 알아본다.
102	110	**정사각형의 집합과 마름모의 집합 사이의 포함 관계**를 이해하게 하고 사각형에서 대변과 대각을 알아보게 한다.
103	111	평행사변형을 알아보고 평행사변형의 여러 가지 성질을 이해한다. 그리고 **평행사변형의 집합과 직사각형의 집합의 포함 관계**를 알아본다.
104	112	사다리꼴을 알아보고, 그의 성질을 이해한다. 그리고 **평행사변형의 집합과 사다리꼴의 집합 사이의 포함 관계**를 알아본다.
105	113	여러 가지 사각형의 조건을 조사하여 그들의 **계열표를 만들어 포함관계의 소지를 마련한다.**
106	114	**다각형, 사각형, 사다리꼴, 평행사변형, 직사각형, 마름모, 정사각형의 집합 사이의 포함관계**를 알아보고 그것을 그림으로 나타낼 수 있게 한다.

위의 지도 내용을 살펴보면 첫째, 이전 학기에서 배운 정사각형과 직사각형을 포함 관계 관점에서 다시 다루며, 이때 '정의를 재인식'할 것을 강조하였다.

둘째, 사각형 A와 B를 다룰 때, 'A가 B에 포함되는가?'와 'B가 A에 포함되는가?'를 모두 다루었다. 그야말로 두 사각형 사이의 '상호' 관계를 다루었다.

셋째, 초등학생들이 상호 관계를 이해하기 어려워한다는 점을 감안하여 몇 가지 장치를 두었다. 위의 인용문에서처럼 정사각형과 마름모의 상호 관계를 다룰 때 '그림을 그려서' 아동들의 사고에 도움을 주기도 하였다.

넷째, 7쪽에 걸쳐 등장하는 사각형의 순서는, (직사각형, 정사각형), 마름모, 평행사변형, 사다리꼴 순이었으며, 이는 특수한 경우에서 일반의 방향을 취한 것이다.

다섯째, 사각형의 종류와 그 상호 관계가 모두 지도된 후에 그 내용을 성질 사이의 관계와 집합의 조건이라는 관점에서 재조직하였다.

한편 『실험용 국민학교 교사용 교과용 도서 산수 4-2』의 '4. 양과 측정'에서 다음과 같은 내용이 제시되어 있는데, 사각형의 상호 관계가 수학 내용을 설명할 때 어떻게 사용되는지의 예를 보여 준다.

> **3 지도의 전개**
>
> (5)[6]는 <u>정사각형의 집합은 직사각형의 집합의 부분집합임을 알게 하여 정사각형은 직사각형이 될 수 있음을 알게 한다.</u> 또 정사각형의 넓이도 직사각형의 넓이의 공식 (가로의 길이)×(세로의 길이)로 구할 수 있음을 알게 한다.

6) 교과서의 본문 내용은 '(5) 직사각형과 정사각형은 어떤 관계가 있느냐? 정사각형의 넓이를 구하는 방법을 알아보아라.'이다.

| [참고 Ⅵ-1] 제3차 교육과정의 전학년 목표 및 내용 체계표 |

(교육 과정의 영역별 지도 내용의 계열에 따라 작성된 것임.)

학년 / 영역·요소	수			
	학 년 목 표	집 합	정 수	분수와 소수(유리수)
1	• 일상 생활의 구체적인 사물의 집합을 대상으로 하여 수를 알아보게 하고 자리잡기에 의하여 수를 표시할 수 있게 한다.	• 집합 만들기 ◦ 낱낱의 사물을 묶는 조작을 통하여 집합 알아보기 ◦ 원소 알아보기 ◦ 대등한 두 집합을 일대일 대응에 의하여 비교하기	• 0에서 99까지의 정수 ◦ 집합수와 순서수로서의 수를 읽고 쓰기 ◦ 십진기수법의 자리잡기와 자리값의 뜻을 알아보기	
2	• 자리잡기의 원리를 익혀 수를 정확하게 표시할 수 있게 하며, 집합이나 영역에서의 등분할의 조작을 통하여 분수를 알아보게 한다.	• 집합의 이름을 원소에 따라 알아보기 ◦ 원소에 따라 집합의 이름 붙이기 ◦ 집합의 이름에 따라 원소 알아보기	• 0에서 999까지의 정수 ◦ 자리잡기의 원리 ◦ 십진기수법으로 0과 자연수를 읽고 쓰기 ◦ 수계열에서 수세기(짝수, 홀수)	• 등분할이 가능한 집합이나 영역의 크기를 등분할하는 조작을 통하여 분수를 알아보고 분수로 나타내기 ◦ $\frac{1}{2}$, $\frac{1}{3}$, $\frac{1}{4}$ 등의 단위분수 ◦ 간단한 진분수 알아보기 ($\frac{2}{3}$, $\frac{3}{4}$, $\frac{4}{5}$ 등)
3	• 두 집합 사이의 포함 관계를 알게 하며 수량을 분수나 소수로 나타내게 하여 그 대소를 알아보게 한다.	• 원소와 집합 사이의 관계, 집합과 집합 사이의 관계 ◦ 집합의 기호로서 { } 를 사용한 집합 표시 ◦ 원소가 집합에 속한다 (∈사용). ◦ 한 집합이 다른 집합에 포함된다(⊂, ⊃ 사용).	• 0에서 9999까지의 정수 ◦ 자리잡기의 원리 익히기 ◦ 수를 여러 가지 방법으로 나타내기(십진기수법) ◦ 수계열에서 수세기 ◦ 곱셈에 관한 수의 합성 분배 ◦ 인수와 배수와의 관계 ◦ 자연수의 이해	• 진분수를 부분 영역의 면적과 부분집합에서 알아보고 소수와 관계지어 그의 대소 비교. ◦ 소수 도입을 분수와 관계지어 알아보고 소수 첫째 자리까지 나타내기 ◦ 동분모 분수끼리의 대소 알아보기 ◦ 소수끼리의 대소 알아보기
4	• 양의 정수를 자유롭게 표시할 수 있게 하며, 분수와 소수의 상호 관계를 알아 그 대소를 알게 한다.	• 집합산 ◦ 합집합, 교집합 ◦ 순서쌍의 뜻 쌍의 집합 ◦ 간단한 곱집합(× 사용) ◦ 연산의 기호로서 ∩∪ 사용	• 10000 이상의 정수로 확장 ◦ 10000 이상의 수를 읽고 쓰기 ◦ 수계열에서 수세기	• 진분수를 확장하여 여러 가지 분수 익히기 ◦ 여러 가지 분수와 소수를 도입하고 익히기 ◦ 소수를 확장하고 분수와의 상호 관계 익히기 ◦ 분수의 동치류를 알아보고 분수의 표현을 여러 가지로 나타내기 ◦ 분수와 소수와의 대소 관계 ◦ 두 수의 나눗셈으로서의 분수 알아보기
5	• 수를 합성, 분해하는 조작을 통하여 양의 정수에 관한 약수, 배수를 알게 하고, 양의 정수의 상대적 관계에서 음의 정수를 자유롭게 표시할 수 있게 한다. • 비와 비율을 알게 한다.	• 부분집합을 포함하고 있는 집합에 관하여 그의 성질 알아보기 ◦ 전체집합과 여집합 ◦ 공집합	• 양의 정수와 상대적인 관계에서 음의 정수를 도입하고, 양의 정수의 약수와 배수의 관계 ◦ 수직선상에서 음의 정수를 양의 정수와 상대적인 관계에서 알아보기 ◦ 정수의 대소 관계 ◦ 소수, 소인수분해 ◦ 약수, 공약수, 최대공약수 ◦ 배수, 공배수, 최소공배수	• 이분모 분수를 통분하기 ◦ 동치류 관계를 활용하여 통분 ◦ 약분하여 기약 분수 만들기 ◦ 비와 비율을 알아 분수와의 관계 알아보기 ◦ 비의 기호(: 사용) ◦ 두 수의 비로서 분수 알아보기 ◦ 비율의 기호(% 사용) ◦ 비와 연비의 상호관계 ◦ 백분율, 할푼리 등의 상호관계

학년 \ 영역 요소	학 년 목 표	수 집 합	정 수	분수와 소수(유리수)
6	• 양의 정수를 거듭제곱의 꼴로 표시할 수 있게 하고, 수집합을 유리수까지 확장하여 그들 상호 관계를 알게 한다.	• 자연수, 정수, 유리수의 모임을 각각 한 집합으로 보고 그의 간단한 구조를 규명하여 정리 ◦ 자연수집합 ◦ 정수집합 ◦ 유리수집합	• 자연수범위에서 지수와 지수법칙 ◦ 자연수의 거듭제곱과 지수의 뜻 ◦ 자연수의 지수법칙 ◦ 간단한 자연수의 거듭제곱으로 나타내기 • 기수법 ◦ 수를 이진법, 오진법으로 나타내기 ◦ 이진법과 십진법의 관계 ◦ 오진법과 십진법의 관계 ◦ 이진법,오진법의 수로 수효 세기 • 합동수 ◦ 정수를 나눗셈의 나머지에 의해서 분류	• 양의 분수의 상대적 관계에서 음의 분수(또는 소수)를 알아보기 ◦ 수직선 상에서 양의 분수(소수)를 도입하고 그에 대응하는 상대적 위치 관계에서 음의 분수(소수)알아보기

학년 \ 영역 요소	학 년 목 표	연 산	덧 셈·뺄 셈	곱셈·나눗셈	식
1	• 간단한 덧셈, 뺄셈과 등식, 부등식이 이루어지는 경우를 알아 덧셈, 뺄셈을 할 수 있게 하고 등식과 부등식의 미지항을 알아보게 한다.	• 덧셈, 뺄셈의 뜻, 기호 사용과 연산법칙 ◦ 덧셈, 뺄셈의 뜻 (+, −) ◦ 덧셈의 교환법칙 ◦ 덧셈의 결합법칙 ({ } 사용) ◦ 덧셈과 뺄셈의 상호 관계 {연산과 역연산}	• 덧셈과 뺄셈의 계산 ◦ 덧셈, 뺄셈의 계산 원리 ◦ 합이 9 이내의 덧셈, 뺄셈 ◦ 합이 18 이내(한 자리의 수)+(한 자리의 수) (두 자리의 수)−(한 자리의 수) ◦ 받아올림, 내림이 없는 (두 자리의 수)±(한 자리의 수) ◦ 받아올림, 내림이 없는 (몇 십)±(몇 십) ◦ 수직선을 이용한 덧셈, 뺄셈	• 곱셈과 나눗셈의 기초 ◦ 집합의 합성, 분할을 통하여 곱셈, 나눗셈의 기초 ◦ 열의 구성 ◦ 동수누가나 동수 누감을 통하여 곱셈, 나눗셈에 기초가 되는 경험 가지기	• 덧셈, 뺄셈의 식 ◦ 덧셈, 뺄셈에 관한 등식 ◦ 덧셈, 뺄셈에 관한 부등식 ◦ 미지항이 있는 등식, 부등식에서 알맞은 원소 알아보기
2	• 곱셈, 나눗셈이 이루어지는 경우를 알아 간단한 계산을 할 수 있게 하고, 곱셈에 관한 등식과 부등식에서의 미지항을 알아보게 한다.	• 곱셈, 나눗셈의 뜻, 기호 사용과 연산법칙 ◦ 기초적인 곱셈의 교환법칙 ◦ 곱셈과 나눗셈의 역연산 관계 ◦ 곱셈과 나눗셈 연산의 뜻(×, ÷ 사용)	• 덧셈, 뺄셈의 계산 ◦ 덧셈, 뺄셈의 계산 원리를 알아보고 그 계산을 하기 ◦ 받아올림과 내림이 있는 (두 자리의 수)±(두 자리의 수) ◦ 받아올림과 내림이 없는 (세 자리의 수)±(세 자리의 수) ◦ 받아올림과 내림이 있는 (세 자리의 수)±(세 자리의 수)	• 곱셈과 나눗셈의 계산 ◦ 1~9단까지의 곱셈 구구 ◦ 0의 곱셈 ◦ 곱셈 구구를 써서 두 수의 곱으로 분해하여 수의 인수 찾아보기 ◦ 곱셈의 역연산으로 나눗셈하기	• 곱셈과 나눗셈의 식 ◦ 곱셈에 관한 등식, 부등식 ◦ 미지항이 있는 등식, 부등식에서 알맞은 원소 알아보기

학년 \ 영역	연산				
요소	학 년 목 표	연 산	덧 셈·뺄 셈	곱셈·나눗셈	식
3	• 양의 정수에 관한 사칙 계산을 자연스럽게 알게 하며, 나눗셈에 관한 등식, 부등식의 미지항을 알아보게 한다.	• 곱셈에 관한 연산 법칙 ◦ 곱셈의 결합법칙 ◦ 곱셈의 배분법칙 ◦ 곱셈과 나눗셈의 연산과 역연산	• 덧셈, 뺄셈의 계산 ◦ 받아올림과 내림이 있는 (세 자리의 수) ±(세 자리의 수) ◦ 덧셈과 뺄셈의 혼합 계산 ◦ 간단한 동분모 분수(진분수)끼리의 덧셈, 뺄셈의 뜻, 계산 ◦ 소수 첫째 자리끼리의 덧셈, 뺄셈의 뜻, 계산	• 곱셈과 나눗셈 계산 ◦ (두 자리의 수)×(한 자리의 수) ◦ (세 자리의 수)×(한 자리의 수) ◦ (두 자리의 수)×(두 자리의 수) ◦ (두 자리의 수)÷(한 자리의 수) 나머지는 0 ◦ (세 자리의 수)÷(한 자리의 수) 나머지는 0	• 수학적 문장의 참, 거짓 ◦ 수학적 문장의 참과 거짓을 알아보기 ◦ 미지항 알아보기 ◦ 대입법에 의해서 등식과 부등식에서의 미지항 알아보기 ◦ 연산과 역연산의 관계에서 등식의 미지항 알아보기
4	• 양의 정수와 분수의 사칙 계산을 할 수 있게 하고, 간단한 등식의 미지항을 문자로 표현할 필요성을 느끼게 하여 미지항을 구할 수 있게 한다.	• 정수와 분수의 연산법칙 ◦ 정수와 분수(소수)와의 덧셈에 관한 교환법칙 ◦ 정수와 분수(소수)와의 곱셈에 관한 교환법칙	• 정수의 덧셈, 뺄셈 계산, 분수의 덧셈, 뺄셈의 계산 ◦ 정수의 덧셈, 뺄셈 익히기 ◦ 분수의 동치류를 활용하여 이분모의 덧셈, 뺄셈 ◦ 소수끼리의 덧셈, 뺄셈 ◦ 분수(소수)의 덧셈, 뺄셈의 역연산 관계	• 정수의 사칙계산, 정수와 분수의 곱셈, 나눗셈 ◦ 정수에 관한 사칙 계산 ◦ 자연수와 분수(또는 소수)와의 곱셈	• 등식의 뜻과 미지항 구하기 ◦ 문자를 품은 등식 ◦ 등식의 뜻 ◦ 문자를 품은 등식에서 역연산 관계로 미지항 구하기 ◦ 미지항을 문자로 나타내는 기호로서 x 사용
5	• 양의 정수의 연산법칙과 관계지어 양의 유리수의 사칙 계산을 할 수 있게 하며, 간단한 일차방정식을 풀 수 있게 한다.	• 분수(또는 소수)의 덧셈에 관한 연산 법칙 ◦ 교환법칙 ◦ 배분법칙 ◦ 결합법칙 • 정수에서의 연산 법칙 ◦ 정수의 덧셈에 관한 역원 ◦ 정수의 덧셈, 뺄셈의 역연산 관계 ◦ 정수의 덧셈에 관한 교환, 결합 법칙	• 정수(양수, 음수)의 덧셈, 뺄셈 ◦ 정수(양수, 음수)의 덧셈, 뺄셈의 계산 • 유리수의 덧셈, 뺄셈 ◦ 양의 유리수 범위에서 통분을 활용한 덧셈, 뺄셈의 계산 ◦ 소수의 덧셈, 뺄셈 • 수판셈 ◦ 수판셈의 간단한 덧셈, 뺄셈의 계산 원리	• 유리수의 곱셈, 나눗셈 ◦ 양의 유리수 범위에서 곱셈, 나눗셈 ◦ 소수의 곱셈, 나눗셈	• 일차방정식의 해와 풀이 ◦ 등식의 성질 알아보기 ◦ 간단한 일차방정식의 해법을 등식의 성질을 이용하여 알아보기 ◦ 간단한 수학적 문장에서 '이거나', '이고', '그리고' 또는 '이다', '아니다'의 뜻
6	• 양의 정수에 관한 계산 원리를 활용하여 음수를 제외한 유리수의 곱셈, 나눗셈을 할 수 있게 하고, 간단한 일차방정식을 풀 수 있게 한다.	• 유리수에서의 연산법칙 ◦ 음수를 제외한 유리수의 연산법칙 ◦ 음수를 제외한 유리수에서 곱셈, 나눗셈의 역연산 관계 • 일반 연산 ◦ 덧셈, 뺄셈, 곱셈, 나눗셈 이외의 간단한 연산	• 정수의 덧셈, 뺄셈 ◦ 정수의 덧셈, 뺄셈의 계산 익히기	• 유리수의 곱셈, 나눗셈 ◦ 유리수 범위에서 (음수를 제외한) 곱셈, 나눗셈 ◦ 음수를 제외한 유리수 범위에서의 사칙혼합산(+, −, ×, ÷) 익히기 • 수판셈 ◦ 수판셈으로 곱셈과 나눗셈의 계산 원리	• 방정식풀이 ◦ 간단한 일차방정식의 기본 성질을 알아보고 그의 해를 일반 해법으로 구하기

학년 \ 영역	관계		
요소	학년 목표	관 계	통 계
1	• 일대일 대응을 통하여 수에는 상등 관계, 대소 관계가 있음을 알아보게 한다.	• 0과 자연수의 대응, 상등과 일대일 대응 조작 ◦ 두 집합 사이의 원소를 일대일 대응시키기 ◦ 수를 수직선상에서 일대일 대응시키기 ◦ 0과 자연수의 대소, 상등 관계 알아보기(=, 〉, 〈 사용)	
2	• 일대일 대응 관계의 조작을 통하여 대응 규칙을 알게 하며, 구체적인 자료를 분류 정리하여 기호를 써서 표나 그래프로 표현할 수 있게 한다.	• 수의 대응과 대응 규칙 ◦ 대응 규칙 ◦ 수직선상에서 수를 일대일 대응	• 자료의 정리와 표 만들기 ◦ 구체적인 자료를 분류 정리하여 기록표 만들기 ◦ ○, × 등의 기호를 써서 그래프 만들기
3	• 일대일 대응 관계의 이해를 통하여 대응 규칙을 함수 관계의 입장에서 찾아보게 하고, 통계 자료를 조사 정리하여 막대그래프로 표현할 수 있게 한다.	• 대응 규칙과 함수 및 수직선 ◦ 함수 관계의 관점에서 일대일 대응시켜 대응 규칙을 찾고 대응 규칙을 표로 나타내기 ◦ 수직선상에서 분수와 소수를 대응시키기	• 자료를 조사 정리하여 표와 막대그래프를 그리고 활용 ◦ 표와 막대그래프의 관계 ◦ 막대그래프를 그리고 활용
4	• 순서쌍과 평면상의 점 사이에는 일대일 대응 관계가 있음을 관찰시켜 좌표 평면을 알게 하며, 통계 자료를 조사, 정리하여 꺾은선그래프로 표현하게 하고 간단한 자료의 평균을 구할 수 있게 한다.	• 동치 관계 알아보기 ◦ 동치 관계를 동치류 등에서 알아보기 ◦ 간단한 대응 규칙으로 식을 세워보기 • 좌표평면의 도입 ◦ 점의 좌표, 좌표평면, 좌표축을 알아보기	• 자료를 조사 정리하여 꺾은선그래프를 그리고 활용 ◦ 표와 꺾은선그래프의 관계 ◦ 꺾은선그래프를 그리고 활용 ◦ 자료의 대푯값으로서의 평균의 뜻 ◦ 간단한 평균 구하기
5	• 비례 관계를 함수 관계의 입장에서 알게 하며, 비를 활용하여 통계 자료를 여러 가지 그래프로 표현할 수 있게 한다.	• 비례 관계를 알아보고 활용하기 ◦ 수직선상에서 음수를 일대일 대응시키기 ◦ 간단한 비례 관계를 대응 규칙에 의하여 알아보고, 문자 x, y 등을 사용하여 식으로 표시(y=ax에서 a>0인 경우, a는 상수) ◦ 간단한 비례 관계의 그래프 그리기 • 정수의 대소 상등 ◦ 정수의 대소 상등의 비교	• 자료의 조사 정리에 의해서 ◦ 원그래프, 띠그래프를 그리고 활용 ◦ 표와 여러 가지 비율그래프의 관계 • 경우의 가지수와 확률 ◦ 가능성의 정도를 확률로 나타내기
6	• 간단한 일차함수의 변화 상태를 좌표평면에 표현할 수 있게 하며, 통계 자료를 도수분포표로 표현할 수 있게 하고, 그 대표값으로 평균을 구할 수 있게 한다.	• 반비례 관계, 일차함수 관계 ◦ 반비례 관계(제 1사분면에서 $y=\frac{a}{x}$, $a>0$, a는 상수) ◦ 일차함수 알아보기(제 1사분면에서 $y=ax+b, a>0$, a는 상수)	• 자료를 조사 분류 ◦ 도수분포표 ◦ 도수분포표를 활용하여 그래프그리기 ◦ 도수분포표에서 대푯값으로 평균 구하기 ◦ 간단한 사건의 확률 알아보기

학년 / 영역 요소	도형		
	학 년 목 표	도형의 개념 및 성질	도형의 변환
1	• 직관과 조작을 통하여 기본 도형의 모양을 관찰하게 하여 합동도형의 모양을 알아보게 한다.	• 모양의 관찰 ◦ 삼각형, 사각형의 변, 꼭지점 관찰하기 ◦ 원의 관찰 ◦ 폐곡선의 관찰 ◦ 직육면체, 직원기둥의 꼭지점, 모서리, 면을 관찰	• 합동도형의 관찰 ◦ 직관이나 조작을 통하여 합동도형을 관찰
2	• 직관을 통하여 기본 도형을 관찰하고, 그 모양을 찾을 수 있게 한다.	• 도형의 관찰 ◦ 기본적 평면도형의 점, 선분의 구성 관계 ◦ 삼각형, 사각형의 변, 꼭지점 ◦ 삼각형, 사각형의 변, 꼭지점과 관계지어 원의 성질 알아보기 ◦ 직육면체와 직사각형의 관계에서 입체의 구성 관계 알아보기 ◦ 평면과 곡면의 변별	• 닮은 도형 관찰 및 평면도형 그리기 ◦ 기본 도형의 닮은 관계 관찰 ◦ 기본 평면도형 그리기
3	• 도형의 구성 관계의 입장에서 기본 도형을 관찰하게 하고, 평면도형의 구체적인 조작을 통하여 대칭 이동을 알아보게 하며, 직관을 통하여 닮은 도형의 변별을 할 수 있게 한다.	• 평면도형의 종류 및 성질 ◦ 점과 선을 알아보기 ◦ 선의 여러 가지 종류 ◦ 각을 알아보기(직각, 직각이 아닌 것) ◦ 직각삼각형의 구성 조건 ◦ 직사각형, 정사각형의 상호 관계 ◦ 원의 중심, 지름, 반지름 ◦ 폐곡선의 영역과 경계 ◦ 변, 면의 구성 관계에서 직육면체 알아보기(직육면체의 외부, 내부)	• 두 도형의 합동, 닮음 관계와 대칭 이동 ◦ 두 각의 비교(각의 합동) ◦ 접어보기를 통하여 평면도형의 대칭 이동 관계 알아보기 ◦ 직관을 통하여 평면상의 닮은 도형을 변별 • 입체도형의 표현 ◦ 입체도형의 겨냥도
4	• 기본도형의 상호 관계를 알게 하고 등적 변형과 사영적, 위상적 변환의 간단한 성질을 알게 한다.	• 평행, 수직 등에 착안하여 기본도형의 상호 관계 알기 ◦ 두 직선, 두 평면의 위치 관계 ◦ 평면 또는 입체도형에서 평행, 수직 관계 ◦ 이등변삼각형, 정삼각형의 상호 관계 ◦ 평행사변형, 사다리꼴, 마름모의 상호 관계 ◦ 정육면체와 직육면체의 상호 관계 • 각의 내부, 외부, 각의 종류 ◦ 각의 내부, 외부의 변별 ◦ 각의 크기, 예각, 둔각	• 간단한 평면도형의 등적 변형과 위상적, 사영적 변환의 성질 ◦ 평면도형의 이동(평행, 회전 이동) ◦ 닮은 도형의 기본 성질 ◦ 평면도형의 등적 변형 ◦ 그림자, 안내도 등을 활용하여 위상적, 사영적 변환의 성질 알아보기
5	• 평면도형, 입체도형의 구성 관계와 평면도형의 합동 조건, 닮음 조건을 알게 하고, 입체도형의 전개도를 그릴 수 있게 한다.	• 원, 정다각형의 관계, 각기둥, 원기둥의 성질 ◦ 원주율 ◦ 부채꼴과 원의 중심각 ◦ 정다각형의 기본 성질 ◦ 직원기둥, 직각기둥의 기본 성질	• 도형의 합동, 닮음과 입체의 전개도 ◦ 삼각형의 합동 조건 ◦ 평면도형의 대칭 관계(선대칭, 점대칭) ◦ 닮은 도형의 대응각, 대응변의 비 ◦ 직원기둥, 직각기둥, 직육면체의 겨냥도와 전개도 그리기
6	• 직각뿔, 간단한 회전체 등 입체도형의 기본 성질을 알게 하고, 도형의 닮음 조건을 익혀 축도와 확대도를 알아보게 한다.	• 직각뿔과 회전체의 성질 ◦ 직각뿔, 직원뿔의 성질 ◦ 구의 중심, 반지름 ◦ 구와 다른 입체도형의 구성 관계 비교 ◦ 간단한 회전체의 회전축과 단면	• 닮음, 합동 조건과 축도, 확대도 ◦ 닮음의 위치와 닮음의 중심 ◦ 삼각형의 닮음 조건(최소 조건) ◦ 삼각형의 합동 조건(최소 조건) ◦ 축도와 확대도의 관계

학년 \ 영역	측		도	
요소	학 년 목 표	양(길이·넓이·부피·금액)	시각과 시간	측정값과 오차
1	• 구체적인 양의 비교를 통하여 단순한 측정의 경험을 가지게 하며, 시각을 알아보게 한다.	• 길이의 인식 ◦ 길다, 짧다 ◦ 금전과 금액 ◦ 화폐 단위 관계(1원, 5원, 50원의 화폐 단위 사용)	• 시계보기 ◦ 몇 시, 몇 시 반 등의 시각	
2	• 길이를 측정함으로써 양의 측도를 알아 측정값에는 과부족도 있음을 알게 하며, 시각읽기를 통하여 시간을 알아보게 한다.	• 길이의 단위, 길이의 측정 ◦ 길이의 단위명 cm, m ◦ 100cm=1m의 상호 관계 • 측정값의 계산 ◦ 측정값의 덧셈, 뺄셈 ◦ 측정값의 곱셈, 나눗셈 • 금전과 금액 ◦ 50원, 100원, 500원의 화폐 단위 활용 ◦ 금전에 관한 덧셈, 뺄셈 ◦ 금전에 관한 곱셈, 나눗셈	• 시각과 시간 및 일, 주일, 월, 년의 관계 ◦ 시각의 단위명 '분' ◦ 1시간=60분 ◦ 1일=24시간 ◦ 1주일=7일 ◦ 1년=12개월(상호 관계)	• 측정값의 처리 ◦ 길이의 재기를 통하여 측정값이 근삿값임을 알아보기 ◦ 측정값을 '더된다, 못된다'등으로 표현하기
3	• 길이, 무게, 들이 등의 단위에 관심을 가지고 사물을 측정하게 하며, 어림재기를 통하여 측정값을 표현할 수 있게 한다.	• 길이, 무게, 들이의 단위 측정 ◦ 길이의 단위명 mm, km ◦ 1cm=10mm, 1km=1000m의 상호 관계 ◦ 무게의 단위명 g, km ◦ 1kg=1000g의 상호 관계 ◦ 들이의 단위명 dl, l ◦ 1l=10dl의 상호 관계 • 측정값의 계산 ◦ 측정값의 덧셈, 뺄셈 ◦ 측정값의 곱셈, 나눗셈 • 넓이의 인식, 넓이의 임의 단위 ◦ 임의의 단위로 넓이 측정	• 시간의 개념을 익히고 간단한 시간 계산 ◦ 시간의 덧셈, 뺄셈 ◦ 시간의 곱셈, 나눗셈	• 측정값의 처리 ◦ 어림재기를 통하여 길이 측정(목측, 보측) ◦ 측정값으로 '더된다, 못된다'를 '약'으로 나타내어 쓰기
4	• 측정 단위에 관심을 가지고 넓이, 각을 측정하며, 참값과 근삿값 사이에는 오차가 있음을 알게 한다.	• 넓이, 무게의 단위, 넓이 구하기 ◦ 넓이의 단위명 cm^2, m^2 ◦ 정사각형, 직사각형의 넓이 ◦ 삼각형의 넓이 ◦ $1m^2$=10,000cm^2의 상호 관계 ◦ 무게의 단위명 ◦ 1t=1,000kg의 상호 관계 • 각의 크기와 그 단위, 각도 측정 ◦ 각을 양의 입장에서 도입하여 측정하고, 각의 단위명 도(°)를 사용 • 측정값의 계산 ◦ 측정값의 덧셈, 뺄셈 ◦ 측정값의 곱셈, 나눗셈	• 시간의 단위, 시간의 계산 ◦ 시각의 단위명 '초' 도입 ◦ 1분=60초의 상호 관계 ◦ 시간의 덧셈, 뺄셈	• 측정값의 처리 ◦ 측정값의 끝수 처리 방법 알기(올림, 버림, 반올림) ◦ 참값과 근삿값 사이의 오차

5	• 미터법의 여러 가지 단위 관계를 활용하여 양을 자유롭게 측정할 수 있게 하며, 참값과 근삿값 사이의 오차의 한계를 알게 한다.	• 넓이, 부피 단위 ◦ 넓이의 단위명 a, ha, km^2와 그의 상호 관계 ◦ 부피의 단위명 cm^2, m^2와 그의 상호 관계 ◦ 들이의 단위 kl와 l와의 관계 • 도형의 구적 ◦ 원주율을 사용하여 원주와 원의 넓이 구하기 ◦ 사다리꼴, 평행사변형, 마름모의 넓이 구하기 ◦ 정육면체와 직육면체의 부피 구하기	• 빠르기의 단위, 시간에 관한 계산 ◦ 속력의 단위명 시속, 분속, 초속 ◦ 속력의 단위 사이의 관계 ◦ 시간에 관한 덧셈, 뺄셈 ◦ 시간에 관한 곱셈, 나눗셈	• 측정값의 처리 ◦ 이상, 이하, 미만을 써서 어림수의 의미 알아보기 ◦ 참값과 근삿값을 관계 지어 오차의 한계 알아보기
6	• 여러 가지 도형의 구적을 할 수 있게 하고, 양의 측정을 통하여 간단한 근삿값의 정확성, 정밀성을 알게 하며, 그 근삿값을 계산할 수 있게 한다.	• 도형의 구적, 길이, 넓이의 간접 측정 ◦ 길이의 간접 측정 ◦ 정다각형의 넓이 ◦ 기본 입체도형의 겉넓이 ◦ 직각기둥, 직원기둥, 불규칙도형의 부피 ◦ 실지 넓이와 축도와의 관계 ◦ 축도를 이용한 실지의 넓이 구하기		• 측정값의 처리 ◦ 오차를 활용하여 근삿값의 정확한 정도 알아보기 ◦ 상대 오차를 활용하여 근삿값의 정밀한 정도 알아보기 ◦ 근삿값의 덧셈과 뺄셈

참고문헌

교육과정교과서연구회(1993). 한국교과교육과정의 변천, 교과서 연구총서 3. 대한교과서주식회사.
김치영 외 6인(1970). 『국민학교 산수교육의 현대화를 위한 교과과정 시안에 관한 연구』. 교육논집. 연세대학교 교육대학원. 39-92.
문교부(1972). 실험용 교과용 도서: 산수 1-1.
문교부(1972). 실험용 교과용 도서: 산수 1-2.
문교부(1972). 실험용 교과용 도서: 산수 2-1.
문교부(1972). 실험용 교과용 도서: 산수 2-2.
문교부(1972). 실험용 교과용 도서: 산수 3-1.
문교부(1972). 실험용 교과용 도서: 산수 3-2.
문교부(1972). 실험용 국민학교 교사용 교과용 도서: 산수 1-1.
문교부(1972). 실험용 국민학교 교사용 교과용 도서: 산수 1-2.
문교부(1972). 실험용 국민학교 교사용 교과용 도서: 산수 2-1.
문교부(1972). 실험용 국민학교 교사용 교과용 도서: 산수 2-2.
문교부(1972). 실험용 국민학교 교사용 교과용 도서: 산수 3-1.
문교부(1972). 실험용 국민학교 교사용 교과용 도서: 산수 3-2.
문교부(1973). 국민학교 교육과정. 문교부령 제310호 별책.
문교부(1973). 산수 1-1.
문교부(1973). 산수 1-2.
문교부(1973). 산수 2-1.
문교부(1973). 산수 2-2.
문교부(1973). 산수 3-1.
문교부(1973). 산수 3-2.
문교부(1973). 산수 4-1.
문교부(1973). 산수 4-2.
문교부(1973). 산수 5-1.
문교부(1973). 산수 5-2.
문교부(1973). 산수 6-1.
문교부(1973). 산수 6-2.
문교부(1973). 국민학교 교사용 도서, 산수 5-2.
문교부(1973). 국민학교 교사용 도서, 산수 6-2.
문교부(1973). 국민학교 교육과정 해설. 교육과학사.
문교부(1973). 실험용 교과용 도서: 산수 4-1.
문교부(1973). 실험용 교과용 도서: 산수 4-2.
문교부(1973). 실험용 교과용 도서: 산수 6-2.
문교부(1979). 국민학교 교육과정. 문교부 고시 제424호.
이영덕(1980). 산수배움책 2-2. 한국교육개발원.
이영덕(1980). 산수배움책 6-1. 한국교육개발원.
이영덕(1980). 산수배움책 6-2. 한국교육개발원.
장운식(1973). 개천 산수과 지도. 새 교육과정의 개편 방향과 그에 따른 교과서 편찬 취지.
최혜령(2021). 우리나라 초등학교 수학 교과서 변천에 관한 연구. 서울교육대학교 교육전문대학원 박사학위논문.
홍웅선(1973). (새교육과정 운영을 위한) 학습지도자료. 상. 고금문화사.
홍웅선(1973). 新教育課程의 研究, 世大學校出版部.
홍웅선(1973). 국민학교 교육과정 해설 및 학습지도의 전개 시리즈. 1-11. 서울신문사 출판국

Ⅶ. 제4차 교육과정의 초등수학교육

1980.8.27	1981.12.31	1982.3.1	1983.3.1	1987.6.29	1987.6.30
전두환 정부 출범	제4차 교육과정 개정	국민학교 1, 2, 3학년 적용	국민학교 4, 5, 6학년 적용	6.29 민주화 선언	제5차 교육과정 개정

1 배경

1981. 12. 31. 문교부령 제442호
국민학교 교육과정 공포

제4차 교육과정은 **연구개발형(R & D) 교육과정**이라는 점에서 이전의 교육과정 개발과 다르다. 이러한 변화는 1972년 설립된 한국교육개발원[1]이 1979년에 교육과정 연구 개발 전담기구로 지정되면서 더욱 가속화된 것으로 보인다.

문교부는 제4차 교육과정 개정을 위해 1979년 국민학교 교육과정, 1980년 중학교, 1981년 고등학교의 순으로 단계적인 교육과정 개정 계획을 수립하였다. 그런데 1979년 10.26 사건[2] 이후 설치된 '국가보위비상대책위원회[3]'가 1980년 7월 30일 '교육의 정상화 및 과열 과외 해소 방안'이라는 교육개혁 조치[4]를 발표하였다. 이 개혁조치에는 '과외 금지'와 '초·중등학교 교육내용의 양 축소와 수준의 하향 조정'이 포함되었다. 제3차 교육과정의 초·중등 교육내용 학습량이 지나치게 많고 난해한 것이 과외의 원인이라고 보고, 이를 해결하기 위하여 초·중등학교의 교육과정을 축소, 조정하는 것이 필요하다고 보았다.

문교부는 애초의 개정 계획을 변경하여 한국교육개발원에 '유치원, 국민학교, 중학교, 고등학교 교육과정 개정안 연구 개발'을 새롭게 위탁하였다. 교과목 수를 줄이고, 내용 수준을 하향 조정하는 것이 주요 위탁내용이었다. 그 당시 한국교육개발원에서는 종래의 교육 방송

1) 제3차 교육과정까지는 편수관이 교육과정을 개발 및 결정하는 체제로 이른바 문교부 편수관 주도형이었다. 그런데 교육과정 개정 방식이 연구기관 위탁형으로 전환됨으로써 문교부와 연구기관인 한국교육개발원 사이에 새로운 역할 분담체계가 마련되었다. 즉, 문교부는 교육과정 및 교과서의 개발에 관한 기본 계획 등의 수립, 교육과정 및 교과서 심의기구 구성과 심의회 운영, 개정 최종안 확정 및 고시 등의 정책 기획, 지원 업무를 담당하고, 한국교육개발원은 교육과정 및 교과서 내용에 관한 연구 개발을 담당하였다.

2) 1979년 10월 26일 서울 종로구에서 중앙정보부 부장 김재규가 대통령 박정희를 살해한 사건

3) 신군부가 통치권을 확립하기 위하여 설치한 기관

4) 흔히 '7·30 교육개혁'으로 불린다. 제5공화국의 문교정책으로 추진되었다. 대학입시 본고사의 폐지(1981), 초·중·고교의 교육과정 전면 개정, 국민학교 1, 2학년의 통합교과제 도입, 교육대학의 4년제화, 새로운 형태의 교육세 신설(1981)과 지방 교육재정 교부금법의 개정(1982), 교직수당의 신설과 연차적 인상, 초·중등 교원 간의 호봉격차 해소, 이데올로기 비판교육의 강화, 교육과정과 교과용 도서의 개편, 중학교 의무교육의 연차적 실시, 학술진흥재단의 설립, 대학교육협의회 창설, 사회교육법의 제정, 유아교육의 진흥, 청소년 단체의 육성, 스승의 날 제정, 사도헌장의 제정, 교실중심의 교육행정체제로의 전환, 해외유학 문호개방, 사립교원의 공립 전입, 노인교실의 설치, 초등 과학실험 조교 제도 실시, 교원의 잡무 및 당직 경감, 교육개혁심의회 설치(1985) 등의 정책이 추진되었다.
한편 1980년대에는 교원대학교가 설치되고 교육대학이 개편되는 등 교사양성기관이 확충되었다. 교육대학은 7·30 교육개혁에 의하여 수업연한을 2년에서 4년으로 연장하도록 하였다. 1981년에는 서울, 부산, 광주의 교육대학을, 1982년에는 대구, 인천, 공주의 교육대학을, 1983년에는 진주, 춘천, 전주의 교육대학을, 1984년에는 청주와 제주의 교육대학을 4년제로 개편하였다. 그리고 1985년에는 종합 교원양성기관으로 한국교원대학교를 충청북도 청원군에 설립하였다. 교원대학은 3개 대학과 대학원으로 조직되었다. 제1대학에서는 유아교사와 초등교사를, 제2대학과 제3대학에서는 중등교사를 양성하였다.(피정만, 2010)

및 기초 교육 연구 분야에 국한되어 있었던 연구 업무 영역을 개정하여 교육과정 및 교과서 관계 연구로 확장시키고 1978년부터 교육과정 기초 연구에 이미 착수하고 있었는데, 특히 새 교육과정의 방향 탐색 세미나 개최 및 관련 기초 연구를 끝내고 많은 보고서를 낸 바 있어[5], 교육과정 시안의 연구·개발을 위탁받은 한국교육개발원에서는 당시까지의 기초 연구를 토대로 교육과정의 개정을 위한 기초 연구(1980.12.31.)와 총론 시안(1981.3.31.)을 문교부에 답신 보고하였다.

이 답신 보고를 기초로 하여 문교부에서는 총론 시안에 대한 심의(4.1~30.)와 수정, 보완의 과정을 거쳐 각론에 대한 심의(8.1~31.)와 개정안에 대한 공청회(11.20.), 2차 심의회(교과별, 학교별 소위원회 및 운영 위원회)를 통해 다양한 의견을 종합적으로 수렴한 후, 1981년 12월 31일자로 문교부 고시 제442호로 제4차 교육과정을 확정, 고시하였다.

| [표 VII-1] 제4차 교육과정 개정 절차 |

절차	주요내용 또는 활동	일시	담당기관
정책결정 계획수립	국민정신 교육내용의 체계화 전인교육의 강화 교과목 축소, 내용의 양과 수준 적정화	1980.9	문교부
기초연구	국민·사회의 요구조사 학생·교원·학부모 필요조사 교육과정의 국제비교 현행 교육과정 분석	1980.12	한국교육개발원
총론시안	구성의 방향(전문·강조점) 교육목표·편제·시간 배당 운영 지침	1981.3	한국교육개발원
심의	학교별 소위원회 개최 운영위원회 개최	1981.4	문교부
각론시안	교과 및 특별활동의 목표 지도내용·유의점	1981.7	한국교육개발원
심의	교과별 소위원회 개최	1981.8	문교부
개정안	총론·각론	1981.9	한국교육개발원
심의	학교별 소위원회 개최 교과별 소위원회 개최 운영위원회 개최	1981.10	문교부
수정	최종 수정·보완	1981.11	문교부
확정	고시	1981.12	문교부

- 1982년 3월 1일: 국민학교 1, 2, 3학년 적용 시작
- 1983년 3월 1일: 국민학교 4, 5, 6학년 적용 시작

5) 예를 들면, 교육과정 개발의 원리(1978), 교육과정 국제 비교(1979), 교과서 및 교육과정 개발을 위한 기초 연구 (1), (2), (3), (4)(1980), 교육과정의 방향 탐색(1979), 국민학교 교육과정 개선 연구(1979), 교과서 구조 개선에 관한 연구(1979), 초·중등학교 교육과정 개선을 위한 기초 연구(1980) 등이다.

| [표 VII-2]한국교육개발원의 1980년대 교육과정 연구·개발 관련 연구 |

연도	연구제목
1980	초·중등학교 교육과정 개선을 위한 기초 연구(RR-126)
1981	교육과정 개정안(총론)의 연구·개발(RR-133)
1983	국민학교 교육과정 평가 연구(I)(RR83-05), (II) : 1983, 1984, 1985년 간의 학생의 학업 성취도 비교(RR84-14), (III) : 교육 과정 운영의 적절성 평가(RR84-15)
1983~1985	초등학교 교육과정 국제비교연구(RR83-21), 중학교(RR84-01), 고등학교(RR85-15)
1984	교과통합의 내실을 위한 초등학교 교육과정 개선안의 탐색(RR84-18)
1986	교육과정 개정을 위한 기초연구(RR86-01)

2 총론의 특징

가. 학문 중심 교육과정에 대한 반성

학문 중심 교육과정을 추구한 제3차 교육과정에서는 지식체계와 탐구 방법을 강조하였다. 그런데 이것이 지나치다 보니 개인적 차원의 인간교육이 소홀히 다루어졌다고 보는 것이 제4차 교육과정의 주요 관점이다. 제4차 교육과정은 사회적 차원에서 국민 정신교육을 체계화하고, 학문적 차원인 과학교육을 비롯한 기초교육을 강화하고, 개인적 차원에서 인간교육을 강조하였다.

| [표 VII-3] 제4차 교육과정의 주요 관점 |

사회적 차원	학문적 차원	개인적 차원
국민 정신교육 체계화	과학교육 등 기초교육 강화	인간 교육

특히 제3차 교육과정에 대한 비판이 강하게 일었다. 교과의 학문적 구조와 발견, 탐구 학습의 강조로 인해 수학, 과학 등 일부 교과에서 학습 내용이 너무 어려워졌다는 점, 순수 지식, 추상적 지식을 지나치게 강조하여 저학년 교과목에서부터 어려운 개념이 도입되었다는 점, 지식의 실용적인 측면을 소홀히 하여 일상생활과 관련한 문제해결이라는 측면이 소홀히 다루어진 점 등이 지적되었다.

제4차 교육과정은 학문 중심 교육을 탈피하여 인간의 전체적, 통합적, 조화적 성장을 돕는 것을 표방하였다. 기초교육, 일반교육, 전인교육, 인간교육의 강화를 표방하는 인간 중심적 교육과정으로 그 기본방향이 설정되었다. 어느 한 사조나 이념만을 반영하는 교육과정이 아닌 종합적이고 복합적인 성격을 지닌 것이었다. 이전의 교과 중심, 경험 중심, 학문 중심의 입장 위에 변화하는 미래에 대한 인식을 강조하는 미래지향적 교육과정의 정신이 반영되고, 인간 중심 교육과정으로서의 성격을 반영하여 개인적, 사회적, 학문적 적합성을 갖춘 교육과정을 지향하였다.

「국민학교 교육과정 해설서」 머리말 중에서

1973년 제3차 교육과정의 개정은 건국 이후 가장 특색 있는 변혁을 추구하였다. 1957년 소련의 스푸트니크 쇼크가 잠자던 미국을 깨워서는 커다란 사건을 계기로 과학교육과정은 일대 변화를 가져왔다. 지금까지의 교육내용과 방법으로는 폭발적으로 팽창하는 지식을 뒤쫓을 수 없고 급변하는 사회적 역동성에 적응할 수 없다는 비판이 교육계에 경각심을 불러일으켰다. 그 결과 교육과정은 학문 중심으로 변모하고 우리나라도 이를 좇지 않을 수 없게 되었다.

그러나 1973년 개정교육과정을 10여 년 시행하는 동안 우리는 새로운 문제에 부딪치게 되었다. 예컨대, 급속한 공업화 및 산업발전과 비정상적인 도시화로 인간소외, 비인간화, 각종 공해를 맛보면서 인간 상실을 우려하지 않으면 안 되게 되었다.

> 또한 지나친 학문중심 교육과정의 편향으로 교과 간의 벽은 그 어느 때보다도 높아져 교육 효과마저 저하시키는 결과를 가져왔다. 이 시점에서 시대적 요청과 사회적 요구를 반영하는 교육과정의 새 구상과 설계가 불가피하게 되었다. 따라서 이런 시대적 요청에 부응하여 개정된 교육과정이 1981년 12월 31일 문교부에 의해 선포되기에 이르렀다.

나. 교과목 간의 통합 운영 시도

제4차 교육과정 개정의 주요 특징의 하나로 **교과목 간의 통합 운영을 처음으로 시도한** 점을 꼽을 수 있다. 국민학교 1, 2학년의 경우 교육과정에서 교과 편제는 교과별로 하되 수업 시간 배당은 통합군으로 배당하였다. 도덕, 국어, 사회를 통합하여 '바른생활'로, 산수, 자연을 통합하여 '슬기로운 생활'(1학년)로, 체육, 음악, 미술을 통합하여 '즐거운 생활'로 편찬하였다.

편제상 교과목명은 그대로 유지하면서 수업 시간을 통합하여 운영하였다.

국민학교 1, 2학년 교육과정 편제

- 도덕, 국어, 사회 ➡ 바른생활 (1, 2학년)
- 산수, 자연 ➡ 슬기로운 생활 (1학년)
- 체육, 음악, 미술 ➡ 즐거운 생활 (1, 2학년)
- (신입생 적응용 교과서) ➡ 우리들은 1학년 (1학년 3월)

한편 1학년 초 1개월간은 전 교과를 통합한 신입생 오리엔테이션 프로그램으로서 『우리들은 1학년』이라는 교과서를 사용하였다. 이는 우리나라 교육과정에서 처음 있는 일이었다. 이 시기에는 일상생활 및 학습에 관련된 기본 개념의 형성과 기능의 습득이 중요하며, 언어 능력, 수리 능력, 공간지각 능력 등을 다양한 활동 속에서 통합해 집중적으로 지도할 수 있다고 보았다.

| [표 VII-4] 제4차 교육과정 시기의 국민학교 교육과정의 편제와 시간 배당 기준 (1981. 12. 31) |

구분 \ 학년		1학년	2학년	3학년	4학년	5학년	6학년
교과활동	도 덕	374 (11)	374 (11)	68(2)	68(2)	68(2)	68(2)
	국 어			238(7)	204(6)	204(6)	204(6)
	사 회			102(3)	102(3)	136(4)	136(4)
	산 수	204 (6)	136(4)	136(4)	136(4)	170(5)	170(5)
	자 연		68(2)	102(3)	136(4)	136(4)	136(4)
	체 육	204 (6)	238 (7)	102(3)	102(3)	102(3)	102(3)
	음 악			68(2)	68(2)	68(2)	68(2)
	미 술			68(2)	68(2)	68(2)	68(2)
	실 과				68(2)	68(2)	68(2)
	계	782(23)	816(24)	884(26)	952(28)	1,020(30)	1,020(30)
특별 활동				34~(1~)	68~(2~)	68~(2~)	68~(2~)
총 계		782(23)	816(24)	918~(27~)	1,020~(30~)	1,088~(32~)	1,088~(32~)

(출처) : 문교부 고시 제442호, 국민학교 교육과정, 1981. 12. 31., p. 94.

* ① 이 표에 배당된 총 시간 수는 연간 34주를 기준으로 한 최소 시간량이고, ( ) 안은 주당 평균 시간 수이다.

② 1, 2학년의 경우, 2~3 교과를 합쳐서 시간을 배당한 것은 통합 교과용 도서 및 자료를 활용하여 해당 교과를 통합 운영하는 것을 나타낸 것이다.

③ 1시간의 수업은 40분을 원칙으로 한다. 다만, 기후, 계절, 학생의 발달 정도, 학습 내용의 성격 등을 고려하여, 이를 실정에 알맞도록 조절할 수 있다.

④ 학교의 특수한 여건이나 교무 형편상 부득이한 사유로 시간 배당 기준에 의한 시간 수를 충당할 수 없을 경우에는, 감독청의 승인을 받아 교과 활동 총 이수 시간의 5%에 해당하는 시간을 감축, 운영할 수 있다.

3 산수과 교육과정의 특징

가. 산수과 교육과정 개정의 방향

1950년대를 기점으로 활발한 움직임을 보이기 시작한 수학교육 현대화 운동은 전 세계적으로 확산되었다. 우리나라도 제3차 교육과정에 수학교육 현대화 운동의 정신을 적극 반영하였다. 그 결과로 집합 개념, 수학적 구조와 논리성, 학습 내용의 조기 도입 등이 강조되었다.

1970년대 중반기에 오면서 수학교육 현대화 운동에 대한 비판의 소리가 높아졌다. 제4차 교육과정에서는 제3차 교육과정의 여러 가지 문제점을 대폭 수정, 보완하였다. 지도 내용 요소의 양을 축소하고 수준을 적정화하는 것을 기본으로 하면서 다음과 같은 개정의 방향을 내세웠다.

① **내용이나 개념의 선정 및 제시 방법은 학습자의 발달 수준, 학교급 간의 관련성을 고려하여 기초적인 지식의 습득을 중시하였다.** 수학교육 현대화 운동을 반영한 1973년의 산수과 교육과정에서는 지나친 이론 위주의 내용이 많이 포함되어, 이들 내용은 중·고등학교의 내용과 겹쳐지는 것도 있었다. 특히 국민학교부터 수학적 구조에 중점을 두고 너무나 지나친 이론 위주의 것이었다.

② **기초연산의 이해를 바탕으로 계산 기능을 강화하였다.** 연산 영역은 원리, 법칙의 이해, 기능의 숙달을 필수로 하고 있으며, 더 나아가 적용의 단계를 포함하였다. 기초연산은 이해 과정으로 머물게 하지 말고 기능의 숙달까지 도달해야만 모든 영역의 기초 학력을 증가 시키는 것으로 보았다.

③ **단계적 교재 구성으로 기본 개념을 보다 더 철저하게 이해 시킬 수 있는 시간을 가지게 하였다.** 지금까지는 나선형 교재 배열을 전제로 한 결과, 각 학년 또는 각 학교급에 중복해서 지도되는 내용이 많았다. 새 교육과정에서는 이렇게 **중복되는 내용은 상급 학교로 넘기고, 기초개념을 철저히 이해시킬 수 있는 시간적 여유를 얻도록 하였다.**

④ 일상생활의 여러 가지 현상을 수리적으로 생각하는 경험을 통한 문제해결력을 강화하였다. 일상생활의 여러 현상을 있는 그대로 볼 것이 아니라, 항상 그 대상을 수학의 세계로 끌어들여 면밀히 관찰함으로써 문제를 해결할 수 있고, 문제해결에 필요한 수학의 기초적인 개념, 원리, 법칙을 이해할 수 있게 하였다. **문제해결력의 강조점으로는 문장제의 해결뿐만 아니라, 말을 식으로 쓰는 일, 식을 보고 말로 표현하는 일, 생활장면을 식으로 써서 해결하는 사고 등이며, 아울러 수학에 관한 흥미를 갖게 하기 위해서 퀴즈와 퍼즐도 포함시킬 수 있다.**

⑤ **발견적인 학습방법을 강조하였다.** 생각하는 절차, 문제 등을 제시하여 학습자들이 어떤 일반화된 공식이나 모형을 발견할 수 있도록 학생 중심, 사고력 배양 중심의 학습 방법을 강조하였다.

나. 제3차 교육과정과 제4차 교육과정의 비교

1) 기본 입장의 차이

제3차 교육과정은 국민교육헌장 이념의 구현을 기본 방향으로 하고 있으며 이를 달성하기 위하여 국민적 자질의 함양과 인격교육의 강화 및 지식 기술교육의 쇄신을 제시하면서 수학교육 현대화 운동을 반영한 산수과 교육 과정의 방향을 다음과 같이 제시하였다.

〈1〉 집합개념의 강조
〈2〉 수학적 구조의 구명
〈3〉 논리의 엄밀성
〈4〉 학습내용의 조기도입
〈5〉 발견적 학습 방법의 강조

이 중 〈1〉~〈4〉항은 너무나 급진적인 변화로서 학문적 교육과정의 강조, 지도내용의 과다로 인한 지도시간의 부족 등의 어려움을 겪게 하는 결과를 낳았다. 제4차 교육과정에서는 지도내용 수준의 적정화로 기초능력에 관한 개념, 원리, 법칙에 충실하게 하고 이를 바탕으로 문제해결력을 가질 수 있도록 하는 것을 기본방향으로 하였다.

2) 목표의 차이

제3차 산수과 교육과정의 일반 목표를 분석해 보면, 그 강조점으로 수학적 대상의 인식, 수학적 구조, 수학적 사고, 수학적 문장의 구성, 수학적 기능, 응용을 들고 있다. 제4차 교육과정에서는 수학적 구조, 응용 대신에 기초적인 원리, 법칙의 이해와 계산 기능의 중시, 문제해결력의 강화를 들고 있다. 구성면에서 차이를 보면, 제4차 교육과정에서는 국민학교 산수과의 전반적인 성격을 나타내는 전문에 이어 지적인 영역, 정의적인 영역, 기초계산기능에 관한 영역으로 항을 나누어 구성하였다.

| [표 VII-5] 제3차, 제4차 교육과정의 산수과 목표 |

제3차 교육과정	제4차 교육과정
1. 일반 목표 (가) 일상 생활의 여러 가지 사물의 현상을 수리적으로 사고하는 경험을 통하여 수학의 기초적인 개념, 원리 법칙을 이해시킨다. (나) 수리적인 사실에 관한 기초적인 원리 법칙을 간결 명확하게 표현하여 활용함으로써 논리적으로 사고하는 태도와 능력을 기른다. (다) 수리적인 사고를 필요로 하는 여러 가지 사실을 합리적으로 처리할 수 있는 기능을 기른다.	**가. 교과 목표** 수학의 초보적인 지식과 기능을 익혀, 일상생활의 여러 가지 문제를 합리적으로 해결할 수 있는 능력과 태도를 기른다. 1) 여러 가지 생활 현상을 수리적으로 고찰하는 경험을 통하여, 수량과 도형에 대한 기초적인 개념, 원리, 법칙을 이해하게 한다. 2) 기초적인 계산의 기능을 익혀, 이를 일상생활에 적용할 수 있는 능력을 가지게 한다. 3) 일상 생활의 여러 가지 사실을 합리적으로 처리하는 생활 습관을 가지게 한다.

3) 내용의 차이

앞서 언급한 대로, 제3차 교육과정의 내용선정에 지대한 영향을 미친 것은 수학교육 현대화 운동이다. 과학기술의 발달, 전자계산기 등으로 가속화되어가는 지식의 양적 확장 현상에 대응하여 수학 내용의 조기 도입과 현대수학의 세계적인 물결이 국민학교에도 직접 흘러들어왔다.

어려워진 수학 내용에 대한 비판이 거세게 일었으며, 그 비판을 받아들여 제4차 교육과정에서는 내용 면에서 많은 변화를 가져왔다. 복잡한 사회 문제에 효과적으로 대응해 나가는 인간을 키우기 위해서는 수학의 각 영역에서 기본적으로 취급되는 개념을 우선적으로 선정하여 기초적인 바탕을 이루어야 한다고 보았다. 특히 내용의 계열성을 고려하여 수학의 초보적인 개념, 원리, 법칙을 다루면서 논리적으로 생각할 수 있는 기틀을 마련해야 한다고 보았다.

(1) 수 영역

- 3학년에서 **순소수의** 도입 이후 대소수도 지도하였다.
- 3학년에서 간단한 단위 분수끼리의 대소 관계를 구체물을 통하여 알아보았다.
- 5학년에서 음의 정수를 도입하던 것을 6학년에서 도입하였다,
- **6학년에서 수의 거듭제곱, 지수법칙은 삭제**하였다.
- **6학년에서 자연수, 정수, 유리수의 모임을 각각 한 집합으로 보고 그의 간단한 구조를 이해하는 내용은 모두 삭제**하였다.
- **2진기수법, 5진기수법의 지도내용은 모두 삭제**하였다.
- **정수를 나눗셈의 나머지에 의해서 분류하여 합동수를 이해시키려는 내용을 모두 삭제**하였다.
- 음수는 정수까지만 도입하고 **음의 유리수의 도입은 삭제**하였다.

(2) 연산 영역

- 수학적 구조를 파악하기 위하여 연산에 있어서 **교환법칙, 결합법칙, 분배법칙을 형식화하여 이해시킨 점을 지양**하고 다만 **연산을 보다 효과적으로 이해하고 처리할 수 있도록 덧셈, 곱셈에 관한 교환성, 결합성, 분배성을 이해하게 하였다.**
- 1, 2, 3학년에서 미지항이 있는 등식에서 알맞은 원소를 알아볼 수 있게 한 것은 약화하여 취급하고 부등식에서 알맞은 원소를 찾게 하는 것은 6학년에서 취급하게 하였다.
- 2학년에서 곱셈의 역연산으로 나눗셈을 이해하도록 한 것을 곱셈과 나눗셈을 각각 도입하고 그 후에 이들 사이의 역연산 관계를 다루었다.
- 4학년에서 정수에 관한 연산을 모두 지도하도록 한 것을 (네 자릿수)×(네 자릿수), (네 자릿수)÷(세 자릿수)로 제한하여 기초계산 능력 이외의 부담을 주지 않게 하였다.
- 5학년에서 지도하던 수판셈의 가감산을 6학년에 일부 넘겨서 지도 하였다.
- **5학년에서 간단한 수학적 문장에서 '이거나', '이고', '그리고' 또는 '이다' '아니다'의 뜻을 알아보게 한 것은 모두 삭제하였다.**
- **6학년에서 사칙계산 이외의 연산법 모두 삭제하였다.**
- **6학년에서 음의 유리수의 덧셈과 뺄셈을 삭제하였다.**
- 3학년에서 수학적 문장에 대한 참, 거짓을 변별하는 것은 4학년에서 다루었다.
- **2학년에서 곱셈 구구를 써서 두 수의 곱으로 '인수'을 알아보게 하는 것은 삭제하였다.**

(3) 도형 영역

- **1학년에서 합동도형의 관찰하기는 삭제하였다.**
- 2학년에서 삼각형, 사각형의 변, 꼭짓점과 관계지어 원의 성질을 알아보기는 3학년에서 약화하여 취급하였으며 **직육면체와 관련지어 입체의 구성 관계를 알아보기는 삭제하였다.**
- **3학년에서 접어보기를 통한 평면도형의 이동관계 알아보기와 단일폐곡선의 영역과 경계 알아보기는 삭제하였다.**
- 3학년에서 입체도형의 겨냥도 알아보기는 5학년에서 전개도를 다룰 때 통합하여 다루었다.
- 4학년에서 이등변삼각형, 정삼각형의 상호관계, 평행사변형, 사다리꼴, 마름모의 상호관계, 정육면체와 직육면체의 상호 관계 알아보기는 약화하여 5, 6학년에서 다루었다.
- **4학년에서 그림자, 안내도를 활용하여 간단한 평면도형의 위상적, 사영적 변환의 성질 알아보기는 삭제하였다.**

(4) 측도 영역

- **1, 2학년에서 지도하게 한 화폐의 단위에 대해서는 모두 삭제하였다.**
- **3학년에서 임의 단위로 넓이를 측정하도록 한 것을 삭제하였다.** 이것은 넓이뿐만 아니라 모든 측정치의 단위를 도입할 때에는 임의 단위로부터 보편 단위로 지도하는 것이 보통인데 넓이에만 제시되어 있다는 것이 오히려 제한하는 느낌이 들어 삭제한 것이다. 따라서 여기서는 이를 지도하지 않기 위하여 삭제한 것이 아니고 모든 단위의 도입과정에서 임의 단위를 지도할 수 있게 하기 위하여 삭제한 것이다.
- 4학년에서 지도하는 측정값의 처리로써 올림, 버림은 5학년에서 측정값과 오차의 지도와 함께 다루었다.
- **5학년에서 오차의 한계를 지도하도록 되어 있는 것을 삭제하였다.**
- **6학년에서 근삿값의 정밀도와 정확도 및 근삿값의 덧셈과 뺄셈, 불규칙 도형의 부피 구하기는 모두 삭제하였다.**

(5) 관계 영역

- 이 영역에서 다루는 내용 분야로는 통계, 집합, 수리관계, 방정식과 함수, 문제해결을 다루었다.
- 통계에서 5학년에서 그림그래프와 간단한 평균을 구하고 집합은 4학년에서 6학년에 걸쳐 용어와 기호, 합집합, 교집합, 여집합, 전체집합을 다루며 수량 관계에서는 5~6학년에 걸쳐 비와 비율, 비의 활용과 연비를 다루며 방정식과 함수에서는 4~6학년에 걸쳐 간단한 방정식 만들기, 문자를 사용한 방정식, 정비례, 반비례, 일차함수와 그래프를 다루고, 문제해결에서는 전학년에 걸쳐서 입식 과정, 문장제 해결, 실생활에 수리적 사고의 적용 등을 취급하였다.
- 5, 6학년에서 지도하도록 한 확률은 6학년에서 어떤 사건이 일어나는 경우의 수만을 다루며 특정한 사전이 일어나는 경향만을 교재에서 가볍게 다루었다.
- 6학년에서 자료를 조사 분류한 것을 구간에 대한 도수로 표시하여 나타내는 것까지는 취급하되 **도수분포표에서 대푯값으로 평균을 구하는 것은 삭제하였다.**

지금까지 살펴본 제3차 교육과정과 제4차 교육과정의 내용 비교 결과를 다음과 같이 표로 정리할 수 있다.

| [표 VII-6] 제3차, 제4차 교육과정의 내용 비교 |

구분		제3차 교육과정	제4차 교육과정	비고
기본 입장		• 집합 개념을 중시 • 수학적 구조에 중점 • 논리의 엄밀성 강조 • 학습 내용의 조기 도입 • 발견적 학습 방법의 강조	• 수리적인 사고 및 경험을 통한 수학의 기초적인 개념, 원리, 법칙을 강조 • 기초적인 연산의 계산 원리, 방법과 기능의 숙달 • 문제해결력의 강화 • 발견적인 학습 방법의 강조	• 집합 개념, 수학적 구조, 논리의 엄밀성을 약화시킴
목표	교과목표	• 수학적 대상의 인식 • 논리적인 사고의 강조 • 수학적 구조 • 수학적 문장 • 수학적 기능 및 응용	• 수리적인 사고, 경험을 통한 수학의 기초적인 개념, 원리, 법칙 강조 • 합리적으로 처리하는 생활 습관 • 기초적인 계산 원리와 기능을 익혀 일상 생활에 적용	• 3차 교육과정에서 일반목표 3항을 제시하던 것을 4차 교육과정에서는 전반적인 진술 후에 지적 영역, 정의적 영역, 계산 기능의 영역으로 나누어 진술
	학년목표	• 영역별로 주된 내용을 뽑아 5개 항목씩 진술	• 영역별로 주된 내용을 뽑아 5개 항목씩 진술	• 현행과 같은 방법으로 진술
내용		• 집합 개념을 중시함 • 수학적 구조, 논리 엄밀성을 다룰 수 있는 내용을 강화 • 내용의 영역은 수, 연산, 도형, 관계, 측도로 분류함, • 수학적인 용어나 기호를 조기 도입	• 집합개념, 합동수, 거듭제곱과 지수, 함수관계, 확률개념, 근삿값과 오차의 개념 등 많은 내용을 삭제 또는 경감시킴 • 내용의 영역은 수, 연산, 도형, 관계, 측도로 분류하되, 관계 영역에서 문장제, 집합의 내용을 포함시킴 • 학년 간의 내용의 중복과 비약을 피함	**삭제된 내용** • 1학년: 합동도형 관찰, 화폐단위 • 2학년: 집합에 이름 붙이기 • 3학년: 보측, 목측, 닮은 도형 관찰 • 4학년: 곱집합, 도형의 위상적 사영적 성질 • 5학년 : 확률, 시간의 곱셈과 나눗셈, 근삿값에서 오차의 한계, 참값의 존재 범위 • 6학년: 수집합의 구조, 거듭제곱과 지수, 합동수와 그의 계산, 음의 유리수, 도수분포표에서 평균, 상대오차와 절대오차 **학년간의 이동이 된 내용** • 집합, 집합연산, 시간계산, 유리수의 나눗셈, 수판셈, 등식의 성질 **강화된 내용** • 문제풀기, 계산 기능
지도상의 유의점		• 발견적인 학습을 통한 자주적, 창조적인 사고를 강조 • 수학적 용어의 조기 사용 권장 • 영역별로 유의점 진술	• 학습지도에서 계통적인 학습단계를 고려하여 발견적인 학습을 통한 자주적, 창조적 사고의 강조 • 평가에서 각 단계별 확인을 강조 • 영역별로 유의점 진술	

| [참고 VII-1] 제4차 교육과정의 전학년 목표 및 내용 체계표 |

		1학년	2학년	3학년	4학년	5학년	6학년
수 영역	정수	• 0에서 99까지의 수	• 999까지의 수	• 9999까지의 수	• 0과 자연수	• 약수, 배수	• 음의 정수
	분수		• 간단한 진분수	• 동분모 분수 • 단위분수	• 가분수 • 대분수	• 약분, 통분	
	소수			• 소숫점 이하 한 자리의 수	• 소수, 대소수		
연산영역	정수	• 받아올림(내림)이 없는 덧셈(뺄셈)	• 받아올림(내림)이 1회 있는 덧셈(뺄셈) • 곱셈구구 • 나눗셈의 기초	• 받아올림(내림)이 2회 있는 덧셈(뺄셈) • 곱셈 • 나눗셈	• 큰수의 사칙 • 덧셈 • 뺄셈 • 곱셈 • 나눗셈	• 정수의 사칙 • 혼합계산	• 음의 정수 • 덧셈 • 뺄셈 • 수판셈
	유리수			• 간단한 동분모의 덧셈과 뺄셈 • 간단한 소수의 덧셈과 뺄셈	• 분수의 덧셈과 뺄셈 • 소수의 덧셈과 뺄셈	• 분수 • 덧셈과 뺄셈 • 분수와 정수의 곱셈, 나눗셈 • 소수 • 소수끼리의 곱셈 • 소수와 정수의 나눗셈	• 제수가 분수, 소수인 나눗셈 • 혼합계산
도형영역	평면도형	• 기본도형의 관찰	• 평면도형의 관찰	• 선의 종류 • 각 • 삼각형 • 원	• 평행과 수직 • 각 • 삼각형 • 사각형	• 합동 • 대칭 • 원주율	• 닮음
	입체도형	• 기본도형의 관찰	• 입체도형의 구성요소			• 각기둥, 원기둥	• 회전체
측도영역	길이	• 길이의 비교	• 길이의 단위 cm, m	• 길이의 단위 mm, km	• 넓이 cm^2, m^2	• 넓이 a, ha, km^2	
	시간	• 시각(몇시 반)	• 시각(분) • 시간		• 시각(초)		• 시간의 계산(시속, 분속, 초속)
	각도 무게 들이			• 무게(g, kg) • 들이(l, dl)	• 각의 크기	• 부피(cm^3, m^3, kl) • 무게(t) • 직육면체의 부피	• 입체의 부피
	근삿값		• 못된다, 더된다	• 약	• 반올림	• 근삿값 • 참값, 근삿값 • 올림, 버림 • 이상, 이하, 미만, 초과	• 근삿값의 처리
관계영역	집합				• 집합과 원소	• 합집합, 교집합, 공집합	• 여집합, 전체집합
	통계		• 그림그래프	• 막대그래프	• 꺾은선그래프	• 자료의 정리(그림그래프)	• 비율그래프
	문장제 방정식 함수 수량 단계	• 가감산	• 승제산	• 대응규칙	• 대응규칙	• 방정식세우기(문자사용)	• 등식의 성질 • 함수와 그래프 • 비의 활용 • 경우의 수

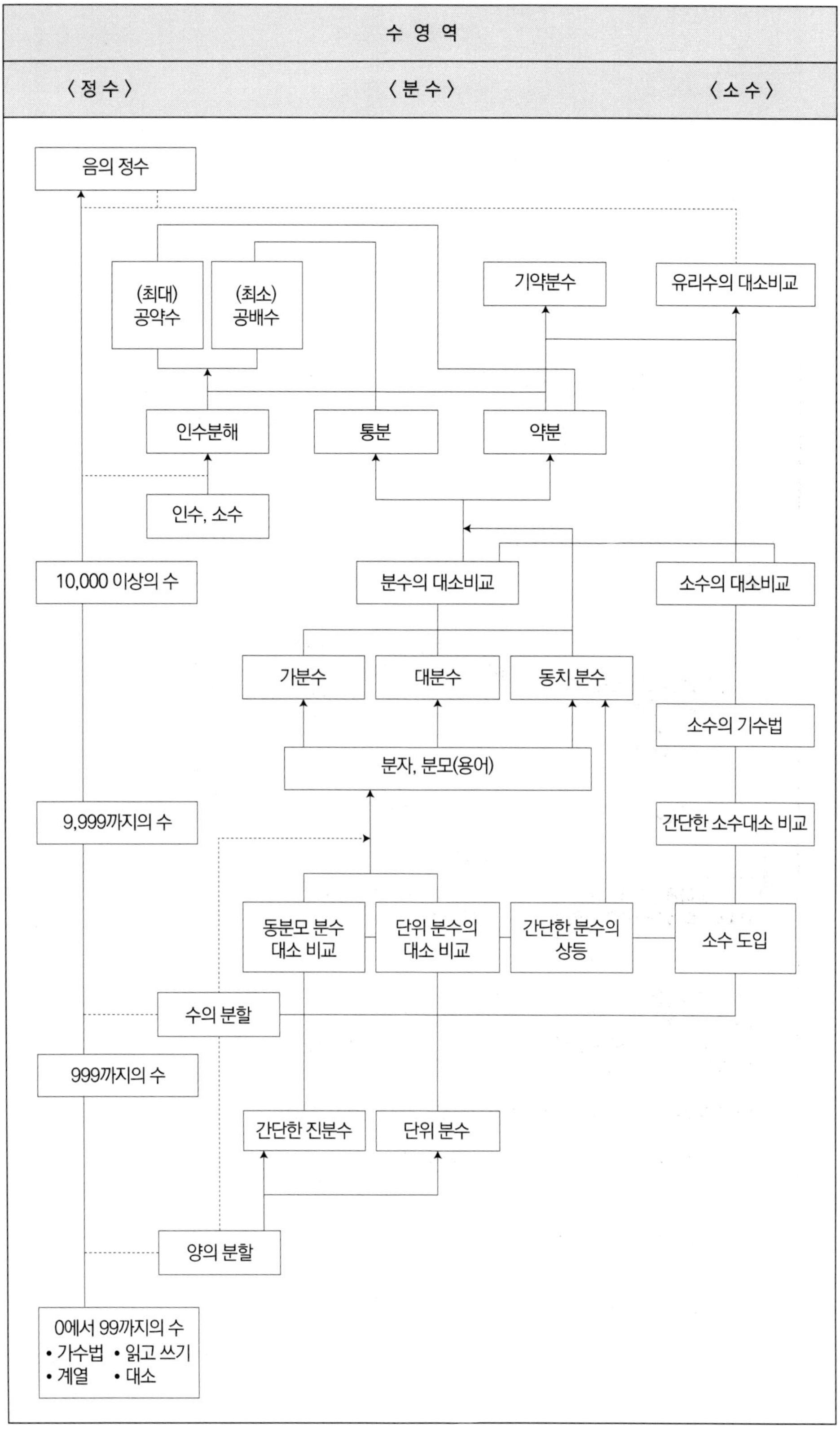
수 영 역
〈정 수〉
〈분 수〉
〈소 수〉
음의 정수
(최대) 공약수
(최소) 공배수
기약분수
유리수의 대소비교
인수분해
통분
약분
인수, 소수
10,000 이상의 수
분수의 대소비교
소수의 대소비교
가분수
대분수
동치 분수
소수의 기수법
분자, 분모(용어)
9,999까지의 수
간단한 소수대소 비교
동분모 분수 대소 비교
단위 분수의 대소 비교
간단한 분수의 상등
소수 도입
수의 분할
999까지의 수
간단한 진분수
단위 분수
양의 분할
0에서 99까지의 수
• 가수법 • 읽고 쓰기
• 계열 • 대소

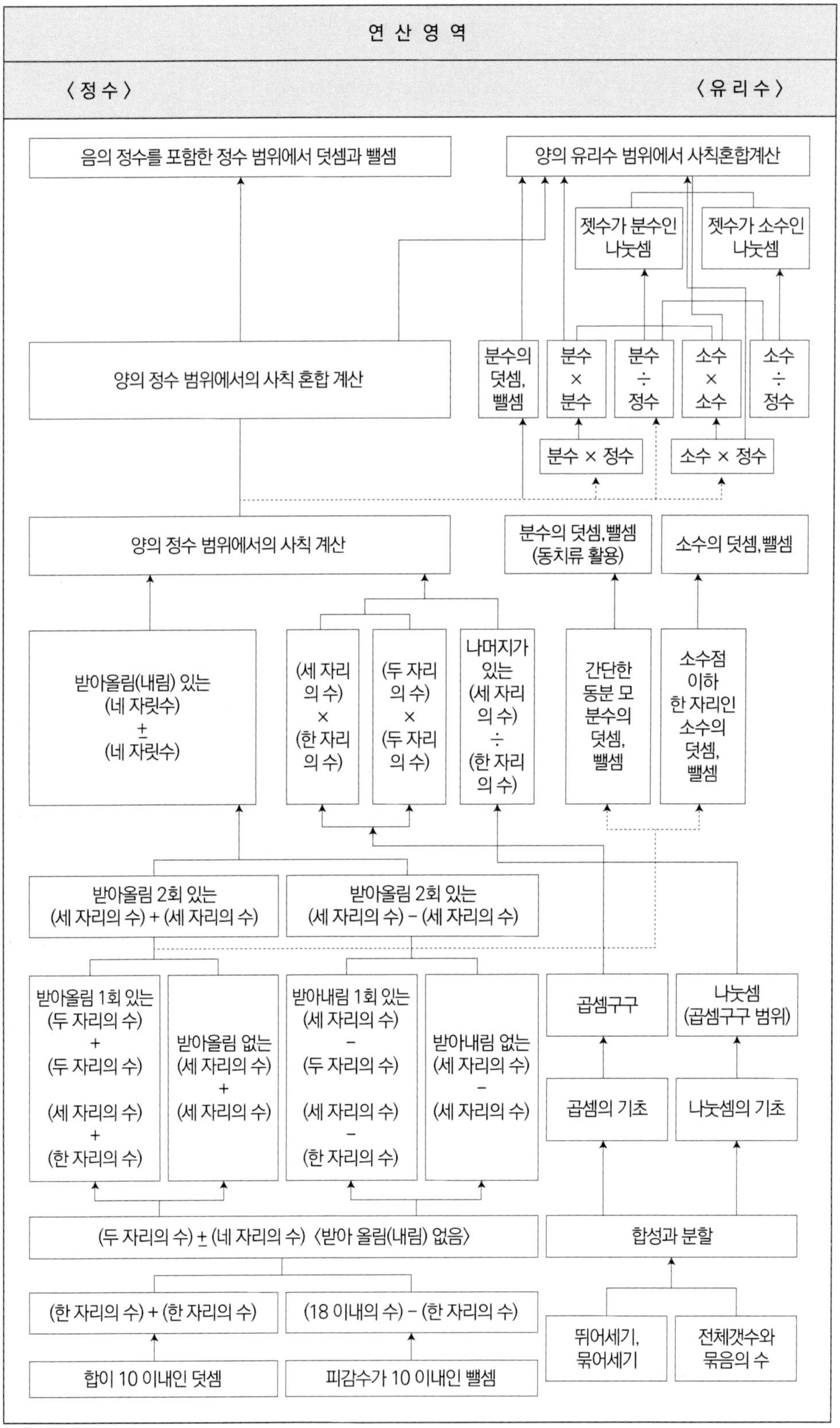
연 산 영 역
〈정수〉
〈유리수〉
음의 정수를 포함한 정수 범위에서 덧셈과 뺄셈
양의 유리수 범위에서 사칙혼합계산
제수가 분수인 나눗셈
제수가 소수인 나눗셈
양의 정수 범위에서의 사칙 혼합 계산
분수의 덧셈, 뺄셈
분수 × 분수
분수 ÷ 정수
소수 × 소수
소수 ÷ 정수
분수 × 정수
소수 × 정수
양의 정수 범위에서의 사칙 계산
분수의 덧셈, 뺄셈 (동치류 활용)
소수의 덧셈, 뺄셈
받아올림(내림) 있는 (네 자릿수) ± (네 자릿수)
(세 자리 의 수) × (한 자리 의 수)
(두 자리 의 수) × (두 자리 의 수)
나머지가 있는 (세 자리 의 수) ÷ (한 자리 의 수)
간단한 동분 모 분수의 덧셈, 뺄셈
소수점 이하 한 자리인 소수의 덧셈, 뺄셈
받아올림 2회 있는 (세 자리의 수) + (세 자리의 수)
받아올림 2회 있는 (세 자리의 수) − (세 자리의 수)
받아올림 1회 있는 (두 자리의 수) + (두 자리의 수) (세 자리의 수) + (한 자리의 수)
받아올림 없는 (세 자리의 수) + (세 자리의 수)
받아내림 1회 있는 (세 자리의 수) − (두 자리의 수) (세 자리의 수) − (한 자리의 수)
받아내림 없는 (세 자리의 수) − (세 자리의 수)
곱셈구구
나눗셈 (곱셈구구 범위)
곱셈의 기초
나눗셈의 기초
(두 자리의 수) ± (네 자리의 수) 〈받아 올림(내림) 없음〉
합성과 분할
(한 자리의 수) + (한 자리의 수)
(18 이내의 수) − (한 자리의 수)
뛰어세기, 묶어세기
전체갯수와 묶음의 수
합이 10 이내인 덧셈
피감수가 10 이내인 뺄셈

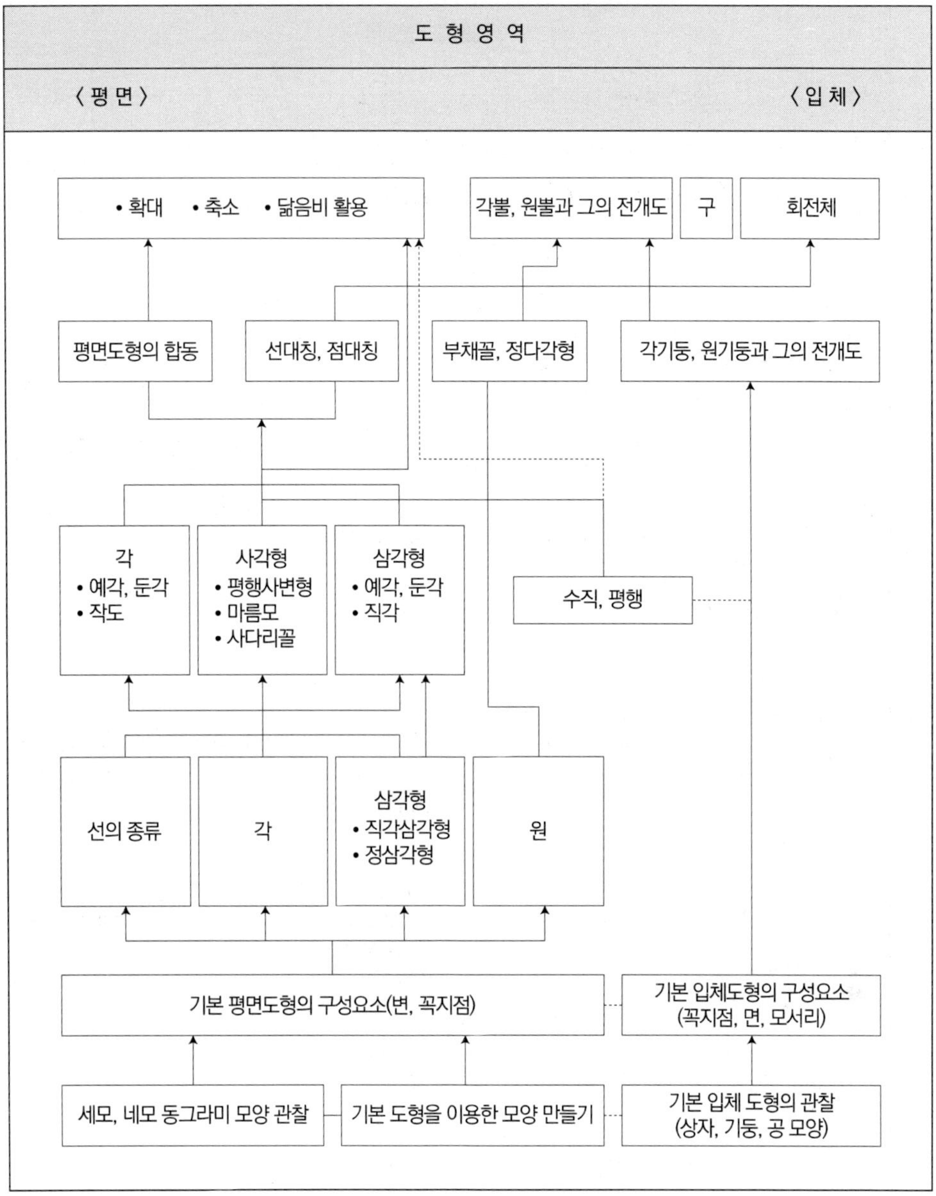
도 형 영 역
〈평 면〉
〈입 체〉
• 확대 • 축소 • 닮음비 활용
각뿔, 원뿔과 그의 전개도
구
회전체
평면도형의 합동
선대칭, 점대칭
부채꼴, 정다각형
각기둥, 원기둥과 그의 전개도
각
• 예각, 둔각
• 작도
사각형
• 평행사변형
• 마름모
• 사다리꼴
삼각형
• 예각, 둔각
• 직각
수직, 평행
선의 종류
각
삼각형
• 직각삼각형
• 정삼각형
원
기본 평면도형의 구성요소(변, 꼭지점)
기본 입체도형의 구성요소
(꼭지점, 면, 모서리)
세모, 네모 동그라미 모양 관찰
기본 도형을 이용한 모양 만들기
기본 입체 도형의 관찰
(상자, 기둥, 공 모양)

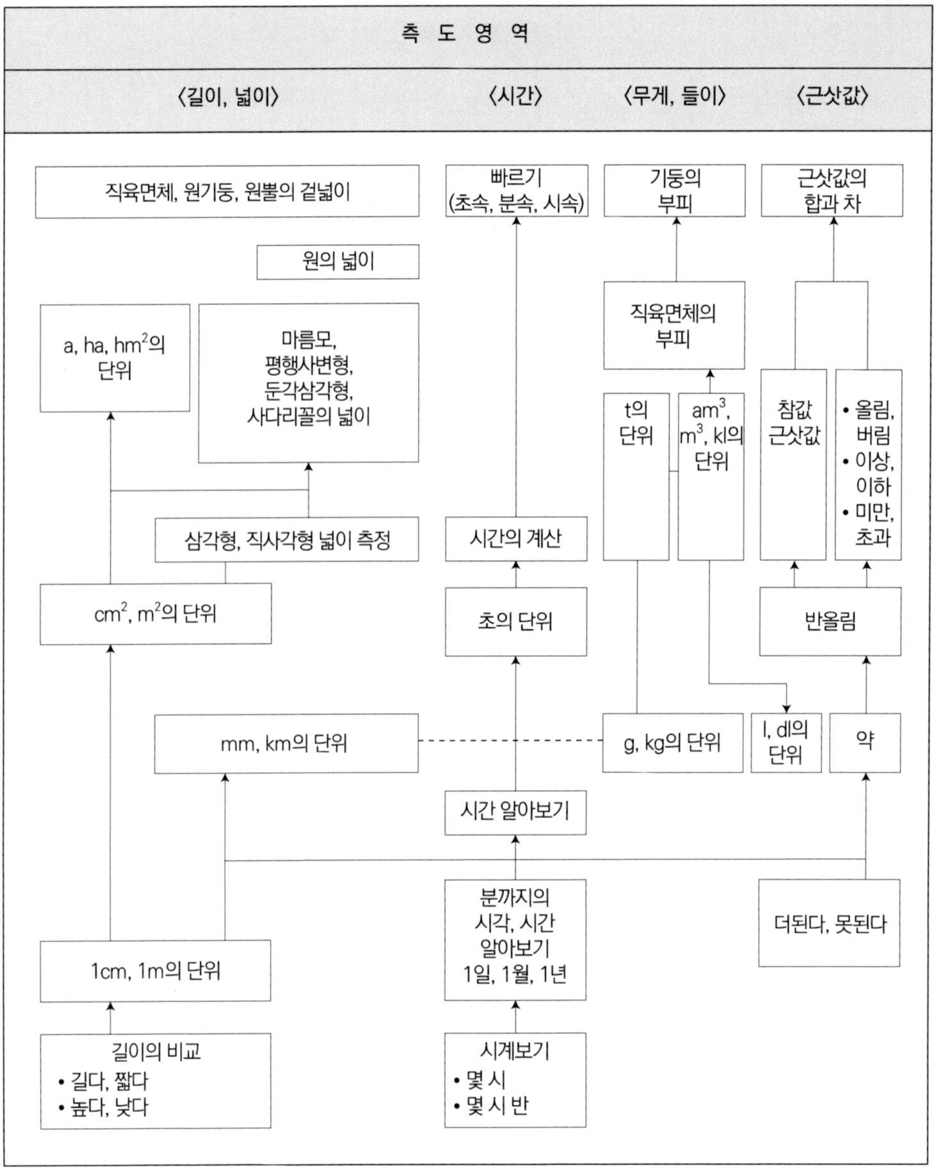
측 도 영 역
〈길이, 넓이〉
〈시간〉
〈무게, 들이〉
〈근삿값〉
직육면체, 원기둥, 원뿔의 겉넓이
빠르기 (초속, 분속, 시속)
기둥의 부피
근삿값의 합과 차
원의 넓이
a, ha, hm²의 단위
마름모, 평행사변형, 둔각삼각형, 사다리꼴의 넓이
직육면체의 부피
t의 단위
am³, m³, kl의 단위
참값 근삿값
• 올림, 버림 • 이상, 이하 • 미만, 초과
삼각형, 직사각형 넓이 측정
시간의 계산
cm², m²의 단위
초의 단위
반올림
mm, km의 단위
g, kg의 단위
l, dl의 단위
약
시간 알아보기
분까지의 시각, 시간 알아보기 1일, 1월, 1년
더된다, 못된다
1cm, 1m의 단위
길이의 비교
• 길다, 짧다
• 높다, 낮다
시계보기
• 몇 시
• 몇 시 반

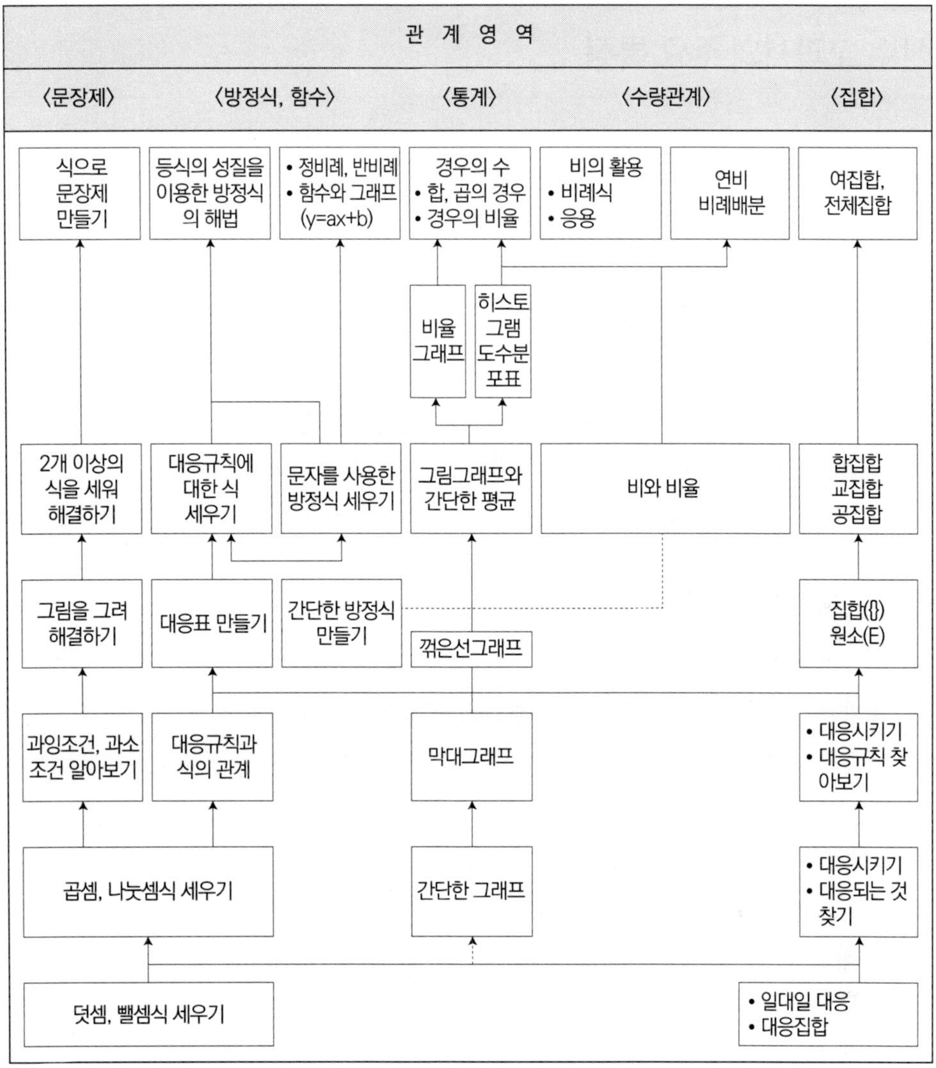
관 계 영 역
〈문장제〉
〈방정식, 함수〉
〈통계〉
〈수량관계〉
〈집합〉
식으로 문장제 만들기
등식의 성질을 이용한 방정식의 해법
• 정비례, 반비례
• 함수와 그래프 (y=ax+b)
경우의 수
• 합, 곱의 경우
• 경우의 비율
비의 활용
• 비례식
• 응용
연비
비례배분
여집합, 전체집합
비율 그래프
히스토그램 도수분포표
2개 이상의 식을 세워 해결하기
대응규칙에 대한 식 세우기
문자를 사용한 방정식 세우기
그림그래프와 간단한 평균
비와 비율
합집합
교집합
공집합
그림을 그려 해결하기
대응표 만들기
간단한 방정식 만들기
꺾은선그래프
집합({})
원소(E)
과잉조건, 과소조건 알아보기
대응규칙과 식의 관계
막대그래프
• 대응시키기
• 대응규칙 찾아보기
곱셈, 나눗셈식 세우기
간단한 그래프
• 대응시키기
• 대응되는 것 찾기
덧셈, 뺄셈식 세우기
• 일대일 대응
• 대응집합

4 산수 교과서의 주요 특징

가. 연구개발형 교과서[6]

제4차 교과용 도서의 개발 특징은 연구개발형 1종 도서라는 점이다. 교과서 연구 기관을 한국교육개발원으로 정하고 실험본과 정본을 개발하였다. 개발원의 교육과정부 수학교육연구실의 연구원과 문교부 수학 담당 편수관이 업무를 분담하여 산수 교과서 연구 및 개발을 추진하였다.

원고본 ➡ 실험본 ➡ 수정본 ➡ 결재본

교과서와 지도서의 원고는 교육개발원의 연구원과 교수들을 주축으로 구성된 연구진이 구안하고 이에 따라 집필진이 집필했고,[7] 이것을 교육개발원의 협의회와 문교부의 1종 도서 심의회를 거쳐 다시 수정, 보완하였다.

1981년 5월부터 1982년 2월까지 실험용 교과서를 만들었다. 1981년 3월부터 1982년 2월까지 전국 34개교의 실험을 거쳤으며 1982년 3월부터 전국적으로 제4차 산수과 교과용 도서를 사용하였다. 4, 5, 6학년은 1, 2, 3학년보다 1년씩 늦게 일정을 잡아 1983년 3월부터 전국적으로 새 산수과 교과용 도서가 사용되었다.

나. 1학년 수학, 과학 통합교과서 『슬기로운 생활』의 출현

제4차 교육과정에서는 1, 2학년의 경우 교과 통합 운영을 처음으로 시도하였다. 이를 위해 적합한 교육 내용을 정선하여 저학년의 경우에는 통합적인 교육 경험이 이루어지도록 하였다. '시간 배당'에 있어 '교과 활동 시간은 교과 간의 연관성과 학생의 발달 단계를 고려하여 1, 2학년은 교과 간의 통합을, 3학년 이상은 분과를 원칙으로 배당'하였다. 과학과의 '지도상의 유의점'에는 '1학년의 자연과는 산수과와 통합하여 지도하되, 한 교과에 편중되지 않도록 한다'라고 명시하였다.

---

6) 한국교육개발원에서 수행한 1980년대 교과서 정책 관련 연구

연도	연구제목
1981	교과용 도서 연구·개발: 국민정신관련도서 및 국민학교 1·2·3학년 도서(RR-139)
1981	국민학교 교과용 도서 현장실험연구(I): 1, 2, 3학년을 중심으로(RR-140)
1982	중학교 교과서 개선을 위한 연구(RR82-09)
1983	국민학교 교과용 도서 현장실험연구(II): 4, 5, 6학년을 중심으로(RR82-25)
1985	교과서 체제 개선 연구(RR85-30)
1986	교과서와 교과서 정책(RR86-06)
1988	방송통신고등학교 학생을 위한 효율적인 교과서 체제개발연구(RR88-17)

7) 제4차 교육과정에서 산수 교과서 제작에 참여한 연구자 또는 집필진은 한국교육개발원 수학교육연구실의 김진락, 신현성, 강옥기, 신성균, 강완 연구원이었고 외부 교수로는 구광조, 오병승이 참여하였다. 문교부에서는 안상술 편수관이 같이 참여하여 교과용 도서 개발 업무를 추진하였다. 이 밖에 여러 교수, 현장 교사 및 교장, 교감, 연구원, 편수관 등이 산수용 교과용 도서를 만드는 데 참여했다.

이러한 교육과정의 개정 방향에 따라 1학년 대상으로 산수과와 자연과를 합쳐 『슬기로운 생활』이 편찬되었다. 원래는 저학년인 1~3학년에서 통합교과를 운영하려고 교육개발원의 조정실에서 많은 노력을 하였으나, 연구시간, 방침, 교과 간의 이견으로 산수 교과의 경우에는 2학년부터 독립 교과로 교과서를 개발하도록 결론을 내렸다.

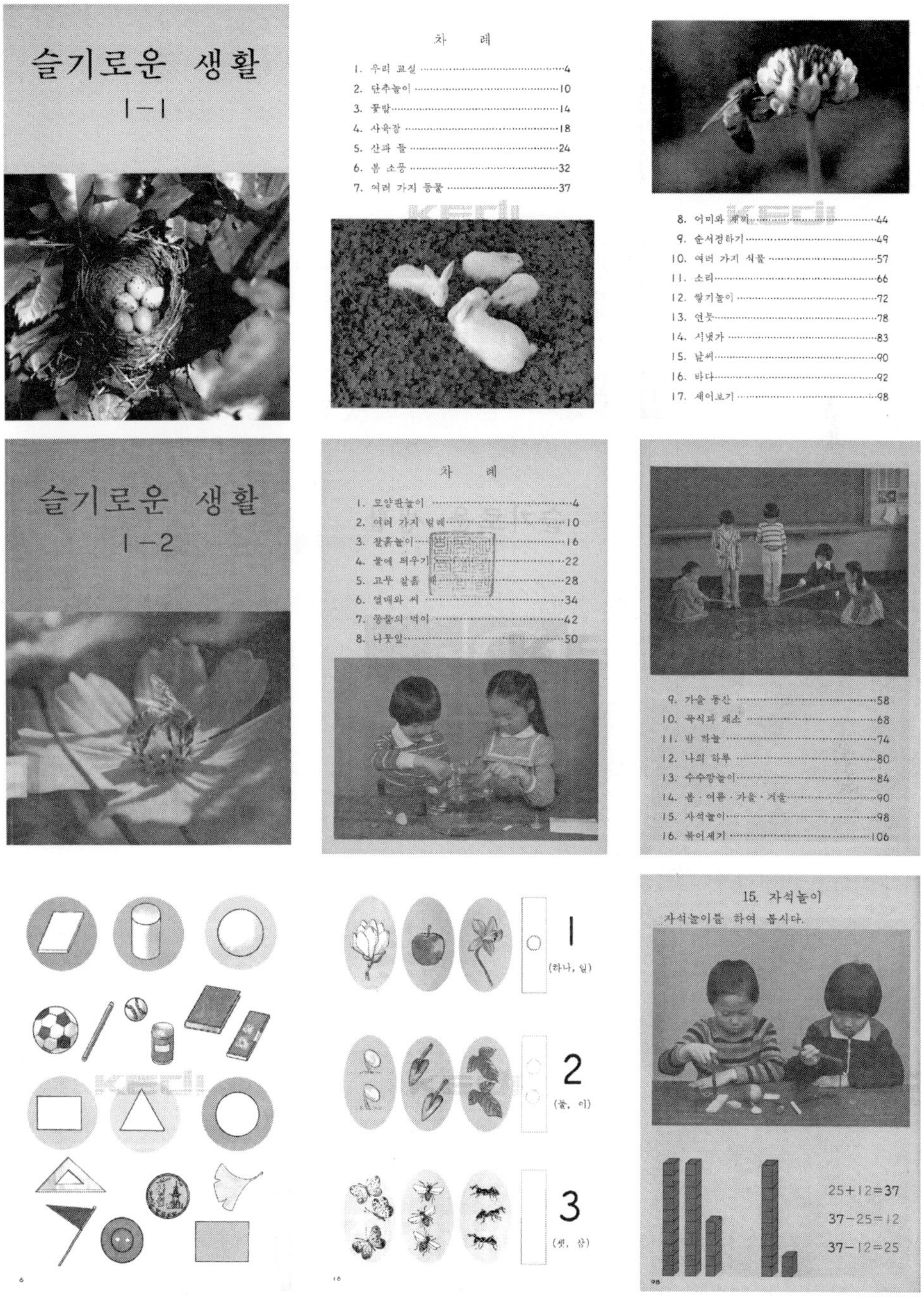

슬기로운 생활 1-1 슬기로운 생활 1-1 슬기로운 생활 1-2

제4차 교육과정의 『슬기로운 생활』 표지와 내용

다. 교과서 체제 및 내용상의 특징

제4차 교과서는 제3차 교과서와 체제 및 내용 전개에서 많은 변화가 있었다. 교과서에서 새롭게 시도된 형식들을 보면, 제4차 교과서가 오늘날 교과서의 원형으로 보인다.

- 새 단원이 시작할 때 그 단원의 학습을 위하여 알고 있어야 할 선수학습 내용을 문제 형식으로 2쪽씩 제공하여, 본수업의 장애 요소를 제거하는 1시간의 지도 시간을 할당하였다.

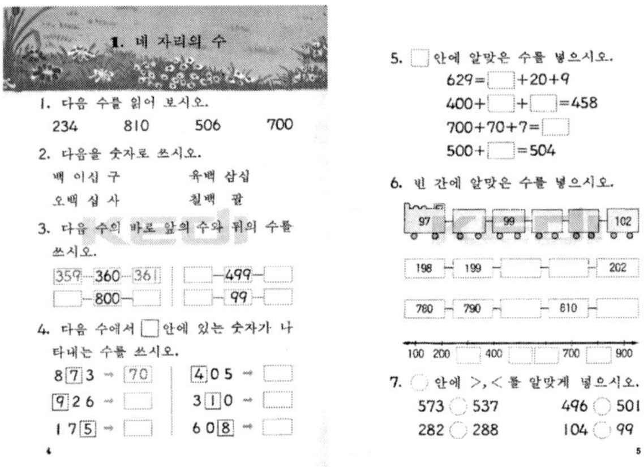
1. 네 자리의 수

1. 다음 수를 읽어 보시오.
234 810 506 700
2. 다음을 숫자로 쓰시오.
백 이십 구 육백 삼십
오백 십 사 칠백 팔
3. 다음 수의 바로 앞의 수와 뒤의 수를 쓰시오.
359–360–361 □–499–□
□–800–□ □–99–□
4. 다음 수에서 □안에 있는 숫자가 나타내는 수를 쓰시오.
8[7]3 → 70 [4]05 → □
[9]26 → □ 3[1]0 → □
17[5] → □ 60[8] → □

5. □안에 알맞은 수를 넣으시오.
629=□+20+9
400+□+□=458
700+70+7=□
500+□=504
6. 빈 칸에 알맞은 수를 넣으시오.
97 □ 99 □ 102
198 199 □ □ 202
780 790 □ 810 □
100 200 □ 400 □ □ 700 □ 900
7. ○안에 >, <를 알맞게 넣으시오.
573 ○ 537 496 ○ 501
282 ○ 288 104 ○ 99

제4차 교과서의 선수학습 문제

- 단원 내용을 모두 학습한 후에는 학습한 내용을 종합적으로 확인해 보고 활용하는 의미에서 연습 문제를 두어 학생들이 스스로 학습한 내용을 확인, 평가해 보게 하였다.

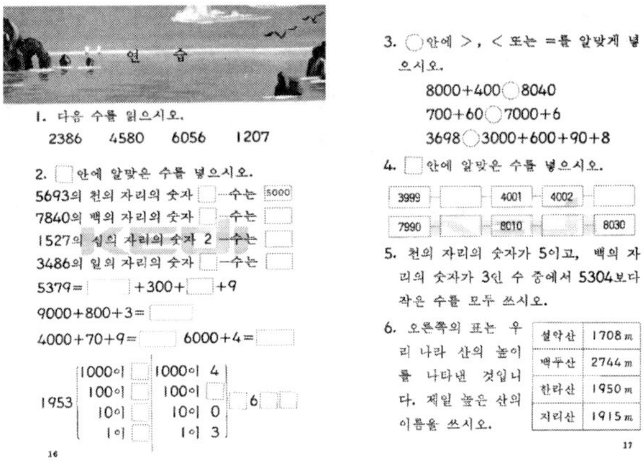
연습

1. 다음 수를 읽으시오.
2386 4580 6056 1207
2. □안에 알맞은 수를 넣으시오.
5693의 천의 자리의 숫자 □ 수는 5000
7840의 백의 자리의 숫자 □ 수는 □
1527의 십의 자리의 숫자 2 수는 □
3486의 일의 자리의 숫자 □ 수는 □
5379=□+300+□+9
9000+800+3=□
4000+70+9=□ 6000+4=□
1953: 1000이 □, 100이 □, 10이 □, 1이 □ / 1000이 4, 100이 □, 10이 0, 1이 3 → □6□□

3. ○안에 >, < 또는 =를 알맞게 넣으시오.
8000+400○8040
700+60○7000+6
3698○3000+600+90+8
4. □안에 알맞은 수를 넣으시오.
3999 □ 4001 4002 □
7990 □ 8010 □ 8030
5. 천의 자리의 숫자가 5이고, 백의 자리의 숫자가 3인 수 중에서 5304보다 작은 수를 모두 쓰시오.
6. 오른쪽의 표는 우리 나라 산의 높이를 나타낸 것입니다. 제일 높은 산의 이름을 쓰시오.

설악산	1708m
백두산	2744m
한라산	1950m
지리산	1915m

제4차 교과서의 연습 문제

- 각 단원의 끝에 복습 문제가 있는데, 이는 지금까지 배운 기초적인 기능을 요하는 내용 중에서 반복 연습을 필요로 하는 것과 문장제를 제시하였다. 이 복습 문제에서는 기초 계산의 반복 연습과 적용으로 기초 계산 능력을 몸에 익숙하게 하였다. 문제 내용은 1학년 전의 이미 배운 것 중에서 제시되었다.

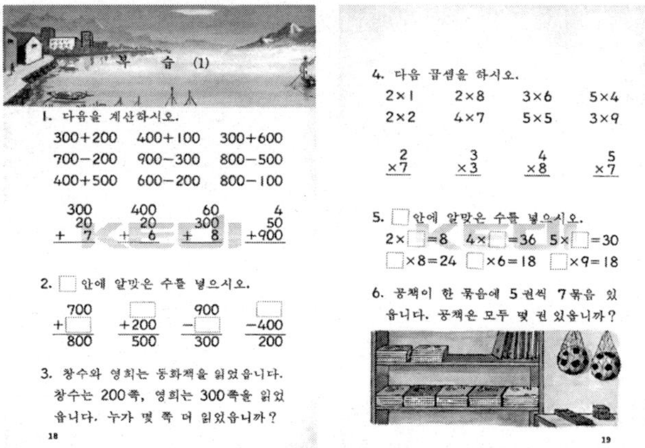

제4차 교과서의 복습 문제

• 교과서의 색도가 처음 도입되고 지질, 판형, 쪽수 면에서 큰 발전을 하였다. 겉표지도 자연 그림을 도형화하였고 차례, 단원 구분에도 삽화를 체계적으로 구상하였다.

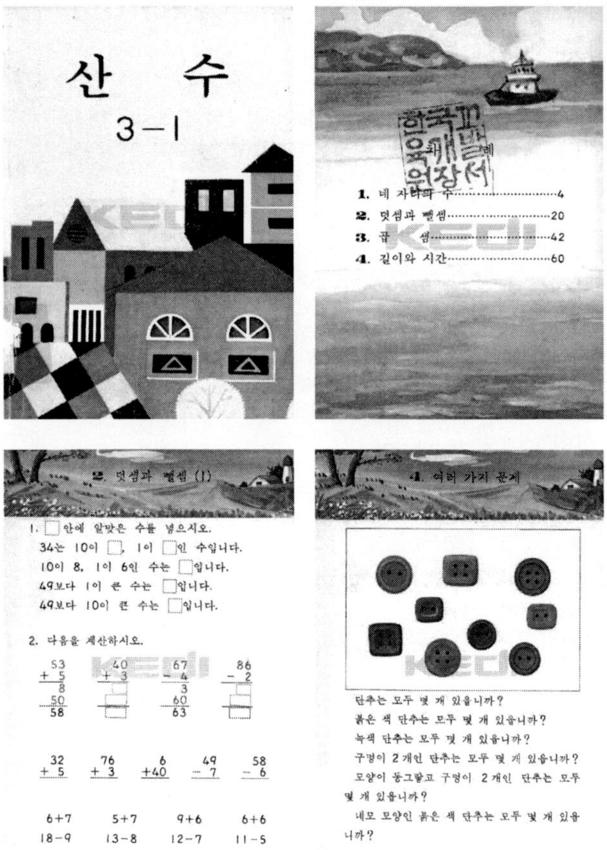

제4차 교과서에 나오는 삽화

• 제3차와 제4차 산수 교과서의 차이점을 표로 나타내어 보면 다음과 같다.

| [표 VII-8] 제3차와 제4차 산수 교과서의 차이점 |

비교 관점	제3차 교과서	제4차 교과서
일반적인 특징	• 기본이 되는 내용에 해설 및 요약 후 연습 문제 제공	• 학습의 단계 세분 • 자율학습의 기회 확대 • 기초계산, 문제해결력의 강화
학기당 단원수	6개	9~11개
준비학습	없음	있음
연습	있음	있음
복습	일부 있음	있음
쪽수	저학년: 80~112 중학년: 96~144 고학년: 144~152	저학년: 105~112 중학년: 160~168 고학년: 180~194

제4차 교육과정에 따른 산수 교과서의 학년별 단원명은 [표 VII-9]와 같다. 여기서 1학년은 '슬기로운 생활'에 해당하며 이는 앞서 언급한 대로, 산수과와 자연과의 통합 교과서이다. 한편 2학년부터 6학년까지는 '산수'에 해당한다.

1학년은 '슬기로운 생활'
2학년부터 6학년까지는 '산수'

| [표 VII-9] 제4차 교육과정에 따른 산수 교과서의 전 학년 단원명 |

차수 \ 교과서		1학년	2학년	3학년	4학년	5학년	6학년
4차	1학기	1. 우리 교실 2. 단추 놀이 3. 꽃밭 4. 사육장 5. 산과 들 6. 봄소풍 7. 여러 가지 동물 8. 어미와 새끼 9. 순서 정하기 10. 여러 가지 식물 11. 소리 12. 쌓기놀이 13. 연못	1. 세 자리의 수 2. 두 자릿수의 덧셈과 뺄셈(1) 3. 두 자릿수의 덧셈과 뺄셈(2) 4. 여러 가지 문제 5. 평면도형 6. 시각과 시간 7. 길이의 단위 8. 분수 9. 곱셈의 기초 10. 곱셈	1. 네 자리의 수 2. 덧셈과 뺄셈 3. 곱셈 4. 길이와 시간 5. 나눗셈(1) 6. 선과 각 7. 나눗셈(2) 8. 여러 가지 문제 9. 분수	1. 큰 수 2. 덧셈과 뺄셈 3. 각과 각도 4. 분수(1) 5. 곱셈 6. 수직과 평행 7. 분수(2) 8. 나눗셈 9. 시간 10. 여러 가지 문제	1. 자연수의 계산 2. 합동인 도형 3. 배수와 약수 4. 도형의 대칭 5. 분수 6. 분수의 덧셈과 뺄셈 7. 평면도형의 넓이 8. 분수와 소수의 곱셈 9. 분수의 곱셈 10. 여러 가지 문제	1. 분수의 나눗셈 2. 소수의 나눗셈 3. 원의 넓이 4. 비례식 5. 입체도형 6. 비율그래프 7. 방정식 8. 정비례와 반비례 9. 분수와 소수의 계산 10. 여러 가지 문제
	2학기	1. 모양판놀이 2. 여러 가지 벌레 3. 찰흙놀이 4. 물에 띄우기 5. 고무찰흙 배 6. 열매와 씨 7. 동물의 먹이 8. 나뭇잎 9. 가을 동산 10. 곡식과 채소 11. 밤하늘 12. 나의 하루 13. 수수깡놀이 14. 봄 여름 가을 겨울	1. 곱셈구구 2. 곱셈 3. 도형 4. 덧셈과 뺄셈(1) 5. 덧셈과 뺄셈(2) 6. 나눗셈의 기초 7. 나눗셈 8. 여러 가지 문제 9. 길이재기 10. 표와 그래프	1. 덧셈과 뺄셈 2. 곱셈(1) 3. 곱셈(2) 4. 평면도형 5. 나눗셈 6. 여러 가지 문제 7. 들이와 무게 8. 소수 9. 표와 그래프	1. 큰 수 2. 나눗셈 3. 삼각형과 사각형 4. 분수의 덧셈과 뺄셈 5. 넓이(1) 6. 넓이(2) 7. 소수 8. 소수의 덧셈과 뺄셈 9. 여러 가지 문제 10. 표와 그래프	1. 소수의 곱셈 2. 분수의 나눗셈 3. 입체도형 4. 소수의 나눗셈 5. 입체의 부피 6. 비와 비율 7. 분수와 소수의 계산 8. 좌표와 그래프 9. 근삿값 10. 여러 가지 문제 11. 자료의 정리	1. 정수 2. 분수와 소수의 계산 3. 여러 가지 양 4. 닮은도형 5. 겉넓이와 부피 6. 연비 7. 히스토그램 8. 식과 그래프 9. 경우의 수 10. 수판셈 11. 여러 가지 문제

참고문헌

문교부(1981). 국민학교 교육과정.
이영덕 외(1981). 국민학교 교육과정 해설. 교육과학사.
문교부(1982). 국민학교 새 교육과정 개요.
문교부(1984). 슬기로운 생활 1-1. 국정교과서주식회사.
문교부(1984). 슬기로운 생활 1-2. 국정교과서주식회사.
문교부(1982). 산수 1-2. 국정교과서주식회사.
문교부(1982). 산수 2-1. 국정교과서주식회사.
문교부(1982). 산수 2-2. 국정교과서주식회사.
문교부(1982). 산수 3-1. 국정교과서주식회사.
문교부(1982). 산수 3-2. 국정교과서주식회사.
문교부(1983). 산수 4-1. 국정교과서주식회사.
문교부(1982). 산수 4-2. 국정교과서주식회사.
문교부(1982). 산수 5-1. 국정교과서주식회사.
문교부(1982). 산수 5-2. 국정교과서주식회사.
문교부(1982). 산수 6-1. 국정교과서주식회사.
문교부(1982). 산수 6-2. 국정교과서주식회사.
문교부(1986). 국민학교 교사용 지도서 2-1. 국정교과서주식회사.
문교부(1986). 국민학교 교사용 지도서 2-2. 국정교과서주식회사.
문교부(1986). 국민학교 교사용 지도서 3-1. 국정교과서주식회사.
문교부(1986). 국민학교 교사용 지도서 3-2. 국정교과서주식회사.
문교부(1986). 국민학교 교사용 지도서 4-1. 국정교과서주식회사.
문교부(1986). 국민학교 교사용 지도서 4-2. 국정교과서주식회사.
문교부(1986). 국민학교 교사용 지도서 5-1. 국정교과서주식회사.
문교부(1986). 국민학교 교사용 지도서 5-2. 국정교과서주식회사.
문교부(1986). 국민학교 교사용 지도서 6-1. 국정교과서주식회사.
문교부(1986). 국민학교 교사용 지도서 6-2. 국정교과서주식회사.
최혜령(2021). 우리나라 초등학교 수학교과서 변천에 관한 연구. 서울교육대학교 교육전문대학원 박사학위 논문.

VIII. 제5차 교육과정의 초등수학교육

1981.12.31	1987.6.29	1987.6.30	1988.2.
제4차 교육과정 개정	6·29선언	제5차 교육과정 개정	노태우 정부 출범

1987년 6월 29일 대통령 후보였던 노태우(盧泰愚) 민주정의당(약칭 민정당) 대표위원이 당시 국민들의 민주화와 직선제 개헌요구를 받아들여 발표한 시국 수습을 위한 특별선언.

익힘책의 첫 등장

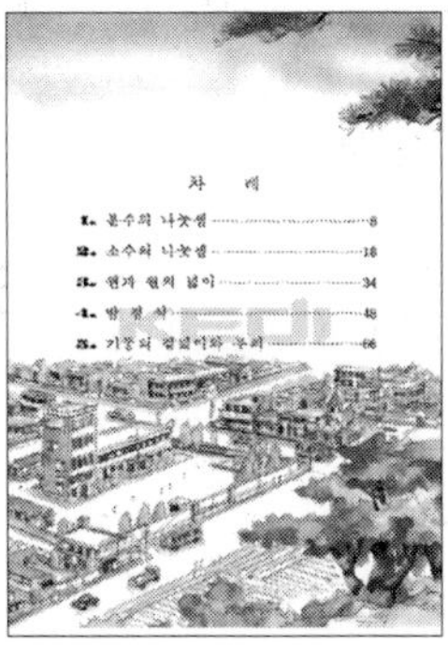

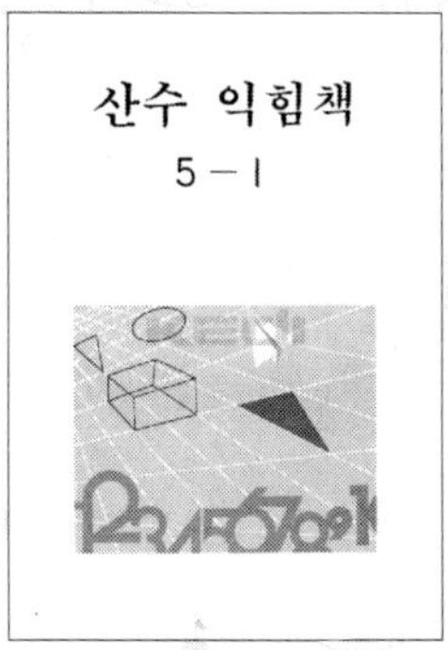

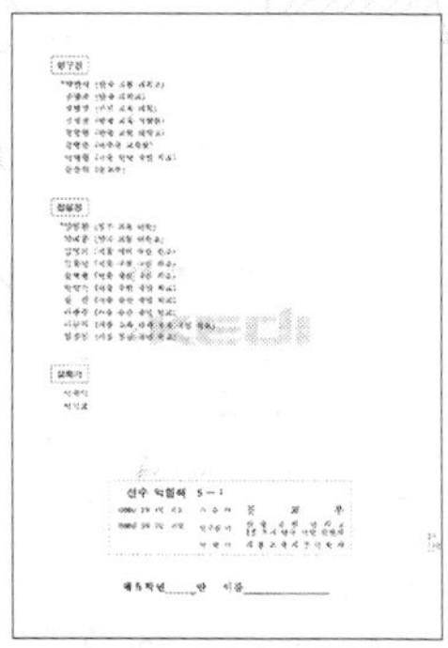

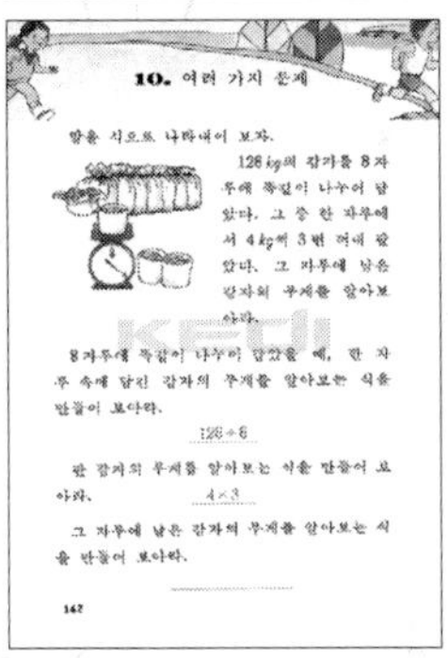

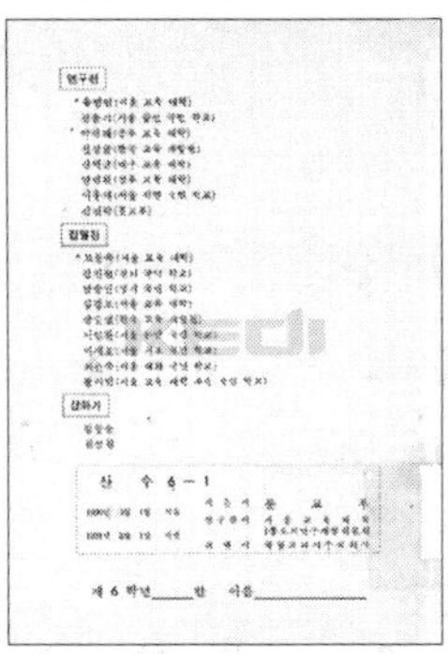

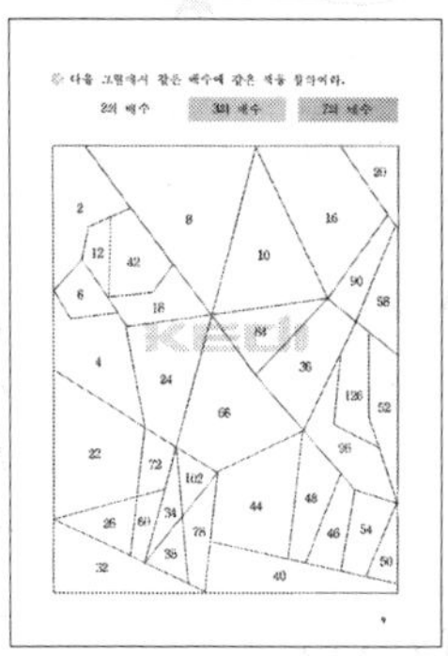

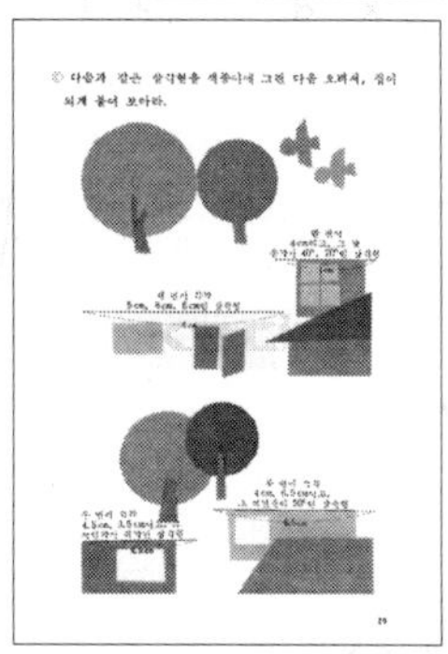

1 배경

가. 개정 과정

1987.6.30. 문교부 고시 제87-8호, 제87-9호

한국교육개발원은 1982년부터 1987년까지 교육과정 개선을 위한 기초 연구를 추진하였다. 대표적인 연구로, 제4차 교육과정의 적절성을 확인하고, 그 효과를 탐색하기 위한 **교육과정 평가 연구**, 세계 주요 나라의 교육과정 국제 비교 연구, 새로운 교육과정안을 탐색한 개발 연구, 교육과정 자료 개발의 개선을 위한 교과서 체제 개선 연구, 수업 방법 및 평가 방법 개선 연구 등 다양하다. 이 중에서도 **교육과정 평가 연구**는 당시 교육과정이 지닌 문제점과 학교 현장에서 교육과정을 운영하는 데 저해하는 요인이 무엇인지를 초·중등학교 200여 학교 학생, 교사, 교장을 대상으로 조사 연구한 것이다.

문교부는 1985년 6월 17일 한국교육개발원에 제5차 교육과정 개정 업무 추진 기본 계획을 알렸으며, 문교부 교육과정 담당관실에서는 교육과정 개정의 기본 방향을 설정하였다. 이후 1986년 2월 19일 한국교육개발원에 유치원, 국민학교, 중학교 교육과정 개정 시안 개발을 위탁하였다.[1] 제5차 개정에서는 문교부에서 교육과정 개정 기본 방향과 실태 분석 결과를 제시하고 이를 바탕으로 한국교육개발원에 연구·개발을 의뢰하였는데 이는 제4차 교육과정과 달라진 점이었다.

한국교육개발원은 1986년 6월에 총론 답신 보고서를, 같은 해 12월에 유치원, 국민학교, 중학교 각론의 시안 답신 보고서를 문교부에 제출하였다. 문교부에서는 총론과 각론의 시안을 심의, 검토, 수정, 보완하는 과정을 거쳐 이를 확정하고, 국민학교 교육과정은 1987년 6월 30일자 문교부 고시 제87-8호와 제87-9호로 고시하였다.

나. 교육과정 개정 방향

문교부는 교육과정 개정의 기본 방향을 다음과 같이 세 가지로 제시하였다.

| [표 VIII-1] 제5차 교육과정의 개정 방향 |

교육과정의 적정화	교육과정의 내실화	교육과정의 지역화
• 이수 과목의 축소 • 학습량과 수준의 적정화 • 교과목의 조정 • 개발과정의 효율화	• 교육 목표의 상세화 • 교육 내용의 정선 • 지도서의 실용화 • 평가방법의 다양화	• 교육용 도서의 2종화 • 교과 단원의 지역화 • 교재 활용의 다양화 • 교육과정 운영의 탄력화

1) 고등학교 교육과정(문교부 고시 제 88-7호)은 1988년 3월 31일에 고시되었다.

다. 주기적 개정과 부분개정

제5차 교육과정은 문교부가 주도해 이루어진 교육과정 개정이다. 문교부는 중앙 집중식 교육과정 결정 구조인 만큼 교육과정을 주기를 두어 점검하고 개선할 필요가 있다고 보았다. 교과서 사용 기간 문제와 학문의 급속한 변화에 대응하여 교육과정의 주기적 개정을 제도화하고자 했다. 동시에 제4차 교육과정 중 개선이 필요한 부분만 개정한다는 '부분개정'을 원칙으로 제시하였다.

- 부분개정의 원칙: 제4차 교육과정 중에서 개선이 필요한 부분만 개정한다.
- 지속성의 원칙: 제4차 교육과정의 기본 틀을 파괴하지 않고 지속한다.
- 점진적인 개정: 전면적, 혁명적 개정이 아닌 온건하고 현실적인 여건에 맞는 부분적이고 점진적인 개정을 한다.
- 효율성의 원칙: 교육과정이 의도한 대로 학교교육이 교육력을 발휘하여 학생에게 교육적 성취를 가져오게 한다.

2 총론의 특징

가. 교육 내용과 운영의 기본 방향

1) 기초 교육의 강화

학교 교육에서 꼭 배워야 할 기초적, 기본적인 교육 내용을 선정해 기초 교육을 충실히 하도록 하였다. 학습자 모두가 기본적으로 갖추어야 할 것에 대해 개인차를 축소하는 것은 교육의 주요 과제이다.

학습자 모두가 갖추어야 할 기초적, 기본적인 것으로는 언어 능력, 수리 능력, 사고력, 기초 체력, 도덕성 등을 들 수 있다. 이는 개성 있는 인간을 육성하는 데도 공통으로 필요하다. 제5차에서는 교과 편제, 시간 배당, 목표 및 내용 선정뿐만이 아니라 운영 면에서도 이러한 기초적, 기본적인 교육 내용을 강조하였다.

국민학교 저학년에서의 국어, 산수과의 독립, 특히 국어과의 언어 영역별 독립 교과서 편찬, 중학교의 수학·과학과의 강화, 고등학교의 공통 필수 교과목의 조정 등은 기초 교육 강화를 위한 대표적 조치였다.

2) 정보화 사회 대응 교육의 강화

지금까지 물질 생산력이 급격하게 증대했다면, 미래 사회는 정보 생산력의 급격한 증대가 예상되며, 정보가 중요한 가치와 효율성을 지닐 전망이다. 정보, 통신 수단의 급격한 발달과 일상화에 따라 주체성, 창조성, 사고력, 판단력, 정보 처리 능력, 정보 활용 능력 등의 함양이 요구되고, 이러한 기본 능력 함양을 위한 교육 내용의 검토, 추가, 보안이 필요하다.

국민학교 실과에 컴퓨터의 기초, 중학교의 기술·가정에 컴퓨터의 원리와 이용을 새로 편성하고 고등학교에 정보 산업 과목을 신설한 것, 모든 교과목에 걸쳐 주체성과 창조성, 사고력 등을 강조한 것, 초·중·고등학교 사회과에서 경제 교육 내용을 크게 강화한 것을 비롯해 환경 교육, 진로 교육 등을 강조한 것 등이 그 대표적인 예이다.

3) 교육과정 운영의 효율성 제고

교육과정의 효율성을 높인다는 것은 교육과정의 의도가 실제 교육 현장에서 그대로 실현되어 쓸모 있는 교육과정이 되게 한다는 것이다. 그동안 우리나라 교육과정은 법적인 문서로서만 존재하고, 교육 현장에서는 교육과정의 존재를 거의 인식하지 못하는 경향도 있다. 법적 문서로 고시된 교육과정이 매우 개괄적이고 추상적인 수준이고, 중·고교의 일부 교과를 제외한 교과목의 교과서가 단일 종으로 되어 있으며, 교육과정과 관련된 구체적인 자료가 미흡한 데 그 원인이 있다고 보았다.

교육과정의 교과 편제 및 내용, 교과서 및 생활 기록부 양식 등과의 불일치, 시간(단위) 배당 기준의 지나친 경직성, 교육 내용 및 방법의 획일성, 학교장의 교육과정 운영 재량권의 제한은 교육과정의 내용 및 운영상에 여러 가지 문제점이 있던 것으로 지적되었다. 이러한 문제점을 개선하고, 학교 교육과정 운영의 자주성과 융통성을 충분히 살리는 데 주력하였다.

국민학교 저학년의 통합교육과정 구성, 전 학년에 걸친 다양한 교과서의 개발, 초·중·고등학교에 걸쳐 교육 내용의 지역화 운영, 고등학교 단위 배당에 있어서 기준 단위제의 도입, 중·고교 교과서 편찬 시 학습량의 기준 제시 등은 교육과정 효율성 제고의 측면을 중시한 조치였다.

저학년 통합교육과정

- 도덕+사회=바른생활
- 자연=슬기로운 생활
- 음악+미술+체육=즐거운 생활
- 국어, 산수는 독립

나. 국민학교의 교육 목표

제5차 교육과정에서는 교육법에 규정된 국민학교의 교육 목적과 교육과정 구성의 방향을 토대로 교육 목표를 포괄적으로 제시하였다.

① 건강한 심신을 기르고, 보건과 안전에 대한 바른 습관을 가지게 한다.

② 일상생활에 필요한 기본예절과 질서를 지키고, 이웃과 나라를 사랑하는 마음씨를 가지게 한다.

③ 학습과 일상생활에 필요한 기본적인 언어 능력과 수리적 사고력을 기르고, 자기의 생각을 바르게 표현할 수 있게 한다.

④ 자연과 사회 현상에 관한 기초적인 개념을 이해하고, 과학적으로 탐구, 해결할 수 있는 기본 능력을 가지게 한다.

⑤ 아름다움을 느끼고 가꿀 줄 알며, 경험과 느낌을 창의적으로 표현할 수 있게 한다.

⑥ 기초적인 생활 기능과 근검절약하는 태도를 길러, 자립에 필요한 기본적인 자질을 가지게 한다.

다. 저학년 교과 통합 : 통합교육과정 체제 마련

교육과정 개정 시안 중 국민학교의 큰 쟁점 중에 하나는 저학년 교과 통합 문제였다. 이전부터 교육전문가들은 학습자의 발달 심리를 고려할 때 저학년은 교과 통합이 필요하다고 주장해 왔다. 예컨대, 제2차, 제3차 교육과정에서는 운영지침에 통합 지도를 제시하였고, 제4차 교육과정에서는 한 걸음 더 나아가 1, 2학년의 경우 통합 교과서를 운영하였다. '우리들은 1학년'(8개 교과), '바른 생활'(도덕+국어+사회), 『슬기로운 생활』(산수+자연), '즐거운 생활'(체육+음악+미술)이 그에 해당한다. 이는 기본적으로 교과의 성격을 그대로 유지하면서 통합 지도의 교육적 효과를 얻고자 하였다. 제4차 교육과정을 운영하는 과정에서 교육내용 구성이나 평가의 어려움 등이 대두되면서 향후 교육과정 개정의 주요 개선 내용으로 제기되었다.

제5차 교육과정에서는 '교과의 통합적 운영체제'에서 '통합교육과정의 체제'로 바꾸기로 최종 결정하였다. 통합방법도 다소 수정하여 도덕과 사회가 '바른 생활'로, 자연이 '슬기로운 생활'로, 음악, 미술, 체육이 '즐거운 생활'로 통합되고, 국어와 산수는 독립되었다.

제4차 교육과정의 국민학교 1학년에서는 산수와 자연을 통합하여 '슬기로운 생활'이라는 교과를 만들어 운영하였다. 제5차 교육과정에서는 수리 기능을 체계적이고 집중적으로 지도하기 위해 산수를 '슬기로운 생활'에서 분리해 독립 교과로 재조정하였다.[2)]

라. 교과 활동의 평가 결과를 문장(서술식)으로 기술

1, 2학년의 교과 활동의 평가 결과는 학생의 활동 상황과 진보의 정도, 특징 등을 문장으로 '기술'하도록 변경한 것도 특징적이다. 이는 문교부 훈령으로 되어 있는 법정 장부인 '생활 기록부'의 '교과 학습 발달 상황'란에 기재하는 평가 결과 기록 방법에 대한 개선을 의미하는 것으로, 교육 평가의 본질을 찾고자 한 조치로 취해졌다.

제5차 교육과정의 편제와 시간 배당

1. 편제

가) 교육 과정은 교과 활동과 특별 활동으로 나누어 편성한다.

(1) 교과 활동은 도덕, 국어, 사회, 산수, 자연, 체육, 음악, 미술, 실과로 편성한다. 다만, 1, 2학년의 통합 교과 활동은 '우리들은 1학년'과 '바른 생활', '슬기로운 생활', '즐거운 생활'로 편성한다.

(2) 특별 활동은 어린이회 활동, 클럽 활동, 학교 행사로 편성한다.

2. 시간 배당 기준

(가) 시간 배당 기준은 다음과 같다.

2) 이를 위해 **초등학교에서는 저학년에 통합교육과정을 구성하고 '1 교과 1 교과서 체제'를 '1 교과 다교과용 체제'로 전환하였다.** 국어 교과는 언어 기능별로 말하기, 듣기, 쓰기, 산수 교과는 『산수』, 『산수 익힘책』, 바른 생활 교과는 『바른 생활』, 『바른 생활 이야기』 등으로 바뀌었다.

| [표 VIII-2] 제5차 교육과정의 시간 배당 |

구분 \ 학년		1		2
교과활동	국어	우리들은 1학년 70	210(7)	238(7)
	산수		120(4)	136(4)
	바른 생활		120(4)	136(4)
	슬기로운 생활		60(2)	68(2)
	즐거운 생활		180(6)	238(7)
특별활동		*30(1)		*34(1)
계		790(24)		850(25)

구분 \ 학년		3	4	5	6
교과활동	도덕	68(2)	68(2)	68(2)	68(2)
	국어	238(7)	204(6)	204(6)	204(6)
	사회	102(3)	102(3)	136(4)	136(4)
	산수	136(4)	136(4)	170(5)	170(5)
	자연	102(3)	136(4)	136(4)	136(4)
	체육	102(3)	102(3)	102(3)	102(3)
	음악	68(2)	68(2)	68(2)	68(2)
	미술	68(2)	68(2)	68(2)	68(2)
	실과		68(2)	68(2)	68(2)
특별활동		68(2)	68(2)	68(2)	68(2)
계		952(28)	1,020(30)	1,088(32)	1,088(32)

① 이 표에 배당된 총 시간 수는 연간 최소 시간량이고, ( ) 안은 34주를 기준으로 한 주당 평균 시간 수이다.

② 다만, 1학년에 있어서, '우리들은 1학년'의 배당 시간은 3월 한 달 동안에 이수하여야 할 수업 시간 수이며, 그 이외의 교과 활동 및 특별 활동에 배당된 시간 수는 30주를 기준으로 한 것이다.

③ 1시간의 수업은 40분을 원칙으로 한다. 다만, 기후, 계절, 학생의 발달 정도, 학습 내용의 성격 등을 고려하여 실정에 알맞도록 조절할 수 있다.

④ 1, 2학년의 특별 활동에 배당된 시간은 교과 활동의 배당 시간과는 다르게 학교 실정에 알맞도록 융통성 있게 운영할 수 있다.

3 산수과 교육과정의 특징

가. 산수과 개정 방향

제3차 교육과정은 학문 중심 교육과정, 제4차 교육과정은 '기본으로 돌아가기' 등과 같이 대내외적으로 큰 변화의 조류를 내세웠다면, 제5차 교육과정은 제4차 교육과정 운영상에 나타난 문제점을 수정, 보완하는 데 역점을 두었다. 따라서 제4차 교육과정의 기본 골격은 유지하고자 했으며, 세부적인 개정 방향은 다음과 같다.

1) 기초학습능력 및 기초학력 관련 내용 강화

교육계에서 기초 능력이라고 하면, 흔히 근세의 초등 교육에 있어 기본적인 학습 내용이었던 독서산(3Rs : Reading Writing Arithmetic)을 지칭한다. 그런데 이 당시에는 제4의 R, 즉 인간관계(Human Relationship)를 포함시키기도 했고, 독서산 대신에 '4Cs(Communication, Computation, Cooperation, Citizenship)'를 드는 사람도 있었다.

전반적으로 기초학력이란 학교 교육에서 학습되는 지식이나 기능의 기초가 될 수 있는 학력이라 볼 수 있다. 필요한 교과를 학습하기 위하여 그 기초가 되는 특별한 교과에 대한 학력을 의미하는 경우도 있다. 이와 같은 입장에서 흔히 도구 교과라고 하는 국어와 수학의 학력이 기초학력이라 받아들여진다.

이상의 기초 능력과 기초 학력에 대한 요구를 반영하여 제5차 교육과정의 초등수학 방향은 전통적인 셈하기뿐만 아니라 각 내용 영역에 걸쳐 폭넓은 내용을 포함해 기초학습능력 및 기초학력 관련 내용을 강화하였다.

2) 학생용 보조 교과서 제공: 『산수 익힘책』

제5차 교육과정에서는 학습지 성격이 있는 보조 교과서로 『산수 익힘책』을 제공하여 교사의 부담을 경감시켜 주고자 하였다. 학생용 보조 교과서인 『산수 익힘책』을 통하여 학생들의 학습 활동을 늘리고 자율학습의 기회를 마련해주고자 하였다. 이 제도의 실시로, 산수과의 기초 학습 능력을 신장시키고 수학적 사고력을 육성하는 데 기여하도록 하며 내적인 동기 유발 및 산수에 대한 흥미와 관심을 육성하는 데 유용하게 활용할 수 있도록 하는 데 목표를 두었다. 특히 산수 교과서의 보충, 보완 및 심화 성격을 가지도록 하였다.

이전 교육과정까지는 각 학교에서 학습의 효율화를 위해 지도 교사 재량으로 보충 교재나 심화 발전 교재를 만들어 사용해 왔다. 『산수 익힘책』을 제공함으로써 그동안의 관행을 국가 수준에서 대폭 개선한 것이다. 교재의 다양화와 풍부화는 교육 내용의 양적인 증가를 의미하는 것이 아니며, 교육의 질 관리를 위한 교재와 학습 자료의 보충, 지원을 의미하는 것이다. 산수 익힘책과 같은 보조 교재를 보급하여 교수학습 방법의 질적 개선을 꾀하고자 하였다.

3) 문제해결력 강조

수학적 지식과 기능의 활용을 바탕으로 수학적 사고를 통한 문제해결력을 강조하였다. 수학에서 여러 가지 문제를 해결하는 기본적인 목적은 수학의 지식을 실생활에 밀접히 연결시키고 수학적인 활동을 크게 하여 좀 더 산수 과목을 재미있게 하고 논리적으로 생각할 수 있는 습관을 빨리 터득시키는 데 있다. 어떤 수학적인 문제 상황에 부딪혔을 때 그 문제를 충분히 이해하고 어떤 과정을 거쳐 식을 만들고 해결 방법을 찾아내어 풀어 보고 음미해 보는 습관은 중요하다.

문제해결력 신장은 이미 제4차 교육과정에서도 시도되었다. 제3차 교육과정에서 급격하게 도입된 새수학의 내용을 경감하면서 제4차 교육과정에서도 문제해결력을 기를 수 있는 내용을 중시하였다. 그러한 개정 방향을 그대로 이어받아 제5차 교육과정에서는 더욱 문제해결력 신장에 중점을 두었다.

4) 학습 양의 수준 적정화

교육과정 내용에서 기초학습 능력과 수학적 활동 및 문제해결력과 관련되는 내용은 강화하는 한편 일차함수와 그래프, 음의 정수의 뺄셈, 집합의 기호 표시 등은 삭제하고 복잡한 유리수의 계산, 수판셈 등은 축소하였다. 이를 좀더 자세히 살펴보면 다음과 같다.

(1) 내용 선정과 조직의 원칙
- 내용 영역은 제4차와 같으며, 내용 진술 방법도 같다.
- 제3차 때 삽입된 집합에 대한 내용이 소영역에서 없어졌다.
- 문장제에 대한 소영역도 삭제하였다.
- 전체 내용의 취급에서 문제해결력을 신장할 수 있도록 하였다.
- 전반적으로 내용을 포괄적으로 제시하여 세분화해 경직된 것을 풀어주었다.

(2) 학년별 및 영역별 특징
- 제4차 교육과정에서 약화, 삭제한 새 수학의 내용을 보다 더 적극적으로 정리하였다.
- 집합에 대해서도 5학년에서 합집합, 교집합까지만 초보적인 개념을 이해하는 것으로 약화하였다.
- 음수에 대해서도 대폭 약화하여 덧셈 연산만 취급하도록 하였다.
- 수판셈에 대한 내용은 계속되어 있으나 원리의 이해와 덧셈, 뺄셈 부분으로 제한하고 곱셈, 나눗셈을 삭제하였다.

- 근삿값에 대해서도 대폭 약화하여 덧셈, 뺄셈 부분도 삭제하였다.
- 확률 부분은 다시 살린 흔적이 있으나 경우의 수에서만 다루도록 하였으므로 4차 내용과 마찬가지였다.
- 대체적으로 내용이 정선되면서 3차와 4차에 비하여 평이해졌다고 볼 수 있다.

5) 정의적 목표에 유의, 특히 '흥미'를 최초로 언급

내적인 학습 동기 유발 및 긍정적인 수학적 태도의 육성을 강조했다. 학습 지도 면에서는 학생들의 학습 활동을 높이고 자율적인 학습이 이루어지도록 유도하고 있으며 학습에 대한 성취의 정도뿐만 아니라 정의적인 목표에 대한 사항도 유의하도록 하였다.

교과 목표에서 '수학에 대한 흥미와 관심을 지속적으로 가지게 하고…'라는 진술이 있는데 교육과정의 목표로 '흥미'를 밝힌 것은 제5차 교육과정이 최초라고 볼 수 있다. 학생들이 수학의 학습에서 갖는 기피 현상을 의식하고 학습의 효과를 거두기 위한 심리적인 배려를 한 것을 주요 특징으로 볼 수 있다.

6) 1학년 산수를 『슬기로운 생활』에서 분리해 독립교과로 조정

제4차 교육과정의 초등학교 1학년에서는 산수와 자연을 통합하여 『슬기로운 생활』을 만들어 운영하였다. 제5차 교육과정에서는 수리 기능을 체계적이고 집중적으로 지도하기 위해 산수를 『슬기로운 생활』에서 분리해 독립 교과로 재조정하였다.

산수과 교육과정의 개정 방향에 대해서 제4차와 제5차를 비교해서 요약 정리하면 다음과 같다.

| [표 VIII-3] 제4차와 제5차 교육과정의 비교 |

제4차 교육과정	제5차 교육과정	비고
• 학습내용의 양과 수준의 적정화 • 수학의 초보적인 개념, 원리, 법칙의 습득 및 계산 기능의 숙달 강조 • 발견적인 학습 방법의 강조	**• 기초 학습 능력의 신장** **• 수학적 사고를 통한 문제해결력의 강화** **• 교수학습 방법의 다양화** **• 내용 수준의 적정화**	• 4차 교육과정의 기본 골격 유지 • 부분적으로 수정 보완

나. 산수과 교육과정 개정 내용의 비교

1) 산수과 목표의 비교

교육법 제94조 4항은 "일상 생활에 필요한 수량적인 관계를 이해하며 처리하는 능력을 기른다"로 되어 있으며 이는 국민학교 산수과 최상위의 교육 목표였다.[3] 교육법의 이러한 목표를 반영하여 제5차 산수과 목표에서는 수학적 능력과 태도를 강조하고 있으며 특히 문제해결력 육성에 주안점을 두었음을 명시하였다.

| [표 VIII-4] 제4차, 제5차 산수과 목표의 비교 |

제4차 교육과정	제5차 교육과정
가. 교과 목표 수학의 초보적인 지식과 기능을 익혀, 일상생활의 여러 가지 문제를 합리적으로 해결할 수 있는 능력과 태도를 기른다.	**가. 교과 목표** 수학의 초보적인 지식과 기능을 배우고 익히며, 이를 활용하여 합리적으로 문제를 해결할 수 있는 수학적 능력과 태도를 기른다.
1) 여러 가지 생활 현상을 수리적으로 고찰하는 경험을 통하여, 수량과 도형에 대한 기초적인 개념, 원리, 법칙을 이해하게 한다.	1) 여러 가지 생활 현상을 수학적으로 고찰하고 조직하는 경험을 통하여, 수량과 도형에 대한 기초적인 개념, 원리, 법칙을 이해하게 한다.
2) 기초적인 계산의 기능을 익혀, 이를 일상 생활에 적용할 수 있는 능력을 가지게 한다.	2) 수학의 초보 기능을 익히고 이를 일상 생활에 적용할 수 있게 함으로써 **여러 가지 문제를 합리적으로 해결할 수 있게 한다.**
3) 일상 생활의 여러 가지 사실을 합리적으로 처리하는 생활 습관을 가지게 한다.	3) 수학에 대한 흥미와 관심을 지속적으로 가지게 하고, 수학적 사실을 간결, 명확하게 처리하는 생활 태도를 가지게 한다.

정의적 영역은 전체 목표와 세부 목표에 제시되고 내용 기준은 학년별 목표에 담았다. 국민학교 교육과정에서 정의적 영역은 전체 목표에서 합리적 문제해결 태도 함양이 제시되고, 세부 목표에 "수학에 대한 흥미와 관심을 지속적으로 가지게 하고, 수학적 사실을 간결, 명확하게 처리하는 생활 태도를 가지게 한다."와 같이 흥미, 관심, 태도가 제시된다. 제5차 교육과정에서는 흥미와 관심을 가지게 하는 것이라는 정의적 영역 목표를 제시하였다.

---

3) 교육법 94조 4항

제2절 국민학교

제93조 국민학교는 국민생활에 필요한 기초적인 초등보통교육을 하는 것을 목적으로 한다.
제94조 국민학교교육은 전조의 목적을 실현하기 위하여 다음 각호의 목표를 달성하도록 노력하여야 한다.
1. 일상생활에 필요한 국어를 정확하게 이해하며 사용할 수 있는 능력을 기른다.
2. 개인과 사회와 국가와의 관계를 이해시키어 도의심과 책임감, 공덕심과 협동정신을 기른다. 특히 향토와 민족의 전통과 현장을 정확하게 이해시키어 민족의지를 앙양하며 독립자존의 기풍을 기르는 동시에 국제협조의 정신을 기른다.
3. 일상생활에 나타나는 자연사물과 현상을 과학적으로 관찰하며 처리하는 능력을 기른다.
4. 일상생활에 필요한 수량적인 관계를 정확하게 이해하며 처리하는 능력을 기른다.
5. 일상생활에 필요한 의식주와 직업 등에 대하여 기초적인 이해와 기능을 기르며 근로역행, 자립자활의 능력을 기른다.
6. 인간생활을 명랑하고 화사하게 하는 음악, 미술, 문예 등에 대하여 기초적인 이해와 기능을 기른다.
7. 보건생활에 대한 이해를 깊게 하며 이에 필요한 습관을 길러 심신이 조화적으로 발달하도록 한다.

2) 산수과 내용의 비교

제4차 교육과정의 기본 골격을 그대로 유지하고 부분적으로 학습 내용의 양과 수준을 적정화했다. 산수과 내용 선정의 기본 입장은 다음과 같았다.

| [표 VIII-5] 산수과 목표의 구성 |

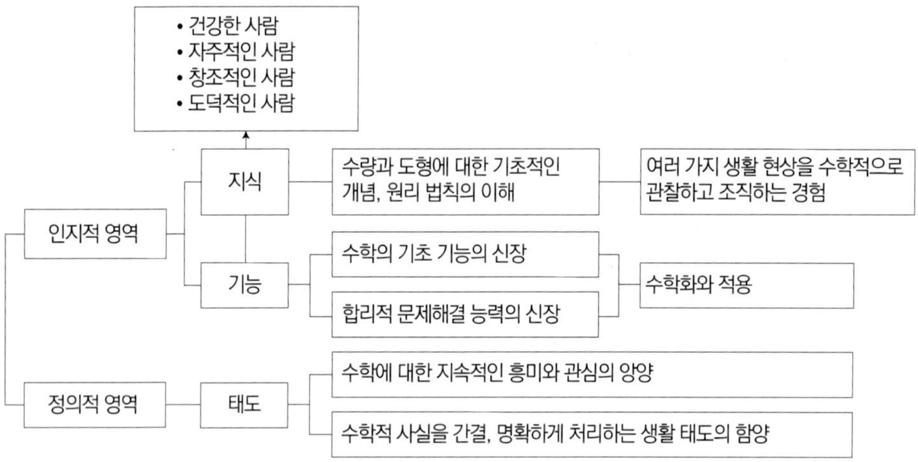

- **수학의 기초적인 개념, 원리의 이해를 강조**: 최소 필수적인 기본 지식과 기능을 우선으로 선정하며 여러 나라의 내용 수준도 고려한다.
- **수학적 활동 및 문제해결력과 관련되는 내용을 강화**: 단순 계산 기능으로 끝나는 내용보다는 좀 더 수학적 사고를 하는 데 도움이 되는 내용을 많이 포함시킨다.
- **학습 내용의 분량 및 수준의 적정화**: 일선 현장의 의견과 세계 수학교육의 흐름을 고려하여 너무 난해한 내용은 그 수준을 적정화한다.
- **학년 간, 학교급 간의 중복 내용 감소**: 유치원, 초·중등학교의 학습 내용의 중복을 가능한 피하도록 하며 그 다루는 내용의 방법과 수준을 확실히 한다.

| [표 VIII-6] 제4차, 제5차 교육과정의 산수과 내용 |

제4차 교육과정	**제5차 교육과정**
• 기초계산 능력과 문제해결력과 관련되는 내용 강화 • 합동수, 거듭제곱과 지수, 함수 관계, 확률 등 많은 내용 삭제 또는 약화	**• 기초학습능력과 수학적 활동 및 문제해결력과 관련되는 내용 강화** **• 일차함수의 그래프, 음의 정수의 뺄셈, 근삿값의 덧셈과 뺄셈, 전체집합, 여집합 및 집합의 기호 등 삭제** **• 유리수의 계산, 수판셈 등의 내용 약화**

| [참고 VIII-1] 제5차 교육과정의 산수과 내용 체계표 |

영역		학년	1	2	3	4	5	6
수	집합						• 집합, 원소, 부분집합, 합집합, 교집합	
수	자연수		• 0~99	• ~999	• ~ 9999	• 1만 이상의 수	• 약수, 공약수, 최대공약수, 배수, 공배수, 최소공배수	
수	정수							• 음의 정수
수	분수			• 분수도입 ◦ 단위분수 ◦ 간단한 진분수	• 진분수 • 동분모진분수 대소비교 • 단위분수의 대소비교	• 진분수, 가분수, 대분수 • 크기가 같은 분수 • 동분모분수의 대소비교	• 약분과 통분 • 이분모분수의 대소비교	
수	소수				• 소수(첫째)도입 • 소수의 대소비교	• 소수(둘째, 세째) • 소수의 자리잡기 원리 • 소수의 대소비교	• 소수와 분수의 상호관계 • 분수와 소수의 대소비교	
연산	자연수	덧셈	• 0~9까지의 기본수의 덧셈 • 두 자릿수의 덧셈(받아올림 없음)	• 세 자리의 수 범위에서 덧셈(받아올림 1회)	• 네 자리의 수 범위에서의 덧셈	• 덧셈 완성(자연수 범위)		
연산	자연수	뺄셈	• 기본수의 덧셈과 관련된 뺄셈 • 두 자릿수의 뺄셈(받아내림 없음)	• 세 자리의 수 범위에서 뺄셈(받아내림 1회)	• 네 자리의 수 범위에서 뺄셈	• 뺄셈 완성(자연수 범위)		
연산	자연수	곱셈		• 곱셈구구 • 곱셈구구 범위에서 곱셈	• 승수가 두 자릿수 범위에서의 곱셈	• 곱셈 완성(자연수 범위)		
연산	자연수	나눗셈		• 곱셈 구구의 범위에서 나눗셈	• 제수가 한 자릿수인 나눗셈 • 몫, 나머지(곱셈구구의 범위)	• 나눗셈 완성(자연수 범위)		
연산	자연수	연산	• 덧셈과 뺄셈의 관계 • 혼합계산 • 덧셈과 뺄셈의 활용	• 곱셈과 나눗셈의 관계 활용 • 덧셈과 뺄셈의 관계 활용 • 덧셈과 뺄셈의 혼합계산	• 덧셈과 뺄셈의 혼합계산 • 덧셈과 뺄셈의 활용 • 곱셈과 나눗셈의 활용	• 사칙혼합계산 • 사칙계산의 활용		
연산	분수	덧셈			• 동분모진분수의 덧셈(합이 진분수)	• 동분모분수의 덧셈 • 정수와 분수의 덧셈	• 이분모분수의 덧셈	
연산	분수	뺄셈			• 동분모진분수의 뺄셈	• 동분모분수의 뺄셈 • 정수와 분수의 뺄셈	• 이분모분수의 뺄셈	
연산	분수	곱셈					• 분수의 곱셈	
연산	분수	나눗셈					• 자연수의 나눗셈(분수몫) • 젯수가 자연수인 분수의 나눗셈	• 젯수가 분수인 나눗셈
연산	분수	연산						• 혼합계산

영역 \ 학년			1	2	3	4	5	6
연산	소수	덧셈			• 소수의 덧셈 (합이 1 미만)	• 소수의 덧셈 • 정수와 소수의 덧셈		
		뺄셈			• 소수의 뺄셈 (첫째 자리)	• 소수의 뺄셈 • 정수와 소수의 뺄셈		
		곱셈					• 소수의 곱셈	
		나눗셈					• 자연수의 나눗셈(소수몫) • 젯수가 자연수인 소수의 나눗셈	• 젯수가 소수인 나눗셈 (몫, 나머지)
		연산						• 혼합계산
	분·소수							• 양의 유리수의 혼합계산
	정수							• 덧셈
	수관셈							• 덧셈, 뺄셈
도형	평면도형	점, 선, 각		• 선분, 직선	• 각, 직각	• 수직, 평행 • 평행선의 성질		
		삼각형	• 여러 가지 모양 알아보기 (삼각형, 사각형, 원의 모양)	• 삼각형의 변, 꼭지점	• 삼각형 • 직삼각형 • 이등변삼각형 • 정삼각형	• 삼각형의 내각의 크기와 그 합		
		사각형	• 모양 만들기	• 사각형의 변, 꼭지점	• 사각형 • 직사각형, 정사각형	• 사다리꼴, 평행사변형, 마름모, 정사각형 • 사각형의 내각의 크기와 합		
		다각형			• 다각형			• 정다각형
		원		• 원 • 모양 만들기	• 원(중심, 지름, 반지름) • 컴퍼스를 사용하여 여러가지 모양 만들기			• 원과 원추 • 부채꼴과 호
		합동, 대칭, 닮음					• 도형의 합동, 삼각형의 합동, 작도 • 평면도형에서의 선대칭, 점대칭	• 확대, 축소 • 닮음, 닮음비
	입체도형	기둥, 뿔	• 기본도형의 모양 알아보기 (직육면체, 직원기둥, 공의 모양)	• 직육면체의 면, 모서리, 꼭지점			• 직육면체, 정육면체의 성질과 전개도	• 각기둥, 원기둥의 성질, 전개도 • 각뿔, 원뿔의 성질 전개도
		구						• 구
		회전체						• 회전체, 회전체의 성질

영역 \ 학년		1	2	3	4	5	6
측도	길이 무게 들이	• 구체물의 길이 비교(길다, 짧다, 높다, 낮다)	• 길이 측정과 단위(cm, m) • 단위 환산 (1m=100cm) • 길이의 계산	• 단위(mm, km), 단위환산, 계산, 무게 비교, 단위(g, kg), 측정, 단위환산, 계산, 들이 비교,단위(dl, l), 측정, 단위 환산, 계산	• 직사각형, 정사각형의 둘레의 길이	• 평면도형의 둘레의 길이 • 들이, 무게의 단위와 상호 관계 ◦ 들이단위: ml, kl ◦ 무게단위: t	• 원, 부채꼴의 둘레와 길이 • 축도, 확대도에서 축척을 이용해 길이 구하기
	시각 시간	• 시각(시, ~시 30분)읽기	• 시각읽기(분), 시간과 시각, 1시간=60분 관계와 활용 • 시간, 일, 주일, 월, 년의 관계와 활용	• 시간셈 (덧셈,뺄셈)	• 시각 읽기(초) • 1분=60초의 관계와 활용 • 시간의 계산		
	각도			• 각의 크기 비교 (겹쳐보기)	• 각의 크기의 측정 • 단위(°)의 사용 • 각의 크기 계산		
	넓이				• 넓이 비교,단위(cm^2, m^2), 단위의 상호관계와 활용 • 직(정)사각형의 넓이 • 직(예)각삼각형의 넓이	• 단위(km^2, a, ha) • 평행사변형의 넓이 • 사다리꼴의 넓이 • 마름모의 넓이 • 삼각형의 넓이 • 직육면체의 넓이	• 원의 넓이 • 부채꼴의 넓이 • 입체도형의 겉넓이(각기둥, 원기둥,원뿔) • 축도, 확대도에서 축척을 이용해 넓이 구하기
	부피					• 부피 비교, 단위(cm^2, m^2) • 직(정)육면체의 부피	• 기둥의 부피 ◦ 각기둥 ◦ 원기둥
	양						• 빠르기(초속, 분속, 시속), 농도, 인구밀도
	근삿값		• 길이의 측정값을 '더된다', '못된다'로 나타내기	• 길이의 측정값을 '약'으로 나타내기	• 반올림, 올림, 버림 • 참값, 근삿값	• 이상, 이하, 미만, 초과 • 어림셈	
관계	통 계		• 구체적인 자료의 분류 정리 ◦ 기록표 ◦ 그래프(○, ×사용)	• 자료의 분류, 정리 • 표 • 막대그래프	• 자료의 분류, 정리 • 자료의 경향,특징조사 ◦ 표 ◦ 꺾은선그래프	• 그림, 그래프 • 평균	• 정리(도수분포표, 히스토그램) • 비율그래프(띠, 원, 사각형) • 경우의 수, 확률
	대응식	• 짝짓기 • 갯수비교		• □ 또는 △을 사용해 식 세우기	• 대응표에서 두 수 사이의 관계를 □, △를 사용한 식으로 나타내기	• 점과 좌표 • 대응관계의 식 • 대응표와 그래프 • 문자(x, y)를 사용	• 정비례, 반비례
	방정식	• 미지항이 있는 간단한 덧셈, 뺄셈의 등식에서 미지항 구하기	• 미지항이 있는 간단한 곱셈, 나눗셈의 등식에서 미지항 구하기	• 미지항 구하기	• 수학적 문항의 참·거짓 구분 • 방정식의 해의 의미 알기(□ 사용)	• 방정식의 해의 의미 알기(x 사용)	• 등식의 성질 • 간단한 방정식 풀이
	비					• 비와 비율(%, 할, 푼, 리, 소수, 분수)	• 비례식, 연비, 비례배분

4 『산수』와 『산수 익힘책』의 주요 특징

가. 산수과 교과용 도서의 종류 및 사용연도

산수과 교과용 도서로 산수 교과서, 지도서, 산수 익힘책을 개발하였다. 산수 교과서 12권, 지도서 12권을 개발했던 지난 교육과정과 달리 제5차 교육과정에서는 산수 익힘책 12권(학년별 2권씩 6개 학년)을 추가로 더 개발하였다.

제5차 교육과정에서 개발한 산수 익힘책

1) 1, 2, 3학년 교과서

- 1987.5~1988.2 : 실험용 교과용 도서 제작
- 1988.3~1989.2 : 전국 42개교 실험 적용
- 1989.3~ : 전국적으로 실제 사용

2) 4, 5, 6학년 교과서

- 1988.3~1989.2 : 실험용 교과용 도서 제작
- 1989.3~1990.2 : 전국 42개교 실험 적용
- 1990.3~ : 전국적으로 실제 사용

나. 교과서 개발

국민학교 교과서는 모두 1종 도서[4]에 속하였으며, 1종 도서의 개발은 연구 기관이나 대학 등에 위탁하여 개발되었다. 교과서인 『산수』는 서울교대 1종 도서 연구개발위원회에서, 보조교과서인 『산수 익힘책』은 한국교원대학교 1종 도서 연구개발위원회에서 연구 개발하였다.

다. 교과서 체재 및 내용상의 특징

1) 산수 교과서

교과서는 다음과 같은 지침 아래 제작되었다.

- 각 단원이 시작될 때 단원 도입 문제를 제시하고 그 단원과 관련되는 실생활 문제, 동기 계발적 문제를 취급하여 단원 내용에 대한 학습 의욕을 고취하도록 하였다.

제5차 산수 교과서의 도입 문제

4) 문교부가 저작권을 가지는 교과서 및 지도서를 1종 도서라고 한다.

• 각 학습 과제가 전개된 후에는 그에 관한 연습 문제를 제공하며 각 단원의 말미에는 단원 내용에 대한 전반적인 확인의 의미에서 연습 문제를 제공하였다.

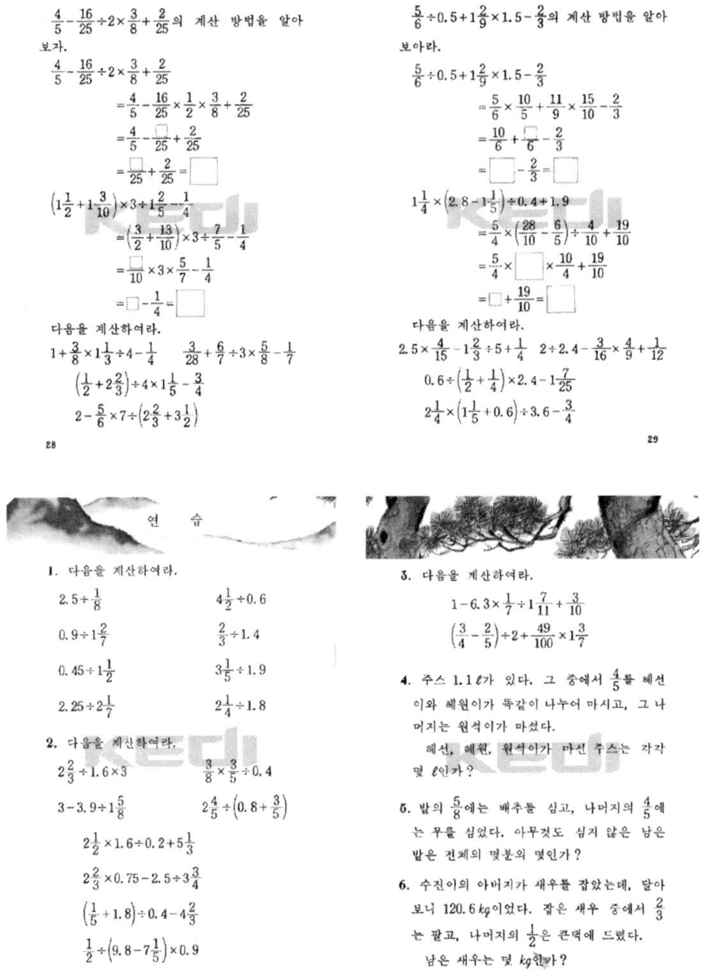
$\frac{4}{5}-\frac{16}{25}\div 2\times\frac{3}{8}+\frac{2}{25}$의 계산 방법을 알아 보자.

$\frac{4}{5}-\frac{16}{25}\div 2\times\frac{3}{8}+\frac{2}{25}$
$=\frac{4}{5}-\frac{16}{25}\times\frac{1}{2}\times\frac{3}{8}+\frac{2}{25}$
$=\frac{4}{5}-\frac{\square}{25}+\frac{2}{25}$
$=\frac{\square}{25}+\frac{2}{25}=\square$

$\left(1\frac{1}{2}+1\frac{3}{10}\right)\times 3\div 1\frac{2}{5}-\frac{1}{4}$
$=\left(\frac{3}{2}+\frac{13}{10}\right)\times 3\div\frac{7}{5}-\frac{1}{4}$
$=\frac{\square}{10}\times 3\times\frac{5}{7}-\frac{1}{4}$
$=\square-\frac{1}{4}=\square$

다음을 계산하여라.

$1+\frac{3}{8}\times 1\frac{1}{3}\div 4-\frac{1}{4}$　　$\frac{3}{28}+\frac{6}{7}\div 3\times\frac{5}{8}-\frac{1}{7}$

$\left(\frac{1}{2}+2\frac{2}{3}\right)\div 4\times 1\frac{1}{5}-\frac{3}{4}$

$2-\frac{5}{6}\times 7\div\left(2\frac{2}{3}+3\frac{1}{2}\right)$

28

$\frac{5}{6}\div 0.5+1\frac{2}{9}\times 1.5-\frac{2}{3}$의 계산 방법을 알아 보아라.

$\frac{5}{6}\div 0.5+1\frac{2}{9}\times 1.5-\frac{2}{3}$
$=\frac{5}{6}\times\frac{10}{5}+\frac{11}{9}\times\frac{15}{10}-\frac{2}{3}$
$=\frac{10}{6}+\frac{\square}{6}-\frac{2}{3}$
$=\square-\frac{2}{3}=\square$

$1\frac{1}{4}\times\left(2.8-1\frac{1}{5}\right)\div 0.4+1.9$
$=\frac{5}{4}\times\left(\frac{28}{10}-\frac{6}{5}\right)\div\frac{4}{10}+\frac{19}{10}$
$=\frac{5}{4}\times\square\times\frac{10}{4}+\frac{19}{10}$
$=\square+\frac{19}{10}=\square$

다음을 계산하여라.

$2.5\times\frac{4}{15}-1\frac{2}{3}\div 5+\frac{1}{4}$　　$2\div 2.4-\frac{3}{16}\times\frac{4}{9}+\frac{1}{12}$

$0.6\div\left(\frac{1}{2}+\frac{1}{4}\right)\times 2.4-1\frac{7}{25}$

$2\frac{1}{4}\times\left(1\frac{1}{5}+0.6\right)\div 3.6-\frac{3}{4}$

29

연　습

1. 다음을 계산하여라.

$2.5\div\frac{1}{8}$　　$4\frac{1}{2}\div 0.6$

$0.9\div 1\frac{2}{7}$　　$\frac{2}{3}\div 1.4$

$0.45\div 1\frac{1}{2}$　　$3\frac{1}{5}\div 1.9$

$2.25\div 2\frac{1}{7}$　　$2\frac{1}{4}\div 1.8$

2. 다음을 계산하여라.

$2\frac{2}{3}\div 1.6\times 3$　　$\frac{3}{8}\times\frac{3}{5}\div 0.4$

$3-3.9\div 1\frac{5}{8}$　　$2\frac{4}{5}\div\left(0.8+\frac{3}{5}\right)$

$2\frac{1}{2}\times 1.6\div 0.2+5\frac{1}{3}$

$2\frac{2}{3}\times 0.75-2.5\div 3\frac{3}{4}$

$\left(\frac{1}{5}+1.8\right)\div 0.4-4\frac{2}{3}$

$\frac{1}{2}\div\left(9.8-7\frac{1}{5}\right)\times 0.9$

30

3. 다음을 계산하여라.

$1-6.3\times\frac{1}{7}\div 1\frac{7}{11}+\frac{3}{10}$

$\left(\frac{3}{4}-\frac{2}{5}\right)\div 2+\frac{49}{100}\times 1\frac{3}{7}$

4. 주스 1.1 ℓ가 있다. 그 중에서 $\frac{4}{5}$를 혜선이와 혜원이가 똑같이 나누어 마시고, 그 나머지는 원석이가 마셨다.
혜선, 혜원, 원석이가 마신 주스는 각각 몇 ℓ인가?

5. 밭의 $\frac{5}{8}$에는 배추를 심고, 나머지의 $\frac{4}{5}$에는 무를 심었다. 아무것도 심지 않은 남은 밭은 전체의 몇분의 몇인가?

6. 수진이의 아버지가 새우를 잡았는데, 달아 보니 120.6 kg이었다. 잡은 새우 중에서 $\frac{2}{3}$는 팔고, 나머지의 $\frac{1}{2}$은 큰댁에 드렸다.
남은 새우는 몇 kg인가?

31

제5차 산수 교과서의 연습 문제

• 학기별로 실생활과 관련이 깊은 여러 문제와 수학적 사고력을 기를 수 있는 내용으로 '여러 가지 문제'의 단원을 끝 단원에 배정하였다.

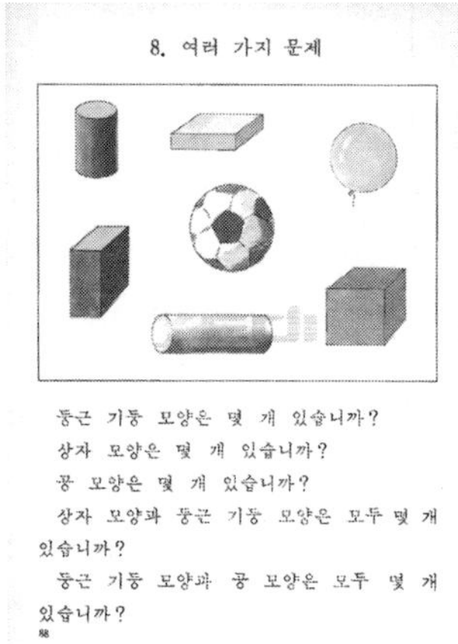
8. 여러 가지 문제

둥근 기둥 모양은 몇 개 있습니까?

상자 모양은 몇 개 있습니까?

공 모양은 몇 개 있습니까?

상자 모양과 둥근 기둥 모양은 모두 몇 개 있습니까?

둥근 기둥 모양과 공 모양은 모두 몇 개 있습니까?

88

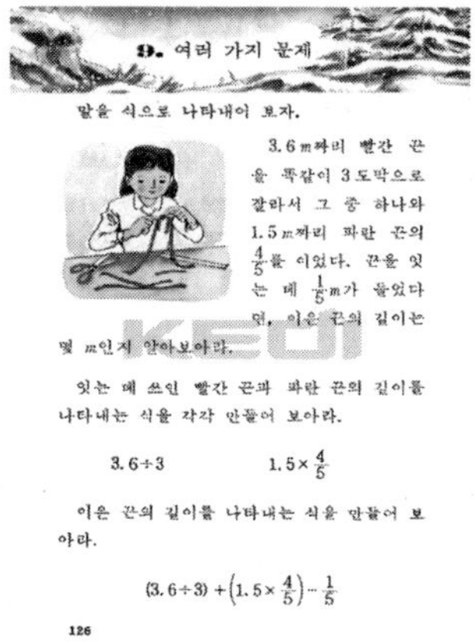
9. 여러 가지 문제

말을 식으로 나타내어 보자.

3.6 m짜리 빨간 끈을 똑같이 3 도막으로 잘라서 그 중 하나와 1.5 m짜리 파란 끈의 $\frac{4}{5}$를 이었다. 끈을 잇는 데 $\frac{1}{5}$ m가 들었다면, 이은 끈의 길이는 몇 m인지 알아보아라.

잇는 데 쓰인 빨간 끈과 파란 끈의 길이를 나타내는 식을 각각 만들어 보아라.

$3.6 \div 3$　　　$1.5 \times \frac{4}{5}$

이은 끈의 길이를 나타내는 식을 만들어 보아라.

$$(3.6 \div 3) + \left(1.5 \times \frac{4}{5}\right) - \frac{1}{5}$$

126

제5차 산수 교과서의 '여러 가지 문제'

- 단원의 수는 학기당 10개 단원 전후로 하고 그 배열 순서는 학습 내용 계통에 맞도록 하였다.
- 산수 교과서가 1학년부터 독립되어 사용되었다. 제4차 교육과정에서는 1학년 산수 교과서가 따로 없었다.

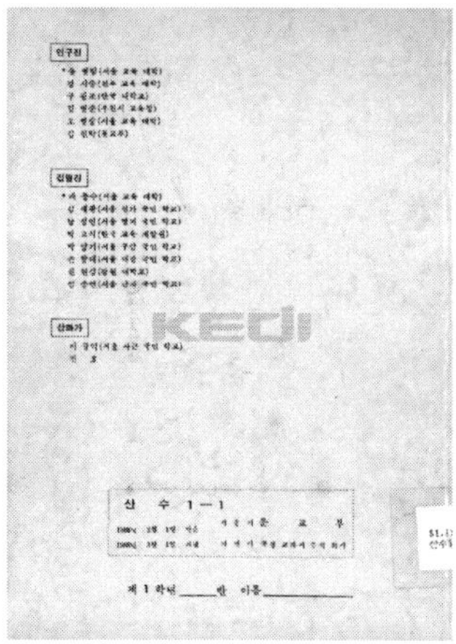

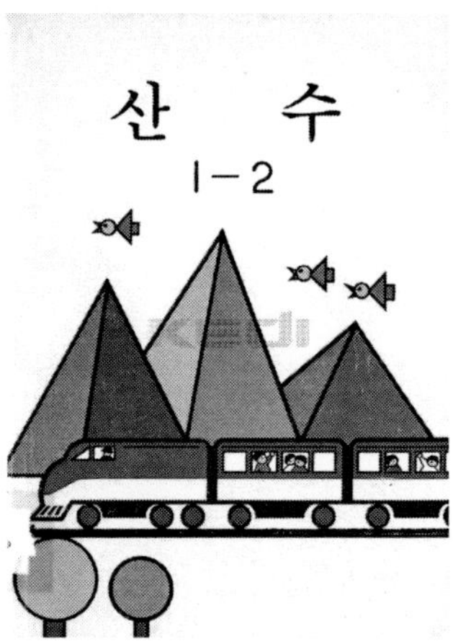

2) 산수 익힘책

산수 익힘책은 다음과 같은 지침 아래 제작되었다.

- 단원의 수와 순서는 산수책에 따르며, 단원 내의 각 학습 과제의 양과 전개는 산수책의 그것과 반드시 비례하지 않아도 무방하였다.
- 단원의 성격에 따라 선수 학습 내용의 확인이 필요한 단원에서는 준비 학습 문제를 두도록 하였고 각 단원의 끝부분에는 학생들이 그 단원에 있는 내용을 충실히 이해하고 있는지를 확인하는 의미에서의 평가 문제를 제시하여 활용하도록 하였다.
- 기초 학습 능력을 정착시키고 학생들의 학습 활동을 증진시키고 다양한 사고 경험을 할 수 있도록 도와주고자 하였다.
- 학생들의 기초 학습 능력의 정착, 문제해결력의 신장, 학습 자료의 다양화라는 입장을 취하였으며, 단원 순서는 산수책의 단원 순서와 같도록 하였다.

산수 익힘책의 구성

| [표 VIII-8] 제5차 교육과정에 따른 산수 교과서의 전 학년 단원명 |

차수	학기	1학년	2학년	3학년	4학년	5학년	6학년
5차	1학기	1. 짝짓기 2. 수(1) 3. 수(2) 4. 여러 가지 모양 5. 더하기와 빼기 6. 덧셈과 뺄셈(1) 7. 덧셈과 뺄셈(2) 8. 두 자리의 수	1. 세 자리의 수 2. 덧셈과 뺄셈(1) 3. 덧셈과 뺄셈(2) 4. 도형 5. 시각과 시간 6. 길이재기 7. 분수	1. 네 자리의 수 2. 덧셈과 뺄셈 3. 곱셈 4. 길이와 시간 5. 나눗셈 6. 평면도형 7. 분수 8. 여러 가지 문제	1. 큰 수 2. 덧셈과 뺄셈 3. 각과 각도 4. 곱셈 5. 수직과 평행 6. 나눗셈 7. 분수 8. 평면도형의 둘레와 넓이 9. 시간 10. 여러 가지 문제	1. 배수와 약수 2. 도형의 합동 3. 분수와 소수 4. 도형의 대칭 5. 분수의 덧셈과 뺄셈 6. 평면도형의 둘레와 넓이 7. 분수의 곱셈 8. 어림수와 어림셈 9. 여러 가지 문제	1. 분수의 나눗셈 2. 소수의 나눗셈 3. 원과 원의 넓이 4. 방정식 5. 기둥의 겉넓이와 부피 6. 비례식 7. 비율 그래프 8. 정비례와 반비례 9. 분수와 소수의 계산 10. 여러 가지 문제
	2학기	1. 두 자리의 수 2. 덧셈과 뺄셈(1) 3. 여러 가지 모양 4. 덧셈과 뺄셈(2) 5. 길이와 시각 6. 덧셈과 뺄셈(3) 7. 묶어 세기 8. 여러 가지 문제	1. 곱셈 2. 도형 3. 덧셈과 뺄셈(1) 4. 덧셈과 뺄셈(2) 5. 길이재기 6. 나눗셈 7. 표와 그래프 8. 여러 가지 문제	1. 덧셈과 뺄셈 2. 곱셈 3. 평면도형 4. 나눗셈 5. 들이와 무게 6. 소수 7. 표와 그래프 8. 여러 가지 문제	1. 큰 수 2. 나눗셈 3. 삼각형과 사각형 4. 자연수의 혼합 계산 5. 분수의 덧셈과 뺄셈 6. 평면도형의 넓이 7. 소수 8. 소수의 덧셈과 뺄셈 9. 표와 그래프 10. 여러 가지 문제	1. 소수의 곱셈 2. 분수의 나눗셈 3. 직육면체 4. 소수의 나눗셈 5. 직육면체의 겉넓이와 부피 6. 비와 비율 7. 좌표와 그래프 8. 자료의 정리 9. 여러 가지 문제	1. 정수 2. 분수와 소수의 혼합계산 3. 연비 4. 도형의 닮음 5. 입체도형 6. 도수분포표와 그래프 7. 경우의 수 8. 수판셈 9. 여러 가지 문제

참고문헌

곽병선 외(1986). 제5차 교육과정 총론 개정 시안의 연구 개발 답신보고서. 한국교육개발원.

곽병선 외(1987). 제5차 국민학교 교육과정 각론 개정 시안의 답신보고서. 한국교육개발원.

남진영(2015). 수학과 국가교육과정의 정의적 영역 목표 고찰. 한국초등수학교육학회, 한국초등수학교육학회지 Vol.19 No.2.

문교부(1987). 국민학교 교육과정. 문교부 고시 제87-8호, 제87-9호.

문교부(1988). 국민학교 교육과정 해설.

성효석 외(1986). 제5차 초·중학교 수학과 교육 과정 시안 연구 개발(RR86-37). 한국교육개발원.

최혜령(2021). 우리나라 초등학교 수학 교과서 변천에 관한 연구. 서울교육대학교 교육전문대학원 박사 학위논문.

허경철 외(1989). 국민학교 교육과정 해설. 배영사.

| 국립중앙도서관 검색 자료 (검색일시: 2023. 12. 30) |

저작자: 문교부 지음: 서울교육대학1종도서연구개발위원회 연구　　**발행자**: 국정교과서

발행년도	표제	발행년도	표제	발행년도	표제	발행년도	표제	발행년도	표제
1989	산수. 1-1	1992	산수. 5-1	1989	산수 익힘책. 1-2	1989	교사용 지도서 산수. 1-2	1991	교사용 지도서 산수. 4-2
	산수. 1-2		산수. 5-2		산수 익힘책. 2-1		교사용 지도서 산수. 2-1		교사용 지도서 산수. 5-1
	산수. 2-1		산수. 6-1		산수 익힘책. 2-2		교사용 지도서 산수. 2-2		교사용 지도서 산수. 5-2
	산수. 2-2		산수. 6-2		산수 익힘책. 3-1		교사용 지도서 산수. 3-1		교사용 지도서 산수. 6-1
	산수. 3-1	1993	산수. 1-1		산수 익힘책. 3-2		교사용 지도서 산수. 3-2		교사용 지도서 산수. 6-2
	산수. 3-2		산수. 1-2	1990	산수 익힘책. 1-1	1990	교사용 지도서 산수. 1-1	1992	교사용 지도서 산수. 1-1
1990	산수. 1-1		산수. 2-1		산수 익힘책. 1-2		교사용 지도서 산수. 1-2		교사용 지도서 산수. 2-1
	산수. 1-2		산수. 2-2		산수 익힘책. 2-1		교사용 지도서 산수. 2-1		교사용 지도서 산수. 3-1
	산수. 2-1		산수. 3-1		산수 익힘책. 2-2		교사용 지도서 산수. 2-2		교사용 지도서 산수. 4-1
	산수. 2-2		산수. 3-2		산수 익힘책. 3-1		교사용 지도서 산수. 3-1		교사용 지도서 산수. 5-1
	산수. 3-1		산수. 4-1		산수 익힘책. 3-2		교사용 지도서 산수. 3-2		교사용 지도서 산수. 6-1
	산수. 3-2		산수. 4-2	1991	산수 익힘책. 1-1		교사용 지도서 산수. 4-1	1993	교사용 지도서 산수. 1-1
	산수. 4-1		산수. 5-1		산수 익힘책. 1-2		교사용 지도서 산수. 4-2		교사용 지도서 산수. 1-2
	산수. 4-2		산수. 5-2		산수 익힘책. 2-1		교사용 지도서 산수. 5-2		교사용 지도서 산수. 2-1
	산수. 5-1		산수. 6-1		산수 익힘책. 2-2		교사용 지도서 산수. 6-1		교사용 지도서 산수. 2-2
	산수. 5-2		산수. 6-2		산수 익힘책. 3-2		교사용 지도서 산수. 6-2		교사용 지도서 산수. 3-1
	산수. 6-1	1994	산수. 1-1	1992	산수 익힘책. 1-2	1991	교사용 지도서 산수. 1-1		교사용 지도서 산수. 3-2
	산수. 6-2		산수. 2-1		산수 익힘책. 2-2		교사용 지도서 산수. 1-2		교사용 지도서 산수. 4-1
1991	산수. 1-1		산수. 3-1		산수 익힘책. 3-2		교사용 지도서 산수. 2-1		교사용 지도서 산수. 4-2
	산수. 2-1		산수. 4-1	1993	산수 익힘책. 1-1		교사용 지도서 산수. 2-2		교사용 지도서 산수. 5-1
	산수. 3-1		산수. 5-1		산수 익힘책. 1-2		교사용 지도서 산수. 3-1		교사용 지도서 산수. 5-2
	산수. 4-1		산수. 6-1		산수 익힘책. 2-1		교사용 지도서 산수. 3-2		교사용 지도서 산수. 6-1
	산수. 5-1	1995	산수. 3-1		산수 익힘책. 2-2		교사용 지도서 산수. 4-1		교사용 지도서 산수. 6-2
	산수. 6-1		산수. 3-2		산수 익힘책. 3-1				
	산수. 1-2		산수. 4-1		산수 익힘책. 3-2				
	산수. 2-2		산수. 4-2		산수 익힘책. 4-1				
	산수. 3-2		산수. 5-1		산수 익힘책. 4-2				
	산수. 4-2		산수. 5-2	1994	산수 익힘책. 1-1				
	산수. 5-2		산수. 6-1		산수 익힘책. 2-1				
	산수. 6-2		산수. 6-2		산수 익힘책. 3-1				
1992	산수. 1-1	1996	산수. 3-2		산수 익힘책. 4-1				
	산수. 1-1		산수. 5-2	1995	산수 익힘책. 3-1				
	산수. 1-2		산수. 6-2		산수 익힘책. 3-2				
	산수. 2-1	1989	(실험용 교과서) 산수. 4-1		산수 익힘책. 4-1				
	산수. 2-2		(실험용 교과서) 산수. 5-1		산수 익힘책. 4-2				
	산수. 3-1		(실험용 교과서) 산수. 6-1	1996	산수 익힘책. 3-2				
	산수. 3-2		산수 익힘책. 1-1		산수 익힘책. 4-2				
	산수. 4-1			1997	산수 익힘책. 4-1				
	산수. 4-2			1989	교사용 지도서 산수. 1-1				

IX. 제6차 교육과정의 초등수학교육

1987.6.30	1988.2.	1992.9	1993.2	1995.	1997.12.
제5차 교육과정 개정	노태우 정부 출범	제6차 국민학교 교육과정 개정	김영삼 정부 출범	교과서명 『산수』를 『수학』으로 바꿈	제7차 교육과정 개정

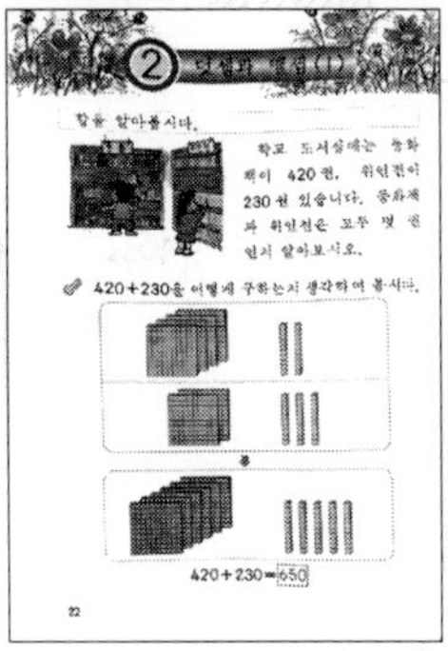

② 덧셈과 뺄셈 (1)

합을 알아봅시다.

학교 도서실에는 동화책이 420권, 위인전이 230권 있습니다. 동화책과 위인전은 모두 몇 권인지 알아보시오.

420+230을 어떻게 구하는지 생각하여 봅시다.

420+230=650

22

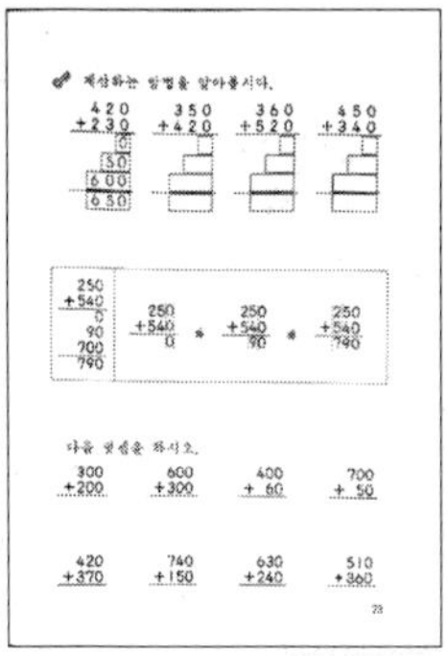

계산하는 방법을 알아봅시다.

420 + 230 : 0, 50, 600, 650

350 + 420

360 + 520

450 + 340

250 + 540 : 0, 90, 700, 790

250 + 540 = 0 ⇒ 90 ⇒ 790

다음 덧셈을 하시오.

300 + 200   600 + 300   400 + 60   700 + 50

420 + 370   740 + 150   630 + 240   510 + 360

23

1 배경

1992년 공포된 제6차 교육과정은 21세기를 준비하는 개정으로 특별한 시대적 의미를 내세우며 진행되었다. 개정의 필요성은 다음과 같다.

1992년 9월 30일 국민학교 교육과정 (교육부 고시 제1992-16호) 고시

- 급격한 시대적, 사회적, 국제적 변화에 대응한 교육내용 개혁
- 21세기의 삶에 필요한 한국인으로서의 기본적 자질과 능력 신장
- 학생의 과중한 학습 부담의 경감으로 교육 경험의 질적 향상
- 교육과정 체제 및 구조의 중앙 집권적 획일성과 경직성 개선

중앙 집권형 교육과정 ➡ 지방 분권형 교육과정

특히 4번째 항목과 관련해서 제6차 교육과정에서는 우리나라 교육과정 사상 처음으로 '중앙 집권형 교육과정'을'지방 분권형 교육과정'으로 전환하여 시·도 교육청과 학교의 자율·재량 권한을 확대하였다. 즉, 교육과정의 편성과 운영에 있어서 중앙·지방·학교의 역할과 책임을 명확하게 분담하는 새로운 교육과정 편성·운영 체제를 확립하였다.

| [표 IX-1] 제6차 교육과정의 주요 전개 과정 |

1. 개정 추진 계획 수립(1990.10)	5. 각론 연구 개발(1991.10~1992.4)
2. 기초 연구 및 총론 연구(1990.12~1991.11)	6. 각론 시안 검토 수정(1992.4~1992.10)
3. 총론 시안 검토 수정(1991.9~1991.12)	7. 최종 정리 작업(1992.6~1992.10)
4. 총론 확정(1991.12)	

한편, 공개적인 의사결정 과정과 검토, 수정, 보완 정리 작업을 거쳐 학교급별 교육과정을 고시하였다. 중학교 교육과정(교육부 고시 제1992-11호)이 1992년 6월 30일로 가장 먼저 고시되었고, 이어 같은 해 9월30일에 국민학교 교육과정(교육부 고시 제1992-16호), 마지막으로 고등학교 교육과정 (교육부 고시 제1992-19호)이 10월 30일에 고시되었다.

제6차 국민학교 교육과정은 다음 일정으로 현장 적용되었으며 이를 위한 교과용 도서 개발이 이루어졌다.

- 1995년 3월 1일부터는 1, 2학년
- 1996년 3월 1일부터는 3, 4학년
- 1997년 3월 1일부터는 5, 6학년

2 총론의 특징

가. 교육과정의 체제와 구조 개선

21세기를 살아갈 자주적, 창조적, 도덕적인 한국인을 육성하기 위하여 제6차 교육과정에서는 다음과 같은 개정 방향 아래 교육과정의 체제와 구조를 개선하고자 했다.

- 민주시민 공동체 의식을 높이기 위한 도덕 교육과 **민주시민 교육**을 강화하는 교육과정 구성
- 고도 산업화, **정보화**, 국제화, 지방화 등의 변화에 창조적으로 대응하는 능력을 길러내는 교육과정 구성
- 학습자의 학습 부담을 적정화하여 학습의 의미를 심화시키고 효율성을 높이는 데 적합한 교육과정 구성
- 교육과정 결정권의 **분권화**, **민주화**를 기해 교육 현장의 창의성과 자율성을 확대하고 **학생의 적성**, **능력 신장**에 적합한 교육과정 체제 확립

제6차 국민학교 교육과정은 학교의 학습및 일상생활에 필요한 기초적 능력과 태도의 육성에 중점을 두고 개정되었다. 특히 학습 활동에서 학생의 직접적인 체험 활동(실험, 관찰, 조사, 수집, 노작, 토론, 견학 등)이 많이 이루어지도록 하였다. 또한, 공동 학습 과제를 많이 제시해 어린 시절부터 소집단 활동을 통해 공동으로 문제를 해결하는 경험을 많이 하도록 한 점이 특색이다. 국민학교 교육과정 개정 중점을 좀 더 구체적으로 살펴보면 다음과 같다.

1) 기본 생활 습관과 예절 교육의 강화

개정된 '바른 생활'과에서는 일상생활에 필요한 실천 위주의 기본 생활 습관과 예절 중심으로 개편하였다. 이러한 기본 생활 습관과 예절 교육은 1, 2학년의 바른 생활뿐만 아니라 3학년부터 도덕과 및 특별 활동과 연계하여 학교의 전체 생활에 걸쳐 습관화되도록 강조하였다.

2) 저학년 통합 교과의 합리적 조정

1, 2학년의 통합 교과는 유치원 교육과 연계를 중시하면서 3학년의 교과 교육을 위한 기본 교육으로서의 특징이 나타나도록 개정하였다. 이전 교육과정기에서 도덕과 사회 요소를 포함하여 통합한 것과는 달리, 개정된 '바른 생활'과에서는 사회 요소를 '슬기로운 생활'로 편입시키고, 저학년 학생들의 일상 생활에서 요구되는 기본 예절, 기본 생활 습관, 공중 도덕, 안전 교육, 환경 교육 등이 각 영역에 통합적으로 반영되도록 새로운 교과로 구성하였다.

'슬기로운 생활'은 주변의 여러 현상에 관심을 가지고 구체적인 활동과 경험을 통하여 자신과 사회 및 자연과의 관계를 이해하고, 여러 가지 상황 속에서 슬기롭게 행동할 수 있는 능력과 태도를 길러 주는 새로운 교과로 구성하였다. 이를 통해 사회와 자연 분야에서 국민학교 1, 2학년 수준의 주요 개념과 탐구 과정, 생활 규범, 노작, 공작 등과 관련된 요소를 통합적으로 다루며, 3학년의 자연, 사회, 실과 등의 교과와 연계하도록 하였다.

'우리들은 1학년'은 국가 수준에서 그 목표와 내용을 획일적으로 제시한 데서 벗어나, 지역별로 신입생들의 생활 경험, 성장 배경, 능력 수준, 지역 실정, 학교 실정 등을 고려하여 생활 중심의 교육 내용으로 알맞게 구성하도록 내용 구성 및 운영권을 시·도 교육청에 위임하였다.

3) 고학년 수업 시간 감축

4, 5, 6학년의 수업 시간은 교사와 학생의 교수·학습 부담을 고려하여 축소, 조정하였다. 4학년은 주당 수업 시간을 30시간에서 29시간으로 1시간 감축하였고, 5~6학년의 주당 수업 시간을 32시간에서 31시간으로 각각 1시간씩 감축하였다.

4) 기초적인 생활 기능과 태도 교육 강화

실과 교육을 농업 중심에서 가정 중심으로 바꾸고, 컴퓨터 영역을 추가하여 실용성을 추구하였으나 일상 생활과 밀착된 노작 활동과 실천적 학습을 통하여 현대 생활에 적응하도록 하는 생활 기능 교과로서의 필요성이 증대되었다. 따라서 4~6학년에서 주당 2시간씩 배당된 것을 1시간씩으로 축소하는 대신 3학년부터 이수하도록 확대하고, 그 내용 면에서도 노작 활동과 실생활 중심의 내용으로 전면적 개정을 하였다. 또한, 1, 2학년에서는 슬기로운 생활과 즐거운 생활 등과 관련하여 지도하고, 그 밖의 학년은 자연, 미술, 특별 활동, 학교 재량 시간을 활용하며, 특히 기르기 영역은 지역의 특성과 학교 실정에 적합하게 운영할 수 있는 재량권을 교육 현장에 부여하여 학교생활 전반에서 실천 중심으로 지도하도록 하였다.

5) 학교 재량 시간 신설

지역 실정에 알맞도록 학교 교육과정을 편성·운영하거나, 교재(교과서)를 재구성하여 활용하는 것을 권장함은 물론, 학교 나름대로 필요한 교과목을 선택하고, 내용을 구성하며, 자율적으로 교육과정을 결정, 운영하도록 하였다. 학교 재량 시간은 당해 시·도의 교육과정 편성·운영 지침에 의거하여 운영하게 되는 시간으로 ① 편제에 제시된 교과의 보충·심화 시간, ② 특별 활동의 보충·심화 시간, ③ 지역 특성, 학교 실정, 학생 요구에 알맞은 교육 내용과 활동을 실천하는 데 활용할 수 있는 특색 있는 교육 활동을 전개할 수 있는 시간에 해당한다.

| [표 IX-2] 제6차 교육과정 시기의 국민학교 교육과정 시간 배당 기준 (1992. 9. 30.) |

구분 \ 학년		1학년	2학년	3학년	4학년	5학년	6학년
교과	도 덕	바른 생활 60	 68	34	34	34	34
	국 어	210	238	238	204	204	204
	수 학	120	136	136	136	170	170
	사 회	슬기로운 생활		102	102	136	136
	자 연	120	136	102	136	136	136
	체 육	즐거운 생활		102	102	102	102
	음 악			68	68	68	68
	미 술	180	238	68	68	68	68
	실 과	-	-	34	34	34	34
특별 활동		30	34	34	68	68	68
학교 재량 시간		-	-	34	34	34	34
연간수업시간수		790(70)	850	952	986	1,054	1,054

① 이 표의 시간 수는 34주를 기준으로 한 연간 최소 시간 수임(1학년은 30주로 함).

② 1단위 시간은 40분을 원칙으로 함.

③ 1학년 연간 수업 시간 수 790시간 중 (70)시간은 입학 초기 학교 적응 활동(3월)에 배당하여야 함.

(출처) : 교육부 고시 제 1992-16호, 국민학교 교육과정, 1992. 9. 30., p. 2.

| [표 IX-3] 제6차 교육과정의 부분 개정(국민학교 영어과 교육과정 최초 신설)에 따른 국민학교 교육과정 시간 배당 기준(1995. 11. 1.) |

구분 \ 학년		1학년	2학년	3학년	4학년	5학년	6학년
교과	도 덕	바른 생활 60	 68	34	34	34	34
	국 어	210	238	238	204	204	204
	수 학	120	136	136	136	170	170
	사 회	슬기로운 생활		102	102	136	136
	자 연	120	136	102	136	136	136
	체 육	즐거운 생활		102	102	102	102
	음 악			68	68	68	68
	미 술	180	238	68	68	68	68
	실 과	-	-	34	34	34	34
	영 어	-	-	68	68	68	68
특별 활동		30	34	34	68	68	68
학교 재량 시간		-	-	0~34	0~34	0~34	0~34
연간수업시간수		790(70)	850	986~1,020	1,020~1,054	1,088~1,122	1,088~1,122

① 이 표의 시간 수는 34주를 기준으로 한 연간 최소 시간 수임(1학년의 교과 및 특별 활동에 배당된 시간은 30주를 기준으로 한 것임).

② 1단위 시간은 40분을 원칙으로 함.

③ 1학년 연간 수업 시간 790시간 중 (70)시간은 입학 초기 학교 적응 활동(3월)에 배당하여야 함.

④ 영어 교과는 1997학년도 3학년부터 연차적으로 시행함.

⑤ 학교 재량 시간에 배당된 0~34는 학년별 연간 최소 시간 수가 0 또는 34시간을 의미함.

(출처) : 교육부 고시 제1995-7호, 국민학교 교육과정, 1995. 11. 1., p. 2.

3 산수과 교육과정의 특징

가. 개정의 필요성

산수과 교육과정 **개정의 필요성**은 다음과 같다.

1) 정보화 사회를 위한 수학교육

미래사회는 정보화 사회로 각종 정보를 수집, 분석, 종합함으로써 어떤 문제를 해결하는 데 많은 비중을 두는 사회를 말한다. 정보를 취급하는 데 가장 필요한 도구는 컴퓨터와 계산기이다. 따라서 컴퓨터를 활용하여 수학적 문제를 해결할 수 있는 다양하고 풍부한 경험을 학생들에게 제공해야 한다.

2) 수학교육 본질 추구를 위한 교수·학습 및 평가 방법 개선

수학교육의 본질은 수학의 실용성과 도야성을 학생의 능력에 맞게 지도하는 것이다. 학생들이 수학의 기초 지식을 생활 주변의 문제나 다른 과목의 문제를 해결하는 데 활용할 수 있게 하며 논리적 사고나 문제해결력을 기르게 하는 데 있다. 그런데 학생들 대부분은 수학 공부하기를 좋아하지 않는다. 이는 학습 방법 면에서 학생들의 활동적인 참여나 적절한 지도 방법이나 자료를 사용하지 않기 때문이다. 수학과 평가는 교육의 목표에 맞게 이루어져야 하고 그 결과는 보충, 심화학습을 위하여 사용되어야 한다. 그런데 현실적으로 많은 교사들은 평가의 목적을 학생들 사이의 우열을 구분하기 위한 수단으로 사용하기 때문에 현재의 수학교육은 교육의 본질에 터한 평가라고 말하기가 어렵다.

3) 수학교육의 획일성, 경직성 개선

개인의 능력에 맞게 수학교육이 실시되어야 함에도 우리나라는 모든 학생들이 동일한 교과서를 사용하여 수학공부를 하고 있다. 제6차 교육과정에서는 최저 필수 수준의 개인의 능력에 맞도록 학습 내용과 수준을 경감하며 경감된 내용은 심화학습내용으로 제시함으로써 능력 있는 학생들이 선택하여 스스로 학습학습하는 것을 의도하였다.

나. 개정의 기본 방향

수학과 교육과정 **개정의 기본 방향**은 다음과 같다.

1) 추론 능력과 문제해결력 개발 중시

추론 능력과 문제해결력은 수학교육의 중요한 목적으로 거듭 강조되어 왔다. 추론 능력이란 귀납, 유추 등을 통한 추측 능력과 연역적 추론 곧 증명 능력을 말한다. 국민학교의 경우에는 산수 교과서의 여러 가지 문제 단원을 통하여 문제해결에 대한 종합적인 지도를 실시하였다. 그러나 중등학교 교과서에서는 정형문제 수준을 벗어나지 못하고 있는 실정이다. 제6차 교육과정은 수학적 문제해결을 보다 체계적으로 지도하기 위한 구체적인 방안과 자료의 제공을 요구하였다.

제6차 교육과정은 '21세기를 주도할 민주적이고 창의적이며 도덕적인 한국인을 육성'하는 것을 개정의 기본 방향으로 삼았다. 추론능력과 수학적인 문제해결력이 발달된 사람은 어떤 문제 상황에서도 스스로 합리적으로 사고하여 판단하며 창의적으로 문제를 해결할 수 있다.

수학과 교육과정 개발 지침(교육부)

- ■ 기초 교과, 도구 교과의 성격을 뚜렷하게 부각
- ■ 내용 선정의 적합성이 제고되도록 함
  - • 수준의 적합성
  - • 내용 양의 적절성
  - • 기초성과 중요도의 고려
  - • 학습 내용의 계통성
- ■ 내용 선정의 조직
  - • 영역 구분은 초중고가 조화롭게 구분
  - • 내용 선정은 각급 학교간의 중복성을 피하고 영역 간의 연계성을 고려
- ■ 운영 및 실행 방향의 변화
  - • 기초 학습 능력의 강조
  - • 수리적 사고력, 문제해결력 강조

2) 수학의 실용성 강조

수학적 지식과 능력을 길러 이를 생활 문제의 해결이나 다른 교과의 학습에 활용할 수 있게 하는 것이 중요하다. 그런데 수학교과서에서 실생활 문제나 다른 교과와 관련된 문제를 찾아보기 힘들다. 실생활이나 다른 교과와 관련된 문제들이 수학과 학습 활동에서 다루어져야 할 것이다.

3) 수학적 도구로 계산기와 컴퓨터 활용 권장

연산의 개념 이해와 계산 기능 개발이 학습 목표가 아닌 경우, 문제해결을 위한 복잡한 계산은 계산의 신속성과 정확성을 위하여 계산기를 사용하는 경우가 많다. 계산기는 다양한 상황에서 편리하고 긴요하게 사용된다. 학교 수학에서 계산기를 사용하여 교육적 효과를 올릴 수 있도록 연구와 활용을 권장하였다.

현재와 미래사회는 정보화 사회로서 모든 분야에서 컴퓨터는 더욱 긴요해진다. 컴퓨터를 수학교육에 활용할 때 기대할 수 있는 효과는 다음과 같다. 첫째, 컴퓨터가 가지고 있는 그래픽 기능, 시뮬레이션 기능, 계산 기능 등을 통하여 수학적 개념을 보다 효과적으로 지도할 수 있다. 또한 필산으로 해결하기 힘든 계산 문제를 간단히 처리할 수 있다.

둘째, 컴퓨터 프로그래밍의 효과를 활용하는 것이다. 수학적 원리나 법칙을 포함하는 간단한 프로그래밍을 실행함으로써 그 원리나 법칙의 이해에 도움을 줄 뿐만 아니라 이들을 이용하는 문제를 간단히 해결할 수 있다.

셋째, 컴퓨터 프로그래밍 활동은 문제해결력을 향상시켜 준다. 목표를 분명히 하고 순서도 작성을 통하여 계획하며 프로그램을 작성하고 실행하여 결과를 얻은 다음 그 결과가 옳은지 확인하여야 한다. 이러한 과정은 문제해결의 단계인 문제의 이해, 해결 계획의 수립, 실행, 반성과 매우 비슷하다.

4) 진로에 적합한 수학 학습 기회 제공

제6차 교육과정의 중요한 특성 중의 하나는 교육과정 결정권의 분권화, 민주화를 기해 학생의 적성, 능력 신장에 적합한 교육과정 체제를 확립하는 것이었다. 학교 교육은 고등학교 시절부터 진로에 따라 학교와 계열을 선택하게 하고 있으며 계열에 따라 필요로 하는 수학의 내용이나 능력에도 큰 차이를 보인다. 따라서 제6차 수학과 교육과정은 고등학교 단계에서 진로의 특성에 맞는 다양한 수학과 과목을 제공하고자 하였다.

5) 정보화 사회와 수학의 발전을 반영하여 수학의 기본 지도 내용 엄선

수학과 교육과정은 1970년대 초에 개정된 학문중심의 제3차 교육과정의 내용을 골간으로 하면서, 두 차례의 개정을 통해 내용을 정선, 삭제 또는 경감함으로써 학습의 부담을 줄이는 한편 문제해결을 강조한 것이라고 볼 수 있다. 그런데 제6차 교육과정은 정보화 사회에서 주도적인 역할을 할 인재를 양성하여야 하는 만큼 교육의 내용도 사회 변천에 따라 변화되어야 한다. 즉, 70년대부터 현재까지의 교육과정은 고도의 전통적인 수학적 내용의 이해와 필산에 의한 계산을 강조하고 이를 적용하여 문제를 해결하는 내용이 대부분을 이루었다. 그러나 미래사회는 정보화사회로서 계산기와 컴퓨터가 주된 역할을 하게 되고 그에 따라 수학 자체의 성격도 변화해 가고 있다. 정보화 사회를 대비해서 강조되거나 도입되어야 할 내용으로는 어림산, 알고리즘, 이산수학, 수치해석 등을 생각할 수 있다.

6) 학습 목표와 내용에 적합한, 보다 다양한 지도 방법과 평가 방법 구사

같은 수학 내용을 지도하더라도 그 지도 방법에 따라서 학습의 효과가 매우 다를 수 있다. 따라서 어떤 내용을 지도할 때는 학생의 준비도와 지도 목표에 적합한 지도 방법을 사용하여야 한다. 예를 들어 인지발달 수준이 낮은 학생들에게 새로운 수학적 개념을 지도할 때, 처음에는 구체물이나 반구체물을 실제로 조작하는 활동을 하여 직관적으로 이해시킨 다음 추상적 기호나 용어를 도입하고 논리적 추론을 하게 해야 한다. 수학 내용을 타인에게 정확하게 설명하는 학습 활동은 반성적 사고를 유발하여 수학적 개념을 더욱 분명히 이해하게 하는 데 도움이 되며 민주 시민의 기본 자질을 함양하게 하는 데도 도움이 될 것이다.

학교에서 이루어지는 대부분의 학습 평가는 수학적 사고력이나 문제해결력의 평가보다는 수학의 단편 지식이나 문제 풀이 기교에 치중하는 경향이 많다. 평가는 지도의 통합된 일부로서 사용되어야 한다. 평가의 목적은 학생들의 학습 결과를 수치로 나타내고 기록하는 것이 아니라 학생들의 학습 정도를 파악하고 적절한 보충학습이나 심화학습이 이루어지도록 하기 위한 것이다. 따라서 평가는 수업 활동 중에 수시로 이루어져야 하며, 평가 방법은 지필 검사에 국한할 것이 아니라 관찰, 면담, 과제물 검사 등 다양한 방법과 도구를 사용하여야 할 것이다. 이와 같은 교육적으로 적절한 평가가 이루어지도록 구체적이고 실제적인 평가의 지침이 새 교육과정에 진술되어야 할 것이다.

- 제목 : (제6차 교육과정 각론 개정 연구 : 초·중·고등학교 수학과)
- 연구책임자 : 신성균
- 공동연구진 : 강옥기, 강문봉, 황혜정, 박교식, 박문환

Ⅰ. 제 6차 수학과 교육과정 개정의 기본 방향
   1. 제6차 교육과정 개정의 필요성과 개정의 기본 방향
   2. 제6차 수학과 교육과정 개정의 필요성
   3. 교육과정 각론 개정안 연구 개발 지침
   4. 제6차 수학과 교육과정 개정의 기본 방향
   5. 제6차 수학과 교육과정 개정의 방법 및 절차

Ⅱ. 수학과 교육과정 개정의 기초
   1. 현행 수학과 교육 과정의 진단 및 요구 조사
   2. 외국 수학과 교육과정의 비교·분석

Ⅲ. 제6차 수학과 교육과정의 구성
   1. 수학과의 성격
   2. 수학과의 목표
   3. 내용 선정 및 조직

다. 내용 선정과 조직의 변화

제6차 교육과정의 개정의 필요성과 기본 방향에 따라 내용 선정과 조직에 다음과 같은 변화를 꾀하였다.

첫째, 수 영역에서 계산기와 컴퓨터가 대중화된 현실을 고려하여 수판셈을 삭제하였다. 집합도 삭제하기로 하였는데 국민학교 수학에서 집합 학습이 큰 의미가 없다는 현장의 의견을 반영한 것이다.

둘째, 음의 정수가 어려운 것으로 나타났으나 국민학교에서는 정수의 개념을 이해시키는 데 중점을 두고 이를 돕기 위한 것으로 정수의 덧셈과 뺄셈을 포함시켰다.

셋째, 정보화 사회와 수학의 발전을 반영하여 수학의 기본적인 지도 내용을 엄선한다는 취지에서 5학년 측도 영역에 어림수와 어림셈을 추가하였다.

넷째, 미국, 캐나다, 일본, 유럽 등지에서 문제해결을 교육과정에 비중 있게 다룬다. 제5차 교육과정에서 산수 교과서의 여러 가지 문제 단원을 통하여 문제해결을 지도하여 왔으나 현장에서 효율적으로 반영되지 못하고 있다는 의견이 있다. 따라서 1학년을 제외한 전 학년의 관계 영역에 문제해결 전략 및 과정 등을 이해하여 문제를 풀 수 있게 하는 내용을 첨가하였다.

라. 교과목명 변경 : 산수 ⇒ 수학

1995년부터 교과 명칭을 산수과에서 수학과로 변경하였다. 이는 종래의 계산 중심의 지도내용에서 논리, 수학적 사고와 문제해결력 중심으로 변화하는 수학교육의 세계적 추세에 따른 것이며, 수학교육전문가와 현장교원의 의견을 반영한 것이었다.

제5차 교육과정에서도 이미 산수 교과목명을 바꾸자는 제안이 있었다. 북한에서 이미 산수를 수학으로 바꾼 상황이었기 때문에 북한을 따라 한다는 이미지를 줄 수 있다는 주장과 수학은 딱딱한 인상이라는 주장이 있어 차기 교육과정 개정 때 고려하기로 하였다.[1)]

오늘날의 수학은 수학적 사고를 근간으로 하고 있으며, 대부분의 선진 외국에서도 수학(mathematics)이라는 명칭을 사용하고 있다. 즉, 계산 중심의 지도내용에서 논리·수학적 사고와 문제해결 중심으로 변화하는 수학교육의 세계적 추세에 따라 교과 명칭을 변경하였다.

마. 제5차 교육과정과 제6차 교육과정의 수학과 내용 비교

1) 체제의 비교

| [표 IX-4] 제5차, 제6차 교육과정의 수학과 체제 |

구 분	제5차 교육과정	제6차 교육과정	비 고
교과명	산수	수학	• 수학으로 개정됨
주당 수업 시수	학년 1 2 3 4 5 6 시수 4 4 4 4 5 5	학년 1 2 3 4 5 6 시수 4 4 4 4 5 5	• 변함 없음
교육 과정 체제	가. 교과 목표 나. 학년 목표 및 내용 〈각 학년〉 1. 목표 2. 내용 다. 지도 및 평가상의 유의점 1. 지도 2. 평가	가. 성격 나. 목표 다. 내용 1. 내용체계 2. 학년별 내용 라. 방법 마. 평가	• 교과서의 성격 진술 난이 신설됨 • 학년 체계 난이 신설됨 • 지도 방법과 평가 진술 난을 따로 마련함
지도 내용 영역	수, 연산, 도형, 측도, 관계	수, 연산, 도형, 측도, 관계	• 변함없음

2) 목표의 비교

| [표 IX-5] 제5차, 제6차 교육과정의 수학과 목표 |

제5차 교육과정	제6차 교육과정
수학의 초보적인 지식과 기능을 배우고 익히며, 이를 활용하여 합리적으로 문제를 해결할 수 있는 수학적 능력과 태도를 기른다. 1) 여러 가지 생활 현상을 수학적으로 고찰하고 조직하는 경험을 통하여, 수량과 도형에 대한 기초적인 개념, 원리, 법칙을 이해하게 한다. 2) 수학의 **초보** 기능을 익히고 이를 일상생활에 적용할 수 있게 함으로써 여러 가지 문제를 합리적으로 해결할 수 있게 한다. 3) 수학에 대한 흥미와 관심을 지속적으로 가지게 하고, 수학적 사실을 간결, 명확하게 처리하는 생활 태도를 가지게 한다.	수학의 초보적인 지식과 기능을 배우고 익히며, 이를 활용하여 합리적으로 문제를 해결할 수 있는 수학적 능력과 태도를 기른다. 1) 여러 가지 생활 현상을 수학적으로 관찰하고 조직하는 경험을 통하여, 수량과 형에 대한 기초적인 개념, 원리, 법칙을 이해하게 한다. 2) 수학의 **기초** 기능을 익히고, 이를 일상생활에 적용할 수 있게 하며, 여러 가지 문제를 합리적으로 해결할 수 있게 한다. 3) 수학에 대한 흥미와 관심을 지속적으로 가지게 하고, 수학적 사실을 간결, 명확하게 처리하는 생활 태도를 가지게 한다.

1) 산수과의 교과 명칭인 '산수'는 산수과의 지도 내용이 사칙 계산 위주라는 인상을 준다. '산수'라는 말은 일본의 것을 그대로 따라 쓴 것이고 또 산수과의 지도내용에는 사칙계산뿐 아니라 수, 도형, 측도, 통계, 관계 영역이 더 많음에도 불구하고 '산수'라는 명칭을 사용하고 있다(신성균 외, 1992).

3) 내용의 비교

| [표 IX-6] 제5차, 제6차 교육과정의 학년별 수학과 내용 |

1학년	제5차 교육과정	제6차 교육과정	비고
수	(1) 0과 99까지의 자연수를 이해하게 한다. (가) 수와 숫자 (나) 수의 읽기, 쓰기, 세기 (다) 수 계열, 대소 비교 (라) 십진기수법의 자리잡기의 기초	(1) 0과 99까지의 자연수를 이해하게 한다. (가) 수 세기 (나) 수와 숫자 (다) 수의 읽기, 쓰기 (라) 수 계열, 순서수 (마) 대소 비교 (바) 수의 합성과 분해 (사) 십진기수법의 자리잡기의 기초	* 수의 합성과 분해는 연산 영역에서 이동된 것임
연산	(1) 덧셈과 뺄셈이 이루어지는 경우와 두 자리의 수의 범위에서 덧셈과 뺄셈을 할 수 있게 하며, 이를 활용할 수 있게 한다. (가) 수의 합성과 분해 (나) 기본수(0~9)의 덧셈과 이와 관련된 뺄셈 (다) 덧셈(받아올림 없음) (라) 뺄셈(받아내림 없음) (마) 덧셈과 뺄셈의 관계 (바) 혼합 계산 (사) 덧셈과 뺄셈의 활용	(1) 덧셈과 뺄셈이 이루어지는 경우를 알아보고, 두 자리의 수의 범위에서 덧셈과 뺄셈을 할 수 있게 하며, 이를 활용할 수 있게 한다. (가) 덧셈과 뺄셈이 이루어지는 경우 (나) 기본수(0~9)의 덧셈과 이와 관련된 뺄셈 (다) 덧셈(받아올림 없음) (라) 뺄셈(받아올림 없음) (마) 덧셈과 뺄셈의 활용	* 수의 합성과 분해는 수 영역으로 이동 * 덧셈과 뺄셈과의 관계는 2학년으로 이동 * 덧셈, 뺄셈의 혼합 계산은 2학년에서 다룸.
측도	(1) 물체의 길이를 비교하여 이를 표현할 수 있게 한다. (가) 길다 , 짧다 (나) 높다 , 낮다	(1) 두 물체의 길이, 넓이, 무게, 들이 등을 비교하여 이를 길다, 높다, 넓다, 많다, 무겁다 등의 말로 표현할 수 있게 한다.	* 넓이, 무게, 들이 비교 첨가
	(2) 시계를 보고 시각을 읽을 수 있게 한다. (가) 몇 시 (나) 몇 시 30분	(2) 시계를 보고 시각을 읽을 수 있게 한다. (가) 몇 시 (나) 몇 시 몇 분	* 시각 읽기는 2학년에서 이동
관계	(1) 두 집합의 원소를 서로 짝지어 보게 하여, 원소의 개수를 비교할 수 있게 한다. (가) 짝짓기 (나) 개수 비교 (2) 구체물을 이용하여 미지항이 있는 간단한 덧셈, 뺄셈의 등식에서 미지항을 알아보게 한다.	(1) 두 모임의 낱개끼리 짝지어 보게 하여 모임의 개수를 비교할 수 있게 한다.	* 방정식 내용 삭제
도형	(1) 여러 가지 물건을 직관적으로 관찰하여 기본 도형의 모양을 알아보고, 이를 활용하여 여러 가지 모양을 만들어 보게 한다. (가) 삼각형, 사각형, 원의 모양 (나) 직육면체, 직원기둥, 공의 모양 (다) 모양 만들기	(1) 여러 가지 물건의 직관적인 관찰과 구성 등의 활동을 통하여 기본도형의 모양과 특징을 알아보고, 이를 활용하여 여러 가지 모양을 만들어 보게 한다. (가) 삼각형, 사각형, 원의 모양 (나) 직육면체, 직각뿔, 직원기둥, 직원뿔, 구의 모양 (다) 모양 만들기	* 직각뿔, 직원뿔 모양 첨가

2학년	제5차 교육과정	제6차 교육과정	비고
수	(1) 자리잡기에 의한 십진기수법의 원리를 알아보고, 0과 999까지의 자연수를 이해하게 한다. (가) 십진기수법의 원리 (나) 수의 읽기, 쓰기, 세기 (다) 수 계열, 대소 비교	(1) 자리잡기에 의한 십진기수법의 원리를 알아보고, 999까지의 자연수를 이해하게 한다. (가) 십진기수법의 원리 (나) 수의 읽기, 쓰기 (다) 수 계열, 대소 비교	
	(2) 등분할된 양을 분수로 나타낼 수 있게 한다. (가) 단위 분수 (나) 간단한 진분수	(나) 등분할된 양을 진분수로 나타낼 수 있게 한다. ① 분수 ② 분수 읽기, 쓰기	
연산	(1) 세 자리의 수의 범위에서 덧셈과 뺄셈의 원리를 알아보고, 그 계산을 할 수 있게 하며, 이를 활용할 수 있게 한다. (가) 덧셈(받아올림 1회까지) (나) 뺄셈(받아내림 1회까지) (다) 혼합 계산 (라) 덧셈과 뺄셈의 활용	(1) 세 자리의 수의 범위에서 덧셈과 뺄셈의 원리를 알아보고, 그 계산을 할 수 있게 하며, 이를 활용할 수 있게 한다. (가) 덧셈 (나) 뺄셈 (다) 혼합 계산 (라) 덧셈, 뺄셈의 관계 (마) 덧셈과 뺄셈의 활용	* 덧셈과 뺄셈과의 관계는 1학년에서 이동됨
	(2) 곱셈과 나눗셈이 이루어지는 경우를 알아보고, 곱셈구구의 범위에서 곱셈과 나눗셈을 하고, 이를 활용할 수 있게 한다. (가) 곱셈 (나) 나눗셈 (다) 곱셈구구 (라) 곱셈과 나눗셈의 관계 (마) 곱셈과 나눗셈의 활용	(2) 곱셈과 나눗셈이 이루어지는 경우를 알아보고, 곱셈구구의 범위에서 곱셈과 나눗셈을 하고, 이를 활용할 수 있게 한다. (가) 곱셈과 나눗셈이 이루어지는 경우 (나) 곱셈구구 (다) 곱셈 (라) 나눗셈 (마) 곱셈과 나눗셈의 관계 (바) 곱셈과 나눗셈의 활용	
도형	(1) 삼각형, 사각형, 원 모양의 구체물을 이용하여, 기본 평면도형을 그릴 수 있게 하고, 그 구성 요소를 알아보게 하며, 여러 가지 모양을 만들어 보게 한다. (가) 선분과 직선 (나) 삼각형 (다) 사각형 (라) 원 (마) 모양 만들기 (2) 직육면체 모양의 구체물을 통하여 입체도형의 구성 요소를 알아보게 한다. (가) 직육면체의 면, 모서리, 꼭지점	(1) 삼각형, 사각형 모양의 구체물을 이용하여, 기본 평면도형을 그릴 수 있게 하고, 그 구성 요소를 알아보게 하며, 여러 가지 모양을 만들어 보게 한다. (가) 선분과 직선 (나) 삼각형 (다) 삼각형의 변, 꼭지점 (라) 사각형 (마) 사각형의 변, 꼭지점 (바) 모양 만들기 (2) 직육면체 모양의 구체물을 통하여 입체도형의 구성 요소를 알아보게 한다. (가) 직육면체 (나) 직육면체의 면, 모서리, 꼭지점	* 원의 내용 삭제
측도	(1) 1cm, 1m의 단위를 사용하여 길이를 측정할 수 있게 하며, 단위 환산을 할 수 있게 한다. (가) 길이의 측정 (나) 길이의 단위명: cm, m (다) 1m =1000cm 의 관계와 그 활용 (라) 길이의 계산	(1) 1cm, 1m의 단위를 사용하여 길이를 측정할 수 있게 하며, 단위 환산을 할 수 있게 한다. (가) 길이의 측정 (나) 길이의 단위명: cm, m (다) 1m= 100cm의 관계와 그 활용 (라) 길이의 계산	
	(2) 길이의 측정값을 근삿값으로 나타낼 수 있게 한다. (가) 더된다. (나) 못된다.	(2) 길이의 측정값을 '더된다, 못된다'로 나타낼 수 있게 하여 측정값의 처리 방법에 대한 기초 경험을 가지게 한다.	

측도	(3) 시계 보기를 통하여 시각과 시간을 구별하고, 분 단위까지의 시각을 읽을 수 있게 한다. (가) 1분 단위의 시각 읽기 (나) 시각과 시간 (다) 1시간=60분의 관계와 그 활용 (라) 1시간, 1일, 1주일, 1월, 1년의 관계와 그 활용	(3) 시계 보기를 통하여, 시각과 시간을 구별하고, 1시간, 1일, 1주일, 1월, 1년의 상호 관계를 알게 한다. (가) 시각과 시간 (나) 1시간=60분의 관계와 그 활용 (다) 1시간, 1일, 1주일, 1월, 1년의 관계와 그 활용	* 시각 읽기는 1학년으로 이동
관계	(1) 구체적인 자료를 분류, 정리하여 간단한 표나 그래프로 나타내고 읽을 수 있게 한다. (가) 기록표 (나) ○, ×표를 사용한 그래프	(1) 구체적인 자료를 분류, 정리하여 간단한 표나 그래프로 나타내고 읽을 수 있게 한다. (가) 기록표 (나) ○, ×표를 사용한 그래프	
	(2) 간단한 대응표에서 두 수 사이의 대응 규칙을 알아보게 한다.	(2) 간단한 대응표에서 두 수 사이의 대응 규칙을 알아보게 한다.	
	(3) 곱셈 구구의 범위에서 미지항이 있는 간단한 곱셈, 나눗셈 등식의 미지항을 알아보게 한다.	(3) 간단한 덧셈, 뺄셈, 곱셈, 나눗셈 등식에서 미지항을 알아보게 한다.	
		(4) 수학에 관련된 그림이나 문장을 보고 이야기할 수 있게 하여, 문제해결에 관한 기초 경험을 가지게 한다.	* 문제해결 강화

3학년	제5차 교육과정	제6차 교육과정	비고
수	(1) 자리잡기에 의한 십진수기수법의 원리를 통하여 0과 9999까지의 자연수를 이해하게 한다. (가) 수의 읽기, 쓰기, 세기 (나) 수 계열, 대소 비교	(1) 자리잡기에 의한 십진수기수법의 원리를 통하여 9999까지의 자연수를 이해하게 한다. (가) 수의 읽기, 쓰기 (나) 수 계열, 대소 비교	
	(2) 양의 등분할을 통하여 진분수를 이해하고, 분모가 10인 진분수를 통하여 소수를 이해하게 한다. (가) 진분수 (나) 동분모진분수의 대소 비교 (다) 단위분수의 대소 비교 (라) 소수(소수 첫째 자리까지) (마) 소수의 대소 비교	(2) 양의 등분할을 통하여 진분수를 이해하고, 분자가 10인 진분수를 통하여 소수를 이해하게 한다. (가) 단위분수와 진분수와의 관계 (나) 분모가 같은 진분수의 대소 비교 (다) 단위분수의 대소 비교 (라) 소수(소수 첫째 자리까지) (마) 소수 읽기, 쓰기 (바) 대소 비교	
연산	(1) 네 자리의 수의 범위에서 덧셈, 뺄셈을 하게 하고, 이를 활용 할 수 있게 한다. (가) 덧셈 (나) 뺄셈 (다) 혼합 계산 (라) 덧셈과 뺄셈의 활용	(1) 네 자리의 수의 범위에서 덧셈, 뺄셈을 하게 하고, 이를 활용할 수 있게 한다. (가) 덧셈 (나) 뺄셈 (다) 덧셈과 뺄셈의 활용	
	(2) 곱셈과 나눗셈의 원리를 알아보고, 그 계산을 할 수 있게 하며, 이를 활용할 수 있게 한다. (가) 승수가 두 자릿수인 수의 범위의 곱셈 (나) 젯수가 한 자릿수인 나눗셈 (다) 나눗셈의 몫과 나머지(곱셈의 구구의 범위) (라) 곱셈과 나눗셈의 활용	(2) 곱셈과 나눗셈의 원리를 알아보고, 그 계산을 할 수 있게 하며, 이를 활용할 수 있게 한다. (가) 승수가 두 자릿수인 수의 범위의 곱셈 (나) 제수가 한 자릿수 인 나눗셈 (다) 나눗셈의 몫과 나머지 (라) 곱셈과 나눗셈의 활용	
	(3) 간단한 동분모분수의 덧셈, 뺄셈과 소수의 덧셈, 뺄셈을 할 수 있게 하고, 이를 활용할 수 있게 한다. (가) 동분모진분수의 덧셈과 뺄셈 (합이 1 이하) (나) 소수의 덧셈과 뺄셈(합이 1 이하)	(3) 분모가 같은 간단한 분수의 덧셈, 뺄셈과 소수의 덧셈, 뺄셈을 할 수 있게 하고, 이를 활용할 수 있게 한다. (가) 분모가 같은 진분수의 덧셈과 뺄셈(합이 1 이하) (나) 소수의 덧셈과 뺄셈(합이 1 이하)	

3학년	제5차 교육과정	제6차 교육과정	비고
도형	(1) 구체물을 이용하여 각을 이해하고, 기본 평면 도형과 그의 간단한 성질을 알아보게 한다. (가) 각, 직각 (나) 삼각형, 직각삼각형, 정삼각형, 이등변 삼각형 (다) 사각형, 직사각형, 정사각형 (라) 다각형 (마) 원, 중심, 반지름, 지름 (바) 여러 가지 모양 만들기	(1) 구체물을 이용하여 각을 이해하고, 삼각형과 사각형의 변, 각, 대각선에 대한 간단한 성질을 알아보게 한다. (가) 각, 직각 (나) 직각삼각형, 정삼각형, 이등변삼각형 (다) 직사각형, 정사각형 (2) 원을 그릴 수 있게 하고, 그 구성 요소를 알아보게 하며, 여러 가지 모양을 만들어 보게 한다. (가) 원 (나) 원의 중심, 반지름, 지름 (다) 여러 가지 모양 만들기	
측도	(1) 1mm, 1km의 단위를 이해하고, 단위 환산을 할 수 있게 한다. (가) 길이의 측정 (나) 길이의 단위명: mm, km (다) 1cm=10mm, 1km=1000m의 관계와 그 활용 (라) 길이의 계산	(1) 1mm, 1km의 단위를 이해하고, 단위 환산을 할 수 있게 한다. (가) 길이의 측정 (나) 길이의 단위명: mm, km (다) 1cm=10mm, 1km=1000m의 관계와 그 활용 (라) 길이의 계산	
	(2) 길이의 측정값을 근삿값으로 나타낼 수 있게 한다.	(4) 측정값을 '약' 을 이용하여 나타낼 수 있게 한다.	
	(3) 1g, 1kg의 단위를 사용하여 무게를 측정할 수 있게 하며, 단위 환산을 할 수 있게 한다. (가) 무게의 측정 (나) 무게의 단위명: g, kg (다) 1kg =1000g의 관계와 그 활용 (라) 무게의 계산	(2) 1g, 1kg의 단위를 사용하여 무게를 측정할 수 있게 하며, 단위 환산을 할 수 있게 한다. (가) 무게의 측정 (나) 무게의 단위명: g, kg (다) 1kg =1000g의 관계와 그 활용 (라) 무게의 계산	
	(4) 1ml, 1l의 단위를 사용하여 들이를 측정할 수 있게 하며, 단위 환산을 할 수 있게 한다. (가) 들이의 측정 (나) 들이의 단위명: dl, l (다) 1ml, 1l 관계와 그 활용 (라) 들이의 계산	(3) 1ml, 1l의 단위를 사용하여 들이를 측정할 수 있게 하며, 단위 환신을 할 수 있게 한다. (가) 들이의 측정 (나) 들이의 단위명: dl, l (다) 1 l=1000ml 관계와 그 활용 (라) 들이의 계산	
	(5) 간단한 시간 계산을 할 수 있게 하며, 필요한 시각이나 시간을 구할 수 있게 한다. (가) 시간의 덧셈 (나) 시간의 뺄셈	(5) 간단한 시간 계산을 할 수 있게 하며, 필요한 시각이나 시간을 구할 수 있게 한다. (가) 시간의 덧셈 (나) 시간의 뺄셈	
	(6) 겹쳐보기를 통하여 각의 크기를 비교하고, 각의 크기에 대한 측정의 기초적인 경험을 가지게 한다.	(6) 겹쳐보기를 통하여 각의 크기를 비교하고, 각의 크기에 대한 측정의 기초적인 경험을 가지게 한다.	
관계	(1) 구체적인 자료를 분류, 정리하여, 간단한 표나 그래프로 나타내고 읽을 수 있게 한다. (가) 자료의 분류, 정리 (나) 표 (다) 막대 그래프	(1) 구체적인 자료를 분류, 정리하여, 간단한 표나 그래프로 나타내고 읽을 수 있게 한다. (가) 자료의 분류, 정리 (나) 표 (다) 막대 그래프	
	(2) 수량 사이의 관계를 □ 또는 △를 사용한 식으로 나타낼 수 있게 하고, 간단한 대응표에서 대응을 이해할 수 있게 한다.	(2) 수량 사이의 관계를 □ 또는 △를 사용한 식으로 나타낼 수 있게 하고, 간단한 대응표에서 대응을 이해할 수 있게 한다.	
	(3) 미지항이 있는 간단한 등식에서 미지항을 구할 수 있게 한다.	(3) 간단한 덧셈, 뺄셈, 곱셈, 나눗셈, 등식에서 미지항을 구할 수 있게 한다. (4) 문제해결 과정을 경험하게 하여, 문제해결을 위한 부분적 기능을 기르게 한다.	*문제해결 강화

4학년	제5차 교육과정	제6차 교육과정	비 고
수	(1) 십진기수법의 원리를 바탕으로 만 이상의 자연수를 이해하게 한다. (가) 수의 읽기, 쓰기 (나) 수 계열, 대소 비교	(1) 십진기수법의 원리를 바탕으로 만 이상의 자연수를 이해하게 한다. (가) 수의 읽기, 쓰기 (나) 수 계열, 대소 비교	
	(2) 진분수의 이해를 바탕으로 하여 여러 가지 분수를 알아보게 하고, 분모를 알아보게 하고, 분모 100, 1000인 분수를 통하여 소수를 이해하게 한다. (가) 진분수, 가분수, 대분수 (나) 크기가 같은 분수 (다) 동분모분수와의 비교 (라) 소수와 분수와의 비교 (마) 소수의 자리잡기의 원리 (바) 소수의 대소 비교	(2) 진분수의 이해를 바탕으로 하여 여러 가지 분수를 알아보게 하고, 분모를 알아보게 하고, 분모 100, 1000인 분수를 통하여 소수를 이해하게 한다. (가) 진분수, 가분수, 대분수 (나) 크기가 같은 분수 (다) 분모가 같은 분수의 대소비교 (라) 소수의 자리잡기의 원리 (마) 소수의 읽기, 쓰기 (바) 소수의 대소 비교	
연산	(1) 자연수의 범위에서 사칙연산을 할 수 있게 하고, 이를 활용할 수 있게 한다. (가) 덧셈과 뺄셈 (나) 곱셈과 나눗셈 (다) 사칙혼합 계산 (라) 사칙계산의 활용	(1) 자연수의 범위에서 사칙연산을 할 수 있게 하고, 이를 활용할 수 있게 한다. (가) 덧셈 (나) 뺄셈 (다) 곱셈 (라) 나눗셈 (마) 혼합 계산	
	(2) 동분모분수의 덧셈, 뺄셈과 소수의 덧셈, 뺄셈의 원리를 알게 하여 그 계산을 할 수 있게 하고, 이를 활용할 수 있게 한다. (가) 동분모분수의 덧셈과 뺄셈 (나) 자연수와 분수의 덧셈과 뺄셈 (다) 소수의 덧셈과 뺄셈 (라) 자연수와 소수의 덧셈과 뺄셈	(2) 분모가 같은 분수의 덧셈, 뺄셈과 소수의 덧셈, 뺄셈의 원리를 알게 하여 그 계산을 할 수 있게 하고, 이를 활용할 수 있게 한다. (가) 분모가 같은 분수의 덧셈과 뺄셈 (나) 자연수와 분수의 덧셈과 뺄셈 (다) 소수의 덧셈과 뺄셈 (라) 자연수와 소수의 덧셈과 뺄셈	
도형	(1) 두 직선의 수직, 평행 관계와 평행선의 성질을 이해하게 한다. (가) 수직과 평행 (나) 평행선의 성질	(1) 두 직선의 수직, 평행 관계와 평행선의 성질을 이해하게 한다. (가) 수직과 평행 (나) 평행선의 성질	
	(2) 삼각형, 사각형의 내각의 크기의 합을 알아보게 하고, 여러 가지 사각형의 성질을 알아보게 하다. (가) 삼각형과 사각형의 내각의 크기의 합 (나) 사다리꼴 (다) 평행사변형 (라) 직사각형 (마) 마름모 (바) 정사각형	(2) 예각과 둔각의 뜻을 알게 하고, 삼각형, 사각형의 내각의 크기의 합을 알아보게 한다. (가) 예각, 둔각 (나) 삼각형과 사각형의 내각의 크기의 합 (다) 예각삼각형, 둔각삼각형 (라) 다각형 (3) 여러 가지 사각형의 변, 각, 대각선에 대한 간단한 성질을 알아보게 한다. (가) 사다리꼴 (나) 평행사변형 (다) 마름모	* 예각, 둔각, 예각삼각형, 둔각삼각형 첨가
측도	(1) 초 단위까지의 시각을 읽을 수 있게 하고, 시간 계산을 할 수 있게 한다. (가) 1초 단위의 시각 읽기 (나) 1분=60초의 관계와 그 활용 (다) 시간의 계산	(1) 시계 보기를 통하여 초 단위까지의 시각을 읽을 수 있게 하고, 시간 계산을 할 수 있게 한다. (가) 1초 단위의 시각 읽기 (나) 1분=60초의 관계와 그 활용 (다) 시간의 계산	
	(2) 각도기를 사용하여 각의 크기를 측정할 수 있게 한다. (가) 각의 크기와 측정 (나) 각도의 단위명: 도(°) (다) 각의 크기의 계산	(2) 각도기를 사용하여 각의 크기를 측정할 수 있게 한다. (가) 각의 크기와 측정 (나) 각도의 단위명: 도(°) (다) 각의 크기의 계산	

4학년	제5차 교육과정	제6차 교육과정	비 고
측도	(3) 넓이의 단위와 그 상호 관계를 알아보고, 평면도형의 둘레의 길이와 넓이를 구할 수 있게 한다. (가) 넓이의 단위명: cm^2, m^2 (나) $1m^2 = 1000cm^2$의 관계와 그 활용 (다) 직사각형, 정사각형의 둘레의 길이 (라) 직사각형, 정사각형의 넓이 (마) 직각삼각형, 삼각형의 넓이 (높이를 내부에 그릴 수 있는 경우)	(3) 넓이의 단위와 그 상호 관계를 알아보고, 평면도형의 둘레의 길이와 넓이를 구할 수 있게 한다. (가) 넓이의 단위명: cm^2, m^2 (나) $1m^2 = 1000cm^2$의 관계와 그 활용 (다) 직사각형, 정사각형의 둘레의 길이 (라) 직사각형, 정사각형의 넓이 (마) 직각삼각형, 삼각형의 넓이	
	(4) 측정값을 근삿값으로 나타낼 수 있게 하고, 이를 활용할 수 있게 한다. (가) 반올림, 올림, 버림 (나) 참값, 근삿값	(4) 측정값의 처리 방법으로 반올림, 올림, 버림을 알게 한다.	* 참값, 근삿값은 6학년으로 이동
관계	(1) 구체적인 자료를 분류, 정리하여 간단한 표나 그래프로 나타내고 읽을 수 있게 한다. (가) 표 (나) 꺾은선 그래프	(1) 구체적인 자료를 분류, 정리하여 간단한 표나 그래프로 나타내고 읽을 수 있게 한다. (가) 표 (나) 꺾은선 그래프	
	(2) 간단한 대응표를 통하여 따라서 변하는 두 수 사이의 관계를 □, △를 사용한 식으로 나타낼 수 있게 한다.	(2) 간단한 대응표를 통하여 따라서 변하는 두 수 사이의 관계를 □, △를 사용한 식으로 나타낼 수 있게 한다.	
	(3) 수학적 문장의 참, 거짓을 알아보게 하고, 방정식의 미지항을 구할 수 있게 한다.	(3) 수학적 문장의 참, 거짓을 알아보게 하고, 방정식의 미지항을 구할 수 있게 한다.	
		(4) 문제해결 과정을 알게 하고, 문제해결을 위한 부분적 기능을 바르게 하며, 간단한 문제를 풀 수 있게 한다.	* 문제해결력 강화

5학년	제5차 교육과정	제6차 교육과정	비 고
수	(1) 집합의 의미를 알아보고, 두 집합 사이의 포함 관계와 집합의 연산에 관한 초보적인 개념을 이해하게 한다. (가) 집합, 원소 (나) 부분집합 (다) 합집합, 교집합		* 집합 삭제
연산	(2) 자연수에서 약수와 배수를 이해하게 한다. (가) 약수, 공약수, 최대공약수 (나) 배수, 공배수, 최소공배수	(2) 자연수에서 약수와 배수를 이해하게 한다. (가) 약수, 공약수, 최대공약수 (나) 배수, 공배수, 최소공배수	
	(3) 분수의 약분, 통분을 할 수 있게 하며, 소수와 분수의 상호 관계를 이해하게 하고, 이를 활용할 수 있게 한다. (가) 약분과 통분 (나) 이분모분수의 대소 비교 (다) 소수와 분수의 관계 (라) 분수, 소수의 대소 비교	(3) 분수의 약분, 통분을 할 수 있게 하며, 소수와 분수의 상호 관계를 이해하게 하고, 이를 활용할 수 있게 한다. (가) 약분과 통분 (나) 분모가 다른 분수의 대소 비교 (다) 소수와 분수의 관계 (라) 분수, 소수의 대소 비교	
도형	(1) 평면도형의 합동을 알아보게 하고, 주어진 삼각형을 옮겨 그릴 수 있게 한다. (가) 도형의 합동 (나) 삼각형 그리기	(1) 평면도형의 합동과 평행이동을 알아보게 하고, 주어진 삼각형을 옮겨 그릴 수 있게 한다. (가) 도형의 합동 (나) 평행 이동 (다) 삼각형 그리기	* 평행이동 첨가

도형	(2) 평면도형에서 대칭에 대한 성질을 이해하게 한다. (가) 선대칭 (나) 점대칭	(2) 평면도형의 대칭이동을 알아보게 하고, 주어진 도형의 대칭성을 알아보게 한다. (가) 대칭이동 (나) 선대칭 (다) 점대칭 (라) 평면도형의 대칭성	* 대칭이동 첨가
	(3) 직육면체와 정육면체의 성질을 알아보게 하고, 그들의 전개도를 그릴 수 있게 한다. (가) 직육면체 (나) 정육면체	(3) 직육면체와 정육면체의 성질을 알아보게 하고, 그들의 전개도를 그릴 수 있게 한다. (가) 직육면체 (나) 정육면체	
측도	(1) 들이, 무게, 넓이의 여러 가지 단위와 그 상호 관계를 이해하게 한다. (가) 들이의 단위명: ml, kl (나) 무게의 단위명: t (다) 넓이의 단위명: a, ha, km^2	(1) 들이, 무게, 넓이의 여러 가지 단위와 그 상호 관계를 이해하게 한다. (가) 들이의 단위명: ml, kl (나) 무게의 단위명: t (다) 넓이의 단위명: a, ha, km^2	
	(2) 평면도형의 둘레의 길이와 넓이를 구할 수 있게 한다. (가) 삼각형 (나) 사다리꼴 (다) 평행사변형 (라) 마름모	(2) 평면도형의 넓이를 구할 수 있게 한다. (가) 삼각형 (나) 사다리꼴 (다) 평행사변형 (라) 마름모	
	(3) 직육면체의 부피와 겉넓이를 구할 수 있게 한다. (가) 부피의 단위명: cm^3, m^3 (나) 직육면체의 부피와 겉넓이	(3) 직육면체의 부피와 겉넓이를 구할 수 있게 한다. (가) 부피의 단위명: cm^3, m^3 (나) 직육면체의 부피와 겉넓이	
	(4) 측정값을 근삿값으로 나타낼 수 있게 하고, 근삿값의 어림셈을 할 수 있게 하며, 이를 활용할 수있게 한다. (가) 이상, 이하, 미만, 초과 (나) 어림셈	(4) 어림수와 어림셈이 사용되는 경우를 통하여 이를 활용할 수 있게 한다. (가) 어림수 (나) 어림셈	* 어림수, 어림셈 활동 강화
관계	(1) 자료를 정리하여 그림그래프로 나타내고, 읽을 수 있게 하며, 자료의 대표값으로 평균을 이해하게 한다. (가) 그림그래프 (나) 평균	(1) 자료를 정리하여 그림그래프로 나타내고, 읽을 수 있게 하며, 자료의 대표값으로 평균을 이해하게 한다. (가) 그림그래프 (나) 평균	
	(2) 따라서 변하는 두 수 사이의 관계를 x, y를 사용한 식으로 나타낼 수 있게 하고, 두수의 짝을 좌표평면에 나타낼 수 있게 한다. (가) 점과 좌표 (나) 대응관계와 식 (다) 대응표와 그래프	(2) 따라서 변하는 두 수 사이의 관계를 x, y를 사용한 식으로 나타내어 이들의 짝을 좌표평면에 나타낼 수 있게 한다. (가) 점과 좌표 (나) 대응관계와 식 (다) 대응표와 그래프	
	(3) x를 미지수로 하는 방정식에서 미지항을 구할 수 있게 한다.	(3) x를 미지항으로 하는 방정식에서 미지항을 구할 수 있게 한다.	
	(4) 비와 비율을 이해하게 하고, 이를 활용할 수 있게 한다. (가) 비 (나) 비율(%, 할·푼·리·소수·분수)	(4) 비와 비율을 이해하게 하고, 이를 활용할 수 있게 한다. (가) 비 (나) 비율(%, 할푼리·소수·분수)	
		(5) 구체적인 문제해결 전략을 알게 하여 여러 가지 수학적 문제를 풀 수 있게 한다.	* 문제해결력 강화

6학년	제5차 교육과정	제6차 교육과정	비 고
수	(1) 양의 정수의 상대적인 관계에서 음의 정수를 이해하게 한다. (가) 음의 정수 (나) 읽기, 쓰기 (다) 수 계열, 대소 비교	(1) 양의 정수의 상대적인 관계에서 음의 정수를 이해하게 한다. (가) 음의 정수 (나) 읽기, 쓰기 (다) 수 계열, 대소 비교	
연산	(1) 양의 유리수의 범위에서 나눗셈의 계산 원리를 알게 하여 그 계산을 할 수 있게 하며, 이를 활용할 수 있게 한다. (가) 젯수가 분수인 나눗셈 (나) 젯수가 소수인 나눗셈(몫과 나머지) (다) 양의 유리수와 혼합 계산	(1) 양의 유리수의 범위에서 나눗셈의 계산 원리를 알게 하여 그 계산을 할 수 있게 하며, 이를 활용할 수 있게 한다. (가) 젯수가 분수인 나눗셈 (나) 젯수가 소수인 나눗셈(몫과 나머지) (다) 양의 유리수와 혼합 계산	
	(2) 정수의 범위에서 덧셈의 원리를 이해하고, 간단한 덧셈을 할 수 있게 하며, 이를 활용할 수 있게 한다. (가) 정수의 덧셈	(2) 정수의 범위에서 덧셈과 뺄셈의 원리를 이해하고, 간단한 덧셈과 뺄셈을 할 수 있게 하며, 이를 활용할 수 있게 한다. (가) 정수의 덧셈 (나) 정수의 뺄셈	* 정수의 뺄셈 추가
	(3) 수판셈의 원리를 알아보고, 계산할 수 있게 한다. (가) 덧셈 (나) 뺄셈		* 수판셈 삭제
도형	(1) 평면도형에서 닮음을 이해하게 하고, 이를 활용할 수 있게 한다. (가) 확대, 축소 (나) 닮음, 닮음비	(1) 평면도형에서 닮음을 이해하게 하고, 이를 활용할 수 있게 한다. (가) 확대, 축소 (나) 닮음, 닮음비	
	(2) 여러 가지 평면도형의 성질을 이해하게 하고, 이를 활용할 수 있게 한다. (가) 원과 원주 (나) 부채꼴과 호 (다) 정다각형	(1) 원의 간단한 성질을 이해하게 하고, 이를 활용할 수 있게 한다. (가) 원과 원주 (나) 부채꼴과 호	* 정다각형 삭제
	(3) 기둥 모양인 입체 도형의 성질을 이해하게 하고, 그의 전개도를 그릴 수 있게 한다. (가) 각기둥 (나) 원기둥	(3) 기둥 모양인 입체도형의 성질을 이해하게 하고, 그 전개도를 그릴 수 있게 한다. (가) 각기둥 (나) 원기둥	
	(4) 뿔 모양인 입체 도형의 성질을 이해하게 하고, 그의 전개도를 그릴 수 있게 하며, 회전체의 성질을 알아보게 한다. (가) 각뿔 (나) 원뿔 (다) 회전체 (라) 구	(4) 뿔 모양인 입체도형의 성질을 이해하게 하고, 그 전개도를 그릴 수 있게 하며, 회전체의 성질을 알아보게 한다. (가) 각뿔 (나) 원뿔 (다) 회전체 (라) 구	

측도	(1) 평면도형의 둘레의 길이와 넓이를 구할 수 있게 한다. (가) 원 (나) 부채꼴	(1) 평면도형의 둘레의 길이와 넓이를 구할 수 있게 한다. (가) 원 (나) 부채꼴	
	(2) 입체도형의 겉넓이를 구할 수 있게 한다. (가) 각기둥 (나) 원기둥 (다) 원뿔	(2) 입체도형의 겉넓이를 구할 수 있게 한다. (가) 각기둥 (나) 원기둥 (다) 원뿔	
	(3) 입체도형의 부피를 구할 수 있다. (가) 각기둥 (나) 원기둥	(3) 입체도형의 부피를 구할 수 있다. (가) 각기둥 (나) 원기둥	
	(4) 빠르기, 농도, 인구 밀도를 이해하게 한다. (가) 빠르기(초속, 분속, 시속) (다) 인구밀도	(4) 빠르기, 농도, 인구 밀도를 이해하게 한다. (가) 빠르기(초속, 분속, 시속) (다) 인구밀도	
	(5) 축도나 확대도에서 축척을 이용하여 실제의 길이나 넓이를 구할 수 있게 한다. (가) 길이 (나) 넓이	(5) 축도나 확대도에서 축척을 이용하여 실제의 길이를 구할 수 있게 된다.	* 넓이 삭제
		(6) 참값과 근삿값의 관계를 이해하게 한다. (가) 이상, 이하, 미만, 초과 (나) 참값, 근삿값 (다) 오차	* 4학년에서 이동
관계	(1) 비율로 표시된 자료를 그래프로 나타내고, 이를 읽을 수 있게 한다. (가) 원그래프 (나) 띠그래프 (다) 사각형그래프	(1) 비율로 표시된 자료를 그래프로 나타내고, 이를 읽을 수 있게 한다. (가) 원그래프 (나) 띠그래프 (다) 사각형그래프	
	(2) 자료를 도수분포표와 히스토그램으로 나타내어 자료의 특징이나 경향을 조사하게 한다. (가) 도수분포표 (나) 히스토그램	(2) 자료를 도수분포표와 히스토그램으로 나타내어 자료의 특징이나 경향을 조사하게 한다. (가) 도수분포표 (나) 히스토그램	
	(3) 간단한 경우의 수를 알아보게 하고, 이를 이용하여 확률의 의미를 이해하며 확률을 구할 수 있게 한다. (가) 경우의 수 (나) 확률	(3) 간단한 경우의 수를 알아보게 하고, 이를 이용하여 확률의 의미를 이해하며 확률을 구할 수 있게 한다. (가) 경우의 수 (나) 확률	
	(4) 정비례, 반비례의 의미를 알게 하고, 이것을 식이나, 그래프로 나타낼 수 있게 하며, 이를 활용할 수 있게 한다. (가) 정비례 (나) 반비례	(4) 정비례, 반비례의 의미를 알게하고, 이것을 식이나, 그래프로 나타낼 수 있게 하며, 이를 활용할 수 있게 한다. (가) 정비례 (나) 반비례	
	(5) 등식의 성질을 이해하게 하고, 간단한 방정식을 풀 수 있게 하며, 이를 활용할 수 있게 한다.	(5) 등식의 성질을 이해하게 하고, 간단한 방정식을 풀 수 있게 하며, 이를 활용할 수 있게 한다.	
	(6) 비례식과 연비를 알아보고, 이를 활용할 수 있게 한다. (가) 비례식 (나) 연비 (다) 비례 배분	(6) 비례식과 연비를 알아보고, 이를 활용할 수 있게 한다. (가) 비례식 (나) 연비 (다) 비례 배분	
		(7) 구체적인 문제해결 전략을 고안하여 여러 가지 수학적 문제를 풀 수 있게 한다.	* 문제해결력 강화

라. 지도 방법의 비교

| [표 IX-7] 제5차, 제6차 교육과정의 지도 방법 |

제5차 교육과정	제6차 교육과정
가) 각 학년의 지도 내용은 5개의 영역으로 나뉘어져 있으며, 이들 각 영역은 다시 몇 개의 항목으로 세분되어져 있다. 그러나, 이것이 지도 순서를 의미하는 것은 아니므로, 학습 자료를 개발하거나 지도 계획을 수립할 때에는, 산수과의 특성과 지도 내용의 난이도를 고려하여 지도 내용을 재조직해야 하며, 이를 통합적으로 지도하여 연계적인 사고를 할 수 있도록 한다. 나) 각 학년의 지도 내용은 학생들이 학습해야 할 최소의 중핵적인 학습 내용을 제시한 것이므로, 학년 간·학교급별 간의 연계성, 지역성과 현실성을 고려하여 학생들의 능력에 따라 보충, 심화, 발전의 기회가 주어져야 한다. 다) 교육과정상의 목표나 내용에서 서술한 수학적인 용어는 학습 지도에서 사용하는 용어와 일치하는 것은 아니다. 그러므로, 교과서에 나오는 용어를 사용하여 학습이 전개되도록 한다. 라) 교수 학습 활동은 수학에 대한 친근감을 주기 위하여 학생들의 생활 주변의 구체적인 학습 소재로 하여 학습 과제에 따른 수학적 대상(수학적 사실, 기능, 개념, 원리), 학급 학생들의 특성, 학습 환경에 따라 적절한 학습 형태와 활동이 선택되어져야 하며, 의미 있는 학습이 되도록 함으로써 학생들이 산수에 대한 지속된 흥미와 욕구를 충족시킬 수 있도록 하여야 한다. 마) 의미 있는 학습이 되기 위해서는 학생들의 인지 발달과 그에 대한 처리가 의미 있게 이루어져야 함과 동시에, 학생들의 구체적인 조작 활동과 사고 과정이 중시되어야 하며, 기초 기능이 숙달될 수 있도록 하여야 한다. 바) 문제해결력을 신장시키기 위해서는 문제에 대한 이해와 해결하기 위한 방법을 찾기 위한 다양한 전략이 학생 스스로 창의적으로 세워질 수 있도록 하여야 하며, 문제해결력은 전 영역에서 제시되는 여러 형태의 문제에서 지속적으로 지도되어야 하며, 이를 통하여 습득된 문제해결 전략이 실생활에서 활용될 수 있도록 하여야 한다. 사) 산수과는 전 학년의 계통을 고려하면서 지도되어야 하기 때문에 진단평가와 형성평가가 학습의 과정으로써 적절하게 활용되어져야 하	가) 각 학년의 지도 내용은 5개의 영역으로 나뉘어져 있으며, 이들 각 영역은 다시 몇 개의 항목으로 세분되어져 있다. 그러나, 이것이 지도 순서를 의미하는 것은 아니므로, 학습 자료를 개발하거나 지도 계획을 수립할 때에는, 산수과의 특성과 지도 내용의 난이도를 고려하여 지도 내용을 재조직해야 하며, 이를 통합적으로 지도하여 연계적인 사고를 할 수 있도록 한다. 나) 각 학년의 지도 내용은 학생들이 학습해야 할 최소의 중핵적인 학습 내용을 제시한 것이므로, 학년 간·학교급별 간의 연계성, 지역성과 현실성을 고려하여 학생들의 능력에 따라 보충, 심화, 발전의 기회가 주어져야 한다. 다) 교육과정상의 목표나 내용에서 서술한 수학적인 용어는 학습 지도에서 사용하는 용어와 일치하는 것은 아니다. 그러므로, 교과서에 나오는 용어를 사용하여 학습이 전개되도록 한다. 라) 교수 학습 활동은 수학에 대한 친근감을 주기 위하여 학생들의 생활 주변의 현상이나 구체적인 사실을 학습의 소재로 하며, 이를 활용하여 수학의 기초적인 개념이나 원리를 지도하여 기초 기능이 숙달되도록 하고 실생활 문제 및 타 교과와 관련된 문제를 해결하는 힘을 길러 주도록 한다. 마) 학습 과제에 따른 수학적 대상(수학적 사실, 개념, 원리, 기능), 학습 학생들의 특성, 학습 환경에 따라 적절한 학습 형태와 활동이 선택되어져야 한다. 바) 구체적인 조작 활동과 사고 과정이 중시되도록 하며, 이런 활동을 통하여 원리나 법칙을 학생 스스로 발견하고 해결하는 기회를 제공하여 발견의 즐거움을 맛볼 수 있게 하여, 수학에 대한 흥미와 관심을 지속적으로 가지게 한다. 사) 학생들의 인지 발달과 경험을 고려하여 교사는 적절한 발문을 선택하고 그에 대한 처리를 의미 있게 함으로써 학생들이 효율적인 학습을 할 수 있도록 돕는다. 아) 수를 지도함에 있어서는 먼저 수의 개념을 바르게 이해하고, 이를 바탕으로 십진기수법의 구성 원리를 이해하는 데 중점을 둔다. 자) 계산을 지도함에 있어서는 계산의 원리에 대한 이해를 바탕으로 사칙 계산이 능숙하게 이루어질 수 있도록 한다. 차) 도형을 지도함에 있어서는 직관에 의한 관찰을 통하여 도형의 기본적인 구성요소와 성질을 파악하게 한다. 카) 측정을 지도함에 있어서는 양의 개념을 바르게 인식하고, 보편 단위의 필요성을 바탕으로 하여 여러 가지 양의 단위를 도입하여 이를 활용할 수 있게 한다. 타) 학습의 보조 자료로 필요에 따라 계산기와 컴퓨터를 고학년에서 사용하도록 하며, 교육용 소프트웨어의 활용뿐만 아니라 간단한 프로그래밍도 할 수 있도록 한다.

며 그 결과에 따른 보충 및 심화의 기회가 주어지도록 하여야 한다. 새로운 학습을 위해 필요로 하는 선수 학습 내용이 완전하게 학습되어져 있는지는 간단한 지필 검사, 교사와 학생 간의 질의 응답 등의 방법을 통하여 진단될 수 있으며, 새로운 학습과제에 대한 학습 목표에 도달되고 있거나 도달되었는가를 확인하기 위해서는 지필 검사, 교사와 학생 간의 질의 응답, 관찰, 면담, 숙제 등의 다양한 방법을 통하여 확인될 수 있다.

아) 수를 지도함에 있어서는 먼저 수의 개념을 바르게 이해하고, 이를 바탕으로 십진기수법의 구성 원리를 이해하게 하는 데 중점을 둔다.

자) 연산을 지도함에 있어서는 계산의 원리에 대한 이해를 바탕으로 사칙 계산이 능숙하게 이루어질 수 있도록 한다.

차) 도형을 지도함에 있어서는 직관에 의한 관찰을 통하여 도형의 기본적인 구성 요소와 성질을 파악하게 한다.

카) 측도를 지도함에 있어서는 양의 개념을 바르게 인식하게 하고, 보편단위의 필요성을 바탕으로 여러 가지 양의 단위를 도입하여 이들을 활용할 수 있게 한다.

〈문제해결 지도 방법〉

문제해결력을 신장시키기 위해서는 문제에 대한 이해와 문제해결 방법을 찾기 위한 다양한 전략이 학생 스스로 창의적으로 세워질 수 있도록 하여야 한다. 또, 문제해결력은 전 영역에서 제시되는 여러 형태의 문제(정형 문제 및 비정형 문제)를 통해 지속적으로 지도되어야 하며, 이를 통하여 습득된 문제해결 전략이 실생활에서 활용될 수 있도록 하여야 하는 바, 특히 다음과 같은 사항에 유의한다.

가) 문제해결력을 신장시키기 위해서는 학생들이 문제해결 과정을 이해하게 하여야 하고, 문제를 해결하는 데 필요한 기본적인 문제해결 전략을 익혀 사용할 수 있게 하여야 한다.

나) 문제를 해결하는 과정으로는 먼저 문제를 해결하고자 하는 의욕을 가지고 문제를 이해하도록 해야 하며, 여러 가지 관계를 찾아 봄으로써 전반적인 풀이에 대한 계획을 세우고, 이 계획을 실행한 후, 얻어지는 결과나 방법을 다른 문제에 활용할 수 있는지 알아보도록 한다.

다) 식 만들기, 그림 그리기, 표 만들기, 규칙성 찾기, 예상하고 확인하기, 거꾸로 풀기, 수형도 그리기, 단순화하기, 문제를 발전적으로 만들기, 문제를 재구성하기 등의 전략을 각 학년에 따라, 또한 문제 상황에 따라 적절히 사용한다.

라) 학생 중심의 문제해결 수업이 되게 하기 위해서는 가능한 교사 중심의 설명식 수업을 지양하고, 대신에 다양한 학습 방법(개별 탐구, 소집단 활동, 친구끼리 가르쳐주기, 토론 등)을 통해 학생들이 스스로 문제를 해결하게 한다.

마. 평가의 비교

| [표 IX-8] 제5차, 제6차 교육과정의 평가 방법 |

제5차 교육과정	제6차 교육과정
가) 평가 계획은 수업 설계 시 구체적으로 세워져야 한다. 즉, 학습 목표에서 제시된 지적능력이 지필검사, 관찰, 면담 등의 다양한 방법을 통하여 바르게 평가될 수 있도록 하여야 한다. 특히, 문제해결력에 대한 평가는 결과뿐만 아니라 문제의 이해 능력과 문제를 해결하기 위한 사고 능력을 교사와 학생 간의 질의 응답, 면담, 관찰 등의 다양한 방법을 통하여 평가될 수 있도록 하여야 한다. 나) 정의적 목표에 대한 평가는 학생 개개인의 수업에 대한 참여 및 여러 가지 활동을 매시간의 관찰 등의 방법을 통하여 바르게 평가될 수 있도록 되어야 한다. 다) 평가의 결과는 학생, 교사, 학부모에게 유용한 정보로 제공될 수 있도록 되어야 한다. 학생과 학부모에게는 학습에 대한 성취의 정도를 알려 줌으로써 다음의 학습을 위해 학생에게 내적 동기를 유발시킬 수 있도록 활용되어져야 하며, 교사에게는 수업에 대한 반성과 학생 개개인의 능력을 고려한 학습 방법의 개선에 활용될 수 있도록 하여야 한다.	가) 수학과는 전 학년의 계통을 고려하면서 지도되어야 하기 때문에 진단평가와 형성평가를 학습의 과정으로서 적절하게 활용하며 학습의 결과에 대한 총괄 평가를 실시한다. ① 진단평가: 새로운 학습을 위해 필요로 하는 선수 학습내용이 적절하게 학습되어져 있는지는 간단한 지필검사, 교사와 학생 간의 질의 응답 또는 관찰 등의 방법을 통하여 진단한다. ② 형성평가: 새로운 학습 과제에 대한 학습목표에 도달되고 있는 정도를 확인하기 위해 실시하며, 지필검사, 교사와 학생 간의 질의 응답, 관찰, 면담, 숙제 등의 다양한 방법을 사용한다. 이 결과에 의하여 보충 학습과 심화 학습을 적절히 실시한다. ③ 총괄평가: 한 학기나 한 학년의 학습이 완료된 후 전체적인 학습도달 정도를 진단하기 위하여 실시하는 것으로서 그 결과를 생활기록부에 기재하거나 가정에 통지하며 다음 학습을 위한 동기 유발 자료로도 활용되게 한다. 나) 인지적 능력, 문제해결력, 수학적 성향 등을 적절히 평가하도록 한다. ① 인지적 영역에 대한 평가는 사고력 신장을 위하여 결과보다 과정을 중시하여야 하며, 기본적인 지식, 개념의 이해, 기본적인 계산 기능 등을 평가하도록 한다. ② 문제해결력에 대한 평가는 결과뿐만 아니라 문제의 이해 능력과 문제해결 과정을 파악할 수 있는 주관식 평가를 위주로 하며 지필 검사뿐만 아니라 학생 활동의 관찰 면담, 질의 응답 등의 다양한 방법과 도구를 사용하도록 한다. ③ 수학적 성향에 대한 평가는 학생들의 수학에 대한 가치관, 태도 등을 정확하게 파악하게 할 수 있도록 지필 검사, 관찰, 면담 등의 다양한 방법을 통하여 바르게 평가될 수 있도록 하여야 한다. 다) 평가의 결과는 학생, 교사, 학부모에게 유용한 정보로 제공될 수 있도록 하여야 한다. 학생과 학부모에게는 학습에 대한 성취의 동기를 알려 줌으로써 다음의 학습을 위해 학생에게 내적 동기를 유발시킬 수 있도록 활용되어져야 하며, 교사에게는 수업에 대한 반성과 학생 개개인의 능력을 고려한 학습방법의 개선에 활용될 수 있도록 하여야 한다.

4 수학 교과서의 주요 특징

가. 편찬의 방향

제6차 초등학교 수학 교과서는 수학교육 과정의 기본 정신을 충실히 구현하여 그 내용을 담을 수 있도록 하였다. 수학교육의 목적이 수학적 사고력의 육성, 문제 해결력의 배양 등 논리적 사고를 할 수 있는 기틀을 만드는 데 큰 비중이 있음을 감안할 때, 수학과 학습 지도의 방향은 학생의 학습 활동을 바탕으로 결과를 유도해 가는 수업으로 이끌어 가야 하며, 또한 다양한 사고 경험을 줄 수 있는 학습으로 전개해야 한다.

이를 효율적으로 달성하기 위하여 여러 가지 교수-학습 자료가 있는데 교과서는 가장 큰 교수-학습 자료의 인쇄된 매체라고 볼 수 있다. 따라서 제6차 교과서는 새 학습 지도 방향에 맞추어 다음과 같은 점에 역점을 두어 편찬의 방향을 정하였다.

① 수학의 초보적인 지식의 습득과 기능의 숙달을 통하여 사물을 수학적으로 고찰하고 처리하는 능력을 기를 수 있도록 내용을 선정한다.

② 학습 흥미를 높이기 위하여 실생활 경험과 관련이 있는 적절한 학습 소재를 선정한다.

③ 기본 개념의 이해를 바탕으로 여러 가지 실생활의 문제를 해결할 수 있도록 하며 창의력과 응용력이 신장되도록 한다.

④ 내용의 표현은 수학적으로 정확하고 학생이 이해하기 쉬운 문장으로 서술한다.

⑤ 색도는 학습 효과를 높일 수 있도록 학습요점, 중요한 사항, 삽화 등에 적절히 활용한다.

⑥ 내용의 이해를 도울 수 있도록 삽화, 도표 등을 충분히 제시한다.

⑦ 표, 삽화, 통계 자료의 제시는 참신하고 정확하며, 내용 전개와 관련이 있고 의미 있는 자료가 되게 한다.

⑧ 초등학교 수학과 교육과정에 나타난 목표, 내용, 방법 등을 충분히 반영시켜 내용을 구성한다.

⑨ 내용의 전개는 체계적이고 학습 위계에 따라 단계적으로 심화하도록 한다.

⑩ 기본적인 개념, 원리, 법칙의 도입 및 전개는 학생들이 흥미롭고 쉽게 학습할 수 있도록 창의적이고 다양한 방법으로 전개한다.

⑪ 각 영역의 내용은 필요에 따라 몇 개의 단원으로 구성할 수 있으며, 학습 효과를 높일 수 있도록 적절히 배열한다.

⑫ 내용을 쉽게 이해할 수 있도록 설명을 충분히 하며 예제와 문제 등을 제시한다.

⑬ 기본적인 개념, 원리, 법칙은 자율 학습이 가능하도록 많은 예시와 연습 문제를 충분히 제시한다.

⑭ 수학적 활동을 강화시키고 수학에 대한 흥미와 긍정적인 태도가 육성될 수 있도록 문제의 유형을 다양하게 제시한다.

나. 단원 구성 및 내용 전개

1) 단원 구성

① 단원의 수는 학기마다 10개 단원 안팎으로 하고, 그 배열 순서는 학습 내용 계통에 맞도록 한다.

② 각 단원은 영역별로 관련이 깊은 학습 과제를 엮어 학습 내용을 조직한다.

③ 각 학습 과제가 전개된 후에는 그에 관한 연습 문제를 제공하며, 각 단원의 말미에는 단원 내용에 대한 전반적인 확인 학습의 의미에서 연습 문제를 제공한다.

④ 각 학기별로 실생활과 관련이 깊은 여러 문제와 수학적 사고력을 기를 수 있는 내용으로 '여러 가지 문제'의 단원을 1~2개 단원으로 배정한다.

2) 내용 전개

교과서의 단원별 내용 전개는 앞에서 서술한 교과서의 편찬 방향, 단원의 구성에 따라 다음과 같은 절차를 따르도록 하였다.

① 단원 도입 문제를 제시하여 그 단원과 관련된 실생활 문제, 동기 유발적인 문제를 취급하여 단원 내용에 대한 학습 의욕을 고취시키도록 한다.

② 각 학습 과제는 본 내용을 다루면서 학습의 방법 및 절차를 시사해 준다.

③ 학습 과제에 따라 내용을 요약, 정리해 준다.

④ 단원의 형성적 평가의 관점에서 단원의 말미에 연습 문제를 제공한다.

| [표 IX-9] 제6차 교육과정에 따른 산수 교과서의 전 학년 단원명 |

차수	학기	1학년	2학년	3학년	4학년	5학년	6학년
6차	1학기	1. 세어보기 2. 수(1) 3. 수(2) 4. 여러 가지 모양 5. 수놀이 6. 덧셈과 뺄셈(1) 7. 덧셈과 뺄셈(2) 8. 두 자리의 수	1. 세 자리의 수 2. 덧셈과 뺄셈(1) 3. 도형 4. 덧셈과 뺄셈(2) 5. 여러 가지 문제(1) 6. 시각과 시간 7. 길이 재기 8. 분수 9. 곱셈의 기초 10. 여러 가지 문제(2)	1. 네 자리의 수 2. 덧셈과 뺄셈 3. 곱셈 4. 평면도형 5. 여러 가지 문제(1) 6. 나눗셈 7. 길이와 시간 8. 분수 9. 여러 가지 문제(2)	1. 큰 수 2. 덧셈과 뺄셈 3. 시간과 각도 4. 곱셈 5. 여러 가지 문제(1) 6. 나눗셈 7. 수직과 평행 8. 분수 9. 여러 가지 문제(2)	1. 배수와 약수 2. 도형의 합동 3. 분수와 소수 4. 도형의 대칭 5. 여러 가지 문제(1) 6. 분수의 덧셈과 뺄셈 7. 평면도형의 넓이 8. 분수의 곱셈 9. 참값과 근삿값 10. 여러 가지 문제(2)	1. 분수의 나눗셈 2. 소수의 나눗셈 3. 방정식 4. 비례식 5. 여러 가지 문제(1) 6. 원과 부채꼴의 넓이 7. 기둥의 겉넓이와 부피 8. 비율그래프 9. 정비례와 반비례 10. 분수와 소수의 계산 11. 여러 가지 문제(2)
	2학기	1. 수의 가르기와 모으기 2. 두 자리의 수 3. 여러 가지 모양 4. 덧셈과 뺄셈(1) 5. 비교하기와 시계 보기 6. 덧셈과 뺄셈(2) 7. 묶어세기 8. 여러 가지 문제	1. 곱셈 2. 덧셈과 뺄셈(1) 3. 도형 4. 덧셈과 뺄셈(2) 5. 여러 가지 문제(1) 6. 나눗셈 7. 길이 재기 8. 표와 그래프 9. 여러 가지 문제(2)	1. 덧셈과 뺄셈 2. 곱셈 3. 원 4. 나눗셈 5. 여러 가지 문제(1) 6. 들이와 무게 7. 소수 8. 표와 막대그래프 9. 여러 가지 문제(2)	1. 자연수의 혼합 계산 2. 나눗셈 3. 평면도형 4. 분수의 덧셈과 뺄셈 5. 여러 가지 문제(1) 6. 소수의 덧셈과 뺄셈 7. 평면도형의 둘레와 넓이 8. 표와 꺾은선그래프 9. 여러 가지 문제(2)	1. 소수의 곱셈 2. 분수의 나눗셈 3. 직육면체 4. 소수의 나눗셈 5. 여러 가지 문제(1) 6. 직육면체의 겉넓이와 부피 7. 비와 비율 8. 좌표와 그래프 9. 자료의 정리 10. 여러 가지 문제(2)	1. 정수의 거듭제곱 2. 분수와 소수의 혼합 계산 3. 연비 4. 도형의 닮음 5. 여러 가지 문제(1) 6. 입체도형 7. 도수분포표와 그래프 8. 경우의 수 9. 수판셈 10. 여러 가지 문제(2)

참고문헌

교육부(1992). 국민학교 교육과정. 교육부 고시 제1992-16.

교육부(1992). (교육부 고시 제1992-16호에 따른) 국민학교 교육과정 해설(Ⅰ): 총론, 국어, 수학.

신성균 외(1992). 제6차 교육과정 각론 개정 연구 : 초·중·고등학교 수학과. 한국교육개발원. 연구보고 RR92-6.

최혜령(2021). 우리나라 초등학교 수학 교과서 변천에 관한 연구. 서울교육대학교 교육전문대학원 박사

| 국립중앙도서관 검색(2023.12.31.) 교과서, 익힘책, 교사용지도서 목록 |

발행자: 국정교과서

발행년도	표제	저작자	발행년도	표제	저작자
1995	수학. 1-1	교육부 지은이 서울교육대학교. 1종도서연구개발위원회 편찬자	1996	수학. 3-2	교육부 지은이 서울교육대학교. 1종도서연구개발위원회 편찬자
1995	수학. 1-1	교육부 지은이 서울교육대학교. 1종도서연구개발위원회 편찬자	1996	수학. 4-1	교육부 지은이 서울교육대학교. 1종도서연구개발위원회 편찬자
1995	수학. 1-1	교육부 지은이 서울교육대학교. 1종도서연구개발위원회 편찬자	1996	수학. 4-1	교육부 지은이 서울교육대학교. 1종도서연구개발위원회 편찬자
1995	수학. 1-2	교육부 지은이 서울교육대학교. 1종도서연구개발위원회 편찬자	1996	수학. 4-1	교육부 지은이 서울교육대학교. 1종도서연구개발위원회 편찬자
1995	수학. 1-2	교육부 지은이 서울교육대학교. 1종도서연구개발위원회 편찬자	1996	수학. 4-2	교육부 지은이 서울교육대학교. 1종도서연구개발위원회 편찬자
1995	수학. 1-2	교육부 지은이 서울교육대학교. 1종도서연구개발위원회 편찬자	1996	수학. 4-2	교육부 지은이 서울교육대학교. 1종도서연구개발위원회 편찬자
1995	수학. 1-2	교육부 지은이 서울교육대학교. 1종도서연구개발위원회 편찬자	1996	수학. 4-2	교육부 지은이 서울교육대학교. 1종도서연구개발위원회 편찬자
1995	수학. 2-1	교육부 지은이 서울교육대학교. 1종도서연구개발위원회 편찬자	1997	수학. 5-1	교육부 지은이 서울교육대학교. 1종도서연구개발위원회 편찬자
1995	수학. 2-1	교육부 지은이 서울교육대학교. 1종도서연구개발위원회 편찬자	1997	수학. 5-1	교육부 지은이 서울교육대학교. 1종도서연구개발위원회 편찬자
1995	수학. 2-1	교육부 지은이 서울교육대학교. 1종도서연구개발위원회 편찬자	1997	수학. 5-2	교육부 지은이 서울교육대학교. 1종도서연구개발위원회 편찬자
1995	수학. 2-1	교육부 지은이 서울교육대학교. 1종도서연구개발위원회 편찬자	1997	수학. 5-2	교육부 지은이 서울교육대학교. 1종도서연구개발위원회 편찬자
1995	수학. 2-2	교육부 지은이 서울교육대학교. 1종도서연구개발위원회 편찬자	1997	수학. 6-1	교육부 지은이 서울교육대학교. 1종도서연구개발위원회 편찬자
1995	수학. 2-2	교육부 지은이 서울교육대학교. 1종도서연구개발위원회 편찬자	1997	수학. 6-1	교육부 지은이 서울교육대학교. 1종도서연구개발위원회 편찬자
1995	수학. 2-2	교육부 지은이 서울교육대학교. 1종도서연구개발위원회 편찬자	1997	수학. 6-2	교육부 지은이 서울교육대학교. 1종도서연구개발위원회 편찬자
1995	수학. 2-2	교육부 지은이 서울교육대학교. 1종도서연구개발위원회 편찬자	1997	수학. 6-2	교육부 지은이 서울교육대학교. 1종도서연구개발위원회 편찬자
1996	수학. 1-2	교육부 지은이 서울교육대학교. 1종도서연구개발위원회 편찬자	1998	수학. 1-1	교육부 지은이 서울교육대학교. 1종도서연구개발위원회 편찬자
1996	수학. 2-2	교육부 지은이 서울교육대학교. 1종도서연구개발위원회 편찬자	1998	수학. 1-1	교육부 지은이 서울교육대학교. 1종도서연구개발위원회 편찬자
1996	수학. 3-1	교육부 지은이 서울교육대학교. 1종도서연구개발위원회 편찬자	1998	수학. 1-2	교육부 지은이 서울교육대학교. 1종도서연구개발위원회 편찬자
1996	수학. 3-1	교육부 지은이 서울교육대학교. 1종도서연구개발위원회 편찬자	1998	수학. 1-2	교육부 지은이 서울교육대학교. 1종도서연구개발위원회 편찬자
1996	수학. 3-1	교육부 지은이 서울교육대학교. 1종도서연구개발위원회 편찬자	1998	수학. 2-1	교육부 지은이 서울교육대학교. 1종도서연구개발위원회 편찬자
1996	수학. 3-2	교육부 지은이 서울교육대학교. 1종도서연구개발위원회 편찬자	1998	수학. 2-1	교육부 지은이 서울교육대학교. 1종도서연구개발위원회 편찬자
1996	수학. 3-2	교육부 지은이 서울교육대학교. 1종도서연구개발위원회 편찬자	1998	수학. 2-2	교육부 지은이 서울교육대학교. 1종도서연구개발위원회 편찬자

발행 년도	표제	저작자	발행 년도	표제	저작자
1998	수학. 2-2	교육부 지은이 서울교육대학교. 1종도서연구개발위원회 편찬자	1996	수학 익힘책. 2-2	교육부 지은이 한국교원대학교. 1종도서연구개발위원회 편찬자
1998	수학. 3-1	교육부 지은이 서울교육대학교. 1종도서연구개발위원회 편찬자	1996	수학 익힘책. 3-1	교육부 지은이 한국교원대학교. 1종도서연구개발위원회 편찬자
1998	수학. 3-1	교육부 지은이 서울교육대학교. 1종도서연구개발위원회 편찬자	1996	수학 익힘책. 3-2	교육부 지은이 한국교원대학교. 1종도서연구개발위원회 편찬자
1998	수학. 3-2	교육부 지은이 서울교육대학교. 1종도서연구개발위원회 편찬자	1996	수학 익힘책. 4-1	교육부 지은이 한국교원대학교. 1종도서연구개발위원회 편찬자
1998	수학. 3-2	교육부 지은이 서울교육대학교. 1종도서연구개발위원회 편찬자	1996	수학 익힘책. 4-2	교육부 지은이 한국교원대학교. 1종도서연구개발위원회 편찬자
1998	수학. 4-1	교육부 지은이 서울교육대학교. 1종도서연구개발위원회 편찬자	1998	수학 익힘책. 1-1	교육부 지은이 한국교원대학교. 1종도서연구개발위원회 편찬자
1998	수학. 4-1	교육부 지은이 서울교육대학교. 1종도서연구개발위원회 편찬자	1998	수학 익힘책. 1-2	교육부 지은이 한국교원대학교. 1종도서연구개발위원회 편찬자
1998	수학. 4-2	교육부 지은이 서울교육대학교. 1종도서연구개발위원회 편찬자	1998	수학 익힘책. 2-1	교육부 지은이 한국교원대학교. 1종도서연구개발위원회 편찬자
1998	수학. 4-2	교육부 지은이 서울교육대학교. 1종도서연구개발위원회 편찬자	1998	수학 익힘책. 2-2	교육부 지은이 한국교원대학교. 1종도서연구개발위원회 편찬자
1998	수학. 5-1	교육부 지은이 한국교원대학교 1종도서연구개발위원회 편찬자	1998	수학 익힘책. 3-1	교육부 지은이 한국교원대학교. 1종도서연구개발위원회 편찬자
1998	수학. 5-1	교육부 지은이 한국교원대학교 1종도서연구개발위원회 편찬자	1998	수학 익힘책. 3-2	교육부 지은이 한국교원대학교. 1종도서연구개발위원회 편찬자
1998	수학. 5-2	교육부 지은이 한국교원대학교 1종도서연구개발위원회 편찬자	1998	수학 익힘책. 4-1	교육부 지은이 한국교원대학교. 1종도서연구개발위원회 편찬자
1998	수학. 5-2	교육부 지은이 한국교원대학교 1종도서연구개발위원회 편찬자	1998	수학 익힘책. 4-2	교육부 지은이 한국교원대학교. 1종도서연구개발위원회 편찬자
1998	수학. 6-1	교육부 지은이 한국교원대학교 1종도서연구개발위원회 편찬자	1995	(교사용 지도서)수학. 1-1	교육부 지은이 서울교육대학교. 1종도서연구개발위원회 편찬자
1998	수학. 6-1	교육부 지은이 한국교원대학교 1종도서연구개발위원회 편찬자	1995	(교사용 지도서)수학. 1-2	교육부 지은이 서울교육대학교. 1종도서연구개발위원회 편찬자
1998	수학. 6-2	교육부 지은이 한국교원대학교 1종도서연구개발위원회 편찬자	1995	(교사용 지도서)수학. 2-1	교육부 지은이 서울교육대학교. 1종도서연구개발위원회 편찬자
1998	수학. 6-2	교육부 지은이 한국교원대학교 1종도서연구개발위원회 편찬자	1995	(교사용 지도서)수학. 2-2	교육부 지은이 서울교육대학교. 1종도서연구개발위원회 편찬자
1995	수학 익힘책. 1-1	교육부 지은이 한국교원대학교. 1종도서연구개발위원회 편찬자	1996	(교사용 지도서)수학. 3-1	교육부 지은이 서울교육대학교. 1종도서연구개발위원회 편찬자
1995	수학 익힘책. 1-2	교육부 지은이 한국교원대학교. 1종도서연구개발위원회 편찬자	1996	(교사용 지도서)수학. 3-2	교육부 지은이 서울교육대학교. 1종도서연구개발위원회 편찬자
1995	수학 익힘책. 1-2	교육부 지은이 한국교원대학교. 1종도서연구개발위원회 편찬자	1996	(교사용 지도서)수학. 4-1	교육부 지은이 서울교육대학교. 1종도서연구개발위원회 편찬자
1995	수학 익힘책. 2-1	교육부 지은이 한국교원대학교. 1종도서연구개발위원회 편찬자	1996	(교사용 지도서)수학. 4-2	교육부 지은이 서울교육대학교. 1종도서연구개발위원회 편찬자
1995	수학 익힘책. 2-2	교육부 지은이 한국교원대학교. 1종도서연구개발위원회 편찬자	1997	(교사용 지도서)수학. 5-1	교육부 지은이 한국교원대학교. 1종도서연구개발위원회 편찬자
1995	수학 익힘책. 3-1	교육부 지은이 한국교원대학교. 1종도서연구개발위원회 편찬자	1997	(교사용 지도서)수학. 5-2	교육부 지은이 한국교원대학교. 1종도서연구개발위원회 편찬자
1995	수학 익힘책. 4-1	교육부 지은이 한국교원대학교. 1종도서연구개발위원회 편찬자	1997	(교사용 지도서)수학. 6-1	교육부 지은이 한국교원대학교. 1종도서연구개발위원회 편찬자
1996	수학 익힘책. 1-2	교육부 지은이 한국교원대학교. 1종도서연구개발위원회 편찬자	1997	(교사용 지도서)수학. 6-2	교육부 지은이 한국교원대학교. 1종도서연구개발위원회 편찬자

X. 제7차 교육과정의 초등수학교육

1992.9.30	1993.2.25	1995.5.31	1997.12.30	1998.2	2003.2.25.	2007.
제6차 국민학교 교육과정 개정	김영삼 정부 출범	신교육체제 수립을 위한 5·31교육개혁 * 국민학교 ➡ 초등학교	제7차 교육과정 개정	김대중 정부 출범	노무현 정부 출범	2007 개정 교육과정 공포

1997. 12. 13.
초·중등교육법[1] 제정

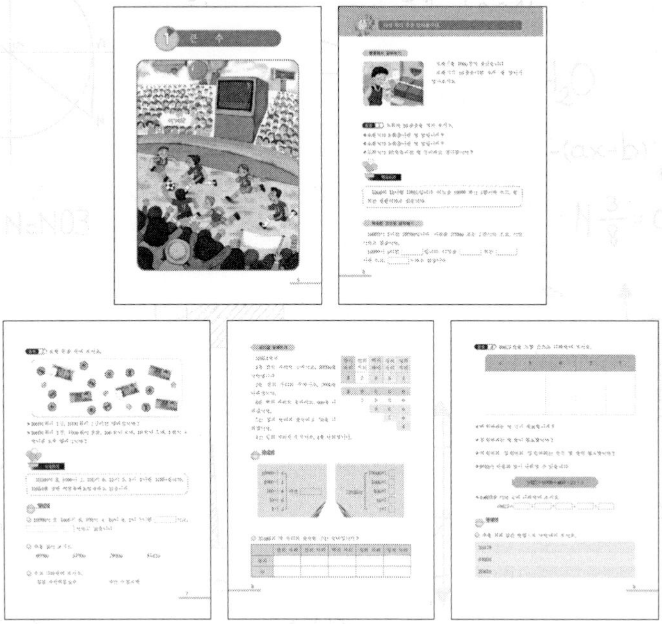

제7차 교육과정의 수학 교과서 일부

1) 1949년 12월 31일에 공포된 교육법은 38번의 개정을 거치면서 그 체계와 내용의 일관성이 부족하다는 지적을 받아왔다. 또한, 당시의 교육적 여건과 교육법이 서로 부합하지 못하였으며 각급학교의 특수성을 제대로 반영되지 못하고 있는 실정이었다. 따라서 정부는 교육법을 전면적으로 개편하기 위하여 교육법을 큰 틀에서 교육기본법, 초·중등교육법, 고등교육법으로 분할 제정하기로 하였다.

1 배경

1993년 2월에 들어선 김영삼 정부 초창기인 1994년에 「대통령자문교육개혁위원회」가 구성되었다. 위원회에서는 21세기를 세계화, 개방화, 정보화라는 흐름이 주도할 것으로 진단하고 교육체제 개혁을 추진해 **1995년 5월 31일 신교육체제 수립을 위한 교육개혁** 방안, 소위 **5.31 교육개혁 방안을 발표**하였다.

> **1997년 12월 30일 국민학교 교육과정 (교육부 고시 제1997-15호) 고시**

> 21세기는
> 세계화, 개방화, 정보화 시대!
> ➡ 1995. 5.31 신교육체제 수립을 위한 교육개혁 방안 발표
> ➡ **수준별 교육과정** 도입

이 개혁 방안은 학습자나 학부모를 교육수요자로 보고, 학교, 교사, 교육행정기관을 교육공급자로 규정하면서 교육수요자인 학습자 중심 교육을 강조하였다. 특히 교육공급자의 다양한 교육프로그램을 통해 교육수요자인 학생과 학부모의 교육 선택권을 확대하고자 하였다.

교육개혁위원회는 9개의 대과제를 설정했고 그중 하나가 '인성 및 창의성을 함양하는 교육과정'이었다. 이를 위해 학생의 적성과 능력에 따라 다양한 학습을 할 수 있도록 교육과정 개선을 추진하였다. 예컨대, 필수과목 축소 및 선택과목 확대, 정보화/세계화 교육 강화, 수준별 교육과정을 들 수 있다.

여론 수렴이 이어진 후 교육개혁위원회는 **1996년 2월 9일 제2차 교육개혁 방안**을 발표하였다. 이 중에서 초·중등학교 교육과정 개혁의 주요 골자는 ① 신교육과정 편제의 도입, ② 수준별 교육과정의 도입, ③ 교육과정 각론 주요 지침 제시, ④ 지원체제 확립이며, 이는 제7차 교육과정의 기본골격이 되었다.

| [표 X-1] 교육 과정 추진 과정 |

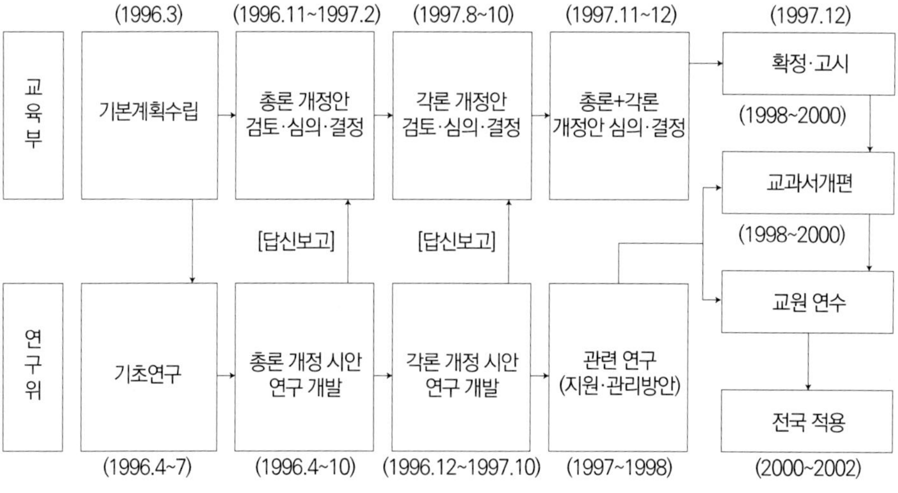

교육부는 1996년 3월부터 교육과정 개정에 들어갔으며 한국교육개발원 등 유관기관에 위탁하였다. 한국교육개발원은 교육과정개정연구위원회를 구성하여 1996년 12월에 총론 개정 시안으로 '교육과정 2000[2] 연구개발 : 초·중등학교 교육과정 체제 구조안'을 내놓았고, 1997년 각론 개정 시안도 개발하였다. 교육부는 **총론과 각론을 1997년 12월 30일에 확정 고시**하고 시행연도를 다음과 같이 하였다.

2000년 3월 1일	초등학교 1, 2학년		
2001년 3월 1일	초등학교 3, 4학년,	중학교 1학년	
2002년 3월 1일	초등학교 5, 6학년,	중학교 2학년,	고등학교 1학년
2003년 3월 1일		중학교 3학년,	고등학교 2학년
2004년 3월 1일			고등학교 3학년

1998년 2월에 김대중 정부(1998~2003)가 들어섰다. 제7차 교육과정 편제에 따른 교과용 도서 개발은 김대중 정부의 몫이 되었다.

2) 한국교육개발원 연구진은 새 교육과정의 명칭을 '교육과정 2000'으로 하였다. 2000년도부터 적용할 예정이고 개혁 지향 교육과정이었기 때문에 기존의 주기적 개정과는 다르다는 것을 부각시키고자 하였다. 하지만 최종적으로 교육부는 '제7차 교육과정'이라는 이름으로 확정지었다.

2 총론의 특징

제7차 교육과정 편제의 가장 중요한 특징은 **국민공통기본교육과정** 체제였다. 초등학교 1학년부터 고등학교 1학년까지의 10년 기간을 **국민공통기본교육 기간**으로 정하였다. 이 기간 중에는 학교급별이 아닌 **학년제 개념**을 적용하였다. 즉, 중학교 1학년은 '7학년', 고등학교 1학년은 '10학년'이었다.

> **새롭게 등장한 용어**
> - ◆ 국민공통기본교육과정: 초1~고1
> - ◆ 수준별 교육과정
>   - 단계형 : 수학, 영어
>   - 심화보충형 : 그 외 과목
>   - 과목선택형 : 고2~3학년 선택과정

수준별 교육과정은 학생의 개인차를 고려한 수업을 통해서 개인의 성장 잠재력과 교육의 효율성을 높이고자 제안되었다. 수준별 교육과정은 다시 **단계형 수준별 교육과정, 심화보충형 수준별 교육과정, 과목선택형 수준별 교육과정**으로 구분하였다. 수학과 영어 과목은 학습 위계가 분명하다고 보고 단계형 수준별 교육과정으로 분류되었다. 그 외의 과목은 심화보충형 수준별 교육과정이 되었다. 과목선택형 수준별 교육과정은 고등학교 2~3학년의 선택과정에 도입하도록 하였다.

교육과정 각론 개발에서는 다음과 같은 세부 지침이 마련되었다.

- 국민공통기본교육과정의 정신에 맞추어 개발
- 교과는 학년제 또는 단계 개념에 기초한 각론을 구성
- 능력 중심의 목표 진술과 구체적 내용 제시의 최소화
- 컴퓨터 활용을 통한 교육 강화
- 평가 방법의 개선

제7차 교육과정의 편제와 시간 배당

1. 편제

가. 교육과정은 국민 공통 기본 교육과정과 고등학교 선택 중심 교육과정으로 구성한다.

나. 국민 공통 기본 과정은 교과, 재량 활동, 특별 활동으로 편성한다. 〈표 1〉

(1) 교과는 국어, 도덕, 사회, 수학, 과학, 실과(기술·가정), 체육, 음악, 미술, 외국어(영어)로 한다. 다만, 초등학교 1, 2학년의 교과는 국어, 수학, 바른 생활, 슬기로운 생활, 즐거운 생활 및 우리들의 1학년으로 한다.

(2) 재량 활동은 교과 재량 활동과 창의적 재량 활동으로 한다.

(3) 특별 활동은 자치 활동, 적응 활동, 계발 활동, 봉사 활동, 행사 활동으로 한다.

2. 시간 배당 기준

| [표 X-2] 제7차 교육과정의 시간 배당 |

<table>
<tr><th colspan="2" rowspan="2">구분 \ 학교 / 학년</th><th colspan="6">초등학교</th></tr>
<tr><th>1학년</th><th>2학년</th><th>3학년</th><th>4학년</th><th>5학년</th><th>6학년</th></tr>
<tr><td rowspan="10">교과</td><td>국어</td><td colspan="2" rowspan="10">국 어
210 238
수 학
120 136
바른 생활
60 68
슬기로운 생활
90 68
즐거운 생활
180 204
우리들은 1학년
80 ·</td><td>238</td><td>204</td><td>204</td><td>204</td></tr>
<tr><td>도덕</td><td>34</td><td>34</td><td>34</td><td>34</td></tr>
<tr><td>사회</td><td>102</td><td>102</td><td>102</td><td>102</td></tr>
<tr><td>수학</td><td>136</td><td>136</td><td>136</td><td>136</td></tr>
<tr><td>과학</td><td>102</td><td>102</td><td>102</td><td>102</td></tr>
<tr><td>실과</td><td>·</td><td>·</td><td>68</td><td>68</td></tr>
<tr><td>체육</td><td>102</td><td>102</td><td>102</td><td>102</td></tr>
<tr><td>음악</td><td>68</td><td>68</td><td>68</td><td>68</td></tr>
<tr><td>미술</td><td>68</td><td>68</td><td>68</td><td>68</td></tr>
<tr><td>외국어
(영어)</td><td>34</td><td>34</td><td>68</td><td>68</td></tr>
<tr><td colspan="2">재량 활동</td><td>60</td><td>68</td><td>68</td><td>68</td><td>68</td><td>68</td></tr>
<tr><td colspan="2">특별 활동</td><td>30</td><td>34</td><td>34</td><td>68</td><td>68</td><td>68</td></tr>
<tr><td colspan="2">연간 수업
시간 수</td><td>830</td><td>850</td><td>986</td><td>986</td><td>1,088</td><td>1,088</td></tr>
</table>

① 이 표의 국민 공통 기본 교육 기간에 제시된 시간 수는 34주를 기준으로 한 연간 최소 수업 시간 수이다.

② 1학년의 교과, 재량 활동, 특별 활동에 배당된 시간 수는 30주를 기준으로 한 것이며, '우리들은 1학년'에 배당된 시간 수는 3월 한 달 동안의 수업 시간 수를 제시한 것이다.

③ 1시간의 수업은 초등학교 40분, 중학교 45분, 고등학교 50분을 원칙으로 한다. 다만, 기후, 계절, 학생의 발달 정도, 학습 내용의 성격 등을 고려하여 실정에 알맞도록 조절할 수 있다.

④ 11, 12학년의 특별 활동과 연간 수업 시간 수에 제시된 숫자는 2년 동안 이수하여야 할 단위 수이다.

3 수학과 교육과정의 특징

가. 개정의 기본 방향

제7차 수학과 교육과정은 개정의 기본 방향을 **수학적 힘의 신장**으로 설정하고 이를 위한 실천 항목으로 다음을 제시하였다.

〈관련 연구〉

- 강문봉, 강옥기, 강완, 박경미(1997). 「제7차 수학과 교육과정 개정을 위한 연구」. 대한수학교육학회논문집
- 강옥기(1997). 「제7차 수학과 교육과정 시안 연구」. 대학수학교육학회 논문집.
- 강옥기, 김원경, 박경미, 박영배, 백석윤, 신현성, 이준열(1997). 「제7차 초·중·고등학교 수학과 교육과정 개정 시안 연구 개발」, 1997 교육부 연구 과제 답신 보고서. 성균관대학교 수학과교육과정 개정 연구 위원회

1) 개인의 능력 수준과 진로를 고려한 수학교육

제7차 교육과정에서는 개인의 능력 수준을 고려한 교육, 즉 수준별 교육 실시 방안이 주요 쟁점이었다. 수학은 영어 과목과 함께 개인차가 심한 교과이다. 개인별 수준을 반영하지 못하고 수학 내용을 획일적으로 학습하는 현실을 개선하기 위해 수학과는 영어과와 함께 단계형 수준별 교육과정으로 구성되었다.

초등학교 1학년부터 고등학교 1학년까지 10년간을 국민공통기본교육 기간으로 정하고, 이 기간을 10단계로 나누고 각 단계를 다시 두 개의 하위단계인 '가'와 '나'로 나누었다. 초등학교 1학년부터 고등학교 1학년까지의 학생들은 학년에 구애받지 않고 자신의 능력에 부합되는 '단계'에서 수학을 학습할 수 있게 하는 것이 기본 취지였다.[3)]

단계형 수준별 교육과정에서는 교육 내용 자체를 기본, 심화, 보충으로 구분하였다. 먼저 **기본 과정**은 모든 학생이 학습하여야 할 핵심적인 내용이다. **심화 과정**은 기본 과정을 성공적으로 학습한 학생들이 발전적으로 학습할 수 있는 내용이다. **보충 과정**은 기본 과정의 내용을 초등화한 것이거나 기본 과정의 내용에 대한 선수 학습 내용으로, 학생 개개인에 따라 다양할 수 있으므로 교육과정에 일률적으로 명시하지 않았다.

3) 여기에 제한이 따랐는데, 어떤 단계의 수학 내용에 대한 이해가 부족한 학생은 유급하여 1회에 한하여 재이수할 수 있게 하지만 학습속도가 빠르다고 하여 상위 단계로의 월반은 불가능하였다.

| [표 X-3] 확률과 통계 |

1단계		2단계	
1-가	1-나	2-가	2-나
• 한 가지 기준으로 사물 분류			• 표와 그래프 만들기
3단계		**4단계**	
3-가	3-나	4-가	4-나
	• 자료의 수집, 정리, 막대 그래프로 나타내기		• 꺾은선 그래프 • 여러 가지 그래프로 나타내기
5단계		**6단계**	
5-가	5-나	6-가	6-나
	• 줄기와 잎 그림 • 평균	비율 그래프 (띠 그래프, 원 그래프)	• 경우의 수와 확률
7단계		**8단계**	
7-가	7-나	8-가	8-나
	• 도수분포표, 히스토그램, 도수분포다각형 • 도수분포표에서의 평균 • 상대도수, 누적도수		• 확률의 뜻과 기본 성질 • 확률의 계산
9단계		**10단계**	
9-가	9-나	10-가	10-나
	• 상관도, 상관표 • 상관관계	산포도와 표준편차	

제7차 수학과 교육과정 문서에 제시된 '수준별 교육과정' 예시

(나) 도형

[기본과정]

① 여러 가지 물건을 관찰하여 직육면체, 원기둥, 구의 모양을 찾을 수 있다.

② 여러 가지 재미있는 모양을 만드는 활동을 통하여 기본적인 입체도형에 대한 감각을 익힌다.

〈학습 지도상의 유의점〉

① 기본적인 입체도형의 개념에 친숙해지도록 '상자 모양', '둥근 기둥 모양', '공 모양' 등의 일상적인 용어를 사용한다.

[심화과정]

① 여러 가지 물건을 모양에 따라 분류하고, 공통적인 특징을 설명할 수 있다.

2) 수학의 기본 지식을 갖게 하는 수학교육

학교수학은 수학적 사실들의 단순한 암기나 문제풀이 기능 숙달에 국한되어서는 안 되며, 수학의 기본 지식, 즉 수학의 기본적인 개념, 원리, 법칙을 이해하고, 기초적인 계산 기능을 익히게 해야 한다. 수학의 기본 지식이 갖추어져 있을 때 발전된 수학을 학습할 수 있으며, 계산기나 컴퓨터 등의 과학기술을 효과적으로 활용할 수 있다. 제7차 교육과정은 수학적 사실의 단순한 암기나 계산 기능 숙달을 지양하고 수학의 기본 지식을 중시하였다.

3) 학습자의 활동을 중시하는 수학교육

수학적 개념이나 원리, 법칙을 학생 스스로가 탐구, 발견하고 창조하는 능력을 기르는 것이 중요하다. 이를 위해서는 학생들 스스로 관찰, 조작, 분석, 종합하는 활동을 통하여 수학적 원리나 법칙을 예측하고 추론할 수 있어야 한다. 학생 상호 간의 토론과 협력학습 활동은 수학적 개념을 바르게 이해하고 문제를 다양한 방법으로 해결하는 능력을 기르게 할 수 있다.

4) 수학 학습에 흥미와 자신감을 갖게 하는 수학교육

당시 수학 성취도 국제 비교 연구에 의하면,[4] 우리나라의 대다수 학생들은 수학 학습에 큰 흥미를 느끼지 못하고 있으면 자신감 역시 부족한 것으로 나타났다. 수학 학습에 흥미와 자신감을 길러 주기 위해서는 학생의 수준에 맞는 내용을 자기 주도적으로 학습하여 성취감을 갖게 하고 학생이 자유롭게 의견을 개진하며 수학적인 활동을 할 수 있도록 배려해야 한다.

> 우리나라가 수학성취도 국제비교 연구에 참여한 것은 1990년대 후반

5) 계산기, 컴퓨터 및 구체적 조작물을 학습 도구로 활용하는 수학교육

외국의 여러 나라는 LOGO 등을 초·중등학교에서 활용하고 있었다. 계산기와 컴퓨터는 수학적 개념의 이해, 수학적 사고력, 문제해결력, 창의적 사고력을 기르치기 위해 사용될 수 있으므로 교육적 효과를 극대화하기 위해서는 적절한 시기에 수학의 기초 기능을 저해하지 않는 범위에서 조심스럽게 도입되어야 한다.

> **LOGO**
> 그래픽 기능이 뛰어난 프로그래밍 언어로 주로 교육, 인공지능 연구용으로 쓰인다.

제6차 교육과정에서도 계산기와 컴퓨터의 사용을 권장하고 있지만 실제로는 거의 활용되지 않았다. 제7차 교육과정에서는 수학의 전 영역에서 계산기나 컴퓨터를 사용함으로써

4) 우리나라가 수학성취도국제비교연구에서 참여한 것은 1990년대 후반 경부터이다. 이 결과에서 우리나라의 학생들이 수학 학습에 흥미를 느끼지 못하고 있으며 수학에 대한 자신감 역시 결여된 것으로 나타났다. 수학에 대한 흥미와 자신감의 고양은 이 시기 이후로 더욱 교육과정 개정의 주요 이슈가 되었다.

복잡한 계산을 수행하기 위한 불필요한 시간의 낭비를 줄이고, 수학적 사고력, 문제해결력, 수학에 대한 흥미와 호기심을 길러 줄 수 있도록 장려하였다.

6) 다양한 교수학습 방법과 평가 방법을 활용하는 수학교육

제7차 수학과 교육과정은 수학적 힘의 함양을 강조하였으며 이를 위해 다양한 학습지도 방법이 필수적이라고 보았다. 수학 수업은 흔히 일제식 설명 수업으로 진행하고 있으나, 수학 수업에서도 토론, 프로젝트 수행, 탐구 활동, 소집단 활동 등을 적극적으로 도입하고, 능력별 이동식 수업, 열린 수업, 개별화된 교수학습 등 다양한 교수학습 방법과, 계산기, 컴퓨터, 영상 매체 등 적절한 과학기술을 활용할 수 있다. 평가 방법 역시 객관식 선다형 일변도에서 벗어나, 주관식 지필 검사, 포트폴리오, 프로젝트, 관찰 및 면담 등 과정 위주의 수행평가를 적극 활용하고자 하였다.

나. 제6차, 제7차 교육과정의 비교

제7차 수학과 교육과정은 1학년부터 10학년까지의 10년 동안을 국민 공통 기본 교육과정으로 하고 단계형 수준별 교육과정으로 운영하도록 하였다. 이에 따라 시간 편제부터 성격, 목표, 내용, 교수학습방법, 평가에 이르기까지 제6차 수학과 교육과정과 비교해 많은 변화가 있었다.

| [표 X-4] 편제와 성격, 목표 및 내용 제시 방법 |

<table>
<tr><th>구분</th><th colspan="7">제6차 교육과정</th><th colspan="7">제7차 교육과정</th><th>비고</th></tr>
<tr><td rowspan="2">시간 배당 기준</td><td>학년</td><td>1</td><td>2</td><td>3</td><td>4</td><td>5</td><td>6</td><td>학년</td><td>1</td><td>2</td><td>3</td><td>4</td><td>5</td><td>6</td><td rowspan="2">5, 6학년 주당 1시간씩 감소</td></tr>
<tr><td>시수</td><td>120</td><td>136</td><td>136</td><td>136</td><td>170</td><td>170</td><td>시수</td><td>120</td><td>136</td><td>136</td><td>136</td><td>136</td><td>136</td></tr>
<tr><td>성격</td><td colspan="7">• 기초학습능력과 문제해결력을 기르는데 강조점을 둠</td><td colspan="7">• 단계형 수준별 교육과정으로 구성
• 기본 과정과 심화과정을 둠
• 능력에 따라 학습할 수 있는 기회를 제공</td><td>학생들의 인지 발달 수준과 개인차를 고려</td></tr>
<tr><td>목표</td><td colspan="7">• 수량과 도형에 대한 기초적인 개념, 원리, 법칙의 이해
• 기능을 익히고 적용하여 여러 가지 문제해결
• 수학적으로 간결, 명확하게 표현, 처리하는 태도 형성</td><td colspan="7">• 수학적인 경험을 통한 개념, 원리, 법칙과 이들 사이의 관계 이해
• 수학적 지식과 기능을 활용하여 생활 주변의 여러 가지 문제해결
• 여러 가지 문제를 합리적으로 해결하는 태도 형성</td><td></td></tr>
<tr><td>내용 제시 방법</td><td colspan="7">• 지도 영역을 수, 연산, 도형, 측도, 관계의 5개 영역으로 구성
• 각 학년별, 영역별 학습 요소만 제시</td><td colspan="7">• 지도 영역을 수와 연산, 도형, 측정, 확률과 통계, 문자와 식, 규칙성과 함수의 6개 영역으로 구성
• 각 단계별, 영역별로 학습내용과 수준을 제시
• 단계별로 용어와 기호, 학습 지도상의 유의점, 심화과정 기술</td><td>1~10단계까지 영역을 통일
기본과정, 심화과정 제도 실시</td></tr>
</table>

| [표 X-5] 영역별 주요 내용 변화 |

구분		제6차 교육과정	제7차 교육과정	비고
수와 연산	자연수	• 1학년: 0과 99까지 자연수 • 2학년: 999까지 자연수 • 3학년: 9999까지 자연수 • 4학년: 1000 이상의 자연수 • 5학년: 세 수의 최대공약수, 최소공배수 구하기 • 6학년: 거듭제곱, 10의 거듭제곱, 십진기수법의 전개식 → 7단계로	• 1-가 단계: 0에서 50까지 수 • 1-나 단계: 100까지 수의 이해 • 2-가 단계: 1000까지 수 • 3-가 단계: 10000까지 수 • 4-가 단계: 다섯 자리 이상의 수 • 5-가 단계: 두 수의 최대공약수, 최소공배수 구하기	• 1-나, 2-가, 3-가 단계에서 100, 1000, 10000은 각각 99, 999, 9999 다음의 수로서만 지도함
	분수	• 2학년: 분수의 도입 → 3-가 단계로 • 4학년: 크기가 같은 분수 → 5-가 단계로	• 3-가 단계: 분수의 이해	• 크기가 같은 분수는 5-가에서 통분과 함께 지도
	소수	• 5학년: 소수와 분수의 관계, 분수와 소수의 대소 비교 → 6-가 단계로	• 6-가 단계: 소수와 분수, 소수와 분수의 상호 변환, 소수와 분수의 크기 비교	• 분수와 소수의 관계는 분모가 10, 100, 1000인 분수 범위에서 지도함
	집합	• 5학년: 집합, 원소, 부분집합, 합집합, 교집합 → 10-가 단계로 이동	• 삭제	• 학습 부담 경감
	정수	• 6학년: 정수, 양의 정수, 음의 정수 → 7-가 단계로 이동	• 삭제	• 내용 중복 및 학습 부담 경감
	자연수 연산	• 2, 3, 4학년: 수의 범위와 받아올림, 받아내림의 횟수에 따라 학년 수준 구분	• 받아올림, 받아내림 횟수에 관계없이 다루는 수의 범위로 각 단계를 구분함 • 큰 수의 덧셈, 뺄셈 → 삭제	• 학습 부담 경감
		• 2학년: 나눗셈의 도입 및 활동용 → 3-가 단계로 • 4학년: 자연수 범위에서 사칙 계산	• 3-가 단계: 나눗셈의 도입, 곱셈구구 범위에서 나눗셈 • 4-가 단계: 곱셈, 나눗셈 형식의 일반화 • 곱하는 수와 나누는 수가 3자리 이상인 곱셈, 나눗셈 삭제	• 학습 부담 경감
	수판셈	• 6학년: 덧셈, 뺄셈	• 삭제	• 학습 부담 경감
	정수연산	• 6학년: 정수의 덧셈 및 활용 → 7-가 단계로	• 삭제	• 내용 중복 및 학습 부담 경감
	유리수연산	• 3학년: 동분모 진분수의 덧셈과 뺄셈 • 3학년: 소수 한 자릿수의 덧셈과 뺄셈 • 5학년: 분수와 소수의 곱셈과 나눗셈 • 6학년: 양의 유리수의 혼합 계산	• 4-가 단계: 동분모 분수의 덧셈과 뺄셈 • 4-난 단계: 소수의 덧셈과 뺄셈 • 6-나 단계: 분수와 소수의 간단한 혼합 계산	• 3학년의 분수, 소수의 덧셈과 뺄셈은 4-가, 4-나 단계에서 통합 지도 • 분수와 소수의 혼합 계산은 원리를 이해하는 수준에서 취급
도형	평면도형	• 3학년: 이등변삼각형, 정삼각형 → 4-가 단계로 • 6학년: 정다각형 → 4-나 단계로 • 5학년: 도형의 닮음, 닮음비, 확대, 축소 → 8-나 단계로 • 원과 원주, 부채꼴과 호 → 7-나 단계로	• 4-가 단계: 이등변삼각형, 정삼각형 • 4-나 단계: 정다각형 • 원주는 측정 영역에서 원주율과 함께 지도	• 6학년에서 지도하던 정다각형을 4-나 단계에서 다각형과 함께 간단히 지도함 • 내용 중복 및 학습 부담 경감
	입체도형	• 2학년: 직육면체 → 5-가 단계로 • 6학년: 각기둥과 원기둥, 전개도, 각뿔과 원뿔, 전개도, 회전체, 구	• 2-나 단계: 쌓기나무로 여러 가지 입체 만들기 • 6-가 단계: 각기둥과 각뿔, 각기둥의 전개도 • 6-나 단계: 원기둥과 원뿔, 원기둥의 전개도	• 공간감각을 기르기 위한 쌓기나무로 입체도형 구성하기가 추가됨 • 각뿔, 원뿔의 전개도는 삭제

구분		제6차 교육과정	제7차 교육과정	비고
도형	공간감각		• 1-나 단계: 점판에서 평면도형 만들기, 제시된 도형 만들기 • 2-가 단계: 구체물, 그림의 옮기기 활동 • 3-가 단계: 모눈종이에 그려진 도형이나 무늬의 옮기기 활동 • 3-나 단계: 거울에 비치는 상 관찰하기 • 4-나 단계: 주어진 도형으로 여러가지 모양 만들기	• 공간감각을 기르기 위한 여러 가지 활동을 체계화하여 추가함
확률과 통계	통계	• 1학년: 두 모임의 낱개끼리 짝지어 개수 비교하기 • 2학년: 간단한 표와 그래프 • 3학년: 막대그래프 • 5학년: 그림그래프 → 3-나 단계로 • 6학년: 사각형그래프 삭제 • 도수분포표와 히스토그램 → 7-나 단계로	• 1-가 단계: 기준에 따라 분류하여 개수 세기 • 2-나 단계: 간단한 표시나 그림을 이용한 그래프, 생활에서 표의 필요성 • 3-나 단계: 막대그래프, 그림그래프 • 5-나 단계: 줄기와 잎 그림	• 정보화 시대를 대비하여 통계 내용 강화 • 그림그래프는 읽기 중심으로 다룸 • 줄기와 잎 그림 추가 • 내용 중복 및 학습 부담 경감
문자와 식	문제해결	• 1학년: 문제해결의 기초 경험 • 2학년: 문제를 보고 식 만들기, 식 보고 문제 만들기, 간단한 적용 문제 풀기 • 3학년: 단순화하여 풀기 • 게임, 퍼즐	• 1-가 단계: 그림 그리기, 실제로 해보기, 식 만들기 등으로 해결하기 • 2-나 단계: 표 만들기, 거꾸로 생각하여 풀기 등 • 3-나 단계: 규칙 찾기, 예상과 확인 등 • 4-가 단계: 단순화하기 등 • 4-나 단계: 문제해결의 적절한 방법 선택하기, 문제해결 과정 설명하기 • 5-나 단계: 해결 과정의 타당성 검토하기 • 6-가 단계: 문제해결의 타당성 설명하기	• 문제해결 전략을 학년 수준에 맞게 도입하여 저학년부터 다양한 전략을 활용할 수 있게 함. • 문제해결의 지도는 모든 영역에서 각 학습 내용과 관련지어 다루도록 하고 종합적인 접근이 되도록 함. • x, y문자 사용 안함.
	방정식	• 5학년: x를 미지항으로 하는 방정식 → 삭제 • 6학년: 등식의 성질을 이용한 방정식 풀기 → 7-가 단계로		• 내용 중복 및 학습 부담 경감 • 미지항은 ○, □ 등으로 나타냄.
규칙성과 함수	규칙성	• 2학년: 간단한 대응표에서 두 수 사이의 대응 규칙 → 4-나 단계로	• 1-가 단계: 규칙적인 배열에서 규칙찾기 • 1-나 단계: 규칙에 따라 배열하기, 수 배열표에서 규칙 찾기 • 2-가 단계: 다양한 변화의 규칙찾기, 수 배열표에서 뛰어 세는 규칙 찾기 • 2-나 단계: 곱셈표에서 여러 가지 규칙 찾기 • 3-나 단계: 규칙에 따라 여러 가지 무늬 꾸미기 • 4-가 단계: 변화 규칙을 수로 나타내고 설명하기, 규칙 알아맞히기 • 4-나 단계: 규칙과 대응 • 5-가 단계: 여러 가지 이동으로 무늬 만들기 • 6-나 단계: 규칙과 대응	• 규칙성에 관한 내용을 저학년부터 체계화하여 지도할 수 있게 추가함. • 6학년에서 지도하던 정비례와 반비례에 관한 내용이 7단계로 이동함에 따라 수량 사이의 관계를 대응표로 나타내고, 식으로 나타내는 내용은 약화시킴.
	비와 비율	• 5학년: 비와 비율 → 6-가 단계로 x, y의 관계식으로 나타내기, 좌표평면 → 7-가 단계로 • 6학년: 정비례, 반비례 → 7-가 단계로	• 6-가 단계: 비와 비율, 비례식	• 비례식은 간단한 경우만 지도함. • 연비와 비례배분은 간단한 경우만 지도함.

다. 교수·학습 방법 및 평가

제7차 수학과 교육과정은 단계형 수준별 과정으로 편성되었다. 이에 따라 제6차와는 달리 교수·학습 방법에서 효율적인 단계형 수준별 과정 운영을 위한 방법들이 구체적으로 제시되었다. 평가에서도 단계형 수준별 교육 과정에 따른 평가 기준을 수준별로 제시하였고, 교수·학습의 평가도 언급하고 있다. 제7차 교육과정에서 제시된 교수·학습 방법과 평가의 특징을 간단히 정리하면 다음과 같다.

| [표 X-6] 제7차 교육과정에서 제시된 교수·학습 방법과 평가의 특징 |

구 분		내 용	비 고
교수 학습 방법	단계형 수준별 교육 과정의 효율적 운영	• 수준별로 분단, 학급 편성 운영 • 개인차에 따라 교수·학습 개별화 • 소집단 협력 학습 체제 운영	• 단계형 수준별 교육 과정의 운영 방법을 구체적으로 제시
	보충 과정의 효율적 운영	• 기본 과정에서 보충 내용 엄선 • 내용의 난이도 하향 조등화	• 보충 과정 운영의 방향 제시
	심화 과정의 효율적 운영	• 문제해결 중심의 내용 편성 • 상위 단계 내용과는 독립적으로 운영	• 심화 과정 운영의 방향 제시
	다양한 교수-학습	• 실생활과의 관련성 강조 • 발문은 창의적 대답을 요구하는 열린 형태 • 수학의 활용성, 타 분야와의 관련성, 가치성 인식	• 창의적 발문과 수학의 활용성, 가치성 강조
	문제해결력 신장	• 문제해결의 과정과 방법 중시 • 전 영역에 걸쳐 지속적인 지도	
	교육 기자재의 활용	• 교수·학습 전 과정에 교육 기자재의 적극적인 활용 강조 • 계산기, 컴퓨터의 적절하고 적극적인 활용 강조	• 교육 기자재 활용의 강조
평가	교수 활동의 평가	• 학생의 학습 활동뿐만 아니라 교사의 지도 활동 측면에서도 자발적인 평가 실시	• 교수·학습 개선의 참고 자료로 활용
	평가 기준의 수준 구분	• 학습 목표, 수학적 가치와 유용성, 내용의 복합성, 지식과 기능의 종류와 활용 범위 등의 정도에 따라 상, 중, 하의 세 단계로 설정	• 단계형, 수준별 교육 과정에 따른 평가

| [표 X-7] 제7차 교육과정의 단계별 수학 내용 |

영역 \ 단계	1단계		2단계		3단계		4단계		5단계	
	1-가	1-나	2-가	2-나	3-가	3-나	4-가	4-나	5-가	5-나
수와 연산	• 10까지 수 • 간단한 수의 덧셈과 뺄셈 • 덧셈과 뺄셈의 활용	• 100까지 수 • 여러 가지 수 세기 방법의 활용 • 한 자릿수의 덧셈과 뺄셈(받아올림, 받아내림 없음.) • 덧셈과 뺄셈의 활용	• 1000까지 수 • 두 자릿수의 덧셈과 뺄셈 • 곱셈의 도입 • 덧셈과 뺄셈의 활용	• 곱셈구구 • 세 자릿수 범위에서 덧셈과 뺄셈 • 덧셈, 뺄셈, 곱셈의 활용	• 10000까지 수 • 세 자릿수의 덧셈과 뺄셈 • 나눗셈의 도입 • 곱셈과 나눗셈 • 곱셈과 나눗셈의 활용 • 분수의 이해	• 네 자릿수의 덧셈과 뺄셈 • 곱셈과 나눗셈 • 단위분수와 진분수 • 소수의 이해	• 다섯 자리 이상의 수 • 자연수의 사칙연산 • 여러 가지 분수 • 분모가 같은 분수의 덧셈과 뺄셈	• 비와 몫으로서 분수 • 소수 세 자리수의 이해 • 분수, 소수의 크기 비교 • 소수의 덧셈과 뺄셈	• 약수와 배수 • 약분과 통분 • 분모가 다른 분수의 덧셈과 뺄셈 • 분수의 곱셈	• 분수, 소수의 곱셈과 나눗셈
	6단계		7단계		8단계		9단계		10단계	
	6-가	6-나	7-가	7-나	8-가	8-나	9-가	9-나	10-가	10-나
수와 연산	• 소수와 분수의 관계 • 소수와 분수의 크기 비교	• 분수와 소수의 나눗셈	• 집합 • 소인수분해 • 최대공약수, 최소공배수 • 십진법, 이진법 • 정수와 유리수의 개념과 대소 관계 • 정수와 유리수의 사칙계산		• 유리수와 소수 • 유리수와 순환소수		• 제곱근과 그 성질 • 무리수의 개념 • 실수의 대소 관계와 수직선 • 근호를 포함한 식의 계산		• 집합의 연산 법칙 • 명제의 뜻과 역, 이, 대우 • 필요조건과 충분조건 • 실수의 연산에 관한 성질 • 복소수의 기본 성질	

영역 \ 단계	1단계		2단계		3단계		4단계		5단계	
	1-가	1-나	2-가	2-나	3-가	3-나	4-가	4-나	5-가	5-나
도형	• 입체도형의 모양	• 평면도형의 모양 • 점판에서 공간감각 기르기	• 기본적인 평면도형 • 구체물의 이동에서 공간 감각 기르기	• 입체도형의 구성	• 각과 평면도형 • 평면도형의 이동에서 공간 감각 기르기	• 원의 구성요소 • 거울을 통한 공간 감각 기르기	• 각과 여러 가지 삼각형 • 삼각형과 사각형에서 내각의 크기	• 여러 가지 사각형 • 수직과 평형 • 간단한 다각형과 정다각형 • 여러 가지 모양 만들기	• 직육면체와 정육면체의 성질 • 여러 가지 모양으로 주어진 도형 덮기	• 합동과 대칭
	6단계		7단계		8단계		9단계		10단계	
	6-가	6-나	7-가	7-나	8-가	8-나	9-가	9-나	10-가	10-나
도형	• 각기둥과 각뿔의 성질 • 쌓기나무로 모양 만들기	• 여러 가지 입체 도형		• 점, 선, 면, 각 • 점, 직선, 평면의 위치 관계 • 평행선의 성질 • 간단한 작도 • 삼각형의 합동조건 • 다각형 • 중심, 중심각, 부채꼴, 호, 현의 뜻, 중심각과 호의 관계 • 다면체 • 회전체		• 삼각형과 사각형의 성질 • 도형의 닮음 • 닮은 도형의 성질 • 삼각형의 닮음 조건 • 평행선 사이에 있는 선분의 길이의 비 • 닮음의 응용		• 피타고라스의 정리와 그 활용 • 원과 직선 • 원주각		• 두 점 사이의 거리 • 선분의 내분, 외분 • 직선의 방정식 • 두 직선의 평행 조건과 수직 조건 • 점과 직선 사이의 거리 • 원의 방정식 • 두 원의 위치 관계 • 원과 직선의 위치 관계 • 평행이동과 대칭이동

영역 \ 단계	1단계		2단계		3단계		4단계		5단계	
	1-가	1-나	2-가	2-나	3-가	3-나	4-가	4-나	5-가	5-나
측정	• 여러 가지 양의 비교	• 시각 읽기	• 길이(cm) • 시각과 시간 • 여러 가지 시간 단위	• 길이(m) • 측정값 나타내기	• 길이(mm, km) • 시간(시, 분) • 분 단위까지 시간의 덧셈과 뺄셈	• 들이 • 들이의 덧셈, 뺄셈	• 시간(분, 초) • 초 단위까지 시간의 덧셈과 뺄셈 • 각도 • 무게 • 무게의 합과 차	• 어림하기(반올림, 올림, 버림)	• 평면도형의 둘레 • 직사각형, 정사각형, 평행사변형, 삼각형의 넓이	• 무게와 넓이의 여러 가지 단위 • 여러 가지 도형의 넓이
	6단계		7단계		8단계		9단계		10단계	
	6-가	6-나	7-가	7-나	8-가	8-나	9-가	9-나	10-가	10-나
	• 직육면체의 겉넓이와 부피 • 측정값(이상, 이하, 초과, 미만)	• 원주율과 원의 넓이 • 원기둥의 겉넓이와 부피		• 다각형과 각의 크기 • 부채꼴의 넓이와 호의 길이 • 입체도형의 겉넓이와 부피	• 근삿값과 오차 • 근삿값의 표현 • 근삿값의 덧셈, 뺄셈			• 삼각비 • 삼각비의 활용		• 부등식의 영역 • 간단한 최대 문제, 최소 문제

영역 \ 단계	1단계		2단계		3단계		4단계		5단계	
	1-가	1-나	2-가	2-나	3-가	3-나	4-가	4-나	5-가	5-나
확률과 통계	• 한 가지 기준으로 사물을 분류			• 표와 그래프 만들기		• 자료의 수집, 정리, 막대그래프로 나타내기		• 꺾은선그래프 • 여러 가지 그래프로 나타내기		• 줄기와 잎 그림 • 평균
	6단계		7단계		8단계		9단계		10단계	
	6-가	6-나	7-가	7-나	8-가	8-나	9-가	9-나	10-가	10-나
	• 비율그래프(띠 그래프, 원그래프)	• 경우의 수와 확률		• 도수분포표, 히스토그램, 도수분포다각형 • 도수분포표에서의 평균 • 상대도수, 누적도수		• 확률의 뜻과 기본 성질 • 확률의 계산		• 상관도, 상관표 • 상관관계	• 산포도와 표준편차	

영역 \ 단계	1단계		2단계		3단계		4단계		5단계	
	1-가	1-나	2-가	2-나	3-가	3-나	4-가	4-나	5-가	5-나
문자와 식		• □를 사용한 식 • 문제를 실제로 해 보기, 그림 그리기, 식 만들기 등으로 해결하기	• □의 값 구하기 • 식에 알맞은 문제 만들기	• 식만들기 • 미지항 구하기 • 문제를 표만들기, 거꾸로 풀기 등 여러 가지 방법으로 해결하기		• 문제를 규칙찾기, 예상과 확인 등 여러 가지 방법으로 해결하기 • 문제해결의 과정 설명하기	• 문제를 단순화하기 등 여러 가지 방법으로 해결하기	• 다양한 문제를 적절한 방법으로 해결하기	• 다양한 문제를 적절한 방법으로 해결하기	• 문제해결의 여러 가지 방법을 비교하여, 적절한 방법 선택하기
	6단계		**7단계**		**8단계**		**9단계**		**10단계**	
	6-가	6-나	7-가	7-나	8-가	8-나	9-가	9-나	10-가	10-나
	• 문제해결의 여러 가지 방법을 비교하여 적절한 방법을 선택하기	• 문제해결의 여러 가지 방법을 비교하여 적절한 방법을 선택하기	• 문자의 사용 • 식의 값 • 일차식의 계산 • 일차방정식과 그 해 • 등식의 성질 • 일차방정식의 풀이와 활용		• 다항식의 연산 • 지수법칙 • 간단한 등식의 변형 • 미지수가 2개인 일차방정식과 연립일차방정식 • 연립일차방정식 • 부등식과 그 성질 • 일차부등식과 그 해 • 연립일차부등식 • 부등식의 활용		• 다항식의 곱셈 • 곱셈 공식 • 인수분해 • 이차방정식과 그 해 • 이차방정식의 풀이와 활용		• 다항식의 연산 • 항등식과 나머지 정리 • 인수분해와 약수, 배수 • 유리식, 무리식의 계산 • 이차방정식의 판별식, 근과 계수와의 관계 • 간단한 삼차방정식, 사차방정식의 풀이 • 연립방정식 • 부등식의 성질 • 이차부등식, 연립이차부등식의 풀이 • 절대부등식의 증명	

영역 \ 단계	1단계		2단계		3단계		4단계		5단계	
	1-가	1-나	2-가	2-나	3-가	3-나	4-가	4-나	5-가	5-나
규칙성과 함수	• 규칙적인 배열에서 규칙 찾기	• 자신이 정한 규칙에 따라 배열하기 • 1~100의 수 배열표에서 규칙 찾기	• 다양한 변화의 규칙찾기 • 1~100의 수 배열표에서 뛰어 세는 규칙 찾기	• 곱셈표에서 여러 가지 규칙 찾기		• 규칙에 따라 여러 가지 무늬 꾸미기	• 다양한 변화의 규칙을 수로 나타내고 설명하기 • 규칙을 추측하고 말이나 글로 표현하기	• 규칙과 대응	• 여러 가지 이동을 이용하여 규칙적인 무늬 만들기	
	6단계		7단계		8단계		9단계		10단계	
	6-가	6-나	7-가	7-나	8-가	8-나	9-가	9-나	10-가	10-나
	• 비와 비율 • 비례식	• 규칙과 대응 • 연비와 비례 배분	• 정비례, 반비례 • 함수의 개념 • 순서쌍과 좌표 • 함수의 그래프 • 함수의 활용		• 일차함수의 뜻과 그래프의 성질 • 일차함수와 일차방정식의 관계 • 그래프를 통한 연립일차방정식의 해의 이해 • 일차함수의 활용		• 이차함수의 뜻 • 이차함수의 그래프 • 이차함수의 그래프의 성질			• 함수의 그래프 • 합성함수와 역함수 • 이차함수의 최대, 최소 • 이차함수의 응용 • 유리함수와 무리함수 • 일반각과 호도법 • 삼각함수의 성질 • 삼각형에의 활용

4 초등 수학 교과서의 주요 특징

제7차 초등학교 수학 교과서에서는 형식이 매우 획기적으로 바뀌었다. 당시 교과용 도서 편찬은 '서울교육대학교 1종 도서 편찬위원회'에서 맡았다. 이 편찬위원회의 위원장을 맡았던 배종수는 「제7차 교육과정에 따른 초등학교 수학 교과용 도서 편찬」(1998)이라는 논문에서 교과서 편찬의 기본 방향과 실제에 대해 상술하였다.

- 각 차시 목표와 관련된 내용을 아동들이 생활에서 알아보기 위하여 **'생활에서 알아보기'** 난을 만들어 수업을 도입한다.
- 구체적인 활동을 하기 위한 **'준비물'** 난을 만들어 준비물을 제시한다.
- 구체적인 조작 활동을 통해 수학적인 개념을 추상적으로 도입할 수 있도록 **'활동'**[5] 난을 만들었다.
- 개념을 추상적으로 정의한다는 문장을 아동들이 이해하기 어렵기 때문에 아동들이 알기 쉽도록 **'약속하기'** 난을 만들어 개념을 정의한다.
- 약속한 내용을 익힐 필요가 있을 경우에는 **'익히기'** 난을 만들어 개념을 익히도록 한다.
- 이전에 배운 내용이 새로운 학습을 할 때 기초로서 필요한 경우에는 **'배운 것을 다시 생각하기'** 난을 만들어 새 학습의 기초가 되도록 한다.
- 여러 가지 문제를 쉽게 해결하는 방법을 알아보기 위하여 **'해결하는 방법'** 난을 만들어 원리, 법칙을 아동 스스로 발견, 발명하도록 하였다.
- 쉽게 해결하는 방법을 익힐 필요가 있을 경우에는 **'익히기'** 난을 만들어 익히는 활동을 한다.

---

5) 위의 내용 중에서 특별히 '활동'과 관련해 다음과 같이 상술하였다.

> "교과서는 학생들의 구체적인 경험을 대단히 중요시하고 있다....각 활동들은 특수한 교육적 목적을 가지고 있다. … 활동하면서 토론할 때, 'OOO입니까?'와 같이 단답형의 질문이 아니라 'OOO이라고 생각합니까? 왜 그렇게 생각하였습니까?'와 같은 열린 질문을 통하여 자유로운 토론을 하게 될 것이고, 토론을 함으로써 다른 아동들의 아이디어를 공유할 수 있을 것이다."

이를 보면, '~라고 생각합니까? 왜 그렇게 생각하였습니까?'를 새롭게 교과서에 제시하는 이유가 나와 있다. 자유로운 토론을 통해 아동들이 아이디어를 공유할 수 있을 것이라는 점으로 요약된다. '~라고 생각합니까? 왜 그렇게 생각하였습니까?'에 대해서 현장교사를 포함한 수학교육계에서는 부정적인 의견도 상당하였다. 실제로 이후에 발간된 2007 개정 초등학교 수학교과서 1~2학년을 살펴보면 '~라고 생각합니까? 왜 그렇게 생각하였습니까?' 류의 질문이 교과서에 등장하지 않음을 확인할 수 있다.

제7차 초등 수학 교과서의 틀은 기존의 교과서와는 많이 달랐고 이는 이후 교과서 개발에 적지 않은 영향을 미쳤다.

제7차 교과서 4-가 단계 1단원 '큰 수'

가. 교과서 편찬 체제의 방향과 순서

초등학교 수학교과서는 개정된 수학과 교육과정의 기본 정신을 충실히 구현하여 그 내용을 담고자 하였다. 수학과 교육과정은 단계형 수준별이었다. 따라서 수학 교과서는 '단계형'

이라는 교육과정 정신과 '보충-심화형'이라는 교육과정 정신은 모두 반영하고자 하였다.

그런데 '단계형 교육과정'에 의해 구현된 내용은 각 단계의 교과서 내용 자체이므로 동일 단계의 교과서 내용 분석에 의해서는 확인이 불가능하며 실질적으로 동일 단계 교과서에서 확인할 수 있는 것은 '보충-심화형 교육과정'에 관한 내용이다.

보충-심화형 교육과정은 모든 학생들이 기본 과정을 거친 후에, 적당한 평가의 결과에 따라 부족한 학생들은 보충 과정으로 가서 공부하고, 부족하지 않은 학생들은 보다 깊은 심화 과정으로 가서 공부하는 것이다. 보충-심화형 교육과정에 대해서 좀더 알아보면 다음과 같았다.

- 기본 과정은 학생들이 모두 공부하는 것이므로 특별히 다른 용어를 선택하지 않았다.
- 적당한 평가는 학생들이 기본 과정을 어느 정도 이해하고 있는지를 알아보는 것으로서 학생들이 이해하기 쉽게 '잘 공부했는지 알아보기(익힘책에 제시)'라고 정하였다.
- 보충 과정은 기본 과정의 내용을 다시 알아보는 것으로 학생들이 이해하기 쉽게 '다시 알아보기(익힘책에 제시)'라고 정하였다.
- 심화 과정은 기본 과정에서 학습한 내용에 대한 깊은 사고를 요구하는 것으로서 학생들이 이해하기 쉽게 '좀더 알아보기(익힘책에 제시)'와 기본 과정에서 학습한 내용을 실생활에 적용해 보는 것으로서 학생들이 이해하기 쉽게 '실생활에 적용하여 봅시다(교과서에 제시)'라고 하였다.

이와 같은 보충-심화형 교육과정을 반영하기 위하여 다음과 같은 편찬 체제의 방향과 순서를 잡았다.

- 기본 과정을 공부한다.
- 기본 과정을 놀이하면서 수행 평가하는 '재미있는 놀이'와 '문제를 해결하여 봅시다'에 대한 내용을 공부한다.
- 단원 평가인 '잘 공부했는지 알아보기'를 공부한다.
- '잘 공부했는지 알아보기'의 결과에 따라 부족한 학생들은 보충 과정인 '다시 알아보기'로 가서 공부하고, 부족하지 않은 학생들은 심화 과정인 '좀더 알아보기'와 '실생활에서 적용하여 봅시다'로 가서 공부한다.

교과서는 학생들의 자기 주도적 능력을 신장하기 위하여 학생들의 활동을 많이 나타내고 있기 때문에 교과서에 많은 내용을 편찬하기에는 지면이 부족하다. 그러므로 교육과정에서 구체적으로 제시한 내용은 교과서에 넣고 교육과정에 구체적으로 제시되어 있지 않은 내용은 익힘책에 넣도록 하였다.

따라서 교과서는 기본 과정의 내용과 심화 과정 중에서 '실생활에 적용하여 봅시다'를 넣었고 익힘책에는 기본 과정 예제와 단원 평가인 '잘 공부했는지 알아보기', 보충 과정인 '다시 알아보기', 심화 과정 중에서 '좀더 알아보기'를 넣었다.

나. 교과서 편찬의 기본 방향

제7차 교육과정의 가장 큰 기본 방향은 '학생의 자기 주도적 능력과 창의성 신장에 적합한 질 높은 교과서'가 되도록 하는 것으로 그 구체적인 내용은 다음과 같았다.

① 창의성과 사고력, 탐구력을 기를 수 있는 내용으로 구성한다.
- 개인차를 고려한 수준별 교육 내용의 구성
- 단원 전개 체제의 창의적 구안
- 학습 과정 중심의 단원 전개와 실용성, 유용성의 중시

② 교수학습 과정의 개선에 기여할 수 있는 내용으로 구성한다.
- 학습 과정, 탐구 과정의 중시
- 실생활 사례, 경험 등을 중시하는 내용 구성(그 내용을 학습한 결과로 개념 습득이 가능하게 유도)

③ 쉽고, 재미있고, 친절하며, 활동하기에 편리한 교과서를 편찬한다.
- 자율 학습, 자기 주도 학습에 도움을 줄 수 있는 내용 구성
- 학생의 발달 단계를 고려한 흥미와 동기 유발
- 다양한 편집, 디자인 기법의 도입, 가독성의 제고
- 멀티미디어를 이용한 다양한 교수 학습 자료의 활용
- 개별 학습, 소집단 학습, 직접 체험 중시와 지원 체제 구성

④ 자기 주도 학습이 가능한 수준별 교과서
- 자기 주도 학습에 도움을 줄 수 있는 단계적, 체계적인 내용 구성
- 학생의 능력, 적성, 개인차를 고려한 수준별 교과서 편찬

⑤ 융통성 있고 탄력적인 운영이 가능한 교과서 구성
- 지역이나 학교의 실정, 교과의 특성에 따른 융통성 있는 운영
- 교육과정의 목표 구현을 위한 예시적인 자료의 성격
- 학교 교육과정의 편성, 운영에 도움을 줄 수 있는 풍부한 자료 제시

| [표 X-8] 제7차 교육과정에 따른 산수 교과서의 전 학년 단원명 |

차수	학기	1학년	2학년	3학년	4학년	5학년	6학년
7차	1학기	1. 5까지의 수 2. 9까지의 수 3. 여러 가지 모양 4. 가르기와 모으기 5. 더하기와 빼기 6. 비교하기 7. 50까지의 수 8. 분류하여 세어 보기	1. 세 자리의 수 2. 두 자리의 수의 덧셈과 뺄셈(1) 3. 도형과 도형 움직이기 4. 두 자리수의 덧셈과 뺄셈(2) 5. 길이 재기 6. 식 만들기와 문제 만들기 7. 시간 알아보기 8. 곱하기	1. 10000까지의 수 2. 덧셈과 뺄셈 3. 평면도형 4. 나눗셈 5. 도형 움직이기 6. 곱셈 7. 분수 8. 길이와 시간	1. 큰 수 2. 곱셈과 나눗셈 3. 각도 4. 삼각형 5. 시간과 무게 6. 혼합계산 7. 분수 8. 문제 푸는 방법 찾기	1. 배수와 약수 2. 무늬 만들기 3. 약분과 통분 4. 직육면체 5. 분수의 덧셈과 뺄셈 6. 평면도형의 둘레와 넓이 7. 분수의 곱셈 8. 문제 푸는 방법 찾기	1. 분수와 소수 2. 각기둥과 각뿔 3. 수의 범위 4. 쌓기나무 5. 겉넓이와 부피 6. 비와 비율 7. 비례식 8. 문제 푸는 방법 찾기
	2학기	1. 100까지의 수 2. 여러 가지 모양 3. 10을 가르기와 모으기 4. 10이 되는 더하기와 10에서 빼기 5. 시계 보기 6. 더하기와 빼기(1) 7. 더하기와 빼기(2) 8. 문제 푸는 방법 찾기	1. 곱셈구구 2. 세 자릿수의 덧셈과 뺄셈(1) 3. 쌓기나무 놀이 4. 세 자릿수의 덧셈과 뺄셈(2) 5. 길이 재기 6. 표와 그래프 7. 문제 푸는 방법 찾기	1. 덧셈과 뺄셈 2. 곱셈 3. 도형 4. 나눗셈 5. 들이 재기 6. 분수와 소수 7. 자료 정리하기 8. 문제 푸는 방법 찾기	1. 분수 2. 소수 3. 소수의 덧셈과 뺄셈 4. 수직과 평행 5. 사각형과 도형 만들기 6. 어림하기 7. 꺾은선 그래프 8. 문제 푸는 방법 찾기	1. 소수의 곱셈 2. 분수의 나눗셈 3. 도형의 합동 4. 소수의 나눗셈 5. 도형의 대칭 6. 넓이와 무게 7. 자료의 표현 8. 문제 푸는 방법 찾기	1. 분수의 나눗셈 2. 입체도형 3. 소수의 나눗셈 4. 원과 원기둥 5. 분수와 소수의 나눗셈 6. 경우의 수 7. 연비 8. 문제 푸는 방법 찾기

2006년
'교과서의 날'이 선포되었다.
교과서의 날은 10월 5일로
'철수야 놀자, 영이야 놀자'로
잘 알려진 『국어 1-1』이 발행된
날(1948년)이다.

쉼터 1 10월 5일은 '교과서의 날'

지금은 교과서가 조금만 늦게 나와도 대서특필되는 세상이지만, 6·25 전쟁 직후의 우리나라에는 종이가 없어서 1학년 때는 달랑 『사회생활』 한 권만 받았고, 1학년 교과서는 원래 그것뿐인 줄 알고 지냈다. 『국어』, 『셈본』 등 갖가지 교과서가 있다는 것은 차츰차츰 알게 되었다.

어떤 부자가 착한 일이라곤 거지에게 장난삼아 파뿌리 하나를 던진 일밖에 없어서 지옥에 갔더니 천당으로 오르려면 그 파뿌리에 매달리라고 하더란다. 그래서 일단 그거라도 잡았더니 다른 사람들도 주렁주렁 매달렸다. 큰일났다 싶어 발버둥을 쳤더니 그 파뿌리가 뚝 끊어져 버렸단다. 나는 별 착한 일은 하지 않으면서도 무슨 자선단체 같은 곳에 회비를 낼 때는 도덕책에 실린 그 이야기를 떠올리며 살았다.

나중에는 이웃의 중국, 일본은 물론 세계 모든 나라가 자국을 제대로 된 나라로 발전시키려는 생각을 갖게 되면 우선 교과서부터 새로 만든다는 것을 알게 되었다. 또 교과서를 달달 외우는 공부를 시키는 것은, 가장 뒤떨어진 후진국형 교육이고, 교과서를 어떻게 이용하는가에 따라 교육의 수준은 천차만별이 된다는 것도 깨닫게 되었다.

10월 5일은 '한국교육과정·교과서연구회'가 제정한 '교과서의 날'이다. '한국교육과정·교과서연구회'는 교육부에서 교육과정 개선과 교과서 편찬을 담당한 전·현직 편수관들의 모임으로, 이날을 전후하여 기념식과 학술세미나, 출판사 참관, 교과서 전시, 유공자 표창, 문예작품 공모 등 여러 가지 행사를 개최함으로써 교과서의 질적 개선 향상을 촉진해 나갈 계획이라고 한다. 교과서의 날은 올해가 그 첫해이므로 앞으로 교과서에 대한 관심과 이해를 높여 나가는 뜻 깊은 기념일로 자리잡을 것으로 보인다.

그러나 교과서의 날이 더욱 발전적으로 운영되려면 먼저 온 생애를 교과서와 함께 살아가는 이 나라의 교육 가족이 우리 교과서의 현실과 발전 방향에 대한 구체적인 과제들을 인식해야 한다. 교육 가족 모두가 학교교육의 기본 설계도이자 중심적 교육자료인 교과서에 관심을 갖고 적극적으로 참여하는 분위기가 조성된다면 우리의 교과서는 한층 발전해 나갈 것이다.

[출처]오늘은 '교과서의 날' (2012.10.5) 작성자 답설재

쉼터 2 **초·중등교육법** [시행 1998. 3. 1.] [법률 제5438호, 1997. 12. 13., 제정]

현행 교육법은 1949년 12월 31일 제정·공포된 이래 38회의 개정으로 인하여 그 체계와 내용의 일관성이 부족하고, 현재의 교육여건에 부합하지 못하며, 각급학교의 특수성을 충분히 반영하지 못하고 있는 등의 문제점이 있어 교육법의 전면적인 개정의 필요성이 제기되었으며, 그동안 확정·발표된 교육개혁 방안에서 초·중등교육분야에 관하여 국민의 교육받을 권리를 강화하고 국민 중심의 교육으로의 변화를 지향하는 많은 방안들이 발표·시행됨에 따라 이의 제도화를 위한 법적 근거를 명확히 하여 교육개혁 방안의 제도화를 위한 법적 기반을 마련하려는 것임.

① 교육부장관 및 교육감은 학교에 대하여 장학지도를 실시할 수 있도록 하고, 학교의 장은 법령의 범위 안에서 학교규칙을 제정할 수 있도록 함(法 第7條 및 第8條).
② 교육부장관은 학생의 학업성취도를 측정하기 위한 평가와 함께 지방교육행정기관 및 각급학교에 대하여 평가를 실시할 수 있도록 함(法 第9條第1項 및 第2項).
③ 학생의 자치활동을 보장하는 한편, 학생을 징계하고자 하는 때에는 의견진술의 기회를 부여하는 등 적정한 절차를 거치도록 함(法 第17條 및 第18條).
④ 학교에는 교육과정운영상 필요한 경우 산학겸임교사·명예교사 및 강사등을 둘 수 있도록 함(法 第22條第1項).
⑤ 학생의 학업성취도 및 인성등을 종합적으로 관찰·평가하는 학교생활기록부제도의 근거를 마련함(法 第25條).
⑥ 국가 및 지방자치단체는 학습부진 및 성격장애 등의 사유로 정상적인 학교생활을 하기 어려운 학생 및 학업을 중단한 학생들을 위하여 교육상 필요한 시책을 강구하도록 함(法 第28條).
⑦ 지방교육자치에관한법률 및 동법시행령에 규정되어 있는 학교운영위원회에 관한 조항을 이 법에 규정하는 한편, 학교운영위원회가 학교발전기금을 조성할 수 있도록 하는 근거를 마련함(法 第31條 내지 第34條).
⑧ 근로청소년 등의 교육받을 기회의 확대를 위하여 고등학교에 4년제과정으로 운영되는 시간제 또는 통신제의 과정을 둘 수 있도록 함(法 第45條 및 第48條).
⑨ 교육제도의 발전과 개선을 위하여 특히 필요하다고 인정되는 경우 교육관계법령중 일부 조항을 한시적으로 적용하지 아니하는 학교 또는 교육과정을 운영할 수 있도록 함(法 第60條第1項).

쉼터 3 영재교육진흥법 [시행 2002. 3. 1.] [법률 제6215호, 2000. 1. 28., 제정]

◆ **제정 이유**

재능이 뛰어난 사람을 조기에 발굴하여 능력과 소질에 맞는 교육을 실시함으로써 개인의 자아실현을 도모하고 국가·사회의 발전에 기여하려는 것임.

영재교육진흥법이 만들어진 이후로 수학영재교육 관련 연구 및 실천이 활발하게 이루어졌다.

◆ **주요 골자**

가. 국가는 영재교육에 관한 종합계획을 수립하고, 영재학교를 설치·운영하는 등 영재교육의 진흥을 위하여 노력하며, 영재교육에 관한 주요사항을 심의하기 위하여 교육부 및 시·도 교육청에 각각 영재교육진흥위원회를 설치함(법 제3조 및 제4조)

나. 영재교육대상자가 영재교육기관에서 이수한 영재교육과정에 대하여는 이에 상응하는 정규교육과정을 이수한 것으로 인정함(법 제11조)

참고문헌

곽병선(2003). 제7차 초·중등학교 교육과정에 대한 비판적 회고와 발전전망. 교육과학연구. 33(2). pp.1-19

강문봉, 강옥기, 강완, 박경미(1997). 제7차 수학과 교육과정 개정을 위한 연구. 대한수학교육학회논문집,

강옥기(1997). 제7차 수학과 교육과정 시안 연구. 대학수학교육학회 논문집.

강옥기, 김원경, 박경미, 박영배, 백석윤, 신현성, 이준열(1997). 제7차 초·중·고등학교 수학과 교육과정 개정 시안 연구 개발, 1997 교육부 연구 과제 답신 보고서. 성균관대학교 수학과교육과정 개정 연구 위원회.

배종수(1998). 제7차 교육과정에 따른 초등학교 수학 교과용 도서 편찬. 한국수학교육학회 *初等 數學教育*. Vol.2 No.2

최혜령(2021). 우리나라 초등학교 수학 교과서 변천에 관한 연구. 서울교육대학교 교육전문대학원 박사

| 학술연구정보서비스 검색 자료 : 2024. 1. 1 |

제목	저자	출판사	출판일
수학 1-나 : 초등학교 교사용지도서	교육인적자원부	천재교육	2001
수학 3-나 : 초등학교 교사용지도서	교육인적자원부	천재교육	2001
수학 4-나 : 초등학교 교사용지도서	교육인적자원부	대한교과서	2001
수학 5-나 : 초등학교 교사용지도서.실험용	교육인적자원부	대한교과서	2001
수학 6-나 : 초등학교 교사용지도서.실험용	교육인적자원부	대한교과서	2001
수학 5-가 : 초등학교 교사용지도서	교육인적자원부	대한교과서	2002
수학 5-나 : 초등학교 교사용지도서	교육인적자원부	대한교과서	2002
수학 5-나 : 초등학교 교사용지도서	교육인적자원부	대한교과서	2002
수학 6-가 : 초등학교 교사용지도서	교육인적자원부	대한교과서	2002
수학 6-나 : 초등학교 교사용 지도서	교육인적자원부	대한교과서	2002
수학 1-가 : 초등학교 교사용 지도서	교육인적자원부	대한교과서	2004
수학 2-가 : 초등학교 교사용 지도서	교육인적자원부	대한교과서	2004
수학 4-가 : 초등학교 교사용 지도서	교육인적자원부	대한교과서	2004

| 국립중앙도서관 검색 자료 : 2024. 1. 1 |

표제	저작자	발행자	발행년도
수학. 1-가	서울교육대학교. 국정도서편찬위원회 편찬자 한국.교육인적자원부 저작권자	서울: 두산, 20030301	20030301
수학. 2-가	서울교육대학교. 국정도서편찬위원회 편찬자 한국.교육인적자원부 저작권자	서울: 두산, 20030301	20030301
수학. 3-가	서울교육대학교. 국정도서편찬위원회 편찬자 한국.교육인적자원부 저작권자	서울: 두산, 20030301	20030301
수학. 4-가	서울교육대학교. 국정도서편찬위원회 편찬자 한국.교육인적자원부 저작권자	서울: 두산, 20030301	20030301
수학. 6-가	서울교육대학교. 국정도서편찬위원회 편찬자 한국.교육인적자원부 저작권자	서울: 두산, 20030301	20030301
수학. 1-나	서울교육대학교. 국정도서편찬위원회 편찬자 한국.교육인적자원부 저작권자	서울: 두산, 20050801	20050801
수학. 2-나	서울교육대학교. 국정도서편찬위원회 편찬자 한국.교육인적자원부 저작권자	서울: 두산, 20050801	20050801
수학. 3-나	서울교육대학교. 국정도서편찬위원회 편찬자 한국.교육인적자원부 저작권자	서울: 두산, 20050801	20050801
수학. 4-나	서울교육대학교. 국정도서편찬위원회 편찬자 한국.교육인적자원부 저작권자	서울: 두산, 20050801	20050801
수학. 5-나	서울교육대학교. 국정도서편찬위원회 편찬자 한국.교육인적자원부 저작권자	서울: 두산, 20050801	20050801
수학. 6-나	서울교육대학교. 국정도서편찬위원회 편찬자 한국.교육인적자원부 저작권자	서울: 두산, 20050801	20050801
수학 익힘책. 1-가	서울교육대학교. 국정도서편찬위원회 편찬자 한국.교육인적자원부 저작권자	서울: 두산, 20030301	20030301
수학 익힘책. 2-가	서울교육대학교. 국정도서편찬위원회 편찬자 한국.교육인적자원부 저작권자	서울: 두산, 20030301	20030301
수학 익힘책. 3-가	서울교육대학교. 국정도서편찬위원회 편찬자 한국.교육인적자원부 저작권자	서울: 두산, 20030301	20030301
수학 익힘책. 4-가	서울교육대학교. 국정도서편찬위원회 편찬자 한국.교육인적자원부 저작권자	서울: 두산, 20030301	20030301
수학 익힘책. 5-가	서울교육대학교. 국정도서편찬위원회 편찬자 한국.교육인적자원부 저작권자	서울: 두산, 20030301	20030301
수학 익힘책. 6-가	서울교육대학교. 국정도서편찬위원회 편찬자 한국.교육인적자원부 저작권자	서울: 두산, 20030301	20030301
수학 익힘책. 1-나	서울교육대학교. 국정도서편찬위원회 편찬자 한국.교육인적자원부 저작권자	서울: 두산, 20050801	20050801
수학 익힘책. 2-나	서울교육대학교. 국정도서편찬위원회 편찬자 한국.교육인적자원부 저작권자	서울: 두산, 20050801	20050801
수학 익힘책. 3-나	서울교육대학교. 국정도서편찬위원회 편찬자 한국.교육인적자원부 저작권자	서울: 두산, 20050801	20050801
수학 익힘책. 4-나	서울교육대학교. 국정도서편찬위원회 편찬자 한국.교육인적자원부 저작권자	서울: 두산, 20050801	20050801
수학 익힘책. 5-나	서울교육대학교. 국정도서편찬위원회 편찬자 한국.교육인적자원부 저작권자	서울: 두산, 20050801	20050801
수학 익힘책. 6-나	서울교육대학교. 국정도서편찬위원회 편찬자 한국.교육인적자원부 저작권자	서울: 두산, 20050801	20050801

XI. 2007 개정 교육과정의 초등수학교육

2003.2	2003.10	2006.3	2006.8.29	2007.2.28	2008.2.25.	2009.12.23
노무현 정부 출범	'교육과정 수시개정 체제' 도입	주5일제 수업 실시	수학, 영어 수준별 교육과정 개정	초·중등학교 교육과정 개정 ⇒ 2007 개정 교육과정	이명박 정부 출범	2009 개정 교육과정 고시
교육인적자원부[1] (2001.1.29.~2008.2.28)					교육과학기술부[2] (2008.2.29~2013.3.23)	

수준별 교육

교육과정 수시개정 체제

주5일 수업제 실시

교육과정 역사에서 가장 짧은 교육과정!
2007 개정 교과서가 처음 적용되던 해에
2009 개정 교육과정 고시

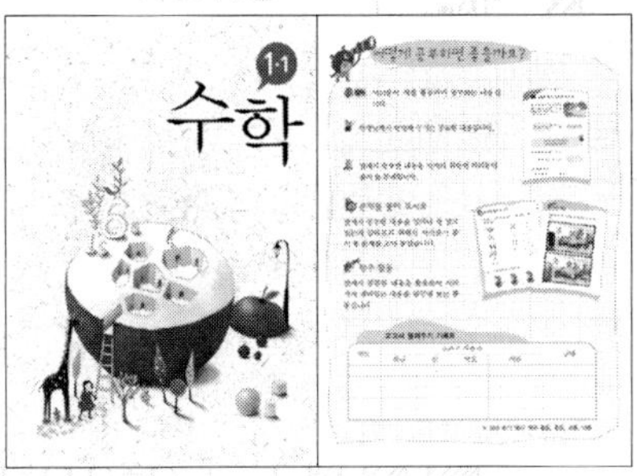

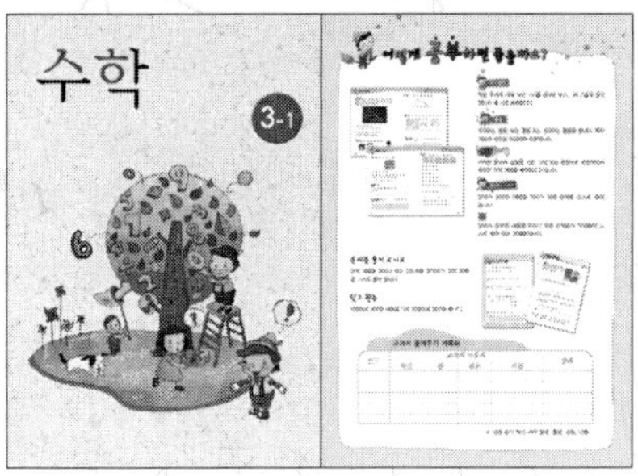

1) 인적 자원 개발 정책의 수립·총괄·조정, 학교의 교육·평생 교육 및 학술에 관한 사무를 담당하는 대한민국의 중앙행정기관이었다. 2001년 1월 29일 교육부를 개편하여 발족하였으며 2008년 2월 28일 과학기술부와 통합하여 교육과학기술부로 개편되어 폐지되었다.

2) 인적 자원 개발 정책의 수립·총괄·조정, 학교 교육·평생 교육 및 학술, 과학 기술 혁신 정책의 수립·총괄·조정·평가, 원자력 및 과학 기술 협력, 그 밖의 과학 기술 진흥에 관한 사무를 관장하는 대한민국의 중앙행정기관이었다. 2008년 2월 29일 교육인적자원부와 과학기술부를 통합하여 발족하였으며 2013년 3월 23일 교육부와 미래창조과학부로 개편되면서 폐지되었다.

1 배경

> 2007.2.28.
> 교육인적 자원부 고시 제2007-79호

교육과정을 시기별로 구분할 때 제1차, 제2차 교육과정과 같은 식으로 불러왔다가 이 시기부터 '2007 개정 교육과정'과 같은 방식으로 바뀌었다. 이는 '교육과정 수시개정 체제'로의 변화가 낳은 결과 중 하나이다.

제1차부터 제7차 교육과정까지는 일시적, 전면적 교육과정 개정이라고 할 수 있다.[3] 이에 대해 교육인적자원부(2001~2008)는 2003년 10월부터 『교육과정 수시개정 체제』를 도입하였다. 교육과정 수시개정 체제는 **일시·전면적 교육과정 개정 방식**의 비효율성을 해소하고, 사회의 다원화 및 급격한 변화에 대응하여 교육내용을 지속적으로 개선하며, 국민 각계각층의 교육과정 개정 요구를 탄력적이고 체계적으로 반영하기 위한 목적에서 마련되었다.

교육과정 수시개정의 운영 체제는 다음 그림과 같다.

| [표 XI-1] 수시개정 체제에서의 교육과정 개정 절차 |

개정 요구·의견 수렴	➡	개정 요구안 검토	➡	개정/운영 보완 여부 결정	➡	교육과정 개정 추진
교육과학기술부 (현장여론종합관리시스템)		교육과정심의회 (수시)		교육과학기술부		교육과학기술부
				⬇ 운영 지원		
• 현장 여론 수렴 - 교과교육연구회 (연 2회) - 교육과정 지원장학 협의단 - 인터넷 제안 마당 - 전문가 인력풀 • 교육과정·교과서 발전 협의회(연 2회) • 적용실태조사 분석 (연 1회) • 교육과정 국제동향 (연 1회)		• 개정의 필요성 검토 - 교육부 정책방향과의 적합성 - 국가·사회적 요구와의 부합성 - 교육여건 등 현실적 수용 가능성 • 개정의 방향·범위 검토		• 시·도 교육청의 편성·운영 지침 개선 권고 • 교과서 수정·보완 • 교육여건 개선 추진 • 정책 연수·홍보		• 개정 기본계획 수립 (교육과학기술부) • 개정안 연구·개발 (KICE 등 연구기관) • 개정안 마련(교육과학기술부) • 개정안 심의(교육과정 심의회) • 개정안 확정·고시 (교육과학기술부)

3) 제5차 교육과정에서 부분 개정을 내세운 적은 있다.

2 총론의 특징

제7차 교육과정은 '학교급별 개념'에서 '학년별 개념'으로 전환하여 국민 공통 기본 교육과정과 고등학교 선택 중심 교육과정의 설정, 수준별 교육과정의 도입, 재량 활동의 신설 및 확대, 교육과정 편성·운영의 자율권 확대, 교육과정 평가와 질 관리의 강화 등 획기적인 변화와 개선을 도모하였다. 그러나 시행 과정에서 현실적인 어려움 등 적용상의 문제점이 드러나 개선의 필요성이 제기되었다.

| [표 XI-2] 제7차 교육과정의 기본 방향 |

21세기의 세계화·정보화 시대를 주도할 자율적이고 창의적인 한국인 육성	
목표	• 건전한 인성과 창의성을 함양하는 기초·기본 교육의 충실
내용	• 세계화·정보화에 적응할 수 있는 자기 주도적 능력의 신장
운영	• 학생의 능력, 적성, 진로에 적합한 학습자 중심 교육의 실천
제도	• 지역 및 학교 교육과정 편성·운영의 자율성 확대

2007 개정 교육과정의 기본 방향은, 수시개정 체제의 취지에 따라, 교육과정의 안정성을 확보하는 차원에서 제7차 교육과정의 기본 철학과 체제를 유지하였다. 대신 적용상의 문제점을 개선하는 데 초점을 두었다. 따라서 제7차 교육과정의 기본 방향과 설정된 다음 목표는 그대로 유지하였다.

> 수요자 중심, 단위 학교에서 만들어가는 교육과정,
> 추구하는 인간상, 교육목표 등의 관점,
> 국민 공통 기본 교육과정과 선택 중심 교육과정 체제

이러한 기본 방향 아래 개정의 중점 사항은 다음과 같았다.

◆ 단위 학교별 교육과정 편성·운영의 자율권을 실질적으로 확대하고자 하였다. 우리나라는 제6차 교육과정을 시점으로 교육과정 의사결정의 분권화를 도모하였으나 국가 교육과정 기준의 일부가 지나치게 상세화되어 학교 자율권이 제한된다는 지적이 있었다.

◆ 제7차 교육과정은 1997년 12월에 고시되어 2000학년도부터 연차적으로 적용되었다. 개정 이후 사회·문화적 변화를 반영하여 교육 내용과 내용 체계를 개선할 필요성이 크다.

◆ 제7차 교육과정 적용상의 문제점을 개선해야 한다. 제7차 교육과정의 주요 특징인 '수준별 교육과정'의 경우 단계형 수준별 교육과정은 재이수(유급) 및 월반 등이 교육현장 여건상 적용되기 어려웠으며, 학교별로 각 수준에 대한 학력 기준이 다르기 때문에 수준별 수업 내

실화를 위한 근본적인 처방의 필요성이 제기되었다. 고등학교 선택 중심 교육과정도 형식적으로 운영되는 폐단이 있었다.

- ◆ 교과별 교육내용의 적정화를 도모하였다. 교육내용의 적합성을 기반으로 교육내용의 양과 수준을 조정하여 학교 교육의 제한된 여건하에서 최대의 성과를 기하고자 하였다.
- ◆ 주 5일 수업제 월 2회 실시는 2006년 3월부터 각급 학교에서 이루어졌다. 이에 따라 학교 급별 수업 시수 일부를 조정할 필요가 있다.

| [표 XI-3] 2007 개정 초등학교 교육과정의 구조 |

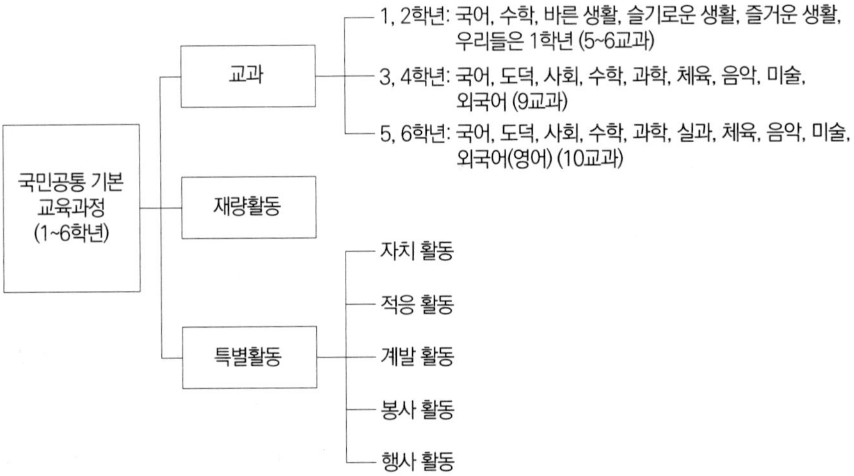

2007 개정 교육과정의 편제와 시간 배당

1. 편제

가. 교육과정은 국민 공통 기본 교육과정과 고등학교 선택 중심 교육과정으로 구성한다.

나. 국민 공통 기본 교육과정은 교과, 재량 활동, 특별 활동으로 편성한다.【표 1】

(1) 교과는 국어, 도덕, 사회, 수학, 과학, 실과(기술·가정), 체육, 음악, 미술, 외국어(영어)로 한다. 다만, 초등학교 1, 2학년의 교과는 국어, 수학, 바른 생활, 슬기로운 생활, 즐거운 생활 및 우리들은 1학년으로 한다.

(2) 재량 활동은 교과 재량 활동과 창의적 재량 활동으로 한다.

(3) 특별 활동은 자치 활동, 적응 활동, 계발 활동, 봉사 활동, 행사 활동으로 한다.

2. 시간 배당 기준

가. 국민 공통 기본 교육과정

| [표 XI-4] 2007 개정 교육과정의 시간 배당 |

<table>
<tr><th colspan="2" rowspan="2">학교 / 학년 / 구분</th><th colspan="6">초등학교</th></tr>
<tr><th>1학년</th><th>2학년</th><th>3학년</th><th>4학년</th><th>5학년</th><th>6학년</th></tr>
<tr><td rowspan="10">교과</td><td>국어</td><td colspan="2" rowspan="2">국어
210 238</td><td>238</td><td>204</td><td>204</td><td>204</td></tr>
<tr><td>도덕</td><td>34</td><td>34</td><td>34</td><td>34</td></tr>
<tr><td>사회</td><td colspan="2" rowspan="2">수학
120 136</td><td>102</td><td>102</td><td>102</td><td>102</td></tr>
<tr><td>수학</td><td>136</td><td>136</td><td>136</td><td>136</td></tr>
<tr><td>과학</td><td colspan="2">바른 생활
60 68</td><td>102</td><td>102</td><td>102</td><td>102</td></tr>
<tr><td>실과</td><td colspan="2" rowspan="2">슬기로운 생활
90 102</td><td>·</td><td>·</td><td>68</td><td>68</td></tr>
<tr><td>체육</td><td>102</td><td>102</td><td>102</td><td>102</td></tr>
<tr><td>음악</td><td colspan="2" rowspan="2">즐거운 생활
180 204</td><td>68</td><td>68</td><td>68</td><td>68</td></tr>
<tr><td>미술</td><td>68</td><td>68</td><td>68</td><td>68</td></tr>
<tr><td>외국어
(영어)</td><td colspan="2">우리들은 1학년
80 ·</td><td>68</td><td>68</td><td>102</td><td>102</td></tr>
<tr><td colspan="2">재량 활동</td><td>60</td><td>68</td><td>68</td><td>68</td><td>68</td><td>68</td></tr>
<tr><td colspan="2">특별 활동</td><td>30</td><td>34</td><td>34</td><td>68</td><td>68</td><td>68</td></tr>
<tr><td colspan="2">연간 수업
시간 수</td><td>830</td><td>850</td><td>986</td><td>986</td><td>1,088</td><td>1,088</td></tr>
</table>

① 이 표의 국민 공통 기본 교육 기간에 제시된 시간 수는 34주를 기준으로 한 연간 최소 수업 시간 수이다. 단, 3~6학년의 연간 총 수업 시간 수는 주5일 수업에 따라 감축된 시간 수이므로 학교에서는 교과 수업 시간 수 중 연간 34시간의 범위 내에서 감축하여 운영한다.

② 1학년의 교과, 재량 활동, 특별 활동에 배당된 시간 수는 30주를 기준으로 한 것이며, '우리들은 1학년'에 배당된 시간 수는 3월 한 달 동안의 수업 시간 수를 제시한 것이다.

③ 1시간의 수업은 초등학교 40분, 중학교 45분, 고등학교 50분을 원칙으로 한다. 다만, 기후, 계절, 학생의 발달 정도, 학습 내용의 성격 등을 고려하여 실정에 알맞도록 조절할 수 있다.

④ 10학년의 ( ) 안에 제시된 숫자는 단위 수이다.

3 수학과 교육과정 개정의 중점

가. 교육과정 수시개정 체제

2007 개정 교육과정은 교육부 고시 제2007-79호인 초·중등학교 교육과정이 고시(2007. 2. 28)된 이후부터이다. 그런데 이에 앞선 2006년 8월 29일자로 수학과 영어 교과의 국민 공통 기본 교육과정 개정이 고시되었다. 이런 일이 가능했던 것은 2007 개정 교육과정이 '교육과정 수시개정 체제'를 표방했기 때문이다. 시기적으로 수학, 영어 교육과정 개정이 전체 교육과정 개정보다 앞서는, 이례적인 일이 발생하긴 했지만, 성격상 2007 개정 교육과정 시기와 더 밀접한 관련이 있으므로 2007 개정 교육과정의 시기에 포함시켰다.

| [표 XI-5] 2007 개정 교육과정의 발단 |

2006. 8. 29	2007. 2. 28
수학, 영어 수준별 교육과정 개정 고시	초·중등학교 교육과정 개정 고시

⬇

2007 개정 교육과정

2007 개정 교육과정에서 수학과의 연구로는 대표적으로 다음을 들 수 있다.

| [표 XI-6] 수학과 교육과정 개선 방안 연구(신성균 외). 한국교육과정평가원. 연구보고 RRC 2005-11 (2005). |

목차

… 파악된 문제점을 해결하고, 수준별 수업의 활성화에 도움이 되는 방향으로 수학과 교육과정을 개정하는 작업을 추진하였다. 교육부에서는 2005년에 한국교육과정평가원에 연구 위탁을 하여 초등학교 1학년부터 고등학교 1학년까지인 국민 공통 기본 교육기간을 위한 수학과 교육과정 개정 시안을 개발하였고, 2006년에는 학교 현장에 보다 적합한 수학과 교육과정이 되도록 하기 위하여, 2006년 4월부터 5월까지 16개 시·도 교육청별로 초등학교 2개교, 중학교 2개교, 일반계 고등학교 2개교, 실업계 고등학교 1개교, 기타계 고등학교 1개교, 총 128개교를 위촉하여 2005년에 개발된 수학과 교육과정 개정 시안에 대한 현장 적합성 검토를 실시하였다. 이러한 학교 현장의 의견 수렴, 인터넷을 이용한 대국민 의견 수렴, 공청회, 수학과 교육과정 심의회 등을 거쳐 수학과 교육과정 개정 시안을 수정·보완한 다음, 2006년 8월 29일자로 수학과 국민 공통 기본 교육과정을 수정 고시하였다. 본고에서는 2006년 개정 수학과 교육과정의 개정의 기본 방향과 중학교 1학년에서 고등학교 1학년까지의 교육과정의 주요 개정 내용을 중심으로 2006년 수학과 교육과정 개정의 주요 특징 및 개정 의의를 살펴보고자 한다.

2007 개정 수학과 교육과정 시안 연구는 한국교육과정평가원에서 수행하였다. 한국교육과정평가원 연혁은 다음과 같다.

1995.05.31.
교육개혁안 발표(대통령자문교육개혁위원회)
[교육과정평가원]설치 방침 발표

1994.12.03.
정부 조직개편 방안 발표(총무처)
국립교육평가원을 폐지하고 민간기관으로 전환

1997.08.22.
[한국교육과정평가원법] 공포

한국교육과정평가원은 학교교육의 질적 향상과 국가교육 발전에 이바지한다는 포부를 안고 출범하였다. 개원 이후 3년 동안은 각종 운영제도의 마련과 정착, 연구·개발 체제의 확립, 청사 이전 등 성장기반을 다지는 데 주력하였다. 이후에는 인원의 대폭 충원과 함께 대대적인 혁신이 추진되었다. 즉 채용제도, 예산제도, 평정제도 등 경영부문의 혁신은 물론, 대학수학능력시험 출제 인력풀 정보관리시스템 개발을 통한 서비스 혁신 등 전 부문에 걸친 혁신작업을 체계적, 지속적으로 추진하여 안정성장의 기틀을 다졌다. 현재 한국교육과정평가원은 충북 진천에 있다.

2007 개정 수학과 교육과정의 주요 특징은 다음과 같다.

1) '수준별 수업' 운영 권장

먼저 **단계형 수준별 교육과정의 개선**이 필요했다. 단계형 수준별 교육과정에 따르면 학생들은 학년에 관계없이 자신의 능력과 수준에 맞는 단계의 수학 수업을 들을 수 있고 매 단계를 마칠 때마다 해당 단계 도달 여부를 확인하는 평가를 실시하여 그 단계의 수준에 도달하지 못하면 그 단계를 재이수하거나 특별보충과정을 이수해야 한다. 그런데 이는 현실적으로 실현되지 못하였다.

'단계형 수준별 교육과정' 대신에 **수준별 수업** 운영을 권장하는 방향으로 바뀌었다. 이는 교육과정 문서 체제에 영향을 미쳤다. 제7차 수학과 교육과정 문서에서는 '기본 과정'과 함께 '심화 과정'을 내용별로 제시하였다. 그런데 단계형 수준별 교육과정을 포기하게 되면서, 2007 개정 수학과 교육과정 문서에서는 모든 학생들이 필수적으로 알아야 할 학습 내용만 제시하였다. 교육과정 문서에서는 심화 과정에 대해서는 제시하지 않는 것으로 바뀐 것이다. 수업을 하는 교사들에게 자율권을 주어 학생의 성취수준과 진로, 학교의 여건 등을 고려하여 교육내용을 재구성하고 수준별 집단에 맞는 수학교육을 수업 차원에서 실시할 수 있도록 하였다. 즉, '수준별 교육과정'이 아닌 '수준별 수업'을 강조하게 되었다.

| [표 XI-7] 제7차와 2007 개정 교육과정의 수학과 내용 |

제7차 교육과정의 단계형 수준별 교육과정	2007 개정 교육과정
• 1-가 단계, 1-나 단계 식으로 기술	• 1-1학기, 1-2학기 식으로 기술
• 국민 공통 기본 교육(10년) 총괄 목표	• 국민 공통 기본 교육(10년) 총괄 목표 • 초중고 학교급별 목표
• 단계별 학습 목표 제시	• 단계별 학습 목표 삭제
• 내용 영역을 20단계로 제시	• 내용 영역을 학년 단위로 제시
• 초중고 내용 영역명 일치 • 수와 연산/도형/측정/확률과 통계/문자와 식/규칙성과 함수	• 초와 중고 사이에 내용 영역명을 달리함 • 초: 수와 연산/도형/측정/확률과 통계/규칙성과 문제해결 • 중고: 수와 연산/문자와 식/함수/확률과 통계/기하

2) 수학교육 내용의 적정화

제7차 교육과정에서는 수학 교과의 내용을 30% 감축하도록 하였다. 그런데 제7차 교육과정에서는 수학과 수업 시간이 축소됨에 따라 학습량 감축이 실질적인 효과를 거두지 못하였다.

한편 제7차 교육과정에서 수학과의 경우 교육과정에 기본 내용과 함께 심화 과정도 함께 제시되었다. 이러한 심화 과정의 내용이 교과서에 제시되자, 원래 심화 과정은 그 수준에 맞는 학생들만 배워도 됨에 불구하고, 모든 학생이 기본과정에 심화 과정을 배워야 하는 상황이 벌어졌다. 이는 학습량의 과다와 학습 수준이 지나치게 높다는 비판을 받았다.

또한 무리하게 수학 교과의 내용을 감축하는 과정에서 일부 학습 주제가 학년 간, 교과 간 연계성이 떨어지고, 내용 영역 부분 방식에 따라 연관된 수학 내용을 분리하여 지도하도록 함으로써 학습 효과가 떨어지는 문제도 발생하였다. 따라서 수학교육 내용을 적정화할 필요성이 제기되었다.

3) 수학적 능력 신장 강조

1990년대 이후로 학교수학 교육에서 수학적 추론 능력, 의사소통 능력, 문제해결력과 같은 수학적 능력을 강조하는 세계적인 추세가 강화되었다.

• 수학적 추론
• 의사소통능력
• 문제해결력 신장

수학적 추론에는 논리적 추론뿐만 아니라 귀납적 추론, 연역적 추론이 포함된다. 귀납적 추론이나 유추적 사고 활동을 통해 학생 스스로 지식을 생산해 내고 수학적 지식을 논리적 추론이나 연역적 증명을 통해 정당화하는 경험을 쌓는 것이다.

의사소통 능력은 제7차 교육과정에서 그다지 강조되지 않았다. 현대사회에서는 학문이나 직업의 세계, 일상생활에서 다양한 과학 기술 정보를 자유롭게 의사소통하는 능력이 필요하다. 수학은 이러한 과학 기술 정보를 소통하는 데 기초적이고 필수적인 수단이다. 학생들은 수학 수업을 통해 다양한 상황을 수학적 언어를 써서 표현하고 타인의 수학적 언어를 이해하는 능력을 기르며 수학적 언어를 사용하여 토론하는 능력을 기르는 것이 필요하다.

문제해결력 신장은 제4차 수학과 교육과정 이래로 계속해서 강조해 왔다. 수학적 문제해결 능력은 수학 자체뿐만 아니라 일상생활 또는 학문이나 직업의 세계에서도 필수적이다. 성공적인 문제해결 경험을 쌓아감으로써 학생들은 수학적 개념, 원리, 법칙 등을 더욱 깊게 이해하고 활용할 수 있으며 수학에 대한 자신감을 기를 수 있다.

4) 수학의 가치 제고와 정의적 측면 강조

국제학업성취도 비교연구 결과를 보면 우리나라 학생들의 수학 성취도는 최상위권이지만 수학에 대한 자신감과 수학의 가치에 대한 인식이 상대적으로 매우 낮고 초등학교에서 중학교로 올라갈수록 수학 학습에 대한 흥미도가 점점 더 낮아지는 등 수학에 대한 부정적인 태도가 다른 나라에 비해 매우 높게 나타나고 있다. 이를 적극 개선할 필요가 있다.

| [표 XI-8] 초등학교 수학과 목표 체계표 |

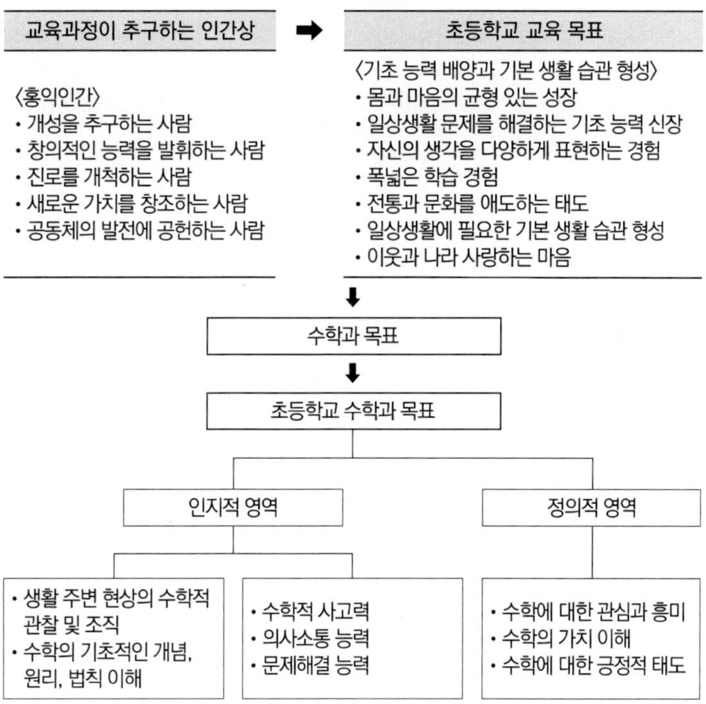

4 제7차와 2007 개정 교육과정의 수학과 대조표

| [표 XI-9] 제7차와 2007 개정 교육과정의 수학과 개정사항 |

구분			제7차 교육과정	2007 개정 교육과정	비고
기본 방향			• 개인의 능력 수준과 진로 고려 • 수학의 기본 지식 중시 • 수학적 사고력, 문제해결력 신장 • 수학 학습에 흥미와 자신감을 가지게 하는 수학 교육	• 수준별 수업 운영 권장 • 교육 내용의 적정화 • 수학적 능력 신장 강조 • 수학의 가치 제고와 정의적 측면 강조	
성격			• 단계형 수준별 교육과정 설명 • 6개 내용 영역	• 학교급별 5개 내용 영역의 구성 요소 설명	• 단계형 삭제 • 학교급별 특성에 맞는 영역명 제시 • 학습 내용 간 연계성 강화를 고려한 영역명 제시
목표				• 학교급별 목표 제시	• 초·중·고의 성취 목표를 세분화하여 진술
내용	내용 체계		• 6개 영역에 따라 내용 구성 • 심화과정	• 학교급별 5개 내용영역에 따라 내용 구성 • (삭제)	• 새 영역명에 따라 내용 재구성 • 심화과정 삭제
	학년별 내용	1학년	• 점판에서 도형 만들기	• (삭제)	• 삭제(관련 내용 통합 지도로 연계성 강화 및 학습량 감축)
			• 규칙 찾기	• 규칙 찾기 - 수배열표에서 규칙 찾고 말하기	• 추가(의사소통 능력 강화)
		2학년	• 곱셈의 활용	• (삭제) • 영역의 등분할로서의 분수 개념 도입	• 삭제(학습량 감축) • 초3에서 이동(분수 개념의 나선형 지도)
			• 구체물의 이동	• (삭제)	• 삭제(학습량 감축, 난이도 조정)
			• 길이	• 길이: 단명수, 복명수로 말하기	• 삭제(학습량 감축, 난이도 조정)
			• 표나 그래프가 자료의 크기를 나타내는 데 편리함을 알기	• (삭제)	• 교수·학습상의 유의점으로 이동
			• 문제해결 방법(표 만들기)	• 문제해결 방법(규칙 찾기)	• 난이도에 따라 학년 간 문제해결 방법 조정
		3학년	• 영역의 등분할로서의 분수 개념	• (삭제)	• 초2로 이동(분수 개념의 나선형 지도)
			• 용어 '옮기기' • 거울에 비치는 상	• 용어 '밀기' • (삭제)	• 용어 수정(정확한 용어 사용) • 삭제(난이도 조정, 학습량 감축)
			• 길이	• 길이의 덧셈과 뺄셈 • 시간: '초' 개념, 초 단위까지의 연산 • 무게	• 학습 내용 명료화 • 초4에서 이동(연계성 강화, 학습량 축소) • 초4에서 이동(타 교과와 연계성 강화, 학습량 감축)
			• 문제해결방법(규칙 찾기)	• 문제해결방법(표 만들기)	• 난이도에 따라 학년 간 문제해결 방법 조정
		4학년	• 두 양의 크기 비교 • (자연수)÷(자연수)를 분수로 나타내기 • 혼합 계산	• (삭제) • (삭제) • 혼합 계산 약화(〈교수·학습상의 유의점〉에 '지나치게 복잡한 자연수 혼합 계산은 다루지 않는다.' 추가)	• 초5로 이동(연계성 강화, 학습량 감축) • 초5로 이동(연계성 강화, 학습량 감축) • 약화(학습량 감축)
			• 평행선의 성질	• (삭제) • 여러 가지 모양으로 주어진 도형 덮기 • 옮기기, 뒤집기, 돌리기를 이용하여 무늬 만들기	• 삭제(중복 내용 삭제) • 초5에서 이동(난이도 조정, 학습량 감축) • 초5에서 이동(난이도 조정, 학습량 감축)

구분			제7차 교육과정	2007 개정 교육과정	비고
내용	학년별 내용	4학년	• 시간	• (삭제)	• 초3으로 이동(연계성 강화, 학습량 축소)
			• 무게	• (삭제)	• 초3으로 이동(타교과와 연계성 강화, 학습량 감축)
				• 평면도형의 둘레 • 직사각형과 정사각형 넓이	• 초5에서 이동(연계성 강화, 학습량 감축) • 초5에서 이동(나선형 원리에 따른 지도)
				• 이상, 이하, 초과, 미만	• 초6에서 이동(연계성 강화, 학습량 감축)
		5학년		• 두 양의 크기 비교	• 초4에서 이동(연계성 강화, 학습량 감축)
				• (자연수)÷(자연수)를 분수로 나타내기	• 초4에서 이동(연계성 강화, 학습량 감축)
				• 소수를 분수로, 분수를 소수로 나타내기	• 초6에서 이동(연계성 강화)
			• 직육면체와 정육면체의 전개도	• 직육면체와 정육면체의 겨냥도와 전개도	• 학습 내용 상세화
			• 여러 가지 모양으로 주어진 도형 덮기	• (삭제)	• 초4로 이동(난이도 조정, 학습량 감축)
			• 옮기기, 뒤집기, 돌리기를 이용하여 무늬 만들기	• (삭제)	• 초4로 이동(난이도 조정, 학습량 감축)
			• 평면도형의 둘레 • 직사각형과 정사각형의 넓이	• (삭제) • (삭제)	• 초4로 이동(연계성 강화, 학습량 감축) • 초4로 이동(연계성 강화, 학습량 감축)
				• 그림 그래프	• 상세화(그림그래프 내용 명료화)
				• 자료를 적절한 그래프로 나타내고 자료의 특성을 설명하기	• 의사소통 능력 신장
				• 비와 비율	• 초6에서 이동(타 교과와 연계성 강화)
		6학년	• 소수를 분수로, 분수를 소수로 나타내기	• (삭제)	• 초5로 이동(연계성 강화)
				• 여러 가지 물체의 위, 앞, 옆에서 본 모양 표현하기	• 추가(공간 감각 신장)
				• 부피와 들이 사이의 관계 이해	• 내용 명료화
				• 비율그래프를 보고 자료의 특성을 설명하기	• 의사소통 능력 신장
			• 비와 비율	• (삭제) • 미지수를 x로 나타내기 • 간단한 방정식 풀이 • 정비례, 반비례	• 초5로 이동(타 교과와 연계성 강화) • 추가(연계성 강화) • 추가(연계성 강화) • 중1에서 이동(실생활 문제해결력 신장, 타 교과 연계성 강화)
교수·학습방법			• 단계별 수준별 교육과정 편성·운영 방안, 단계별 보충, 심화 과정 운영 유의 사항 제시	• (삭제)	• 단계형 수준별 교육과정을 수준별 수업으로 전환
			• 영역별 내용 지도 방안 제시 • 교육 기자재의 활용	• 다양한 수업 방법 제시 • 의사소통 능력 지도 유의점 제시 • 수학적 사고와 추론 능력 지도 유의점 제시 • 문제해결력에 문제 만들기 추가 • (삭제) • 교육 기자재의 확보·활용 • 수준별 수업 운영 방법 제시	• 다양한 수업 방법 활용 권장 • 의사소통 능력 강화 • 추론 능력 강화 • 문제해결력 강화 • '교수·학습상의 유의점'에서 제시 • 교육 기자재 확보를 위한 근거 제시 • 학교 여건 고려하여 실시하게 함
평가			• 수학적 성향 평가 • 절대 평가 기준 제시	• 다양한 평가 방법 제시 • 의사소통 능력 평가 제시 • 정의적 영역 평가 • 공학적 도구와 교구 이용 평가 기회 제공 • (삭제)	• 다양한 평가 방법 활용 권장 • 의사소통 능력 권장 • 수정(보편 용어 사용) • 학습과 평가 일치 • 평가 기준의 수준 구분에 대한 단위 학교의 자율성 확대

5 초등 수학 교과서의 주요 특징

가. 교과서 편찬 방향

2007 개정 교육과정의 초등 수학 교과서는 1~2학년 개발팀과 3~6학년 개발팀이 달랐고 그 결과로 교과서 편찬 방향 등 교과서 집필에서 1~2학년과 3~6학년 사이에 적지 않은 차이가 있었다. 따라서 1~2학년과 3~6학년으로 구분하여 교과서 편찬 방향 등을 정리하였다.

1) 1~2학년

'수학' 교과서의 편찬 방향은 '교육과정의 정신'을 효과적으로 구현하며, '교육과정의 세부 내용'을 충실히 반영하고자 하였다. 특히 학습자가 '쉽게' 느끼고 학습할 수 있는 도서 편찬을 위하여 '수학' 교과서 집필 시 학습자가 교과서를 적절히 설경하여 학습자로 하여금 쉽고 편안한 느낌으로 접근할 수 있게 하였다. 즉, 전반적으로 내용의 양과 공백을 여유롭게 배치하여 학습자가 쉽게 접근할 수 있게 함은 물론, 학습자가 나름대로 다양하게 생각할 수 있는 상상력을 유도하는 공간적 여백의 미를 살리고자 하였다. 수학 학습의 '재미'를 살리기 위한 시도로는 '수학' 교과서 곳곳에 구체적이면서 재미있는 자료 그림이나 만화 방식의 설명을 적절히 활용하였다. 그리고 '학습자 중심'이란 의도는 '수학' 교과서의 내용 전개나 진술 방식을 학습자 입장에서 일관되게 진술하는 방법으로 실현코자 하였다.

'사고력, 탐구력, 창의력'을 기르고, '실생활에 응용 가능한' 수학 교과서의 개발을 위하여 매 단원 말미에 설정해 놓은 '탐구 활동' 섹션을 통해 프로젝트 수학이나 탐구 학습 등을 강조하는 방식으로 구현하고자 하였다. 그리고 '수학적 추론, 의사소통 능력, 문제해결 능력'을 신장시키기 위해서 '수학' 교과서 각 단원 말미레 설정하고 있는 '탐구 활동'섹션에서 이들을 종합적으로 다루기로 하였다.

'수학' 교과서의 매 단원마다 '단원 학습의 필요성, 동기 유발 자료, 단원의 길잡이, 준비 학습, 학습 목표' 등의 역할을 매 '단원 도입'의 페이지를 활용하여 각 학년에 맞추어 적절한 형태로 제시하였다. 그리고 수학 교과서의 각 차시별 내용 전개의 도중에 예제로 또는 말미에 익히기 위한 문제를 제시하여 각 '차시의 내용을 쉽게 이해할 수 있도록 하는 각 차시 전개 패턴을 고려하였다. 그리고 수학 교과서의 매 단원 후반부에 '단원 평가'라는 섹션을 활용하여 한 단원의 '학습 내용을 정리하고 종합적인 사고력을 기를 수 있도록 하는 연습 문제를 적절히 제시하고 한편으로는 이를 평가에 활용할 수 있도록 하였다.

| [표 XI-10] 1~2학년『수학』교과서의 단원별 구성 체제 |

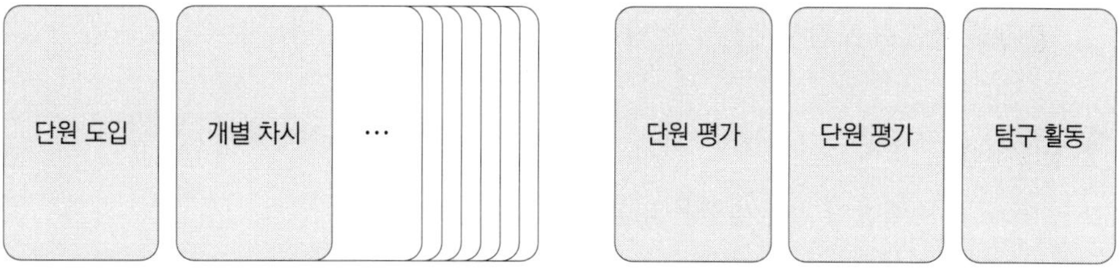

- [단원 도입]은 각 단원의 시작 페이지로 수학 교과서를 펼쳤을 때 오른쪽 페이지로 단원 내용의 전체 또는 핵심부를 상징적으로 나타낼 수 있는 주제나 맥락을 그림의 형태로 제공한다.
- [개별 차시]는 [단원 도입] 페이지를 넘기면 제1차시의 내용부터 시작되며, 각 차시별로 할당된 페이지 수는 원칙적인 제한 사항은 없지만 가능한 [개별 차시] 전체의 페이지 수는 짝수 페이지가 되도록 하였다.
- [단원 평가]는 매 단원마다 [개별 차시]가 종료되면서 다음 펼친 2페이지에 걸쳐 제시하며 '수학' 교과서의 한 단원의 내용 학습을 평가하기 위한 목적으로 설정하였다.
- [탐구 활동]은 [단원 평가]의 페이지를 넘기면 나타나는 왼쪽 1쪽에서 제시하였다.

각 단원을 구성하는 각 섹션별 내용의 전개는 다음과 같다.

- [단원 도입]은 단원명이 게재되는 페이지로 '수학' 교과서의 각 단원 전반이나 핵심부의 내용을 상징하는 주제나 맥락을 포함하는 가시화된 자료를 제시하였다. 제시한 자료의 하단부에는 해당 단원과 관련하여 게시 자료의 수학적 상황에 맞추어 단원의 선행조직자적 성격의 질문이나, 종합적 발언, 또는 새로운 단원의 학습 동기를 자극하는 발문을 두, 세 개를 제시하였다.
- [개별 차시]는 전체적으로 여백을 제시하면서 지면을 풍족하게 사용하되, 상세한 진술은 가능한 피함으로써 학습자로 하여금 편하게 접근하도록 하면서 한편 생각하기를 즐겨할 수 있게 하였다. 전체적으로 내용은 학습자 입장에서 진술하였다. 각 단원의 차시별로 시작 페이지 상단부에 '차시 제목'을 관련 익힘책 페이지와 함께 제시하였다. 다음 매 차시마다 '도입, 전개, 정리, 연습'의 성격을 갖는 내용을 그 순서에 따라 해당 내용 영역이나 해당 단원 차시 내용의 성격에 알맞은 방식으로 다양화시켜 제시하였다. 차시에 따라서는 해당 내용의 성격에 따라 몇 개 차시의 내용이 결합되어 한 개의 차시 제목 하에 제시할 수도 있게 하였다. 용어의 정의도 필요한 경우에는 넣되 적절한 아이콘을 사용하여 용어의 정의를 제시하고 있음을 나타내도록 하였다. 각 치시별 연습 문제는 가능하면 최소화시키고 필요한 양만큼을 수학 익힘책 관련 페이지에서 제시하도록 하였다.

• [단원 평가]는 각 치사별 제시된 연습 문제의 수준으로 하되 각 차시의 내용들을 반영한 문제를 반드시 포함시키면서 한 단원의 학습을 평가하는 성격의 문제들로 구성하였다.

2) 3~6학년

수학 교과서 편찬의 기본 방향은 다음과 같았다.

• 교육과정을 충실히 반영한 교과서가 되도록 한다.
• 생활 주변 현상이나 학생들에게 친숙한 상황을 소재로 한 재미있는 교과서가 되도록 한다.
• 학생들의 발달 수준을 고려하여 내용을 이해하기 쉽게 구성하고 자율적 학습이 가능하도록 한다.
• 수학적 추론 능력, 의사소통 능력, 문제해결력을 신장시키는 데 적합하도록 한다.
• 수학의 가치를 이해하고 수학에 대한 긍정적 태도를 기를 수 있도록 한다.
• 학년 수준에 맞는 적절한 편집과 디자인을 활용하여 학습 효과를 높이도록 한다.

단원 구성과 체제는 다음과 같았다.

단원 수는 각 학기마다 8개 단원으로 하였으며, 그 배열 순서는 학습 내용의 계통, 학습 효과 등을 고려하여 적절히 하였다. 예를 들어 연산을 모두 순차적으로 배열했을 경우에 파생될 부작용을 고려하여 연산 중간에 다른 학습 내용을 단원으로 하였다.

| [표 XI-11] 3~6학년 「수학」 교과서의 단원별 구성 체제 |

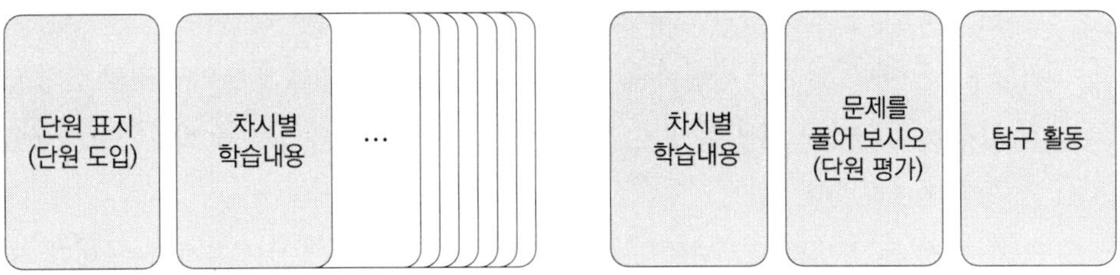

• 각 단원의 시작 페이지로서 삽화로 제시된 [단원 표지]가 제시되었다.
• 각 단원의 핵심인 [차시별 학습 내용]이 제시되었다.
• 단원을 마무리하면서 평가하는 단원평가로서 [문제를 풀어 보시오]가 제시되었다.
• 단원에서 제시된 방법과 다른 측면에서 접근하는 [탐구활동]이 제시되었다.

| [참고 XI-1] 2007 개정 초등수학교과서(3~6학년)의 주요 구성과 특징 |

교과서 구성	주요 특징
단원표지	단원 도입으로서 단원명과 함께 단원 내용을 상징할 수 있는 삽화를 1쪽을 제시
학습 주제	차시별 학습 주제가 왼쪽 페이지 상단에 학생의 입장에서 진술됨
익힘책 관련 페이지 쪽수	차시별 학습 주제와 대응되는 익힘책 페이지가 오른쪽 페이지 상단에 제시됨
생각열기	학습 주제에 알맞은 상황을 제시하고, 상황을 중심으로 생각해 보게 하고, 생각한 것을 서로 토론해 보도록 제시함. 생각열기는 각 단원마다 1개 정도이며 대부분 1차시에 배정함
활동	학습 주제를 실현하기 위하여 구체적인 물건으로 조작하는 활동 또는 직관으로 보는 직관 활동, 추상으로 생각하는 추상활동 등이 가능함. 각각의 경우에 토론을 함께 실시
약속	생각열기 또는 활동을 통하여 학습한 내용을 수학적으로 정의
확인하고 다지기	수학적 개념이 잘 형성되었는지 확인하면서 다지는 효과를 거두기 위하여 신설. 약속한 기호와 용어를 중심으로 그림을 그려보거나 문장을 만드는 활동을 함.
방법	수학적인 정리, 성질, 공식 등에 해당하는 것을 요약하거나 나타냄
익히기	학습한 모든 내용들을 간단히 연습하고 익히기 위하여 문제를 제시
문제를 풀어 보시오 [단원 평가]	각 차시별로 제시된 연습 문제의 수준 각 차시의 내용들을 반영한 문제로 구성 한 단원의 학습을 평가하는 성격의 문제들로 제시
탐구 활동	단원에서 학습 내용을 전개한 방법과 다른 방법을 소개함
준비물	학습에 필요한 준비물은 부록으로 제시함 교과서 안에 준비물으 준비된 쪽수를 제시함.

| [참고 XI-2] 2007 개정 교육과정에 따른 수학 교과서의 전 학년 단원명 |

학기 \ 학년	1학년	2학년	3학년	4학년	5학년	6학년
1학기	1. 5까지의 수 2. 9까지의 수 3. 여러 가지 모양 4. 더하기와 빼기 5. 비교하기 6. 50까지의 수	1. 세 자릿수 2. 덧셈과 뺄셈(1) 3. 여러 가지 모양 4. 덧셈과 뺄셈(2) 5. 길이 재기 6. 식 만들기 7. 시간 알아보기 8. 곱셈	1. 10000까지의 수 2. 덧셈과 뺄셈 3. 평면도형 4. 나눗셈 5. 평면도형의 이동 6. 곱셈 7. 분수 8. 길이와 시간	1. 큰 수 2. 곱셈과 나눗셈 3. 각도 4. 삼각형 5. 혼합 계산 6. 분수 7. 소수 8. 규칙찾기	1. 약수와 배수 2. 약분과 통분 3. 분수의 덧셈과 뺄셈 4. 분수의 곱셈 5. 도형의 합동 6. 직육면체와 정육면체 7. 평면도형의 넓이 8. 여러 가지 단위	1. 분수의 나눗셈 2. 소수의 나눗셈 3. 각기둥과 각뿔 4. 여러 가지 입체도형 5. 원주율과 원의 넓이 6. 비율그래프 7. 비례식 8. 연비와 비례 배분
2학기	1. 100까지의 수 2. 여러 가지 모양 3. 10을 가르기와 모으기 4. 덧셈과 뺄셈(1) 5. 시계 6. 덧셈과 뺄셈(2) 7. 문제 푸는 방법 찾기	1. 곱셈구구 2. 덧셈과 뺄셈(1) 3. 길이 재기 4. 덧셈과 뺄셈(2) 5. 분수 6. 표와 그래프 7. 문제 푸는 방법 찾기	1. 덧셈과 뺄셈 2. 곱셈 3. 원 4. 나눗셈 5. 들이와 무게 6. 소수 7. 자료 정리 8. 규칙 찾기와 문제해결	1. 분수의 덧셈과 뺄셈 2. 소수의 덧셈과 뺄셈 3. 수직과 평행 4. 사각형과 다각형 5. 평면도형의 둘레와 넓이 6. 수의 범위와 어림 7. 꺾은선그래프 8. 규칙 찾고 문제해결하기	1. 분수와 소수 2. 분수의 나눗셈 3. 도형의 대칭 4. 소수의 곱셈 5. 소수의 나눗셈 6. 자료의 표현과 해석 7. 비와 비율 8. 문제해결 방법 찾기	1. 분수와 소수의 혼합계산 2. 원기둥과 원뿔 3. 직육면체의 겉넓이와 부피 4. 원기둥의 겉넓이와 부피 5. 경우의 수와 확률 6. 방정식 7. 정비례와 반비례 8. 문제해결 방법 찾기

참고문헌

교육과학기술부(2008). 초등학교 교육과정 해설. 1. 총론, 재량활동.

박선화 외(2006). 수학과 교육과정 개정 시안 수정·보완 연구. 한국교육과정평가원. 연구보고 CRC 2006-9

신성균 외(2005). 수학과 교육과정 개선 방안 연구. 한국교육과정평가원. 연구보고 RRC 2005-11.

신성균 외(2005). 수학과 교육과정 개정 시안 연구. 한국교육과정평가원. 연구보고 CRC 2005-4

최혜령(2021). 우리나라 초등학교 수학 교과서 변천에 관한 연구. 서울교육대학교 교육전문대학원 박사 학위논문.

[교과서] **저작권자:** 교육과학기술부 **편찬자:** 서울교육대학교 국정도서편찬위원회 **출판사:** 두산동아

발행연도	제목	발행연도	제목	발행연도	제목
2009	수학 1-1	2010	수학 3-1	2011	수학 5-1
2009	수학 1-2	2010	수학 3-2	2011	수학 5-2
2009	수학 2-1	2010	수학 4-1	2011	수학 6-1
2009	수학 2-2	2010	수학 4-2	2011	수학 6-2

[익힘책] **저작권자:** 교육과학기술부 **편찬자:** 서울교육대학교 국정도서편찬위원회 **출판사:** 두산동아

발행연도	제목	발행연도	제목	발행연도	제목
2009	수학익힘책 1-1	2010	수학익힘책 3-1	2011	수학익힘책 5-1
2009	수학익힘책 1-2	2010	수학익힘책 3-2	2011	수학익힘책 5-2
2009	수학익힘책 2-1	2010	수학익힘책 4-1	2011	수학익힘책 6-1
2009	수학익힘책 2-2	2010	수학익힘책 4-2	2011	수학익힘책 6-2

[교사용 지도서] **저작권자:** 교육과학기술부 **편찬자:** 서울교육대학교 국정도서편찬위원회 **출판사:** 두산동아

발행연도	제목	발행연도	제목	발행연도	제목
2009	교사용지도서 수학 1-1	2010	교사용지도서 수학 3-1	2011	교사용지도서 수학 5-1
2009	교사용지도서 수학 1-2	2010	교사용지도서 수학 3-2	2011	교사용지도서 수학 5-2
2009	교사용지도서 수학 2-1	2010	교사용지도서 수학 4-1	2011	교사용지도서 수학 6-1
2009	교사용지도서 수학 2-2	2010	교사용지도서 수학 4-2	2011	교사용지도서 수학 6-2

XII. 2009 개정 교육과정의 초등수학교육

2008.2.25.	2009.12.23	2010.	2011.	2012.1.	2013.2.24.	2013.3.1	2014.3.1	2015.3.1
이명박 정부 출범	2009 개정 교육 과정 (총론 중심) 고시		2009 개정 교육 과정 (각론 중심) 고시	수학교육 선진화 방안 (과학 창의 재단)	박근혜 정부 출범		서울 세계 수학자 대회 개최	2015 개정 교육 과정 (총론 중심)
2007 개정 교육 과정 해설서 발행	2007 개정 교과서 1~2학년 적용	2007 개정 교과서 3~4학년 적용	2007 개정 교과서 5~6학년 적용			2009 개정 교과서 (1~2학년군) 적용	2009 개정 교과서 (3~4학년군) 적용	2009 개정 교과서 (5~6학년군) 적용
교육과학기술부 (2008.2.29~2013.3.23)							교육부	

1 배경

문서명	근거	시행일 (공포 및 고시일)
초등학교 교육과정	교육과학기술부 고시 제2011-361호 [별책 2]	2011. 8. 9
수학과 교육과정	교육과학기술부 고시 제2011-361호 [별책 8]	

2007년 2월 28일 2007 개정 교육과정이 고시된 후 그해 10월부터 2009년 2월 사이에 두 차례의 '국가 교육과정 포럼'이 개최되었다. 첫 번째 포럼에서는 교육과정 체제 구조 검토 및 개선, 학교 교육과정과 대학입시의 연계, 미래 사회와 학교 교육의 과제, 창의력 함양과 초·중등학교 교육과정에 관한 연구를 다루었다. 두 번째 포럼에서는 미래 지향적 교육과정의 방향 및 편성·운영, 고등학교 교육과 대학입시 연계 방안, 향후 교육과정 정책의 방향과 과제를 논의하였다.

급변하는 세계 사회

▶ 농경사회 ➡ 산업사회 ➡ 정보사회

▶ 세계화, 다문화사회

인재육성전략의 변화

⇒ 글로벌 창의 인재 육성 요구

한편 2008년 2월 25일 이명박 정부가 들어서고 나서 국정 과제의 하나로 '초·중등학교 **교육과정 선진화** 개혁 방안 연구'가 수행되었다. 대통령 직속 국가교육과학기술자문회의의 교

| [표 XII-1] 미래사회가 요구하는 창의적인 인재 양성 |

글로벌 창의인		
능력 있는 사람	실용적인 사람	창의적인 사람
지구촌 어느 곳에서나 역량을 충분히 발휘	변화를 수용하고 미래를 개척하며 무한히 성장	고정 관념을 뛰어넘어 새로운 대안을 제시

국가교육과학기술정책의 비전과 전략, 2008. 10. 29. 자료

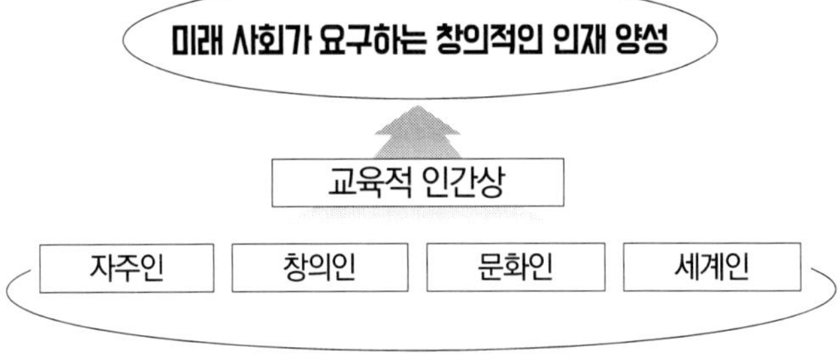

자주인 (self-directed person)	창의인 (creative person)	문화인 (cultivated person)	세계인 (global-minded person)
지·덕·체의 고른 발달, 개성의 발휘, 진로 개척, 자기 주도성 등	기초능력 구비, 확산적 사고, 문제해결능력, 독창성, 새로운 가치 창출 능력 등	다양한 문화적 소양, 다원적 가치에 대한 이해, 삶의 질 추구 등	의사소통 능력, 세계 시민의식, 지구 공동체 문제해결, 인류 공영, 배려와 나눔 등

육과정특별위원회는 두 차례의 국가 교육과정 포럼과 교육과정 선진화 개혁 방안 연구를 토대로 **'미래형 교육과정'**을 제시하고 **'글로벌 창의인'**을 학교교육이 추구하는 인간상으로 설정하였다.

미래형 교육과정 구상의 주안점은 교육과정 적합성 제고, 교육과정의 적정화, 교육과정의 다양화, 교육과정의 자율화, 교육과정의 책무성 강화이다. 이를 위해서 초·중등학교 교육과정을 다음과 같이 개선하고자 하였다.

① 미래형 교육과정 구상에서는 초등학교 1학년부터 고등학교 1학년에 걸친 국민공통기본 교육과정을 중학교 3학년까지로 하향 조정하고, 고등학교 3년간의 교육과정을 선택 교육과정으로 확대하였다.

| [표 XII-2] 교육과정 편제 구조의 개선 |

2007년 개정 교육과정	2007 개정 교육과정
• 국민공통기본 교육과정: 1~10학년 • 선택중심 교육과정: 11~12학년	• 국민공통기본 교육과정: 1~9학년 • 선택 교육과정: 10~12학년

② 교육과정의 편제는 교과와 교과 외 활동으로 이원화하여 체계적인 교과 학습을 비롯하여 보다 풍부하고 활성화된 교과 외 활동(범교과적 학습, 봉사활동, 프로젝트 활동 등)의 기회를 부여하고자 하였다.

③ 교과 영역의 편제에서는 교과(군) 접근을 통해 학기당 이수 교과목 수를 축소하고, 교과 간에 소통과 통합 지도의 가능성을 확대하고자 했다. 학년군별 교과 교육과정 기준 제공으로 학생 수준에 맞는 맞춤형 교육과정을 제공하여 단위학교에 교과 및 시간 운영의 융통성과 자율성을 제공하고자 하였다.

④ 수업 시수 편성의 자율성을 증대하기 위하여 '최소 수업 시수'를 적정하게 설정하되, 지역과 학교의 자율성을 확대하며, 학년별·교과별 세분에 의한 구획성, 경직성을 탈피하고, 학생 집단의 특성과 필요에 따라 수업 시수를 융통성 있게 설정할 수 있도록 하였다.

⑤ 고등학교 교육과정 개선에서는 학생의 진로와 적성 계발을 증진하고자 선택중심 교육과정을 3년으로 확대하고, 교과(군)별 최소 필수 이수 단위를 제공하고자 하였다.

⑥ 교과 교육과정 개선을 위해서 교육 목적과 목표 달성의 효과성(effectiveness)을 제고하고, 학습 에너지의 효율성(efficiency)을 추구하며, 교수·학습 활동 여건 대비 실행 가능성을 제고하여 교과 교육과정의 경쟁력을 제고하고자 하였다. 또한 교과별 최소 필수(minimum essential) 학습 내용을 정선하였으며, 이 과정에서 교과 간, 활동 영역 간 과다 중복 또는 과도한 반복을 해소하고, 교과 내용과 '범교과 학습' 주제의 중복을 해소할 것을 강조하였다. 아울러 교과 교육의 목표와 내용 수준을 고려하여, 9학년 말까

지 갖추어야 할 공통 기본 소양과 10~12학년에서의 심화 소양을 위한 내용 수준과 범위를 고려하도록 하였다. 그리고 교과(목) 개설에서의 이수 방식을 고려하고, 교과 교육과정 개선 및 질 관리 체계를 확립할 것을 강조하였다.

이러한 초·중등학교 교육과정 구조(편제)에 대한 미래형 교육과정 구상이 실효성을 가질 수 있도록 다음과 같은 방안을 제시하였다.

① 국민공통기본 교육과정 기간을 하향 조정한다.
② 초·중등학교 교육과정 구조 개편으로서 재량활동과 특별활동을 교과 외 활동으로 재편하여, 글로벌 창의인이 구비해야 할 핵심 역량을 획득할 수 있는 학습 기회로 활용하도록 한다.
③ 고등학교 교육과정 구조 개편으로 무학년제와 교과 교실제 도입을 활성화하고, 교과(군)별 보통교과와 전문교과를 재정비하며, 학교 간 프로그램 연계 운영을 지원하고, 학생들의 학교 선택권을 확대하도록 한다.
④ 교과 교육과정 개편을 위해 총론에서 교과별 기준 개발을 위한 공통 기준을 제시하고, 교과별 교육과정은 해당 분야 전문기관이나 단체에서 개발하되 합의 가능한 교과부터 먼저 수정 고시할 수 있도록 한다.
⑤ 교육과정 질 관리를 위하여 자율성에 따른 책무성을 확대하고, 기초학력 결손 학생의 보정교육을 위해 일부 학년 아동은 학년 초에 교과학습 진단평가를 실시하며 교육과정 개선 및 행·재정적인 지원의 기초 자료로 활용하기 위하여 국가수준학업성취도 평가를 실시한다. 그리고 주기적으로 시·도 교육청 및 학교 평가를 실시한다.

2 초등학교 교육과정 개정의 방향

2009 개정 교육과정의 방향은 학생의 지나친 학습 부담을 경감하고, 학습 흥미를 유발하며, 단편적 지식·이해 교육이 아닌 학습하는 능력을 기르도록 하고, 지나친 암기 중심 교육에서 배려와 나눔을 실천하는 창의 인재를 육성하는 교육으로의 변화를 추구하는 것이었다. 이를 위해 다음 방안이 제안되었다.

2009 개정 총론이 발표되고 나서 각론은 별도로 2011년에 발표되었다.

① '학년군' 개념을 도입하였다.

- '학년군'은 교육과정 편성·운영의 경직성을 탈피하고 학년 간 상호 연계와 협력을 통하여 교육과정 편성·운영의 유연성을 부여하기 위한 것이다.

| [표 XII-3] 2009 개정 교육과정의 학년군 도입 |

초등학교			중학교	고등학교
1~2학년	3~4학년	5~6학년	7~9학년	10~12학년

- 초등학교는 1~2학년, 3~4학년, 5~6학년의 3개 학년군으로, 중학교와 고등학교는 3개 학년을 각각 1개 학년군으로 설정한다.
- 초등학교에서 필요에 따라 담임 연임제를 실시할 경우, 개별 학생에 대한 이해와 함께 학습을 비롯하여 제반 영역의 성장·발달에 도움이 된다.
- 학년군 편성을 통해 상대적으로 수업 시수가 적은 교과를 학년별·학기별·분기별 집중 이수를 하면 학기당 이수 교과 수를 줄여주는 효과를 얻을 수 있다.
- 장기적으로는 학교급 간 연계를 통해서 필요에 따라 1~9학년, 7~12학년제 학교와 같은 유연한 형태의 학교 운영도 가능할 것이다.

② '교과군' 개념을 도입하였다.

- '교과군'은 기존의 국민공통기본교육과정의 10개 교과를 교육 목적상의 근접성, 학문 탐구대상 또는 방법상의 인접성, 실제 생활양식에서의 상호 연관성 등을 고려하여 재분류한 것이다.

| [표 XII-4] 2009 개정 교육과정의 교과군 도입 |

이전 10개 교과	국어	**도덕**	**사회**	수학	**과학**	**실과**	체육	**음악**	**미술**	외국어
⬇		⬇			⬇			⬇		
개선 7개 교과(군)	국어	**사회/도덕**		수학	**과학/실과**		체육	**예술(음악/미술)**		영어

- 교과군 접근은 교육과정의 수평적 연계성을 통하여 교과 간 소통과 교육 내용의 통합 가능성을 증진시키고, 교과 간 및 활동 간 불필요한 내용의 중복 해소와 재구성을 촉진함으로써 학습 경험의 통합성, 학습 효과 및 효율성을 제고할 수 있다.

- 교과군 내 혹은 교과군 간 비슷한 주제의 교과목을 통합·연계 운영하여, 학교가 자체적으로 교과별 수업 시수를 조정하거나 수업 시수 운영에 융통성을 발휘할 수 있다.
- 교과군 접근은 기존 교과의 운용 방안을 벗어나 학기당 이수 교과 수를 줄이는 방안이 될 수도 있으며, 연속 수업(block time)을 통해 집중 학습을 가능하게 하고 토론과 발표, 실험과 같은 탐구중심 수업을 내실화할 수 있다.

③ 학습자들이 유의미한 학습 경험을 가질 수 있도록 학습 부담의 적정화를 추구하였다. 초등학교 고학년은 주당 10개 교과를 이수하도록 되어 있어 학습 부담이 과중하며, 학습 효과 면에서도 바람직하지 못하다. 이를 해결하기 위하여 매 학년 매 학기에 모든 교과목을 편성해 온데서 벗어나 주당 수업 시수가 적은 교과목은 특정 학기, 학년에 집중 이수하도록 하는 '교과 집중 이수제'를 통하여 학습 부담을 적정화하는 동시에 학습 효과를 제고하도록 하였다.

④ 학습자들의 전인적 성장을 위해서 '창의적 체험활동'을 신설하였다. 2007년 개정 교육과정의 재량활동은 창의적 재량활동(자기주도적학습, 범교과 학습)과 교과 재량활동으로 구성되고 특별활동은 자치 활동, 적응 활동, 계발 활동, 봉사 활동, 행사 활동으로 지나치게 세분되고 상호 중복되며, 국가·사회적 요구가 우선되는 등 원래의 취지에 벗어난 면이 있다. 이러한 문제점을 해결하기 위하여 특별활동과 창의적 재량활동을 통합하여 '창의적 체험활동'으로 개편하여 전인적 성장이 가능한 학교 교육 기회를 제공하고자 하였다. 아울러 창의적 체험활동의 수업 시수는 초등학교는 주당 최소 3시간, 중학교는 주당 최소 3시간, 고등학교에서는 주당 최소 4시간을 운영하도록 하였다.

〈초등학교 총론 해설서에 제시된 '창의적 체험활동'의 의미〉

- 기존의 창의적 재량활동과 특별활동을 통합한 창의적 체험활동의 총괄목표는 창의적 체험활동 교육과정을 통하여 학생들이 궁극적으로 달성하여야 할 '전인적 성장'을 포괄적으로 제시하고 있다.
- 초등학교에서는 창의적 체험활동을 내실화하되, 재량활동에 편성하던 정보통신활용교육, 보건교육, 한자교육 등은 관련 교과(군)과 '창의적 체험활동' 시간을 활용하여 체계적인 지도가 이루어질 수 있도록 한다.
- 구체적인 활동 내용과 운영 방안은 학교에 일임하여, 학생들의 전인적 성장을 위한 프로그램으로 운영할 수 있도록 하였으며, 국가·교육청·지방자치단체는 내실 있는 창의적 체험활동의 운영을 지원하기 위한 방안을 마련하는 데 적극 협력해야 한다.

⑤ 단위학교 교육과정 편성·운영의 자율성을 확대하였다. 기존의 교육과정은 지역, 학교, 학생 집단의 특성을 고려하는 데 있어서 교육과정 제도상으로 단위학교의 실정과 요구에 부합하는 특성화된 교육 프로그램을 편성·운영하는 데 제약이 있었다. 아울러 학습 부진이

심한 교과목에 대해 단위학교 교육과정에서의 탄력적 대응이 어려우며, 학생의 적성과 진로, 능력의 다양성을 반영한 맞춤형 교육과정을 운영하는 데 한계가 있었다. 이를 개선하기 위해서 국가 수준에서는 교육과정 운영의 기본 틀만 제시하고 단위학교의 교육과정 편성·운영의 자율성을 대폭 강화하여 학교교육의 실질적인 다양화와 특성화를 유도하여 교육과정 운영의 유연성을 확대하고자 하였다.

⑥ '교과(군)별 20% 범위 내 시수 증감 운영'을 가능하도록 하였다. 특히 지역, 학교, 학습자의 수준 및 요구를 반영하여 학교는 1학년 학생들의 입학 초기 적응 교육을 위해 창의적 체험활동의 시수를 활용하여 자율적으로 초기 적응 프로그램 등을 편성·운영할 수 있게 되어 학교 교육과정 운영의 자율성을 한층 강화하였다.

2009 개정 교육과정의 초등학교 편제와 시간 배당 기준

가. 교육과정의 편제

1) 초등학교 교육과정은 교과(군)와 창의적 체험활동으로 편성한다.

① 교과(군)는 국어, 사회/도덕, 수학, 과학/실과, 체육, 예술(음악/미술), 영어로 한다. 다만, 초등학교 1, 2학년의 교과는 국어, 수학, 바른 생활, 슬기로운 생활, 즐거운 생활로 한다.

② 창의적 체험활동은 자율 활동, 동아리 활동, 봉사 활동, 진로 활동으로 한다.

나. 시간 배당 기준

| [표 XII-5] 2009 개정 교육과정의 시간 배당 |

<table>
<tr><th colspan="2">구분</th><th>1~2학년</th><th>3~4학년</th><th>5~6학년</th></tr>
<tr><td rowspan="7">교
과
(군)</td><td>국어</td><td rowspan="7">국어
448
수학
256
바른생활
128
슬기로운생활
192
즐거운생활
384</td><td>238</td><td>204</td></tr>
<tr><td>사회/도덕</td><td>34</td><td>34</td></tr>
<tr><td>수학</td><td>136</td><td>136</td></tr>
<tr><td>과학/실과</td><td>102</td><td>102</td></tr>
<tr><td>체육</td><td>102</td><td>102</td></tr>
<tr><td>예술(음악/미술)</td><td>68</td><td>68</td></tr>
<tr><td>영어</td><td>68</td><td>102</td></tr>
<tr><td colspan="2">창의적 체험활동</td><td>60</td><td>68</td><td>68</td></tr>
<tr><td colspan="2">학년군별 총 수업시간 수</td><td>830</td><td>986</td><td>1,088</td></tr>
</table>

① 이 표에서 1시간 수업은 40분을 원칙으로 하되, 기후 및 계절, 학생의 발달 정도, 학습 내용의 성격 등과 학교 실정을 고려하여 탄력적으로 편성·운영할 수 있다.

② 학년군 및 교과(군)별 시간 배당은 연간 34주를 기준으로 한 2년간의 기준수업시수를 나타낸 것이다.

③ 학년군별 총 수업시간 수는 최소 수업 시수를 나타낸 것이다.

④ 3~4학년의 국어과 기준수업시수는 주5일 수업에 따라 감축된 시간 수이므로 학교에서는 442시간을 기준수업시수로 운영할 수 있다

⑤ 실과의 수업 시간은 5~6학년 과학/실과의 수업시수에만 포함된 것이다.

3 수학교육 정책

가. 수학·과학교육 내실화 방안(2008)

2008년 5월에 과학기술기본법 제30조를 개정하여 한국과학창의재단이 출범되었으며, 한국과학창의재단의 역할 중 하나가 수학·과학교육지원이었다.

> 과학기술기본법 제30조
>
> 제30조(과학기술문화의 창달 및 창의적 인재육성)
>
> ① 교육부장관과 과학기술정보통신부장관은 과학기술에 대한 국민의 이해와 지식 수준을 높이고 과학기술이 국민생활 및 사회전반에 널리 이용되며 국민이 창의성을 발휘할 수 있도록 과학기술문화를 창달하고 창의적 인재를 육성하기 위한 시책을 세우고 추진하여야 한다.
>
> ② 교육부장관과 과학기술정보통신부장관은 제1항의 목적을 효과적으로 달성하기 위하여 과학기술문화활동 및 창의적 인재 육성을 담당하는 다음 각 호의 기관과 단체를 육성 · 지원한다.
>
> 1. 「과학관의 설립·운영 및 육성에 관한 법률」에 따라 등록된 과학관
> 2. 제30조의2 제1항에 따라 설립된 한국과학창의재단
> 3. 그 밖에 과학기술정보통신부장관이 정하는 과학기술문화활동 관련 기관 또는 단체
>
> ③ 교육부장관과 과학기술정보통신부장관은 제2항 각 호의 기관 또는 단체의 사업 수행에 드는 비용의 전부 또는 일부를 출연하거나 보조할 수 있다.

한국과학창의재단이 중심이 되어 내놓은 정책 중 하나는 '수학, 과학교육 내실화 방안' (2008. 12)이며 그 중점추진과제는 다음과 같다.

> - 과제 1. 국가 경쟁력 강화를 위한 범정부적 교육 조정 체제 구축
>   - 세부과제 1.1 수학·과학교육 강화를 위한 정책 지원 체제 정비
> - 과제 2. 학습자의 핵심 역량 개발을 위한 수학·과학 교육과정 개선
>   - 세부과제 2.1 이공계 진학자를 위한 수학·과학 과목 선택권 보장
>   - 세부과제 2.2 과학기술에 대한 이해와 활용 능력 증진을 위한 이수확대
>   - 세부과제 2.3 학습자의 특성과 흥미를 고려한 맞춤형 수학·과학 교육 강화
> - 과제 3. 창의성 개발을 위한 수학·과학 교과내용 개선
>   - 세부과제 3.1 교육과정 연구 개발 전문화 및 교과내용의 현대화
>   - 세부과제 3.2 탐구와 문제해결 중심으로 교육과정 개선
>   - 세부과제 3.3 융합교육을 위한 교과 간 연계성 강화

- 과제 4. 수학·과학교사의 전문성 제고
  - 세부과제 4.1 교사 연수의 질적 개선
  - 세부과제 4.2 수학·과학 교사의 직업적 자긍심 확대
  - 세부과제 4.3 교·사대 교육과정 개선 및 교사 양성 체제의 다양화
- 과제 5. 과학기술 현장과 학교의 파트너십 활성화 및 교육 환경 개선
  - 세부과제 5.1 학교와 지역사회 교육 관련 기관, 연구소, 산업체 간의 파트너십 구축
  - 세부과제 5.2 실험실 및 실험 기자재 현대화와 ICT 활용 교육 활성화
  - 세부과제 5.3 수학·과학 교육 강화를 위한 법적, 행·재정적 지원

나. 공교육 강화–사교육 경감 선순환 방안(2011)과 수학교육: '스토리텔링 수학교과서' 아이디어의 등장

교육과학기술부는 2011년 2월 23일 '공교육 강화–사교육 경감 선순환 방안(시안)'을 발표하였다. 이어 '수학교육정책팀'을 신설하였고 수학교육 정책자문을 위한 '교육과학기술부 수학교육개선위원회'를 공식 출범시켰다. 이어 2011년 5월 19일 '공교육 강화–사교육 경감 선순환 방안'을 정식으로 발표하였다.

선순환 방안은 '사교육 팽창-공교육 약화'라는 악순환에서 벗어나, '공교육 강화–사교육 경감'의 선순환 체제를 구축하는 데 주안점을 두었다. 이를 위해 그동안 지속적으로 추진해 온 단위학교 자율역량 강화 및 시·도교육청의 책무성 제고를 바탕으로, 교실수업의 근본적 변화, 학교 중심 영어·수학 교육 내실화, 방과후학교 질의 획기적 제고를 통해 공교육 만족도를 향상시키며, '공교육 강화–사교육 경감'의 선순환체제가 교육현장에 정착될 수 있도록 제도적 인프라를 보완하고 사회 각계의 공감대가 확산되도록 노력해 나가고자 하였다.

선순환 방안 중 수학교육과 관련된 내용만 뽑아보면 다음과 같다.

학교 중심 영어·수학 교육 내실화

□ **실용영어 중심 학교 영어 공교육 정책 추진**과 **수학교육에 대한 근본적인 검토 및 개선**을 통해 **영어·수학 교육 내실화**에 힘쓰기로 했다.

□ 초·중등 수학교과를 **'쉽고 재미있게 배우는 수학'**으로 전환함으로써, 미래 융복합 시대에 부합하는 방향으로 수학교육을 개편하고, 수학 사교육 부담을 경감시킨다.

- **학생의 수요와 수준을 반영해 교과서 및 교육내용 체제를 개편**하고, STEAM 교육과 연계하여 **창의적·융합적 사고력을 배양**한다.
  - 스토리텔링형(Story-telling)**형 교과서**[1] 등 **다양하고 재미있는 교과서**를 개발·보급한다.
  - **학생 발달 단계에 따라 교과내용을 재설계**하는 방안을 검토한다.
- 교육현장의 **자율적·창의적인 학습활동을 장려**하며, 교사 연수 기관 및 프로그램의 전문화·다양화를 꾀한다.
  - **'수학수업연구발표대회' 개최, 교사연구회 활동 지원** 등을 통해 교육 현장의 자율적이고 창의적인 학습활동을 장려한다.
  - **참여형·실습형 연수와 맞춤형 심화연수**를 강화할 계획이다.
- 자기주도학습 지원사이트 구축, 학부모 대상 수학 교실 운영 등을 통해 **학생, 학부모의 자기주도적 맞춤형 학습을 지원**한다.
- **수학교육연구센터 설치·운영**으로 수학교육 선진화를 위한 기반을 조성할 계획이다.

여기서 눈에 띄는 내용은 '스토리텔링 수학 교과서의 등장'이다. 2009 개정 교육과정 시기 내내 수학계에 논란이 되었던 것은 스토리텔링 교과서였다. '스토리텔링 교과서' 아이디어가 공식적으로 제안된 계기는 2011년 5월 19일 '공교육 강화-사교육 경감 선순환 방안'이었다.

다. 수학교육 선진화 방안(2012)

한국과학창의재단은 2011년 6월 수학교육연구센터를 설치해 수학교육정책 연구를 본격화했다. 교육과학기술부와 한국과학창의재단은 국가경쟁력 강화, 수학 사교육비 경감뿐만 아니라 폭넓은 수학교육 정책방안을 수립하려고 했으며, 이는 2011년 8월 발표된 각론인 '2009 개정 수학과 교육과정', 2012년 1월'수학교육 선진화 방안'에 영향을 미쳤다(이화영 외). 수학교육선진화방안의 핵심 내용을 살펴보면 다음과 같았다.

---

1) 기존의 공식과 문제 위주의 교과서가 아닌, 역사적 배경과 의미, 맥락, 사례 중심으로 이해하기 쉽게 풀어 쓴 교과서이다. 예를 들어, 스마트폰 등 IT기기 SW의 기반이 되는 이진법은 언제, 누구에 의해, 어떤 용도로 탄생되었으며, 현재 어디에 활용되고, 미래에는 어떻게 쓰일지 등을 제시할 수 있다.

수학교육선진화방안의 핵심
◈ **생각하는 힘을 키우는 수학** ① 기본 개념·원리의 충실한 이해를 위한 다양한 교수학습 지원 ② 2009 개정 교육과정에 부합하는 방향으로 평가 내실화 ◈ **쉽게 이해하고 재미있게 배우는 수학** ③ 쉽고 재미있게 배우는 수학 교과서 제작 ④ 체험·탐구 활동이 가능한 선진형 수학교실 구축 (2012년 32개교 구축) ◈ **더불어 함께하는 수학** ⑤ 취약계층 수학격차 해소 ⑥ 수학 클리닉 개설 (수학 성적, 적성, 학습법, 진로 상담) ⑦ 수학 대중화 및 교육기부 추진 (학부모 수학교실 확대, 2012년 수학교육의 해 선포)

| [표 XII-6] 수학교육선진화방안에서 제시한 〈변화 전〉과 〈변화 후〉 |

	〈 변화 전 〉		〈 변화 후 〉
이미지	재미없고 실생활에 도움도 안 되는 과목	➡	쉽고 재미있으며, 삶에 도움 되는 유익한 과목
교수학습 및 평가	수학 지식의 암기 및 문제풀이	➡	실생활과 연계한 개념·원리 이해 및 문제해결
교과서	공식과 문제 위주의 딱딱한 구성	➡	**스토리텔링** 등 다양하고 창의적인 구성
교실	지식 전달 위주 수동형 학습환경	➡	체험·탐구가 가능한 능동형 학습환경

한국과학창의재단은 앞서 수학교육선진화방안을 제안할 때 수학에 대한 흥미와 긍정적인 인식을 높인다는 목표를 가지고 있었다는 점을 언급하였다. 이는 2008년즈음에 '수포자'라는 말이 유행하기 시작한 점과 연관 지어 해석해 볼 수 있다.[2] 원래 수포자는 '대학입시에서 특히 인문계 학생 중에서 수리 영역을 포기한 자'의 줄임말에서 출발하였다. 그런데 이 말의 뜻이 '수학을 포기한 자'로 확대된 것이다. 당시 PISA 2009 평가의 결과가 발표되는데 우리나라 학생들이 수학 학업 성취도는 최상위이지만 수학에 대한 가치 인식, 흥미도에서는 매우 낮은 것으로 나타나면서 이것이 수학교육계에 커다란 논란거리가 되었다. 수학을 잘하면서도 수학에 대한 흥미도는 매우 낮은 현상에 대한 반성이 활발해지면서 그것을 해결할 방안도 여러 측면에서 제기되고 실행되었다.

라. 수학교육의 해 선포(2012)

교육과학기술부와 한국과학창의재단은 한국수학관련단체총연합회(이하 '수총')와 함께 수학교육계, 수학계 및 과학기술계 등 관련 인사 130여 명이 참석한 가운데 2011년 3월

2) '수리 영역 반영 않는 컴퓨터공학과'(한겨레 2008.10.26.)

14일 **'2012년 수학교육의 해' 선포식을 개최**하였다.

2012년 1월 교과부는 수학교육을 내실화하기 위한 **「수학교육 선진화 방안」을 발표**하였으며, 7월에는 일본에 이어 아시아에서는 2번째로 서울에서 **「제12차 국제수학교육대회(ICME-12)」가 개최**될 예정이었다. 이에 2012년을 **수학교육 선진화를 위한 원년(元年)**으로 삼고, 선포식을 통해 수학교육 발전을 위한 의지와 역량을 결집하는 한편 사회 각계의 공감대를 형성하고자 하였다. 이 행사에서는 **"수학을 알면, 생각이 열립니다"**라는 표어 아래 지금까지의 수학교육을 되돌아보고 앞으로의 수학교육 비전을 담은 **'수학교육의 해 선언문'을 발표**하였다.

교과부와 한국과학창의재단, 수총은 '2012 수학교육의 해' 선포식을 시작으로 수학 교육기부, 학부모 수학교실, 수학문화축전 등 다양한 행사를 통해 **올바른 수학교육 방향에 대한 지속적인 관심과 원동력을 확보**하고, 이를 **2014년 국제수학자대회(ICM-2014)까지 계승·발전**시킴으로써 **수학교육의 꾸준한 발전을 위한 토대를 형성**해 나가고자 하였다.

2012년 수학교육의 해 선언문

수학은 과학기술의 뿌리로서 인류 문명의 역사와 함께해 온 가장 오래된 학문이며, 21세기에 들어와서도 수학은 국가 발전의 원천으로서 그 중요성이 날로 더해지고 있습니다. 수학을 배움으로써 우리는 논리적이고 창의적인 사고력을 기르고, 자연의 조화와 사물의 법칙을 이해하며, 사회의 일원으로써 자기 자신과 주변의 사람들을 진정으로 이해하고 소통할 줄 아는 합리적이고 도덕적인 사람으로 성장할 수 있습니다. 이러한 이유로 **모든 학생들에게 수학교육을 통하여 세상의 이치를 배우고 이해하며, 지적인 성장은 물론 정신적으로도 훌륭하게 성숙할 수 있도록 평등하게 기회를 제공해야 합니다.**

그동안 수학교육자들의 많은 헌신과 노력 덕분에 우리나라 수학교육은 국제적으로 많은 관심을 끌고 있습니다. 하지만, 아직 학생들에게 수학 학습을 통한 자기실현의 기회를 충분히 제공하지 못하고 있는 현실입니다. 그래서 많은 학생들이 수학의 참된 의미와 유용성을 깨닫지 못한 채 수동적으로 수학공부를 하고 있습니다. 이제 **우리는 그간의 수학교육을 종합적으로 되돌아보고 보완하여 명실상부한 수학교육 강국으로 발돋움하여야 할 것입니다.**

특히, 오늘날의 수학은 과학기술뿐만 아니라 정치, 경제, 예술 등 우리 생활 전반에서 활용되는 기초학문으로서 그 영향력을 확대하고 있습니다. 그뿐 아니라, 21세기 지식정보화 시대의 기본 역량인 논리적인 사고 및 추론과 같은 수학적 능력은 사회 구성원의 합리성을 높임으로써 선진 사회 실현 및 국격 향상에도 중요한 역할을 하는 등 **수학의 가치와 위상은 갈수록 커지고 있는 추세입니다.**

이에 우리는 수학교육의 현실에 대한 책임을 무겁게 깨닫고 시대적 흐름과 사회적 소명에 부응하여 수학교육을 내실화해 나가려고 합니다.

마침 올해 초에 「수학교육 선진화 방안」이 발표되었고, 다가오는 7월에는 '제12차 국제수학교육대회(ICME-12)'가 서울에서 개최될 예정이어서 **2012년을 '수학교육의 해'로 선포하여 다음과 같이 실천하고자 합니다.**

첫째, 수학교육 본연의 목적과 기능에 충실하도록 하겠습니다. 그동안 우리의 수학교육은 우수한 인재 선별에는 효과적이었지만, 정작 우수한 인재를 만드는 데는 다소 미흡했습니다. 이제는 한 문제를 풀더라도 자율과 끈기를 갖고 다양하고 깊이 있게 생각하는, 창의성과 인성을 겸비한 학생들을 키워 나가도록 하겠습니다.

둘째, 수학의 참의미와 유용함을 느낄 수 있는 교육이 되도록 하겠습니다. 수학이 어려운 입시과목, 실생활과 거리가 먼 추상적인 학문이 아니라, 인류의 역사와 함께 하면서 현재의 문명 발전을 이룩하였고 미래를 개척하는 데 필요한 소중한 동반자라는 이미지를 확립해 나갈 것입니다.

셋째, 바른 수학교육을 통하여 21세기 현대인의 기본소양으로 수학이 자리매김하도록 하겠습니다. 이제 수학도 음악, 미술, 체육처럼 개인의 교양과 품격을 높이고 자기실현을 하는 데 중요한 평생학습 도구가 될 수 있도록 하겠습니다.

이를 위해 수학교육계, 수학계는 '생각하는 힘을 키우는 수학', '쉽게 이해하고 재미있게 배우는 수학', '생활 속에 실천하는 수학'을 구현하기 위한 교수·학습 및 평가 방법을 지속적으로 발굴해 나가고자 합니다. 아울러, 수학교육 선진화의 성공적인 정착을 위해서 과학기술계, 산업계, 언론 등 사회 각계 각층의 적극적인 관심과 참여를 촉구하는 바입니다.

2012년 3월 14일
수학계, 수학교육계 일동

마. 우리나라에서 열린 국제수학교육자대회(2012)

국제수학교육대회(International Conference on Mathematical Education, 이하 ICME)는 국제수학교육위원회(International Commission on Mathematical Instruction, 이하 ICMI)에서 주관하는 수학교육계 최대 행사로 4년에 한 번씩 열린다.

2012.7.8~12 열린 ICME

이 대회는 수학, 수학교육학과 교수와 연구자, 현직 수학교사와 예비 수학교사를 주요 대상으로 한다. ICME에서는 수학교육에 대한 이론적인 논의, 수학수업에 대한 실제적인 정보 제공, 수학교사 연수, 다양한 워크숍, 수학교구와 교과서 전시 등 수학교육과 관련된 다양한 행사가 열린다.

ICME를 주관하는 ICMI는 1908년 이탈리아 로마에서 개최된 ICM(International Congress of Mathematics)에서 클라인(Felix Klein)의 주도하에 설립되었다. 또한 ICME는 1969년 프로이덴탈

의 주도하에 프랑스 리용에서 처음 개최되었다.

바. 우리나라에서 열린 국제수학자대회(2014)

세계수학자대회(International Congress of Mathematicians, 이하 ICM)는 '수학의 노벨상'이라 부르는 '필즈상(Field Medal)' 시상이 개막식에 이루어지는 기초과학 분야 최고의 학술대회이다. 특히 개막식에서 개최국 국가원수인 대통령이 필즈상을 수여하고 수상자는 개막식에서 처음으로 발표되는 전통을 갖고 있다. 이 대회는 국제수학연맹(International Mathematical Union)이 4년마다 주최하며 1897년 스위스 취리히의 제1차 대회를 시작으로 117년 동안 진행되어 왔다.

ICM 2014는 서울 코엑스에서 2014년 8월 13일부터 21일까지 개최되어 전 세계 122개국에서 5천 200여 명이 참가하여 참석 국가 및 참가자 수에 있어 역대 최대 기록을 세웠다. 서울에서의 9일간의 대회는 학술적 발표와 토론을 통해 함께 정보를 공유하는 학술 축제의 장으로, 다양한 수학문화 프로그램을 통해 청소년과 일반인이 즐길 수 있는 문화의 공간으로 준비되었다.

SEOUL ICM 2014조직위원회는 달력의 날짜마다 관련된 수식이나 수학적 사실들을 더하여 수학 달력을 만들었다. 초등학생도 이해할 수 있는 간단한 것부터 수학자만 이해할 수 있는 어려운 것까지, 평범한 산술부터 기묘한 수식까지, 기발한 장난부터 진지한 수학적 사실까지 다양한 내용을 모아 두었다.

4 수학과 교육과정의 특징

가. 수학적 창의성과 인성 교육의 강조

2009 개정 교육과정은 학교 자율성과 더불어 창의·인성을 강화하는 방향으로 개정되었다. 추구하는 인간상은 '전인적 성장의 기반 위에 개성의 발달과 진로를 개척하는 사람, 기초 능력의 바탕 위에 새로운 발상과 도전으로 창의성을 발휘하는 사람, 문화적 소양과 다원적 가치에 대한 이해를 바탕으로 품격있는 삶을 영위하는 사람, 세계와 소통하는 시민으로서 배려와 나눔의 정신으로 공동체 발전에 참여하는 사람'이며, 그러한 인간을 키우기 위해 '배려와 나눔을 실천하는 창의적인 인재를 기를 수 있도록 교육과정을 구성한다'라고 제시하였다. 각론인 수학과에서는 총론에 발맞추어 수학적 창의성과 인성이 강화되는 방향으로 내용을 첨가, 수정, 보완하였다.

| [표 XII-7] 2007 개정 교육과정과 2009 개정 교육과정에 제시된 '창의성' 비교 |

2007 개정 교육과정	2009 개정 교육과정
없음	**3. 목표** : 복잡하고 전문화되어가는 미래 사회에서 사회 구성원에게 필요한 핵심 역량은 **창의적** 사고 능력, … 등으로, 이는 주로 수학적 추론, 수학적 문제해결, 수학적 의사소통과 같은 수학적 과정의 교수·학습을 통하여 증진된다. … 수학 과목의 목표는 다음과 같다. … 여러 가지 현상과 문제를 수학적으로 고찰함으로써 합리적이고 **창의적**으로 해결하며, 수학 학습자로서 바람직한 인성과 태도를 기른다(교육과학기술부, 2011).
없음	[1~2학년군] ③ 자신의 규칙을 **창의적**으로 만들어 보고, 다른 사람의 배열에서 규칙을 찾아보거나 규칙에 대해 서로 이야기할 수 있게 한다(교육과학기술부, 2011).
사. 수학 수업에서 의미 있는 발문을 하기 위하여 다음 사항에 유의한다. (2) 가능하면 열린 형태의 발문을 하여 **창의적**인 답이 나올 수 있게 한다. 자. 문제해결력을 신장시키기 위하여 교수·학습에서 다음 사항에 유의한다. (3) 학생의 경험과 욕구를 바탕으로 문제를 **창의적**으로 해결할 수 있게 한다(교육인적자원부, 2006).	**5. 교수·학습방법** **수학적 창의력**을 신장시키기 위하여 교수·학습에서 다음 사항에 유의한다. (1) **수학적 창의력**의 신장이 이루어지도록 수학적 문제해결력, 추론 능력, 의사소통 능력을 강조한다. (2) 다양한 아이디어를 산출할 수 있는 수학적 과제를 통해 학생들의 확산적 사고를 촉진시킨다. (3) 하나의 수학 문제를 여러 가지 방법으로 해결한 후 그 해결 방법을 비교해 보고, 더 높은 차원으로 확장해서 사고할 수 있게 한다. (4) 수학 개념이나 용어의 정의를 직접적으로 제시하기보다 학생 스스로 개념과 용어의 필요성을 인식하고 정의해 보게 한다(교육과학기술부, 2011).
없음	**6. 평가** 인지적 영역에 대한 평가에서는 학생의 수학적 사고력 신장을 위하여 결과뿐만 아니라 과정도 중시하여 평가하되, 수학의 교수·학습에서 전반적으로 요구되는 다음 사항을 강조한다. (7) 수학적 지식과 기능을 바탕으로 **창의적**으로 사고하는 능력(교육과학기술부, 2011)

먼저 창의성과 관련해서는 국가 수준 초등 수학과 교육과정 문서의 2007 개정과 2009 개정 교육과정 사이에 변화가 있었다. 2007 개정 교육과정에서는 교수학습 방법 측면에서만 '창의성'이 잠깐 언급된 것에 대해, 2009 개정 교육과정에서는 '목표'에서부터 '평가'에 이르기까지 대부분 영역에서 일관되게 창의성을 언급하였다.

2007 개정 교육과정에서는 '인성'에 대한 언급이 전혀 없으며, 2009 개정 교육과정에서는 '목표'와 '교수·학습 방법'에 '인성'에 관련된 내용을 다루었다. '인성'을 중심으로 2007 개정과 2009 개정 교육과정을 비교해 보면 다음과 같다.

| [표 XII-8] 2007 개정 교육과정과 2009 개정 교육과정에 제시된 '인성' 비교 |

2007 개정 교육과정	2009 개정 교육과정
없음	3. 목표: 학교 수학에서는 인지적 능력의 증진은 물론 수학에 대한 흥미와 호기심, 수학 학습에 대한 자신감과 긍정적인 태도 등 정의적 영역의 개선과 더불어 상대방을 이해하고 배려하는 바람직한 인성을 길러야 한다.… 수학 과목의 목표는 다음과 같다. … 수학 학습자로서 바람직한 인성과 태도를 기른다(교육과학기술부, 2011).
없음	5. 교수·학습 방법: 학생들의 인성을 함양시키기 위하여 교수·학습에서 다음 사항에 유의한다. (1) 다른 학습자의 풀이 방법과 의견을 존중하며, 이를 통해 타인을 배려하는 성품을 기르게 한다. (2) 자신의 수학적 아이디어를 설득력 있게 논리적으로 표현하여 그 타당성을 입증하고 이에 기초하여 합리적으로 결론을 내리는 과정을 통해 민주 시민의 소양을 기르게 한다. (3) 수학 문제를 해결함에 있어 결과에 이르는 과정이 중요함을 인식하게 한다(교육과학기술부, 2011).

나. 학년군제의 도입

2009 개정 교육과정에서 외형적인 체계의 가장 큰 변화는 '학년군제'의 도입이다. 이는 초등학교의 경우 1~2학년, 3~4학년, 5~6학년의 3개 학년군으로, 중학교와 고교의 경우 3개 학년을 각각 1개 학년군으로 설정한 것이며, 학년별, 학기별, 분기별 집중 이수를 통해 학생들의 학기당 이수 과목 수를 줄여주는 효과가 있을 것으로 기대되었다. 특히 학년군·교과군 도입 및 집중이수제 실시를 통해 학기당 과목수를 중·고등학교에서 8과목 이내로 줄일 수 있게 되어, 학생의 학습부담, 과제부담 및 평가부담이 경감될 수 있을 것으로 기대되었다.

연도별 학년군제의 적용은 다음과 같이 이루어져 2015년에 2009 개정 교육과정이 모든 학년군에 적용되었다.

| [표 XII-9] 학년군에 따른 교육과정 적용 계획 |

연도	1~2학년군	3~4학년군	5~6학년군
2013	2009 개정	2009 개정(총론) 2007 개정(각론)	2009 개정(총론) 2007 개정(각론)
2014	2009 개정	2009 개정	2009 개정(총론) 2007 개정(각론)
2015	2009 개정	2009 개정	2009 개정

2009 개정과 2007 개정 수학과 교육과정 문서에 제시된 내용 체계를 초등 수학과의 대표 세 영역인 수와 연산, 도형, 측정 영역별로 비교하면, 실질적으로 달라진 것은 많지 않다. 즉, 교육내용 경감 차원에서 몇몇 옮겨진 내용 요소들을 제외하고는, 2007 개정의 두 개 학년의 내용을 일대일로 합하고 재정리하여 2009 개정 교육과정에 담은 형태임을 알 수 있다.

| [표 XII-10] 2007 개정과 2009 개정 교육과정 내용 체계 비교-수와 연산 영역 |

2007 개정		2009 개정
1학년	2학년	1~2학년군
• 100까지의 수 • 간단한 수의 덧셈과 뺄셈 • 두 자릿수의 덧셈과 뺄셈	• 1000까지의 수 • 두 자릿수의 덧셈과 뺄셈 • 세 자릿수의 덧셈과 뺄셈 • 곱셈 • 분수의 이해	• 네 자리 이하의 수 • 두 자릿수의 덧셈과 뺄셈 • 곱셈
3학년	4학년	3~4학년군
• 10000까지의 수 • 네 자릿수의 덧셈과 뺄셈 • 곱셈 • 나눗셈 • 분수 • 소수의 이해	• 다섯 자리 이상의 수 • 자연수의 사칙계산 • 여러 가지 분수 • 분모가 같은 분수의 덧셈과 뺄셈 • 소수 • 소수의 덧셈과 뺄셈	• 다섯 자리 이상의 수 • 세 자릿수의 덧셈과 뺄셈 • 곱셈 • 나눗셈 • 자연수의 혼합 계산 • 분수 • 소수 • 분수와 소수의 덧셈과 뺄셈
5학년	6학년	5~6학년군
• 약수와 배수 • 약분과 통분 • 소수와 분수 • 분모가 다른 분수의 덧셈과 뺄셈 • 분수의 곱셈과 나눗셈 • 소수의 곱셈과 나눗셈	• 분수의 나눗셈 • 소수의 나눗셈 • 분수와 소수의 혼합 계산	• 약수와 배수 • 분수의 덧셈과 뺄셈 • 분수의 곱셈과 나눗셈 • 소수의 곱셈과 나눗셈 • 분수와 소수

| [표 XII-11] 2007 개정과 2009 개정 교육과정 내용 체계 비교-도형 영역 |

2007 개정		2009 개정
1학년	2학년	1~2학년
• 입체도형의 모양 • 평면도형의 모양	• 기본적인 평면도형 • 입체도형의 구성	• 입체도형의 모양 • 평면도형의 모양 • 평면도형과 그 구성요소
3학년	4학년	3~4학년
• 각과 평면도형 • 평면도형의 이동 • 원의 구성요소	• 각과 여러 가지 삼각형 • 다각형의 이해	• 도형의 기초 • 평면도형의 이동 • 원의 구성요소 • 여러 가지 삼각형 • 여러 가지 사각형 • 다각형
5학년	6학년	5~6학년
• 기본적인 평면도형 • 입체도형의 구성	• 각과 평면도형 • 평면도형의 이동 • 원의 구성요소	• 합동과 대칭 • 직육면체와 정육면체 • 각기둥과 각뿔 • 원기둥과 원뿔 • 입체도형의 공간감각

| [표 XII-12] 2007 개정과 2009 개정 교육과정 내용 체계 비교-측정 영역 |

2007 개정		2009 개정
1학년	2학년	1~2학년군
• 양의 비교 • 시각 읽기	• 시각과 시간 • 길이 • 측정값 나타내기	• 양의 비교 • 시각 읽기 • 시각과 시간 • 길이
3학년	4학년	3~4학년군
• 시간 • 길이 • 들이 • 무게	• 각도 • 평면도형의 둘레 • 직사각형과 정사각형의 넓이 • 어림하기(반올림, 올림, 버림) • 수의 범위(이상, 이하, 초과, 미만)	• 시간 • 길이 • 들이 • 무게 • 각도 • 어림하기(반올림, 올림, 버림) • 수의 범위(이상, 이하, 초과, 미만)
5학년	6학년	5~6학년군
• 평면도형의 넓이 • 무게와 넓이의 여러 가지 단위	• 원주율과 원의 넓이 • 겉넓이와 부피 • 원기둥의 겉넓이와 부피	• 평면도형의 둘레와 넓이 • 무게와 넓이의 여러 가지 단위 • 원주율과 원의 넓이 • 겉넓이와 부피

다. 수학적 과정

1) '수학적 과정' 신설의 배경

한국과학창의재단에서 2011년에 『2009 개정 교육과정에 따른 수학과 교육과정 연구』를 수행하였으며, 그 연구에서 다음과 같은 배경으로 '수학적 과정'을 신설하였다.

국제 성취도 평가 결과로부터 우리나라 학생들의 약점으로 지적된 바 있는 수학적 사고 능력의 부족을 해결하기 위한 적극적인 조치가 필요하다는 주장이 제기되었다. 따라서 수학과 교육과정에 문제해결, 의사소통, 추론을 '수학적 과정(mathematical process)'의 주요 요소로 포함시켜 수학적 사고 과정과 활동을 강조하여 다루기로 하였다. 다시 말하여, 수와 연산, 대수, 기하, 확률과 통계로 이루어진 내용 영역과 더불어 문제해결, 의사소통, 추론으로 이루어진 과정 영역을 명시적으로 도입하고, 이 두 영역이 적절하게 학습에 반영되도록 성취기준을 제시하고자 하였다(신이섭 외, 2011).

'수학적 과정'의 개념을 좀더 살펴보면, 수학적 과정은 학생들 주변의 다양한 현상을 수학과 연결하고 다양한 상황에서 발생하는 문제를 해결할 때 활성화되어야 하는 기능 또는 능력을 의미하며, '수학적 문제해결, 수학적 추론, 수학적 의사소통' 등을 구성 요소로 갖는 개념으로 정의하였다.

2007 개정 수학과 교육과정에서의 수학적 추론, 수학적 의사소통, 문제해결

나. 목 표

수학적 지식과 기능을 습득하고 수학적으로 사고하고 의사소통하는 능력을 길러, 여러 가지 현상과 문제를 수학적으로 고찰하고 합리적으로 해결하는 능력을 기르며, 수학에 대한 긍정적 태도를 기른다.

사. 수학적 사고와 추론 능력을 발전시키기 위하여 교수·학습에서 다음 사항에 유의한다.

(1) 귀납, 유추 등을 통해 학생 스스로 수학적 사실을 추측하게 하고, 이를 정당화하거나 증명해 보게 할 수 있다.

(2) 수학적 사실이나 명제를 분석하고, 수학적 관계를 조직하고 종합하며, 학생 자신의 사고 과정을 반성하게 한다.

아. 수학적 의사소통 능력을 신장시키기 위하여 교수·학습에서 다음 사항에 유의한다.

(1) 수학 용어, 기호, 표, 그래프 등의 수학적 표현을 이해하고 정확히 사용하게 한다.

(2) 수학적 아이디어를 말과 글로 설명하고 시각적으로 표현하여 다른 사람과 효율적으로 의사소통할 수 있게 한다.

(3) 수학을 표현하고 토론하면서 자신의 사고를 명확히 하고 반성함으로써 의사소통이 수학을 학습하고 사용하는 데 중요함을 인식하게 한다.

자. 문제해결력을 신장시키기 위하여 교수·학습에서 다음 사항에 유의한다.

(1) 문제해결은 전 영역에서 지속적으로 지도한다.

(2) 학생 스스로 문제 상황을 탐색하고 수학적 지식과 사고 방법을 토대로 문제해결 방법을 적절히 활용하여 문제를 해결하게 한다.

(3) 학생의 경험과 욕구를 바탕으로 문제를 창의적으로 해결할 수 있게 한다.

(4) 문제해결의 결과뿐만 아니라 문제해결 방법과 과정, 문제를 만들어 보는 활동도 중시한다.

(5) 생활 주변 현상, 사회 현상, 자연 현상 등의 여러 가지 현상에서 파악된 문제를 해결하면서 수학적 개념, 원리, 법칙을 탐구하고, 이를 일반화하게 한다.

여기서 '수학적 과정'의 하위 구성 요소로 설정한 '수학적 문제해결, 수학적 추론, 수학적 의사소통'은 우리나라의 지난 수학과 교육과정에서 계속 강조되어 온 사항이다. 예를 들어 2007 개정 수학과 교육과정에서도 '목표' 및 '교수·학습 방법'에서 수학적 문제해결, 수학적 추론, 수학적 의사소통을 강조하였다.

2009 개정 수학과 교육과정에서의 '수학적 과정'은 위의 내용을 좀더 압축하고 정련한 것으로 볼 수 있으며, 각 내용 요소의 의미는 다음과 같다(황선욱 외, 2011).

| [표 XII-13] 2009 개정 수학과 교육과정에서 수학적 과정의 요소별 의미 |

수학적 과정		
문제해결	추론	의사소통
• 주어진 문제의 해결에 필요한 정보를 확인 또는 보완하고 적절한 전략이나 사고 과정을 활용하여 문제를 해결할 수 있다. • 수학적인 방법으로 문제해결의 과정과 결과의 타당성을 설명할 수 있다. • 문제해결 과정이나 완결 후 문제제기를 통하여 문제해결을 발전적으로 이끌 수 있다. • 문제해결에서 얻은 결과와 사용된 전략을 일반화하여 새로운 문제 상황에 적용할 수 있다.	• 수학적 추측이나 주장을 만들고, 수학적 지식에 근거하여 정당화할 수 있다. • 수학적 아이디어나 사고 과정을 수학적으로 검증할 수 있다. • 다양하고 독창적인 아이디어를 통하여 수학적으로 추론할 수 있다.	• 수학적인 방법을 활용하여 자신의 생각을 논리적으로 정확하게 표현하고, 다른 사람을 이해시킬 수 있다. • 자신의 수학적인 생각을 다른 사람과 주고받는 활동의 중요성을 인식하고, 이를 통하여 자신의 생각을 개선시킬 수 있다. • 다른 사람의 수학적 아이디어나 사고 과정을 이해하고 평가할 수 있다.

한편 2010년에 이루어진 수학과 교육과정 개정에 관한 연구 중에는, '수학적 과정'을 '내용' 수준에서 성취기준의 형태로 적극 반영하려는 연구가 있었다(나귀수, 2010). 학교의 수학 교수·학습의 실질적인 모습을 결정한다고 할 수 있는 교과서의 경우 그 내용은 주로 수학과 교육과정의 '내용'에 제시되어 있는 성취기준을 중심으로 구성된다. 2007 개정 교육과정에서는 목표와 교수·학습방법에서 '수학적 과정'과 관련된 제 측면을 선언적으로만 제시하고 있었는데, 이는 '수학적 과정'과 관련된 제 측면들이 교과서의 내용 구성에 암묵적으로 스며들게 되는 장점을 갖는다고 볼 수 있지만, 학생들에게 적극적이고 명확하게 지도되지 않는다는 한계점 또한 갖고 있다. 그래서 2009 개정 수학과 교육과정 개발 연구에서는 '수학적 과정'의 제 측면들을 '내용'의 진술에 보다 구체적인 성취기준을 갖고 포함시킴으로써 학교수학에서, 그리고 수학 교과서에서 적극적이고 분명하게 다루고자 하였다.

비슷한 시기에 박경미(2010)는 '수학적 과정'을 중심으로 하여 외국 수학과 교육과정의 최근 경향 비교 분석 연구를 수행하였는데, 그 연구의 결과로, 수학적 과정의 신설은 어느 정도 당위성을 갖는 것으로 평가하였다.

우리나라 학생들은 TIMSS와 PISA와 같은 일련의 수학성취도 국제비교연구에서 전세계적으로 최상위 성취수준을 보이지만 문제 해결 과정을 합리적으로 의사소통하고 수학적으로 옳은 추론을 하는 능력이 부족하다. 2007 개정 수학과 교육과정의 '교수학습 방법'은 문제해결, 의사소통, 추론을 각각 하나의 조항으로 제시하고 있으나, 문제해결과 의사소통과 추론이 교과서나 수업에서 만족할 만한 수준으로 구현되고 있다고 보기는 어렵다. 예를 들어, 교과서는 '풀어 보시오'를 '친구들에게 설명해 보시오.'나 '모둠에서 발표해 보시오.'와 같이 어미만 바꾸는 식으로 의사소통을 반영하고 있다. 따라서 학생들이 보다 의미충실한 수학적 사고 과정과 사고 활동을 경험할 수 있도록 하는 조치가 필요한데, 교육과정의 '내용'에 구체적인 성취기준 방식으로 수학적 과정을 제시하는 것은 수학적 과정을 강조하는 적극적인 방법이 될 수 있다. (중략) 수학적 과정은 …우리나라 학생들에게 상대적으로 결핍되어 있는 능력이기 때문에, 내용에서 수학적 과정을 핵심요소로 제시하는 것은 바람직하다. 수학 주제들로만 내용을 구성하기보다는 수학 내용을 통해 신장될 수 있는 여러 가지 능력과 이를 위한 활동들을 교육과정에 포함시키는 것은 국제적인 조류라는 점에서도 수학적 과정의 도입은 긍정적으로 검토할 필요가 있다(박경미, 2010).

2) 초등 수학과 교육과정 문서

2009 개정 초등 수학과 교육과정에서 '수학적 과정'은 다음과 같이 〈목표〉, 〈교수·학습 방법〉, 〈평가〉에 제시되었다.

〈 목표 〉

복잡하고 전문화되어가는 미래 사회에서 사회 구성원에게 필요한 핵심 역량은 창의적 사고 능력, 문제해결 능력, 정보처리 능력, 의사소통 능력 등으로, 이는 주로 수학적 추론, 수학적 문제해결, 수학적 의사소통과 같은 수학적 과정의 교수·학습을 통하여 증진된다. 수학적 과정을 통해 길러진 핵심 역량은 타 교과의 성공적인 학습에 기반이 될 뿐 아니라, 나아가 개인의 전문적 능력의 증진과 창의·인성 중심의 21세기 지식 기반 사회의 민주 시민에게 필요한 소양과 경쟁력을 갖추는 데에도 토대가 된다.

〈교수·학습 방법〉

사. 수학적 창의력을 신장시키기 위하여 교수·학습에서 다음 사항에 유의한다.

(1) 수학적 창의력의 신장이 이루어지도록 수학적 문제해결력, 추론 능력, 의사소통 능력을 강조한다.

아. 수학적 문제해결력을 신장시키기 위하여 교수·학습에서 다음 사항에 유의한다.

(1) 문제해결은 전 영역에서 지속적으로 지도한다.

(2) 학생 스스로 문제 상황을 탐색하고 수학적 지식과 사고 방법을 토대로 해결 방법을 적절히 활용하여 문제를 해결하게 한다.

(3) 문제해결의 결과뿐만 아니라 문제해결 방법과 과정, 문제를 만들어 보는 활동도 중시한다.

(4) 생활 주변 현상, 사회 현상, 자연 현상 등의 여러 가지 현상에서 파악된 문제를 해결하면서 수학적 개념, 원리, 법칙을 탐구하고, 이를 일반화하게 한다.

자. 수학적 추론 능력을 신장시키기 위하여 교수·학습에서 다음 사항에 유의한다.

(1) 귀납, 유추 등을 통해 학생 스스로 수학적 사실을 추측하고, 이를 정당화할 수 있게 한다.

(2) 수학적 사실이나 명제를 분석하고, 수학적 관계를 조직하고 종합하며, 학생 자신의 사고 과정을 반성하게 한다.

(3) 수학적 추론을 통해 합리적으로 사고하는 능력을 키우고, 일상생활에서 자신의 의견을 정당화할 때 적절한 근거에 기초하여 논지를 전개할 수 있게 한다.

차. 수학적 의사소통 능력을 신장시키기 위하여 교수·학습에서 다음 사항에 유의한다.

(1) 수학 용어, 기호, 표, 그래프 등의 수학적 표현을 이해하고 정확히 사용하게 한다.

(2) 수학적 아이디어를 말과 글로 설명하거나 시각적으로 표현하여 다른 사람과 효율적으로 의사소통할 수 있게 한다.

(3) 수학적 아이디어를 표현하고 토론하며 다른 사람의 수학적 아이디어와 사고를 이해하는 과정을 통해 의사소통의 중요성을 인식하게 한다.

〈평가〉

마. 인지적 영역에 대한 평가에서는 학생의 수학적 사고력 신장을 위하여 결과뿐만 아니라 과정도 중시하여 평가하되, 수학의 교수·학습에서 전반적으로 요구되는 다음 사항을 강조한다.

(1) 수학적 지식과 기능을 활용하여 추론하는 능력

(2) 다양한 상황에서 발생하는 여러 가지 문제를 수학적으로 사고하여 해결하는 능력

(3) 수학적 사고 과정과 결과를 합리적으로 의사소통하는 능력

2009 개정 수학과 교육과정에서는 '내용'을 제시할 때, 수학적 과정을 반영한 성취기준을 만들려는 움직임이 크게 있었고, 여러 방안을 고민한 끝에, 실제로 다음과 같은 형태로 구현한 것으로 보인다(정상권 외, 2012).

수학적 과정 중 수학적 문제 해결 관련 요소를 반영한 성취기준은 다음과 같다: 실제로 해보기, 그림 그리기, 식 만들기, 규칙 찾기, 거꾸로 풀기 등의 문제 해결 전략으로 문제를 해결할 수 있다; 표 만들기, 예상과 확인, 단순화하기, 논리적 추론 등의 문제 해결 전략으로 문제를 해결하고, 문제 해결 과정을 설명할 수 있다; 여러 가지 문제 해결 전략을 비교하여 문제를 해결하고, 주어진 문제에서 필요 없는 정보나 부족한 정보를 찾을 수 있으며, 조건을 바꾸어 새로운 문제를 만들 수 있으며, 문제 해결 과정의 타당성을 검토할 수 있다. 성취기준 안에 전략을 찾고, 해결 과정을 설명하고, 타당성을 검토하는 등 수학적 문제 해결

관련 능력 요소가 반영되어 있음을 알 수 있다.

수학적 추론 및 수학적 의사소통의 경우, 성취기준은 다음과 같다: 삼각형, 사각형에서 각각의 공통점을 찾아 말하고, 이를 일반화하여 오각형, 육각형을 알고 구별할 수 있다; 규칙 알아맞히기 놀이를 통하여 상대방이 정한 규칙을 추측하고 확인할 수 있다; 규칙을 말, 수, 그림, 기호, 구체물, 행동 등의 다양한 방법으로 표현할 수 있게 한다; 교실 및 생활 주변에서 사물들을 정해진 기준 또는 자신이 정한 기준으로 분류하여 개수를 세어보고, 기준에 따른 결과를 이야기할 수 있다; 다양한 상황을 표, 식, 그래프로 나타내고, 설명하게 한다; 자신의 규칙을 창의적으로 만들어 보고, 다른 사람의 배열에서 규칙을 찾아보거나 규칙에 대해 서로 이야기할 수 있게 한다; 분모가 다른 분수의 크기 비교에서 수 감각을 이용하여 추론하고 토론하는 활동을 하게 한다; 겉넓이와 부피를 구하는 방법에 대하여 다양한 추론을 하고, 자신의 추론 과정을 다른 사람에게 설명할 수 있게 한다.

위의 예에서 두드러진 변화는 기존의 교육과정에서 '이해할 수 있다' 혹은 '구할 수 있다'로 진술되던 것이 과정 요소의 용어로 표현되었다는 점이다(정상권 외, 2012).

| [표 XII-14] 2007, 2009 개정 수학과 교육과정의 5~6학년군 용어 변화 |

2007 개정 5~6학년군	➡	2009 개정 5~6학년군
이해와 계산 중심	➡	추론과 설명, 문제해결 중심
〈사례1〉 삼각형과 사각형의 내각의 크기를 합을 구할 수 있다.	➡	〈사례1〉 여러 가지 방법으로 삼각형과 사각형의 내각의 크기의 합을 **추론**하고, 자신의 추론 과정을 **설명할 수 있다.**
〈사례2〉 평행사변형, 삼각형, 사다리꼴, 마름모의 넓이 구하는 방법을 이해하고, 그 넓이를 구할 수 있다.	➡	〈사례2〉 평행사변형, 삼각형, 사다리꼴, 마름모의 넓이 구하는 방법을 다양하게 **추론**하고, 이와 관련된 **문제를 해결**할 수 있다.

바. 교육내용의 적정성과 수업시수 20% 자율 운영

1) 2009 개정 초등수학과 교육내용에서의 변화

우리나라에서 '교육내용의 적정화'는 제4차 교육과정 개정에서부터 제7차 교육과정 개정에 이르기까지 한 차례도 빠지지 않고 반복적으로 대두되었다. 이러한 과정에서 '교육내용 적정화 담론'이란 학생들의 학습 부담을 덜어주기 위해 제안된 다양한 방안, 예를 들어, 필수 교과목 수의 축소, 학습 내용 감축 및 난이도 하향 조정 등과 관련된 논의들을 뜻한다(임재훈 외, 2004).

이러한 적정화 담론 중에서 필수 교과목 수의 축소와 학기당 이수 과목 수의 감축은 교육과정 총론 및 편제와 편성, 운영의 측면에서 접근해야 할 것이고, 교육과정 각론 수준에서의 적정화, 다시 말해 '교과별 교육내용 적정화 담론'은 주로 교과별 학습량 감축 및 난이도 조정이 주를 이루어 왔다(임재훈 외, 2004).

2009 개정 방향에서도 각급 학교의 수학교육의 특성과 사정에 따라 현행 교육과정 내용 구성 시 내용 양의 20% 경감이 제시되었으며, 실제로 2009 개정 초등수학과 교육과정에서 여러 내용이 삭제되거나 상위 학년으로 상향 조정되었다. 이를 좀더 구체적으로 살펴보자(안병곤, 2013).

먼저 내용 영역이 '수와 연산', '도형', '측정', '규칙성', '확률과 통계'로 제시되었다. 가장 큰 변화는 2007 개정 교육과정에서 '규칙성과 문제해결' 영역이 이번 교육과정에서 '규칙성'으로 변화된 것이다. '문제해결'은 다른 영역의 내용적 성격과 달리 과정적 성격을 띠고 있으며 수학 교과 전 영역에서 고루 지도되어야 한다는 취지에서 영역명이 위와 같이 변경되었으며, 그 대신 '문제해결'은 전 영역에 고르게 담을 수 있도록 하였다.

다음으로, 내용 영역별 주요 변화 내용을 살펴보도록 하자(안병곤, 2013).

(1) 수와 연산 영역

| [표 XII-15] 2009 개정 수학과 교육과정의 수와 연산 영역 |

1~2학년군	3~4학년군	5~6학년군
• 네 자리 이하의 수 • 두 자릿수의 덧셈과 뺄셈 • 곱셈	• 다섯 자리 이상의 수 • 세 자릿수의 덧셈과 뺄셈 • 곱셈 • 나눗셈 • 자연수의 혼합 계산 • 분수 • 소수 • 분수와 소수의 덧셈과 뺄셈	• 약수와 배수 • 분수의 덧셈과 뺄셈 • 분수의 곱셈과 나눗셈 • 소수의 곱셈과 나눗셈 • 분수와 소수

① 수 지도 시기의 조정 및 수 감각의 강화를 위한 활동 강조

• 1~2학년군에서 세 자릿수와 네 자릿수를 함께 다룸으로써 연계성을 부각시키고 위치적 기수법에 대한 통합적 이해를 가능하게 한다.

② 자연수의 덧셈과 뺄셈 지도 시기 조정

• 1~2학년군에서는 한 자릿수의 덧셈과 뺄셈으로부터 시작하여 두 자릿수의 계산으로 확장하였다.

• 3~4학년군에서는 세 자릿수의 덧셈과 뺄셈을 통하여 자연수의 덧셈과 뺄셈을 일반화하여 다룬다.

• 네 자릿수의 덧셈과 뺄셈을 삭제함으로써 계산 기능을 위한 기계적인 연습을 약화하고 학습량을 경감하고자 한다.

③ 계산기 활용의 변화

• 3~4학년의 어림한 값을 검토하는 과정에서 계산기를 활용하며, 5~6학년의 복잡한 소수의 곱셈과 나눗셈 계산에서 사용한다.

• 다른 영역에서 나타나는 계산 기능과 관련하여, 수학적 사고를 도와주는 도구로서 또는 지나치게 복잡한 계산에서 효과적인 계산 도구로서 사용한다.

(2) 도형 영역

| [표 XII-16] 2009 개정 수학과 교육과정의 도형 영역 |

1~2학년군	3~4학년군	5~6학년군
• 입체도형의 모양 • 평면도형의 모양 • 평면도형과 그 구성 요소	• 도형의 기초 • 평면도형의 이동 • 원의 구성요소 • 여러 가지 삼각형 • 여러 가지 사각형 • 다각형	• 합동과 대칭 • 직육면체와 정육면체 • 각기둥과 각뿔 • 원기둥과 원뿔 • 입체도형의 공간감각

① 조작 활동을 통한 공간감각의 강조

• 2007 개정 교육과정의 1학년 '입체도형의 모양'과 2학년 '입체도형의 구성'은 양자의 내용이 연결 가능하므로 학년군상 하나의 단원으로 통합하여 단원 내용 구성을 의미 있게 하며, 또한 단원 통합을 통한 학습량 경감 효과를 기대할 수 있다.

② 선분과 직선의 상향 이동 및 반직선의 도입

• 3~4학년에서 선분을 학습한 다음에 1~2학년에서 직관적으로 이해한 삼각형과 사각형의 구성 요소를 재확인한다.

• 반직선은 각에 대한 정확한 의미를 지도하기 위해 필요하므로 학생들로 하여금 선분 및 직선과 구별할 수 있도록 하고, 각을 도입할 때 그 변이 반직선임을 파악하도록 해야 함을 교수학습상의 유의점에 포함하였다.

③ 사각형의 포함 관계 삭제

• 사각형의 포함 관계에 대한 학습을 연역 추론을 학습하는 중학교로 미루고, 사각형의 성질은 구체적인 조작 활동을 통해 간단한 것들만 다루도록 한다.

④ 선대칭의 위치에 있는 도형과 점대칭의 위치에 있는 도형 삭제

• 선대칭도형, 점대칭도형과 혼동한다. 실제로 중·고등학교 수학 학습의 필수 선행 요소가 아닐 뿐만 아니라 이후 학습에서 활용 빈도도 낮다.

⑤ 회전체의 삭제

• 원기둥, 원뿔, 구의 상위개념인 회전체는 원뿔의 전개도 및 원뿔과 구의 측도를 다루는 중학교로 이동하였다.

(3) 측정 영역

| [표 XII-17] 2009 개정 수학과 교육과정의 측정 영역 |

1~2학년군	3~4학년군	5~6학년군
• 양의 비교 • 시각 읽기 • 시각과 시간 • 길이	• 시간 • 길이 • 들이 • 무게 • 각도 • 어림하기(반올림, 올림, 버림) • 수의 범위(이상, 이하, 초과, 미만)	• 평면도형의 둘레와 넓이 • 무게와 넓이의 여러 가지 단위 • 원주율과 원의 넓이 • 겉넓이와 부피

① 측정 활동과 어림을 통한 양감 강조

- 실생활과 관련된 측정 활동을 바탕으로 측정의 기본 개념 이해와 양감 형성에 중점을 둔다.
- 길이의 단위 m와 cm의 관계 파악에서 단순한 단위 환산으로 한정하지 않고 여러 방법으로 나타낼 수 있음을 강조하여 '표현할 수 있다'라고 밝혔다.
- 길이의 덧셈과 뺄셈을 측정 활동과 별개로 다루지 않고 길이 개념이나 측정 활동과 관련하여 이해할 수 있도록 실생활 문제 상황을 통하여 다루었다.

② 시간의 덧셈과 뺄셈 약화

- '시간'과 '시각'이라는 용어가 사용되는 상황에서 자연스럽게 이해하고, 엄밀한 정의 없이, 시각과 시간의 의미를 다양하게 활용하게 하였다.
- 시간과 시각의 의미를 구체적인 상황 속에서 자연스럽게 이해하도록 하고 시간의 덧셈과 뺄셈은 시, 분, 초의 관계 이해에 중점을 두도록 하였다.
- 지나친 단위 환산이나 시간의 덧셈과 뺄셈은 약화하였다.

③ '겉넓이와 부피' 통합 및 부피와 들이 사이의 단위 환산 삭제

- 원기둥의 겉넓이와 부피는 직육면체의 겉넓이나 부피와 별도로 다루어서 원기둥을 다른 입체도형과 통합하여 다루도록 하였다.
- 부피와 들이 사이의 관계를 단위 환산으로 다루는 항목은 삭제하였다.

(4) 규칙성

| [표 XII-18] 2009 개정 수학과 교육과정의 측정 영역 |

1~2학년군	3~4학년군	5~6학년군
• 규칙 찾기 • 물체, 무늬, 수	• 규칙 찾기 • 규칙과 대응	• 비와 비율 • 비례식과 비례배분 • 정비례와 반비례

① 규칙 찾기 활동의 통합

- 물체, 무늬, 수의 배열에서 규칙 찾기를 학년군제상 통합하고 규칙을 말뿐만 아니라

여러 가지 방법으로 나타내는 표현 활동을 강조하였다.

- 곱셈표에서 규칙 찾기 활동은 수와 연산 영역의 곱셈에서 곱셈의 이해와 관련지어 지도하도록 수와 연산 영역의 교수학습 상의 유의점에 명시하였다.

② 규칙과 대응을 위한 탐구 활동, 놀이 및 계산기 활용

- 3~4학년군의 규칙 찾기, 규칙과 대응을 위해 학생들의 다양한 활동을 포함시키고자 하였다.
- 규칙과 대응에서 규칙 알아맞히기 놀이를 이용함으로써 학습자가 규칙을 추측하고 확인하는 수학적 활동을 할 수 있도록 하였다.
- 숫자배열에 대한 규칙 탐구 활동은 계산기의 도구적 활용이 매우 유용한 학습장면이라고 할 수 있으며, 교수학습 상의 유의점에 명시하여 규칙성 영역에서 계산기 활용이 확대되기를 기대할 수 있다.

③ 할, 푼, 리 삭제

- 2007 개정 교육과정에서 다루었던 비율을 나타내는 여러 가지 방법 중에서 분수, 소수, 백분율을 유지하고, 일상생활에서 쓰임의 빈도가 적은 할, 푼, 리는 학습량 감축의 차원에서 삭제하였다.

④ 방정식의 상향 이동과 연비의 삭제

- 방정식, 미지수와 등식의 성질은 중학교 내용과 중복되므로 중학교로 이동 통합하고 초등학교에서 삭제하였다.
- 연비는 학습량 감축 및 중요도에 대한 재고의 측면에서 삭제하고 비례 배분은 두 양의 비례 배분으로 한정하여 다루도록 하였다.

(5) 확률과 통계

| [표 XII-19] 2009 개정 수학과 교육과정의 측정 영역 |

1~2학년군	3~4학년군	5~6학년군
• 분류하기 • 표 만들기 • 그래프 그리기	• 자료의 정리 • 막대그래프와 꺾은선그래프	• 가능성과 평균 • 자료의 표현 • 비율그래프(띠그래프, 원그래프)

① 분류하기 활동 및 의사소통 강조

- 분류하기 활동의 대상으로 교실 및 주변 사물을 이용하며, 분류하기 위한 기준이 정해져 있는 경우뿐 아니라 자신이 스스로 분류 기준을 정하는 경우를 함께 다룬다.
- 분류하기 및 표와 그래프 활동을 통해서 수학적 과정인 의사소통을 신장시킬 수 있도록 하였다.

② 가능성의 도입

- 초등학교에서의 확률 학습은 확률의 수치적 표현보다 어떤 상황에 대하여 공정한가와 같은 직관적인 확률 개념 형성에 초점이 맞추어져야 한다고 할 수 있다.
- 6학년에서 다루었던 경우의 수와 확률은 중학교로 상향 이동하였다. 5~6학년군에서 특징이 분명하고 간단한 생활 속의 사건에 대하여 직관적으로 파악할 수 있는 사건의 가능성을 0, $\frac{1}{4}$, $\frac{1}{2}$, $\frac{3}{4}$, 1 정도로 표현할 수 있도록 하였다.

③ 줄기와 잎 그림 상향 이동

- 줄기와 잎 그림은 초등학교의 다른 내용과 연결성이 약하고 중학교의 통계 내용과 의미 있게 연결되므로 중학교로 이동함으로써 학습량을 축소하였다.

한편 2009 개정 교육과정에서는 '수업시수의 20%를 자율 운영'할 수 있는 여지를 주었다. 학교의 특성, 학생·교사·학부모의 요구 및 필요에 따라 학교가 자율적으로 교과(군)별 20% 범위 내에서 시수를 증감하여 운영할 수 있도록 한 것이다.

| [표 XII-20] 2009 개정 초등학교 국민공통 기본 교육과정 시간 배당 기준표 |

1~2학년	3~4학년	5~6학년	합계
256	272	272	800

이에 대해 2007 개정 교육과정에서의 초등학교 국민공통 기본 교육과정 시간 배당 기준표는 학년별로 다음과 같았다. 2007 개정과 2009 개정 모두 총 시간은 800차시로 동일하며, 2007 개정의 두 개 학년을 합한 값은 2009 개정의 한 학년군과 동일하다. 따라서 시간 배당에 있어 학년군으로 인한 변화는 없었으며, 다만 학교 현장에서 융통성을 어떻게 발휘하느냐에 전적으로 달려 있다고 볼 수 있다.

| [표 XII-21] 2007 개정 초등학교 국민공통 기본 교육과정 시간 배당 기준표 |

1학년	2학년	3학년	4학년	5학년	6학년	합계
120	136	136	136	136	136	800

5 수학과 교과용 도서의 주요 특징

가. 창의와 인성

1) 교과서 체제

2009 개정 초등 수학 교과서는 단원을 구성할 때 크게 네 국면으로 구성하였다. 첫째, 스토리텔링을 중심으로 하는 '단원 도입', 둘째, 생각 열기, 활동, 약속하기, 마무리 등을 중심으로 하는 '개별차시', 셋째, 공부를 잘 했는지 알아보는 '단원 평가', 넷째, 이야기 마당, 놀이 마당, 체험마당으로 이루어지는 '문제해결과 창의 수학' 등이다(교육과학기술부, 2013). 여기서 특별히 창의성과 관련된 내용은 네 번째 단계인 '문제해결과 창의 수학'이라고 볼 수 있으며, 이에 대해 교사용지도서에서 다음과 같이 설명하고 있다.

> 창의 수학으로 이야기 마당, 놀이 마당, 체험 마당을 구성하였는데 이를 통해 생활 주변 문제, 사회 현상, 자연 현상 등의 여러 가지 현상과 관련지어 수학에 대한 가치를 인식하고 수학의 필요성을 느끼도록 하였다. 또한 수학에 대한 흥미와 관심, 자신감을 가지고 학습 동기와 의욕을 유발하도록 하였다. 단원에 따라서 이 마당들을 선택적으로 1~2개 활용할 수 있도록 하였고 선택하지 않은 것은 보충 1, 보충 2로 표시하여 교육과정에 따른 수업 시간의 20% 증감에 대비하도록 하였다. 창의 수학에 대한 구체적인 내용은 다음과 같다.
>
> **[이야기 마당]** 각 단원 내용과 관련이 있는 이야기로 학생들에게 수학에 대한 흥미를 가지도록 하기 위하여 제시하였다. 단원에서 학습 내용을 좀더 다양하고 깊게 탐구해 볼 수 있는 내용을 이야기 형식을 활용하여 수학적 사고력 향상에 도움을 주기 위해 제시된 읽기 자료이다. 교사가 판단하여 해당 단원과 관련된 수학 이야기로 대체하여 수업에 활용할 수 있다.
>
> **[놀이 마당]** 단원의 내용을 놀이를 통하여 재미있게 익히기 위한 방법으로 놀이를 하면서 활동하도록 하였다. 또 수학을 공부한다는 느낌이 아니라 수학을 놀이처럼 즐기는 가운데 자연스럽게 수학 학습을 할 수 있도록 하였고, 교사의 판단에 따라 단원과 관련된 수학 놀이를 대체하거나 수정하여 수업에 활용할 수 있다. 기존의 놀이 마당이 카드 위주로 구성되었던 반면 다양한 주제와 방법으로 놀이 마당을 구성하였다.
>
> **[체험 마당]** 교과서가 교실 안에서만 배우는 수학이 아니라 수학을 확장하여 학생들의 생활 속에서 적용하고 체험해 보는 활동이다. 이 부분에서는 학생들이 살아가는 사회가 수학과 서로 영향을 주고받는 체험 마당을 통해 수학적으로 세상을 보는 안목을 키우는 활동으로 제시하였다. 교사의 판단 아래 단원과 관련된 수학 체험 활동으로 대체하거나 수정하여 수업에 활용할 수 있다(교육과학기술부a, 2013).

교육과학기술부, 2013

교육과학기술부, 2013

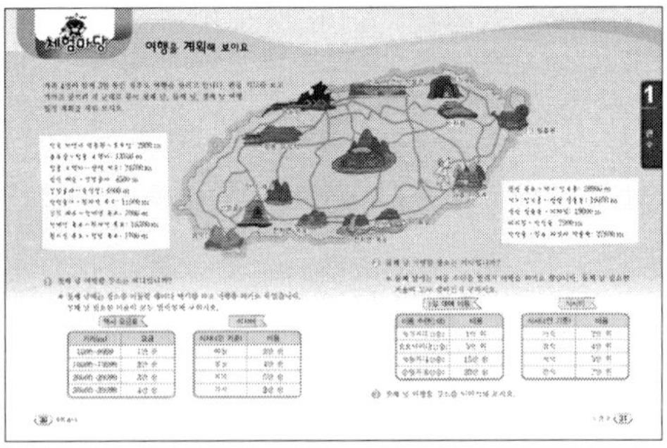

교육과학기술부, 2013

초등 수학 교과서의 '창의 수학' 장면

2) 교사용지도서

2009 개정 교육과정에 따라 발간된 초등학교 수학 교사용지도서에서는 '초등학교 수학교육이 나아갈 방향'의 하나로 '4. 수학에서의 창의·인성 개발'을 설정하고 다음과 같이 진술하였다.

먼저 수학적 창의성은 주어진 수학적 문제상황을 이해하거나 해결하는 과정에서 발휘되는 독창적이고 참신하며, 정교하고 유연한 사고 능력이라고 할 수 있다. 수학적 창의성은 수학적 개념에 대한 깊이 있는 이해, 유추와 같은 직관, 새로운 지식을 만들어 내는 데 추진력이 되는 통찰, 무엇이 중요한지를 예견하는 능력 등에 의해 발현된다. 수렴적 사고보다는 확산적 사고를 통해서 발현되며, 한 가지 해법과 답만을 요구하는 문제보다는 다양한 접근을 허용하는 문제를 통해서 나타날 수 있다. 그러므로 초등 수학 교육에서 창의성을 키우기 위해서는 학생들로 하여금 각자의 수준에서 다양한 아이디어를 내고, 나름대로의 전략으로 문제해결을 시도하고, 독특한 생각을 해낼 수 있게 장려하는 것이 필요하다(2013, 교육과학기술부).

다음으로, 수학교육에서의 인성교육의 방향은 인성을 갖춘 창의적 인재 양성이라는 창의 인성 교육의 개념으로 협동심이나 배려심 등과 같은 인성의 개발이 곧 창의성 개발로 이어지는 상호 동반적 효과가 큰 상보적 자질의 교육으로 앞으로의 초등 수학교육의 주요 방향으로 설정해 볼 수 있다. 초등수학교육에서 고려해 볼 수 있는 인성적 요소는 다음과 같이 구체화할 수 있다. 즉, 수학적 활동 과정에 상대방의 아이디어나 생각을 존중하며 경청하여 이해하려는 마음가짐이나, 자신의 수학적 아이디어나 생각을 상대가 이해할 수 있게 상대방에게 맞추어 설명하려는 마음가짐, 문제해결 과정에 서로의 수학적 아이디어나 생각의 가치를 인정하고 문제의 해에 도달하기 위하여 생각을 나누고자 하는 마음가짐, 그리고 수학적 이해의 과정이나 수학적 문제해결의 과정에 경직되지 않고 모든 가능성을 열어 놓으려는 마음가짐 등으로 앞으로 초등 수학 교육에서는 이러한 인성 관련 수학적 마음가짐의 지도가 필요하다(2013, 교육과학기술부).

창의·인성이 교사용 지도서의 구성 체제에 어떻게 반영되었는지는 다음 표를 보면 잘 알 수 있다(2013, 교육과학기술부).

| [표 XII-22] 2009 개정 수학과 교사용지도서의 단원 구성 체계 |

①	②	③	④	⑤
단원의 개관	개별 차시 활동	창의 수학 활동과 수학 인성 교육	단원 평가	문제해결과 창의 수학
1. 단원 소개 2. 단원 학습 목표 3. 단원 발전 계통 4. 단원의 흐름 5. 단원의 전개계획 6. 지도상의 유의점 7. 단원 학습 평가 8. 단원 배경 지식	1. 스토리텔링 2. 수업의 흐름 3. 단원 학습 활동 4. 마무리	1. 창의 수학 활동 2. 수학 인성 교육 3. 참고 자료 4. 활동지	공부를 잘했는지 알아봅시다.	문제해결 이야기마당 놀이마당 체험마당

창의 수학 활동과 관련해서는, 차시 주제와 관련된 활동을 다양하게 제시하여 학생들이 새로운 관점에서 과제를 탐구하고 지식을 구성하는 데 도움이 되도록 하였다. 수학적 창의력은 문제 해결 능력, 의사소통 능력, 추론 능력 등과 같은 수학적 과정의 능력이 종합적으로 형성하는 상위 수준의 능력임을 의미하므로 일번작인 창의성 개념과 차별화하여 지도하도록 한다.

다음으로, 수학 인성 교육과 관련하여 생각해 볼 수 있는 인성적 요소는 다음과 같다. 첫째, 상대방의 수학적 생각에 대한 존중심을 가지는 것으로 상대방의 수학적 아이디어나 생각을 존중하며 경청하여 이해하려는 마음가짐을 갖도록 할 필요가 있다. 둘째, 자신의 수학적 생각을 상대에게 이해시키려는 배려심을 갖는 것으로 자신의 수학적 아이디어나 생각을 상대가 이해할 수 있게 상대방에게 맞추어 설명하려는 마음가짐을 갖게 할 필요가 있다. 셋째, 서로의 수학적 생각을 나누고자 하는 공유로 수학적 문제 해결 과정에서 서로의 수학적 아이디어나 생각의 가치를 인정하고 문제의 답에 도달하기 위하여 생각을 나누고자 하는 마음가짐을 갖게 해야 한다. 넷째, 수학적 사고를 유연하게 실행하고자 하는 방안으로 어떤 대상에 대한 수학적 이해의 과정이나 수학적 해결의 과정에 경직되지 않고 모든 가능성을 열어 놓고 대처하려는 마음가짐을 갖도록 하는 것이다.

나. 수학적 과정

1) 교사용 지도서

교사용 지도서에는 수학적 과정에 해당하는 부분이 '단원 학습 목표'와 '단원 학습 평가'에 나타난다. '수학 1~2학년군/수학 1'에서 수와 연산 영역의 대표적인 사례인 '1. 9까지의 수'와 측정 영역의 대표적인 사례인 '4. 비교하기'에서는 각각 '단원 학습 목표'와 '단원 학습 평가'를 다음과 같이 제시하였다. 사례에서 보듯이, 문장에서 동사에 해당하는 부분에 '수학적 과정'에 해당하는 행동 또는 사고 활동을 넣는 방향을 택했음을 알 수 있다.

| [표 XII-23] 단원 학습 목표에 나타난 '수학적 과정'의 예시(수와 연산) |

영역	단원 학습 목표
내용	1. 사물의 개수를 9까지 셀 수 있다. (이하 생략)
과정	1. 조작 활동, 체험 활동을 통해 서로 다른 다양한 개체에서 공통의 아이디어로 수를 추상할 수 있다. 2. 다양한 수 세기 활동을 통해 수의 양감을 기를 수 있다. 3. 수학적 아이디어를 반구체물이나 그림, 언어적 설명, 몸짓 등으로 다양하게 표현할 수 있다. 4. 일상생활에서 수가 쓰이는 경우를 서로 토의하면서 수학적 의사소통 능력을 기를 수 있다.
태도	1. 일상생활에서 수를 세는 활동을 통하여 수학의 유용성과 흥미를 가질 수 있다. (이하 생략)

| [표 XII-24] 단원 학습 목표에 나타난 '수학적 과정'의 예시(측정) |

영역	단원 학습 목표
내용	1. 두 가지 또는 세 가지 대상의 길이, 높이와 키, 무게, 넓이, 들이를 직관적으로 또는 직접적으로 비교할 수 있다. (이하 생략)
과정	1. 비교하고자 하는 대상을 다양한 측면에서 관찰하여 공통적인 양적 속성을 발견할 수 있다. 2. 양적 속성에 따른 직관적 또는 직접 비교 방법을 알고 주어진 문제 상황에 따라 두 가지 방법을 적절하게 활용하여 문제를 해결할 수 있다. 3. 두 가지 대상을 비교하는 방법을 적용하여 세 가지 대상을 비교하는 다양한 방법을 발견할 수 있다.
태도	1. 여러 가지 비교하기 활동을 통하여 사물에 대한 호기심을 자극하고 관찰력을 기를 수 있다. (이하 생략)

| [표 XII-25] 단원 학습 평가에 나타난 '수학적 과정'의 예시(수와 연산) |

영역	평가내용	관련차시	평가 방법
내용	1. 사물의 개수를 9까지 셀 수 있는가?	2	관찰, 질문
	(이하 생략)		
과정	1. 조작 활동, 체험 활동을 통해 서로 다른 다양한 개체에서 공통의 아이디어로 수를 추상할 수 있는가?	3, 8	관찰, 토의
	2. 다양한 수 세기 활동을 통해 수에 대한 양감이 형성되었는가?	1~11	관찰, 토의
	3. 수학적 아이디어를 반구체물이나 그림, 언어적 설명, 몸짓 등으로 다양하게 표현할 수 있는가?	1~11	관찰, 토의
	4. 일상생활에서 수가 쓰이는 경우를 서로 토의하면서 수학적 의사소통 능력이 길러졌는가?	1~11	관찰, 토의
태도	1. 일상생활에서 수를 세는 활동을 통하여 수학의 유용성과 흥미를 가지고 있는가?		관찰, 질문지법
	(이하 생략)		

| [표 XII-26] 단원 학습 평가에 나타난 '수학적 과정'의 예시(측정) |

영역	평가내용	관련차시	평가 방법
내용	1. 두 가지 또는 세 가지 대상의 길이, 높이, 키, 무게, 넓이, 들이를 직관적 또는 직접적으로 비교할 수 있는가?	2~6	관찰, 질문, 지필
	(이하 생략)		
과정	1. 비교하고자 하는 대상을 다양한 측면에서 관찰하여 공통적인 양적 속성을 발견할 수 있는가?	2~6	관찰, 질문
	2. 양적 속성에 따른 직관적 또는 직접 비교 방법을 알고, 주어진 문제 상황에 따라 두 가지 방법을 적절하게 활용하여 문제를 해결할 수 있는가?	2~6	관찰, 질문
	3. 두 가지 대상을 비교하는 방법을 바탕으로 세 가지 대상을 비교하는 다양한 방법을 제시할 수 있는가?	2~6	관찰, 질문
태도	1. 일상생활에서 수를 세는 활동을 통하여 수학의 유용성과 흥미를 가지고 있는가?	2~6	관찰, 질문
	(이하 생략)		

다. 스토리텔링 교과서

1) 전개 과정

2009년 총론 수준의 개정 교육과정이 고시되고 이어 2011년 각론인 수학과 교육과정이 고시되었다. 이듬해 2012년 1월 11일 교과부에서는 『수학교육선진화방안』을 발표하였으며 그 발표에서 '스토리텔링 수학교과서'가 공식적으로 언급되었다. '쉽게 이해하고 재미있게 배우는 수학'을 위해 스토리텔링 등 다양하고 창의적인 구성을 하겠다고 선언한 것이다. 이후 스토리텔링 수학교과서는 곧바로 언론의 주목을 받았으며 이후 교육계를 비롯하여 학부모들의 중요한 관심사가 되었다.

당시 발표된 보도자료를 보면, 교육과학기술부에서는 요약된 설명과 공식, 문제 위주로 구성되어 있는 기존 교과서의 틀에서 벗어나 수학적 의미, 역사적 맥락 및 실생활 사례 등을 스토리텔링 방식으로 연계하여 수학에 대한 이해와 흥미를 높이는 것을 목적으로 하였다.

그 실행 방법에 있어서 초등학교급과 중·고등학교급에서 차이를 두었다. 초등학교의 경우, 2009 개정 교육과정에 따라 2013년부터 사용하는 교과서의 일부 단원(수와 연산, 도형 등)에 스토리텔링 형식을 적용하고, 중·고등학교의 경우 민간출판사에서 참고할 수 있는 스토리텔링형 모델 교과서를 2012년에 개발·제시하는 것이었다. 교과서 개발에서 사용할 스토리텔링의 구조를 세 가지로 제시하였으며, 각 구조별 내용 예시는 다음과 같았다.

| [표 XII-27] 스토리텔링 구조와 예시 |

구조	내용
수학사 탐구형	덧셈·뺄셈의 발달과정, 고대 그리스 사모스섬 터널은 어떻게 뚫었을까, 오일러보다 앞선 조선시대 영의정 최석정의 조합론
실생활 연계형	정수론의 재발견, 미적분의 활용사례, 스마트폰과 수학
혼합형	소수(素數)의 역사와 암호의 등장, 게임이론과 경제학의 발전

2012년 연말부터 2013년 연초에 걸쳐 전국을 순회하며 설명회를 실시하였고, 2013년 1월부터 전국 17개 시·도교육청을 순회하며 초등학교 스토리텔링 수학교과서 교사연수를 실시하였다. 교과서를 집필한 교수·교사들이 직접 강사로 참여하여 개정 교육과정 및 수학 교과서·교사용 지도서의 특징과 활용법에 대해 연수를 실시하였다.

2) 교과서와 교사용지도서

2009 개정 초등 수학교과서의 체제 구성은 다음과 같다. 활동 중심으로 내용을 구성하되, 발문과 설명을 줄이고, 삽화와 사진, 스토리텔링 기법으로 내용을 제시하였다. 특히 단원 구성에서 스토리텔링이 위치하는 자리는 '생각열기'이다. 생각열기에서는 주어진 상황을 가능한 스토리텔링 기법으로 학습 주제에 대하여 동기유발하고, 상황을 생각한 후 생각한 것을 서로 이야기하여 문제를 해결하는 방법을 찾는 것이다.

| [표 XII-28] 교과서 단원 체제 |

① 단원 도입	→	② 개별차시 **생각 열기**, 활동, (약속), 마무리	→	③ 문제해결	→	④ 창의마당 (이야기마당, 놀이마당, 체험마당)	→	⑤ 공부를 잘했는지 알아봅시다 (단원평가의 성격)

교육과학기술부의 보도자료(2013. 1. 14일자)를 보면, 스토리텔링의 사례로 두 가지를 들고 있다. 이 스토리텔링형 교과서를 개발하는 과정에는 수학·수학교육 관련 전문가뿐 아니라 동화 작가 등 스토리텔링 전문가들도 참여하였다.

〈 스토리텔링 수학교과서 사례 : 1학년 1학기 '여러 가지 모양' 〉

이 학생들이 교실의 물건을 정리하는 상황을 통해 직육면체, 원기둥, 구 등의 모양을 찾고 분류하는 방법을 익힌다.

〈3차시 스토리텔링〉

현수네 반 다른 친구들이 교실로 들어오다 깜짝 놀라 소리쳤어요.

"교실이 왜 이렇게 엉망이야?"

"누가 우리 교실을 엉망으로 만들었지?"

"같은 모양끼리 정리되어 있었는데…"

현수와 진영이는 그 소리에 깜짝 놀랐어요.

교실을 엉망으로 만든 현수와 진영이는 친구들에게 사과했어요.

"얘들아, 미안해! 우리가 그랬어."

"나도 미안해. 우리가 정리할게. 그런데 같은 모양끼리 정리해야 하는데 같은 모양인지는 어떻게 알 수 있어?"

〈 스토리텔링 수학교과서 사례 : 2학년 1학기 '길이재기' 〉

이 단원에서는 임금님이 생일날 입을 옷을 만들기 위해 재단하는 과정에서 길이를 재는 보편단위(cm)의 필요성과 개념을 알게 된다.

〈1차시 스토리텔링〉

옛날 어느 나라에 뽐쟁이 임금님이 살았어요. 임금님의 옷장에는 화려한 옷과 모자, 허리띠, 신발 등이 가득했어요. 그러던 어느 해, 임금님은 생일을 맞아 멋진 잔치를 열기로 했어요.

(중략)

동서남북의 유명한 재단사들이 모두 모여 명령문을 보고 옷을 만들기 시작했어요.

"뭔가 이상한데…. 그 이유를 모르겠단 말이야."

(중략) 임금님께서 입으실 옷을 잘 만들 수 있을까요?

3) 스토리텔링 교과서에 대한 평가

이봉주 외(2013)의 「초등학교 1·2학년 스토리텔링 기반 수학교과서 적용을 통한 교사의 인식 변화」 연구를 보면, 스토리텔링 교과서에 대한 교사의 반응을 알 수 있다. 첫째, 스토리텔링 수학 교수·학습의 효율성, 수학 교수·학습 수단으로서 스토리텔링의 적절성에 관한 초등학교 1·2학년 교사의 인식 변화는 통계적으로 유의미하지 않는 것으로 나타났다. 둘째, 초등학교 1·2학년 스토리텔링 기반 수학교과서에 대한 문제점으로 '수학적 내용보다 이야기에 치중한다.'가 가장 많이 지적되었고, 이를 개선하기 위해서는 '너무 많은 양의 이야기는 지양해야 한다.'는 의견이 제시되었다. 또한 '이야기에 집중되어 기본 연산 훈련이 부족하다.'는 문제점도 제시되었다. 셋째, 스토리텔링 기반 수학교과서와 기존 교과서의 차이를 인식하는가에 대한 질문에 큰 차이를 인식하지 못하는 것으로 나타났다. 이 조사는 초등학교 1·2학년 담당 교사 30명을 대상으로 한 소규모 조사이긴 하다. 하지만 이러한 연구 결과에서 보여주듯이, 부정적인 여론이 비등해지면서 2015 개정 교육과정에서는 스토리텔링 수학이 상당히 약화되었다.

| [표 XII-26] 단원 학습 평가에 나타난 '수학적 과정'의 예시(측정) |

학기＼학년	1학년	2학년	3학년	4학년	5학년	6학년
1학기	1. 9까지의 수 2. 여러 가지 모양 3. 덧셈과 뺄셈 4. 비교하기 5. 50까지의 수	1. 세 자릿수 2. 여러 가지 도형 3. 덧셈과 뺄셈 4. 길이 재기 5. 분류하기 6. 곱셈	1. 덧셈과 뺄셈 2. 평면도형 3. 나눗셈 4. 곱셈 5. 시간과 길이 6. 분수와 소수	1. 큰 수 2. 곱셈과 나눗셈 3. 각도와 삼각형 4. 분수의 덧셈과 뺄셈 5. 혼합계산 6. 막대그래프	1. 약수와 배수 2. 직육면체 3. 약분과 통분 4. 분수의 덧셈과 뺄셈 5. 다각형의 넓이 6. 분수의 곱셈	1. 각기둥과 각뿔 2. 분수의 나눗셈 3. 소수의 나눗셈 4. 비와 비율 5. 원의 넓이 6. 직육면체의 겉넓이와 부피
2학기	1. 100까지의 수 2. 여러 가지 모양 3. 덧셈과 뺄셈(1) 4. 시계 보기 5. 덧셈과 뺄셈(2) 6. 규칙 찾기	1. 네 자릿수 2. 곱셈 구구 3. 길이 재기 4. 시각과 시간 5. 표와 그래프 6. 규칙 찾기	1. 곱셈 2. 나눗셈 3. 원 4. 분수 5. 들이와 무게 6. 자료의 정리	1. 소수의 덧셈과 뺄셈 2. 수직과 평행 3. 다각형 4. 어림하기 5. 꺾은선그래프 6. 규칙과 대응	1. 소수의 곱셈 2. 합동과 대칭 3. 분수의 나눗셈 4. 소수의 나눗셈 5. 여러 가지 단위 6. 자료의 표현	1. 쌓기나무 2. 비례식과 비례배분 3. 원기둥, 원뿔, 구 4. 비율그래프 5. 정비례와 반비례 6. 여러 가지 문제

참고문헌

교육과학기술부(2012). 수학교육선진화방안. 조간보도자료(1.11)

교육과학기술부(2013). 미래 사회 대비 국가 수준 교육과정 방향 탐색-수학. 한국교육과정평가원

교육과학기술부(2013). 보도자료 "초등학교 스토리텔링 수학교과서 교사연수 실시". 2013년 1월 14일자.

교육부(2015). 수학 교사용지도서 5-1

박경미(2010). '학년군'과 '수학적 과정'을 중심으로 한 외국 수학과 교육과정의 최근 경향 비교·분석. 학교수학. 12(4) pp. 667-686. 대한수학교육학회

박경미 외(2015). 2015 개정 수학과 교육과정 시안 개발 연구Ⅱ. 연구보고서 BD15120005. 한국창의재단.

박만구(2013). 개정 초등수학 교과서의 스토리텔링과 인성 교육. 공주교육대학교 학술세미나 '집필진에게서 직접 듣는 2009 개정 초등학교 수학교과용 도서의 특징과 그 활용'. pp. 1-30.

백영미(2007). 스토리텔링을 적용한 수학수업이 초등학교 학생의 학업성취도 및 수학적 태도에 미치는 영향. 청주교육대학교 교육대학원 석사학위논문.

임재훈 외(2004). 수학과 교육내용 적정성 분석 및 평가. 한국교육과정평가원 연구보고 RRC 2004.1.5

신이섭 외(2011). 2009 개정 교육과정에 따른 수학과 교육과정 연구. 한국과학창의재단 정책연구 2011-11.

정상권 외(2012). 과정 중심의 수학교과 평가방안 연구. 교육과학기술부. 정책연구 2012-1.

한겨레(2008). 2008.10.26 보도자료 '수리 영역 반영 않는 컴퓨터공학과'

허진주(2012). 스토리텔링을 활용한 수학 학습-지도 연구 : 수학에 대한 정의적 태도 개선을 중심으로. 성균관대학교 교육대학원 석사학위논문

[교과서] **저작권자:** 교육부 **편찬자:** 한국과학창의재단 **출판사:** 천재교육

발행연도	제목	발행연도	제목
2013	(초등학교 1-2학년군) 수학 (1)	2014	(초등학교 3-4학년군) 수학 4-1
2013	(초등학교 1-2학년군) 수학 (2)	2014	(초등학교 3-4학년군) 수학 4-2
2013	(초등학교 1-2학년군) 수학 (3)	2015	(초등학교 5-6학년군) 수학 5-1
2013	(초등학교 1-2학년군) 수학 (4)	2015	(초등학교 5-6학년군) 수학 5-2
2014	(초등학교 3-4학년군) 수학 3-1	2015	(초등학교 5-6학년군) 수학 6-1
2014	(초등학교 3-4학년군) 수학 3-2	2015	(초등학교 5-6학년군) 수학 6-2

[익힘책] **저작권자:** 교육부 **편찬자:** 한국과학창의재단 **출판사:** 천재교육

발행연도	제목	발행연도	제목
2013	(초등학교 1-2학년군) 수학 익힘책 (1)	2014	(초등학교 3-4학년군) 수학 익힘책 4-1
2013	(초등학교 1-2학년군) 수학 익힘책 (2)	2014	(초등학교 3-4학년군) 수학 익힘책 4-2
2013	(초등학교 1-2학년군) 수학 익힘책 (3)	2015	(초등학교 5-6학년군) 수학 익힘책 5-1
2013	(초등학교 1-2학년군) 수학 익힘책 (4)	2015	(초등학교 5-6학년군) 수학 익힘책 5-2
2014	(초등학교 3-4학년군) 수학 익힘책 3-1	2015	(초등학교 5-6학년군) 수학 익힘책 6-1
2014	(초등학교 3-4학년군) 수학 익힘책 3-2	2015	(초등학교 5-6학년군) 수학 익힘책 6-2

[교사용 지도서] **저작권자:** 교육부 **편찬자:** 한국과학창의재단 **출판사:** 천재교육

발행연도	제목	발행연도	제목
2013	(초등학교 1-2학년군) 수학 (1) 교사용지도서	2014	(초등학교 3-4학년군) 수학 4-1 교사용지도서
2013	(초등학교 1-2학년군) 수학 (2) 교사용지도서	2014	(초등학교 3-4학년군) 수학 4-2 교사용지도서
2013	(초등학교 1-2학년군) 수학 (3) 교사용지도서	2015	(초등학교 5-6학년군) 수학 5-1 교사용지도서
2013	(초등학교 1-2학년군) 수학 (4) 교사용지도서	2015	(초등학교 5-6학년군) 수학 5-2 교사용지도서
2014	(초등학교 3-4학년군) 수학 3-1 교사용지도서	2015	(초등학교 5-6학년군) 수학 6-1 교사용지도서
2014	(초등학교 3-4학년군) 수학 3-2 교사용지도서	2015	(초등학교 5-6학년군) 수학 6-2 교사용지도서

XIII. 2015 개정 교육과정의 초등수학교육

2013	2015	2017. 5.10	2017	2018	2019	2022. 5.10	2022	2023
(2. 25) 제5공화국 박근혜 정부 출범	(9. 23) 2015 개정 교육과정 (총론 및 각론) 고시	제6공화국 문재인 정부 출범	2015 개정 **국정** 초등 수학 교과서 1, 2학년 적용	2015 개정 **국정** 초등 수학 교과서 3, 4학년 적용	2015 개정 **국정** 초등 수학 교과서 5, 6학년 적용	제7공화국 윤석열 정부 출범	(12.22) 2022 개정 교육 과정 (총론 및 각론) 고시	
					초등 교과서 (사회, 수학, 과학) **검정** 체제 전환 공고		2015 개정 **검정** 초등 수학 교과서 3, 4학년 적용	2015 개정 **검정** 초등 수학 교과서 5, 6학년 적용

2015 개정 국정 초등 수학 교과서(2017~2021)

1 배경

교육부는 **2015년 9월 23일 창의융합형 인재 양성**을 목표로 하는 「**2015 개정 교육과정**」을 **확정·발표**하였다. 이는 박근혜 정부의 **'6대 교육개혁 과제'**의 하나인 **'공교육 정상화'**를 위한 핵심과제였다.

2015 개정은 **문·이과 구분**에 따른 **지식 편식 현상을 개선**하고 **융합형 인재 양성**에 대한 사회적 요구에 부응하고자, 2013년 10월 25일 초·중등 **교육과정과 대학수학능력시험 제도를 연계하여 개편**할 계획임을 천명하면서 시작되었다.

> **2015 개정 교육과정을 위한 연구**
>
> (2013) 문·이과 통합형 교육과정 개발을 위한 기초연구 ⇒ (2014) 문·이과 통합형 교육과정 시안 개발 연구 및 6개 교과교육과정 재구조화 연구 ⇒ (2014) 교과교육과정 및 총론 시안 개발 연구 ⇒ (2015)교과별 교수·학습 및 평가 방법 개발

교육부는 2012년 「**미래사회 대비 국가수준 교육과정 방향 탐색 연구**」를 바탕으로, 2013년 10월 개정에 대한 구체적인 논의를 거쳐 **총론 및 교과 교육과정** 개발을 위한 **정책연구**를 추진하였으며, 2014년 9월 「**2015 문·이과 통합형 교육과정 총론 주요사항**」을 발표하였고, 이어 **'창의융합형 인재 양성'**이라는 총론의 기본 방향을 토대로 **교과별 교육과정**을 개발하였다.

2015 개정 교육과정의 가장 큰 특징을 다음과 같이 제시하였다.

- 학교교육 전 과정에서 중점적으로 길러 주고자 하는 **핵심역량 설정**
- 통합사회·통합과학 등 **문·이과 공통 과목 신설**
- 연극·소프트웨어 교육 등 **인문·사회·과학기술**에 대한 **기초 소양 교육 강화**
- 교과별 **핵심 개념과 원리를 중심으로 학습내용을 적정화**
- 교사 중심에서 학생 활동 중심으로 전환하기 위한 **교수·학습 및 평가 방법 제시**

2 총론의 주요 개정 내용

> **창의융합형 인재**
> 인문학적 상상력, 과학기술 창조력을 갖추고 바른 인성을 겸비하여 새로운 지식을 창조하고 다양한 지식을 융합하여 새로운 가치를 창출할 수 있는 사람
> ▶**핵심역량**: 자기관리 역량, 지식정보처리 역량, 창의적 사고 역량, 심미적 감성 역량, 의사소통 역량, 공동체 역량

2015 개정 교육과정은, 2009 개정 교육과정이 추구하는 인간상을 기초로, 창조경제 사회가 요구하는 핵심역량을 갖춘 '창의융합형 인재'상을 제시하였다.

추구하는 인간상으로 '자주적인 사람, 창의적인 사람, 교양 있는 사람, 더불어 사는 사람'을 제시하였으며, 창의융합형 인재가 갖추어야 할 핵심역량으로 자기관리 역량, 지식정보처리 역량, 창의적 사고 역량, 심미적 감성 역량, 의사소통 역량, 공동체 역량을 제시하였다.

2015 개정 교육과정에서 총론의 주요 개정 방향은 다음과 같다.

① 인문·사회·과학기술에 관한 기초 소양 교육을 강화한다.

➡ 이를 위해 초·중등 교과 교육과정을 개편하여 인문학적 소양을 비롯한 기초 소양 함양 교육을 전반적으로 강화하고, 특히 고등학교에 기초 소양 함양을 위해 문·이과 구분 없이 모든 학생이 배우는 공통 과목을 도입한다. 여기서 공통 과목은 국어, 수학, 영어, 한국사, 통합사회, 통합과학, 과학탐구실험이다. 특히 통합적 사고력을 키우는 '통합사회' 및 '통합과학' 과목을 신설했다.

② 학생들의 "꿈과 끼"를 키울 수 있는 교육과정을 마련한다.

➡ 단위학교의 교육과정 편성·운영의 자율성을 확대하여 학생의 진로와 적성을 고려한 다양한 선택 과목 개설이 가능하도록 하고, 자유학기제 전면 실시(2016년)에 대비하여, 중학교 한 학기를 '자유학기'로 운영할 수 있는 근거를 마련하였다.

③ 미래 사회가 요구하는 핵심역량의 함양이 가능한 교육과정을 마련한다.

➡ 교과별로 꼭 배워야 할 핵심 개념과 원리 중심으로 학습 내용을 정선해 감축하고, 교수·학습 및 평가 방법을 개선해 학생들의 학습 부담을 줄이고 진정한 배움의 즐거움을 느낄 수 있도록 한다.

학교급별 주요 개정 사항 중 초등학교에 관한 내용은 다음과 같다.

① 1~2학년(군)에 한글교육을 강조하는 등 유아교육과정(누리과정)과 연계를 강화한다.

② 초등 1~2학년 수업시수를 주당 1시간 늘리되, 학생들의 추가적인 학습 부담이 생기지 않도록 창의적 체험 활동 시간을 활용해 체험 중심의 '안전한 생활'을 편성·운영한다.

③ 안전한 생활은 생활안전/교통안전/신변안전/재난안전 4개 영역으로 설정하여 체험 중심 학습으로 자연스럽게 안전한 생활습관과 의식을 습득하게 한다.

| [표 XIII-1] 2015 개정 교육과정의 주요 변화 |

<table>
<tr><th colspan="3" rowspan="2">구분</th><th colspan="2">주요 내용</th></tr>
<tr><th>2009 개정</th><th>2015 개정</th></tr>
<tr><td colspan="3">교육과정 개정 방향</td><td>• 창의적인 인재 양성
• 전인적 성장을 위한 창의적 체험활동 강화
• 국민공통교육과정 조정 및 학교교육과정 편성·운영의 자율성 강화
• 교육과정 개편을 통한 대학수능시험 제도 개혁 유도</td><td>• 창의융합형 인재 양성
• 모든 학생이 인문·사회·과학기술에 대한 기초 소양 함양
• 학습량 적정화, 교수·학습 및 평가 방법 개선을 통한 핵심역량 함양 교육
• 교육과정과 수능·대입제도 연계, 교원 연수 등 교육 전반 개선</td></tr>
<tr><td rowspan="5">총론</td><td rowspan="5">공통사항</td><td>핵심 역량 반영</td><td>• 명시적인 규정 없이 일부 교육과정 개발에서 고려</td><td>• 총론 '추구하는 인간상' 부문에 6개 핵심역량 제시
• 교과별 교과 역량을 제시하고 역량 함양을 위한 성취기준 개발</td></tr>
<tr><td>인문학적 소양 함양</td><td>• 예술고 심화선택 '연극' 개설</td><td>• 연극교육 활성화
- (초·중) 국어 연극 단원 신설
- (고) '연극'과목 일반선택으로 개설
• 독서교육 활성화</td></tr>
<tr><td>소프트웨어 교육 강화</td><td>• (초) 교과(실과)에 ICT 활용 교육 단원 포함
• (중) 선택교과 '정보'
• (고) 심화선택 '정보'</td><td>• (초) 교과(실과) 내용을 SW 기초 소양교육으로 개편
• (중) 과학/기술·가정/정보 교과 신설
• (고) '정보' 과목을 심화선택에서 일반선택 전환, SW 중심 개편</td></tr>
<tr><td>안전교육 강화</td><td>• 교과 및 창체에 안전 내용 포함</td><td>• 안전 교과 또는 단원 신설
- (초1~2) '안전한 생활' 신설(64시간)
- (초3~고3) 관련 교과에 단원 신설</td></tr>
<tr><td>범교과학습 주제 개선</td><td>• 39개의 범교과 학습 주제 제시</td><td>• 10개 내외 범교과학습 주제로 재구조화</td></tr>
<tr><td rowspan="2">총론</td><td rowspan="2">초등학교</td><td>초1, 2 수업시수 증배</td><td>〈개선〉</td><td>• 주당 1시간 증배, '안전한 생활' 신설
- 창의적 체험활동에서 체험중심 교육으로 실시</td></tr>
<tr><td>누리과정 연계 강화</td><td>〈신설〉</td><td>• 초등학교 교육과정과 누리과정의 연계 강화(한글 교육 강화)</td></tr>
<tr><td colspan="3" rowspan="2">교과교육과정 개정 방향</td><td>〈개선〉</td><td>• 총론과 교과교육과정의 유기적 연계 강화</td></tr>
<tr><td>〈개선〉</td><td>• 교과교육과정 개정 기본방향 제시
- 핵심개념 중심의 학습량 적정화
- 핵심역량을 반영
- 학생참여중심 교수·학습방법 개선
- 과정중심 평가 확대</td></tr>
<tr><td colspan="2">지원체제</td><td>교과서</td><td>〈개선〉</td><td>• 흥미롭고 재미있는 질 높은 교과서 개발</td></tr>
</table>

| [표 XIII-2] 초등학교 시간 배당 기준 중 수학 시간 배당 |

<table>
<tr><th colspan="2">구 분</th><th>1~2학년</th><th>3~4학년</th><th>5~6학년</th></tr>
<tr><td rowspan="8">교과(군)</td><td>국어</td><td rowspan="7">국어 448
수학 256
바른 생활 128
슬기로운 생활 192
즐거운 생활 384</td><td>408</td><td>408</td></tr>
<tr><td>사회/도덕</td><td>272</td><td>272</td></tr>
<tr><td>수학</td><td>272</td><td>272</td></tr>
<tr><td>과학/실과</td><td>204</td><td>340</td></tr>
<tr><td>체육</td><td>204</td><td>204</td></tr>
<tr><td>예술(음악/미술)</td><td>272</td><td>272</td></tr>
<tr><td>영어</td><td>136</td><td>204</td></tr>
<tr><td>소계</td><td>1,408</td><td>1,768</td><td>1,972</td></tr>
<tr><td colspan="2">창의적 체험활동</td><td>336 안전한 생활 (64)</td><td>204</td><td>204</td></tr>
<tr><td colspan="2">학년군별 총 수업시간 수</td><td>1,744</td><td>1,972</td><td>2,176</td></tr>
</table>

3 수학과 교육과정의 주요 개정 사항

가. 수학과 교육과정의 개정 방향

2015 개정 수학과 교육과정과 관련해서 다음 두 권의 정책연구 보고서가 나왔다. 이 보고서를 토대로 2015 개정 수학과 교육과정의 특징을 살펴보자.

2015 수학과 교육과정 개정 시안 개발 정책 연구(박경미 외, 2015. 5. 13)
2015 개정 교육과정에 따른 수학과 교육과정(교수학습방법 및 평가) 개발 연구(박경미 외, 2015. 11. 26)

연구팀에서는 2015 개정 교육과정 총론에서 제시한 개정의 방향을 기본으로 하면서 수학과 고유의 상황을 반영해 수학과 교육과정의 개정 방향을 다섯 가지로 설정하였다.

1) 수학 교과 핵심역량의 강조

총론에서 제시한 핵심역량인 자기관리 능력, 공동체 의식, 의사소통 능력, 창의·융합 사고능력, 정보처리 능력, 심미적 감성 능력의 여섯 가지를 참고하고 수학 교과의 특성을 고려하여 선정한 수학 교과 핵심역량은 문제 해결, 추론, 의사소통, 창의·융합, 정보처리, 태도 및 실천의 여섯 가지로, 각각을 정의한 후 하위요소를 제시하여 구체화하였다.

2) 학습 부담 경감 실현

| [표 XIII-3] 2015 개정 수학과 교육과정의 개정 방향 |

구분	수학교육 선진화 방안	2차 수학교육 종합계획
추진기간	2012~2014	2015~2019
중점방향	수학에 대한 긍정적 태도 강화, 기본소양으로서의 수학 대중화	쉽고 재미있는 수학교육 추진, 수학교육 패러다임 변화 추진
대표사업	• 수학클리닉 • 스토리텔링을 통한 수학교육 • 수학교육 선도학교	• 수학 체험센터, 알지오매스 개발 • 대한민국 수학교육상

수포자가 사회 문제로 대두되고, 제2차 수학교육 종합계획에서 쉬운 수학으로의 변화가 예고되면서, 수학 학습 부담 경감은 교육과정 개정의 중요한 방향으로 자리매김하게 되었다. 수학 학습 부담 경감은 제4차 교육과정부터 최근에 이르기까지 개정의 중점 사항으로 빠지지 않고 등장해 왔고 2015 개정 교육과정에서도 강조되었다. 이를 위해 다음 세 가지로 접근하였다.

(1) 내용 감축과 연계성 강화

내용 감축 차원에서 초등학교의 분수와 소수의 혼합계산, 아르(a), 헥타르(ha) 등을 삭제하였다. 연계성 강화와 관련하여 초등학교 6학년과 중학교 1학년에서 연이어 다루는 원기둥의 겉넓이와 부피를 중학교에서 다루도록 하였다.

(2) '평가상의 유의점'의 신설을 통한 평가 가이드라인 제공

학생들의 학습 부담을 가중시키는 요인은 내용 자체에도 있지만 평가 문항을 통한 난이도의 상승에서 기인하는 면도 있다. 학습내용의 범위를 줄이면 문항의 심도가 깊어지는, 즉 적은 수의 주제를 어렵게 구현한 문항들이 등장하여 내용이 감축되어도 학습 부담은 경감되지 않는 경향이 있다.

즉 '내용 경감'이 '학습부담 경감'으로 이어지지 않는 메커니즘이 작용하므로, 교육과정의 학년별, 영역별로 '평가상의 유의점'의 신설하여 교육과정을 벗어난 심화된 내용을 평가하지 않도록 안내하였다.

(3) 교수·학습 방법 개선

동일한 내용이라도 교수·학습 방법에 따라 체감 난이도가 달라질 수 있기 때문에 조작·체험·탐구활동 중심으로 교실 수업의 변화를 도모할 수 있는 방향으로 교육과정의 학년별, 영역별로 '교수·학습상의 유의점'을 이전 교육과정보다 상세하게 진술하고자 한다.

교육과정에 포함될 '교과서 개발 방향'에도 교과서에 제시할 내용의 범위와 수준을 명확하게 기술하고, 교육과정의 범위를 넘어서는 내용의 예시를 제공함으로써 실제적인 경감이 이루어지도록 하였다.

3) 학습자의 정의적 측면 강조

우리나라 학생들이 인지적 측면에서는 최상위권이지만 정의적 측면에서는 최하위권이라는 심각한 괴리 현상을 해소하고, '행복교육'의 실현을 위해서 정의적 성취를 높이는데 우선순위를 두었다. '학생들의 꿈과 끼를 키워주는 행복교육의 실현'[1)]을 위해서도 학교 수학교육에서 인지적 측면뿐만 아니라 정의적 측면에 대한 관심과 배려가 강화될 필요가 있다. 수학에 대한 긍정적인 인식을 강화시키기 위해서는 수학 학습에서의 성공 경험이 중요한데, 성공 경험이란 반드시 높은 점수를 의미하는 것이 아니라, 수학 학습 과정에서 작은 성공을 경험함으로써 수학에 대한 열패감을 극복하고 자신감을 회복하는 것을 의미한다.

1) 박근혜 정부의 슬로건

이러한 점을 감안하여 수학과 교육과정은 학생들의 흥미, 가치, 인성, 자신감, 의지, 즐거움, 성공 경험 등을 진작시킬 수 있도록 '교수·학습 방법'을 진술하고, 학년별, 영역별로 '교수·학습상의 유의점'을 구체화시키고자 하였다.

> 학습자의 정의적 측면을 적극적으로 배려하여 이와 관련된 '태도 및 실천'을 교과 역량의 하나로 선정하고, 이를 구체화한 내용을 다음과 같이 '교수·학습 방법'에 진술하였다.
>
> (사) 태도 및 실천 능력을 함양하기 위한 교수·학습에서는 다음 사항을 강조한다.
> ① 수학을 생활 주변과 사회 및 자연 현상과 관련지어 지도하여 수학의 필요성과 유용성을 알게 하고, 수학의 역할과 가치를 인식할 수 있게 한다.
> ② 수학에 대한 관심과 흥미, 호기심과 자신감을 갖고 수학 학습에 적극적으로 참여하게 하며, 끈기 있게 도전하도록 격려하고 학습 동기와 의욕을 유발한다.
> ③ 학생 스스로 목표를 설정하고 학습을 수행하며 학습 결과를 평가하는 자주적 학습 습관과 태도를 갖게 한다.
> ④ 수학적 활동을 통하여 정직하고 공정하며 책임감 있게 행동하고 어려움을 극복하기 위해 도전하는 용기 있는 태도, 타인을 배려하고 존중하며 협력하는 태도, 논리적 근거를 토대로 의견을 제시하고 합리적으로 의사 결정하는 태도를 갖고 이를 실천하게 한다.

4) 실생활 중심의 통계 내용 재구성

통계는 실생활 맥락으로 내용의 성격을 재조정하는 것이 용이한 영역으로, 학업성취도 국제비교 연구에서 우리나라 학생들의 통계 영역 성취도가 상대적으로 낮기 때문에 통계 교육에 대한 개선이 필요하다.

실제 확률과 통계는 교과서에 갇힌 생명력을 잃은 지식이 아니라 교과서 밖으로 나와 일상과 유기적으로 연계되기에 가장 적합한 학교수학의 주제이다. 실생활 맥락의 통계 교육으로 패러다임을 전환하기 위하여 2015 개정 수학과 교육과정에서는 주어진 자료의 수동적인 처리에서 머무르지 않고, 자료의 수집, 분석, 해석 등 일련의 과정이 다루어지는 것을 강조하였다.

5) 공학적 도구의 활용 강조

2009 개정 교육과정을 비롯하여 이전의 수학과 교육과정도 영역별 '교수·학습상의 유의점'이나 일반적인 '교수·학습 방법'에서 공학적 도구의 활용을 언급하고 있으나, 2015 개정 교육과정에서는 이를 성취기준으로 진술함으로써 교과서와 수업에서 공학적 도구가 적극적인 활용되어야 함을 명시적으로 강조하였다. 실제적인 맥락을 강조하는 수학 내용을 전개하기 위해서는 복잡한 계산을 공학적 도구에 위임하는 것이 필요하며, 세계적인 추세가 공학적 도구의 활용에 보다 개방적인 방향으로 나아가고 있다는 점도 참작할 필요가 있다.

나. 초등학교 수학의 내용 선정 방향과 주요 변화

2015 개정 수학과 교육과정에서는 초등학교 내용 선정의 방향을 다음과 같이 설정하였다.

① 유치원 교육과정인 누리과정과의 연계성 확보

② 학습 부담 경감을 위한 내용 검토 및 불필요한 계산 지양

③ 수시 개정으로 인한 현장 교사들의 피로도 누적을 고려한 개정 변화의 최소화

내용 변화를 구체적으로 살펴보면 다음과 같다.

| [표 XIII-4] 2015 개정 교육과정의 초등학교 수학의 내용 선정 방향 |

	수와 연산	도형	측정	규칙성	자료와 가능성
2009 개정 교육과정	-자연수의 혼합 계산(3~4학년군) -분수와 소수의 혼합 계산(5~6학년군)		-원기둥의 겉넓이와 부피(5~6학년군) -수의 범위와 어림하기(3~4학년군) -무게 단위(t)(5~6학년군)	-정비례와 반비례(5~6학년군) -규칙과 대응(3~4학년군)	-영역명 '확률과 통계'
⬇					
2015 개정 교육과정	-자연수의 혼합 계산(5~6학년군) -분수와 소수의 혼합 계산 삭제	-쌓기나무 활동에서 물체의 위치와 방향 추가(1~2학년군) -도형의 이름 짓기를 교수·학습 방법 및 유의 사항으로 진술(1~2학년군, 3~4학년군)	-원기둥의 겉넓이와 부피 삭제 -수의 범위와 어림하기(5~6학년군) -넓이 단위(a, ha) 삭제 -무게 단위(t)(3~4학년군)	-정비례와 반비례(중학교) -규칙과 대응(5~6학년군)	-영역명을 '자료와 가능성'으로 변경 -자료의 수집, 분류, 정리, 해석 활동 강조 -실생활과 연계를 강화한 가능성 경험 강조(5~6학년군)

'수와 연산' 영역에서는 자연수의 혼합 계산을 3~4학년군에서 5~6학년군으로 이동하고 분수와 소수의 혼합 계산을 삭제하였다. 2009 개정 교육과정에서는 자연수의 사칙 계산을 4학년 때까지 완성하도록 하여, 2개 이상의 사칙 계산이 혼합된 계산 역시 3~4학년에서 완성하도록 하였다.

'도형' 영역에서는 1~2학년군에 물체의 위치와 방향을 추가하였다. 그 근거는 유치원 교육 과정인 누리 과정과의 연계성, 다른 교과와의 연계성, 외국 교육과정과의 비교 등이다.

'측정' 영역에서는 5~6학년군에 있던 원기둥의 겉넓이와 부피 및 넓이 단위인 아르(a), 헥타르(ha)를 삭제하고, 수의 범위와 어림하기 및 무게 단위인 톤(t)을 이동하였다.

'규칙성' 영역에서는 정비례와 반비례, 규칙과 대응을 이동하였다. 정비례와 반비례는 초등학교 교사 심층 면담에서 학습 부담 경감을 위하여 중학교로 이동할 필요가 있다고 제기된 내용이다.

'자료와 가능성' 영역은 영역명 자체의 변화가 주목할 만하다. 2009 개정 교육과정 이후 초등학교에서 다루는 확률 영역의 주요 내용은 확률의 기초 개념인 사건이 일어날 가능성이다.

다. 수학 교과 역량

1) 수학 교과 역량의 등장 배경

1990년대 후반 이후 정보 기술의 발달에 따라 급속하게 사회가 변화하고 있고 이에 대응할 수 있도록 미래 사회에 필요한 수학적 소양을 쌓는 것이 중요한 수학교육의 과제가 되었다. 제7차 수학과 교육과정에서의 '수학적 힘의 신장', 2007 개정 수학과 교육과정에서의 '수학적 사고력과 의사소통 능력 신장', 2009 개정 수학과 교육과정의 '수학적 과정'은 위와 같은 맥락에서 등장하였다.

2015 개정 수학과 교육과정에서는 이 흐름을 더욱 발전시키려고 하였으며 수학 교과를 통해 '수학 교과 역량'을 신장한다는 목표를 세우고 '수학 교과 역량'을 구체화하여 제시하였다(교육부, 2015).

| [표 XIII-5] 2015 개정 교육과정의 수학 교과 역량 형성 과정 |

교육과정
제7차 수학과 교육과정 수학적 힘의 신장
⬇
2007 개정 수학과 교육과정 수학적 사고력과 의사소통 능력 신장
⬇
2009 개정 수학과 교육과정 수학적 과정
⬇
2015 개정 수학과 교육과정 수학 교과 역량

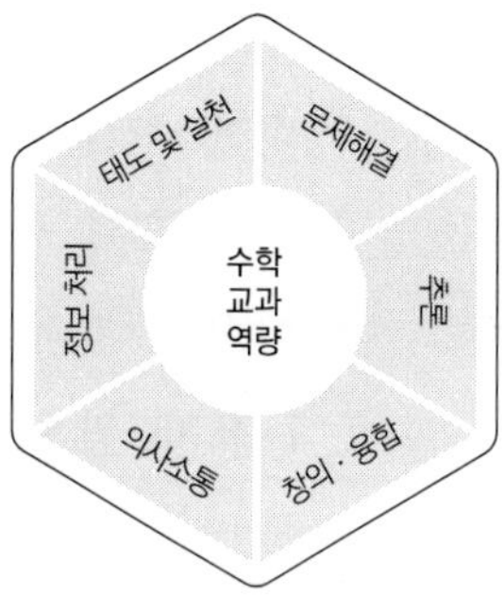

2015 개정 교육과정의 수학 교과 역량

2015 개정 교육과정에서는 2009 수학과 교육과정에 명시된 '문제해결', '추론', '의사소통'의 세 가지 수학적 과정에 '창의·융합', '정보처리', '태도 및 실천'의 세 가지를 추가하여 수학 교과 핵심역량을 여섯 가지로 규정하였다.

핵심역량에 따라 포괄하는 범위가 매우 넓거나 좁은 경우도 있고 핵심역량 사이에 의미가 중첩되는 경우도 있으나, 수학과와 직결되면서 가장 대표성이 높은 교과 핵심역량을 여섯 가지로 확정한 후 각각에 대해 조작적으로 정의하고 하위 요소로 구체화하였으며 이를 교육과정에 반영하고자 하였다.

2) 수학 교과 역량의 조작적 정의 및 하위요소

(1) **문제해결 역량**은 '해결 방법을 알고 있지 않은 문제 상황에서 수학의 지식과 기능을 활용하여 해결 전략을 탐색하고 최적의 해결 방안을 선택하여 주어진 문제를 해결하는 능력'을 의미한다. 문제해결 역량의 하위 요소와 그 의미, 그리고 이를 구현하는 기능은 다음과 같다.

| [표 XIII-6] 문제해결 역량의 하위 요소와 그 의미 및 기능 |

하위 요소	의미	기능
문제 이해 및 전략 탐색	문제에서 구하고자 하는 것과 주어진 조건 및 정보를 파악하고, 적절한 해결 전략을 탐색하여 풀이 계획을 수립하는 능력	(문제) 이해하기, 분석하기, (조건, 정보) 파악하기, (관계) 파악하기, 계획하기, 탐구하기, 일반화하기, 특수화하기, 유추하기, 분류하기, 조사하기, 거꾸로 생각하기, 단순화하기, 그림으로 나타내기, 표 만들기, 식 세우기, (다양한 전략) 구사하기
계획 실행 및 반성	계획한 풀이 과정을 수행하고 검증 및 반성을 통하여 해결 방법과 해답을 평가하는 능력	계산하기, (절차) 수행하기, 문제해결하기, 적용하기, 활용하기, 점검하기, 반성하기, 평가하기
협력적 문제해결	균형 있는 책임 분담과 상호작용을 통해 집단적으로 문제해결을 수행하는 능력	설명하기, 정당화하기, 질문하기, 비판하기, (의견) 존중하기, (의견) 조정하기, 의사결정하기, 토론하기, 제안하기, 종합하기
수학적 모델링	실생활 문제 상황을 수학적으로 나타내고 분석하여 결론을 도출하고 이를 상황에 맞게 해석하는 능력	(상황) 모델링하기, 변환하기, 분석하기, 적용하기, 활용하기, 해석하기, 결론 도출하기, 점검하기
문제 만들기	주어진 문제를 변형하거나 새로운 문제를 만들어 해결하는 능력	(조건) 변형하기, 유사성 찾기, 비교하기, 관련짓기, 확장하기, 생성하기, (문제) 만들기

(2) **추론 역량**은 '수학적 사실을 추측하고 논리적으로 분석하고 정당화하며 그 과정을 반성하는 능력'을 의미한다. 추론 역량의 하위 요소와 그 의미, 그리고 이를 구현하는 기능은 다음과 같다.

| [표 XIII-7] 추론 역량의 하위 요소와 그 의미 및 기능 |

하위 요소	의미	기능
관찰과 추측	관찰과 탐구 상황에서 귀납, 유추 등의 개연적 추론을 사용하여 수학적 사실을 추측하는 능력	관찰하기, 추측하기, 규칙 찾기, 탐구하기, 일반화하기, 특수화하기, 유추하기
논리적 절차 수행	수학적 절차와 수학적 사실 도출 과정을 논리적으로 수행하는 능력	형식화하기, 작도하기, 순서 짓기, 대입하기, 단순화하기, 계산하기, 절차 따르기, 풀기, (해) 구하기, 함수 구하기
수학적 사실 분석	수학적 개념, 원리, 법칙을 분석하는 능력	이해하기, (조건, 정보 등) 파악하기, 분석하기, 정의하기, 관계 짓기, 비교하기, 구별하기, 측정하기, (단위식) 변환하기, 공식 유도하기, (수, 개수, 경우의 수) 세기, 어림하기, 분해하기, 합성하기
정당화	수학적 사실이 참임을 보이기 위해 증거를 제시하고 이유를 설명하는 능력	정당화하기, 반례 찾기, 예증하기, 증명하기, 설명하기, 규칙 정하기
추론 과정의 반성	자신의 추론 과정이 옳은지 비판적으로 평가하고 되돌아보는 능력	반성하기, 되돌아보기, 비판하기, 평가하기, 검토하기, 판단하기, 판별하기, 확인하기

(3) **창의·융합 역량**은 '수학의 지식과 기능을 토대로 새롭고 의미 있는 아이디어를 다양하고 풍부하게 산출하고 정교화하며, 여러 수학적 지식, 기능, 경험을 연결하거나 타 교과나 실생활의 지식, 기능, 경험을 수학과 연결·융합하여 새로운 지식, 기능, 경험을 생성하고 문제를 해결하는 능력'을 의미한다. 창의·융합 역량의 하위 요소와 그 의미, 그리고 이를 구현하는 기능은 다음과 같다.

| [표 XIII-8] 창의·융합 역량의 하위 요소와 그 의미 및 기능 |

하위 요소	의미	기능
독창성	문제 상황에서 새로운 아이디어, 해결 전략, 해결 방법을 찾아내거나 새로운 관점에서 문제를 제기하는 능력	(새로운 관점에서 문제해결 방법이나 전략) 찾아내기, (새로운 관점에서) 문제 제기하기, 발견하기, 창작하기, 상상하기, 발명하기, 만들기
유창성	문제 상황에서 많은 아이디어나 해결 방법, 해답을 산출하는 능력	(많은 해결 방법이나 해답) 찾아보기, (문제해결 방법이나 전략을 2개 이상) 제시하기, (개방형 문제에서 다양한 해답) 산출하기
융통성	고정된 사고방식에서 벗어나 다양한 관점에서 해결 방법이나 전략, 아이디어를 찾아내거나 문제를 제기하는 능력	(다양한 관점에서 해결 방법이나 전략, 아이디어) 찾아내기, 여러 범주(대수, 기하, 식, 표, 그래프 등)에서 해결책 찾아내기, (다양한 관점에서) 문제 제기하기
정교성	기존의 수학적 아이디어에 세부 사항을 추가하거나 변형하여 더욱 가치 있는 것으로 발전시키는 능력	(수학적 아이디어) 구체화하기, (수학적 사실을 표, 그림, 모델, 수학 용어, 기호 등을 사용하여) 간단명료하게 표현하기, (수학적 아이디어나 문제 풀이 과정) 정련하기/정교화하기, (여러 풀이나 설명 중에서) 완결성 높은 것 찾아보기
수학 내적 연결	여러 수학적 지식, 기능, 경험 등을 연결하여 새로운 수학적 지식, 기능, 경험 등을 생성하고 수학 문제를 해결하는 능력	(서로 다른 주제 또는 서로 다른 학년의 수학 지식, 기능, 경험 사이의) 관계 찾기/관련짓기/연결하기/통합하기/재구성하기, (수학 문제 상황에 두 가지 이상의 지식, 기능) 적용하기/문제해결하기
수학 외적 연결 및 융합	타 교과나 실생활의 지식, 기능, 경험 등을 수학과 연결·융합하여 새로운 지식, 기능, 경험 등을 생성하고 문제를 해결하는 능력	(실생활이나 타 교과 상황과 관련된 수학적 지식, 기능, 경험 등) 찾아보기, (실생활이나 타 교과 상황에 수학적 지식, 기능, 경험 등) 적용하기/연결하기/관련짓기/융합하기

(4) **의사소통 역량**은 '수학 지식이나 아이디어, 수학적 활동의 결과, 문제해결 과정, 신념과 태도 등을 말이나 글, 그림, 기호로 표현하고 다른 사람의 아이디어를 이해하는 능력'을 의미한다. 의사소통 역량의 하위 요소와 그 의미, 그리고 이를 구현하는 기능은 다음과 같다.

| [표 XIII-9] 의사소통 역량의 하위 요소와 그 의미 및 기능 |

하위 요소	의미	기능
수학적 표현의 이해	수학적 표현의 의미를 이해하고 정확하게 사용하는 능력	그리기, (수, 시각) 읽기·쓰기, 표현하기, 형식화하기, 서술하기, 작도하기, 이해하기
수학적 표현의 개발 및 변환	자신의 아이디어를 나타내는 표현을 만들고 수학적 표현들끼리 변환하는 능력	(표) 만들기, (그래프) 그리기, 꾸미기, 채우기, 이름 짓기, (그림, 식, 표 등으로) 나타내기, 표현하기, 선택하기, 변환하기(바꾸기)
자신의 생각 표현	수학 학습 활동 과정과 결과를 다른 사람에게 표현하는 능력	설명하기, 쓰기, 말하기, 보여 주기, 토론하기
타인의 생각 이해	다른 사람의 생각을 이해하고 평가하는 능력	경청하기, 질문하기, 파악하기, 토론하기

(5) **정보 처리 역량**은 '다양한 자료와 정보를 수집, 정리, 분석, 활용하고 적절한 공학적 도구나 교구를 선택, 이용하여 자료와 정보를 효과적으로 처리하는 능력'을 의미한다. 정보 처리 역량의 하위 요소와 그 의미, 그리고 이를 구현하는 기능은 아래와 같다.

| [표 XIII-10] 정보 처리 역량의 하위 요소와 그 의미 및 기능 |

하위 요소	의미	기능
자료와 정보 수집	실생활 및 수학적 문제 상황에서 적절한 자료와 정보를 탐색 및 생성하여 수집하는 능력	(자료를) 수집하기, 조사하기, 기록하기, 탐색하기, 생성하기
자료와 정보 정리 및 분석	수집한 자료와 정보를 목적에 맞게 분류, 정리, 분석, 평가하는 능력	표현하기, 분류하기, 정리하기, 열거하기, 배열하기, 비교하기, 묶기, 분석하기, 분류하기, 분할하기, 시각화하기, 평가하기
정보 해석 및 활용	분석한 정보에 내재된 의미를 올바르게 파악하여 해석, 종합, 활용하는 능력	예측하기, 설명하기, 해석하기, 종합하기, 활용하기
공학적 도구 및 교구 활용	수학적 아이디어와 개념을 탐구하고 문제를 해결하는 데 적합한 공학적 도구 및 교구를 선택하고 이용하는 능력	선택하기, 조작하기, 공학적 도구 활용하기, 시각화하기

(6) **태도 및 실천 역량**은 '수학의 가치를 인식하고 자주적 수학 학습 태도와 민주 시민 의식을 갖추어 실천하는 능력'을 의미한다. 태도 및 실천 역량의 하위 요소와 그 의미, 그리고 이를 구현하는 기능은 다음과 같다.

| [표 XIII-11] 태도 및 실천 역량의 하위 요소와 그 의미 및 기능 |

하위 요소	의미	기능
가치 인식	수학에 대해 관심과 흥미를 갖고, 수학의 실용적, 도야적, 심미적, 문화적 가치를 인식하는 능력	(수학에 대해) 관심과 흥미 갖기, (수학의) 가치 인식하기, (수학의) 역할 이해하기, (수학의) 필요성/유용성 인식하기, (수학의) 편리함 인식하기
자주적 학습 태도	수학 학습 의지와 자신감, 끈기를 갖고 자신 스스로 목표를 설정하여 자율적으로 학습을 수행하며 학습 결과를 평가하는 태도	(즐거움, 성취감, 동기화, 안정감, 만족감, 도전 의식, 적극성, 자신감, 끈기) 갖기, 목표 설정하기, 계획 세우기, 조절하기, 점검하기, 평가하기, 시간 관리하기, 자율적으로 행동하기
시민 의식	수학적 활동을 통하여 정직하고 공정하며 책임감 있게 행동하고 어려움을 극복하기 위해 도전하는 용기 있는 태도, 타인을 배려하고 존중하며 협력하는 태도, 논리적 근거를 토대로 의견을 제시하고 합리적으로 의사 결정하는 태도를 갖고 이를 실천하는 능력	(공정, 정직)한 태도 취하기, (책임감, 도전 정신, 용기) 갖기, 배려하기, 존중하기, 협력하기, 논리적 근거를 토대로 의견 제시하기, 이유 설명하기, 합리적으로 의사 결정하기

3) 수학 교과 역량이 반영된 성취기준

성취기준에 반영된 수학 교과 역량의 예를 몇 가지 살펴보면 다음과 같다.

〈문제해결〉

[2수01-10] 곱셈이 이루어진 실생활 상황을 통하여 곱셈의 의미를 이해한다.

[4수03-10] 실생활에서 무게를 나타내는 새로운 단위의 필요성을 인식하여 1t의 단위를 안다.

[6수03-01] 실생활 장면에서 이상, 이하, 초과, 미만의 의미와 쓰임을 알고, 이를 활용하여 수의 범위를 나타낼 수 있다.

[6수03-06] 평행사변형, 삼각형, 사다리꼴, 마름모의 넓이를 구하는 방법을 다양하게 추론하고, 이와 관련된 문제를 해결할 수 있다.

[9수02-05] 일차방정식을 풀 수 있고, 이를 활용하여 문제를 해결할 수 있다.

[9수03-06] 일차함수의 그래프의 성질을 이해하고, 이를 활용하여 문제를 해결할 수 있다.

〈추론〉

[2수01-07] 덧셈과 뺄셈의 관계를 이해한다.

[2수03-07] 여러 가지 물건의 길이를 어림하여 보고, 길이에 대한 양감을 기른다.

[4수02-10] 여러 가지 모양의 사각형에 대한 분류 활동을 통하여 직사각형, 정사각형, 사다리꼴, 평행사변형, 마름모를 알고, 그 성질을 이해한다.

[4수03-14] 여러 가지 방법으로 삼각형과 사각형의 내각의 크기의 합을 추론하고, 자신의 추론 과정을 설명할 수 있다.

[6수02-11] 쌓기나무로 만든 입체도형의 위, 앞, 옆에서 본 모양을 표현할 수 있고, 이러한 표현을 보고 입체도형의 모양을 추측할 수 있다.

[6수03-04] 넓이를 나타내는 표준 단위의 필요성을 인식하여 $1cm^2$, $1m^2$, $1km^2$의 단위를 알며, 그 관계를 이해한다.

[9수01-04] 정수와 유리수의 대소 관계를 판단할 수 있다.

[9수04-14] 삼각형의 닮음 조건을 이해하고, 이를 이용하여 두 삼각형이 닮음인지 판별할 수 있다.

〈창의·융합〉

[2수04-01] 물체, 무늬, 수 등의 배열에서 규칙을 찾아 여러 가지 방법으로 나타낼 수 있다.

[4수02-07] 컴퍼스를 이용하여 여러 가지 크기의 원을 그려서 다양한 모양을 꾸밀 수 있다.

[6수05-02] 실생활 자료를 그림그래프로 나타내고, 이를 활용할 수 있다.

[6수05-03] 주어진 자료를 띠그래프와 원그래프로 나타낼 수 있다.

〈의사소통〉

[2수02-05] 삼각형, 사각형에서 각각의 공통점을 찾아 말하고, 이를 일반화하여 오각형, 육각형을 알고 구별할 수 있다.

[2수03-01] 구체물의 길이, 들이, 무게, 넓이를 비교하여 각각 '길다, 짧다', '많다, 적다', '무겁다, 가볍다', '넓다, 좁다' 등을 구별하여 말할 수 있다.

[2수03-06] 1m가 100cm임을 알고, 길이를 단명수와 복명수로 표현할 수 있다.

[4수04-01] 다양한 변화 규칙을 찾아 설명하고, 그 규칙을 수나 식으로 나타낼 수 있다.

[6수04-03] 비율을 이해하고, 비율을 분수, 소수, 백분율로 나타낼 수 있다.

[9수03-03] 정비례, 반비례 관계를 이해하고, 그 관계를 표, 식, 그래프로 나타낼 수 있다.

[9수04-10] 이등변삼각형의 성질을 이해하고 설명할 수 있다.

〈정보 처리〉

[2수02-01] 교실 및 생활 주변에서 여러 가지 물건을 관찰하여 직육면체, 원기둥, 구의 모양을 찾고, 그것들을 이용하여 여러 가지 모양을 만들 수 있다.

[4수05-03] 여러 가지 자료를 수집, 분류, 정리하여 자료의 특성에 맞는 그래프로 나타내고, 그래프를 해석할 수 있다.

[6수03-07] 여러 가지 둥근 물체의 원주와 지름을 측정하는 활동을 통하여 원주율을 이해한다.

[6수05-04] 자료를 수집, 분류, 정리하여 목적에 맞는 그래프로 나타내고, 그래프를 해석할 수 있다.

[9수05-03] 공학적 도구를 이용하여 실생활과 관련된 자료를 수집하고 표나 그래프로 정리하고 해석할 수 있다.

〈태도 및 실천〉

[2수03-05] 길이를 나타내는 표준 단위의 필요성을 인식하고, 1cm와 1m의 단위를 알며, 상황에 따

라 적절한 단위를 사용하여 길이를 측정할 수 있다.

[2수05-03] 분류한 자료를 ○, ×, / 등을 이용하여 그래프로 나타내고, 그래프로 나타내면 편리한 점을 말할 수 있다.

[4수03-03] 길이를 나타내는 새로운 단위의 필요성을 인식하여 1mm와 1km의 단위를 알고, 이를 이용하여 길이를 측정하고 어림할 수 있다.

[6수03-02] 어림값을 구하기 위한 방법으로 올림, 버림, 반올림의 의미와 필요성을 알고, 이를 실생활에 활용할 수 있다.

4) 수학 교과 역량이 반영된 교수학습 방법 및 유의점

교수학습 방법 및 유의점에 반영된 수학 교과 역량의 예를 몇 가지 살펴보면 다음과 같다.

〈문제해결〉

- [초 1~2학년군 수와 연산 영역] 덧셈과 뺄셈에 관련된 실생활 문제를 만들고 해결할 수 있게 한다.
- [초 3~4학년군 도형 영역] 도형 영역의 문제 상황에 적합한 문제해결 전략을 지도하고, 문제해결 과정을 설명하게 하여 문제해결 능력을 기르게 한다.
- [초 5~6학년군 측정 영역] 측정 영역의 문제 상황에서 문제해결 전략 비교하기, 주어진 문제에서 필요 없는 정보나 부족한 정보 찾기, 조건을 바꾸어 새로운 문제 만들기, 문제해결 과정의 타당성 검토하기 등을 통하여 문제해결 능력을 기르게 한다.

〈추론〉

- [초 1~2학년군 도형 영역] 삼각형과 사각형에 대한 직관적 이해를 통하여 도형의 이름과 변 또는 꼭짓점의 개수와의 관계를 파악하고, 그 관계를 일반화하여 오각형과 육각형을 구별하여 이름 지을 수 있게 한다.
- [초 1~2학년군 자료와 가능성 영역] 표를 만들 때 자료가 중복되거나 빠지지 않도록 세어 보는 방법을 함께 지도한다.
- [초 3~4학년군 수와 연산 영역] 덧셈, 뺄셈, 곱셈, 나눗셈을 하기 전에 계산 결과를 어림해 보고, 어림한 값을 계산 결과가 타당한지 확인해 보게 한다.
- [초 5~6학년군 수와 연산 영역] 분모가 다른 분수의 크기 비교에서 수 감각을 이용하여 추론하고 토론하는 활동을 하게 한다.

〈창의·융합〉

- [초 1~2학년군 수와 연산 영역] 덧셈과 뺄셈을 여러 가지 방법으로 계산하는 활동을 통하여 연산 감각을 기르게 한다.
- [초 1~2학년군 규칙성 영역] 자신의 규칙을 창의적으로 만들어 보고, 다른 사람의 배열에서 규칙을 찾아보거나 규칙에 대해 서로 말하게 한다.
- [초 3~4학년군 측정 영역] 여러 가지 속성을 측정하는 활동은 실생활과 밀접하게 다룬다.
- [초 5~6학년군 규칙성 영역] 비율의 의미를 다룰 때 타 교과 및 실생활에서 비율이 적용되는 간단한 사례를 사용할 수 있다.

〈의사소통〉

- [초 1~2학년군 도형 영역] 쌓기나무로 만든 입체도형의 모양에 대해서 '~의 앞', '~의 오른쪽', '~의 위', '2층' 등을 사용하여 말하게 한다.
- [초 3~4학년군 수와 연산 영역] 10000 이상의 수를 비교하면서 수의 크기를 비교하는 방법을 찾아

설명하게 한다.
- [초 3~4학년군 도형 영역] 여러 가지 삼각형과 사각형을 이름 짓는 활동을 통하여 각 도형의 정의에 대해서 학생들 스스로 사고하게 한다.
- [초 5~6학년군 측정 영역] 겉넓이와 부피를 구하는 방법에 대하여 다양한 추론을 하고, 자신의 추론 과정을 다른 사람에게 설명하게 한다.

〈정보 처리〉
- [초 1~2학년군 도형 영역] 쌓기나무를 이용한 모양 만들기, 칠교판을 이용한 모양 채우기나 꾸미기를 통하여 도형에 대한 공간 감각을 기르게 한다.
- [초 3~4학년군 규칙성 영역] 규칙적인 계산식의 배열에서 계산 결과의 규칙을 찾는 활동을 할 때 계산기를 사용하게 할 수 있다.
- [초 5~6학년군 자료와 가능성 영역] 띠그래프와 원그래프를 지도할 때 신문, 인터넷 등에 있는 표나 그래프를 소재로 활용할 수 있게 한다.

〈태도 및 실천〉
- [초 1~2학년군 수와 연산 영역] 자연수가 개수, 순서, 이름 등을 나타내는 경우가 있음을 알고, 실생활에서 수가 쓰이는 사례를 통하여 수의 필요성을 인식하게 한다.
- [초 3~4학년군 수와 연산 영역] 1보다 작은 양을 나타내는 경우를 통하여 분수의 필요성을 인식하게 하고, 분수를 도입할 때 '분자', '분모'를 사용한다.
- [초 3~4학년군 자료와 가능성 영역] 그래프로 나타내면 자료의 특성을 알아보는 데 편리함을 설명하게 한다.
- [초 5~6학년군 규칙성 영역] 두 양을 비교할 때 한 양을 기준으로 다른 양이 몇 배가 되는지를 나타낼 필요성을 인식하게 하면서 비의 개념을 도입한다.

라. 초등수학 교과의 내용 체계

내용 체계는 영역, 핵심개념, 일반화된 지식, 내용 요소, 기능으로 구성하였다. 각각의 의미는 다음과 같다.

- 영역 : 교과의 성격을 가장 잘 나타내주는 최상위의 교과 내용 범주
- 핵심개념 : 교과의 기초 개념이나 원리
- 일반화된 지식 : 학생들이 해당 영역에서 알아야 할 보편적인 지식
- 내용요소 : 학년(군)에서 배워야 할 필수학습내용
- 기능 : 수업 후 학생들이 할 수 있거나 할 수 있기를 기대하는 능력으로 교과 고유의 탐구과정 및 사고 기능 등을 포함

| [표 XIII-12] 2015 개정 수학과 교육과정의 학년(군)별 내용 요소 |

영역	핵심 개념	일반화된 지식	학년(군)별 내용 요소			기능
			1~2학년	3~4학년	5~6학년	
수와 연산	수의 체계	수는 사물의 개수와 양을 나타내기 위해 발생했으며, 자연수, 분수, 소수가 사용된다.	• 네 자리 이하의 수	• 다섯 자리 이상의 수 • 분수 • 소수	• 약수와 배수 • 약분과 통분 • 분수와 소수의 관계	(수) 세기 (수) 읽기 (수) 쓰기 이해하기 비교하기 계산하기 어림하기 설명하기 표현하기 추론하기 토론하기 문제해결하기 문제 만들기
	수의 연산	자연수에 대한 사칙계산이 정의되고, 이는 분수와 소수의 사칙계산으로 확장된다.	• 두 자릿수 범위의 덧셈과 뺄셈 • 곱셈	• 세 자릿수의 덧셈과 뺄셈 • 자연수의 곱셈과 나눗셈 • 분모가 같은 분수의 덧셈과 뺄셈 • 소수의 덧셈과 뺄셈	• 자연수의 혼합 계산 • 분모가 다른 분수의 덧셈과 뺄셈 • 분수의 곱셈과 나눗셈 • 소수의 곱셈과 나눗셈	
도형	평면 도형	주변의 모양은 여러 가지 평면도형으로 범주화 되고, 각각의 평면도형은 고유한 성질을 갖는다.	• 평면도형의 모양 • 평면도형과 그 구성 요소	• 도형의 기초 • 원의 구성 요소 • 여러 가지 삼각형 • 여러 가지 사각형 • 다각형 • 평면도형의 이동	• 합동 • 대칭	만들기 꾸미기 그리기 구별하기 분류하기 활용하기 이름 짓기 이해하기 채우기 추론하기 설명하기 규칙 찾기 조작하기 표현하기 추측하기 확인하기 문제해결하기
	입체 도형	주변의 모양은 여러 가지 입체도형으로 범주화 되고, 각각의 입체도형은 고유한 성질을 갖는다.	• 입체도형의 모양		• 직육면체, 정육면체 • 각기둥, 각뿔 • 원기둥, 원뿔, 구 • 입체도형의 공간 감각	
측정	양의 측정	생활 주변에는 시간, 길이, 들이, 무게, 각도, 넓이, 부피 등 다양한 속성이 존재하며, 측정은 속성에 따른 단위를 이용하여 양을 수치화하는 것이다.	• 양의 비교 • 시각과 시간 • 길이(cm, m)	• 시간, 길이(mm, km), 들이, 무게, 각도	• 원주율 • 평면도형의 둘레, 넓이 • 입체도형의 겉넓이, 부피	비교하기 구별하기 (시각) 읽기 표현하기 이해하기 계산하기 측정하기 어림하기 그리기 추론하기 설명하기 활용하기 문제해결하기
	어림 하기	어림을 통해 양을 단순화하여 표현한다.			• 수의 범위 • 어림하기(올림, 버림, 반올림)	
규칙성	규칙성과 대응	규칙성은 생활 주변의 여러 현상을 탐구하는 데 중요하며 함수 개념의 기초가 된다.	• 규칙 찾기	• 규칙을 수나 식으로 나타내기	• 규칙과 대응 • 비와 비율 • 비례식과 비례배분	배열하기 표현하기 추측하기 규칙 찾기 규칙 정하기 설명하기 이해하기 확인하기 문제해결하기
자료와 가능성	자료 처리	자료의 수집, 분류, 정리, 해석은 통계의 주요 과정이다.	• 분류하기 • 표 • ○, ×, /를 이용한 그래프	• 간단한 그림그래프 • 막대그래프 • 꺾은선그래프	• 평균 • 그림그래프 • 띠그래프, 원그래프	분류하기 (개수) 세기 표만들기 그래프 그리기 표현하기 수집하기 정리하기 해석하기 설명하기 이해하기 활용하기 비교하기 문제해결하기
	가능성	가능성을 수치화하는 경험은 확률의 기초가 된다.			• 가능성	

마. 수학과 교육과정 성취기준 변화 신구 대조표

| [표 XIII-13] 2009, 2015 개정 교육과정의 수학과 개정사항 |

학년	2009 개정 교육과정			2015 개정 교육과정								
	영역	학년(군)별 내용(요소)	성취기준	변화 양태					성취기준	80% 기준 배당시간 (차시 분량)	학년(군)별 내용(요소)	영역
				유지	변형	이동	삭제	신설				
1~2학년군			덧셈과 뺄셈에 관련된 실생활 문제를 만들고 해결할 수 있다.				◉			0		
	도형	입체도형의 모양	쌓기나무를 이용하여 여러 가지 입체도형의 모양을 만드는 활동을 통하여 입체도형에 대한 감각을 기른다.		◉				쌓기나무를 이용하여 여러 가지 입체도형의 모양을 만들고, 그 모양에 대해 위치나 방향을 이용하여 말할 수 있다.	3	입체도형의 모양	도형
		평면도형의 모양	칠교판을 이용하여 여러 가지 모양을 자유롭게 꾸미거나 주어진 모양을 채우는 활동을 통하여 평면도형에 대한 감각을 기른다.				◉			0	평면도형의 모양	
		평면도형과 그 구성 요소	꼭짓점과 변을 알고 찾을 수 있다.				◉				평면도형과 그 구성 요소	
	측정	길이	여러 가지 임의 단위를 사용하여 구체들의 길이를 재어봄으로써 길이를 나타내는 표준 단위의 필요성을 인식하고, 1cm와 1m의 단위를 알며, 상황에 따라 적절한 단위를 사용하여 길이를 잴 수 있다.		◉				길이를 나타내는 표준 단위의 필요성을 인식하고, 1cm와 1m의 단위를 알며, 상황에 따라 적절한 단위를 사용하여 길이를 측정할 수 있다.	8	길이	측정
3~4학년군	연산	뺄셈	덧셈과 뺄셈에 관련된 실생활 문제를 만들고 해결할 수 있다.				◉			0		연산
		곱셈	곱셈과 관련된 실생활 문제를 만들고 해결할 수 있다.				◉			0		
		나눗셈	나눗셈과 관련된 실생활 문제를 만들고 해결할 수 있다.			◉				0		
		분수	단위분수와 진분수의 의미를 알고, 그 관계를 이해한다.		◉				단위분수, 진분수, 가분수, 대분수를 알고, 그 관계를 이해한다.	3	분수	
			진분수, 가분수, 대분수를 알고, 그 관계를 이해한다.		◉							
			단위분수의 크기를 비교할 수 있다.		◉				분모가 같은 분수끼리, 단위분수끼리 크기를 비교할 수 있다.	2		
			분모가 같은 분수의 크기를 비교할 수 있다.		◉							

학년	2009 개정 교육과정			2015개정 교육과정								
	영역	학년(군)별 내용(요소)	성취기준	변화 양태: 유지	변형	이동	삭제	신설	성취기준	80% 기준 배당 시간(차시 분량)	학년(군)별 내용(요소)	영역
3~4학년군	도형	평면도형의 이동	구체물의 밀기, 뒤집기, 돌리기 활동을 통하여 그 변화를 이해한다.		◉				구체물이나 평면도형의 밀기, 뒤집기, 돌리기 활동을 통하여 그 변화를 이해한다.	4	평면도형의 이동	도형
		여러 가지 삼각형	여러 가지 모양의 삼각형에 대한 분류 활동을 통해 이등변삼각형, 정삼각형을 이름 짓고 이해한다.		◉				여러 가지 모양의 삼각형에 대한 분류 활동을 통하여 이등변삼각형, 정삼각형을 이해한다.	3	여러 가지 삼각형	
			여러 가지 모양의 삼각형에 대한 분류 활동을 통해 직각삼각형, 예각삼각형, 둔각삼각형을 이름 짓고 이해한다.		◉				여러 가지 모양의 삼각형에 다한 분류 활동을 통하여 직각삼각형, 예각삼각형, 둔각삼각형을 이해한다.	2		
		여러 가지 사각형	여러 가지 모양의 사각형에 대한 분류 활동을 통해 직사각형, 정사각형, 사다리꼴, 평행사변형, 마름모를 이름 짓고 이해한다.		◉				여러 가지 모양의 사각형에 대한 분류 활동을 통하여 직사각형, 정사각형, 사다리꼴, 평행사변형, 마름모를 알고, 그 성질을 이해한다.	8	여러 가지 사각형	측정
			여러 가지 사각형의 성질을 이해한다.		◉							
		다각형	다각형, 정다각형과 대각선의 뜻을 안다.		◉				다각형과 정다각형의 의미를 안다.	3	다각형	
			주어진 도형으로 여러 가지 모양을 만들 수 있다.		◉				주어진 도형을 이용하여 여러 가지 모양을 만들거나 채울 수 있다.	2		
			주어진 도형을 여러 가지 모양으로 덮을 수 있다.				◉			0		
	측정		구체적인 상황에서 시각과 시간의 의미를 이해하고, 이를 구별하여 실생활에서 사용할 수 있다.				◉			0		
		무게	길이를 나타내는 새로운 단위의 필요성을 인식하여 1mm와 1km의 단위를 알고, 이를 이용하여 길이를 측정할 수 있다.		◉				길이를 나타내는 새로운 단위의 필요성을 인식하여 1mm와 1km의 단위를 알고, 이를 이용하여 길이를 측정하고 어림할 수 있다.	2		
			물건의 길이나 거리를 어림하고 직접 재어보는 활동을 통해 길이에 대한 양감을 기른다.				◉			0		

학년	2009 개정 교육과정 영역	2009 개정 교육과정 학년(군)별 내용(요소)	2009 개정 교육과정 성취기준	2015개정 교육과정 변화 양태 유지	변형	이동	삭제	신설	2015개정 교육과정 성취기준	80% 기준 배당시간 (차시 분량)	학년(군)별 내용(요소)	영역
3~4 학년군	측정		들이를 나타내는 표준 단위의 필요성을 인식하여 1L와 1mL의 단위를 알고, 이를 이용하여 들이를 측정할 수 있다.		⊙				들이를 나타내는 표준 단위의 필요성을 인식하여 1L와 1mL의 단위를 알고, 이를 이용하여 들이를 측정하고 어림할 수 있다.	2		
			여러 가지 그릇의 들이를 어림하고 직접 재어보는 활동을 통해 들이에 대한 양감을 기른다.				⊙			0		
		무게	무게를 나타내는 표준 단위의 필요성을 인식하여 1g과 1kg의 단위를 알고, 이를 이용하여 무게를 측정할 수 있다.		⊙				무게를 나타내는 표준 단위의 필요성을 인식하여 1g과 1kg의 단위를 알고, 이를 이용하여 무게를 측정하고 어림할 수 있다.	2		
						⊙			실생활에서 무게를 나타내는 새로운 단위의 필요성을 인식하여 1t의 단위를 안다.	1	무게	측정
			여러 가지 물체의 무게를 어림하고 직접 재어보는 활동을 통해 무게에 대한 양감을 기른다.				⊙			0		
		각도	각의 크기의 단위인 1도(°)를 알고, 각도기를 이용하여 각의 크기를 측정할 수 있다.		⊙				각의 크기의 단위인 1도(°)를 알고, 각도기를 이용하여 각의 크기를 측정하고 어림할 수 있다.	3	각도	
			여러 가지 각도를 어림하고 직접 재어보는 활동을 통해 각도에 대한 양감을 기른다.				⊙			0		
		수의 범위	실생활 장면에서 이상, 이하, 초과, 미만의 쓰임과 의미를 알고, 이를 활용하여 수의 범위를 나타낼 수 있다.			⊙				0		
		어림하기	어림값을 구하기 위한 방법으로 반올림, 올림, 버림의 의미와 필요성을 알고, 이를 실생활에 활용할 수 있다.			⊙				0		
	규칙성	규칙과 대응	규칙 알아맞히기 놀이를 통하여 상대방이 정한 규칙을 추측하고 확인할 수 있다.				⊙			0		규칙성

학년	2009 개정 교육과정			2015개정 교육과정								
	영역	학년(군)별 내용(요소)	성취기준	변화 양태					성취기준	80% 기준 배당 시간(차시 분량)	학년(군)별 내용(요소)	영역
				유지	변형	이동	삭제	신설				
3~4 학년군	규칙성	규칙과 대응	한 양이 변할 때 다른 양이 그에 종속하여 변하는 대응 관계를 나타낸 표에서 규칙을 찾아 설명하고, □, △를 사용하여 식으로 나타낼 수 있다.			⦿				0		규칙성
	확률과 통계	자료의 정리	실생활 자료를 수집, 분류, 정리하여 간단한 그림그래프로 나타내고, 표나 그래프가 자료의 특성을 알아보는 데 편리함을 알 수 있다.		⦿				실생활 자료를 수집하여 간단한 그림그래프나 막대그래프로 나타낼 수 있다.	7	간단한 그림 그래프 막대 그래프 꺾은선 그래프	자료와 가능성
		막대 그래프와 꺾은선 그래프	실생활 자료를 수집하여 막대그래프로 나타낼 수 있다.		⦿							
			연속적인 변량에 대한 자료를 수집하여 꺾은선그래프로 나타낼 수 있다.	⦿					연속적인 변량에 대한 자료를 수집하여 꺾은선그래프로 나타낼 수 있다.	5		
			여러 가지 자료를 찾아 목적에 맞는 그래프로 나타내고, 막대그래프와 꺾은선그래프의 특성을 비교할 수 있다.		⦿				여러 가지 자료를 수집, 분류, 정리하여 자료의 특성에 맞는 그래프로 나타내고, 그래프를 해석할 수 있다.	1		
5~6 학년군	수와 연산	분수와 소수				⦿			덧셈, 뺄셈, 곱셈, 나눗셈의 혼합 계산에서 계산하는 순서를 알고, 혼합 계산을 할 수 있다.	5	자연수의 혼합 계산	수와 연산
			약수와 배수에 관련된 실생활 문제를 해결하고, 그 해결 과정을 설명할 수 있다.				⦿			0		
			분수와 소수의 관계를 이해하고, 분수를 소수로, 소수를 분수로 나타낼 수 있다.		⦿				분수와 소수의 관계를 이해하고 크기를 비교할 수 있다.	3	분수와 소수의 관계	
			분수와 소수의 크기를 비교할 수 있다.		⦿							
			간단한 분수와 소수의 혼합계산을 할 수 있다.				⦿		분모가 같은 분수끼리, 단위분수끼리 크기를 비교할 수 있다.	0		
	도형	원기둥과 원뿔	원기둥, 원뿔, 구와 그 구성 요소를 알고, 그 성질을 이해한다.		⦿				원기둥을 알고, 구성 요소, 성질, 전개를 이해한다.	2	원기둥, 원뿔, 구	도형
			원기둥의 전개를 이해한다.		⦿				원뿔과 구를 알고, 구성 요소와 성질을 이해한다.	2		

학년	2009 개정 교육과정			2015개정 교육과정								
	영역	학년(군)별 내용(요소)	성취기준	변화 양태: 유지	변형	이동	삭제	신설	성취기준	80% 기준 배당 시간(차시 분량)	학년(군)별 내용(요소)	영역
5~6 학년군	도형	입체도형의 공간 감각	쌓기나무로 만든 입체도형의 위, 앞, 옆에서 본 모양을 표현할 수 있다.		⦿				쌓기나무로 만든 입체도형의 위, 앞, 옆에서 본 모양을 표현할 수 있고, 이러한 표현을 보고 입체도형의 모양을 추측할 수 있다.	4	입체도형의 공간 감각	
			쌓기나무로 만든 입체도형의 위, 앞, 옆에서 본 모양을 표현한 것으로부터 입체도형의 모양을 알 수 있다.		⦿							
						⦿			실생활 장면에서 이상, 이하, 초과, 미만의 의미와 쓰임을 알고, 이를 활용하여 수의 범위를 나타낼 수 있다.	3	수의 범위	
						⦿			어림값을 구하기 위한 방법으로 올림, 버림, 반올림의 의미와 필요성을 알고, 이를 실생활에 활용할 수 있다.	4	어림하기	
		평면도형의 이동	넓이를 이해하고, $1cm^2$와 $1m^2$의 단위를 알며, 그 관계를 이해한다.		⦿				넓이를 나타내는 표준 단위의 필요성을 인식하여 $1cm^2$, $1m^2$, $1km^2$의 단위를 알며, 그 관계를 이해한다.	3	평면도형의 이동	
		무게와 넓이의 여러 가지 단위	실생활에서 무게를 나타내는 새로운 단위의 필요성을 인식하여 1t을 알고, 무게 단위 사이의 관계를 이해한다.			⦿				0		
			실생활에서 넓이를 나타내는 새로운 단위의 필요성을 인식하여 km, 1a, 1ha를 알고, 그 관계를 이해한다.				⦿			0		
		겉넓이와 부피	직육면체와 정육면체, 원기둥의 겉넓이를 구하는 방법을 이해하고, 이를 구할 수 있다.		⦿				직육면체와 정육면체의 겉넓이를 구하는 방법을 이해하고, 이를 구할 수 있다.	2	입체도형의 겉넓이, 부피	
			부피를 이해하고, $1cm^2$, $1m^2$의 단위를 알며, 그 관계를 이해한다.	⦿					부피를 이해하고, $1cm^2$, $1m^2$의 단위를 알며, 그 관계를 이해한다.	3		
			직육면체와 정육면체, 원기둥의 부피를 구하는 방법을 이해하고, 이를 구할 수 있다.		⦿				직육면체와 정육면체의 부피를 구하는 방법을 이해하고, 이를 구할 수 있다.	1		

학년	2009 개정 교육과정			2015개정 교육과정								
	영역	학년(군)별 내용(요소)	성취기준	변화 양태					성취기준	80% 기준 배당 시간 (차시 분량)	학년(군)별 내용(요소)	영역
				유지	변형	이동	삭제	신설				
5~6 학년군	규칙성	정비례와 반비례				◉			한 양이 변할 때 다른 양이 그에 종속하여 변하는 대응 관계를 나타낸 표에서 규칙을 찾아 설명하고, □, △ 등을 사용하여 식으로 나타낼 수 있다.	4	규칙과 대응	규칙성
			두 수 사이의 대응 관계를 X와 y를 사용하여 식으로 나타낼 수 있다.				◉			0		
			정비례와 반비례 관계를 이해하고, 그 관계를 표나 식으로 나타낼 수 있다.				◉			0		
			실생활에서 정비례와 반비례 관계의 예를 찾고, 이와 관련된 간단한 문제를 해결할 수 있다.				◉			0		
	확률	가능성과 평균	실생활 속에서 가능성을 수치로 나타내는 예를 알아보고, 사건이 일어날 가능성을 수로 표현할 수 있다.					◉	실생활에서 가능성과 관련된 상황을 '불가능하다', '~아닐 것 같다', '반반이다', '~일 것 같다', '확실하다' 등으로 나타낼 수 있다.	1	가능성	자료의 표현
					◉				가능성을 수나 말로 나타낸 예를 찾아보고, 가능성을 비교할 수 있다.	2		
					◉				사건이 일어날 가능성을 수로 표현할 수 있다.	2		
		자료의 표현	실생활 자료를 수집하여 목적에 맞는 그래프로 나타내고, 자료의 특성을 설명할 수 있다.		◉				자료를 수집, 분류, 정리하여 목적에 맞는 그래프로 나타내고, 그래프를 해석할 수 있다.	1	그림그래프, 띠그래프, 원그래프	
		비율그래프	비율그래프를 해석하고, 이를 설명할 수 있다.				◉			0		
			그래프로 나타내면 편리한 점을 이야기할 수 있다.						그래프로 나타내면 편리한 점을 이야기할 수 있다.			

바. 평가의 주요 특징 : '과정 중심 평가'

2015 개정 교육과정에서 평가와 관련한 주요 이슈는 '과정 중심의 평가'였다. 과정 중심의 평가란, 학생의 배움과 성장의 과정에 대한 평가와 피드백이라고 할 수 있다(강대일 외, 2018).

> ◆ 평가가 교수·학습의 일부분으로 이루어지도록 과정 중심의 평가를 강조하였으며 수행평가를 포함한 다양한 평가 방법을 통해 교과 내 지식 간, 영역 간, 교과 간 학습 내용을 연결하여 융합적 사고를 기르도록 강조하였다.
>
> ◆ 자유학기에는 중간·기말고사 등 일제식 지필평가는 실시하지 않으며, 학생의 학습과 성장을 지원하는 과정 중심의 평가를 실시한다.

2015 개정 교육과정에서는 '과정 중심 평가'가 새롭게 등장하면서 수학 교육과정 안에 그것을 어떻게 반영할지를 구안하여 반영하였다. 이전까지 교육과정 문서에서는 '평가'의 내용이 맨 뒤에 자리했다. 이번에도 마찬가지이긴 하지만, 평가 관련 장치가 하나 더 추가되었는데 바로'평가 방법 및 유의 사항'이다.

| [표 XIII-14] '과정 중심 평가'의 평가 방법 및 유의 사항 |

평가 방법 및 유의 사항	• 해당 영역의 평가를 할 수 있도록 제안한 방법과 유의사항 • 해당 영역의 교수학습 방법에 따른 다양한 평가, 특히 과정 중심 평가가 이루어질 수 있도록 관련 내용 제시
1. 교수·학습 및 평가의 방향	
가. 교수·학습 방향	• 교과의 성격이나 특성에 비추어 포괄적 측면에서 교수학습의 철학 및 방향, 교수·학습의 방법 및 유의 사항을 제시함
나. 평가 방향	• 교과의 성격이나 특성에 비추어 포괄적 측면에서 교과의 평가 철학 및 방향, 평가방법, 유의 사항을 제시함

교육과정 문서에 제시된 '평가 방법 및 유의사항'을 정리하면 다음 [표 XIII-15]와 같다. 내용을 보면, 중점을 두고 평가해야 할 점, 평가하면 안 되는 점과 같이 비교적 세세한 수준까지 언급하였다.

| [표 XIII-15] 2015 교육과정 문서에 제시된 평가 방법 및 유의 사항 |

	1~2학년군	3~4학년군	5~6학년군
수와 연산	• 덧셈과 뺄셈을 여러 가지 방법으로 계산하는 활동을 평가할 때에는 학생들이 자유롭게 계산하도록 하는 데 초점을 두고 이를 지나치게 형식화하지 않도록 관찰, 면담 등의 다양한 방법을 이용한다.	• 다섯 자리 이상의 수에 대해 평가를 할 때에는 수를 읽고 쓰는 것뿐만 아니라 수에 대한 양감과 필요성을 인식하게 할 수 있는 문제를 다룬다. • 나눗셈에 대한 검산에서는 나눗셈식을 보고 곱셈식으로 나타내는 것보다 검산의 목적과 필요성을 이해하는지에 초점을 두고 평가를 한다.	• 최대공약수와 최소공배수에 대한 평가에서 소인수의 곱으로 나타내어 구하는 방법은 다루지 않는다. • 분수의 사칙계산에서 기약분수로 나타낼 것을 요구하지 않을 경우, 계산 결과를 기약분수가 아닌 분수로 나타내는 것도 허용한다. • 분수의 통분을 이용한 문제에서 공통분모로 최소공배수뿐만 아니라 분모의 곱과 같은 공배수도 이용할 수 있게 한다.

	1~2학년군	3~4학년군	5~6학년군
도형	• 여러 가지 모양 만들기, 꾸미기, 채우기 활동을 평가할 때에는 과정 중심 평가를 한다.	• 직선, 선분, 반직선에 대한 평가에서는 정확한 정의나 표현보다 직선, 선분, 반직선을 서로 구별할 수 있는지에 중점을 둔다. • 평면도형의 이동을 활용하여 모양의 변화나 무늬를 설명하게 할 때 설명 방법이 다양할 수 있음에 유의하여 평가한다.	• 선대칭도형과 점대칭도형 그리기를 평가할 때 점판이나 격자를 이용하여 쉽게 그릴 수 있게 한다. • 입체도형의 전개도에 대한 평가는 전개도가 될 수 있는 것과 될 수 없는 것을 구별하는 데 중점을 둔다. • 쌓기나무로 만든 입체도형의 위, 앞, 옆에서 본 모양에 대한 평가를 할 때에는 간단한 모양을 이용한다.
측정	• '몇 시 몇 분 전'의 시각 읽기를 평가할 때 '5분 전', '10분 전', '15분 전' 등과 같이 실생활에서 자주 사용되는 경우를 다루고, '2시 48분'을 '3시 12분 전'으로 나타내는 것과 같이 복잡한 경우는 다루지 않는다. · 1일, 1주일, 1개월, 1년 사이의 관계를 평가할 때에는 달력을 이용하여 그 관계를 이해하는지 파악하는 데 중점을 둔다.	• 무게 단위 사이의 관계에 대해 평가할 때 1g과 1t 사이의 단위 환산은 다루지 않는다.	• 원주율과 관련하여 계산이 지나치게 복잡한 문제는 다루지 않는다. • 넓이 단위 사이의 관계에 대해 평가할 때 1cm^{2}와 1km^2 사이의 단위 환산은 다루지 않는다.
규칙성	• 규칙 찾기를 평가할 때 학생이 자신의 규칙이나 다른 학생의 규칙에 대해 의사소통하는 과정을 평가한다.	• 규칙을 식으로 나타낼 때 혼합 계산식, 일반항을 나타낸 식 등을 이용해야 하는 복잡한 문제는 다루지 않는다. • 규칙적인 계산식의 배열에 대한 평가에서는 계산 결과의 규칙을 추측하고 확인하는 데 중점을 둔다.	• 비율을 평가할 때 속력, 인구밀도, 축척, 농도 등을 구하는 문제는 다루지 않는다.
자료와 가능성	• 분류하기를 평가할 때 학생들의 수준에 비해 어려운 분류 대상이나 분류 기준을 사용하지 않는다.	• 꺾은선그래프에서는 변화의 경향을 파악하는지에 중점을 두어 평가한다.	• 평균을 구하는 것뿐만 아니라 평균이 사용된 상황에서 그 의미를 파악하는지 평가한다.

한편 교수학습 및 평가의 방향에 다음과 같은 내용이 제시되었다.

진술 내용을 보면, 평가 원칙과 평가 방법으로 구분하였다는 것을 알 수 있다. 평가 원칙은 교육과정 변천을 통해 제시된 내용이 종합되었다. 평가 방법에는 과정 중심의 평가를 고려하여 다양한 평가 방법이 제시되었다.

교수·학습 및 평가의 방향

나. 평가 방향

(1) 평가 원칙

(가) 수학과의 평가는 학생의 인지적 영역과 정의적 영역에 대한 유용한 정보를 수집·활용하여 학생의 수학 학습과 전인적 성장을 돕고 교사의 수업 방법을 개선하는 것을 목적으로 한다.

(나) 수학과의 평가는 교육과정에 제시된 내용의 수준과 범위를 준수하고, 교육과정에 제시된 목표, 내용, 교수·학습과 일관성을 가져야 한다.

(다) 수학과의 평가에서는 수학의 개념, 원리, 법칙, 기능뿐만 아니라 문제해결, 추론, 창의·융합, 의사소통, 정보 처리, 태도 및 실천과 같은 수학 교과 역량을 균형 있게 평가한다.

(라) 수학과의 평가는 학습자의 수준을 고려하고 평가 목적과 내용에 따라 다양한 평가 방법을 활용한다.

(마) 평가 결과는 학생, 학부모, 교사 등에게 환류하여 학생의 수학 학습 개선을 도울 수 있게 한다.

(2) 평가 방법

(가) 수학과의 평가는 학습 결과 평가뿐만 아니라 과정 중심 평가도 실시하여 종합적인 수학 학습 평가가 될 수 있게 한다.

(나) 수업의 전개 국면에 따라 진단평가, 형성평가, 총괄평가를 적절히 실시하되, 지속적인 평가를 통해 다양한 정보를 수집하고 수업에 활용한다.

(다) 학생의 수학 학습 과정과 결과는 지필 평가, 프로젝트 평가, 포트폴리오 평가, 관찰 평가, 면담 평가, 구술 평가, 자기 평가, 동료 평가 등의 다양한 평가 방법을 사용하여 양적 또는 질적으로 평가한다.

① 지필 평가는 수학의 개념, 원리, 법칙을 이해하고 적용하는 능력과 문제해결, 추론, 창의·융합, 의사소통 능력 등을 평가하는 데 활용할 수 있고, 선택형, 단답형, 서·논술형 등의 다양한 문항 형태를 활용한다.

② 프로젝트 평가는 수학 학습을 토대로 특정한 주제나 과제에 대해서 자료를 수집하고 분석, 종합, 해결하는 과정과 결과를 평가하는 방법으로, 문제해결, 창의·융합, 정보 처리 능력 등을 평가할 때 활용할 수 있다.

③ 포트폴리오 평가는 일정 기간 동안 수학 학습 수행과 그 결과물을 평가하는 방법으로, 학생의 학습 내용 이해와 수학 교과 역량을 종합적으로 판단하고 학생의 성장에 대한 정보를 얻는 데 활용할 수 있다.

④ 관찰 평가, 면담 평가, 구술 평가는 학생 개인 및 소집단을 관찰, 학생과의 대화, 학생의 발표를 통해 학생의 이해 정도와 사고 방법, 수행 과정 등을 평가하는 방법으로, 의사소통, 태도 및 실천 능력 등을 평가할 때 활용할 수 있다.

⑤ 자기 평가는 학생 스스로 자신의 이해와 수행을 평가하는 방법으로, 문제해결과 추론 과정의 반성, 자신의 생각 표현, 태도 및 실천 능력 등을 평가할 때 활용할 수 있다.

⑥ 동료 평가는 동료 학생들이 상대방을 서로 평가하는 방법으로, 협력 학습 상황에서 학생 개개인의 역할 수행 정도나 집단 활동에 기여한 정도를 평가할 때 활용할 수 있다.

(라) 평가 내용이나 방법에 따라 학생에게 계산기, 컴퓨터, 교육용 소프트웨어 등의 공학적 도구와 다양한 교구를 이용할 수 있게 한다.

4 초등 수학 교과용 도서의 주요 특징

이 시기에 새롭게 발행된 국정 초등 수학 교과서는 2017년 1, 2학년, 2018년 3, 4학년, 2019년 5, 6학년 순으로 적용되었다. 한편 2019년에 수학을 포함한 사회, 과학 등 초등 발행이 검정 체제로 전환되었다. 이로써 기존에 국정으로 개발되던 초등 수학 교과서는 다수의 출판사를 통해 검정으로 발간되었다. 다만 초등 1, 2학년은 국정 체제를 그대로 유지하였다.

| [표 XIII-16] 검정 초등 수학 교과서의 등장 과정 |

2017	2018	2019	2022	2023
2015 개정 국정 초등 수학 교과서 1, 2학년 적용	2015 개정 국정 초등 수학 교과서 3, 4학년 적용	2015 개정 국정 초등 수학 교과서 5, 6학년 적용	(12.22) 2022 개정 교육과정 (총론 및 각론) 고시	
		초등 교과서 (사회, 수학, 과학) 검정 체제 전환 공고	2015 개정 검정 초등 수학 교과서 3, 4학년 적용	2015 개정 검정 초등 수학 교과서 5, 6학년 적용

가. 국정 체제 초등 수학 교과용 도서

1) 초등 수학 교과서

(1) 교과서 단원명 전체

| [표 XIII-17] 2015 개정 수학 교과서 단원명 |

차수 \ 학년		1학년	2학년	3학년	4학년	5학년	6학년
2015 개정	1학기	1. 9까지의 수 2. 여러 가지 모양 3. 덧셈과 뺄셈 4. 비교하기 5. 50까지의 수	1. 세 자릿수 2. 여러 가지 도형 3. 덧셈과 뺄셈 4. 길이재기 5. 분류하기 6. 곱셈	1. 덧셈과 뺄셈 2. 평면도형 3. 나눗셈 4. 곱셈 5. 길이와 시간 6. 분수와 소수	1. 큰 수 2. 각도 3. 곱셈과 나눗셈 4. 평면도형의 이동 5. 막대그래프 6. 규칙찾기	1. 자연수의 혼합 계산 2. 약수와 배수 3. 규칙과 대응 4. 약분과 통분 5. 분수의 덧셈과 뺄셈 6. 다각형의 둘레와 넓이	1. 분수의 나눗셈 2. 각기둥과 각뿔 3. 소수의 나눗셈 4. 비와 비율 5. 여러 가지 그래프 6. 직육면체의 부피와 겉넓이
	2학기	1. 100까지의 수 2. 덧셈과 뺄셈(1) 3. 여러 가지 모양 4. 덧셈과 뺄셈(2) 5. 시계보기와 규칙 찾기 6. 덧셈과 뺄셈(3)	1. 네 자릿수 2. 곱셈구구 3. 길이 재기 4. 시각과 시간 5. 표와 그래프 6. 규칙찾기	1. 곱셈 2. 나눗셈 3. 원 4. 분수 5. 들이와 무게 6. 자료의 정리	1. 분수의 덧셈과 뺄셈 2. 삼각형 3. 소수의 덧셈과 뺄셈 4. 사각형 5. 꺾은선 그래프 6. 다각형	1. 수의 범위와 어림하기 2. 분수의 곱셈 3. 합동과 대칭 4. 소수의 곱셈 5. 직육면체 6. 평균과 가능성	1. 분수의 나눗셈 2. 소수의 나눗셈 3. 공간과 입체 4. 비례식과 비례배분 5. 원의 넓이 6. 원기둥, 원뿔, 구

(2) 교과서 『수학』 구성 체제

수학은 내 친구 ▶ 1단원 ▶ 2단원 ▶ 3단원 ▶ 4단원 ▶ 5단원 ▶ 6단원 ▶ 수학으로 세상 보기

(『수학 1-1』 제외)

(3) 단원 도입 장면

(4) 교과서 『수학』 단원별 구성체제

* 참고: 3, 4학년은 '생각수학'

(5) 차시별 구성

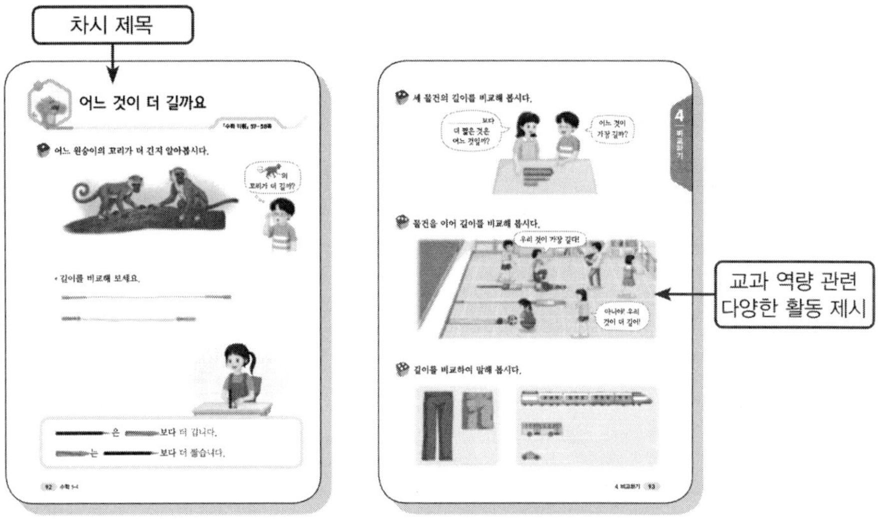

첫째 활동	▶ 단원 도입 삽화와 연결되는 그림을 보면서 매 차시 학습을 시작한다. ▶ 이 그림을 통해 동기를 유발하고 자연스럽게 학습 주제에 대해 생각하게 한다. ▶ 첫째 활동은 단순한 생각 열기를 넘어서 학습 주제와 관련된 사고 활동이나 조작 활동을 포함하고 있기 때문에, 학급 상황에 따라 이를 도입뿐만 아니라 전개 활동과 연결하여 지도할 수 있다.	매 차시마다 교과 역량 중점 활동이 포함되어 있다. 교과 역량은 수업 전반에 걸쳐 지속적으로 구현되어야 할 성질의 것이므로 교과서 활동을 통해 교과 역량을 강조하여 다룸으로써 보다 체계적으로 교과 역량을 지도할 수 있도록 하였다. 지도서에서 해당 활동에 대해 자세히 안내하여 교사들이 활동을 적절히 구현할 수 있도록 하였다.
중간 활동	▶ 차시 학습 주제와 관련하여 구체적인 물건이나 모형을 조작하는 활동, 직관적인 경험 활동, 공통인 속성이나 관계를 찾아내는 추상 활동, 개념을 적용하는 놀이 활동, 교과 역량을 강화하는 융합 활동 등 학생 참여 중심의 활동으로 구성되어 있다.	
마지막 활동	▶ 학습한 내용을 익히거나 적용해 보면서 차시 학습을 정리한다. ▶ 교과 역량에 중점을 둔 마무리 활동을 통해 학습한 내용을 되돌아보고 다양한 교과 역량을 기른다.	

2) 초등 수학 익힘책

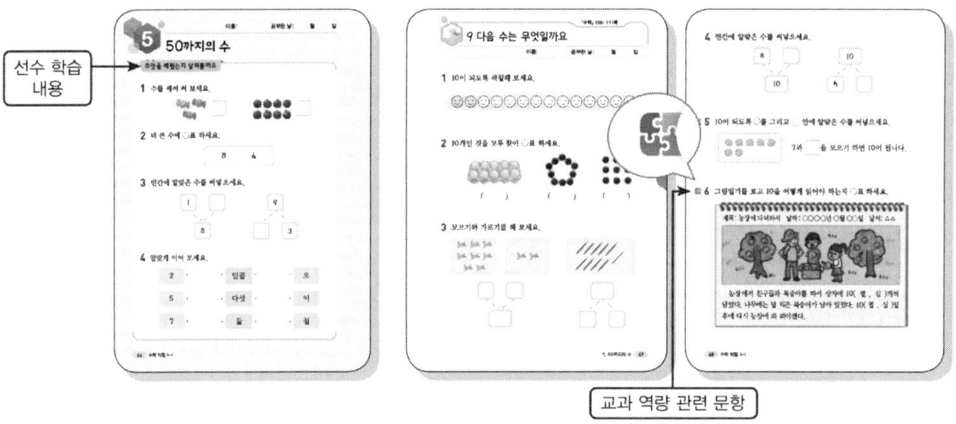

3) 초등 수학 교사용 지도서

1 단원의 개관	2 단원 도입	3 본차시 활동	4 놀이 수학	5 얼마나 알고 있나요
① 단원 개관 ② 단원 학습 계열 ③ 교육과정 ④ 단원 학습 목표 ⑤ 단원의 흐름 ⑥ 단원의 전개 계획 ⑦ 단원 지도 유의 사항 ⑧ 단원 학습 평가 ⑨ 단원 배경 지식	① 수업의 흐름(준비물) ② 선수 학습 내용 살펴보기 ③ 공부할 내용 살펴보기 ④ 수학 교과 역량	① 학습 목표 ② 수업의 흐름(준비물) ③ 학습 활동 ④ 수학 교과 역량 ⑤ 형성 평가 ⑥ 보충·심화 활동 ⑦ 참고 자료	① 학습 목표 ② 수업의 흐름(준비물) ③ 놀이 활동 ④ 수학 교과 역량 ⑤ 놀이 수학 수행 평가	① 단원 평가 문항 분석 ② 문항별 해설 ③ 수학 교과 역량

6 탐구 수학	7 보충·심화 학습
① 학습 목표 ② 수업의 흐름(준비물) ③ 탐구 활동 ④ 수학 교과 역량 ⑤ 탐구 수학 수행 평가	① 다시 알아보기 ② 더 알아보기

「수학 교사용 지도서」의 단원별 구성 체제

나. 검정 체제 초등 수학 교과용 도서

2019년 1월 3일 교육부는 초등학교 사회, 과학 교과서와 함께 수학 교과서 발행 체제를 국정에서 검정으로 전환한다고 발표하였다. 이는 '교과용도서 다양화 및 자유발행제 추진 계획'의 일환이었다. 이로써 2022년부터 초등학교 수학·사회·과학 교과서 발행체제가 국정에서 검정으로 바뀌었다.

초등생들은 영어 및 예체능 교과를 제외한 모든 과목을 국정교과서로 공부하였다. 검정 전환 교과는 초등 3~6학년이 공부하는 사회·수학·과학 교과용 도서다. 초등 1~2학년이 배우는 전과목 및 국어·도덕 등은 기초·기본 교육내용 및 국가 정체성 관련 교과라는 이유로 국정 발행을 유지하기로 했다.

교육부는 "초등 검정 교과서 체제 전환은 정부 100대 국정과제에 포함된 내용"이라며 "경쟁을 통해 교과서 내용도 더 좋아지면 교사와 학생들 입장에서 선택의 폭이 더 넓어지게 될 것"이라고 보았다. 정부는 교육분야 국정과제로 '교육 민주주의 실현'을 위한 교과서 다양화를 추진해 왔다. 초등학교 일부 국정도서를 검정도서로 전환하여 다양하고 창의적인 교과서 발행을 통한 교육과정 자율화를 지원하고, 경쟁을 통한 품질 향상 및 교사·학생의 선택권 보장을 도모하고자 하였다.

초등학교의 교과용 도서 중 3~6학년 사회·수학·과학, 총 65책을 다음과 같이 국정도서에서 검정도서로 전환하였다.

교과용 도서의 종류

① **국정교과서**: 교육부가 저작권을 갖는 도서로 국가적 통일성이 필요한 교과목 위주로 개발된 것으로 1과목에 1종류 교과서로 학교에서 별도로 선정 절차가 필요 없는 도서

② **검정교과서**: 민간에서 개발한 도서 중 교육부장관의 검정을 받은 도서로서 한 과목에 여러 종류의 교과서가 존재하여 학교에서 선정절차가 필요한 도서

③ **인정교과서**: 국정도서 또는 검정도서가 없는 경우 또는 이를 사용하기 곤란하거나 보충할 필요가 있는 경우에 사용하기 위한 교육부장관의 인정을 받은 도서

| [표 XIII-18] 초등 검정도서 개발 및 적용 일정 (안) |

학년군	신규 도서 개발	→	검정심사 및 선정	→	현장 적용
초등 3~4	고시 이후 ~ 2020. 10월		2020. 11월 ~ 2021. 9월		2022. 3월 ~
초등 5~6	고시 이후 ~ 2021. 10월		2021. 11월 ~ 2022. 9월		2023. 3월 ~

| [표 XIII-19] 초등 검정도서의 학년별 종류 |

교과(군)	교과서	지도서
사회	사회(3~4학년군) 3-1, 3-2, 4-1, 4-2 사회(5~6학년군) 5-1, 5-2, 6-1, 6-2 사회과 부도 5~6 【9책】	사회(3~4학년군) 3-1, 3-2, 4-1, 4-2 사회(5~6학년군) 5-1, 5-2, 6-1, 6-2 (전자저작물 CD 포함) 【8책】
수학	수학(3~4학년군) 3-1, 3-2, 4-1, 4-2 수학(5~6학년군) 5-1, 5-2, 6-1, 6-2 수학익힘(3~4학년군) 3-1, 3-2, 4-1, 4-2 수학익힘(5~6학년군) 5-1, 5-2, 6-1, 6-2 【16책】	수학(3~4학년군) 3-1, 3-2, 4-1, 4-2 수학(5~6학년군) 5-1, 5-2, 6-1, 6-2 (전자저작물 CD 포함) 【8책】
과학/실과	과학(3~4학년군) 3-1, 3-2, 4-1, 4-2 과학(5~6학년군) 5-1, 5-2, 6-1, 6-2 실험관찰(3~4학년군) 3-1, 3-2, 4-1, 4-2 실험관찰(5~6학년군) 5-1, 5-2, 6-1, 6-2 【16책】	과학(3~4학년군) 3-1, 3-2, 4-1, 4-2 과학(5~6학년군) 5-1, 5-2, 6-1, 6-2 (전자저작물 CD 포함) 【9책】
	실과(5~6학년군) 5, 6 【2책】	실과(5~6학년군) 5, 6 【2책】
체육	체육(3~4학년군) 3, 4 체육(5~6학년군) 5, 6 【4책】	체육(3~4학년군) 3, 4 체육(5~6학년군) 5, 6 【4책】
예술 (음악/미술)	음악(3~4학년군) 3, 4 음악(5~6학년군) 5, 6 【4책】	음악(3~4학년군) 3~4 음악(5~6학년군) 5~6 (전자저작물 CD 포함) 【2책】
	미술(3~4학년군) 3, 4 미술(5~6학년군) 5, 6 【4책】	미술(3~4학년군) 3~4 미술(5~6학년군) 5~6 【2책】
영어	영어(3~4학년군) 3, 4 영어(5~6학년군) 5, 6 【4책】	영어(3~4학년군) 3, 4 영어(5~6학년군) 5, 6 (전자저작물 CD 포함) 【4책】
총계	59책	38책

금성 출판사(류희찬 외)

대교출판사(강완 외)

동아출판사(안병곤 외)

동아출판사(박교식 외)

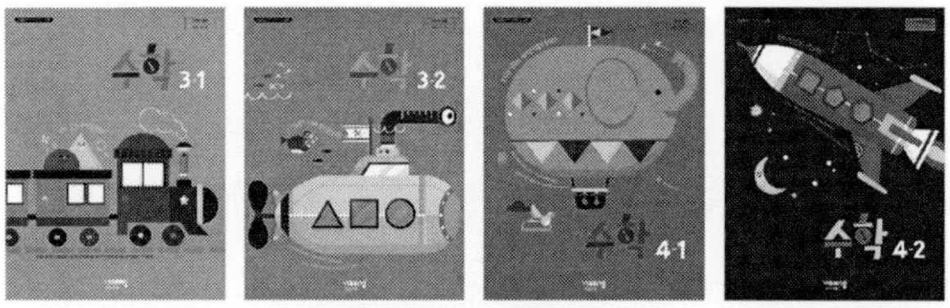

비상 출판사(신항균 외)

YBM 출판사(박성선 외)

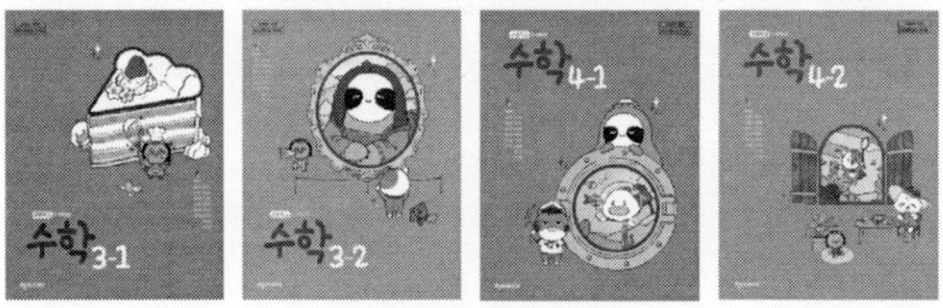

천재교과서(박만구 외)

미래엔(장혜원 외)

아이스크림 교과서(김성여 외)

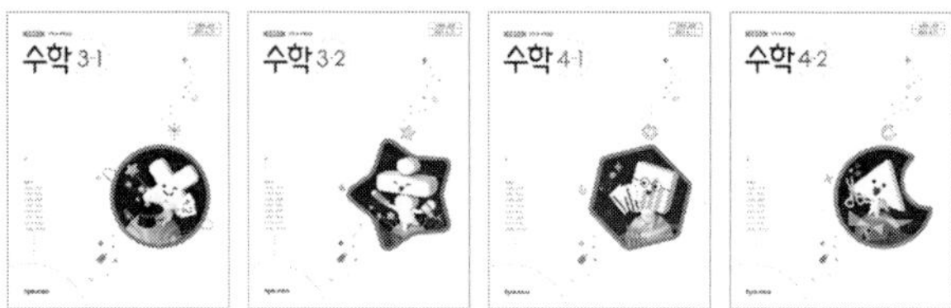

천재교과서(한대희 외)

쉼터 1 2018년 과학·수학·정보 교육 진흥법 시행

◆ **제정 이유**

과학교육뿐만 아니라 수학과 정보에 관한 교육을 진흥시키기 위하여 기존의 「과학교육 진흥법」의 제명을 「과학·수학·정보 교육 진흥법」으로 변경하고, 과학·수학·정보 교육융합위원회와 분야별 위원회를 설치·운영하도록 하려는 것임.

◆ **주요 내용**

가. 국가와 지방자치단체는 과학·수학·정보 교육을 진흥하기 위하여 과학·수학·정보 교육에 관한 종합계획의 수립에 관한 사항 등의 시책을 마련하도록 함(제5조).

나. 과학·수학·정보 교육 진흥에 관한 사항을 심의하기 위하여 교육부장관 소속의 과학·수학·정보 교육융합위원회를 설치하도록 함(제7조).

다. 교육부장관은 과학·수학·정보 교육의 내용·방법 및 평가에 관한 연구를 위하여 과학·수학·정보 교육 관련 연구기관 또는 단체를 과학·수학·정보 교육 연구기관으로 지정할 수 있도록 함(제8조).

라. 국가와 지방자치단체는 과학·수학·정보 교육 연구기관에 대하여 예산의 범위에서 과학·수학·정보 교육에 필요한 재정 지원을 할 수 있도록 함(제9조).

마. 국가와 지방자치단체는 과학·수학·정보 교육의 진흥을 위하여 교육기관이 교재·교육자료를 확보하는 데에 필요한 조치를 하여야 하고, 교육기관이 전용교실을 확보할 수 있도록 노력하도록 함(제10조)〈법제처 제공〉.

◆ **전문**

과학·수학·정보 교육 진흥법

[시행 2018. 4. 25.] [법률 제14903호, 2017. 10. 24., 전부개정]

교육부(융합교육지원팀)

제1조(목적) 이 법은 산업환경의 변화에 대비하는 핵심 교과인 과학·수학·정보 교육의 진흥에 필요한 사항을 정하여 미래사회를 이끌어갈 융합형 인재 양성에 기여함으로써 국가경쟁력 제고와 국가·사회 발전에 이바지함을 목적으로 한다.

제2조(정의) 이 법에서 사용하는 용어의 뜻은 다음과 같다.

1. "과학·수학·정보 교육"이란 교육기관에서 실시하는 과학·수학·정보에 관한 교육을 말한다.
2. "교육기관"이란 다음 각 목의 어느 하나에 해당하는 학교 또는 기관을 말한다.
   가. 「초·중등교육법」 제2조에 따른 학교
   나. 「고등교육법」 제2조에 따른 학교 중에서 고등학교 이하 각급 학교의 교원을 양성하는 학교
   다. 교육 관계 법령 또는 조례에 따라 설치되는 교육연수기관, 학생수련기관 및 교육연구기관 등
3. "과학·수학·정보 교원"이란 교육기관에서 과학·수학·정보 교육을 담당하는 교원 및 「교육공무원법」 제2조제2항에 따른 교육전문직원을 말한다.

제3조(다른 법률과의 관계) 과학·수학·정보 교육 진흥에 관하여 다른 법률에 특별한 규정이 있는 경우를 제외하고는 이 법에서 정하는 바에 따른다.

제4조(과학·수학·정보 교육의 기본방향)

① 과학교육환경은 과학적 소양, 과학적 지식·탐구능력 및 과학적 창의력을 키울 수 있도록 조성되어야 한다.

② 수학교육환경은 수학적 소양, 수학적 지식·문제해결능력 및 수학적 창의력을 키울 수 있도록 조성되어야 한다.

③ 정보교육환경은 정보문화 소양, 정보적 지식·문제해결능력 및 컴퓨팅 사고력을 키울 수 있도록 조성되어야 한다.

④ 과학·수학·정보의 교과별 교육과 더불어 두 교과 이상의 융합을 통하여 창의적 인재를 양성할 수 있도록 교육환경이 조성되어야 한다.

제5조(국가와 지방자치단체의 임무)

① 국가와 지방자치단체는 과학·수학·정보 교육을 진흥하기 위하여 이 법이나 그 밖의 관계 법령에서 정하는 바에 따라 다음 각 호의 사항에 관한 시책을 마련하여야 한다.

1. 과학·수학·정보 교육에 관한 종합계획의 수립
2. 과학·수학·정보 교원의 양성·확보·처우 및 전문성 강화
3. 과학·수학·정보 교육을 위한 교재·교육자료(소프트웨어를 포함한다. 이하 같다)의 개발·보급 및 실험·실습 시설의 확충
4. 과학·수학·정보의 교육과정과 교육프로그램 개발
5. 원격 과학·수학·정보 교육을 위한 기반 구축
6. 과학관, 수학관 등 과학·수학·정보 교육 관련 전시·체험시설의 설치·운영
7. 실험실습비, 연구조성비 및 장학금의 지급
8. 과학·수학·정보 교육 연구단체의 지원
9. 과학·수학·정보 교육 진흥을 위한 각종 청소년 행사의 개최 및 지원
10. 그 밖에 과학·수학·정보 교육 진흥에 필요한 사항

② 국가는 과학·수학·정보 교육 진흥에 관한 시책의 추진이 부진하거나 예산 조치가 부족하다고 인정되는 지방자치단체에 대하여 예산의 증액 등 필요한 조치를 권고할 수 있다.

제6조(연구시설의 이용)

① 교육기관은 과학·수학·정보에 관한 연구·실험 및 학습을 위하여 시설의 이용이 필요한 경우 국가, 지방자치단체, 국영·공영 기업체 및 국가 또는 지방자치단체의 출연이나 보조를 받는 기관 또는 단체에 대하여 그 시설의 이용을 요구할 수 있다.

② 제1항에 따라 시설의 이용에 관한 요구를 받은 기관이나 단체의 장은 특별한 사유가 없으면 적극 협조하여야 한다.

제7조(과학·수학·정보 교육융합위원회의 설치·운영 등)

① 과학·수학·정보 교육 진흥에 관한 다음 각 호의 사항을 심의하기 위하여 교육부장관 소속으로 과학·수학·정보 교육융합위원회(이하 "융합위원회"라 한다)를 둔다.

1. 과학·수학·정보 교육 진흥에 관한 기본정책에 관한 사항
2. 과학·수학·정보 교육 진흥에 관한 종합계획의 수립 및 조정·융합에 관한 사항
3. 제1호 및 제2호에 따른 기본정책과 종합계획에 대한 이행 점검 및 평가에 관한 사항
4. 그 밖에 과학·수학·정보 교육 진흥에 필요한 사항

② 그 밖에 융합위원회의 구성 및 운영에 필요한 사항은 대통령령으로 정한다.

제8조(과학·수학·정보 교육 연구기관의 지정) 교육부장관은 다음 각 호의 업무를 수행하도록 과학·수학·정보 교육 관련 연구기관 또는 단체를 과학·수학·정보 교육 연구기관으로 지정할 수 있다.

1. 과학·수학·정보 교육의 내용·방법 및 평가에 관한 연구
2. 창의적 융합교육의 내용·방법 및 평가에 관한 연구
3. 과학·수학·정보 교육의 교재·교육자료 개발
4. 원격 과학·수학·정보 교육 프로그램의 개발 및 운영
5. 과학·수학·정보 교원의 역량강화를 위한 연수 운영
6. 과학·수학·정보 교육에 관한 국제협력의 증진
7. 그 밖에 과학·수학·정보 교육 진흥에 필요한 업무

제9조(재정지원 등)

① 국가와 지방자치단체는 과학·수학·정보 교육기관 및 교육 연구기관에 대하여 예산의 범위에서 과학·수학·정보 교육에 필요한 재정 지원을 할 수 있다.

② 국가와 지방자치단체는 학생 및 교원의 과학·수학·정보 교육에 관한 탐구활동과 연구활동을 지원하기 위하여 관련 법인 또는 단체에 대하여 예산의 범위에서 필요한 경비를 보조할 수 있다.

제10조(과학·수학·정보 교육 진흥을 위한 교재·교육자료·전용교실의 확보 등)

① 국가와 지방자치단체는 과학·수학·정보 교육의 진흥을 위하여 교육기관이 교재·교육자료를

확보하는 데에 필요한 조치를 하여야 한다.

② 국가와 지방자치단체는 과학·수학·정보 교육의 진흥을 위하여 교육기관이 전용교실을 확보할 수 있도록 노력하여야 한다.

③ 제1항에 따른 교재·교육자료 및 제2항에 따른 전용교실의 종류 및 기준은 특별시·광역시·특별자치시·도 및 특별자치도 교육감이 정한다.

제11조(국제협력)

① 국가와 지방자치단체는 다음 각 호의 사항에 대한 외국정부, 국제기구 또는 외국의 과학·수학·정보 교육 관련 기관, 훈련기관, 연구기관, 산업체 등과의 국제협력에 관한 계획을 수립·시행할 수 있다.

1. 과학·수학·정보 교육에 관한 정보 교류
2. 과학·수학·정보 교원 및 관련 전문가 교류 및 연수
3. 과학·수학·정보 교육과 관련된 각종 활동에의 참가
4. 그 밖에 과학·수학·정보 교육 진흥에 필요한 국제협력의 증진

제12조(관계 행정기관 등의 협조 요청)

① 국가와 지방자치단체는 제5조제1항에 따른 시책을 마련하기 위하여 필요하면 관계 행정기관의 장이나 관계 기관·단체의 장에게 자료제공 등의 협조를 요청할 수 있다.

② 제1항에 따른 협조를 요청받은 자는 특별한 사정이 없으면 이에 따라야 한다.

부칙 〈제14903호, 2017. 10. 24.〉

제1조(시행일) 이 법은 공포 후 6개월이 경과한 날부터 시행한다.

제2조(다른 법령과의 관계) 이 법 시행 당시 다른 법령에서 종전의 「과학교육 진흥법」 또는 그 법의 규정을 인용한 경우 이 법 가운데 그에 해당하는 규정이 있으면 종전의 규정을 갈음하여 이 법 또는 이 법의 해당 규정을 인용한 것으로 본다.

쉽터 2

허준이 미국 프린스턴대 교수 겸 한국 고등과학원(KIAS) 수학부 석학교수가 5일(현지시간) 핀란드 헬싱키 알토대학교에서 열린 국제수학연맹(IMU) 필즈상 시상식에서 필즈상을 수상한 뒤 메달과 함께 취재진을 향해 포즈를 취하고 있다. 2022.7.5.

허준이 교수가 해결한 문제	문제가 제시된 연도
리드(Read) 추측	1968
호가(Hoggar) 추측	1974
메이슨-웰시(Mason-Welsh) 추측	1971
로타(Rota) 추측	1971
강한 메이슨(strong Mason) 추측	1972
다우링-윌슨(Dowling Wilson) 추측	1974
브리로스키(Brylawski) 추측	1982
도슨-콜번(Dawson-Colbourn) 추측	1984
오쿤코프(Okounkov) 추측	2003
딤카-파파디마(Dimca-Papadima) 추측	2003
엘리아스-프라우드풋-웨이크필드(Elias-Proudfoot-Wakefield) 추측	2016

2002년 서울대 물리천문학부에 입학하였으나 본인의 재능을 깨닫고 3학년때부터 수학에만 집중하였다. 2002년 스탠퍼드대에서 서울대로 자리를 옮긴 필자는 처음 맡은 고급수학 강좌에서 유독 차분하고 강한 집중력이 인상적인 한 학생을 눈여겨 보았는데 그 인연이 이어져 학부 3학년부터 석사학위까지 5년간 지도교수를 맡게 되었다. 2007년 수리과학부 석사과정에 입학하여 대수기하학 연구를 시작했다. 초곡면을 평면으로 잘라서 얻는 특이점의 밀너 파이버를 연구하였고 2009년 석사학위를 받았다. 허준이 교수가 학부를 마치고 석사과정 입학할 즈음 서울대에서 노벨상급 석학초청사업을 시작했고 당시 이우영 학부장님과 노력하여 1970년 필즈상 수상자인 헤이스케 히로나카 교수님을 서울대 수리과학부로 모시게 되었다. 당연히 필자의 학생들에게 히로나카 교수님의 강의에 참여하도록 독려했는데 초기에는 앉을 자리가 없을 정도로 몰렸지만 학기가 끝날 때면 손꼽을 정도의 학생만 남곤 했다. 하루는 히로나카 교수님과 환담을 나누면서 눈에 띄는 학생이 있더냐고 여쭈었더니 한 명 있다고, 정말 뛰어나다고 칭찬하셨다. 보는 눈이 다 비슷한 지라, 이 학생이 또 허준이 교수였다.

2009년 석사학위를 받고 미국 일리노이 주립대 박사과정에 진학했다. 이미 조합론적 성향이 강하게 보이던 허준이 교수가 기하학적인 성향이 강한 필자의 지도하에 박사학위를 위한 연구를 진행하는 것은 최선이라 보기 어려웠다. 일리노이 대학에서 2년 만에 박사학위를 받을 수 있었지만 박사후 연구원보다 더 좋은 조건으로 미시건 대학의 박사과정으로 전학하였다. 박사과정에 있는 동안 서울대에서 시작한 밀너 수에 관한 연구를 계속했고 채색다항식에 관한 연구로도 확장하여 2012년『JAMS』와 2014년『Duke』에 실린 논문들의 결과를 얻었다. 2014년 미시건대에서 박사학위를 받기 전부터 이미 세계적인 스타로 떠올랐고 졸업 후 프린스턴 고등연구소에서 6년간 근무했다. 2020년 스탠퍼드대 정년보장 교수로 임용되었으나 1년만에 프린스턴대 정교수로 이직하여 현재까지 근무하고 있다. 한국에서는 고등과학원 수학부 교수이다.

허준이 교수는 연구도 뛰어나지만 완벽한 강연과 수려한 글쓰기까지 갖춘 보기 드문 수학자이다. 그의 글과 강의는 쉽고 명확하고 잘 정리되어 있다. 또한 겸손하고 따뜻하여 모두의 존경과 사랑을 이끌어낸다. 한편 자신의 연구에 대해서는 한없이 엄격하여 모든 것이 철저히 확인되기 전까지는 밤잠을 설치는 완벽주의자이기도 하다. 또한 한국 수학자들에 대한 애정도 넘친다. 지금까지 너무 잘 해주었지만 이제 여러 갈래의 연구 방향마다 적절한 팀이 갖추어져 더 체계적으로 발전된 성과를 양산할 것으로 보인다. 앞으로의 발전이 더욱 기대된다.

https://horizon.kias.re.kr/21745/ 서울대 수리과학부 교수 김영훈

참고문헌

강대일, 정창규(2018). 과정 중심 평가란 무엇인가, 서울: 에듀니티.

교육부(2015). 교육부 보도자료. 2015 개정 교육과정 총론 및 각론 확정·발표.

교육부(2015). 수학과 교육과정.

교육부(2017). 수학 1-1.

교육부(2018). 교과용도서 다양화 및 자유발행제 추진 계획(안).

박경미 외(2015). 2015 수학과 교육과정 개정 시안 개발 정책 연구. 한국과학창의재단.

박경미 외(2015). 2015 개정 교육과정에 따른 수학과 교육과정(교수학습방법 및 평가) 개발 연구. 한국과학창의재단.

[교과서] (국정) **저작권자:** 교육부 **편찬자:** 한국과학창의재단 **출판사:** 천재교육

발행연도	제목	발행연도	제목
2017	(초등학교 1-2학년군) 수학 1-1	2018	(초등학교 3-4학년군) 수학 4-1
2017	(초등학교 1-2학년군) 수학 1-2	2018	(초등학교 3-4학년군) 수학 4-2
2017	(초등학교 1-2학년군) 수학 2-1	2019	(초등학교 5-6학년군) 수학 5-1
2017	(초등학교 1-2학년군) 수학 2-2	2019	(초등학교 5-6학년군) 수학 5-2
2018	(초등학교 3-4학년군) 수학 3-1	2019	(초등학교 5-6학년군) 수학 6-1
2018	(초등학교 3-4학년군) 수학 3-2	2019	(초등학교 5-6학년군) 수학 6-2

[익힘책] (국정) **저작권자:** 교육부 **편찬자:** 한국과학창의재단 **출판사:** 천재교육

발행연도	제목	발행연도	제목
2017	(초등학교 1-2학년군) 수학 익힘 1-1	2018	(초등학교 3-4학년군) 수학 익힘 4-1
2017	(초등학교 1-2학년군) 수학 익힘 1-2	2018	(초등학교 3-4학년군) 수학 익힘 4-2
2017	(초등학교 1-2학년군) 수학 익힘 2-1	2019	(초등학교 5-6학년군) 수학 익힘 5-1
2017	(초등학교 1-2학년군) 수학 익힘 2-2	2019	(초등학교 5-6학년군) 수학 익힘 5-2
2018	(초등학교 3-4학년군) 수학 익힘 3-1	2019	(초등학교 5-6학년군) 수학 익힘 6-1
2018	(초등학교 3-4학년군) 수학 익힘 3-2	2019	(초등학교 5-6학년군) 수학 익힘 6-2

[교사용 지도서] (국정) **저작권자:** 교육부 **편찬자:** 한국과학창의재단 **출판사:** 천재교육

발행연도	제목	발행연도	제목
2017	(초등학교 1-2학년군) 수학 1-1 교사용지도서	2018	(초등학교 3-4학년군) 수학 4-1 교사용지도서
2017	(초등학교 1-2학년군) 수학 1-2 교사용지도서	2018	(초등학교 3-4학년군) 수학 4-2 교사용지도서
2017	(초등학교 1-2학년군) 수학 2-1 교사용지도서	2019	(초등학교 5-6학년군) 수학 5-1 교사용지도서
2017	(초등학교 1-2학년군) 수학 2-2 교사용지도서	2019	(초등학교 5-6학년군) 수학 5-2 교사용지도서
2018	(초등학교 3-4학년군) 수학 3-1 교사용지도서	2019	(초등학교 5-6학년군) 수학 6-1 교사용지도서
2018	(초등학교 3-4학년군) 수학 3-2 교사용지도서	2019	(초등학교 5-6학년군) 수학 6-2 교사용지도서

[교과서] (검정)

수학은 천재교과서, 동아출판, 와이비엠, 비상교육, 아이스크림미디어, 대교, 금성출판사, 미래엔의 교과 도서가 합격됐다.

대표 저자 외(발행자): 류희찬 외(금성출판사), 강완 외(대교), 박교식 외(동아출판), 안병근 외(동아출판), 장혜원 외(미래엔), 신항균 외(비상교육), 김성여 외(아이스크림미디어), 박성선 외(와이비엠), 박만구 외(천재교과서), 한대희 외(천재교과서)

발행연도	제목	발행연도	제목
2022	(초등학교 3-4학년군) 수학 3-1	2023	(초등학교 5-6학년군) 수학 5-1
2022	(초등학교 3-4학년군) 수학 3-2	2023	(초등학교 5-6학년군) 수학 5-2
2022	(초등학교 3-4학년군) 수학 4-1	2023	(초등학교 5-6학년군) 수학 6-1
2022	(초등학교 3-4학년군) 수학 4-2	2023	(초등학교 5-6학년군) 수학 6-2

[익힘책] (검정)

대표 저자 외(발행자): 류희찬 외(금성출판사), 강완 외(대교), 박교식 외(동아출판), 안병근 외(동아출판), 장혜원 외(미래엔), 신항균 외(비상교육), 김성여 외(아이스크림미디어), 박성선 외(와이비엠), 박만구 외(천재교과서), 한대희 외(천재교과서)

발행연도	제목	발행연도	제목
2022	(초등학교 3-4학년군) 수학 익힘 3-1	2023	(초등학교 5-6학년군) 수학 익힘 5-1
2022	(초등학교 3-4학년군) 수학 익힘 3-2	2023	(초등학교 5-6학년군) 수학 익힘 5-2
2022	(초등학교 3-4학년군) 수학 익힘 4-1	2023	(초등학교 5-6학년군) 수학 익힘 6-1
2022	(초등학교 3-4학년군) 수학 익힘 4-2	2023	(초등학교 5-6학년군) 수학 익힘 6-2

[교사용 지도서] (검정)

대표 저자 외(발행자): 류희찬 외(금성출판사), 강완 외(대교), 박교식 외(동아출판), 안병근 외(동아출판), 장혜원 외(미래엔), 신항균 외(비상교육), 김성여 외(아이스크림미디어), 박성선 외(와이비엠), 박만구 외(천재교과서), 한대희 외(천재교과서)

발행연도	제목	발행연도	제목
2022	(초등학교 3-4학년군) 수학 3-1 교사용지도서	2023	(초등학교 5-6학년군) 수학 5-1 교사용지도서
2022	(초등학교 3-4학년군) 수학 3-2 교사용지도서	2023	(초등학교 5-6학년군) 수학 5-2 교사용지도서
2022	(초등학교 3-4학년군) 수학 4-1 교사용지도서	2023	(초등학교 5-6학년군) 수학 6-1 교사용지도서
2022	(초등학교 3-4학년군) 수학 4-2 교사용지도서	2023	(초등학교 5-6학년군) 수학 6-2 교사용지도서

XIV. 2022 개정 교육과정의 초등수학교육

2015.	2017.5.9	2021.4.	2022.5.10	2022.12.22
2015 개정 교육과정	문재인 정부 출범	2022 개정 교육과정 추진 발표	윤석열 정부 출범	2022 개정 교육과정 공포

↑

국민과 함께하는 미래형 교육과정
추진 계획(안) 발표

| 교육과정 개정 관련 추진 일정(안) |

구분	2021년	2022년	2023년	2024년	2025년
교육과정	총론 주요사항 발표 (2021. 하)	개정 교육과정 고시 (2022. 하)	교육과정 후속지원 (해설서, 평가기준 등)	초등학교 적용 시작	중학교·고등학교 적용 시작
고교학점제	마이스터고 적용(2020.~)	특성화고 도입 일반고 일부 도입	→	→	전체 고교 본격 시행
교과서	기초 연구추진 국정, 검정 체제	교과용도서 구분고시 (2022. 하)	교과용 도서개발	초등학교 보급 시작	중학교·고등학교 적용 시작
대입체제		대입 제도 개편 방안 검토		2028학년도 대입 방안 발표 (2024. 상)	

1 배경

가. 국민과 함께하는 미래형 교육과정

교육부는 2021년 4월 『국민과 함께하는 미래형 교육과정 추진 계획(안)』을 발표하였다. 이는 2022 개정 교육과정 마련을 목표로 한 것이며, 추진 배경으로 세 가지를 제시하였다.

1) 대전환의 시대, 장기적인 관점에서 미래 교육의 비전 정립 필요

- 인공지능(AI) 시대의 디지털 전환과 학령인구 감소로 인한 인재의 질적·양적 부족에 대응하기 위해 미래 교육 비전 정립 필요
  - 세계 각국은 미래 사회 대응 역량을 키우기 위해 국가발전 전략을 수립하고, 미래인재 양성 방안 시행 중
- 우리나라도 COVID-19 등 위기 극복과 선도형 교육체제로의 혁신을 위해 한국판 뉴딜 등을 추진 중이며, 이를 뒷받침할 인재 육성전략이 시급
  - 4차 산업혁명 시대 첨단기술의 발전 및 미래 불확실성이 증대되면서 환경 변화에 유연하게 대응할 수 있는 역량과 변화대응력을 갖춘 인재 확보가 더욱 긴요

2) 고교학점제 추진 등, 미래 교육 정책에 부합하는 교육과정 혁신 필요

- 미래사회에 대응하고 학생의 진로와 적성에 따른 맞춤형 교육과정 구현 및 미래지향적 수업과 평가 등 교육체제 전환 필요
  - 2025년 고교학점제 도입에 따라 학생 진로·적성·역량 중심의 교과목을 재구조화하고, 미래지향적 수업과 평가로의 전환 도모
  - 고교학점제를 기반으로 학습자의 자기주도성을 기반으로 미래 변화에 유연하게 대응할 수 있는 역량교육 체계화 필요성 증가
  - 의무교육 단계인 초·중학교 교육과정에서 삶의 기본 역량 함양을 위한 기초소양 및 역량 재구조화

3) 국민, 전문가 등 정책 수요자들의 적극적인 참여 필요

- 학부모, 교사, 학생 등 교육주체뿐 아니라 일반국민들이 초중등 교육의 방향설정에 참여하도록 유도함으로써, 교육을 사회진출의 수단이 아닌 학생 개개인의 성장과 미래역량함양의 과정으로 인식할 수 있는 학습의 장 제공

| [표 XIV-1] '국민과 함께하는 미래형 교육과정' 비전 |

구분	내용	
비전	"모두를 아우르는 포용 교육 구현과 미래 역량을 갖춘 자기주도적 혁신 인재 양성"	
추진 방향	**개별성 다양성** • 학생 개별 성장 및 진로 연계 교육 지원 • 삶과 연계한 역량 함양 교육과정 개선	**분권화 자율화** • 지역 분권화 및 학교 교사 자율성에 기반한 교육과정 강화 • 국민과 함께하는 교육과정 개발
	혁신적 포용인재	
	공공성 책무성 • 기초학력 및 배려 대상(특수교육, 다문화 등) 교육 체계화 • 지속 가능한 미래 및 불확실성에 대비한 교육 강화(디지털 및 생태 전환 교육, 민주시민 교육 등)	**디지털 기반 교육** • 온·오프라인 연계 등 미래지향적 교수·학습 및 평가 재설계 • 디지털 기반 삶 학습과 연계한 공간 구성 및 재구조화
추진 과제	① 미래 역량 함양을 위한 포용교육기반 마련	② 학생 개별 맞춤형 교육 기반 마련
	• 미래 인재상, 역량 재설계 • 기초학력보장, 배려대상(특수교육, 다문화 등) 교육 체계화 • 학교·교사 자율성에 기반을 둔 교육 과정 강화 • 지속가능한 미래 및 불확실성에 대비한 강화 (디지털 및 생태전환 교육 민주시민교육 등)	• 미래 지향적 교수·학습 및 평가 혁신을 통해 학습경험 질 제고 • 역량 함양 초·중학교 교육과정 개선 • 고교학점제를 기반으로 선택교육 과정 및 직업교육 혁신 • 디지털 기반 교육을 통해 미래교육 여건 마련
	③ 교육과정 개정 체제 개선	④ 교육과정 안착지원 체제 구축
	• 교육과정 개정 추진위원회 구성 등 협력적 거버넌스 구축 • 교육과정 포럼, 교사 네트워크, 국가 교육회의 집중 숙의단 운영을 통한 대국민 여론 수렴 • 교육과정심의회 조직 개편을 통해 연구 조사 및 의견수렴 기능 강화	• 온라인 교과서 도입 및 교과서 발행 체제 개편 • 고교학점제에 맞는 학생부 및 대입 제도 체제 개편 • 교육과정 전문가로서 교원역량 강화 및 연수 제도 마련 • 삶·학습과 연계한 공간 구성 등

나. 2022 개정 교육과정 총론 방향

2021년 11월 24일 교육부는 2022 개정 교육과정 총론 시안을 발표하였다. 총론 개정의 추진 배경으로 '디지털 전환, 기후환경 변화 및 학령인구 감소 등에 대응하여 미래사회에 필요한 역량을 함양하고 학습자 맞춤형 교육을 강화할 수 있도록 미래 교육 비전의 정립과 수업 및 평가 개선을 포함하는 교육과정 체제 전환 필요'를 제시하였다. 이를 좀더 구체화하면 다음과 같다.

1) 예측할 수 없는 변화에 대응할 수 있는 교육 혁신 필요

- 디지털 전환에 따른 산업 및 사회변화와 감염병 확산, 기상이변과 기후환경 변화 등 다양한 위기 상황에 대응하고 극복하는 능력이 국가 경쟁력 좌우
- 변동성, 불확실성, 복잡성이 특징인 미래사회에 대응할 수 있도록 기본 역량과 변화 대응력 등을 키워주는 교육 체제 구현 필요

2) 학령인구 감소 및 학습자 성향 변화에 따른 맞춤형 교육 기반 필요

- 저출생 현상의 심화, 디지털 전환 등에 대응하여 학생 개개인의 역량을 최대한 발전시켜줄 교육과정과 교수학습 체제 및 교육환경 구축 필요
- 디지털 친화적, 도덕적 특성을 갖는 학습자들을 위한 새로운 교육과 최적화된 맞춤형 교육으로의 변화 요구 증가

3) 새로운 교육환경 변화에 적합한 역량 함양 교육 필요

- 지식, 정보의 폭발적 증가에 따라 단편적 지식의 습득보다 학습한 내용을 삶의 맥락에서 적용하고 복잡한 문제를 해결하는 역량 중요
- 당면한 사회적 변화에 능동적으로 대응할 수 있도록 모든 학생의 소질과 적성을 바탕으로 미래 핵심역량을 키우는 교육 혁신 필요
- 빠르게 변화하는 디지털 전화에 대응할 수 있도록 교육과정 혁신, 온오프라인 연계 등 새로운 교수학습의 확산 기반 마련 필요

4) 현장 수용성 높은 교육과정에 대한 요구 증대

- 미래 교육에 적합하고 학교 현장 수용성 높은 교육과정 개발과 관련하여 교육 주체와 국민의 참여 확대 요구 증가
- 지역, 학교 교육과정 분권화, 자율화에 대한 요구가 증가함에 따라 다양한 교육 주체 간 협력적인 교육과정 개발 체제로의 개선 필요
- 고교학점제 등 학습자의 특성 및 진로와 적성에 맞는 맞춤형 교육을 위한 교육과정 및 지원 체계 마련

다. 2022 개정 교육과정의 추진 체계

1) '국민과 함께하는 교육과정' 개발 방식으로 추진

| [표 XIV-2] '국민과 함께하는 교육과정' 개선 방향 |

기존		개선
국가 차원에서 교육과정 전문가 중심으로 초·중등학교 교육과정 개발	➡	학생, 학부모, 교사, 범사회적 전문가 등 교육 주체의 참여 확대, 국가교육회의, 전국시도교육감협의회 등 관련기관 협업

국민과 함께하는 교육과정의 의미
① 교육과정 개발 과정에 국민의 참여를 확대하여 정책수요자들의 사회적 합의를 통한 최선의 대안을 설정해 나가는 과정으로서 의의를 가짐 ② 국민, 전문가 등 교육주체의 참여를 통해 현장 수용성 높은 교육과정 개발 ③ 미래 교육에 대한 관심과 이해도를 높여 교육 패러다임 전환의 계기 마련

2) 협력적 거버넌스를 통한 체계적 개정

주요 추진 기구

① (개정추진위원회) 교육과정 연구·개발 및 쟁점 논의, 의견 수렴 결과 숙의·토론, 주요사항(안) 마련 등
※ 교육과정, 현장교원, 교원정책, 공간·인공지능 전문가 등으로 구성

② (정책자문위원회) 교육과정 개발 과정에서 발생하는 현안 등에 대해 다양한 관점을 바탕으로 자문 및 개선점 제안
※ [부총리 정책자문 역할] 범사회적 전문가로 구성, 다양한 분야 의견 제시 및 자문

③ (각론조정위원회) 총론과 각론의 유기적 연계 강화, 교과 내용 중복 해소 및 교과 이기주의를 견제할 수 있는 주요 쟁점에 대한 논의·조정 등

| [표 XIV-3] 교육과정 개발 추진 체계도 |

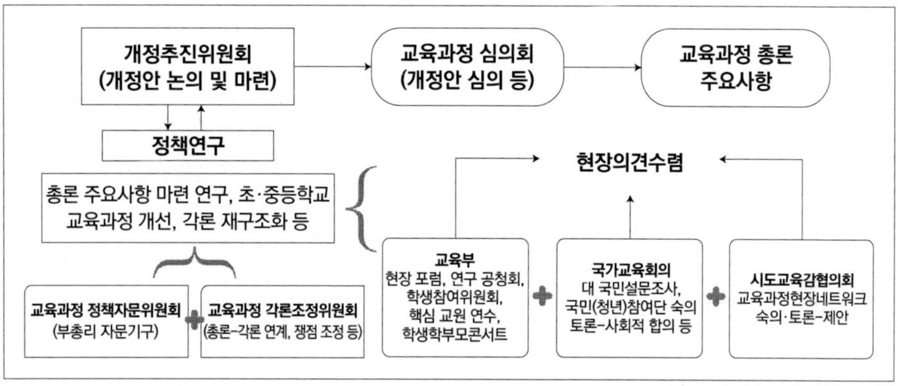

라. 2022 개정 교육과정의 비전 및 추진 내용

| [표 XIV-4] 국민과 함께하는 교육과정 개정 |

구분	내용	
비전	포용성과 창의성을 갖춘 주도적인 사람	
개정 중점	• 미래 사회가 요구하는 역량 함양이 가능한 교육과정 • 학습자의 삶과 성장을 지원하는 교육과정 • 지역·학교 교육과정 자율성 확대 및 책임교육 구현 • 디지털·AI 교육환경에 맞는 교수·학습 및 평가체제 구축	
추진 과제	**미래 대응을 위한 교육과정** • 인간상 등 교육방향 제시 • 공동체 가치 및 역량 강화 • 디지털 기초소양 강화 • 모두를 위한 교육 강화	**학교 현장의 자율적인 혁신 지원** • 학교 교육과정 자율성 확대 • 초·중학교 교육과정 운영의 유연성 제고 • 창의적 체험활동 및 범교과학습 주제 개선
	학습자 맞춤형 교육 강화 • 초·중등학교의 학교급 간 진로연계 교육 강화 • 고교학점제 안착 • 직업계고 교육과정 개선	**교육환경 변화 대응 지원** • 역량 함양 교과 교육과정 개발 • 디지털 기반 교수·학습 혁신 • 교육과정 지원체제 구축

마. 2015와 2022 개정 교육과정 비교

| [표 XIV-5] 2022 개정 교육과정 총론 주요사항의 신·구 대비표 |

내용			주요 내용: 2015 개정	주요 내용: 2022 개정
교육과정 개정 방향			• 지식정보 사회가 요구하는 창의융합 인재 양성을 위한 교육기반 마련 • 모든 학생이 인문·사회·과학기술에 대한 기초 소양을 함양할 수 있는 문·이과 통합형 교육과정 필요 • 교육과정과 수능 및 대입 제도의 연계, 교원 연수 등 교육 전반을 개선하기 위한 교육과정 개정	• **미래사회의 불확실성에 대응**할 수 있는 **기본 역량** 및 **변화대응력**을 **키워주는 교육** 체제 구현 • 미래 사회 **역량 함양**이 가능한 **교육과정 개발 및 학습자 주도성**을 **강화하는** 모든 학생의 **개별 성장 맞춤형 교육과정 구현** • **교육 주체** 및 **국민과 함께하는 현장 적용성 높은 교육과정** 개발 체제 구축
총론	공통사항	**① 추구하는 인간상과 교육목표**	• (추구하는 인간상) 자주적인 사람, 창의적인 사람, 교양 있는 사람, 더불어 사는 사람 • (교육목표) 인간상을 바탕으로 미래 사회가 요구하는 핵심역량을 함양하여 바른 인성을 갖춘 창의융합형 인재 양성에 중점 • 바른 인성을 갖춘 **창의융합형 인재**	• **(추구하는 인간상) 자기 주도성, 창의와 혁신, 포용과 시민성**의 핵심 가치 **중심으로 인간상 재구조화** • **(교육목표) 인간상과 핵심역량**을 **연계하고 시민성, 개인과 사회의 지속가능성 및 생태 감수성** 등을 교육**목표에 반영**하여 개선 • **포용성**과 **창의성**을 갖춘 **주도적**인 **사람**
총론	공통사항	**② 미래사회 및 환경변화에 대응하는 교육 내용 강화**	신설	• 여러 교과를 학습하는 데 기반이 되는 **언어, 수리, 디지털 소양** 등을 **기초소양**으로 **강조**하고 총론 및 교과 교육과정에 반영 • **생태전환교육, 민주시민교육 및 일과 노동에 포함된 의미와 가치 등을** 교육목표에 반영하는 방안 추진
총론	공통사항	**② 미래사회 및 환경변화에 대응하는 교육 내용 강화**	• (초) 교과(실과) 내용을 SW 기초 소양 교육으로 전환 • (중) 과학/기술·가정/정보 교과 신설 • (고) 심화선택 '정보' 과목을 일반 선택 과목으로 전환하고 SW 중심으로 내용 개편	• **(초·중·고 공통)** 모든 교과교육을 통한 **디지털 기초소양 함양 기반**을 마련하고 정보교육과정과 연계하여 **AI 등 신기술 분야 기초·심화 학습 내실화** - (초) 실과 교과를 포함하여 **학교 자율 시간을 활용한 교육** - (중) **학교 자율시간 및 교과(군)별 시수 증감**을 **활용**한 **정보 교육** - (고) 고등학교에 **정보 교과를 신설하고 다양한 선택과목 신설**
총론	공통사항	**③ 분권화를 바탕으로 한 학교 교육과정 자율성 확대**	신설	• **국가 교육과정, 지역 교육과정, 학교 교육과정 간 주체별 역할 구분** - **지역 연계 교육과정** 개발·운영, **학교 자율시간** 도입 및 **교사의 교육과정 자율권 확대** • 지역 특성에 맞는 다양한 **수업 혁신**이 학교 현장에서 이루어질 수 있도록 **단위학교 교육과정 편성·운영의 자율권을 확대하는 근거** 총론에 마련
총론	공통사항	**④ 학교급 전환 시기의 진로 연계 교육 강화**	신설	• 학교급 간 교과 내용 연계와 진로 설계, 학습 방법 및 생활 적응 등을 지원하기 위한 **진로연계학기 신설** - **상급학교 진학하기 전**(초6, 중3, 고3) 2학기 중 **일부 기간**을 **활용**하여 진로연계학기 **운영**
총론	공통사항	**⑤ 창의적 체험 활동 개선**	• 자율활동, 동아리활동, 봉사활동, 진로활동 등 4개 영역으로 구성	• **자율자치 활동, 동아리 활동, 진로 활동 3개** 영역으로 재구조화 ※ 봉사활동은 동아리 및 진로 활동으로 통합
총론	공통사항	**⑥ 안전교육 개선**	• 창의적 체험활동에 안전한 생활 64시간으로 구성	• **(초1~2학년)** 기존의 안전한 생활 성취기준, 내용 요소를 **통합교과로 재구조화하여 교과와 연계한** 생활중심 **안전교육 강조** - 안전한 생활을 **바른 생활 16시간, 슬기로운 생활 32시간, 즐거운 생활 16시간으로 재구조화** • **(초3학년 이후)** 과학, 체육, 실과, 보건 등 **관련 교과(목)의 '안전' 대단원을 통해 전 학교급에** 걸친 **체계적인 안전교육 실시**

내용			주요 내용	
			2015 개정	2022 개정
총론	공통사항	⑦ 범교과 학습 주제 개선	• 「초·중등학교 교육과정 총론」에 별도 학교급별 편성·운영 기준으로 제시 – 범교과 학습 주제는 교과와 창의적 체험활동 등 교육 활동 전반에 걸쳐 통합적으로 다루도록 하고, 지역사회 및 가정과 연계하여 지도한다.	• 범교과 학습 주제는 **관련 주제를 교과와 연계**하여 반영 • 법령 개정 등을 통한 **범교과 학습 주제 정비를 추진**하여 학교 교육과정 편성·운영의 어려움 해소 도모
	초등학교	초등학교 1~2학년군 교육과정 개선	개선	• **(입학초기 적응활동 개선)** 초등학교는 **1학년 입학초기 적응활동과 창의적체험활동 중복**을 **개선**하고, 국어시간을 활용하여 **한글 해독 교육을 강화** **– 초등 1~2학년 한글 익힘 학습 지원을 위한 맞춤형 교육, 놀이와 연계한 한글 익힘 학습 강조** • **(신체활동 강화) 즐거운 생활 교과 중심**으로 **실외 놀이 및 신체활동 강화**(144시간)
	중학교	자유학기제 편성·운영 개선	• (시기) 1학년 자율적 선택 • (영역) 주제선택, 진로탐색, 예술·체육, 동아리활동 4개 영역 필수 운영 • (운영) 교과 및 창의적 체험활동 시수 20% 범위 내 증감 활용(170시간)	• **(시기) 1학년 자율적 선택**(시도별) • **(영역)** 주제선택 및 진로탐색활동 **2개 영역** 운영 방안 검토 • **(운영) 교과 및 창의적 체험활동 시수 20% 범위 내 증감**을 통해 학교 자율적 운영**(102시간)**
		학교스포츠클럽 활동 개선	• 창체 내 동아리활동으로 편성 • 매 학기별(학년별 연간 34~68시간) 운영 (총 136시간)	• 동아리 활동으로 **매 학기** 운영하되, **의무 편성시간 적정화** **– 학년별 34시간** 운영**(102시간)**
	고등학교	고교학점제 기반 맞춤형 교육과정 구현	• 공통 및 선택과목으로 구성 • 선택과목은 일반선택과 진로선택으로 구분 고교 교과(군)별 필수이수 단위 – 국어, 수학, 영어, 사회 10단위, 한국사 6단위 – 과학은 12단위	• **(고등학교 학사 운영 체제의 변화) 수업량 적정화**(1학점 수업량 50분 기준 **16회**로 전환) 및 총 이수학점을 204단위에서 **192학점으로 적정화** – 여분의 수업량을 활용하여 미니과목 개설, 다양한 진로 연계 프로젝트 활동 시간 등으로 운영 고교 교과(군)별 필수이수 단위 – 국어, 수학, 영어, 사회 8학점, 한국사 6학점 – 과학 10학점 • **(교과목 재구조화)** 공통과목 및 자기주도적 진로·학업 설계를 위한 **다양한 선택과목 구성** – 공통과목 유지, 일반선택과목 적정화를 통한 다양한 탐구 중심의 **진로 및 융합선택과목 실질적 선택권 확보** **– 융합선택과목 신설**
		학생의 진로와 적성을 고려한 학습 기회 확대	개선	• **(특수목적고등학교) 전문교과 Ⅰ에서 보통교과로 재구조화**하여 일반고에서도 선택 가능 • 학교단위 과목개설이 어려운 소인수과목의 경우 **온·오프라인 공동교육 과정 운영**
		직업계고 교육과정 개선	• NCS 직업 교육과정과의 연계를 추구하는 인간상 등으로 반영	• **전문교과 Ⅱ를 전문교과로 재구성** • 신산업기술의 생성 및 기술 고도화에 대비하여 **인력양성 유형 및 새로운 직무 생성 등을 고려한 교과(군) 재구조화 및 미래 직무 변화를 반영한 교육내용과** 위계적 학습계통 체계화 등을 고려하여 **과목군 재구조화** • 학교에서 직업 세계로의 이행에 필요한 직업 생활의 **공통 기본소양 함양을 위해 전문공통 과목 세분화** ※ 노동인권과 산업안전보건, 디지털 정보기술 등 과목 신설
		고교학점제에 부합하는 성장중심 평가체제 구축	신설	• 고교학점제 본격 시행과 함께 **성취평가제** 적용 범위 확대(2025.~) • **(미이수도입)** 과목 이수기준 충족 시 학점 취득, 미이수자 발생 시 보충 이수 지원

내용	주요 내용	
	2015 개정	2022 개정
교과 교육과정 개발 방향	개선	• **교과 교육과정 개정의 방향 제시** – 깊이 있는 학습, 교과 간 연계와 통합, 삶과 연계한 학습, 학습과정에 대한 성찰을 강화한 **역량 함양 교과 교육과정 개발** – 소수의 **핵심 아이디어**를 **중심**으로 학습 **내용 엄선** 및 교과 내 영역 간 내용 연계성 강화 – **교과 고유의 사고와 탐구를 명료화**하여 '깊이 있는 학습' 지원 – 교과 목표, 내용체계, 성취기준, 교수·학습, 평가의 **일관성 강화** – **학생의 의미 있는 학습 경험**을 위한 **교육과정 자율화의 토대** 마련 • **교수·학습 및 평가 개선 방향 제시** – **깊이 있는 학습, 교과 간 연계와 통합, 삶과 연계한 학습, 학습과정에 대한 성찰**이라는 네 가지 지향점을 **구현**하는 방안으로 개선 – **교과 목표**(역량) **달성을 위한 교수·학습**의 강조점 및 **빅데이터·AI**를 **활용**한 **학생 맞춤형 수업 제시** – 창의력, 비판적 사고력 등 **미래역량 함양을 위한 평가, 원격수업에서의 평가** 및 다양한 학습지를 위한 평가 **등 평가의 원칙과 중점 제시** • 교과 교육과정 개발을 위해 현장 교원 50% 이상 참여 등 총론과 교과 교육 과정의 연계성 강화
디지털 기반 교수·학습 혁신	개선	• 획일적인 교실 수업에서 벗어나 **온·오프라인 연계**가 자유로운 **교수·학습 및 평가 모형**(학교 내, 학교 간 수업 등) **개발 적용** • 원격수업 등 교실 수업 개방성 증대와 첨단 디지털 인프라를 활용한 **다양한 교육방식의 현장 안착을 위한 교육과정 개선 및 지원** – 최적화한 교육과정 편성과 운영이 가능하도록 **총론과 교과 교육과정 근거 마련** 및 **맞춤형 원격수업 활성화** ※ 다양한 원격 교수·학습 및 평가 모델 구안, 원격수업에 대한 교원의 역량 강화 지원
특수교육 교육과정 개선	신설	• **기본교육과정**의 **성격 확립** 및 **내용 체계, 성취기준 적정화** • **학생별 장애 특성 및 정도**를 **반영한** 교육 **활동 신설** – **'일상생활 활동' 신설** • 특수교육 대상 학생 **맞춤형 교육** 지원 **근거를 총론에 제시** • 학생의 장애 유형과 정도를 고려한 고교학점제 운영 모형 마련

| [표 XIV-6] 초·중학교 시간 배당 기준[안] |

구분		1~2학년	3~4학년	5~6학년
교과(군)	국어	국어 482	408	408
	사회/도덕		272	272
	수학	수학 256	272	272
	과학/실과	바른 생활 144	204	340
	체육	슬기로운 생활 224	204	204
	예술(음악/미술)	즐거운 생활 400	272	272
	영어		136	204
창의적 체험활동		238	204	204
학년(군)별 총 수업 시간 수		1,744	1,972	2,176

2 수학과 교육과정의 개정 방향과 변화 내용

가. 주요 개정 방향

교육부는 디지털 전환, 기후 변화 및 학령인구 감소 등의 변화에 대비하여, 미래사회에 필요한 역량 함양, 교육 현장의 자율성 확대, 학습자 맞춤형 교육 강화, 디지털 기반 교육 지원을 중점으로 하는 총론 주요 사항을 발표하였으며, 이를 바탕으로 2022 교육과정 개정을 추진하였다(교육부, 2021.11.24.). 이에 수학과에서는 2015 개정 수학과 교육과정의 문제점들을 개선하고 총론의 교육과정 개정 방향에 부합될 수 있도록 교육과정을 개정하였으며, 특히 미래 사회를 대비한 역량 및 내용 재구조, 깊이 있는 학습을 위한 핵심 아이디어 도출과 내용 체계화, 교육 현장 및 국가·사회의 변화와 요구 반영 방안 모색, 학습자 주도성 제고 방안 모색 등 네 가지 측면에 주목하였으며, 최종적으로 다음과 같은 개정 방향을 제시하였다(이경화 외 2022b).

1) 학생의 수학 교과 역량 함양 방안 모색
- 교과 역량의 하위 범주 개선
- 수학 교과 역량의 구현

2) 미래 지향적 수학 학습 내용 재구조화
- 지능정보화 대비 내용 재구조화
- 실생활 자료 중심의 통계 교육 내용 재구조화
- 학생의 진로와 적성을 고려한 고등학교 선택 과목 내용 재구조화
- 핵심 아이디어 중심의 깊이 있는 학습 추구

3) 학생의 삶과 성장을 지원하는 교수·학습 및 평가 모색
- 학생의 주도적 수학 학습을 위한 교수·학습 방법 제시
- 학생 맞춤형 수학 교수·학습 방법 제시
- 과정을 중시하는 평가 방향과 방법 제시

4) 총론과 각론 교육과정의 일관성 확보
- 기초 소양 함양
- 민주 시민 교육과 생태전환 교육
- 온라인 교육 환경 활용
- 범교과 학습 주제 및 타 교과 연계 학습
- 진로연계교육 및 기초학력 보장

◆ 학생·교사 교육과정 자율성과 실행 지원을 위한 문서 체제 정교화

- '교육과정 설계의 개요' 신설
- 내용 체계 개선
- 성취기준 해설 및 성취기준 적용 시 고려 사항 제시
- 수학 교수·학습 및 평가 방안의 정교화

나. 초등 수학과 교육과정의 변화 내용

1) 수학 교과 역량의 재구조화

수학 교과 역량 함양은 2015 개정 교육과정부터 수학과 교육과정의 주요 개정 방향이자 중점 사항이었다. 2015 개정 수학과 교육과정에서는 수학 교과 역량을 '수학교육을 통해 학습자가 길러야 할 기본적인 필수적인 능력 또는 특성'으로 정의하였다. 2009 개정 수학과 교육과정에서 강조한 수학적 과정(문제해결, 추론, 의사소통)에 3가지 역량(창의·융합, 정보처리, 태도 및 실천)을 더하여 '문제해결, 추론, 창의·융합, 의사소통, 정보처리, 태도 및 실천'의 총 6개를 선정하였다(이경화 외, 2022b).

2022 개정 수학과 교육과정은 수학 교과 역량의 재구조화를 위한 선행연구를 진행하였다. 그 결과로 먼저 '수학 교과 역량'이라는 명칭은 2015 개정 교육과정과 동일하게 사용하기로 정하고, 둘째, '문제해결, 추론, 의사소통, 연결, 정보처리'를 5가지 수학 교과 역량으로 선정하였으며, 각각의 교과 역량이 지식·이해, 과정·가능, 가치·태도를 아우르는 것으로 규정함으로써 2015 개정 수학과 교육과정과 2022 개정 수학과 교육과정의 교과 역량의 연계성을 확보하고자 하였다(이경화 외, 2022b).

수학 교과 역량을 재구조화하면서 등장한 **지식·이해**, **과정·기능**, **가치·태도**를 2022 개정 수학과 교육과정에서 새롭게 규정하였다. 먼저 지식·이해는 수학 교과에서 지도하는 개념적, 방법적 지식을 가리키는 것으로 영역별, 학년(군)별, 선택 과목별로 규정할 수 있다. 특히 '수학의 개념, 원리, 법칙', '수학적 지식', '수학적 사실' 등으로 지식·이해를 가리키도록 하였다(이경화 외, 2022b).

과정·기능은 수학의 개념, 원리, 법칙 등을 학습할 때 5가지 교과 역량이 발현되는 사고 과정이나 기능을 보여주는 구체적인 행동으로 선정하였다. 전체 학교급에서 활용될 수 있는 과정·기능은 [표 XIV-7]과 같다. 과정·기능은 내용 체계에 제시되며, 지식·이해에 따라 적절한 내용으로 선정되어 성취기준으로 구현되도록 하였다(이경화 외, 2022b).

| [표 XIV-7] 수학 교과 역량과 과정·기능의 관계 |

교과 역량	과정·기능
문제해결	문제해결하기
추론	알기
	탐구하기(해석하기)
	판단하기(판별하기, 판정하기, 비교하기, 구별하기, 추측하기, 추정하기, 예상하기, 분류하기)
	정당화하기(증명하기)
	구하기
	계산하기(간단히 하기, 풀기)
	어림하기, 분해하기, 작도하기, 측정하기, 수 감각/양감/공간 감각 기르기
의사소통	표현하기(그리기, 읽기, 쓰기, 만들기, 꾸미기, 나타내기)
	설명하기
연결	수학 개념, 원리, 법칙을 연결하기
	실생활에 수학을 연결하기
정보처리	자료 처리하기(수집하기, 분석하기)
	교구나 공학 도구 이용하기

가치·태도는 수학의 가치를 인식하는 측면과 수학적 태도의 두 범주를 염두에 두고 그 내용을 도출하였다. 내용 체계에서 영역/과목 특성에 맞게 적절한 가치·태도 내용을 선정하여 구체화하였고, 성취기준이나 성취기준 해설에서 구현하였다. 전체 학교급에서 기초가 될 수 있는 가치·태도의 내용은 [표 XIV-8]과 같다(이경화 외, 2022).

| [표 XIV-8] 수학 교과 역량의 가치·태도 |

구분	가치·태도
수학 가치 인식	수학의 유용성/필요성/가치 인식
	수학적 표현의 편리함 인식
	수학에 대한 흥미와 관심
수학 태도 함양	적절한 방법을 찾기 위해 끈기 있게 도전하는 태도
	문제의 풀이 과정과 결과를 반성하는 태도
	체계적으로 사고하여 합리적으로 의사 결정을 하는 태도
	수학적 근거를 바탕으로 비판적으로 사고하는 태도

지식·이해, 과정·기능, 가치·태도 각각은 세부 범주나 요소를 구분하여 규정함으로써 그 내용을 명확히 드러낼 수 있다. 그런데 과정·기능의 요소가 특정 역량에만 국한되지 않는 경우가 있고 내용에 따라 특정 요소만 부각되는 사례가 나타날 수 있다. 이런 점에서 과정·기능과 가치·태도의 세부 범주나 요소를 고려하여 교육과정을 편성하되 교육과정에서는 그 범주나 요소를 드러내지 않는 방식을 취하였다. 즉 각각의 범주나 요소를 제시할 때 그 낱낱의 합으로 교과 역량을 보지 않고 세 가지가 통합된 것으로 교과 역량을 이해할 수

있도록 교육과정의 내용 체계에서는 세부 범주의 구분 없이 과정·기능, 가치·태도를 제시하였다(이경화 외, 2022).

한편 수학 교과 역량을 교육과정 전반에 제시하여 역량 함양 교육과정을 도모하고자 하였다. 그 내용은 다음과 같다(이경화 외, 2022).

첫째, 수학과 목표를 교과 역량 중심으로 기술하였다. 이전 교육과정에서는 교육 목표를 지식, 기능(역량), 태도의 세 측면으로 구분하여 각각을 제시해 왔으나, 2022 개정 수학과 교육과정에서는 지식·이해, 과정·기능, 가치·태도가 어우러진 것으로 제시하고 5가지 교과 역량 각각에 대한 함양을 세부 목표로 제시하였다.

둘째, 내용 체계를 지식·이해, 과정·기능, 가치·태도의 세 범주로 제시하고, 이를 결합한 성취기준을 제시하여 성취기준이 교과 역량을 드러내도록 하였다.

셋째, 교과 역량 함양을 위한 교수·학습 방법을 제시하였다. 2015 개정 수학과 교육과정에서는 교수·학습 방법에서 수학 교과 역량의 세부적인 요소를 제시하였으나 2022 개정 수학과 교육과정에서 교과 역량의 세부 범주는 지식·이해, 과정·기능, 가치·태도이므로, 교과 역량 함양을 위해 교사가 수학 수업에서 무엇을 해야 하는지를 안내할 수 있는 내용으로 교수·학습방법을 제시하였다.

넷째, 수학 교과 역량의 평가에 대한 안내 사항을 평가 방법에 제시하였다. 교과 역량이 목표로 선정되어 수학교육의 방향을 주도하지만, 평가는 지식 위주로만 진행되고 역량을 평가하는 것이 무엇인지 명료하지 않다는 현장의 의견을 반영하여, 수학 교과 역량을 평가할 때의 고려 사항을 제시하였다.

2) '교육과정 설계의 개요'의 제시

수학과 교육과정은 크게 공통 교육과정과 선택 중심 교육과정으로 이루어졌다. 교육과정마다 '교육과정 설계의 개요'를 제시하였는데 이 항목에서는 교육과정이 무엇에 역점을 두고 설계되었는지 보여주고자 하였다. 특히 총론의 주요 방향과 교과 교육과정의 연계, 교과 구성 체계, 영역 소개, 핵심 아이디어 선정 원리, 내용 체계의 세 범주에 대한 설명, 교과의 핵심 아이디어, 내용 체계 등을 활용하여 교사가 어떻게 자율적으로 수업을 구현하고자 하는지를 담았다. 다음은 초등 수학과 교육과정이 포함된 공통교육과정의 교육과정 설계 개요를 나타낸 것이다(이경화 외, 2022b).

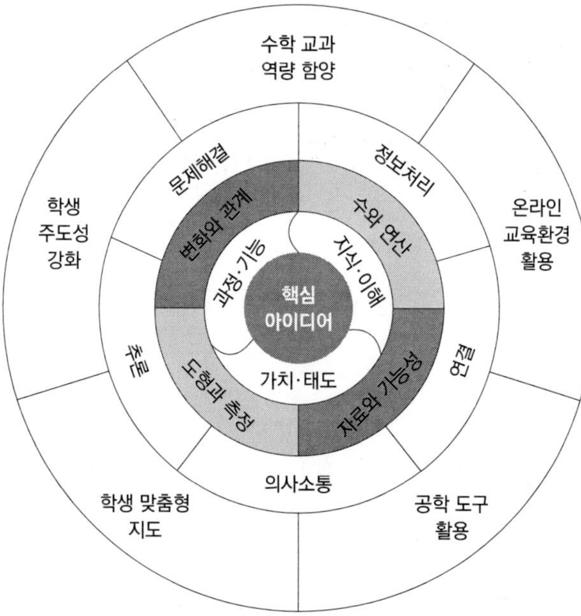

수학과 교육과정 설계의 개요

아래 도식을 보면, 내용 영역 구분에 다음과 같은 변화가 있었다. 2015 개정 교육과정에서 도형 영역과 측정 영역으로 구분되었던 것을 하나로 통합하여 '도형과 측정' 영역으로 하였으며, 규칙성 영역은 없어지고 '변화와 관계' 영역이 새로 등장하였다.

| [표 XIV-9] 내용 영역의 구분 변화 |

2015 개정 교육과정		2022 개정 교육과정
수와 연산, 도형, 측정, 규칙성, 자료와 가능성	➡	수와 연산, 변화와 관계, 도형과 측정, 자료와 가능성

3) 내용 체계 개선

'내용 체계'는 학습 내용의 범위와 수준을 나타낸다. 2022 개정 교육과정에서는 내용 체계를 핵심 아이디어와 더불어 지식·이해, 과정·기능, 가치·태도의 세 가지 범주로 설계하고 각 교과에서 구체적인 내용으로 구현하도록 하였다. 다음은 '자료와 가능성' 영역의 '내용 체계' 예시이다(이경화 외, 2022b).

| [표 XIV-10] '자료와 가능성' 영역의 '내용 체계' 예시 |

핵심 아이디어	• 자료를 수집, 정리, 해석하는 통계는 자료의 특징을 파악하고 두 집단을 비교하며 자료의 관계를 탐구하는 데 활용된다. • 사건이 일어날 가능성을 여러 가지 방법으로 표현하는 것은 불확실성을 이해하는 데 도움이 되며, 가능성을 확률로 수치화하면 불확실성을 수학적으로 다룰 수 있게 된다. • 자료를 이용하여 통계적 문제해결 과정을 실천하고 생활 속의 가능성을 탐구하는 것은 미래를 예측하고 합리적인 의사 결정을 하는 데 기반이 된다.			
구분 / 범주	내용 요소			
	초등학교			중학교
	1~2학년	3~4학년	5~6학년	1~3학년
지식·이해	• 자료의 분류 • 표 • ○, ×, /를 이용한 그래프	• 그림그래프 • 막대그래프 • 꺾은선그래프	• 평균 • 띠그래프, 원그래프 • 가능성	• 대푯값 • 도수분포표와 상대도수 • 경우의 수와 확률 • 산포도 • 상자그림과 산점도
과정·기능	• 자료를 기준에 따라 분류하고 설명하기 • 탐구 문제를 설정하고 그에 맞는 자료를 수집하기 • 자료를 표나 그래프로 나타내고 해석하기 • 자료의 평균을 구하고 해석하기 • 자료를 수집하고 정리하여 문제해결하기 • 사건이 일어날 가능성을 비교하고 표현하기 • 실생활과 연결하여 사건이 일어날 가능성을 예상하기			• 적절한 대푯값을 선택하여 구하기 • 자료를 표, 그래프로 나타내고 해석하기 • 통계적 탐구 문제 설정하기 • 공학 도구를 이용하여 자료를 수집하고 분석하기 • 확률의 기본 성질 탐구하기 • 자료의 분포를 비교하고 설명하기 • 자료의 상관관계 설명하기
가치·태도	• 표와 그래프의 편리함 인식 • 평균의 유용성 인식 • 자료를 이용한 통계적 문제해결 과정의 가치 인식 • 가능성에 근거하여 판단하는 태도 • 자료와 가능성 관련 문제해결에서 비판적으로 사고하는 태도			• 대푯값, 상대도수, 상자그림의 유용성 인식 • 공학 도구를 이용한 자료 수집과 분석의 편리함과 유용성 인식 • 자신의 삶과 연계된 확률과 통계에 대한 흥미와 관심 • 통계적 문제해결 과정에 주도적으로 참여하는 태도 • 체계적으로 사고하여 합리적으로 의사 결정하는 태도 • 확률 및 통계적 근거를 바탕으로 비판적으로 사고하는 태도

내용 체계에 등장하는 여러 용어의 뜻은 다음과 같다.(교육부, 2022)

- 영역 : 교과(목)의 성격에 따라 기반 학문의 하위 영역이나 학습 내용을 구성하는 일차 조직자
- 핵심 아이디어 : 영역을 아우르면서 해당 영역의 학습을 통해 일반화할 수 있는 내용을 핵심적으로 진술한 것, 이는 해당 영역 학습의 초점을 부여하여 깊이 있는 학습을 가능하게 하는 토대가 됨.
- 내용 요소 : 교과(목)에서 배워야 할 필수 학습 내용
  - 지식 이해 : 교과(목) 및 학년(군)별로 해당 영역에서 알고 이해해야 할 내용
  - 과정 기능 : 교과 고유의 사고 및 탐구 과정 또는 기능
  - 가치 태도 : 교과 활동을 통해 기를 수 있는 고유한 가치와 태도

4) '성취기준 해설' 및 '성취기준 적용 시 고려 사항' 제시

수학과 교육과정에 대한 해설의 요구가 높다는 의견과 타 교과의 2015 개정 교육과정에서는 성취기준 해설이 제시되어 있다는 점에 따라, 2022 개정 수학과 교육과정에서는 성취기준에 뒤따라 '성취기준 해설'과 '성취기준 적용 시 고려 사항'을 제시하였다(이경화 외, 2022b).

> **초등 1~2학년군 '변화와 관계' 영역에 제시된 '성취기준 해설'과 '성취기준 적용 시 고려 사항'**
>
> (가) 성취기준 해설
>
> - [2수02-01] 물체, 무늬, 수 등의 배열을 관찰하여 일정하게 반복되거나 증가하는 규칙을 찾고 말, 수, 그림, 기호, 구체물, 행동 등의 다양한 방법으로 표현하게 한다. 그리고 물체, 무늬, 수의 배열에서 다음에 올 것이나 중간에 빠진 것을 추측하게 한다.
>
> (나) 성취기준 적용 시 고려 사항
>
> - 학생이 스스로 만든 규칙에 따라 물체, 무늬, 수 등을 배열하는 활동을 통해 수학에 대한 흥미를 느끼게 할 수 있다.
> - 수의 배열뿐만 아니라 수 배열표, 덧셈표, 곱셈표를 활용하여 수의 다양한 규칙을 찾게 한다.
> - 물체, 무늬, 수 등의 배열에서는 크기, 색깔, 위치, 순서 등에 대한 단순한 규칙을 다루고, 지나치게 복잡한 배열에 대한 평가는 지양한다.
> - 다른 사람의 배열에서 규칙을 찾아보거나 규칙에 대해 서로 말하게 한다.
> - '변화와 관계' 영역의 문제 상황에 적합한 문제해결 전략을 지도하여 문제해결 역량을 기르게 한다.

'성취기준 해설'에서는 영역별로 제시된 성취기준 가운데 학교 현장에서 오해 및 혼동 등이 초래될 가능성이 있거나 추가적인 설명이나 강조가 반드시 필요한 경우, 성취기준의 의미나 취지에 초점을 두어, 성취기준의 설정 취지 및 의미가 다양하게 해석될 수 있거나 별도의 추가 설명이 필요한 경우에만 제시하며 새로운 내용이 포함되지 않도록 유의할 것을 제안하였다(이경화 외, 2022b).

'성취기준 적용 시 고려 사항'에서는 해당 영역 고유의 특성을 고려하여 특별히 강조하거나 중요하게 다루어야 할 교수·학습 및 평가상의 주안점을 진술하고, 영역 내 모든 성취기준 각각에 대한 적용 시 고려 사항을 제시하는 것이 아니라 영역 전반에 걸쳐 교수·학습 및 평가의 주안점을 제시할 것을 지침으로 제안하였다(이경화 외, 2022b).

이에 따라 2015 개정 수학과 교육과정의 '교수·학습 방법 및 유의 사항'과 '평가 방법 및 유의 사항'뿐 아니라 성취기준에 대한 추가적인 설명을 이 두 항목, 즉 '성취기준 해설'과 '성취기준 적용 시 고려 사항'에 구별하여 제시하였고, 특히 2015 개정 수학과 교육과정의 '학습 요소'에 대한 항목이 삭제되었으므로 수학과에서 다루는 용어와 기호를 '성취기준 및 고려 사항'에 문장으로 제시하도록 하였다(이경화 외, 2022b).

5) 수학 교수·학습 및 평가 방안의 정교화

수학 교과의 특색에 맞는 교수·학습과 평가 방안을 교육과정에 제시하는 것은 수학과 교육과정의 개선에 필요한 일이다. 수학과 교수·학습 방안으로 설명식 교수, 토의·토론, 협력 학습, 탐구 학습, 프로젝트 학습, 수학적 모델링, 놀이 및 게임 학습을 교수· 학습 방법에 제시하였다(이경화 외, 2022b).

2015 개정 교육과정에서 제시된 '매체 및 도구 활용 학습'은 공학 도구 활용과 관련된 정보처리 교수·학습 방법에서 다루었다. 문제해결 관련 교수·학습 방법인 '수학적 모델링'을 교수·학습 방안의 하나로 제시하여 삶과 연계된 학습이 이루어질 수 있도록 하였고, 수학과 특유의 교수·학습 방안으로 '놀이 및 게임 학습'을 새롭게 제시하였다(이경화 외, 2022b).

평가 방안으로는 기존의 평가 방안을 제시하되 그 내용을 보다 정교하게 평가 방법에 제시하였다(이경화 외, 2022b).

6) 내용에서 주요 쟁점 선정 및 숙의

2022 개정 수학과 교육과정 개발에서의 내용 선정은, 초등학교와 중학교의 학습 내용 연계성 확보, 실생활 자료 중심의 통계교육 강화, 성취기준의 정련 및 선정 등을 기준으로

| [표 XIV-11] 2022 개정 수학과 교육과정의 영역별 주요 쟁점 |

영역명	주요 쟁점
수와 연산	① '자연수의 혼합 계산' 유지(5~6학년군) ② '수의 범위/어림하기(올림, 버림, 반올림)' 용어 수정 및 영역 이동 방안(5~6학년군) ③ '계산 결과의 어림' 관련 성취기준 정돈(3~4학년군, 5~6학년군) ④ '최대공약수, 최소공배수' 유지(5~6학년군) ⑤ '약수와 배수의 관계 이해하기' 관련 성취기준 삭제(5~6학년군) ⑥ 내용체계표에서 '분수와 소수의 관계' 요소명 삭제(5~6학년군 성취기준에는 유지) ⑦ '크기가 같은 분수 만들기'와 '약분과 통분' 관련 성취기준 통합(5~6학년군) ⑧ 저학년 국어 발달 수준 고려(1~2학년군)
변화와 관계	① '규칙 찾기' 교수·학습 방법 및 유의(1~2학년군) ② '등호와 동치 관계' 성취기준 신설(3~4학년군) ③ '계산식의 배열에서 규칙 찾기' 활동에 대한 성취기준 수정(3~4학년군) ④ '규칙과 대응' 관련 교수·학습 방법 및 유의 사항의 수정(5~6학년군) ⑤ '비율 지도' 관련 교수·학습 방법 및 유의 사항의 수정(5~6학년군)
도형과 측정	① 성취기준에서 '오각형, 육각형 지도 내용'의 삭제(1~2학년군) ② '평면도형의 이동'의 학습 수준 하향(3~4학년군) ③ '점의 이동' 성취기준 신설(3~4학년군) ④ '무게의 단위(kg, g, t)' 유지(3~4학년군) ⑤ '원주율을 3.14로 사용'하도록 성취기준 수정(5~6학년군) ⑥ '측정 세부 활동에 대한 표현'을 일관성 있게 정련 ⑦ '주어진 각도와 크기가 같은 각 그리기' 관련 성취기준 삭제(5~6학년군) ⑧ '단명수와 복명수로 표현'을 쉽게 풀어서 기술
자료와 가능성	① '자료의 수집, 정리, 해석 활동' 강조 ② '통계적 문제해결 과정' 관련 성취기준 개선(3~4학년군, 5~6학년군) ③ '그림그래프'의 지도 시기 조정 및 형태의 변화(3~4학년군) ④ '그래프 그리기'에서 '공학적 도구의 활용' 강조(3~4학년군, 5~6학년군) ⑤ '가능성 지도' 관련 성취기준 개선(5~6학년군) ⑥ '자료를 이용한 가능성 예상 활동' 추가(5~6학년군)

이루어졌다. 특히 성취기준의 정련 및 선정은 크게 성취기준의 유지, 수정, 통합, 삭제, 신설 등 다섯 가지 측면에서 진행되었다. 이러한 기준 아래 제기된 주요 쟁점 사항을 영역별로 정리하면 [표 XIV-11]과 같다(이경화 외, 2022a).

7) 성취기준의 주요 변화

성취기준은 영역별 내용 요소(지식이해, 과정기능, 가치태도)를 학습한 결과 학생이 궁극적으로 할 수 있거나 할 수 있기를 기대하는 도달점이다. 초등 3~4학년군을 중심으로 2015와 2022 개정 수학과 교육과정의 성취기준을 비교해 보면 다음과 같다(교육부, 2015: 교육부, 2022).

| [표 XIV-12] 2015, 2022 개정 교육과정의 수학과 성취기준 |

2015 개정 교육과정	2022 개정 교육과정	비고
(1) 수와 연산	(1) 수와 연산	
① 다섯 자리 이상의 수	① 다섯 자리 이상의 수	
[4수01-01] 10000 이상의 큰 수에 대한 자릿값과 위치적 기수법을 이해하고, 수를 읽고 쓸 수 있다.	[4수01-01] 큰 수의 필요성을 인식하면서 10000 이상의 큰 수에 대한 자릿값과 위치적 기수법을 이해하고, 수를 읽고 쓸 수 있다.	변동
[4수01-02] 다섯 자리 이상의 수의 범위에서 수의 계열을 이해하고 수의 크기를 비교할 수 있다.	[4수01-02] 다섯 자리 이상의 수의 범위에서 수의 계열을 이해하고 수의 크기를 비교하며 그 방법을 설명할 수 있다.	변동
② 세 자릿수의 덧셈과 뺄셈	② 세 자릿수의 덧셈과 뺄셈	
[4수01-03] 세 자릿수의 덧셈과 뺄셈의 계산 원리를 이해하고 그 계산을 할 수 있다.	[4수01-03] 세 자릿수의 덧셈과 뺄셈의 계산 원리를 이해하고 그 계산을 할 수 있다.	동일
[4수01-04] 세 자릿수의 덧셈과 뺄셈에서 계산 결과를 어림할 수 있다.		삭제
③ 곱셈	③ 세 자릿수 범위의 곱셈	
[4수01-05] 곱하는 수가 한 자릿수 또는 두 자릿수인 곱셈의 계산 원리를 이해하고 그 계산을 할 수 있다.	[4수01-04] 곱하는 수가 한 자릿수 또는 두 자릿수인 곱셈의 계산 원리를 이해하고 그 계산을 할 수 있다.	동일
[4수01-06] 곱하는 수가 한 자릿수 또는 두 자릿수인 곱셈에서 계산 결과를 어림할 수 있다.		삭제
④ 나눗셈	④ 세 자릿수 범위의 나눗셈	
[4수01-07] 나눗셈이 이루어지는 실생활 상황을 통하여 나눗셈의 의미를 알고, 곱셈과 나눗셈의 관계를 이해한다.	[4수01-05] 나눗셈이 이루어지는 실생활 상황을 통하여 나눗셈의 의미를 알고, 곱셈과 나눗셈의 관계를 이해한다	동일
[4수01-08] 나누는 수가 한 자릿수인 나눗셈의 계산 원리를 이해하고 그 계산을 할 수 있으며, 나눗셈에서 몫과 나머지의 의미를 안다.	[4수01-06] 나누는 수가 한 자릿수인 나눗셈의 계산 원리를 이해하고 그 계산을 할 수 있으며, 나눗셈에서 몫과 나머지의 의미를 안다.	동일
[4수01-09] 나누는 수가 두 자릿수인 나눗셈의 계산 원리를 이해하고 그 계산을 할 수 있다.	[4수01-07] 나누는 수가 두 자릿수인 나눗셈의 계산 원리를 이해하고 그 계산을 할 수 있다.	동일
	⑤ 자연수의 어림셈	
	[4수01-08] 자연수의 덧셈, 뺄셈, 곱셈, 나눗셈과 관련한 여러 가지 상황에서 어림셈을 할 수 있다.	신설
⑤ 분수	⑥ 분수	
[4수01-10] 양의 등분할을 통하여 분수를 이해하고 읽고 쓸 수 있다.	[4수01-09] 양의 등분할을 통하여 분수를 이해하고 읽고 쓸 수 있다.	동일

2015 개정 교육과정	2022 개정 교육과정	비고
[4수01-11] 단위분수, 진분수, 가분수, 대분수를 알고, 그 관계를 이해한다.	[4수01-10] 단위분수, 진분수, 가분수, 대분수를 알고, 그 관계를 이해한다.	동일
[4수01-12] 분모가 같은 분수끼리, 단위분수끼리 크기를 비교할 수 있다.	[4수01-11] 분모가 같은 분수끼리, 단위분수끼리 크기를 비교할 수 있다.	동일
⑥ 소수	⑦ 소수	
[4수01-13] 분모가 10인 진분수를 통하여 소수 한 자릿수를 이해하고 읽고 쓸 수 있다.	[4수01-12] 분모가 10인 진분수와 연결하여 소수 한 자릿수를 이해하고 읽고 쓸 수 있다.	변동
[4수01-14] 자릿값의 원리를 바탕으로 소수 두 자릿수와 소수 세 자릿수를 이해하고 읽고 쓸 수 있다.	[4수01-13] 자릿값의 원리를 바탕으로 소수 두 자릿수와 소수 세 자릿수를 이해하고 읽고 쓸 수 있다.	동일
[4수01-15] 소수의 크기를 비교할 수 있다.	[4수01-14] 소수의 크기를 비교하고 그 방법을 설명할 수 있다.	변동
⑦ 분수와 소수의 덧셈과 뺄셈	⑧ 분수의 덧셈과 뺄셈	
[4수01-16] 분모가 같은 분수의 덧셈과 뺄셈의 계산 원리를 이해하고 그 계산을 할 수 있다.	[4수01-15] 분모가 같은 분수의 덧셈과 뺄셈의 계산 원리를 이해하고 그 계산을 할 수 있다.	동일
	⑨ 소수의 덧셈과 뺄셈	
[4수01-17] 소수 두 자릿수의 범위에서 소수의 덧셈과 뺄셈의 계산 원리를 이해하고 그 계산을 할 수 있다.	[4수01-16] 소수 두 자릿수의 범위에서 소수의 덧셈과 뺄셈의 계산 원리를 이해하고 그 계산을 할 수 있다.	동일
(4) 규칙성	(2) 변화와 관계	
① 규칙찾기	① 규칙을 수나 식으로 나타내기	
[4수04-01] 다양한 변화 규칙을 찾아 설명하고, 그 규칙을 수나 식으로 나타낼 수 있다.	[4수02-01] 다양한 변화 규칙을 찾아 설명하고, 그 규칙을 수나 식으로 나타낼 수 있다.	동일
[4수04-02] 규칙적인 계산식의 배열에서 계산 결과의 규칙을 찾고, 계산 결과를 추측할 수 있다.	[4수02-02] 계산식의 배열에서 규칙을 찾고, 계산 결과를 추측할 수 있다.	변동
	② 등호와 동치관계	
	[4수02-03] 등호를 사용하여 크기가 같은 두 양의 관계를 식으로 나타낼 수 있다.	신설
(2) 도형	(3) 도형과 측정	
① 도형의 기초	① 도형의 기초	
[4수02-01] 직선, 선분, 반직선을 알고 구별할 수 있다.	[4수03-01] 직선, 선분, 반직선을 이해하고 구별할 수 있다.	변동
[4수02-02] 각과 직각을 이해하고, 직각과 비교하는 활동을 통하여 예각과 둔각을 구별할 수 있다.	[4수03-02] 각과 직각을 이해하고, 직각과 비교하는 활동을 통하여 예각과 둔각을 구별할 수 있다.	동일
[4수02-03] 교실 및 생활 주변에서 직각인 곳이나 서로 만나지 않는 직선을 찾는 활동을 통하여 직선의 수직 관계와 평행 관계를 이해한다.	[4수03-03] 직선의 수직 관계와 평행 관계를 이해한다.	변동
② 평면도형의 이동	② 평면도형의 이동	
[4수02-04] 구체물이나 평면도형의 밀기, 뒤집기, 돌리기 활동을 통하여 그 변화를 이해한다.	[4수03-04] 구체물이나 평면도형의 밀기, 뒤집기, 돌리기 활동을 통하여 그 변화를 이해한다.	동일
[4수02-05] 평면도형의 이동을 이용하여 규칙적인 무늬를 꾸밀 수 있다.		
	[4수03-05] 평면에서 점의 이동에 대해 위치와 방향을 이용하여 설명할 수 있다.	신설
③ 원의 구성 요소	③ 원의 구성 요소	
[4수02-06] 원의 중심, 반지름, 지름을 알고, 그 관계를 이해한다.	[4수03-06] 원의 중심, 반지름, 지름을 이해하고, 성질을 안다.	변동

2015 개정 교육과정	2022 개정 교육과정	비고
[4수02-07] 컴퍼스를 이용하여 여러 가지 크기의 원을 그려서 다양한 모양을 꾸밀 수 있다.	[4수03-07] 컴퍼스를 이용하여 여러 가지 크기의 원을 그릴 수 있다.	변동
④ 여러 가지 삼각형	④ 여러 가지 삼각형	
[4수02-08] 여러 가지 모양의 삼각형에 대한 분류 활동을 통하여 이등변삼각형, 정삼각형을 이해한다.	[4수03-08] 여러 가지 모양의 삼각형에 대한 분류 활동을 통하여 이등변삼각형, 정삼각형을 이해하고, 그 성질을 탐구하고 설명할 수 있다.	변동
[4수02-09] 여러 가지 모양의 삼각형에 대한 분류 활동을 통하여 직각삼각형, 예각삼각형, 둔각삼각형을 이해한다.	[4수03-09] 여러 가지 모양의 삼각형에 대한 분류 활동을 통하여 직각삼각형, 예각삼각형, 둔각삼각형을 이해한다.	동일
⑤ 여러 가지 사각형	⑤ 여러 가지 사각형	
[4수02-10] 여러 가지 모양의 사각형에 대한 분류 활동을 통하여 직사각형, 정사각형, 사다리꼴,평행사변형, 마름모를 알고, 그 성질을 이해한다.	[4수03-10] 여러 가지 모양의 사각형에 대한 분류 활동을 통하여 직사각형, 정사각형, 사다리꼴, 평행사변형, 마름모를 이해하고, 그 성질을 탐구하고 설명할 수 있다.	변동
⑥ 다각형	⑥ 다각형	
[4수02-11] 다각형과 정다각형의 의미를 안다.	[4수03-11] 다각형과 정다각형을 이해한다.	변동
[4수02-12] 주어진 도형을 이용하여 여러 가지 모양을 만들거나 채울 수 있다.	[4수03-12] 주어진 도형을 이용하여 여러 가지 모양을 만들거나 채울 수 있다.	동일
(3) 측정		
① 시각과 시간	① 시각과 시간	
[4수03-01] 1분은 60초임을 알고, 초 단위까지 시각을 읽을 수 있다.	[4수03-13] 1분과 1초의 관계를 이해하고, 초 단위까지 시각을 읽을 수 있다.	변동
[4수03-02] 초 단위까지의 시간의 덧셈과 뺄셈을 할 수 있다.	[4수03-14] 실생활 문제 상황과 연결하여 초 단위까지의 시간의 덧셈과 뺄셈을 할 수 있다.	변동
② 길이	⑧ 길이	
[4수03-03] 길이를 나타내는 새로운 단위의 필요성을 인식하여 1mm와 1km의 단위를 알고, 이를 이용하여 길이를 측정하고 어림할 수 있다.	[4수03-15] 길이 단위 1mm와 1km를 알고, 이를 이용하여 길이를 측정하고 어림하며 수학의 유용성을 인식할 수 있다.	변동
[4수03-04] 1cm와 1mm, 1km와 1m의 관계를 이해하고, 길이를 단명수와 복명수로 표현할 수 있다.	[4수03-16] 1cm와 1mm, 1km와 1m의 관계를 이해하고, 길이를 '몇 cm 몇 mm'와 '몇 mm', '몇 km 몇 m'와 '몇 m'로 다양하게 표현할 수 있다.	변동
③ 들이	⑨ 들이	
[4수03-05] 들이를 나타내는 표준 단위의 필요성을 인식하여 1L와 1mL의 단위를 알고, 이를 이용하여 들이를 측정하고 어림할 수 있다.	[4수03-17] 들이 단위 1L와 1mL의 단위를 알고, 이를 이용하여 들이를 측정하고 어림하며 수학의 유용성을 인식할 수 있다.	변동
[4수03-06] 1L와 1mL의 관계를 이해하고, 들이를 단명수와 복명수로 표현할 수 있다.	[4수03-18] 1L와 1mL의 관계를 이해하고, 들이를 '몇 L 몇 mL'와 '몇mL'로 표현할 수 있다.	변동
[4수03-07] 실생활 문제 상황을 통하여 들이의 덧셈과 뺄셈을 이해한다.	[4수03-19] 실생활 문제 상황과 연결하여 들이의 덧셈과 뺄셈을 할 수 있다.	변동
④ 무게	⑪ 무게	
[4수03-08] 무게를 나타내는 표준 단위의 필요성을 인식하여 1g과 1kg의 단위를 알고, 이를 이용하여 무게를 측정하고 어림할 수 있다.	[4수03-20] 실생활에서 무게를 나타낼 때 사용하는 단위 1g과 1kg을 알고, 이를 이용하여 무게를 측정하고 어림하며 수학의 유용성을 인식할 수 있다.	변동
[4수03-09] 1kg과 1g의 관계를 이해하고, 무게를 단명수와 복명수로 표현할 수 있다.	[4수03-21] 1kg과 1g의 관계를 이해하고, 무게를 '몇kg 몇g'과 '몇g'으로 표현할 수 있다.	변동
[4수03-10] 실생활에서 무게를 나타내는 새로운 단위의 필요성을 인식하여 1t의 단위를 안다.	[4수03-22] 실생활에서 무게를 나타낼 때 사용하는 단위 1t을 알고, 1t과 1kg의 관계를 이해한다.	변동
[4수03-11] 실생활 문제 상황을 통하여 무게의 덧셈과 뺄셈을 이해한다.	[4수03-23] 실생활 문제 상황과 연결하여 무게의 덧셈과 뺄셈을 할 수 있다.	변동
⑤ 각도	⑪ 각도	

2015 개정 교육과정	2022 개정 교육과정	비고
[4수03-12] 각의 크기의 단위인 1도(°)를 알고, 각도기를 이용하여 각의 크기를 측정하고 어림할 수 있다.	[4수03-24] 각의 크기의 단위인 1도(°)를 알고, 각도기를 이용하여 각의 크기를 측정하고 어림할 수 있다.	동일
[4수03-13] 주어진 각도와 크기가 같은 각을 그릴 수 있다.		삭제
[4수03-14] 여러 가지 방법으로 삼각형과 사각형의 내각의 크기의 합을 추론하고, 자신의 추론과정을 설명할 수 있다.	[4수03-25] 여러 가지 방법으로 삼각형과 사각형의 내각의 크기의 합을 추론하고, 자신의 추론 과정을 설명할 수 있다.	동일
(4) 자료와 가능성	(4) 자료와 가능성	
① 자료의 정리	① 자료의 수집과 정리	
[4수05-01] 실생활 자료를 수집하여 간단한 그림그래프나 막대그래프로 나타낼 수 있다.	[4수04-01] 자료를 수집하여 그림그래프나 막대그래프로 나타내고 해석할 수 있다.	변동
[4수05-02] 연속적인 변량에 대한 자료를 수집하여 꺾은선그래프로 나타낼 수 있다.	[4수04-02] 자료를 수집하여 꺾은선그래프로 나타내고 해석할 수 있다.	변동
[4수05-03] 여러 가지 자료를 수집, 분류, 정리하여 자료의 특성에 맞는 그래프로 나타내고, 그래프를 해석할 수 있다.	[4수04-03] 탐구 문제를 해결하기 위해 자료를 수집, 정리하여 막대그래프나 꺾은선그래프로 나타내고 해석할 수 있다.	변동

다. 2022 개정 수학과 교육과정에서 교수·학습의 주요 변화와 특징

2022 개정 수학과 교육과정에서는 '학생의 삶과 성장을 지원하는 교수·학습 및 평가'를 수학과 교육과정의 개정 방향으로 삼고, 그 하위 세부 방향으로 '학생의 주도적 수학 학습을 위한 교수·학습 방법 제시, 개별 맞춤형 수학 교수·학습 방법 제시, 과정을 중시하는 평가 방향과 방법 제시'를 세부 내용으로 설정하였다. 이 중에서 교수학습과 관련된 내용을 구체적으로 살펴보면 다음과 같다(이경화 외, 2022b).

1) 학생의 주도적 수학 학습을 위한 교수·학습 방법 제시

교육부는 '학습자의 삶과 성장을 지원하는 맞춤형 교육과정'을 2022 교육과정 개정의 중점사항 중 하나로 제안하면서 학습자 스스로 목적의식을 가지고 자신의 진로와 적성을 바탕으로 주도적 학습을 설계하도록 지원할 것을 권고하였다. 이른바 학습자 주도성 함양을 위한 교육과정 설계와 운영을 강조한 것이다.

수학과에서는 이를 반영해 학습자 주도성과 반성을 2022 개정 과정의 핵심 키워드로 삼았다. 다시 말해 수학 학습의 주체인 학생이 스스로 수학 학습을 계획하고 실행하며 반성할 수 있어야 한다. 수학과에서는 학생의 주도적 수학 학습을 권장하기 위해 교수·학습 방법 (나) 항에 그 내용을 삽입하였다. 학생들이 수학 학습에 주도적으로 참여할 수 있도록 교사가 적절한 교수·학습 환경과 분위기를 조성하는 것이 필요하며 이에 관련된 내용을 제시하였다(이경화 외, 2022b).

2022 개정 수학과 교육과정 문서에 제시된 '교수학습 방법 (나) 항'의 '학생의 주도적 수학 학습'

(나) 학생들이 수학 학습에 주도적으로 참여하는 교수·학습 환경과 분위기를 조성한다.
① 수학 학습의 주체가 학생 자신임을 인식하고 수학 학습에 적극적으로 참여하도록 유도한다.
② 스스로 수학 학습 목표와 계획을 세우고 학습 결과를 평가하고 성찰하도록 안내한다.
③ 수학을 효과적으로 학습하는 방법을 탐색하고 자신의 학습 과정과 태도를 돌아보고 조절하는 자기주도적 학습 습관을 형성하도록 지도한다.
④ 교사 및 동료와 협력적 관계 속에서 수학 학습에 대한 조언과 의견을 경청하고 수용할 수 있도록 허용적인 분위기를 조성한다.
⑤ 수학 학습에 자신감을 가지고 실수가 배움의 기회임을 인식하며 끈기 있게 도전하도록 격려하고 지원한다.

2) 학생 맞춤형 수학 교수·학습 방법 제시

다른 교과에 비해 수학 수업에서는 학생에 따라 수준차가 다양하게 나타난다. 학생의 흥미나 진로에 따라 수학 학습을 대하는 학생의 태도도 달라진다. 학생들이 가지고 있는 수학 지식, 경험, 수학 학습 방식 등이 다양하므로 그에 적절한 학생 맞춤형 교수·학습을 제공하는 것이 필요하다. 2022 개정 수학과 교육과정에서는 학생 맞춤형 교수·학습을 통하여 학생의 학습 수준이나 사고방식을 충분히 고려하는데 목표를 두었다.

한편 COVID-19로 인해 대면 수업이 어려워지면서 상대적으로 온라인 비대면 수업이 매우 활성화되었다. 온라인 교육이 다양한 방식으로 전 세계 곳곳에서 이루어졌으며 원격교육과 같은 온라인 비대면 수업이 교육적으로 가지는 장점과 단점이 좀더 분명하게 파악되었다. 특히 온라인 비대면 수업의 장점을 살려 새로운 교육의 기회를 가질 수 있다는 인식도 늘어났다. 앞으로도 교육이 대면 중심의 COVID-19 이전으로 돌아가는 것은 어려워 보이며, 원격교육 등의 온라인 비대면 교육을 미래 교육에 어떻게 활용할 것인지에 대한 고민과 실행 방안이 좀더 절실해졌다(이경화 외, 2022b).

2022 개정 수학과 교육과정 문서에 제시된 '학생 맞춤형 수학 교수학습'

(라) 수학 교수·학습 과정에서 학생의 다양성을 고려하고 학생의 성장을 지원하기 위한 맞춤형 지도를 실시한다.
① 학생의 수학 학습 수준이나 사고방식의 차이를 존중하여 학생 개인에게 적합한 학습 과제를 선정하여 제시하고, 학생이 소재나 과정을 선택하고 구성할 수 있도록 수학 학습 활동을 설계한다.
② 학생의 시도와 성취에 대해 구체적으로 격려하고 칭찬하며, 동료 학생의 학습 수준이나 학습 결과에 대해 포용적인 교실 문화를 형성한다.
③ 학생의 수학 학습 과정과 결과를 점검하여 학생의 성장 발전을 지원하고, 이때 온라인 학습 관리 시스템을 활용할 수 있다.

3) 수학 교수·학습 방안의 정교화: '수학적 모델링'과 '놀이 및 게임 학습' 추가

수학 교과의 특색에 맞는 교수·학습을 교육과정에 제시하는 것은 수학과 교육과정의 자체적인 개선에 필요한 일이다. 수학과 교수·학습 방안으로 설명식 교수, 토의·토론, 협력 학습, 탐구 학습, 프로젝트 학습, 수학적 모델링, 놀이 및 게임 학습을 교수·학습 방법 (다) 항에 제시하였다. 기존의 매체 및 도구 활용 학습은 공학 도구 활용과 관련된 정보처리 교수·학습 방법에서 다루도록 하고, 문제해결 관련 교수·학습 방법인 수학적 모델링을 교수·학습 방안의 하나로 제시하여 삶과 연계된 학습이 이루어질 수 있도록 하였고, 수학과 특유의 교수·학습 방안으로 놀이 및 게임 학습을 새롭게 제시하였다(이경화 외, 2022b).

2022 개정 수학과 교육과정 문서에 제시된 교수·학습 방법 (다) 항

(다) 수학과의 수업은 학습 내용, 학생의 학습 능력과 수준 등을 고려하여 다음의 교수·학습 방안을 적절히 선택하여 적용한다.

① **설명식 교수**는 교사가 설명과 시연을 통해 수업을 주도하는 교수·학습 방안으로, 수업 내용을 구조화하여 체계적으로 지도하는 데 효과적이다. 이때, 교사는 학생의 적극적인 수업 참여를 유도하고, 사고를 촉진하는 발문을 적절히 활용한다.

② **토의·토론 학습**은 특정 주제에 대해 협의하거나 논의하는 교수·학습 방안으로, 학생들이 수학 내용을 폭넓게 이해하고 자신의 주장을 효과적으로 표현하고 다른 사람의 의견을 비판적 사고를 통해 수용하여 합리적으로 의사 결정하는 태도를 기를 수 있게 한다.

③ **협력 학습**은 모둠 내의 상호 작용, 의사소통, 참여를 통해 공동의 학습 목표에 도달하도록 하는 교수·학습 방안으로, 다른 사람을 존중하고 배려하며 모둠 내의 역할을 수행하고 책임감을 기를 수 있게 한다.

④ **탐구 학습**은 학생이 중심이 되어 수학의 개념, 원리, 법칙을 발견하고 구성하는 교수·학습 방안으로, 학생 스스로 자료와 정보로부터 지식을 도출하거나 지식의 타당성을 확인하는 것이 중요함을 알게 할 수 있다.

⑤ **프로젝트 학습**은 학생 스스로 특정 주제나 과제를 탐구하고 해결하기 위해 계획을 수립하고 수행하여 결과물을 산출하고 공유하는 교수·학습 방안으로, 자기주도적으로 수학 지식과 경험을 통합하게 할 수 있다.

⑥ **수학적 모델링**은 학생의 삶과 연계된 현상을 다양한 수학적 표현 방식을 이용하여 수학적 모델로 만들고 수학적 모델을 다시 실생활이나 사회 및 자연 현상에 적용하는 교수·학습 방안으로, 수학의 응용에 대한 넓은 안목을 갖게 할 수 있다.

⑦ **놀이 및 게임 학습**은 호기심과 흥미를 유발하는 놀이 및 게임 활동을 활용하는 교수·학습 방안으로, 활동 속에서 수학 개념이나 원리를 탐구하고 동료와 경쟁 또는 협력하면서 자연스럽게 수학에 접근하고 수학 학습에 대한 자신감 및 의사소통 역량을 기르게 할 수 있다.

4) '깊이 있는 학습'을 위한 기초 소양 및 역량 함양

2022 개정 교육과정 개발의 중점사항인 '깊이 있는 학습'을 지향하면서 이를 통해 미래 사회의 변화에 유연하게 대응할 수 있는 기초 소양 및 역량 함양을 위해 주요교과 역량별 교수·학습 내용은 다음과 같이 구성하였다(이경화 외, 2022b).

2022 개정 수학과 교육과정 문서에 제시된 교수·학습방법 (가)항

(가) 수학 교과 역량 함양을 통해 수학을 깊이 있게 학습하고 적용할 기회를 제공한다.

① 다음과 같은 교수·학습 방법을 통해 **문제 해결 역량**을 함양하게 한다.

㉠ 수학의 개념, 원리, 법칙을 이용하여 해결 가능한 문제를 학생에게 제시한다. 이때 다양한 방법으로 해결 가능한 문제, 여러 가지 해답이 나올 수 있는 문제 등을 활용할 수 있다.

㉡ 문제에 주어진 조건과 정보를 분석하고 적절한 문제 해결 계획을 수립하고 실행하며 문제 해결 과정을 반성하도록 구체적인 발문과 권고를 제시한다.

㉢ 문제 해결 과정 및 결과의 의미를 재해석하여 주어진 문제를 변형하거나 새로운 문제를 만들어 해결하게 한다.

㉣ 성공적인 문제 해결 경험을 바탕으로 적극적이고 자신감 있게 문제 해결에 참여하게 하고, 단번에 답이 나오지 않는 문제라도 끈기 있게 도전하여 성취감을 느끼게 한다.

② 다음과 같은 교수·학습 방법을 통해 **추론 역량**을 함양하게 한다.

㉠ 관찰, 실험, 측정 등 구체적 조작 활동을 통해 수학의 개념, 원리, 법칙에 흥미와 관심을 갖고 다양한 방법으로 탐구하고 이해하게 한다.

㉡ 귀납, 유추 등의 개연적 추론을 통해 수학적 추측을 제기하고 정당화하며, 수학적 증거와 논리적 근거를 바탕으로 비판적으로 사고하는 태도를 갖게 한다.

㉢ 수학의 개념, 원리, 법칙을 도출하는 과정과 수학적 절차를 논리적이고 체계적으로 수행하고 반성하게 한다.

③ 다음과 같은 교수·학습 방법을 통해 **의사소통 역량**을 함양하게 한다.

㉠ 수학 용어, 기호, 표, 그래프 등의 수학적 표현을 정확하게 사용하고 표현끼리 변환하게 한다.

㉡ 학생이 자신의 사고와 전략을 수학적 표현으로 나타내고 설명하면서 수학적 표현의 편리함을 인식하게 한다.

㉢ 학생 간 상호 작용과 질문이 활발한 교실 문화를 조성하고 수학적으로 의미 있는 의사소통이 이루어지도록 적절한 과제를 제시하고 안내한다.

㉣ 수학적 아이디어에 대해 상호 작용하는 과정에서 타인을 배려하고 의견을 존중하는 태도를 기르게 한다.

④ 다음과 같은 교수·학습 방법을 통해 **연결 역량**을 함양하게 한다.

㉠ 영역이나 학년(군) 내용 간에 관련된 수학의 개념, 원리, 법칙 등을 유기적으로 연계하여 새로운 지식을 생성하면서 창의성을 기르게 한다.

㉡ 수학과 실생활, 사회 및 자연 현상, 타 교과의 내용을 연계하는 과제를 활용하여 수학의 유용성을 인식하게 한다.

⑤ 다음과 같은 교수·학습 방법을 통해 **정보처리 역량**을 함양하게 한다.
㉠ 실생활 및 수학적 문제 상황에서 자료를 탐색하고 수집하며 수학적으로 처리하여 합리적인 의사 결정을 하는 태도를 기르게 한다.
㉡ 교구나 공학 도구를 활용하여 추상적인 수학 내용을 시각화하고 수학의 개념, 원리, 법칙에 대한 직관적 이해와 논리적 사고를 돕는다.
㉢ 학생이 주도적으로 교구나 공학 도구를 활용하여 탐구하게 한다.
㉣ 계산 기능 함양을 목표로 하지 않는 교수·학습 상황에서는 복잡한 계산을 할 때 공학 도구를 이용할 수 있게 한다.

5) 범교과 학습 및 타 교과 연계를 반영하는 교수학습

맞춤형 수학 교수·학습을 강조하는 한편, 총론과의 일관성을 확보하기 위해 범교과학습 주제 및 타 교과 연계 학습에 관한 내용을 추가하였다(이경화 외, 2022b).

(마) 범교과 학습 또는 타 교과와의 연계를 고려하여 수학 교수·학습 과정을 설계할 수 있다.
① 범교과 학습 주제에 관심을 갖고 각종 자료와 정보를 수집하여 수학적으로 분석 및 해석하게 하고, 수학적 분석 결과에 근거하여 토의와 토론에 참여하게 한다.
② 가정, 학교, 지역사회와의 연계나 타 교과와의 연계를 고려하여 범교과 학습 주제에 대한 프로젝트를 수행할 수 있다.
③ 수학적 모델링을 활용하여 타 교과의 내용을 맥락으로 수학의 개념, 원리, 법칙 등을 다루는 연계 수업을 할 수 있다.

6) 온라인 수학 교수학습 반영

디지털 기반의 교육 환경 활용 등에 관한 내용을 다음과 같이 제시함으로써 총론과의 일관성을 확보하였다(이경화 외, 2022b).

(바) 온라인 수학 교수·학습 상황에서는 다음 사항에 유의한다.
① 원격수업을 실시하는 경우, 학생의 특성과 학습 내용의 성격에 적합하고 안정적으로 운영할 수 있는 온라인 학습 플랫폼을 선택하여 수업 목표, 수업 내용, 수업 전략을 설계하고 운영한다.
② 학습 내용과 학생의 수준에 적합한 매체와 도구를 활용하여 학습의 효율성과 다양성을 도모한다.
③ 원격수업에서도 학생 참여형 수업이 이루어질 수 있도록 하고 적절한 조언과 발문을 통하여 학습 참여를 이끌어낸다.
④ 온라인 교수·학습 자료를 활용할 때는 공표된 저작물의 출처를 명시하고 다른 누리집 등에 공유하지 않도록 안내한다.

라. 2022 개정 수학과 교육과정에서 평가의 주요 변화와 특징

교육평가는 제1차 교육과정기부터 등장하지만, 수학과 교육과정에 한정해 볼 때, 평가가 수학과 교육과정에 들어온 것은 제4차 교육과정기부터였다. 이후 제6차 교육과정기부터 수학과에 특화된 평가 내용이 제시되었으며, 그 틀은 현재까지 일정 부분 영향을 미치고 있다.

한편 교육과정이 개정되면서 총론 차원에서 교육평가의 역할이 점점 확대되는 동안, 2009 개정 교육과정까지만 하더라도 초등수학과 평가는 제6차 교육과정의 틀에서 크게 변화가 없는 편이었다. 그러다가 2015 개정교육과정에서 '과정 중심 평가'가 부각되었고 그 결과로 초등수학과 평가는 좀 더 정교화되었다.

2022 개정 교육과정의 '평가의 방향'은 2015 개정 수학과 교육과정의 '평가 원칙'을 수정·보완한 것이다. 2022 개정 교육과정에서 강조되고 있는 사항을 좀더 살펴보면 다음과 같다(이경화 외, 2022b).

1) 총론과의 일관성 유지를 위한 여러 지침

'평가의 방향'에서는 학생의 수학 교과 역량 함양을 추구하면서 학생의 주도적 수학 학습을 지원하고 과정을 중시해야 함을 강조하였다. 또한 학습자의 수준뿐 아니라 사전 지식, 흥미, 학습 유형 등을 고려하여 다양한 평가 방법을 활용하도록 하였다. 이외에도 온라인 수학 수업에서 평가를 할 때 유의할 점과 평가 절차의 공정성 확보, 평가 결과의 제공에 관한 내용이 포함되었다. 구체적인 내용은 다음과 같다(이경화 외, 2022b).

> (1) 평가의 방향
>
> (가) 학생의 수학 학습에 대한 정보를 수집·활용하여 학생의 주도적 학습과 성장을 지원하고 교사의 수업 개선을 돕도록 지속적으로 평가를 실시한다.
>
> (나) 수학과 교육과정에 제시된 성격, 목표, 내용 체계, 성취기준, 교수·학습과 일관성을 가지도록 평가를 실시한다.
>
> (마) 학생이 평가 과정에 적극적으로 참여하고 스스로 설정한 수학 학습 목표에 대한 달성 여부를 점검할 수 있게 한다.
>
> (바) 학생의 사회·문화적 배경, 신체 특성 등이 불리하게 작용하지 않도록 평가를 실시하고, 학생의 사전 지식, 수학에 대한 흥미, 학습 유형, 학습 수준을 고려하여 평가 목적, 교수·학습 내용 및 방법에 따라 다양한 평가 방법을 적용한다.
>
> (아) 온라인 수학 수업에서 평가를 할 때 학습 환경 등의 외적 요소가 수학 학습 과정과 평가 결과에 영향을 미치지 않도록 한다.
>
> (자) 평가 절차를 개방적이고 공정하게 시행하고 학생의 수학 학습에 대한 의미 있는 정보를 학생, 학부모에게 제공한다.

2) 과정을 중시하는 평가 방법의 제시

'평가 방법'은 2015 개정 수학과 교육과정의 '평가 방법'을 2022 개정 수학과 교육과정의 개정 방향에 적합하도록 수정, 보완한 것이다. 공통 교육과정의 '평가 방법'에서는 '과정을 중시하는 평가 방법의 제시'라는 2022 개정 수학과 교육과정의 개정 방향에 따라 수학 수업과의 연계를 강조하면서 과정을 중시하는 평가를 실시할 때의 고려 사항을 보다 구체적으로 다음과 같이 제시하였다(이경화 외, 2022b).

> (다) 학생의 수학 학습을 돕기 위해 수업과 평가를 통합하여 과정을 중시하는 평가를 실시한다.
> (라) 수학 내용 체계의 지식·이해, 과정·기능, 가치·태도를 학습 결과뿐 아니라 학습 과정에서 균형 있게 평가한다.
> (사) 진단평가, 형성평가, 총괄평가 등을 적절히 활용하여 수학 학습 과정과 결과에 대한 구체적인 정보를 바탕으로 학생의 특성과 학습 결손을 파악하고 개별적 지원 방안을 마련한다.

3) 수학 교과 역량 평가의 강조

2022 개정 수학과 교육과정은 수학 교과 역량을 문제 해결, 추론, 의사소통, 연결, 정보처리로 설정하고, 학생들의 수학 교과 역량 함양 방안의 모색을 첫 번째 개정 방향으로 강조하였다. 이에 2015 개정 수학과 교육과정에서는 제시되지 않았던 수학 교과 역량을 평가할 때의 고려 사항을 다음과 같이 구체적으로 제시하였다(이경화 외, 2022b).

> (나) 수학 교과 역량을 평가할 때는 다음 사항을 고려한다.
> ① **문제 해결 역량의 평가**는 수학의 개념, 원리, 법칙을 문제 상황에 적절히 활용하는지, 주어진 조건과 정보를 분석하고 적절한 해결 전략을 탐색하여 해결하는지, 문제 해결 과정을 돌아보며 절차에 따라 타당하게 결과를 얻어내고 이를 반성하는지, 적극적이고 자신감 있게 문제 해결에 참여하는지, 적절한 방법을 찾기 위해 끈기 있게 도전하는지 등을 고려한다.
> ② **추론 역량의 평가**는 수학의 개념, 원리, 법칙을 이해하는지, 논리적으로 절차를 수행하는지, 수학적 지식을 다양한 방법으로 탐구하는지, 관찰에 근거하여 추측하고 일반화를 할 수 있는지, 추측의 근거를 제시하는지, 타당한 정당화를 하는지, 수학에 대한 흥미와 관심을 갖는지, 체계적으로 사고하려는 성향이 있는지, 수학적 증거와 논리적 근거를 바탕으로 비판적으로 사고하는 태도를 갖는지 등을 고려한다.
> ③ **의사소통 역량의 평가**는 수학 용어, 기호, 표, 그래프 등 수학적 표현을 이해하고 정확하게 사용하는지, 적절한 수학적 표현을 선택할 수 있는지, 수학적 표현 간에 변환을 할 수 있는지, 수학적 아이디어나 수학 학습 과정 및 결과에 대해 표현하고 다른 사람의 견해를 이해하는지, 수학적 표현의 편리함을 인식하는지, 타인을 배려하고 의견을 존중하는지 등을 고려한다.

④ **연결 역량의 평가**는 영역이나 학년(군) 내용 사이에서 개념, 원리, 법칙을 적절하게 관련지어 이해하는지, 수학의 개념, 원리, 법칙을 연계하여 새로운 지식을 생성할 수 있는지, 수학을 실생활이나 타 교과의 지식, 기능, 경험에 적용할 수 있는지, 실생활이나 타 교과의 지식, 기능, 경험을 수학적으로 해석할 수 있는지, 수학을 바탕으로 창의적으로 관련성을 찾을 수 있는지, 수학의 유용성을 인식하는지 등을 고려한다.

⑤ **정보처리 역량의 평가**는 자료와 정보를 목적에 맞게 수집하고 변환하고 정리하는지, 자료를 바탕으로 도출한 결론이 적절한지, 교구나 공학 도구를 적절하게 활용하는지, 수학적 근거를 바탕으로 합리적으로 의사 결정하는 태도를 갖는지 등을 고려한다.

이외에 디지털 기반의 교육 환경과 관련하여 교구나 공학 도구를 활용한 평가, 온라인 수학 교수·학습 환경에서 평가 시 고려할 사항들을 다음과 같이 제시하였다(이경화 외, 2022b).

(라) 교구나 공학 도구를 활용하여 평가할 때는 다음 사항을 고려한다.

① 성취기준의 도달 여부를 판단하는 데 교구나 공학 도구의 사용이 효과적인 경우 이를 활용한 평가를 실시할 수 있다.

② 교구나 공학 도구를 활용하여 평가할 때는 교구나 공학 도구의 기능 및 조작이 아닌 수학 내용의 탐구 과정을 평가한다.

(마) 온라인 수학 교수·학습 환경에서 평가할 때는 다음 사항을 고려한다.

① 온라인 수학 학습에서는 학생의 활동에 근거한 구체적인 자료를 사용하여 평가한다.

② 온라인 학습 플랫폼이나 학습 관리 시스템을 이용하여 학생의 수행 과정을 관찰하고 개별 맞춤형으로 환류할 수 있다.

③ 학생의 접속 환경 미비로 인한 불참 시 기회 부여 등에 대해 방안을 마련하고 형평성의 문제가 제기되지 않도록 사전에 안내한다.

참고문헌

교육부(2021). 국민과 함께하는 미래형 교육과정 추진 계획(안). 보도자료.

교육부(2021). 더 나은 미래, 모두를 위한 교육 2022 개정 교육과정 총론 주요사항[시안]. 보도자료. https://www.moe.go.kr/boardCnts/viewRenew.do?boardID=294&boardSeq=89671&lev=0

이경화 외(2022a). 2022 개정 수학과 교육과정 시안 개발 연구. 한국과학창의재단. 249-468.

이경화 외(2022b). 2022 개정 수학과 교육과정 시안(최종안) 개발 정책연구. 한국과학창의재단. 13-258.

교육부(2022), 수학과 교육과정. 교육부 고시 제2022-33호 [별책8]

교육부(2015), 수학과 교육과정. 교육부 고시 제2015-74호 [별책8]

찾아보기

ㄱ

ㄴ

ㄷ

ㅁ

ㅂ

ㅅ

ㅇ

ㅈ

ㅊ

ㅌ

ㅍ

ㅎ

기타

옛날로 새날을 여는

초등수학 교육과정사

지은이 조영미
펴낸이 조경희
펴낸곳 경문사
펴낸날 2023년 12월 29일 1판 1쇄
등 록 1979년 11월 9일 제1979-000023호
주 소 04057, 서울특별시 마포구 와우산로 174
전 화 (02)332-2004 팩스 (02)336-5193
이메일 kyungmoon@kyungmoon.com

값 27,000원

ISBN 979-11-6073-615-1